MBA MARKETING

Éditions d'Organisation
Groupe Eyrolles
61, bd Saint-Germain
75240 Paris cedex 05

Consultez notre site :
www.editions-organisation.com
www.editions-eyrolles.com

ISBN : 978-2-212-55202-7

MBA MARKETING

EYROLLES
Éditions d'Organisation

Sous la coordination de Jean-Marc LEHU

Du même auteur, chez le même éditeur :

La publicité est dans le film – Placement de produits et stratégie de marque au cinéma, dans les chansons, dans les jeux vidéo..., juin 2006.

L'encyclopédie du marketing, septembre 2004.

Stratégie de fidélisation, août 2003.

Lifting de marque, Anne Bontour, Jean-Marc Lehu, mai 2002.

Strategiesdemarque.com – Concevoir, protéger et gérer la marque sur l'Internet, février 2001.

Le marketing interactif – La nouvelle approche stratégique du consommateur, mars 1996.

Sommaire

Avant-propos

Si Dave Packard – cofondateur avec Bill Hewlett, en 1939, de la petite entreprise devenue leader mondial de la micro-informatique, HP – avait coutume de dire que le marketing est trop important pour être laissé au soin du département marketing ; le marketing est également un sujet trop sérieux pour être laissé entre les seules mains des académiques, fussent-ils experts reconnus !

C'est la raison pour laquelle j'ai sollicité le monde professionnel pour préfacer ce livre. Avec non pas un, mais trois professionnels aguerris du marketing ! Après tout, cet ouvrage aspire à devenir une référence dans son domaine, et trois experts reconnus à l'international pour leur maîtrise de la discipline ne seront pas de trop pour l'y aider. Trois grands spécialistes du marketing et de la marque qui, réunis, offrent à ce livre trois angles d'approche complémentaires sur de multiples aspects. Si nul ne conteste que le marketing moderne est une innovation américaine, il n'est plus contestable que l'axe du monde se trouve désormais en Chine. Mais pas question pour autant d'effacer d'un trait de plume la France, où la culture marketing particulière revendique une spécificité souvent observée comme source d'inspiration profitable.

Le premier à avoir relevé le défi de ma requête est Éric Wepierre, directeur européen du marketing et de la marque Chevrolet en Europe et qui fut président de Chevrolet France de 2006 à 2010. L'automobile. Voilà un bien qui depuis sa création a expérimenté en profondeur toutes les facettes du marketing. Une catégorie de biens durables, dont Chevrolet est naturellement un mythe connu de tous. Marque historique qui est parvenue à traverser les âges, les continents et les sociétés, en partie grâce à son marketing et ses marketers. Mais j'ai également proposé cette préface à Éric Wepierre, car il incarne pour moi le marketer moderne perspicace. Celui qui pense valeur, capitalisation et innovation permanente. Il est le seul « vendeur de voitures » que je connaisse que la vente n'intéresse pas… si elle n'est pas nourrie d'un marketing puissant au sens propre du terme. Un marketing stratégique fondamentalement différenciant. Un marketing qui, comme la vision à court, moyen **et** long terme de la marque n'a manifestement plus de secret pour lui. Éric Wepierre est de ces rares artisans de la discipline pour lesquels la valeur ajoutée réelle apportée au produit et à sa marque reste le seul résultat tangible que le marketing doit ambitionner.

Le choix du préfacier représentant de l'empire du Milieu fut tout aussi simple à identifier. En 2005, j'ai découvert dans la presse internationale, une publicité qui m'a interpellé. À cette époque déjà, la Chine et ses exploits économiques étaient sur toutes les lèvres. Elle était devenue… l'usine du monde ! Pourtant, en 2005 cette publicité pour l'équipementier alors peu connu Huawei Technologies revendiquait un seul *claim* : « Nous vous écoutons. Chez Huawei, notre P-DG passe personnellement plus de 70 % de son temps à l'écoute de nos clients. » Surprenant, *a fortiori* pour une marque encore peu connue et située sur le marché professionnel. La majorité des observateurs ne voyaient en la Chine qu'un manufacturier à bas coûts, alors que ses leaders tels Huawei étaient déjà engagés dans une démarche marketing performante ! De plus, Huawei présentait l'avantage d'un témoignage venu du B-to-B, complémentaire de celui BtoC fourni par la première préface. Christophe Coutelle, directeur marketing Huawei Converged Communications, a bien voulu accepter la mission et exposer dans l'espace offert l'extraordinaire orientation client du groupe chinois. Une orientation client qu'il fait sienne à 100 %, et qui fait aujourd'hui de lui un de ces rares responsables marketing dotés d'une double culture et qui pensent valeur partagée. Un marketer qui ne décline pas des principes, mais qui, depuis Shenzhen, élabore, nourrit et protège une gestion de la relation client qui fait de Huawei une véritable référence marketing.

Restait à identifier le préfacier représentant d'une identité française. Les acteurs de talent ne manquent pas, mais Véronique Gohmann offrait cet « élément différenciant » qui fait que le marketing porte ses fruits, parce que l'offre respectueuse de sa vérité profonde est alors perçue comme réellement distincte de celle de ses concurrents. Elle ne gère pas le marketing de la marque Yves Rocher à l'international. Elle le vit ! Cette passion, que le lecteur identifiera peut-être chez lui une fois la lecture de ce livre achevée, est LA différence qui fait qu'au-delà de la maîtrise des concepts et des outils du marketing, Véronique Gohmann dispose en permanence de cette force créative, complément idoine s'il en est. Le marketer doit désormais se justifier ? Sa carrière atteste que le marketing est une fonction stratégique qui, intelligemment mise en œuvre, peut éclairer le chemin de la croissance d'une marque. Aujourd'hui directrice internationale marketing-communication d'Yves Rocher, elle a la responsabilité d'une marque n° 1 sur de nombreux marchés, mais qui ne cesse de réinventer la cosmétique végétale qu'elle a inventée. Accessoirement, Véronique Gohmann est une femme… Illustrant si besoin était que ce métier de responsable marketing, souvent masculin, peut aussi trouver dans la gent féminine une source de créativité, d'ingéniosité, de perspicacité et de réflexion stratégique, que nombre de ses *alter ego* hommes ne peuvent que lui envier.

C'est un privilège exceptionnel que d'avoir pu réunir ces trois hérauts de la discipline marketing, et au nom de tous les auteurs de ce livre, je les en remercie vivement pour ouvrir cet ouvrage de leur préface. L'exercice de leur métier au jour le jour témoigne non seulement de leur talent, mais surtout de leur capacité à maîtriser une discipline que d'aucuns ont encore du mal à qualifier de science. Mais ils en sont les témoins, d'une discipline qui pourtant à l'évidence requiert bien plus que des compétences scientifiques pour être conçue, développée et renouvelée, afin de servir au mieux la marque et son entreprise.

Le lecteur retrouvera enfin un dernier professionnel pour conclure ce livre. D'aucuns auraient pu penser logique de proposer un chapitre sur le marketing digital, comme on peut en trouver dans certains livres de marketing depuis les années 1990, lorsque le World Wide Web est devenu une réalité de notre société. Mais procéder ainsi aurait signifié que le marketing digital était une « variable » du marketing, à considérer en parallèle et/ou de conserve avec les autres. Alors qu'en réalité toute variable marketing, toute action marketing, toute décision marketing ne peut aujourd'hui faire fi de cet aspect digital. C'est un fil rouge incontournable. Il paraissait alors intéressant de pouvoir apprécier la somme d'informations contenue dans les pages qui suivent, à la lumière du sentiment d'un expert en la matière. Pour cela, j'ai sollicité Bruno Martins, directeur de projet chez Dagobert, l'une de ces rares agences réellement professionnelles et véritable pépite du Net. Son expérience et son expertise ne sont plus à démontrer, et il offre dans sa conclusion à la fois un précieux recul analytique, que l'accélération de notre vie chère à Harmut Rosa annihile le plus souvent dans le domaine du Web, et le pragmatisme d'un praticien expert, dont la feuille de route était de quitter le lecteur avec des conseils pratiques et un cas concret d'illustration révélateur.

Ajoutez à cela la contribution exceptionnelle de vingt-quatre professeurs excellant dans leur spécialité, sollicités pour un concentré de leur savoir. Identifiez les quatorze sujets (chapitres 1 à 14) essentiels liés à la science marketing. Complétez par six sujets « bonus » (chapitres 15 à 20) permettant au lecteur de prendre non seulement de la hauteur sur la matière marketing, mais également de mettre tout ce savoir en perspective. Et vous tenez entre les mains le premier ouvrage du genre synthétisant une fonction, une discipline, une science, dont vous pourrez désormais comprendre les secrets, les atouts et le potentiel. Bonne lecture.

Jean-Marc Lehu

Préface d'Éric WEPIERRE

Directeur européen du marketing et de la marque, Chevrolet Europe

Président de Chevrolet France de 2006 à 2010

Quand on parle de marketing, on parle souvent des « 4P » et peu de « marque ». Pourtant, chaque action menée en marketing trouve sa légitimité dans la marque. Prenez par exemple une marque centenaire, connue de tous mais encore très méconnue des consommateurs européens. Une marque automobile, portant fièrement le nom de son fondateur. Un créateur, au nom francophone, d'origine suisse, ayant grandi en Bourgogne, à Beaune, mécanicien de génie mais aussi grand pilote automobile des premières heures, qui migra au début du XXe siècle aux États-Unis pour vivre comme bien d'autres son « rêve américain »… Sur cette terre, où tout est possible, il fonda en 1911 la marque qui deviendra indissociable dans notre imaginaire de l'« *American way of life* ».

Le succès fut rapidement au rendez-vous à tel point que cette marque est aujourd'hui devenue le 4e constructeur automobile mondial. Ses voitures, comme la mythique Corvette ou la Camaro, s'entremêlent tellement profondément dans la culture américaine que de nombreux musiciens, tels que le chanteur Prince et sa « *Little Red Corvette* », célébrèrent son nom dans leurs créations. Les États-Unis sont le pays de la musique mais aussi d'Hollywood… et le cinéma américain ne pouvait donc que la « stariser » dans ses films, comme dernièrement dans le blockbuster *Transformers* ou dans les séries télévisées.

Ses voitures s'invitent donc souvent sur nos grands écrans des salles de cinéma mais aussi sur les petits écrans de nos foyers en exposant son scintillant logo doré surnommé « *Bow tie* », nœud papillon en français. Et avec un géniteur pilote de course, cette marque ne pouvait s'empêcher de faire aussi le spectacle sur les plus grands circuits automobiles mondiaux, du Nascar au Mans.

Bien qu'elle bénéficie d'un grand capital de sympathie, son succès ne retraversa l'Atlantique que dernièrement. Faute de modèles adaptés aux besoins du marché européen, les ventes étaient confidentielles sur le vieux continent jusqu'à un beau jour de janvier 2005. Fort d'une stratégie mondiale volontaire, General Motors avait décidé de miser sur cette marque pour en faire son porte-drapeau. Dès lors, les centres de design répartis sur chaque continent, les centres de production ultra-modernes basés en Corée et les centres de développement en place au niveau mondial se mirent à l'unisson pour imaginer et produire une toute nouvelle gamme de voitures plus appropriée au marché européen tout en s'appuyant sur l'identité forte de la marque. Le 1er janvier 2005, la marque fait son grand retour en Europe avec, dans un premier temps, une offre de voitures rebadgées appelées à céder leur place progressivement à une toute nouvelle gamme de véhicules.

Un nouveau chapitre de son histoire pouvait commencer à s'écrire avec la première phase de croissance en Europe. En cinq ans les ventes doublèrent pour flirter avec le demi-million de véhicules vendus. Avec une gamme limitée à quatre produits, ses ventes en France triplèrent, lui permettant ainsi de gagner huit places dans le classement des marques et de dépasser des constructeurs implantés de longue date. En 2011, la gamme est complètement renouvelée et compte sur des voitures à l'ADN « 100 % maison ». Signe d'une marque qui gagne, elle remporta un titre de double champion du monde constructeur et pilote (Yvan Muller) au championnat du monde 2010 de voitures de tourisme.

Non seulement elle se développe en Europe, mais elle continue sa progression sur les autres continents pour se muer en une marque à l'envergure globale présente dans 130 pays. En 2010, toutes les sept secondes, une de ses voitures était vendue dans le monde et le volume de ventes totalise 4,3 millions d'unités.

Comment expliquer ce succès ? Certainement grâce à la force d'attraction de cette marque qui parle au cœur des consommateurs dont les attributs sont optimisme, opportunité, et passion de la conduite… mais aussi à leur raison grâce à sa philosophie de proposer des voitures accessibles au design expressif et attrayant, bien équipées, pratiques et tout cela sous un logo valorisant. En quelque sorte, la passion abordable. Ce positionnement global, puisé dans les racines de la marque, est la fondation de sa stratégie, du développement produit, de son marketing, jusqu'à son réseau de distribution.

Mais l'aventure ne fait que commencer en Europe. Ses ambitions sont fortes : doubler encore ses volumes pour atteindre le million de véhicules par an… Elle peut compter sur une incroyable offensive produits avec pas moins de sept nouveautés en 2011, une notoriété qui s'accroît de jour en jour et une passion entretenue par des véhicules iconiques (Corvette, Camaro, Volt)… Vous l'avez compris, cette marque c'est… Chevrolet, Chevy pour les initiés.

Préface de Christophe COUTELLE

Directeur marketing Huawei Converged Communications

Créée en 1990, Huawei n'était au début qu'une modeste PME fabriquant des standards téléphoniques pour ses clients du Guangdong en Chine méridionale. En 2010, soit une vingtaine d'années plus tard, Huawei fournit des équipements télécom à 45 des 50 premiers opérateurs mondiaux, emploie près de cent mille personnes réparties sur les cinq continents et réalise un chiffre d'affaires de 28 milliards de dollars (CAGR – *Compound Annual Growth Rate* – de 29 % ces cinq dernières années).

La clé de cette croissance exceptionnelle a un nom : l'orientation client (*customer-centric* en anglais). Depuis sa création, Huawei n'a qu'une obsession, celle de satisfaire tous ses clients. Cela va du développement de solutions spécifiques, adaptées à chaque situation, au respect des engagements de livraison ou de mise en production des solutions, tout en prenant garde aux moindres détails comme à la manière de recevoir ses clients ou prospects sur le campus du siège de Shenzhen.

Arrivé chez Huawei directement en Chine fin 2008, j'ai immédiatement été frappé par cette culture de l'orientation client et par l'engagement permanent de mes collègues, à tous niveaux, envers ce que l'on peut qualifier de culte du *Kehu* (« client » en chinois). *Kehu* a d'ailleurs été l'un des premiers mots que j'ai appris en arrivant. Petit à petit, je me suis adapté à ce nouvel environnement et j'ai dû m'imprégner des processus marketing qui permettent de satisfaire ce positionnement client tout en permettant à l'entreprise d'être réactive et performante. Cela peut paraître simple, voire simpliste, mais avoir la capacité de répondre à la majorité des demandes clients en personnalisant les solutions techniques nécessite une puissance de recherche et développement gérée par de fins arbitrages marketing.

Aujourd'hui, les challenges se multiplient car le monde relativement simple de la téléphonie d'hier a évolué. Les opérateurs sont confrontés à un nouvel environnement compétitif essentiellement redessiné par les acteurs de l'Internet. Ceux-ci se positionnent non seulement sur les services à valeur ajoutée avec des modèles économiques qui limitent toute velléité de croissance pour les opérateurs, mais également sur leur cœur de métier : la voix et les communications en général.

Pour les acteurs comme Huawei, les réunions clients qui, auparavant, consistaient à répondre le mieux possible à des exigences précises se transforment en réunions où les opérateurs demandent de plus en plus à leurs partenaires et fournisseurs de leur fournir plus que des solutions. Ils ont désormais besoin d'idées pour évoluer, de benchmark sur ce que font les autres opérateurs dans le monde et de conseils sur la meilleure façon pour eux d'initier leur transformation.

L'activité marketing de Huawei évolue donc avec la nécessité d'avoir à disposition des outils et des processus de plus en plus complets, de manière à anticiper les besoins et les tendances. Huawei doit désormais intégrer un peu plus de marketing BtoC au-delà de son activité traditionnelle de B-to-B. Par conséquent, relire l'histoire pour en tirer des enseignements, affiner une stratégie produit, internationaliser les offres, mieux comprendre les frustrations et les besoins des utilisateurs finaux pour mieux cibler les solutions, sans oublier les variables classiques du mix, font partie à part entière du quotidien des équipes. Personnellement en charge du marketing d'une ligne de solutions centrale pour Huawei, car directement liée au cœur de métier des clients et générant une part significative de la marge, je peux témoigner du fait qu'au-delà des aspects académiques, les différents outils exposés dans les chapitres suivants ont une utilité opérationnelle qu'il est bon de garder en tête, surtout sous la pression, lorsqu'il s'agit de prendre les bonnes décisions.

Dans les huit à dix prochaines années, Huawei ambitionne de tripler son chiffre d'affaires en s'adressant au marché entreprises *via* les systèmes d'information et au marché résidentiel *via* les terminaux. Nul doute sur la capacité de réaliser cette ambition, à condition de garder une orientation client forte et d'adapter les outils marketing qui ont fait le succès de Huawei sur le marché télécom. Rendez-vous donc dans quelques années, d'ici là, je vous souhaite une bonne lecture !

Préface de Véronique GOHMANN

Directrice internationale marketing-communication Yves Rocher

Pour faire du marketing beauté, il faut croire en la cosmétique, il faut aimer la beauté et aimer le marketing. Dans ce monde difficile, il faut garder à l'esprit qu'appliquer un produit de beauté sur sa peau est un moment privilégié. Les yeux s'ouvrent de plaisir, le sourire se dessine sur les lèvres. Cet instant de bien-être, nous devons mériter de le partager avec nos clientes. Dans ce monde où les femmes sont très sollicitées, nous devons mériter chaque jour leur fidélité. Quand une marque porte le nom de son fondateur, Yves Rocher, créateur de la Cosmétique Végétale®, comment orchestre-t-on son renouveau ? Et quand on est n° 1 de la cosmétique en France, comment fait-on du marketing ? Tout simplement avec de l'écoute, du respect et du bon sens.

En créant sa marque en 1959, M. Yves Rocher passait un pacte avec la nature et avec les femmes. En restant dans son village natal de La Gacilly, en développant son entreprise en Bretagne, dans le berceau historique de la marque, en créant ses sites industriels dans sa région, en diffusant ses produits de beauté par correspondance puis à travers ses propres magasins, en affirmant dès le début son respect pour la nature, Yves Rocher lançait les bases solides et originales d'une entreprise dont la force de frappe est son modèle économique : à la fois récoltant, fabricant et distributeur, Yves Rocher est la seule marque de beauté à maîtriser toutes les étapes de son activité. C'est ce qui nous permet de cultiver cette relation de proximité avec nos clientes, de comprendre leurs insights, leurs souhaits et leurs envies de beauté. Et c'est aussi ce qui nous permet d'y répondre, puisque nous contrôlons toute la chaîne, de nos champs bio jusqu'à leur peau. Chez Yves Rocher, tout est là, depuis 50 ans. Il suffisait d'allumer la lumière.

Quand, en 2007, après deux ans d'analyse et de réflexions, la direction générale a lancé son plan de transformation, elle a déroulé avec détermination le fil rouge du changement : nouvelle identité, nouveau logo, nouveau point de vente… et elle a établi pour le marketing et pour tous une exigence prioritaire : la femme au cœur. Pourquoi ? Parce que rendre la « beauté naturelle » accessible au plus grand nombre est la vocation de notre marque, ce qui implique pour nous une façon de travailler différente et peut-être même déroutante. Les femmes, nous allons à leur rencontre, là où elles sont, là où elles vont. Nous sommes en prise directe avec elles. Et nous nous nourrissons de tous nos canaux de distribution. Les grandes créations ne se font pas dans un bureau mais sur le terrain : nos 4 000 points de vente et instituts dans le monde, mais aussi, modernité oblige, les nouveaux réseaux de communication.

Dans nos points de vente, nous observons nos clientes, la façon dont elles bougent autour d'un testeur maquillage, les produits vers lesquels elles vont spontanément, leurs réactions face aux nouveautés, et nous discutons avec elles, si nécessaire, au comptoir. Notre réseau d'instituts de beauté aussi nous est très utile, car beaucoup de choses se disent et se racontent pendant ces moments de proximité et de complicité. Nous avons des outils qui nous sont propres : les cartes de fidélité nous renseignent sur l'enchaînement des achats et, grâce à nos fichiers, nous pouvons solliciter nos clientes pour une étude, ce que nous faisons régulièrement. Plus qu'une boutique en ligne, notre site Internet est une plateforme d'échange entre toutes les femmes et la marque. Il réunit désormais toutes les applications d'un portail d'informations complet dédié à l'interactivité avec les femmes. Car les femmes ont leur mot à dire. Elles sont interrogées sur leurs choix, leurs préférences, elles commentent et notent les produits. Elles ont parfois une longueur d'avance sur nous, c'est pour cela qu'on doit les écouter. Elles savent ce qu'elles veulent et n'hésitent pas à le demander. Par le Blogzine et le Wiki de la beauté, elles s'informent, mais aussi contribuent à enrichir l'information, en créant des contenus. Elles deviennent actrices de leur beauté. Et contributrices de leur marque préférée.

Pour créer nos produits, et nous avons 135 nouveautés chaque année sur 700 références, nous avons développé nos propres réflexes. Les équipes sont très vastes et se présentent mutuellement leurs projets. On n'est pas seules à gagner, pas seules à perdre non plus. Plus on est, plus on peut faire entrer un produit dans nos codes, nos exigences, plus on peut le charger de nos valeurs. On teste tout en interne et, en réunion, on se challenge énormément pour ne jamais perdre de vue notre objectif. Quand elle touche une Française sur trois, une marque a le devoir de se mettre à la portée des femmes, de revenir à la simplicité et à l'évidence. L'accessibilité, ce n'est pas seulement un prix, c'est du bon sens, du pragmatisme, c'est une valeur d'usage, de la praticité, un nom de produit porteur, un bénéfice facile à percevoir, un discours facile à comprendre. On vend 300 millions de produits dans le monde chaque année et on n'a pas 300 millions de vendeuses. Alors le produit doit porter haut et clair les valeurs de la marque, qui sont plus que jamais d'actualité : beauté, efficacité, qualité, accessibilité, plaisir, respect de l'environnement, développement durable… Quand un produit est porteur de ces valeurs, la marque Yves Rocher se met en marche, et c'est un succès.

Quand on nous présente une campagne de publicité, inutile de nous l'expliquer. Ou bien elle fait son travail, sans sous-titre, ou bien ce n'est pas la peine. Notre film publicitaire touche les femmes au cœur. Pourquoi ? Parce qu'il est juste, simple et direct : il montre une femme qui réinvente sa beauté. M. Yves Rocher disait : « Chaque femme est une reine et doit être considérée comme telle. » Tout était dit. Et c'est plus vrai que jamais. Selon les femmes elles-mêmes, nous sommes la marque qui comprend le mieux les femmes. C'est la preuve que nous allons dans le bon sens. Et c'est notre récompense.

Introduction

« *Il ne peut y avoir de stratégie d'entreprise efficace si elle n'est pas orientée vers le marketing*[1] », écrit Theodore Levitt. Pourtant, le marketing est sans doute la plus contestée des disciplines de sciences de gestion. Cependant, il n'en fascine pas moins pour autant des millions d'acteurs et d'utilisateurs de par le monde, qu'ils ou elles soient dirigeants d'entreprise, directeurs marketing, chefs de marque ou chefs de produit, chargé(e)s d'études ou bien sûr étudiant(e)s, ou encore tout simplement consommateurs ou consommatrices. On ne peut pas accuser le marketing d'être à l'origine d'une catastrophique crise mondiale… ou encore d'être à l'origine de troubles dramatiques au sein des entreprises. Mais peu importe, la discipline est régulièrement moquée, critiquée, vilipendée, la plupart du temps pour des excès qui ne sont pourtant pas… du marketing.

« *Je ne crois pas au marketing*[2] *!* » déclare James Dyson, le génial inventeur, entre autres, de l'aspirateur sans sac et du ventilateur sans pales, commercialisés sous la marque éponyme. Pourtant, à bien analyser le succès de la plupart des produits Dyson, on ne peut qu'être admiratif de la réponse « marketing » parfaitement idoine que Dyson a su apporter à une attente – même non exprimée explicitement – des consommateurs, avec un concept, un produit, un positionnement, une image, et plus encore un design… qui, combinés, créaient un avantage concurrentiel certain et pertinent. Aussi, sauf le respect légitimement dû au bourgeois gentilhomme anglais, il se pourrait bien que James Dyson soit un Monsieur Jourdain, expert manifeste du marketing le plus naturel et abouti qui soit, celui que l'on pratique sans même s'en rendre compte.

À la fin du siècle précédent, Sergio Zyman, ancien directeur marketing de The Coca-Cola Company, publia un livre qui fit grand bruit et qui était intitulé *The End of Marketing as We Know It*[3] (La fin du marketing tel que nous le connaissons). Plus d'une décennie plus tard, on n'a jamais autant pratiqué le marketing, pensé stratégie marketing et raisonné marketing stratégique ! Avait-il tort ? Oui et non ! Oui, parce que si le marketing est mort entre-temps, alors vive le marketing aujourd'hui ! Non, parce que le marketing efficient et efficace, que les meilleurs professeurs enseignent et que les meilleurs performeurs

1. LEVITT T. (1986), *The marketing imagination*, The Free Press, New York, NY, États-Unis.
2. SOUMIER S. (2010), *Interview de James Dyson*, Good Morning Business, *BFM Business*, 29 mars 2010.
3. ZYMAN S. (1999), *The end of marketing as we know it*, HarperCollins, New York, NY, États-Unis.

pratiquent quotidiennement est différent aujourd'hui. Les principes de base demeurent certes, mais dans le détail, la discipline a diaboliquement évolué. C'est une bonne chose et c'est logique. Une bonne chose, car cela lui a permis de survivre en tant que l'une des principales fonctions de l'entreprise. Logique, car c'est certainement la qualité essentielle du « bon » marketer que d'être en mesure d'appréhender parfaitement et en permanence son écosystème, afin d'être capable de s'y adapter et de l'exploiter au mieux, tout en le respectant.

Certes, le marketing peut sans doute être légitimement critiqué d'avoir péché par excès de confiance. Il est vrai qui si nombre de marketers sont aujourd'hui encore perçus avec circonspection, si leurs propositions sont observées dans la plupart des cas avec la plus grande méfiance, si l'attribution de leurs résultats est régulièrement sujet à questionnement, c'est avant tout parce que trop souvent, aujourd'hui encore, le marketing manque de rigueur. En amont, en ne détaillant pas précisément les objectifs stratégiques qu'il compte atteindre. Lors de sa mise en application, en privilégiant parfois encore trop souvent une démarche peu structurée et insuffisamment contrôlée. En aval, lorsqu'il s'agit d'évaluer le sacro-saint retour sur investissement, et que faute d'organisation et de traçabilité rigoureuses, il ne peut en conséquence s'exécuter. Bien que science à part entière, le marketing ne peut être performant sans faire appel à l'intuition et la créativité de l'homme ou de la femme qui le pratique. Mais c'est dans le subtil alliage de la démarche scientifique et de cette intuition créative, dans le dosage le plus adéquat possible de l'un avec l'autre, que peut naître le génie marketing. Dans l'univers concurrentiel et ultra-rapide qui est le nôtre, l'un ne peut plus aller sans l'autre. Ce livre a donc été conçu dans cette optique. Afin d'offrir au lecteur l'ensemble du savoir scientifique nécessaire en marketing, tout en ouvrant les portes de la réflexion créative dont il peut se nourrir avec intérêt.

Même si, comme le lecteur le découvrira dès le premier chapitre, le marketing n'est pas aussi récent qu'on le pense habituellement, c'est finalement une discipline relativement jeune et présente sous de multiples aspects dans notre vie quotidienne. Sa définition paraît simple au demeurant. Et pourtant il existe autant de définitions que d'auteurs qui se sont attelés à la tâche. Aussi retiendrons-nous en introduction de ce livre la dernière définition en date proposée par l'American Marketing Association : « Le marketing est l'activité, l'ensemble d'organisations et de processus pour créer, communiquer, délivrer et échanger des offres qui ont de la valeur pour les consommateurs, les clients, les partenaires et la société dans son ensemble. » Non qu'elle soit objectivement LA définition du marketing, mais parce qu'elle insiste sur deux aspects essentiels pour une perception moderne de la discipline. D'une part, la valeur. La démarche marketing n'est rien si elle n'est pas muée par la création de valeur. Et d'autre part, le fait que cette création de valeur n'a d'intérêt que si elle est partagée avec l'ensemble des parties prenantes de l'entreprise.

Les vingt-quatre professeurs qui ont répondu présent à mon invitation pour ce livre n'ont pas seulement été réunis parce qu'ils sont connus comme figurant parmi les meilleurs spécialistes de la discipline, experts renommés au-delà de leur salle de cours, mais également parce que leur talent de pédagogue est depuis longtemps reconnu. Or, l'exercice qui consistait à exposer tout le marketing, en seulement quatorze chapitres, ne fut pas simple. La feuille de route des dix-huit professeurs sollicités était ambitieuse, mais tous furent au rendez-vous et leur contribution forme une impressionnante somme de savoir propice à doter l'apprenti marketer, comme le marketer confirmé, de l'ensemble des éléments propres à la maîtrise de la discipline et à la réflexion qu'elle peut susciter. Pour nourrir plus encore cette réflexion et accroître la valeur ajoutée apportée par ce livre, six autres professeurs de renom, eux-aussi experts reconnus en leur domaine, ont été sollicités. Les chapitres bonus auxquels ils ont accepté de contribuer constituent un complément de savoir fondamental qui permettra au lecteur de mieux percevoir, concevoir et imaginer le marketing, au sens de Theodore Levitt. Liberté totale à lui ensuite de créer, développer et renouveler son *propre* marketing.

Jean-Marc Lehu

1

Marketing : comprendre l'origine historique

Pierre Volle

Professeur de marketing à l'université Paris-Dauphine où il codirige le master en management, spécialiste de marketing relationnel, Pierre Volle est l'auteur de plusieurs ouvrages, dont Gestion de la relation client *(3e éd., 2009) et* Commerce électronique *(2e éd., 2011). Membre du conseil d'administration de l'Association française du marketing, ancien rédacteur en chef de la revue* Décisions marketing, *Pierre Volle est membre de DRM (Dauphine Recherche en management), unité mixte du CNRS. Ses domaines d'expertise portent sur l'amélioration des relations entre les organisations et leurs clients, notamment l'efficacité des programmes relationnels, l'histoire des dispositifs d'intelligence client, ainsi que l'évolution des modèles d'affaires dans le commerce. Pierre Volle enseigne dans plusieurs programmes, notamment dans l'Executive MBA de l'université Paris-Dauphine – École des sciences de gestion de l'UQAM (Montréal).*

On peut légitimement se demander pourquoi il est important de comprendre l'origine historique du marketing. Pour celui qui s'intéresse à l'histoire, le marketing est certes un objet fascinant et souvent méconnu. Mais au-delà du strict intérêt intellectuel, pourquoi est-ce souhaitable, voire indispensable, de prendre ce recul historique ? En tant que managers, étudiants ou citoyens, nous sommes quotidiennement bombardés d'informations en tous genres… Discerner un fil rouge dans le fatras des événements, donner un certain sens au cours des choses nous semble une condition préalable à tout jugement fondé et toute prise de décision efficace. Il nous semble que comprendre l'origine historique du marketing et ses évolutions permet cette prise de recul nécessaire à l'action raisonnée. Loin de nous l'idée de penser que connaître l'histoire permet la prévision. Mais identifier les grands mouvements du marketing, sans en ignorer les continuités à travers le temps long, permet assurément d'en tirer des leçons pour l'action, ne serait-ce qu'en relativisant les « révolutions » que l'on annonce chaque jour.

Le marketing est une pratique de management ancienne dont les racines plongent au moins au XIXe siècle, les origines modernes étant plutôt situées entre 1880 et 1930. Il s'agit d'une très bonne nouvelle dans le sens où le marketing est une pratique dont le riche passé mérite d'être étudié… ce que nous nous proposons précisément de faire dans ce chapitre. Toutefois, avant d'en présenter l'organisation, il nous semble important de préciser de quelle manière nous avons souhaité appréhender ce vaste sujet.

Dans ce chapitre, nous n'étudions pas l'usage historique du terme « marketing », mais les pratiques concrètes qui lui sont généralement associées… avant même que le mot n'existe. Nous évoquons aussi les institutions qui permettent ces pratiques et qui participent à les transformer au fil du temps. Par exemple, si l'usage de marques pour désigner des marchandises constitue une pratique très ancienne (dès l'Antiquité, pour certains), les agences de publicité contribuent à en transformer l'usage depuis le XIXe siècle. Il ne s'agit donc pas seulement de comprendre l'émergence des pratiques commerciales, mais aussi des institutions qui participent aux activités de commercialisation (agences de publicité, médias, commerces…). En revanche, pour simplifier l'exposé, nous ne mentionnons que très brièvement les efforts de régulation réalisés par les pouvoirs publics, qui constituent « en creux » une façon intéressante de retracer l'évolution du marketing. Sur le plan géographique, nous traitons essentiellement du marketing aux États-Unis et, lorsque cela est possible, du marketing en France. Les autres pays ne sont traités que très marginalement.

Après avoir montré de quelle manière l'histoire officielle du marketing est actuellement remise en cause, le chapitre se donne pour objectif de mieux comprendre comment le marketing a évolué depuis près de deux siècles. Pour ce faire, nous exposons tout d'abord la controverse sur l'origine du marketing, puis nous présentons quelques pratiques et institutions caractéristiques du marketing moderne, au tournant du XXe siècle. Pour finir, nous examinons les principaux mouvements internes au marketing qui peuvent expliquer son évolution sur longue période.

L'HISTOIRE DU MARKETING, UNE DISCIPLINE RÉCENTE

L'histoire du marketing est une branche de l'histoire des entreprises – *business history* en anglais – elle-même considérée comme une branche cousine de l'histoire économique. Les chercheurs qui s'intéressent à l'histoire des pratiques commerciales et à l'histoire de la consommation proviennent de disciplines comme l'histoire, la sociologie, l'économie ou, plus récemment, de la gestion. L'histoire des entreprises est enseignée dans la plupart des *business schools* américaines… mais très rarement en France. Nous ne pouvons qu'appeler de nos vœux un développement académique de l'histoire des entreprises – et plus spécifiquement du marketing – compte tenu de l'intérêt du sujet auprès des managers et même du grand public, à en juger par les choix éditoriaux de la presse économique (notamment *Capital* ou *Les Échos*...).

LES CONTROVERSES SUR L'ORIGINE DU MARKETING

Contrairement aux représentations habituellement données dans les manuels de marketing, les travaux d'historiens menés depuis près de trente ans montrent clairement que l'origine du marketing n'est pas exclusivement américaine, mais également anglaise et que cette origine ne date assurément pas des années 1950, mais du XIXe siècle. L'histoire officielle du marketing telle que présentée dans la plupart des manuels universitaires, y compris les plus récents, est donc fortement remise en cause.

Une histoire (de moins en moins) officielle

Les recherches menées depuis le milieu des années 1980 remettent en cause l'idée selon laquelle le marketing serait né aux États-Unis après la Seconde Guerre mondiale.

L'histoire officielle : le marketing est né aux États-Unis en 1950

D'après l'histoire officielle du marketing, l'ère du marketing débuterait aux États-Unis dans les années 1950. Cette « ère du marketing » succéderait à une « ère de la vente » (1930-1950), elle-même précédée d'une « ère de la production » (1870-1930). L'ère de la production se caractériserait par un environnement faiblement concurrentiel, une attention exclusive portée par les managers aux aspects technologiques et industriels et par une absence d'efforts soutenus sur le plan commercial, les produits se vendant d'eux-mêmes en raison d'un excès de demande solvable par rapport à une offre réduite. Par la suite, l'ère de la vente serait essentiellement caractérisée par la nécessité de mettre en place des méthodes commerciales agressives – liée au contexte économique défavorable issu de la crise de 1929 –, méthodes soutenues par un effort en matière de recherche commerciale et de publicité. Dans cette histoire officielle, l'ère du marketing, enfin, serait caractérisée par la mise en place de méthodes sophistiquées pour prendre en compte les attentes de la clientèle, à partir de la Seconde Guerre mondiale.

La remise en cause de l'histoire officielle

Cette représentation de l'origine du marketing présente l'avantage de la simplicité et de la cohérence. Cependant, elle ne correspond pas aux faits et repose implicitement sur un modèle dit « catastrophiste » où les changements interviennent soudainement et sans rapport avec le passé. Comme l'indique Meuleau, « sans nier l'originalité du marketing et l'ampleur de ses apports, l'analyse historique est beaucoup plus sensible à la continuité des décennies précédentes ».

L'ère de la production n'a jamais existé…

Historiquement parlant, tout semble montrer qu'une ère de la production, entre 1870 et 1930, n'a jamais existé. En effet, les recherches en histoire économique et en histoire des entreprises montrent qu'au XIXe siècle, la concurrence était déjà intense, les surproductions fréquentes et la demande très incertaine. À cette époque, la vie des affaires était certainement aussi rude qu'aujourd'hui, en raison de nombreuses crises particulièrement violentes (fin des années 1870, début des années 1890 et des années 1920, période de 1929 à 1932, etc.)… sans même compter les guerres ! Au XIXe siècle, le revenu disponible était faible et la tradition s'opposait le plus souvent à une augmentation de la consommation (conservatisme social, morale marquée par l'ascétisme…). Les valeurs religieuses s'opposaient bien souvent au développement des marchés, par exemple, celui de l'assurance-vie.

Dans ce contexte, les industriels étaient contraints d'agir fortement pour stimuler la demande, sans quoi les productions ne trouvaient pas preneur. Pour développer les marchés, l'activité de production devait donc nécessairement s'accompagner d'activités commerciales (*marketing*), voire d'activités sociétales destinées à rendre compatible la consommation avec les valeurs de l'époque (*societing*). Comme l'indique Cochoy, « tout n'obéit pas mécaniquement aux règles du jeu libéral, bien au contraire : les marchés sont segmentés, différenciés, internalisés, socialement construits ». Les entrepreneurs ne se sont pas croisé les bras en attendant que le marché leur procure les débouchés attendus : ils ont été très actifs pour *créer* les marchés et non seulement pour répondre à une hypothétique demande. Les historiens ont démontré que des politiques volontaires pour stimuler la demande ont été menées par de nombreuses entreprises, dès la deuxième moitié du XIXe siècle, notamment dans le domaine de l'hygiène et de l'alimentation.

L'ère du marketing est donc une fiction

L'ère de la production (1870-1930) n'ayant jamais existé, on peut raisonnablement penser que ni l'ère de la vente (1930-1950) ni l'ère du marketing (à partir de 1950) n'ont plus de sens, sur le plan historique. De fait, remettant en cause l'histoire officielle développée dans presque tous les manuels de marketing, certains historiens considèrent que le marketing moderne ne s'est pas développé après la Seconde Guerre mondiale, mais durant les premières années du XXe siècle. D'autres font même plonger les racines du marketing au milieu du XIXe siècle, ou même avant, à l'époque de la révolution industrielle anglaise de la fin du XVIIIe siècle.

Henry Ford était (aussi) un grand homme de marketing !

Le fait que Ford ne proposait ses voitures qu'en noir a souvent été considéré comme une indifférence aux besoins du marché. Au contraire, cette décision avait pour objectif de maintenir les coûts au plus bas de façon à répondre au principal besoin exprimé par les clients potentiels à l'époque : une voiture accessible et fiable. Ford savait pertinemment que d'autres clients avaient des goûts et des moyens différents. Pour servir ce marché, dans les années 1920, il avait d'ailleurs racheté la marque Lincoln (aujourd'hui la deuxième et dernière marque de Ford depuis la disparition de Mercury en 2010). En voulant répondre obstinément à un besoin essentiel d'une large fraction de la population américaine, Ford peut assurément compter parmi les grands hommes du marketing.

Source : Fullerton, 1988 et Tedlow, 1996.

Les phases du marketing selon Tedlow

Lors de la première phase (« fragmentation », qui dure jusqu'en 1880), les États-Unis sont divisés en une multitude de fragments géographiques. Les affaires portent sur des volumes faibles, avec des marges importantes, ce qui limite fortement les échanges. Les marques sont quasiment absentes, les produits achetés essentiellement génériques et l'autoproduction reste fondamentale. Lors de la deuxième phase (« unification », de 1880-1920), les produits américains commencent à échapper à leur confinement dans les frontières des régions. La guerre civile et la phase de reconstruction sont terminées, les États deviennent une seule nation politiquement stable. Le chemin de fer transforme profondément le monde des affaires. Les productions s'écoulent sur un marché sensiblement plus grand : les coûts unitaires diminuent, de même que les prix de vente, ce qui permet de diffuser de nombreux produits auprès d'une large fraction de la population. Entre 1880 et 1890 sont fondées des entreprises qui allaient révolutionner de nombreux marchés dans le secteur des produits de grande consommation, comme American Tobacco (1881), Johnson & Johnson et Coca-Cola (1886), Kodak (1887) ou Heinz (1888). Lors de la troisième phase (« segmentation », à partir de 1920 dans certains secteurs mais plus tardivement dans d'autres), la segmentation des marchés se développe sur une base démographique et socioculturelle. Ce faisant, la différenciation remplace la guerre des prix. Les démarches de segmentation ont été grandement facilitées par le développement de la publicité à la radio, puis à la télévision. La « Génération Pepsi » – l'un des plus grands cas de segmentation dans l'histoire des affaires – aurait-elle pu exister sans la télévision ?

Des racines qui plongent dans le XIXe siècle… et même avant

La loi de Say selon laquelle la production crée la demande est depuis longtemps remise en cause, au profit d'une conception selon laquelle la croissance repose autant sur les efforts conscients des acteurs pour créer la demande que sur les révolutions technologiques. La production et le marketing travaillent de concert à développer les marchés. L'un sans l'autre, des pays comme l'Angleterre ou les États-Unis n'auraient pas connu une telle croissance. De fait, les premières pratiques proprement marketing sont apparues autour de la première révolution industrielle, puis progressivement au cours du XIXe siècle, avec une accélération pendant le dernier quart du siècle. Des institutions spécifiques – comme les agences de publicité ou les grands magasins – sont venues renforcer l'éclosion de ces pratiques commerciales nouvelles.

Le développement de pratiques proprement marketing

Certains historiens font remonter les origines du marketing à la Mésopotamie ou à la Grèce antique. Certains prétendent que les récits de Marco Polo constituent des rapports commerciaux ou que Jésus-Christ a été le plus grand homme de marketing de tous les temps ! En ce qui nous concerne – même si par une analogie grossière on peut dire qu'une amphore grecque constitue un packaging et qu'un sceau d'origine sur cette amphore constitue une marque – nous doutons sérieusement que le terme « marketing » puisse être appliqué aux pratiques commerciales de ces époques.

Tout échange, qu'il soit marchand ou non marchand, n'induit pas pour autant une pratique de marketing. Les premières démarches proprement marketing remontent possiblement à la première révolution industrielle anglaise, dans la seconde moitié du XVIIIe siècle, avec des industriels comme Mathew Boulton et Josiah Wedgewood qui ambitionnaient de créer des débouchés pour leurs produits au-delà de l'élite (*upper class* et *nobility*). Dès les années 1770, de grands entrepreneurs anglais développèrent des techniques commerciales dont s'inspireront par la suite bon nombre d'industriels américains et européens. Au-delà des techniques commerciales employées, c'est la volonté d'élargir leurs marchés qui permet de considérer des entrepreneurs comme Boulton comme les premiers hommes de marketing, en plus d'être des industriels de génie.

Si les prémices de la consommation de masse peuvent être identifiées au cours du XVIIIe siècle, les racines du marketing remontent plutôt au XIXe siècle, en Angleterre tout d'abord, puis aux États-Unis à partir des années 1870. En effet, pendant la seconde moitié du XIXe siècle, plusieurs pratiques modernes apparaissent, comme le marquage, l'emballage et le design des produits.

Certaines marques déposées apparaissent avant 1870, comme Pear Soap (années 1860), mais la plupart apparaissent après, comme Henkel Bleich Soda (1876) ou Prudential Insurance Co. (1890). L'apparition des emballages destinés à identifier les marques et améliorer l'attractivité des produits remonte aux années 1870, avec la poudre dentifrice du Dr Lyon (1874) ou la lessive en paquets des frères Lever (années 1880). À cette période, le design des produits commence à mobiliser des stylistes ou des artistes.

Le marketing selon Mathew Boulton

Dans son activité initiale visant à produire des petits objets de métal (à distinguer de son partenariat ultérieur avec James Watt pour construire des machines à vapeur), Mathew Boulton avait réalisé des prouesses en matière de mécanisation de son usine de Soho, à Birmingham. Cette usine comptait entre 600 et 800 ouvriers, ce qui en faisait l'une des plus grandes usines de l'époque (boutons et boucles de ceintures, chaînes de montres, boîtes en tous genres, services à thé ou à café, chandeliers, plats...). Si la mécanisation a permis de baisser fortement les coûts de production, la baisse des prix s'est également accompagnée de multiples innovations commerciales. En matière de produits, Boulton s'en tenait à un principe général de « simplicité élégante », mais il adaptait systématiquement le design des produits selon les pays, en fonction des informations que lui procuraient ses relais locaux. La clientèle royale constituait un argument de poids dans les publicités fréquentes qu'il faisait diffuser dans les journaux. Des courriers rédigés de sa main étaient envoyés aux clients issus de l'aristocratie et de la haute bourgeoisie (plus de 1 500 clients en 1771, selon trois formats de courrier type). Les ventes privées étaient l'objet de tous ses soins, et faisaient l'objet de nombreuses invitations dans des cercles privés, aidé en cela par un marchand d'objet d'art, John Christie. Pour s'implanter sur le marché londonien, Boulton s'est appuyé sur un réseau d'agents lui permettant de vendre en direct au plus grand nombre de clients.

Source : Robinson, 1963.

Certains industriels ne se contentent pas de distribuer auprès de grossistes, mais tentent de se rapprocher de leur clientèle finale, notamment en ouvrant leur propre réseau de magasins, même si le cas reste exceptionnel.

L'émergence d'institutions spécifiques

Au XIXe siècle, de nombreuses institutions jouent déjà un rôle pour accompagner les industriels dans leurs efforts commerciaux destinés à créer des débouchés pour leurs produits et à les rapprocher de leurs consommateurs potentiels.

Les premières agences de publicité sont créées en Angleterre dès le début du siècle, en 1841 aux États-Unis (Volney B. Palmer), puis quelques décennies plus tard dans les autres pays d'Europe de l'Ouest, notamment la branche publicité de l'agence Havas en 1920. Ces premières agences se contentent de revendre de l'espace publicitaire pour placer des annonces dans la presse, mais en quelques décennies elles vont élargir leurs activités...

Sur le plan du commerce, le XIXe siècle voit le succès de nombreuses innovations, notamment les magasins à prix unique, dès 1850. Cette forme de commerce se développe en France, au début des années 1930, avec Prisunic, Monoprix, Uniprix... L'innovation majeure du XIXe siècle est cependant le grand magasin (Le Bon Marché à Paris, Marshall

Field's à Chicago, Macy's à New York...), qui forge les pratiques commerciales modernes, notamment les achats directs auprès des industriels (sans intervention d'un grossiste), les techniques d'exposition des marchandises ou encore les techniques d'animation promotionnelle. À la différence de nombreuses autres formes de commerce, les grands magasins prônent explicitement un plus grand respect des clients, notamment en popularisant la devise : « Le client a toujours raison. »

Dans bien des pays, notamment en France, les grands magasins sont également des acteurs majeurs de la vente par correspondance. Cette forme de vente se développe avec l'apparition des services postaux (en 1870 aux États-Unis) et du transport par rail. Dans un pays aussi vaste que les États-Unis, les acteurs de la vente par catalogue resteront les leaders du commerce pendant un siècle. Sears, notamment, ne sera détrôné qu'en 1962 par Wal-Mart (après avoir été l'un des précurseurs des chaînes de magasins dès 1921).

LES ORIGINES MODERNES DU MARKETING

Si les racines du marketing remontent au moins au XIXe siècle, le développement du marketing moderne doit être rapporté au tournant du siècle, qu'il s'agisse de nouvelles pratiques comme l'étude plus systématique des marchés, ou de nouvelles institutions comme les détaillants en libre-service. Les techniques de marketing se développent plus tardivement en France ou en Allemagne, les États-Unis et le Royaume-Uni étant précurseurs. Cette avance anglo-saxonne s'expliquerait par l'importance des secteurs de la grande consommation (relativement aux industries de biens intermédiaires et aux services financiers) et par l'émergence d'un marché national dès la fin du XIXe siècle.

L'essor de nouvelles pratiques

Aux États-Unis, les trente premières années du XXe siècle constituent une période très propice au développement de nouvelles pratiques – qui pour certaines existaient avant mais qui sont désormais plus fréquentes – comme l'étude systématique des marchés, la segmentation, le contrôle aval de la commercialisation, ou le développement des marques grâce à la publicité.

L'étude plus systématique des marchés

Les études de marché sont progressivement considérées comme indispensables pour mener à bien les affaires et prendre de meilleures décisions (étude de la concurrence ou des besoins exprimés par les consommateurs, estimation d'un potentiel de marché, etc.). Aux États-Unis, plusieurs entreprises disposent de leur propre département d'étude dès la fin des années 1910, comme Eastman en 1916. Les autres pionniers sont US Rubber Co., Swift & Co. ou encore Curtis Publishing Co. dans le domaine de la presse.

Les études internationales de J. Walter Thompson, à partir de 1927

J. Walter Thompson (JWT) était déjà la première agence de publicité mondiale quand, en 1927, elle gagna le compte General Motors (GM) à l'international. Depuis plusieurs années déjà, l'agence était gagnée à la cause d'une « publicité scientifique » basée sur des faits. En 1920, elle avait engagé le célèbre psychologue behavioriste John B. Watson pour démontrer qu'il était nécessaire de comprendre avec rigueur les comportements de consommation. En 1921, elle avait monté un département d'études de marché sous la direction du professeur Paul Cherrington de la Harvard Business School. Mais l'accord avec GM, le leader mondial de l'automobile avec près de 300 000 véhicules assemblés dans douze pays (hors États-Unis), allait donner un élan considérable aux efforts de recherche commerciale de JWT. Conformément à l'accord signé avec GM, JWT ouvra un bureau dans chaque pays où le constructeur automobile avait des opérations significatives (quinze bureaux ouverts entre 1927 et 1930). Dans chacun de ces différents pays, à partir de méthodes développées aux États-Unis, JWT débuta alors un effort de collecte de données considérable pour analyser la sociologie de chaque pays, les comportements de consommation et l'usage des médias (la presse en l'occurrence). En novembre 1928, moins de deux ans après l'ouverture de ses bureaux à l'étranger, JWT avait rédigé plus de deux cent vingt rapports dans douze pays, interrogé plus de 44 000 personnes par voie de questionnaire, dont plus de dix mille dans le seul secteur de l'automobile pour le compte de GM. Ces informations étaient diffusées en interne afin d'adapter la stratégie publicitaire à chaque pays (contenu des messages et choix des supports), mais elles ont également été publiées régulièrement sous la forme d'un ouvrage intitulé *Population and its Distribution*. Cet ouvrage est devenu un standard dans les milieux professionnels, avec une diffusion payante de plus de trois mille exemplaires en 1931. Dès le début des années 1930, l'idée d'une publicité basée sur des faits était acceptée par de nombreux professionnels américains.

Source : Merron, 1999.

La segmentation des marchés

La segmentation des marchés – qui consiste à différencier les produits selon les cibles visées – se traduit d'abord par un développement systématique de l'offre selon différents niveaux de qualité et de prix, puis par l'apparition de nouvelles cibles.

La segmentation de l'offre par niveaux de qualité et de prix

L'adaptation des produits aux attentes des clients est une démarche connue dès le début du siècle. En 1913, Arbuckle Brothers, conseillé par son agence J. Walter Thompson, commercialise son produit sous deux marques, Ariosa et Yuban : la première est destinée au grand public et la seconde à une clientèle plus aisée. La segmentation est pratiquée régulièrement par de nombreux industriels, comme Parker Pen Co. qui dans son catalogue de 1899 offre plus de quarante stylos allant de 1,50 dollar à 20 dollars, ou encore General Motors avec son slogan : *A car for every purse and purpose.*

General Motors : « *a car for every purse and purpose* »

« Nous avons dit en premier lieu que l'entreprise devait produire un modèle de voiture pour chaque type de prix, du plus modique à celui qui justifie un véhicule haut de gamme produit en série – sans pour autant nous aventurer dans la zone fantaisiste des prix correspondant à une production limitée ; en second lieu, que l'échelle de prix ne devait pas faire apparaître d'écarts trop importants, mais que ceux-ci devaient toutefois être suffisamment significatifs pour que le nombre de modèles, bien que suffisant pour offrir une gamme complète, reste dans les limites du raisonnable, et que les grands avantages de la production en série restent assurés ; et troisièmement, qu'aucun véhicule produit par l'entreprise ne devait faire double emploi avec un autre dans chaque zone de prix. »

Source : Alfred P. Sloan, 1972 cité dans Tedlow, 1996.

De nouvelles cibles

Dans le secteur des produits de grande consommation manufacturés, les femmes deviennent la cible explicite des industriels, contraignant les managers à apprendre à mieux les connaître, voire même à forger de nouvelles règles du jeu commercial. Bien plus tard, avec l'avènement de la télévision, on parlera de la fameuse « ménagère de moins de 50 ans », cible reine entre toutes ! La fragmentation du marché met en évidence des catégories de clients dont on pense souvent que la prise en compte effective par les entreprises date de la période contemporaine, alors qu'elle remonte parfois à plusieurs décennies (consommation des minorités ethniques, des enfants, des homosexuels…).

La prise de contrôle de la commercialisation

Alors que certains industriels vont jusqu'à prendre le contrôle de leur distribution, au niveau des grossistes ou même des détaillants, d'autres se contentent d'investir pour obtenir des intermédiaires le soutien nécessaire afin d'écouler leurs marchandises. Quelle que soit leur politique, les industriels investissent massivement dans ces nouvelles activités commerciales.

La prise de contrôle plus ou moins directe

Certains industriels prennent le contrôle de leur distribution de gros, notamment dans le secteur des produits destinés aux agriculteurs et de la viande emballée (les *meat packers*

Le marché des consommateurs gays existe depuis plus de 100 ans

Depuis les années 1990, il est communément admis que le marché des produits et services consommés par les clients homosexuels masculins (les *gays*) est à la fois substantiel et lucratif. Cela dit, une étude historique américaine montre clairement que ce marché existe depuis plus de cent ans et que l'on peut en discerner trois phases : une phase *underground* (de la fin du XIXe siècle jusqu'à la Seconde Guerre mondiale), suivie d'une phase communautaire (des années 1940 aux années 1970), puis d'une phase *mainstream* (depuis les années 1980). Pendant la première phase, le marché s'est essentiellement formé « par inadvertance », modelé par les consommateurs eux-mêmes, de façon proactive, à travers leurs choix de consommation (les vêtements, notamment la cravate rouge ; les lieux de rencontre, notamment les restaurants et les bars ; les lieux d'habitation, comme les YMCA). Pendant la phase communautaire, le marché s'est développé par regroupements volontaires dans des quartiers spécifiques (Greenwich Village à New York, North Beach à San Francisco...), mais aussi grâce à la presse spécialisée et à la vente par correspondance. Depuis une trentaine d'années, le marché se développe de façon plus visible, en parallèle du mouvement général de libération sexuelle. Le marché des produits et services consommés par les gays est désormais *visé* par les entreprises non communautaires, le nombre de consommateurs gays étant estimé entre 8 et 10 millions aux États-Unis. Le ciblage des consommateurs gays passe par la diffusion de publicités dans les médias communautaires (*The Advocate* depuis 1979 pour la vodka Absolut, par exemple), mais aussi par le développement de message et d'offres spécifiques. Ikea est notamment considérée comme l'entreprise ayant diffusé la première publicité télévisée mettant en scène un couple gay, en 1994. Depuis quelques années – souvent inspirés de considérations religieuses – les conservateurs réagissent vigoureusement à ces initiatives. Les actions de boycott, notamment, sont fréquentes, contraignant les entreprises *mainstream* à diffuser désormais des publicités plus codées, moins directes... Cela dit, il ne s'agit pas d'un retour au marketing *underground* d'il y a cinquante ans. Le marché des produits et services consommés par les gays a tellement progressé que l'on peut même envisager des segmentations plus fines.

Source : Branchik, 2002.

comme Swift & Co). D'autres industriels gèrent des activités de vente au client final, en porte à porte ou par correspondance, notamment pour de nombreux produits innovants comme les machines à écrire, les machines à laver, les bicyclettes, etc. La prise de contrôle directe des détaillants reste très exceptionnelle en raison des difficultés et des coûts associés à cette politique. Certains sont même amenés à faire marche arrière, comme Ford qui cessa la vente directe en 1917 alors que la production atteignait plus de 600 000 voitures par an... soit un tiers des ventes actuelles de Renault dans le monde, avec les moyens organisationnels de l'époque ! L'invention de la franchise permet aux industriels de contrôler les distributeurs sans avoir à assumer le coût complet de l'internalisation.

Les accords de stabilisation des prix entre industriels et distributeurs se multiplient. Des boycotts sont parfois organisés pour forcer les intermédiaires à respecter les politiques tarifaires négociées. De nombreux industriels accompagnent leurs offres commerciales d'offres de financement (crédit à la consommation, paiement fractionné, etc.), à l'instar de Singer dès les années 1850, ou des constructeurs automobiles, comme General Motors dont une filiale dédiée est établie dès 1919.

La mise en place d'une force de vente

Les industriels animent les réseaux de magasins avec des formations, de la publicité dans les vitrines ou des démonstrations auprès des clients. Pour ce faire, nombreux sont ceux qui mettent en place des forces de vente à leurs couleurs et forment ces vendeurs pour gagner en efficacité. Les méthodes s'améliorent fortement et les vendeurs s'appuient sur des moyens nouveaux comme les brochures ou les courriers envoyés aux clients suite aux rendez-vous en face à face. Les actions commerciales destinées à encourager les distributeurs à coopérer avec les industriels se multiplient : opérations promotionnelles, formations à la mise en avant des produits, etc. Les industriels ne visent pas seulement à vendre plus mais également à vendre mieux, accompagnant leurs démarches promotionnelles d'offres de service aux distributeurs.

Une nuit d'angoisse chez Coca-Cola

« En 1927, Robert Woodruff [directeur général] réunit tous les commerciaux de terrain à Atlanta et leur annonça que le département des ventes venait d'être supprimé, ce qui entraînait par voie de conséquence la perte de leur travail. En même temps, il leur demandait d'assister le lendemain à une réunion pour examiner leurs perspectives de réemploi dans l'entreprise. Après ce qui dut être pour ces hommes une nuit d'angoisse, il leur annonça que Coca-Cola créait un secteur des services à la clientèle, dans lequel chacun d'entre eux se voyait proposer un emploi [...] Woodruff prétendait qu'en cette fin des années vingt, les formules de vente héritées du passé étaient devenus obsolètes, parce qu'elles étaient fondées sur des stratégies d'accroissement quantitatif du réseau de distribution. Or chaque débit de boisson ou presque sur le territoire national passait désormais régulièrement des commandes et proposait du Coca-Cola de façon permanente [plus de cent mille buvettes à l'époque]. Dès lors, il fallait que l'effort de vente de Coca-Cola soit axé non plus sur la vente de marchandises à des détaillants, mais sur la promotion des ventes au service des détaillants eux-mêmes. Les membres de la force de vente sur le terrain allaient cesser d'être des représentants pour devenir des pédagogues, en matière de réfrigération, de gazéification et d'hygiène. »

Source : Tedlow, 1996.

Le développement de marques puissantes grâce à la publicité

La fixation d'un prix reflétant la valeur psychologique du produit devient de plus en plus souvent la règle. De fait, les marques les plus puissantes et les plus réputées arrivent à faire accepter des prix supérieurs. Ces marques se développent grâce à des budgets publicitaires conséquents qui permettent de construire une image… et non pas seulement de vendre des produits. La publicité est également utilisée pour transformer les mentalités et faire évoluer les attitudes générales du public par rapport à la consommation. Par exemple, dans les années 1930, une campagne publicitaire britannique d'ampleur exceptionnelle a contribué à améliorer la perception du prêt immobilier (considéré jusqu'alors très négativement par les foyers modestes), permettant ainsi d'augmenter significativement le nombre de primo-accédants à la propriété.

En combinant l'étude et la segmentation des marchés, les politiques d'incitation et de sanction des intermédiaires, la vente de produits marqués soutenus par de la publicité ainsi que l'appui de leurs vendeurs sur le terrain, les industriels contrôlaient en partie la commercialisation de leurs produits. Comme l'indique Cochoy, « le fabricant parvenait enfin à tourner le grossiste, convertir le détaillant, convaincre le client. Au terme de ce processus, tout le monde avait changé d'identité : le petit fabricant était devenu une grande marque, le client traditionnel un consommateur moderne, le détaillant récalcitrant un fidèle distributeur ».

Le développement de nouvelles institutions

De nouvelles institutions voient le jour pour aider l'ensemble des acteurs à mieux contrôler leurs marchés : agences de publicité à service complet, instituts spécialisés dans l'étude des marchés, nouvelles formes de commerce, institutions de transmission des connaissances marketing naissantes.

Les agences de publicité à service complet

Au XIXe siècle, les premières agences de publicité se contentaient de revendre de l'espace publicitaire aux marques (on parle aujourd'hui de régies publicitaires). La création d'agences proposant des services plus complets, notamment la création publicitaire et le test d'annonces, date du début du XXe siècle aux États-Unis et en Angleterre. En France, les agences se développent également, qu'il s'agisse de filiales françaises d'agences anglo-saxonnes, ou d'agences hexagonales comme Jep et Carré, DAM, ou Publicis créé en 1926 par Marcel Bleustein-Blanchet.

Les sociétés d'étude des marchés

Les industriels créent des départements d'étude commerciale et les agences de publicité à service complet interviennent parfois en amont, dans la conception même du produit, sur la base d'études de marché qu'elles peuvent mener. Mais le développement des études de marché s'accompagne de la création d'entreprises spécialisées dans cette activité, avec par exemple, AC Nielsen en 1923 et Gallup en 1935 aux États-Unis, GfK en 1934 en Allemagne ou l'IFOP en France, créé par Jean Stoezel en 1938.

Les nouvelles formes de commerce

Comme l'indique Cochoy, « pour articuler une production et une consommation de masse, il convenait d'inventer de nouvelles formes de distribution, de mettre en jeu de nouveaux acteurs ». Dans le secteur du commerce, les choses s'accélèrent donc au début du XXe siècle, notamment aux États-Unis qui désormais deviennent le pays des innovations commerciales. La vente en « *cash and carry* » est lancée en 1908, permettant d'éviter le crédit ; le « self-service » est instauré en 1916 et se développe rapidement, même si certains magasins font marche arrière dans les années 1920 ; les chaînes de magasins se répandent, captant 18 % du commerce américain en 1928 contre 4 % en 1921, soulevant (déjà !) la réprobation de nombreux petits commerçants. Avec les chaînes se développent des pratiques qui feront florès dans les décennies suivantes, comme le contrôle des stocks, l'analyse systématique des ventes, l'achat spéculatif visant à acheter massivement auprès des industriels pendant les périodes de promotion, les prix d'appel, les mises en avant, etc. Dans les années qui suivirent la Seconde Guerre mondiale, le développement des chaînes fut spectaculaire dans le domaine alimentaire, puis non alimentaire. Ce développement fut complété par l'émergence de nouvelles formes de commerce notamment les centres commerciaux et les hypermarchés offrant « tout sous le même toit ». Aux États-Unis, le nombre de centres commerciaux est ainsi passé de huit en 1945, à 3 840 en 1960, cette forme de commerce devenant l'un des lieux de vie majeur en dehors des foyers.

Les institutions de transmission de la connaissance

Les institutions académiques se développent pendant le XIXe siècle, avec la première école de commerce en France (1819) et les premières universités commerciales en Allemagne (1898). Les premiers cours de marketing sont donnés en 1902 aux États-Unis et, par la suite, plusieurs manuels sont publiés dès les années 1910. Le savoir se développe massivement et se transmet dans les *business schools* universitaires, notamment Harvard, dès 1905. La presse professionnelle se développe également, permettant aux managers de mieux saisir les enjeux des nouvelles pratiques commerciales. La vente et la publicité sont les deux domaines qui, à cette époque, attirent le plus l'attention.

S'il est désormais clair que l'origine du marketing est ancienne, on peut supposer que son évolution n'a pas été linéaire au cours du temps. De fait, la deuxième partie de ce chapitre se donne pour objectif de mettre en évidence les grandes phases et les périodes charnières.

SOUS L'ÉCUME, LES MOUVEMENTS DE FOND

Plus qu'une succession d'innovations présentées comme abusivement radicales, plus qu'une succession de périodes parfois découpées artificiellement, l'évolution globale du marketing résulte de la combinaison de plusieurs mouvements internes qui sont à l'œuvre depuis près de deux siècles. Ci-dessous, nous présentons quatre grands mouvements : l'évolution des relations entre ceux qui fabriquent et ceux qui commercialisent ; l'alignement de la production sur la vente, puis de l'entreprise sur le client ; le développement d'institutions spécifiques ; la sophistication et la réflexivité croissante des pratiques. Si chaque mouvement a sa propre dynamique, l'évolution du marketing résulte aussi des interactions entre ces mouvements. Quand ils vont dans le même sens, le marketing évolue plus fortement.

L'évolution des relations entre ceux qui fabriquent et ceux qui commercialisent

L'évolution des relations entre ceux qui fabriquent (artisans, producteurs, industriels…) et ceux qui commercialisent (marchands, grossistes, commerçants, distributeurs…) constitue une dynamique centrale de la vie des affaires, avec de profondes répercussions sur les pratiques de marketing.

Des rôles en constante évolution

À certaines époques, les rôles de production et de commercialisation se confondent. Ainsi, au Moyen Âge, les artisans vendent directement leur production et certains marchands se font producteurs. Plus près de nous, des industriels développent leurs propres réseaux de points de vente et certains commerçants produisent massivement à leur nom, comme Marks & Spencer ou Casino dès la fin du XIXe siècle. À d'autres époques, en revanche, les rôles de fabrication et de commercialisation se distinguent nettement. Des intermédiaires apparaissent pour faire le lien avec le client final : grossistes, chaînes de détaillants, hier ; comparateurs de prix sur le Web, aujourd'hui. Ces flux et reflux de l'intermédiation – division du travail et séparation plus ou moins nette des rôles, apparition de nouveaux intermédiaires et disparition d'intermédiaires anciens, conflits et partenariats entre les acteurs dans les canaux de distribution, etc. – constituent l'un des mouvements les plus importants pour rendre compte de l'évolution des pratiques commerciales sur la longue durée. Dans ce jeu, le marketing a été une arme concurrentielle à la fois pour ceux qui fabriquent et pour ceux qui commercialisent, dans un contexte global où la concentration progressive de la distribution a fait pencher le pouvoir en faveur de ceux qui commercialisent.

Le marketing, moyen de lutter contre le commerce...

Compte tenu des faibles moyens en termes d'organisation et de communication, la production de masse a conduit la plupart des producteurs à perdre le contrôle de leurs marchés, ceux-ci devenant géographiquement de plus en plus vastes. Plus gros, les producteurs ont également perdu en proximité avec leurs clients. Des intermédiaires sont alors apparus pour consolider ces chaînes qui s'allongeaient, pour faire le pont entre les producteurs et leurs clients devenus des consommateurs anonymes : concessionnaires dans l'industrie automobile, embouteilleurs dans l'industrie des colas, etc.

Pour les producteurs, il devint rapidement nécessaire de mettre en place des dispositifs spécifiques pour contrôler et animer le canal de distribution. Vis-à-vis du client final, ce sera le rôle de la marque et, plus récemment, des programmes de fidélité. Vis-à-vis des intermédiaires, ce sera un mélange de programmes (promotions de vente, formation...), de contrats (franchise, concession...), voire une intégration vers l'aval avec l'acquisition directe d'intermédiaires, notamment dans le secteur des produits durables. L'ouvrage publié en 1926 par Francis Elvinger s'intitule : *La Marque, son lancement, sa vente et sa publicité – La lutte entre l'industrie et le commerce*. Ce titre, accompagné de son sous-titre, indique on ne peut plus clairement que la marque constitue un levier de pouvoir pour l'industriel, dans sa lutte avec le distributeur pour conquérir le client final.

... et moyen pour faire face à l'industrie !

Au développement des marques par les industriels, les intermédiaires ont naturellement réagi en travaillant leur image, en développant la vente à distance, en améliorant l'efficacité des techniques d'exposition des marchandises, en multipliant les produits à leur nom, voire même en intégrant la production en amont.

L'alignement de la production sur la vente, puis de l'entreprise sur le client

On retrouve la rivalité entre ceux qui fabriquent et ceux qui commercialisent – analysée ci-dessus au niveau des organisations – au sein même de chaque entreprise, entre la fonction de production et la fonction de vente. Pour Tedlow, la coordination entre la fabrication et les ventes constitue « le principal problème rencontré par les entreprises depuis les débuts de la première révolution industrielle ». Sur la longue durée, un meilleur alignement des fonctions de l'entreprise sur la fonction commerciale – et, à travers elle, sur le client – constitue un mouvement essentiel, que les enjeux de cet alignement soient strictement techniques et technologiques, ou plus culturels et, parfois même, idéologiques.

La transmission d'informations vers l'usine

Un premier alignement consiste non pas à « vendre en fonction de l'impératif des usines mais à produire en fonction des attentes des consommateurs », qu'il s'agisse de la nature de ce qui est produit ou des volumes manufacturés. De fait, au début du XXe siècle, l'alignement de la production sur la vente prend essentiellement une dimension technique : il s'agit de communiquer à l'usine des prévisions de vente le plus juste possible, tant sur les qualités attendues par le marché que sur les quantités commercialisables. Ainsi, par exemple, General Motors ajuste les quantités produites aux prévisions des ventes dès les années 1920.

Le développement d'une culture client

Un deuxième alignement, plus tardif que le premier, de nature également plus culturel que technique, consiste à faire en sorte que la direction commerciale « multiplie les liens avec les autres rouages et fonctions de l'entreprise de façon à mettre le consommateur au centre des processus de décision et d'action ». À la fin du XXe siècle, cet alignement devient un enjeu organisationnel majeur, pour faire en sorte que l'orientation marché se diffuse dans toute l'organisation, y compris auprès des fonctions support qui ne sont pas *a priori* en relation avec les clients. On parle alors d'une « culture client », où le marketing dit « relationnel » recommence à jouer un rôle, comme avant l'ère industrielle, pour souder les relations entre tous les acteurs de la chaîne, jusqu'au client final.

Le développement d'institutions spécifiques

Le marketing ne serait pas ce qu'il est sans le développement de nombreuses institutions qui participent à informer les clients (agences de communication, médias…), informent les entreprises en retour (instituts d'études de marché…), prennent en charge les flux physiques (grossistes, logisticiens spécialisés…), présentent les offres au public (détaillants de toutes sortes), permettent le financement des achats (sociétés financières…), etc. La vie et la mort de ces institutions, la concurrence qu'elles se livrent, leur plus ou moins bonne santé règlent le cours du marketing de façon déterminante.

La multiplication d'institutions de plus en plus spécialisées

Le cours de l'histoire va vers une multiplication des institutions, y compris dans les secteurs où on leur prédisait de disparaître, comme le Web. On peut également dire que ces intermédiaires sont de plus en plus spécialisés et qu'en contrepartie, ils doivent de plus en plus coopérer pour faire en sorte d'accélérer le rythme des échanges, tout en réduisant le plus possible les coûts de transaction. Ces institutions sont de plus en plus virtuelles, puisque les flux se dématérialisent toujours plus (des pièces de monnaie au portefeuille électronique, des produits alimentaires en vrac aux services digitalisés, etc.).

La concurrence entre institutions

La multiplication des institutions s'explique par la naissance de nouveaux intermédiaires, sans que les anciens disparaissent vraiment. Ainsi, les boutiques et les grands magasins sont toujours là, même si de nouvelles formes d'intermédiation sont nées (hypermarchés, magasins de maxi-discompte, sites marchands sur Internet, etc.). Chaque entreprise pèse peu sur le devenir de ces institutions, mais la concurrence parfois acharnée qu'elles se livrent, les coopérations et partenariats qui se nouent rythment la marche du marketing.

La dynamique du système marketing

Les pratiques commerciales et les institutions se répondent en écho, pour former un « système » marketing en permanente évolution. Comme on le voit ci-dessous dans l'exemple du libre-service, les pratiques sont en interaction les unes avec les autres. Par ailleurs, les pratiques commerciales sont également en interaction avec les institutions qui les permettent et les façonnent. Tout cela crée une dynamique dont l'évolution est rarement prévisible.

La sophistication et la réflexivité croissante des pratiques

Il ne faudrait pas naïvement penser que les pratiques d'antan étaient simplistes. Cochoy défend même l'idée qu'entre les années 1850 et la fin des années 1920, « tous les outils du marketing moderne, à quelques détails et raffinements près, avaient été inventés ». Cela dit, les techniques commerciales sont de plus en plus sophistiquées et il ne s'agit pas seulement d'un changement de degré, mais aussi d'un changement de nature. Ces techniques sont utilisées de façon de plus en plus raisonnée, avec une volonté d'apprentissage qui caractérise la réflexivité du management contemporain.

Le libre-service, vecteur de transformation des pratiques commerciales

Le développement des magasins en libre-service – à partir du début du XXe siècle aux États-Unis et après la Seconde Guerre mondiale en France ou au Royaume-Uni – a eu un impact profond sur les pratiques commerciales et sur l'expérience des clients. L'absence de vendeur ne permettait plus à la clientèle de demander des conseils… et ne permettait plus au vendeur d'influencer les clients pour acheter tel produit en promotion, la marque du magasin, ou tel produit à forte marge. Comme l'indique un expert du commerce dans les années 1950, « si on laisse la ménagère livrée à elle-même, elle se vend à elle-même en moyenne bien davantage que ce que le meilleur commis parvient à lui vendre derrière son comptoir les jours les plus fastes » (Zimmermann, 1955, cité dans Tedlow, 1996). Mais la « ménagère » est-elle vraiment « livrée à elle-même » dans un magasin en libre-service ? La réponse est assurément négative. L'absence de conseil est en partie contrebalancée par la présence d'un emballage qui permet aux clients de repérer facilement la marque et de prendre connaissance des informations nécessaires avant l'achat (on parle d'ailleurs du packaging comme d'un « vendeur muet »). L'absence de vendeur a également été compensée par la plus grande importance donnée aux marques, qui se faisaient connaître du plus grand nombre à la radio, puis à la télévision.

Une sophistication progressive des techniques

Les pratiques commerciales sont de plus en plus sophistiquées dans le sens où l'environnement légal est plus complexe, les technologies de plus en plus présentes et le consommateur de moins en moins à l'aise avec des démarches trop directes ou abruptes. L'usage de l'humour par exemple est un bon marqueur de cette sophistication croissante des messages publicitaires. La communication évolue de la réclame – où l'on n'hésitait pas à répéter le nom de la marque plus d'une dizaine de fois en quelques secondes – vers une communication participative où le client s'implique dans la conception de l'offre et du message (interactivité, Web 2.0, *user generated content*…). La communication de masse évolue vers des techniques plus ciblées, voire personnalisées, avec le marketing direct (courriers postaux, appels téléphoniques) puis l'usage massif des technologies de communication électroniques à partir des années 2000 (courriers électroniques, sites Web, marketing sur téléphone mobile…) couplé aux bases de données nominatives.

Une réflexivité renforcée…

Les techniques s'appuient de plus en plus sur des cadres généraux (méthodes, concepts et théories) qui permettent de les appliquer de façon rigoureuse et systématique. Il est alors possible de comprendre le lien entre les actions et les résultats, ce qui permet un apprentissage au niveau de l'organisation tout entière. Cette réflexivité croissante est renforcée d'une part par des institutions dont la mission consiste à transmettre les connaissances plus ou moins formalisées (revues, programmes de formation, etc.) et, d'autre part, par la disponibilité sans cesse croissante de technologies pour traiter les informations (des fiches manuelles aux entrepôts de données, des calculateurs mécaniques aux supercalculateurs, des calculs agrégés simples aux modèles stochastiques permettant de prédire les comportements individuels…).

…mais contrastée selon les fonctions

Cela dit, la réflexivité n'est pas homogène d'une fonction à l'autre du marketing. Plus qu'un mouvement de fond, il s'agit d'une multitude d'évolutions propres à chaque fonction du marketing. Ainsi, par exemple, la réflexivité des techniques d'études marketing est très supérieure à celle des techniques de communication ; la réflexivité de la communication directe très supérieure à celle de la publicité, etc. Ces différences tiennent notamment à l'usage de modèles – et de données associées à ces modèles – qui se développe fortement dans certains secteurs du marketing (prévision des ventes, médiaplanning, géomarketing, ciblage comportemental…).

Conclusion : une histoire, des histoires

Après avoir examiné l'évolution globale du marketing en conservant intacte la fiction d'un seul et unique marketing, force est de constater qu'il n'existe pas *un* marketing, mais plusieurs, selon les pays et selon les secteurs : le marketing ne s'est pas développé aux États-Unis comme en France ; le marketing des produits de grande consommation n'est pas celui des institutions culturelles ou des services financiers, etc. De fait, les questions sont nombreuses : quels sont les pays précurseurs et les pays suiveurs ? Les suiveurs se sont-ils contentés de copier, d'adapter ou de réinterpréter les pratiques anglo-saxonnes ? Le marketing se diffuse-t-il de façon homogène d'un secteur à l'autre, ou les formes qu'il prend sont-elles radicalement différentes ?

Par ailleurs, l'histoire du marketing n'est pas seulement celle des pratiques et des institutions, comme nous venons de l'évoquer, mais également celle des concepts et des théories. En effet, le marketing est une discipline académique depuis maintenant un siècle, avec ses revues scientifiques et ses sociétés savantes, ses manuels et ses chaires universitaires. Dans l'histoire du marketing, pratiques et théories s'entremêlent. Par exemple, comment mettre en place des programmes de fidélisation avant même de savoir ce que recouvre le concept de fidélité en marketing ? Les concepts et les théories apparaissent conjointement avec les pratiques et les institutions, formant une mosaïque d'histoires qui se croisent…

Reconnaître qu'il existe plusieurs histoires du marketing permet assurément de donner un éclairage plus fin sur cette pratique importante du management moderne. Si ces histoires de marketing restent largement à écrire, nous espérons avoir démontré l'intérêt de la démarche historique en marketing et pourquoi pas… avoir donné envie à certains de poursuivre l'aventure intellectuelle par d'autres lectures[1].

CE QU'IL FAUT RETENIR

Comprendre l'origine historique et les évolutions du marketing depuis près de deux siècles permet une prise de recul nécessaire à l'action… ne serait-ce qu'en relativisant les « révolutions » qui sont annoncées chaque jour. Ce chapitre montre que l'histoire officielle du marketing – telle que présentée dans la plupart des manuels universitaires, y compris les plus récents – est fortement remise en cause. En effet, les travaux d'historiens montrent clairement que l'origine du marketing n'est pas exclusivement américaine et que cette origine ne date pas des années 1950. Le marketing est une pratique ancienne dont les racines remontent au moins au XIXe siècle et dont les origines modernes sont situées entre 1880 et 1930, avec la volonté des entrepreneurs de développer activement leurs marchés. Une première phase du marketing est liée à la production de masse, dès le début du XXe siècle dans de nombreuses industries (notamment la grande consommation et l'automobile). Une seconde étape est liée à la segmentation démographique et socioculturelle des marchés qui, dans certains secteurs, est menée dès les années 1920. Mais plus qu'une succession d'innovations souvent présentées comme abusivement radicales, plus qu'une succession de périodes parfois découpées artificiellement, l'évolution globale du marketing résulte avant tout de la combinaison de plusieurs mouvements de fond : l'évolution des relations entre ceux qui fabriquent et ceux qui commercialisent, le marketing ayant été utilisé par les deux camps ; l'alignement des activités de production sur les activités de vente, puis sur le client ; le développement d'institutions spécifiques (agences de publicité et médias, grands magasins et chaînes, instituts d'études…) ; la réflexivité croissante de pratiques qui sont de plus en plus sophistiquées. Toutefois, force est de constater qu'il n'existe pas *un* marketing, mais plusieurs, selon les pays et selon les secteurs… Par ailleurs, l'histoire du marketing n'est pas seulement celle des pratiques et des institutions, mais également celle des concepts et des théories, le marketing étant une discipline académique depuis presque cent ans. Ces histoires de marketing restent largement à écrire… ce qui n'enlève rien à l'intérêt du sujet, bien au contraire.

1. Les lecteurs sont notamment encouragés à consulter le site de la Conference on Historical Research in Marketing (CHARM), conférence académique ayant lieu tous les deux ans depuis 1983 et qui présente les nouvelles recherches dans le champ de l'histoire du marketing (les textes sont librement accessibles sur le Web).

RÉFÉRENCES BIBLIOGRAPHIQUES

Alexander A., Nell D., Bailey A.R. et Shaw G., (2009). « The Co-Creation of a Retail Innovation : Shoppers in the Early Supermarket in Britain », *Enterprise & Society*, 10, 3, p. 529-558.

Beard F.K. (2005). « One Hundred Years of Humor in American Advertising », *Journal of Macromarketing*, 25, 1, p. 54-65.

Bourassa M. A. et Murphy W.H., Stanley C. Hollander's (1953). « Sales Devices throughout the Ages, from 2500 BC to 1953 AD », *Journal of Historical Research in Marketing*, 1, 1, p. 171-177.

Branchik B.J. (2002). « Out in the Market : A History of the Gay Market Segment in the United States », *Journal of Macromarketing*, 22, 1, p. 86-97.

Chessel M.-E. (1998). *La Publicité, Naissance d'une profession 1900-1940*, 252 pages, CNRS Histoire.

Church R. (1999). « New Perspectives on the History of Products, Firms, Marketing, and Consumers in Britain and the United States since the Mid-Nineteenth Century », *Economic History Review*, 52, 3, p. 405-435.

Church R. (2008). « Salesmen and the Transformation of Selling in Britain and the US in the Nineteenth and Early Twentieth Centuries », *Economic History Review*, 61, 3, p. 695-725.

Cochoy F. (1999). *Une histoire du marketing*, 391 pages, La Découverte.

Conrad C. (2004). « Observer les consommateurs. Études de marché et histoire de la consommation en Allemagne, des années 1930 aux années 1960 », *Le Mouvement social*, p. 17-39.

Fitzgerald R. (2008). « Marketing and Distribution », in *Oxford Handbook of Business History*, Jones et Zeitlin (éd.), Oxford University Press, p. 396-419.

Fridenson P. (2008). « Business History and History », in *Oxford Handbook of Business History*, Jones et Zeitlin (éd.), Oxford University Press, p. 9-36.

Fullerton R.A. (1998). « How Modern is Modern Marketing ? Marketing's Evolution and the Myth of the Production Era », *Journal of Marketing*, 52, p. 108-125.

Funkhauser G.R. (1984). « Technological Antecedents of the Modern Marketing Mix », *Journal of Macromarketing*, printemps, p. 17-28.

Geoffroy-Bernard F. (2000). « Le marketing et l'édition : mythes et réalités, ou l'esprit (marketing) et la lettre », *Entreprises et histoire*, 24, juin, p. 43-68.

Hollander S.C., Rassuli K.M., Jones D.G.B. et Dix L.F. (2005). « Periodization in Marketing History », *Journal of Macromarketing*, 25, 1, p. 32-41.

Hubbard R. et Norman A.T. (2005). « Examining the Influence of Articles Involving Marketing History, Thought, and Theory : A Journal of Marketing Citation Analysis, 1950s-1990s », *Marketing Theory*, 5, 3, p. 323-336.

Jones D.G.B. et Shaw E.H. (2002). « A History of Marketing Thought », in *Handbook of Marketing*, Sage Publications, p. 39-56.

Jones D.G.B. et Shaw E.H. (2006). « Historical Research in the Journal of Macromarketing, 1981-2005 », *Journal of Macromarketing*, 26, 2, p. 178-192.

Jones D.G.B. et Richardson A.J. (2007). « The Myth of the Marketing Revolution », *Journal of Macromarketing*, 27, 1, p. 15-24.

McDonald C. et Scott J. (2007). « A Brief History of Advertising », in *Handbook of Advertising*, Sage Publications, p. 17-34.

Merron J. (1999). « Putting Foreign Consumers on the Map : J. Walter Thompson's Struggle with General Motors' International Advertising Account in the 1920s », *Business History Review*, 73, 3, p. 465-503.

Meuleau M. (1988). « L'introduction du marketing dans l'entreprise en France (1880-1973) », *Revue française de gestion*, sept.-oct, p. 58-71.

Moore K. et Reid S. (2008). « The Birth of Brand : 4000 Years of Branding », *Business History*, 50, 4, p. 419-432.

Nevett T.R. (2004). « Marco Polo : International Marketing Pioneer », *Journal of Macromarketing*, 24, 2, p. 178-185.

Robinson E. (1963). « Eighteenth-Century Commerce and Fashion : Matthew Boulton's Marketing Techniques », *Economic History Review*, 16, 1, p. 39-60.

Ruiz J.L.G. (2007). « Cultural Resistance and the Gradual Emergence of Modern Marketing and Retailing Practices in Spain, 1950-1975 », *Business History*, 49, 3, p. 367-384.

Scott P. (2008). « Marketing Mass Home Ownership and the Creation of the Modern Working-class Consumer in Inter-war Britain », *Business History*, 50, 1, p. 4-25.

Silk A.J. et Stern W.L. (1963). « The Changing Nature of Innovation in Marketing : A Study of Selected Business Leaders, 1852-1958 », *Business History Review*, 37, 3, p. 182-199.

Strasser S. (1989). *Satisfaction Guaranteed : The Making of the American Mass Market*, 339 pages, Washington, DC, Smithsonian Institution Press.

Tedlow R. S. (1981). « From Competitor to Consumer : The Changing Focus of Federal Regulation of Advertising, 1914-1938 », *Business History Review*, 55, 1, p. 35-58.

Tedlow R. S. (1996). *L'Audace et le Marché. L'invention du marketing aux États-Unis*, 429 pages, Éditions Odile Jacob.

Trentmann F. (2004). « Beyond Consumerism : New Historical Perspectives on Consumption », *Journal of Contemporary History*, 39, 3, p. 373-401.

Ville S. (2009). « "Making Connections" : Insights into Relationship Marketing from Australasian Stock and Station Agent Industry », *Enterprise & Society*, 10, 3, p. 423-448.

Witkowski T.H. (2007). « Special Issue on Marketing History », *Journal of Macromarketing*, 27, 1, p. 235-237.

Zancarini-Fournel M. (1993). « À l'origine de la grande distribution et du succursalisme : Casino, Saint-Etienne 1898-1948 », *Entreprises et histoire*, 4, novembre, p. 27-39.

Zelizer V.A. (1979). *Morals and Markets, The Development of Life Insurance in the United States*, 210 pages, Columbia University Press.

2

Marketing stratégique

Jean-François Trinquecoste

Jean-François Trinquecoste est professeur de sciences de gestion à l'IAE de Bordeaux (université de Bordeaux). Il dirige l'Institut de recherche en gestion des organisations (IRGO) de l'université de Bordeaux, l'équipe de recherche en marketing de l'IRGO et le master 2 de marketing (IAE). Membre du bureau de l'Association française du marketing, il est également membre du bureau de rédaction ou du comité de lecture de plusieurs revues académiques et a été corédacteur en chef de la revue Décisions Marketing *; il est professeur-associé à BEM et membre de la Société française du management (SFM).*

L'expression *marketing strategy* (« stratégie marketing ») fait son apparition dans le titre des articles académiques au cours des années 1960. Un peu moins d'une vingtaine d'années plus tard, s'édifiant sur le corpus désormais bien établi du *marketing management*, un nouveau développement du marketing apparaît : celui du « marketing stratégique » (*strategic marketing*). La différence existant entre *strategic marketing* et *marketing strategy* n'est pas seulement terminologique : elle est aussi conceptuelle. S'il est indéniable que le marketing stratégique englobe la stratégie marketing, il est tout aussi clair qu'il la déborde en se souciant de l'encastrement nécessaire de celle-ci dans le cadre de la stratégie générale.

Stratégie marketing : de l'analyse de la situation à l'élaboration et la mise en œuvre du plan

Marché et concurrence : recherche d'attractivité et mesure de compétitivité

Outre un système d'information marketing (SIM) efficace et des pratiques éclairantes d'intelligence économique (IE), l'analyse du marché et de la concurrence requiert d'étudier le comportement du consommateur, de prévoir l'évolution de la demande future et de diagnostiquer la valeur relative de son offre au regard de celle des concurrents.

Comprendre le consommateur ; comprendre le comportement d'achat

Le marché, ses acteurs et le processus de prise de décision de l'acheteur

Le consommateur est un individu qui utilise le produit – ou le service – acheté et qui tire, de cet usage et/ou de cette possession, un sentiment consécutif de satisfaction ou d'insatisfaction plus ou moins grand. L'achat et la consommation sont souvent l'aboutissement d'un processus préalable ayant associé des acteurs multiples à des stades différents de la décision. Parmi les acteurs possibles, on distingue généralement : l'initiateur, le conseiller, le prescripteur, l'influenceur, l'acheteur et le consommateur. Pour assurer un débouché commercial à l'offre, il est évidemment fondamental que la stratégie marketing retenue tienne compte de l'ensemble des acteurs, de leurs statuts et rôles de même que du moment où ils interviennent dans le processus de prise de décision : reconnaissance du problème, recherche d'informations, évaluation des solutions possibles, décision d'achat et comportement après achat.

Attentes, valeur et satisfaction

De manière générale, une offre représente une valeur aux yeux du marché du fait de sa capacité à procurer des bénéfices matériels ou symboliques liés à son usage ou à sa possession. Cette valeur potentielle est d'autant plus confirmée que les bénéfices procurés correspondent aux avantages recherchés. D'où l'intérêt et l'importance de la séquence vertueuse « qualité – valeur – satisfaction – préférence – fidélité ».

L'analyse des avantages recherchés par la méthode des chaînages cognitifs permet d'établir un *distinguo* et un lien entre les attributs de l'offre qui sont considérés par le consommateur lors de l'achat, les conséquences ou les bénéfices que celui-ci en tire et, enfin, les valeurs personnelles qui sont l'enjeu de la consommation étudiée. Les consommateurs peuvent être considérés comme une combinaison spécifique d'avantages recherchés à laquelle les offres peuvent tenter de correspondre et qui permettent une segmentation fonctionnelle du marché.

Prévoir l'évolution de la demande future

La stratégie ne se limite pas à un exercice de réactivité ; elle se nourrit d'anticipation. La stratégie marketing requiert précisément un exercice de prévision de la demande qui lui permette de préparer et de programmer les changements et autres ajustements nécessaires de l'offre et de contribuer – plus généralement – à la capacité organisationnelle de saisir les opportunités de marché.

Cette prévision de la demande doit concerner tant les aspects qualitatifs de celle-ci (évolution de la nature de la demande globale et des segments qui la constituent, analyse des tendances – *trend marketing*) que ses aspects quantitatifs (évolution des quantités consommées et des valeurs d'exploitation potentielles ou prévisionnelles des segments de consommation par exemple).

Le cas particulier du lancement d'un produit nouveau

Le lancement de nouveaux produits requiert un exercice particulier de prévision et d'anticipation en raison du niveau élevé de risque qui lui est associé. Les prévisions sont notamment destinées à évaluer la recevabilité d'un projet, à déterminer la combinaison optimale des caractéristiques du produit ou du *marketing-mix*, à arbitrer entre plusieurs projets ou plusieurs options commerciales de lancement ou encore à évaluer la capacité de production nécessaire au moment du lancement de même que son évolution dans le temps. Différentes études et différentes précautions sont possibles aux différentes étapes du lancement d'un produit nouveau, parmi lesquelles on peut citer : le filtrage des idées, les tests de concept, les tests de produits, les marchés tests, marchés témoins ou méthodes d'évaluation du marché potentiel.

Diagnostiquer la « valeur » de l'offre

La gamme comme panier de produits

Pour un consommateur, une « offre produits » représente d'abord une possibilité de choix. L'étendue du choix proposé par un fournisseur est dépendante de la largeur de la gamme (nombre de produits différents) et de sa profondeur (nombre de déclinaisons existant des différents produits de la gamme). La gamme contribue à la performance commerciale des produits qui la constituent ; ainsi les produits d'appel (bas de gamme) et de prestige (haut de gamme) permettent-ils, par exemple, d'attirer – pour les uns – ou de rassurer – pour les autres – le consommateur qui pourra *in fine* faire porter son choix sur des produits plutôt situés dans la moyenne de la gamme.

Le produit comme panier d'attributs

Le produit est généralement considéré comme un panier d'attributs ; l'utilité globale procurée par celui-ci est la résultante d'une combinaison des utilités partielles procurées par les différents attributs qui le constituent. Les attributs ne présentent pas, aux yeux des consommateurs, une utilité équivalente (*cf.* tableau 2.1). Le poids accordé par les consommateurs aux différents attributs varie non seulement selon les produits mais aussi en fonction des consommateurs eux-mêmes – et des avantages recherchés – ainsi qu'en fonction des circonstances d'achat ou de consommation anticipées.

Tableau 2.1 – Différentes composantes de l'offre produit

Produit	Choix	Disponibilité	Services	Relations	Coût
Fonctionnalité, performance, design, fiabilité, garantie, style, image, etc.	Largeur et profondeur de gamme.	Distribution : disponibilité, horaires d'ouverture, ambiance, mise en valeur en linéaire.	Délais, installation, formation, conseil, service après-vente.	Relations acheteur-vendeur : compétence, courtoisie, serviabilité, fiabilité, etc.	Prix, coûts indirects, coûts psychologiques, solution de financement.

Différence produit ≠ service → polysémie du terme.

La distribution comme source de disponibilité de l'offre

La distribution est, à la fois, une caractéristique de l'offre – grâce à la disponibilité qu'elle confère au produit – et un premier marché à conquérir au moment de la phase de référencement et de mise en linéaire effective des produits. Deux indicateurs permettent d'exprimer la disponibilité des produits dans les formes traditionnelles de la distribution physique : la « disponibilité numérique » (DN) qui exprime la proportion de magasins dans lesquels le produit est effectivement distribué par rapport au nombre total de magasins de l'univers considéré, et la « disponibilité valeur » (DV) qui exprime la proportion du chiffre d'affaires que cette DN permet d'atteindre ; c'est-à-dire la proportion du chiffre d'affaires total de la classe de produits considérés réalisée par les magasins dans lesquels le produit dont on s'occupe est référencé.

La mise en œuvre opérationnelle de la stratégie marketing ne s'arrête pas au référencement des produits ; encore faut-il que les produits référencés connaissent une bonne rotation en linéaire. Le merchandising – marketing du point de vente – doit, à ce titre, faire l'objet d'une attention et d'un soin particuliers. Il doit permettre aux produits dont il a la charge de bénéficier d'un emplacement favorable dans le magasin et, en linéaire, d'un impact visuel satisfaisant (*facing*) et d'une disponibilité permanente (évitement des ruptures de stock en linéaire). Une analyse comparative des modes de distribution retenus par les acteurs et une évaluation de la disponibilité relative qu'ils confèrent doit faire partie intégrante du diagnostic marketing global préalable aux choix stratégiques.

Identifier l'offre des concurrents et mesurer sa compétitivité

Nature et niveaux de la concurrence

Diagnostiquer les forces et les faiblesses des produits concurrents sur le marché requiert que l'on détermine préalablement le champ concurrentiel. Deux grandes méthodes sont envisageables : l'une est fondée sur les comportements des acheteurs, l'autre sur leurs représentations (*cf.* tableau 2.2). De manière générale, on retiendra que l'analyse concurrentielle des offres permet souvent de parvenir à distinguer trois niveaux de concurrence entre produits : un premier ensemble intuitif constitué de produits quasiment semblables appartenant à la même catégorie ; un deuxième ensemble de produits substituables capables de procurer au marché des bénéfices jugés comparables ; un troisième ensemble de produits « hyperconcurrents » s'adressant à une même cible avec un positionnement proche voire identique.

Tableau 2.2 – La détermination de la concurrence

Détermination de la concurrence sur la base des comportements	Détermination de la concurrence sur la base des représentations
Fondée sur l'observation des comportements effectifs, la première méthode tient à l'étude des élasticités croisées négatives. La question est simple : quels sont les marques ou les produits dont les ventes sont inversement et fortement négativement corrélés ? Cette forte dépendance des ventes exprime que – sous certaines conditions de circonstances d'achat et de consommation envisagée – les produits sont très substituables.	La seconde approche des univers concurrentiels fait la part belle aux représentations. Il s'agit de considérer que sont concurrents des marques ou des produits pris en considération au moment de l'achat et/ou qui sont perçus comme présentant de fortes similitudes ; cet ensemble peut varier selon les circonstances d'achat et de consommation prévues (ensemble de considération ; ensemble évoqué).

Éviter la concurrence interne

Il convient d'être attentif à la concurrence possible entre produits d'une même gamme. Elle aboutit parfois à de préjudiciables situations de cannibalisation entre produits d'une même entreprise. Les ventes d'un produit de la gamme se font alors aux dépens des ventes d'un autre produit. Cette situation doit être évitée sauf lorsqu'on pense que les effets limités d'une cannibalisation raisonnée et raisonnable sont le prix à payer pour empêcher un concurrent de s'installer sur un segment déjà exploité.

Évaluer les offres concurrentes par le modèle attentes/valeur

Dans le cadre d'une approche transactionnelle, la préférence pour un produit ou un service donné peut s'expliquer par le modèle attentes-valeurs. La méthode en est simple. Un produit représente une utilité pour celui qui l'acquiert. Cette utilité globale est une combinaison d'utilités partielles – celles des attributs qui composent le produit – dont l'importance est variable aux yeux de l'acheteur. Le plus souvent cette utilité globale est calculée sur la base d'un modèle compensatoire additif ; en d'autres termes, la faiblesse éventuelle de la performance perçue du produit ou de la marque sur un critère – ou un attribut – donné est supposée être compensée dans l'esprit du consommateur par une performance meilleure sur un ou plusieurs autres critères.

L'analyse des choix selon les modèles attentes/valeurs permet notamment de tirer quelques conclusions tenant aux efforts prioritaires à accomplir. Ce diagnostic conduit tout particulièrement à identifier une zone d'amélioration nécessaire constituée d'attributs sur lesquels le score de compétitivité de la marque est jugé défavorable alors que ces attributs sont par ailleurs déclarés importants pour le choix (*cf.* tableau 2.3).

Tableau 2.3 – Matrice d'identification des améliorations prioritaires

	Degré faible de performance concurrentielle perçue	**Degré élevé de performance concurrentielle perçue**
Faible importance attribuée à l'attribut	Faux problèmes	Fausses forces
Forte importance attribuée à l'attribut	Faiblesses	Image forte

Adapté de Lambin J.-J., Chumpitaz R., Moerloose (de) Ch. (2005), *Marketing stratégique et opérationnel*, Paris, Dunod, 6e éd. ; sur la base de Martilla J.A. et James J.C. (1977), « Importance-performance analysis », *Journal of Marketing*, 41, 1, p. 77-79.

Comparer les images de marque

L'évaluation des produits en concurrence doit prendre en compte la qualité relative des représentations que s'en font les acheteurs sur un nombre de dimensions plus grand que celui des attributs précédemment évoqués. Cet ensemble de représentations associées aux marques constitue l'image de la marque. Pour représenter les traits saillants de son image de marque – mais aussi son contour spécifique en termes de forces et de faiblesses par rapport aux concurrents – on peut dresser un profil sur la base d'une « sémantique différentielle » (*cf.* tableau 2.4).

Le planning stratégique en marketing

Les rubriques du plan

Tout processus stratégique donne généralement lieu à un plan ou encore à un programme d'actions. Le plan de marketing est, pour sa part, le plus souvent destiné à per-

Tableau 2.4 – Comparaison des profils d'image de marque par la sémantique différentielle (exemple limité à trois composantes)

	Extrêmement (1)	Assez (2)	Ni l'un ni l'autre (3)	Assez (4)	Extrêmement (5)	
Les services offerts sont nombreux		x		y		Les services offerts sont réduits
La marchandise est de bonne qualité	x		y			La marchandise est de qualité médiocre
[…]						
Les prix sont élevés comparés à d'autres magasins		x		y		Les prix sont bas comparés à d'autres magasins

X : nouvelle image ; Y : ancienne image
Adapté de Cravens D. W., Hills G. E. et Woodruff R. B. (1976), *Marketing Decision Making : Concepts and Strategy*, Homewood, Ill, Richard D. Irwin.

mettre à des produits nouveaux – s'il y a lieu – de rencontrer une demande satisfaisante dans des conditions de rentabilité avérée et à offrir au portefeuille de produits existants des perspectives de chiffre d'affaires et de rentabilité en phase avec les buts qui ont été assignés par la direction générale. Il se présente sous la forme d'un document écrit. Parce qu'il est élaboré sur la base d'un certain nombre de conjectures ou d'hypothèses implicites ou explicites, le plan de marketing est évidemment révisé avec régularité. Il doit tenir compte des évolutions du marché (clientèle et offres concurrentielles) ou encore des changements survenus chez les distributeurs. À ce titre, les plans de marketing sont dits « glissants ». L'horizon du plan est variable selon les secteurs d'activité. Il est généralement plus court dans des secteurs très turbulents. Même si le cadre général est dessiné pour plusieurs années, le plan est surtout élaboré pour l'année qui suit ; il peut être révisé tous les six mois, voire plus fréquemment selon les cas.

Distinguer plan stratégique général et plan stratégique en marketing

Il convient de distinguer le plan stratégique en marketing du plan stratégique général de l'entreprise car les directions du marketing n'ont généralement ni les moyens ni la vocation de définir la mission de la firme, de gérer le portefeuille d'activités, d'allouer des ressources financières entre domaines, d'arbitrer les choix de production ou d'implantation ou encore d'orienter – pour ne pas dire « modifier » – la culture d'entreprise. C'est la raison principale pour laquelle le plan de marketing concerne les produits constitutifs d'un domaine d'activité stratégique donné.

Tableau 2.5 – Les rubriques d'un plan marketing

Rubrique	Rôle
Résumé managérial et table des matières	Le résumé managérial synthétise les principales recommandations. Il permet aux dirigeants de l'entreprise de comprendre les principaux axes du plan. La table des matières met en évidence le contenu du plan, la logique sous-jacente aux décisions et le détail des recommandations ultérieures.
L'analyse de la situation	Elle résume les données essentielles relatives à l'environnement externe (macro-environnement, marché, coûts, rentabilité, actions réalisées). Elle se présente sous la forme d'une analyse des opportunités et des menaces externes ainsi que des forces et des faiblesses de l'entreprise (analyse SWOT).
Le diagnostic	Il consiste à confronter les conclusions principales de l'analyse afin d'identifier les choix clés auxquels l'entreprise est confrontée et les principales opportunités à saisir.
Les objectifs	Cette partie spécifie les objectifs que l'entreprise se propose d'atteindre en termes de vente, de part de marché et de rentabilité.
La stratégie marketing	Elle identifie les choix fondamentaux faits dans le domaine du marketing pour atteindre les objectifs, en particulier les cibles visées et le positionnement des produits. Elle précise également la politique de marque et le marketing relationnel.
Les plans d'action	Pour chaque levier d'action marketing, ils indiquent ce qui sera fait précisément, quand, par qui, avec quels moyens et quel budget.
Le compte de résultat prévisionnel	Il établit une prévision quantifiée des résultats attendus en termes de ventes et de budgets, et ce pour chaque mois et chaque référence. Il intègre un calcul du point mort établissant la quantité de produits qui doit être vendue pour rentabiliser les investissements réalisés.
Les systèmes de contrôle	Ils précisent le mode de suivi de la mise en œuvre du plan. On utilise en général un ensemble d'indicateurs d'efficacité regroupés dans un tableau de bord marketing, permettant d'identifier aisément les écarts entre résultats et prévisions, et d'en trouver les causes. Habituellement, les résultats obtenus et les budgets dépensés sont analysés chaque mois ou chaque trimestre au regard des prévisions afin de décider d'éventuelles actions correctrices.

Source : Kotler Ph., Keller K., Manceau D., Dubois B. (2009), *Marketing Management*, 13e éd., Pearson Éducation France.

Au cœur de la stratégie marketing : la segmentation, le ciblage et le positionnement

La segmentation

La segmentation du marché révèle l'hétérogénéité de la fonction de demande. Quand la demande est hétérogène, pour atteindre un taux de pénétration comparable dans les différents segments de marché, il est nécessaire de différencier l'offre ; c'est-à-dire d'adapter tout ou partie du mix à chacun des segments. Il est possible que le choix d'un tel marketing différencié conduise l'entreprise à concevoir et à communiquer des promesses que le marché dans son ensemble risque de considérer comme peu conciliables. Pour éviter cet écueil l'entreprise pourra choisir une stratégie de « marque ombrelle », de « marque caution », voire de « marques produits ». La segmentation pose, en définitive, la question d'une triple différenciation nécessaire de l'offre : par rapport aux différentes attentes des divers segments (stratégie de marketing différencié), par rapport aux produits concurrents déjà présents sur les segments (stratégie de différenciation de l'offre) et par rapport aux autres produits de la gamme (différenciation « intra ») afin d'éviter le phénomène préjudiciable de cannibalisation.

Le ciblage

Après la révélation de l'hétérogénéité de la demande et l'évaluation de chacun des segments mis au jour, le ciblage est l'aboutissement du travail entrepris avec la démarche de segmentation. Si les critères de segmentation utilisés doivent présenter un certain nombre de qualités souhaitables (être pertinents, opératoires et permettre la « mesure » des groupes constitués), les segments eux-mêmes doivent être jugés attractifs pour être pris pour cibles.

Tableau 2.6 – Exemple de critères de mesure de l'attractivité des marchés ou segments de marché

Dimensions de l'attractivité liées à la demande actuelle ou à venir	Dimensions de l'attractivité liées à la concurrence actuelle ou à venir	Dimensions de l'attractivité liées à la maîtrise actuelle ou potentielle des facteurs clés de succès commerciaux et stratégiques
Taille du marché, valeur d'exploitation potentielle et/ou prévisionnelle	Nombre de concurrents	Accessibilité de la distribution
Taux de croissance	Niveau des prix, rentabilité potentielle	Accessibilité du niveau de qualité requis
Pouvoir d'achat ou niveau de consommation des acheteurs	Intensité concurrentielle des produits substituts	Accessibilité de la structure de coût compétitive
Degré de maturité du marché	Qualité de l'offre concurrente et force des concurrents	Compatibilité de l'image de marque et disponibilité du budget de communication requis

Adapté de Lambin J.-J., Chumpitaz R., Moerloose (de) Ch. (2005), *Marketing stratégique et opérationnel*, Paris, Dunod, 6e éd.

Le positionnement

Le positionnement est considéré comme un moyen de différencier la perception que les consommateurs ont des produits et des marques. Ce concept revêt les facettes du positionnement voulu et du positionnement perçu ou subi.

Une stratégie de marketing concentré conduit logiquement – et *de facto* – à une stratégie de positionnement puisqu'il s'agit de faire percevoir à la cible la promesse selon laquelle l'offre produit lui est spécifiquement destinée. Mais, si cette stratégie conduit effectivement à positionner une offre donnée par rapport à celles qui se sont orientées vers d'autres cibles, elle ne règle pas forcément la question du positionnement du produit considéré à l'égard de ceux qui ont choisi le même segment. Si le segment retenu est déjà la cible d'autres offres, il faudra positionner sa propre marque par rapport aux produits hyper-concurrents déjà installés sur le segment visé.

Par ailleurs, quand une marque choisit de se tourner vers une nouvelle cible, elle doit se soucier de la netteté et de la compatibilité du positionnement de ses nouveaux produits au regard des produits de la gamme existante. Comme mentionné précédemment, cette nécessité du positionnement « intra » ne doit pas être négligée sous peine de courir le risque de subir un préjudiciable phénomène de cannibalisation.

Quatre options stratégiques fondamentales en marketing : CLEF du succès commercial

Quatre stratégies de marketing sont envisageables selon que le plan s'oriente vers les clients acquis, vers les clients des concurrents ou vers les non-consommateurs relatifs. Elles font l'objet des développements qui suivent ; il s'agit de la culture intensive, de la lutte concurrentielle, de l'élargissement de marché et de la fidélisation. CLEF est l'acronyme qu'elles permettent et que nous proposons.

Figure 2.1

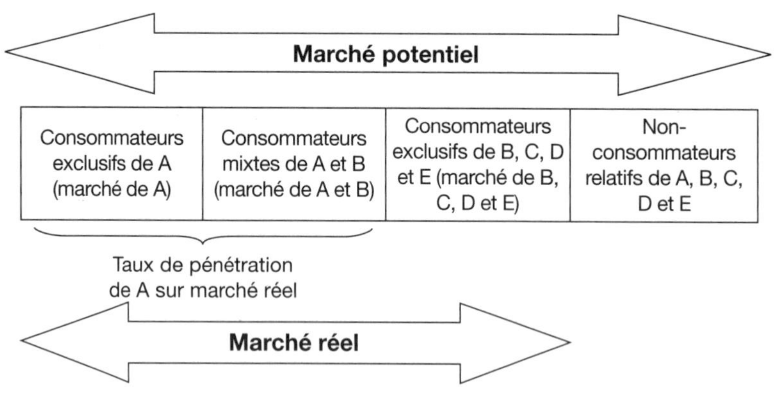

Culture intensive

Cette stratégie consiste à développer ses ventes sur la base de la clientèle déjà acquise, faite de clients exclusifs ou mixtes. En adoptant cette stratégie, l'entreprise se propose de développer la part du client, c'est-à-dire la proportion des dépenses individuelles favorables à la marque dont le marketing s'occupe. Cette stratégie peut s'adresser aux clients exclusifs comme aux clients mixtes. Selon l'un ou l'autre cas, elle est de nature sensiblement différente. Auprès des clients exclusifs, la stratégie de culture intensive conduit à agir sur l'intensité de consommation. Il s'agit d'augmenter le rapport quantité achetée/nombre d'acheteurs exclusifs en accroissant soit la quantité achetée lors de chaque achat – sans pour autant en réduire la fréquence –, soit la fréquence d'achats – sans pour autant en réduire le montant. Auprès des clients mixtes il s'agira plutôt d'agir pour améliorer le taux de nourriture – ou taux d'exclusivité – favorable au produit ou à la marque dont on s'occupe. Il s'agira, en d'autres termes, de faire en sorte que, confrontés à plusieurs marques concurrentes, les clients mixtes choisissent la marque que l'on défend plus fréquemment, voire exclusivement.

Les banques et la stratégie de « culture intensive »

La plupart des banques proposent désormais d'autres produits que les seuls produits bancaires traditionnels à leurs clients. Il est fréquent qu'un client qui contracte un emprunt pour l'achat d'une maison ou d'un véhicule se voie consécutivement proposer un contrat d'assurance par l'organisme prêteur.

Lutte concurrentielle

La stratégie de lutte concurrentielle est une stratégie destinée à convertir certains acheteurs de produits ou de marques concurrentes à la consommation de son propre produit ou de sa propre marque. Destinée à avoir des effets favorables sur le volume ou le chiffre d'affaires de la société – et donc potentiellement sur la part de marché du produit ou de la marque concernés –, la stratégie de lutte concurrentielle concerne plus directement l'augmentation du taux de pénétration – ou taux d'occupation – du produit ou de la marque considérée au sein du marché réel, c'est-à-dire parmi les clients d'une des marques au moins de la classe de produits donnée. Dans certains cas, la stratégie de conquête de clients des concurrents passe par la reconquête des clients perdus (stratégie de *win back*).

De manière générale cette conversion de clients provisoirement acquis à la concurrence passe par une amélioration du rapport « bénéfices procurés par l'offre/coûts d'acquisition » ; les stratégies génériques de Porter (1986) sont potentiellement pertinentes, à savoir : la stratégie de concentration, la stratégie de différenciation (par sophistication ou par élagage) ou la stratégie de domination par les coûts, c'est-à-dire – le plus souvent – de compétitivité par les prix.

Élargissement du marché

Cette stratégie met l'accent sur la conquête des non-consommateurs relatifs. Par définition, ces derniers n'achètent et ne consomment aucun produit ni aucune marque de la catégorie de produits considérée présents sur le marché. Cette situation peut s'expliquer par le fait que les besoins génériques – correspondant aux produits de la classe considérée – sont satisfaits par des consommations de produits substituts. Dans ce cas, la stratégie d'élargissement de marché équivaut à une stratégie de lutte concurrentielle contre une consommation de substitution. Dans les cas d'innovation plus fondamentale, une stratégie d'élargissement du marché réussie peut prendre la forme d'une stratégie d'éveil d'un besoin insuffisamment ressenti ou de réduction des freins à l'acquisition des produits concernés.

Menée par un acteur donné sur un marché donné, une stratégie d'élargissement de marché s'assigne deux objectifs : conduire les non-clients relatifs à devenir clients d'un des produits de la classe considérée et faire en sorte que cette conversion soit favorable à la marque dont on s'occupe plutôt qu'à une autre. À ce titre, lorsqu'elles sont mises en œuvre à des stades de croissance ou de maturité du marché, ces stratégies sont parfois permises par un regroupement d'acteurs du secteur – qui unissent leurs efforts pour communiquer puissamment et prendre des parts de marché à des produits substituts – ou bien sont engagées par le leader du marché.

Stratégie « océan bleu » *versus* stratégie « océan rouge »

Selon Kim et Mauborgne (2005), ce qui fait la différence entre les entreprises gagnantes (créateurs de stratégies « océan bleu ») et celles qui perdent (qui se débattent dans des stratégies « océan rouge ») est la capacité à imaginer et à mettre en œuvre une démarche stratégique qui, à l'instar de la stratégie d'élargissement de marché, doit permettre de viser au-delà de la demande existante et de pénétrer un ou plusieurs des trois cercles de non-clients qu'ils distinguent : le premier cercle étant constitué d'individus qui n'achètent que très ponctuellement – et uniquement par nécessité – les produits ou les services du secteur, qui se considèrent comme des non-clients et attendent le moment propice pour interrompre complètement leurs achats ; le deuxième cercle étant constitué de ceux qui refusent l'offre du secteur ; le troisième cercle, enfin, étant le plus éloigné du marché et étant supposé regrouper les non-clients inexplorés qui n'ont jamais pensé sérieusement à l'offre considérée. L'innovation valeur – véritable « pierre angulaire » de la stratégie « océan bleu » – se propose de réussir à concilier la poursuite simultanée de la différenciation et de la domination par les coûts. Il s'agit d'opérer un « saut de valeur », tant pour l'acheteur que du point de vue de l'entreprise, qui permette de mettre la concurrence hors jeu en créant un nouvel espace stratégique « non disputé ».

L'exemple du Cirque du Soleil

Le Cirque du Soleil ne peut être considéré ni comme un cirque traditionnel ni comme une représentation théâtrale classique. Pour Kim et Mauborgne, ce nouvel acteur du secteur s'est désintéressé du travail de ses rivaux. Au lieu de suivre la voie habituelle de la concurrence, qui aurait consisté à essayer d'apporter une meilleure solution à un problème préexistant, le Cirque du Soleil a décidé de concilier l'émotion et le divertissement du cirque avec le raffinement intellectuel et artistique de celui du théâtre. Ce faisant, il a redéfini le problème lui-même. Il a non seulement répondu aux attentes du public traditionnel du cirque, mais aussi et surtout d'une tout autre clientèle : celle des adultes amateurs de théâtre. Cette innovation a rendu caduc l'arbitrage entre valeur et domination par les coûts et elle a créé un nouvel espace stratégique.

Fidélisation

La fidélisation du consommateur est un dispositif marketing – un programme d'actions – qui a pour but de produire la fidélité du consommateur à un produit ou à une marque. La fidélité, pour sa part, se manifeste par une succession d'achats favorables qui doit elle-même s'expliquer par un attachement plus ou moins exclusif du consommateur à l'égard dudit produit ou de ladite marque. Cette séquence d'achats favorables est donc le résultat d'un processus psychologique entraînant une préférence réitérée. Certaines entreprises essaient parfois de créer un lien fort avec leurs clients par le truchement de communautés constituées autour de leurs marques (Harley-Davidson, Apple…). La fidélisation passe alors par la préservation d'un territoire de marque à l'origine du lien. S'agissant de conserver la fidélité d'une clientèle acquise, la communication est surtout dite de « renforcement ». À défaut de ces caractéristiques, les stratégies de fidélisation sont de nature à créer une « fidélité » au programme de fidélisation plutôt qu'aux produits ou aux marques eux-mêmes. Ces programmes – finalement destinés à accroître le coût de désengagement matériel ou cognitif des clients acquis – relèvent davantage d'une logique de rétention.

La satisfaction du consommateur est une condition jugée nécessaire – mais non suffisante – de la fidélité. Le plus souvent, on observe, par ailleurs, que les clients fidèles le sont à plusieurs marques concurrentes – ce phénomène est appelé multifidélité ; les clients concernés sont qualifiés de clients mixtes.

Avantages et inconvénients de la fidélité de la clientèle

Bénéficier d'une clientèle fidèle est généralement considéré comme avantageux et souhaitable. Chercheurs et praticiens avancent le plus souvent que le coût nécessaire à la rétention des clients acquis est très inférieur au montant requis pour conquérir un nouveau client ou pour reconquérir un client perdu. Le coût de conquête d'un nouveau client peut s'apprécier à l'aune de la valeur qu'il représente pour l'entreprise « tout au long de sa vie de client » (*life time value* et *second life time value*). Par ailleurs, un client fidèle peut jouer un rôle d'influenceur ou de conseiller – voire de véritable vendeur – de la marque auprès d'autres consommateurs potentiels. De même un client fidèle se prête-t-il favorablement à une stratégie de culture intensive. Toutefois, les vertus de la fidélité des acheteurs ne doivent pas dissimuler le risque corrélatif de voir vieillir la marque – et son image – en même temps que sa clientèle. De même tous les clients ne sont-ils pas économiquement intéressants à conserver ; certaines entreprises reviennent parfois sur des modalités qu'elles jugent trop généreuses de leurs cartes de fidélité pendant que d'autres développent des pratiques – des courriers le plus souvent – destinées à inciter le client fidèle mais coûteux à apporter sa « contribution » négative ailleurs ; en d'autres termes à devenir client d'un ou de plusieurs concurrents.

Fidélisation au point de vente

Nombre d'enseignes – notamment de vêtements – proposent à leurs clients les plus fidèles de profiter avant les autres de journées « d'offres privilèges » qui leur permettent d'accéder à des marques à des conditions exceptionnelles ou proposent des remises supplémentaires à leurs clients fidèles sur des articles soldés.

LE MARKETING STRATÉGIQUE ET L'ARTICULATION « MARCHÉ-ORGANISATION »

Le marketing stratégique dépasse le cadre de la stratégie marketing. Il est une logique d'intégration du marché et de l'organisation, du marketing et de la stratégie générale. À ce titre, il a vocation à penser le rapport entre la valeur produite et communiquée au marché et le processus organisationnel qui l'engendre. Nous proposons treize points de « contrôle » de ce rapport ; ils seront exprimés sous la forme d'un acronyme favorable à leur mémorisation : PHARAON.

Portefeuille, performance et parties prenantes

Parties prenantes

Une organisation doit maintenir l'engagement de l'ensemble de ses partenaires appelés « parties prenantes » (*stakeholders*). Les parties prenantes constituent, par conséquent, autant de marchés pour l'entreprise – même s'ils sont de natures différentes – qui viennent compléter celui des acheteurs et des consommateurs : fournisseurs (marketing amont), actionnaires (communication financière), salariés (marketing ou communication interne), mais aussi opinion publique, pouvoirs publics ou associations de consommateurs ou de citoyens (marketing institutionnel, communication institutionnelle ou communication de crise). Il convient de concevoir un plan de marketing global – ou à tout le moins de communication – qui rende chaque action partielle compatible – voire convergente – avec les autres.

Le cas AG2R La Mondiale

Durant l'été 2010 AG2R La Mondiale s'est appuyé sur le cyclisme pour renforcer sa signature : « Nos performances sont collectives. AG2R : le contraire de seul au monde. » Tenant compte des travaux déjà engagés, la direction générale a également formulé, dans le plan d'entreprise AG2R La Mondiale 2011, une série d'engagements qui prendront la forme d'actions concrètes, mesurables, portées par les directions opérationnelles. De manière cohérente avec l'ensemble de ces axes et de ces décisions, AG2R La Mondiale a, de surcroît, pris l'habitude de demander à son personnel de désigner lui-même les associations humanitaires et caritatives qui feront l'objet d'une aide financière de la société.
Source : www.ag2rlamondiale.fr

Portefeuille

L'entreprise dispose de plusieurs portefeuilles : un portefeuille de produits, un portefeuille d'activités et un portefeuille de compétences, notamment. La stratégie marketing s'applique aux produits constitutifs de chaque domaine d'activité. Le lien existant entre produits et domaines d'activité concerne particulièrement le marketing stratégique. Il faut, d'une part, éviter que – sous l'effet d'une pression de la demande qui l'incite à fabriquer des produits nouveaux et différents – l'entreprise ne s'éloigne excessivement des compétences techniques qui ont fait son succès jusqu'alors et, d'autre part, éviter que, symétriquement, une entreprise exagérément focalisée sur la dimension technique de son métier et de sa compétence ne sous-estime la spécificité de certains facteurs clés de succès commerciaux. Ces deux précautions peuvent s'exprimer en une seule phrase : éviter que des choix mal évalués ne conduisent une entreprise sur la voie d'une diversification inconsciente, par définition non voulue et non préparée – impliquant la maîtrise de nouveaux facteurs clés de succès (commerciaux ou technologiques) aussi nécessaire qu'inattendue – plutôt qu'à une simple extension de la gamme de produits comme pourraient le croire les dirigeants au moment de la décision.

L'exemple du Crédit Agricole

Le Crédit Agricole a beaucoup évolué en dix ans. La mondialisation l'a conduit, à la fin des années 1990, à racheter Indosuez, l'ex-banque de financement et d'investissement de Suez ; puis, à accepter la cotation en Bourse de Casa, son holding central. Enfin, il a récupéré le Crédit Lyonnais (LCL) en 2002. L'éventail des activités n'a cessé de s'étendre, de l'assurance au crédit à la consommation, en passant par la gestion d'actifs, ou la banque de financement et d'investissement... La crise financière de la fin de l'année 2007 a déterminé le holding à opérer un recentrage stratégique sur des métiers plus proches du terrain, du réseau, et surtout de l'économie réelle. Mais les difficultés de ces dernières années ont eu aussi des répercussions sur la marque. Une réflexion sur l'identité est en cours avec la mise en place d'une marque ombrelle « Crédit Agricole » pour décliner le nom de chaque filiale à l'exception de la gestion d'actifs, une filiale commune avec la Société Générale.

Source : *Challenges*, n° 210, 29 avril 2010.

Performance

La performance de la stratégie marketing s'apprécie naturellement à l'aune des résultats obtenus au regard des objectifs qui étaient les siens au moment de sa détermination et de sa mise en œuvre ; sa mesure doit, par ailleurs, distinguer les résultats à court terme de l'évolution du capital marque. Le marketing stratégique doit étendre la mesure de sa performance à des indicateurs plus généraux incluant des mesures d'efficience. Au registre de l'efficience le marketing stratégique doit par exemple intégrer des mesures de rentabilité des investissements commerciaux (*Return On Investment*, ROI). Au registre de l'intégration de critères plus généraux, il doit compléter l'évaluation des succès commerciaux – classiquement exprimés au travers du niveau des ventes et de la part de marché – par la mesure des profits dégagés voire par des mesures de valorisation financière de l'entreprise s'il y a lieu. Pour Doyle (1994), par exemple, le marketing n'occupera le centre d'un management fondé sur la valeur que si les dirigeants – et tout particulièrement les responsables en marketing – retiennent et acceptent le concept de valeur pour les actionnaires. Le marketing est alors conçu comme un procédé de management qui cherche à maximiser l'enrichissement des actionnaires en développant des relations avec des consommateurs rentables et par la création d'un avantage concurrentiel. À l'évaluation rétrospective de résultats obtenus, le marketing stratégique doit également ajouter la mesure de la contribution de ses actions à la compétitivité future des produits et des marques sur lesquels il a investi.

Tableau 2.6 – Critères de mesure possibles de la performance du marketing stratégique

	Indicateurs de performance *ex post*	**Facteurs de compétitivité *ex ante***
Performance commerciale	– Niveau de notoriété – Chiffre d'affaires – Volume des ventes – Part de marché – Niveau de prix moyen – Satisfaction du consommateur	– Qualité de la distribution – Fidélité de la clientèle – Niveau de notoriété – Image de marque ; personnalité de marque ; capital marque ; possibilité d'extension de marque
Performance financière et/ou stratégique	– Marge unitaire – Bénéfice commercial – Retour sur investissement	– Flux de fonds net de liquidités dégagées par produit ou par gamme

Histoire et histoires

L'importance de l'histoire pour la stratégie marketing est à la fois singulière et plurielle. Au pluriel, elle concerne les histoires que l'on raconte et que l'on se raconte (le *storytelling*). Au singulier, cette importance recoupe celle de l'identité : l'identité organisationnelle et l'identité de marque. L'identité organisationnelle, souvent associée à la culture d'entreprise, est une logique partagée qui se constitue et évolue dans le temps. Ainsi l'identité s'exprime-t-elle au travers d'un imaginaire organisationnel et de productions symboliques. En marketing, le concept d'identité recouvre aussi une des réalités de la marque. Kapferer (1998) identifie précisément six facettes de l'identité qui constituent autant de leviers d'action : la marque a un physique ; elle a une personnalité qui peut être renforcée par l'utilisation d'un ambassadeur charismatique et par le ton de la communication ; la marque s'insère dans un univers culturel que l'on peut expliciter en établissant des connexions avec les valeurs des fondateurs ; la personnification des marques peut conduire à l'instauration d'une véritable relation entre la marque et le consommateur ; la marque est, par ailleurs, un reflet dans la mesure où elle renvoie une image de l'acheteur ou de l'utilisateur auquel elle semble s'adresser ; et enfin, la marque est une mentalisation qui peut rehausser l'image de soi sous l'effet du prestige ou du pouvoir d'identification de son ambassadeur. L'époque postmoderne aime les récits ; selon Christian (1999), elle aime les « histoires de héros et d'héroïnes qui rendent le succès possible ». Ces récits concernent les marques ; ils concernent également l'entreprise. Le marketing stratégique est concerné par chacun des deux et par leur coordination mutuelle. En matière de coordination une question, parmi d'autres, peut, par exemple, être énoncée : les récits structurants des marques peuvent-ils être déconnectés des récits qui circulent sur l'entreprise et parfois sur les individus éponymes qui ont fondé les marques patronymiques ?

Le cas Chanel

Sur le site Facebook de Chanel (*fr-fr.facebook.com/pages/chanel*), après un paragraphe succinct dédié à la description de la maison de haute couture, figure un développement consacré à « Histoire et traditions de la maison » où l'accent est mis sur le fait que « Coco Chanel participa à la révolution de la haute couture en remplaçant le corset traditionnel par le confort et l'élégance de simples tailleurs et robes. Elle habille les femmes de tenues pratiques et sobres, crée des vêtements flottants, raccourcit les jupes et popularise le jersey, tissu léger utilisé pour les dessous. Son style est épuré et les teintes sont neutres ».

Analyse concurrentielle et alliances

Alliances

Avec la lutte et la fuite, la coopération est une des trois options stratégiques qui s'offrent à une entreprise comme à une marque ou à un produit. En matière stratégique les alliances et les partenariats entre entreprises sont divers et peuvent se former pour des raisons elles-mêmes différentes. Les stratégies de coopération concernent aussi les produits et les marques. En la matière, la coopération prend généralement la forme du *co-branding* ; cette association de deux marques destinée à favoriser la commercialisation d'un produit commun prend de nombreuses facettes, du simple affichage conjoint de marques qui solidarisent le sort commercial de deux de leurs produits jusqu'à la conception et la fabrication conjointe d'un produit nouveau bénéficiant des savoir-faire des entreprises qui ont précisément réuni une partie de leurs ressources. Le marketing stratégique couvre ces deux formes de coopérations – alliances et partenariats – portant sur la valeur communiquée au marché ou sur le processus qui l'engendre.

Analyse concurrentielle étendue

Dans le cadre du marketing stratégique l'analyse concurrentielle doit dépasser l'analyse comparative des offres substituables pour embrasser la situation des entreprises concurrentes et de leurs propres chaînes de valeur. L'analyse concurrentielle est ainsi conduite à englober l'analyse sectorielle, la rivalité élargie et les groupes stratégiques. Il s'agit, par ailleurs, de reconstituer la situation concurrentielle non seulement en termes d'offres mais,

Deux cas de coopération entre marques et organisations

Alliance de marques

Les créateurs sont fréquemment associés à des marques de produits qui souhaitent éviter une banalisation et le vieillissement de leur image. Chaque année le vépéciste Les 3 Suisses lance une collection « capsule » avec un grand designer de mode. Au mois d'avril 2010, après Sonia Rykiel, le célèbre couturier allemand Karl Lagerfeld a associé son image à Coca-Cola et a lancé une bouteille en série limitée. San Pellegrino a pour sa part annoncé en juin de la même année le lancement d'une première édition limitée avec le créateur italien Missoni. Dans un but comparable les bouteilles de Perrier ont été redessinées par Agnès B. et le Motorola « designé » par Ferrari.

Alliance d'entreprises

Renault et Daimler cherchent à réaliser des économies d'échelle pour réduire des coûts qui ont spectaculairement crû en raison des nouvelles motorisations (hybrides, électriques). Un accord stratégique a été signé en avril 2010 fondé sur une future plateforme commune pour les petits modèles (Smart-Twingo) et des rapprochements dans les véhicules utilitaires, les moteurs, les voitures électriques et le haut de gamme.

aussi et plus généralement, en termes financiers et stratégiques. Les mesures des compétitivités relatives doivent non seulement se fonder sur des indicateurs de performance commerciale tels que le chiffre d'affaires ou la part de marché mais aussi prendre en compte les situations des firmes concurrentes sur la base des facteurs explicatifs de cette performance.

Tableau 2.7 – Grille d'analyse concurrentielle des offres et des concurrents

Indicateurs de performance commerciale, financière et/ou stratégique	Variables explicatives tenant à l'offre et à la valeur procurée : bénéfices procurés (attributs ; maîtrise facteurs clés de succès commerciaux)	Variables explicatives tenant à la compétitivité du processus de génération de valeur (maîtrise des facteurs clés de succès stratégiques)
– Part de marché – Pénétration du marché – Profits – Notoriété, etc.	– Prix – Disponibilité – Qualité perçue, image – Service, etc.	– Faiblesse des coûts – Capacité financière – Ressources compétences, innovativité – Alliances de marque ou alliances stratégiques, etc.

L'analyse concurrentielle devra également mettre au jour, si possible, les attitudes et les comportements des concurrents en reconstituant l'historique plus ou moins récent des actions et des réactions concurrentielles. Parmi les instruments et les logiques d'anticipation disponibles – et outre l'application de la théorie des jeux qui passe pour être adaptée à différentes décisions de marketing stratégique (lancement d'un nouveau produit, fixation du prix, entrée dans un nouveau secteur, etc.) – on pourra recourir à la matrice dite « des probabilités de réactions concurrentielles ».

Ressources et relations

Ressources

Les ressources et les compétences spécifiques servent de fondement au développement de l'entreprise en conditionnant l'évolution de son portefeuille d'activités et de produits. Les ressources sont définies comme des actifs matériels ou immatériels (capital, ressources financières, brevets, marques, savoir-faire) de nature à produire un avantage concurrentiel. Les compétences, pour leur part, se définissent comme une capacité à tirer profit des ressources ; elles se matérialisent et se développent sous l'effet de l'apprentissage individuel et collectif au sein de l'organisation. Pour rendre possible un avantage concurrentiel décisif, durable et défendable, les ressources et compétences doivent être rares, créatrices de valeur, non substituables, et difficiles à imiter.

Jacuzzi

L'histoire de la marque Jacuzzi – que l'on a tendance à considérer comme un terme générique pour désigner les baignoires équipées de systèmes d'hydromassages – résulte du croisement d'opportunités et de compétences. Au début du XXe siècle, les sept frères Jacuzzi sont à l'origine de nombreuses inventions : pompes, hélices, aéroplanes... En 1956, l'un d'eux eut l'idée de transformer le mécanisme d'une pompe en appareil hydromassant pour l'un de ses fils atteint d'arthrose rhumatismale. Le système fut finalisé en 1968.

Le marketing stratégique dispose de ressources spécifiques ; le capital marque en est une des principales. Le concept de capital marque a été défini par le Marketing Science Institute en 1988 comme « la valeur ajoutée par le nom d'une marque et récompensée par le marché sous forme de profits accrus ou de parts de marché plus élevées. Elle peut être vue par les clients et les membres du canal comme à la fois un actif financier et un ensemble d'associations et de comportements favorables... ». Ainsi le capital marque peut-il être envisagé du point de vue de la firme – la marque est alors considérée comme un actif immatériel – ou du point de vue des consommateurs ; dans ce cas, il résulte de l'ensemble des associations que le consommateur conserve en mémoire et qu'il a développé à l'égard de la marque (attributs, bénéfices et attitude). L'entreprise dispose de plusieurs options pour valoriser sa marque : l'extension de marque, les stratégies d'alliances de marque ou encore les licences, par exemple.

BP

Au tout début du mois de juin 2010, en pleine marée noire consécutive à l'explosion d'une de ses plateformes au large de la Louisiane, BP a dépensé de l'ordre de 10 000 dollars par jour pendant plusieurs jours – selon ABC News – dans l'achat de mots-clés liés à la catastrophe. L'enjeu pour la compagnie était évidemment de ne pas laisser les internautes décider de la réputation de la firme et de renvoyer les interrogations vers le site officiel de BP. Encore fallait-il que cette initiative, si elle est efficace du point de vue technique, n'expose par l'entreprise à un procès en manipulation qui serait pire. En conséquence une stratégie de communication a corrélativement été mise en place. Une stratégie de cet ordre avait déjà été initiée par Ikea quelques semaines auparavant quand la société avait été parcourue de mouvements sociaux de nature à ternir son image.

Relations

Dans un contexte très concurrentiel, l'importance des stratégies et des programmes de fidélisation en marketing a fréquemment été soulignée de même que l'intérêt que les entreprises accordent aux pratiques de CRM (*Customer Relationship Management*). Dans nombre d'activités de service, la qualité de la relation existante entre le client et le personnel en contact passe pour être au cœur de la qualité perçue du service rendu. C'est dire l'importance du personnel en contact lui-même : l'importance de ses qualités professionnelles et humaines, de sa formation, et de son inclination à « bien faire ». Les relations professionnelles existantes entre les membres de ce personnel relèvent du marketing stratégique s'il s'avère qu'elles influencent celles que le personnel en contact instaure avec les clients eux-mêmes ; une préoccupation du même ordre est *a priori* légitime en ce qui concerne le rapport possible entre satisfaction des clients et satisfaction des salariés, entre confiance ressentie par les clients et confiance éprouvée par les salariés, voire entre fidélité des clients et fidélité des salariés.

L'exemple du Crédit Mutuel

Le Crédit Mutuel a choisi de se positionner comme « la banque à qui parler ». Sur son site *www.creditmutuel.fr* défilent des pages de texte qui explicitent l'idée et promettent une qualité de relation supposément inhabituelle : « Mon fils rêve. Il pense que son banquier lui demande son avis. Au Crédit Mutuel chaque client sociétaire peut participer aux décisions. » La banque coopérative a décliné l'idée en trois spots publicitaires centrés autour des axes suivants : « Au Crédit Mutuel, ma voix n'est pas proportionnelle à mon compte en banque » ; « Au Crédit Mutuel, mon chargé de clientèle n'est pas commissionné » ; « Au Crédit Mutuel, ma demande de prêt n'est pas étudiée de loin ».

Avantage concurrentiel et ambidextrie

L'avantage concurrentiel et son double

L'avantage concurrentiel commercial est le fait générateur des ventes de la marque qui en dispose auprès des consommateurs qui y sont sensibles. En effet, l'achat étant généralement considéré comme un choix exprimant une préférence, les ventes sont elles-mêmes considérées comme l'expression d'une supériorité relative perçue. À ce titre, l'avantage concurrentiel commercial manifeste une plus grande maîtrise compétitive de tout ou partie des facteurs clés commerciaux.

L'avantage compétitif (avantage concurrentiel commercial) peut être considéré comme l'aboutissement vertueux d'un avantage concurrentiel stratégique dans lequel il puise ses racines et trouve les raisons mêmes de son existence ; cet avantage concurrentiel stratégique pouvant être appelé, par convention, l'avantage comparatif.

En conséquence, les succès d'une stratégie de différenciation (de type sophistication par exemple) sont généralement à mettre au crédit d'une différenciation stratégique réussie ; à savoir d'une configuration originale de la chaîne de valeur produisant plus d'efficience ou d'efficacité organisationnelle que celle des concurrents.

Stratégie marketing : quatre principes à respecter

Une stratégie marketing prudente et équilibrée doit respecter une règle que l'on propose d'appeler « règle des 3A », à savoir : adéquation de l'offre à la demande, adaptation des ressources et compétences aux facteurs clés de succès des marchés ou des stratégies retenues et capacité de dégager un avantage concurrentiel déterminant et défendable. Le marketing stratégique complète donc cette règle d'un quatrième principe : celui de l'alignement souhaitable de l'avantage compétitif et de l'avantage comparatif.

Dans certains cas, l'avantage comparatif ne débouche pas sur une différenciation de l'offre ; il se manifeste essentiellement par un gain d'efficience du processus de transformation et/ou de commercialisation. Dans cette hypothèse, l'avantage comparatif ne débouche pas sur un avantage compétitif direct, si ce n'est par une allocation éventuelle de ressources supérieures en matière publi-promotionnelle ; celle-ci étant permise par une plus grande rentabilité. Le fait qu'une différenciation stratégique n'aboutisse pas nécessairement à une stratégie de différenciation tend à nuancer l'idée parfois avancée selon laquelle les capacités et ressources ne sont significativement stratégiques que dans la mesure où on les relie étroitement au bénéfice tiré par le client.

Le cas La Redoute/Les 3 Suisses

En 1984, La Redoute a mis en place une possibilité de livraison en « 48 heures chrono ». En 1995, cette livraison express et gratuite représentait plus de 50 % des commandes. L'avantage compétitif s'est donc avéré décisif ; il était également durable au sens où les bénéfices procurés (la rapidité de livraison) se sont fondés sur une motivation sans doute éternelle, l'impatience. Mais au mois d'août de cette même année 1995, Daniel Richard, alors PDG des 3 Suisses, a osé une publicité comparative dans la presse écrite : « 1984 : La Redoute invente le 48 heures chrono, 1995 : les 3 Suisses inventent le 24 heures gratuit ». En 2000, c'était de nouveau au tour de La Redoute – filiale de Redcats (groupe PPR) – d'innover avec la livraison express le jour même. Le récit de cette course-poursuite illustre que l'avantage concurrentiel commercial (avantage compétitif) est déterminé par l'existence d'un avantage concurrentiel stratégique (avantage comparatif) issu de ressources et compétences uniques : dans le cas présent ce sont les efforts d'amélioration relative de la performance et de la coordination interfonctionnelle ayant tout particulièrement porté sur l'organisation du travail (procédure d'abandon des commandes normales pour s'occuper des paquets prioritaires), avec négociations et accord entre la direction et les syndicats sur les nouvelles modalités du temps de travail et, de manière générale, accroissement des éléments de flexibilité, formation du personnel, adaptation de l'informatique et création d'entrepôts-relais qui ont permis à La Redoute d'initier cet avantage concurrentiel. Mais il illustre aussi l'instabilité de l'avantage compétitif lorsque l'avantage comparatif sur lequel l'avantage compétitif repose n'est, lui-même, que provisoirement défendable.

Extrait de Trinquecoste J.-F., « Portrait de l'avantage concurrentiel en iceberg », *Décisions marketing*, n° 35, 2004, p. 93-95.

Ambidextrie

L'ambidextrie stratégique (*ambidexterity*) – ou organisationnelle – suggère qu'une entreprise qui souhaite bénéficier d'une compétitivité sur le long terme doit simultanément mettre en œuvre une stratégie destinée à maîtriser les facteurs clés de succès du moment – en exploitant efficacement ses ressources – et construire les conditions organisationnelles de sa compétitivité future sur les marchés actuels et/ou futurs. Le marketing stratégique a vocation à favoriser cette réconciliation entre l'orientation stratégique par les opportunités et les vecteurs de croissance et l'orientation par les ressources et les compétences. Pour reprendre la terminologie utilisée dans les travaux sur l'ambidextrie conjoncturelle ou structurelle, le marketing stratégique doit logiquement permettre à l'entreprise et aux marques – à la fois – l'adaptabilité et l'alignement. La logique d'adaptabilité requiert que le choix de saisir certaines opportunités et de maîtriser certains facteurs clés de succès commerciaux nouveaux conduise à repenser et à reconfigurer le processus de génération de valeur. Symétriquement, la logique d'alignement suggère d'exploiter pleinement les ressources et les compétences spécifiques de la firme et d'investir les marchés où se rencontrent les facteurs clés de succès qui permettront à l'entreprise de transformer ses compétences distinctives en avantage comparatif.

Le cas BMW

Le positionnement élevé de la marque BMW l'a conduite à développer le beau – le design – en même temps que l'efficace et le durable du point de vue mécanique. L'alliance de la performance et de la beauté était rendue nécessaire par le maintien du positionnement et son avatar immédiat, « la joie ». Les compétences internes acquises en matière de design ont permis une nouvelle stratégie. Un téléphone portable Nokia, une machine à café Starbucks et une imprimante HP ; tous ces objets ont été dessinés par BMW. Même l'habitacle du Phenom 300, un jet de six places d'Embraer, a été créé par le groupe allemand, plus précisément par le BMW Group Designworks USA, filiale du constructeur automobile. Ces nouvelles offres donnent l'impression d'une diversification du groupe ; alors qu'elles ne sont que l'expression commerciale d'un avantage comparatif central et partagé. BMW Group Designworks intéresse d'autres marques de luxe. Microsoft a, notamment, fait plancher l'équipe sur l'ergonomie de ses logiciels et Coca-Cola lui a demandé de revoir ses étiquettes afin que les marques de la compagnie, bien que toutes distinctes, soient vite repérées par les consommateurs comme faisant partie de la « famille ».

Organisation et orientation

Organisation

Le marketing stratégique s'est développé dans le refus de réduire le marketing au rang de fonction opérationnelle de l'activité et dans l'espoir d'accéder à des responsabilités au niveau du management général. Pour assumer cette mission et atteindre ce degré d'influence, il requiert une bonne coordination interfonctionnelle. Plusieurs configurations sont possibles qui favorisent plus ou moins les interactions horizontales : l'organisation fonctionnelle, l'organisation par produit ou par marque, l'organisation par marché, l'organisation matricielle, ou encore l'organisation par division. À partir des années 1980 surtout, un nombre croissant d'entreprises a créé une direction dédiée à l'élaboration et à la mise en œuvre du marketing stratégique. La variété des périmètres confiés à ces directions – ou « responsabilités » – montre assez la diversité des conceptions que les entreprises ont encore du rôle et des prérogatives qu'elles doivent attribuer à de telles structures. D'autres modes d'aménagement organisationnel peuvent concourir à une telle imbrication des niveaux de la stratégie marketing et de la stratégie générale. C'est notamment le cas de l'instauration ou du renforcement d'une culture d'information ouverte intégrant plusieurs types de veilles (commerciale, concurrentielle et technologique), du recrutement de collaborateurs caractérisés par une double compétence (technique et managériale par exemple), ou encore, de la création de groupes de projets multidisciplinaires associant en permanence des salariés ayant des spécialisations et des sensibilités différentes (marketing, recherche, ventes…).

Orientation

Pour beaucoup d'auteurs, le département marketing, en tant que fonction distincte, est aujourd'hui mis en question et doit être réinventé. Un nouveau marketing est invoqué qui serait conçu comme un processus d'intégration des différentes fonctions et non plus comme une fonction séparée ; un nouveau marketing qui serait capable d'introduire une « orientation marché » générale dans l'entreprise. Introduite dans les années 1990, l'« orientation marché » désigne à la fois une culture d'entreprise pour laquelle l'objectif principal est de l'emporter sur la concurrence en développant la perception de valeur par le client mais également la collecte, l'analyse et la diffusion des informations relatives au marché, au sein de l'entreprise. Ces deux approches de l'« orientation marché » sont aujourd'hui considérées comme complémentaires. L'orientation marché est censée permettre de diffuser la culture intime du marketing dans l'organisation en faisant partager la préoccupation du client dans l'ensemble des fonctions et à toutes les étapes de la chaîne de valeur. Cette orientation est également censée réaliser un juste équilibre entre l'orientation client, l'orientation concurrence et une logique de coordination et de coopération interfonctionnelle.

Nouveauté et innovation

Le marketing stratégique est concerné par les capacités d'innovation de l'entreprise – culture du changement, culture de la prise de risque – de même que par le degré de coordination interfonctionnelle – notamment par les liens existants entre fonctions achat, recherche et développement et marketing par exemple. Le marché n'est pas le creuset unique et séminal de toutes les innovations stratégiques pour l'entreprise. Il faut garder un équilibre entre développement par le marché ou par la technologie. Kumar, Scheer et Kotler (2000) indiquent que, selon la conception la plus courante, le succès d'une activité commerciale doit se fonder sur des études de marché, des enquêtes auprès des consommateurs et le développement de produits et de services différenciés selon les segments. Toutefois, remarquent-ils, des entreprises comme Amazon.com, Body Shop, Swatch et Ikea ont fait le choix de révolutionner le marché en créant des produits radicalement innovants. De cette manière, elles sont devenues des guides du marché. Au lieu de s'appuyer sur les études de marché traditionnelles pour développer leurs produits, ces entreprises révolutionnaires trouvent leur inspiration dans une vision forte du marché ou du futur. Elles doivent souvent éduquer le consommateur potentiel. D'où, de leur point de vue, l'intérêt de réhabiliter une logique *market driving* en complément de la logique *market driven* conventionnellement mieux établie.

CE QU'IL FAUT RETENIR

L'expression *marketing strategy* (stratégie marketing) fait son apparition dans le titre des articles académiques au cours des années 1960. Un peu moins d'une vingtaine d'années plus tard, s'édifiant sur le corpus désormais bien établi du marketing management, un nouveau développement du marketing apparaît : celui du marketing stratégique (*strategic marketing*). S'il est indéniable que le marketing stratégique englobe la stratégie marketing, il est tout aussi clair qu'il la déborde en se souciant de l'encastrement nécessaire de celle-ci dans le cadre de la stratégie générale.

Tout processus stratégique donne généralement lieu à un plan ou encore à un programme d'actions. Il se présente sous la forme d'un document écrit. Au cœur de la stratégie marketing se situent la segmentation, le ciblage et le positionnement (SCP). Outre un système d'information marketing (SIM) efficace et des pratiques éclairantes d'intelligence économique (IE), l'analyse du marché et de la concurrence requiert d'étudier le comportement du consommateur, de prévoir l'évolution de la demande future et de diagnostiquer la valeur relative de son offre au regard de celle des concurrents.

Quatre stratégies de marketing sont envisageables selon que le plan s'oriente vers les clients déjà acquis, vers les clients des concurrents ou vers les non-consommateurs relatifs ; il s'agit de la culture intensive, de la lutte concurrentielle, de l'élargissement de marché et de la fidélisation. CLEF est l'acronyme qui permet de les mémoriser aisément. La stratégie marketing a pour vocation de parvenir à dégager un avantage concurrentiel commercial (l'avantage compétitif).

Le marketing stratégique dépasse le cadre de la stratégie marketing. Il est une logique d'intégration du marché et de l'organisation, du marketing et de la stratégie générale. À ce titre, il a vocation à penser le rapport entre la valeur produite et communiquée au marché et le processus organisationnel qui l'engendre ; à articuler les deux faces de l'avantage concurrentiel : l'avantage concurrentiel commercial portant sur la valeur de l'offre communiquée au marché – l'avantage compétitif ou, en d'autres termes, la condition d'existence de la préférence des acheteurs – et l'avantage concurrentiel stratégique portant sur le processus de génération de la valeur – l'avantage comparatif ou encore la condition d'existence de l'avantage compétitif. Le marketing stratégique conduit à articuler ces deux faces de l'avantage concurrentiel par le respect de trois principes (3A) : le principe d'*alignement* du portefeuille de ressources et de compétences aux facteurs clés de succès des marchés visés ou des stratégies envisagées ; le principe d'*arrangement* qui conduit à concilier et à coordonner les différents plans de marketing destinés aux différentes parties prenantes ; le principe d'*aménagement organisationnel* qui rend possible la coordination interfonctionnelle.

Plus généralement, on retiendra l'importance potentielle de treize points de « contrôle » consubstantiels au marketing stratégique ; ils sont eux aussi exprimables sous la forme d'un acronyme favorable à leur mémorisation : PHARAON. P comme portefeuille, performance et parties prenantes ; H comme histoire et histoires ; A comme analyse concurrentielle et alliances ; R comme ressources et relations ; A comme avantage concurrentiel et ambidextrie ; O comme organisation et orientation ; et N comme nouveauté et innovation.

RÉFÉRENCES BIBLIOGRAPHIQUES

Ambler T. (2001). « What does marketing success look like ? », *Marketing Management*, printemps.

Benavent Ch. et Meyer-Waarden L. (2004). « Programmes de fidélisation : stratégies et pratiques », *Revue française du marketing*, 197, p. 95-115.

Birkinshaw J. et Gibson C. (2004). « Building Ambidexterity Into an Organization », *MIT Sloan Management Review*, été, p. 47.

Blanc G., Dussauge P. et Quelin B. (1991). « Stratégies concurrentielles et différenciation », *Gérer et Comprendre*, Annales des Mines, sept., p. 75-86.

Bon J., Tissier-Desbordes E. (2000). « Fidéliser les clients ? Oui, mais… », *Revue française de gestion*, vol. 127, p. 52-60.

Burgaud, D. (1994). *Le Trend marketing ou le Marketing par les tendances*, Paris, Éditions d'Organisation.

Cegarra J.-J. et Michel G. (2001). « Co-branding : clarification du concept », *Recherche et applications en marketing*, vol. 16, n° 4, p. 57-70.

Chandon J.-L. et Strazzieri A. (1986). « Une analyse de la structure de marché sur la base de la mesure de l'ensemble évoqué », *Recherche et applications en marketing*, p. 17-40.

Christian D. (1999). *À la recherche du sens dans l'entreprise… compter, raconter ? La stratégie du récit*, Paris, Maxima.

Cravens D. W., Hills G. E. et Woodruff R. B. (1976). *Marketing Decision Making : Concepts and Strategy*, Homewood, III., Richard D. Irwin.

Day G. S. et Wensley R. (1980). « Marketing theory with a Strategic Orientation », *Journal of Marketing*, 47, 4, p. 79-80.

Dickson P.R. and Ginter J.L. (1987). « Market Segmentation, Product Differentiation and Marketing Strategy », *Journal of Marketing*, vol. 51, p. 1-10.

Doyle P. (1994). *Marketing Management and Strategy*, Prentice Hall.

Fishbein M. (1967). « Attitudes and prediction of behavior », in Fishbein M. (éd.), *Readings in Attitude Theory and Measurement*, New York, John Wiley and Sons, p. 477-492.

Godet M. (2007). *Manuel de prospective stratégique* (3e éd.), 2 tomes : t. I *Une indiscipline intellectuelle* ; t. II : *L'Art et la Méthode*, Paris, Dunod.

Griffin J., Lowenstein M. W. (2001). *Customer Winback : How to Recapture Lost Customers and Keep them Loyal*, San Francisco, Jossey Bass.

Guerrien B. (1997). « Théorie des jeux et gestion », *Encyclopédie de gestion*, t. III, p. 3336.

Haenlein M., Kaplan A. M. (2009). « Unprofitable customers and their management », *Business Horizons*, vol. 52, n° 1, p. 89-97.

Harris D. R., Botten N., Mc Coll J. (2008). *Marketing for Stakeholders 2008-2009*, Elsevier.

Heiman S. E., Sanchez D., Tujela T. (1998). *The New Strategic Selling*, New York, Warner Books Edition.

Hunt S.D. et Morgan R.M. (1996). « The Resource-Advantage Theory of Competition : Dynamics, Path Dependencies, and Evolutionary Dimensions », *Journal of Marketing*, 60, p. 107-114.

Kapferer J.-N. (1998). « Prisme d'identité de marque », in *Les Marques – capital de l'entreprise*, 3e édition, Éditions d'Organisation, p. 108.

Kim W.C., Mauborgne R. (2005). *Stratégie Océan Bleu, comment créer de nouveaux espaces stratégiques*, Paris, Village Mondial, Pearson Éducation France.

Kohli A. et Jaworski B. (1990). « Market orientation : the construct, research propositions and managerial implications », *Journal of Marketing*, vol. 54, n° 4, p. 20-35.

Kotler Ph., Keller K., Manceau D., Dubois B. (2009). *Marketing Management*, 13e éd., Pearson Éducation France.

Kumar N., Scheer L. et Kotler Ph. (2000). « From market driven to market driving », *European Management Journal*, avril.

Lambin J.-J., Chumpitaz R., Moerloose (de) Ch. (2005). *Marketing stratégique et opérationnel*, Paris, Dunod, 6e éd.

Le Nagard-Assayag E., Manceau, D. (2005). *Marketing des nouveaux produits*, Paris, Dunod.

Martilla J. A. et James J.C. (1977). « Importance-performance analysis », *Journal of Marketing*, vol. 41, n° 1, p. 77-79.

Merunka D. et Kazmierczak J.-B. (2005). « ROMI : une révolution dans la pensée et les pratiques en marketing », *Décisions Marketing*, numéro spécial consacré à la performance en marketing, n° 40, p. 9-15.

Murray, J. A. (1979). « Strategic Marketing », *Long Range Planning*, vol. 12, n° 2, p. 76-83.

Narver J.C. et Slater S.F. (1990). « The Effects of Market Orientation on Business profitability », *Journal of Marketing*, vol. 54, p. 20-35.

Parasuraman A., Zeithaml V. A. et Berry L. L. (1990). « Servqual : une échelle multi-item de mesure des perceptions de la qualité de service par les consommateurs », *Recherche et applications en marketing*, vol. 5, p. 19-42.

Porter M.E. (1986). *L'Avantage concurrentiel*, Paris, InterEditions.

Salmon Ch. (2007). *Storytelling, la machine à fabriquer des histoires et à formater les esprits*, Paris, La Découverte/poche.

Garrette B., Dussauge P. et Durand R. (2009). *Strategor*, 5e éd., Paris, Dunod.

Thomas J. S., Blattberg R. C., Fox E. J. (2004). « Recapturing lost customers », *Journal of Marketing Research*, vol. 41, n° 1, p. 31-45.

Trinquecoste J.-F., Barbat V. et Passebois J. (2010). *Stratégies marketing pour chef de produits*, Daréios/Pearson.

Trinquecoste J.-F. (1997). « Marketing stratégique », *Encyclopédie de gestion*, t. II, p. 1949.

Trinquecoste J.-F. (1999). « Pour une clarification théorique du lien marketing – stratégie », *Recherches et applications en marketing*, vol. 14, n° 1, p. 59-80.

Trinquecoste J.-F. (2004). « Portrait de l'avantage concurrentiel en iceberg », *Décisions marketing*, n° 35, p. 93-95.

Valette-Florence P., Ferrandi J.-M., Roerhich G. (2003). « Apport des chaînages cognitifs à la segmentation des marchés », *Décisions marketing*, n° 31, p. 31-43.

Vernette E. (1989). « La segmentation par avantages recherchés, outil de stratégie marketing », *Revue française de gestion*, p. 15-22.

Wernefelt, B. (1984). « A Ressource-Based View of the Firm », *Strategic Management Journal*, vol. 5, p. 171-180.

Wilkie W. L. et Pessemier E. A. (1973). « Issues in Marketing's use of multi-attribute models », *Journal of Marketing Research*, vol. 10, p. 428-441.

3

Internationalisation et globalisation du marketing

Charles Croué

Après plusieurs années d'expériences professionnelles dans des secteurs divers et variés comme la finance internationale, le marketing direct ou le développement de réseaux commerciaux au Moyen-Orient dans le secteur du textile-habillement, Charles Croué s'est tourné vers l'enseignement et le conseil aux PME. Il a travaillé conjointement à l'université et dans les écoles supérieures de commerce pour y bâtir des programmes de management international, créer des départements marketing et y développer des enseignements. Maître de conférences à l'institut de gestion de l'université de La Rochelle depuis les années 1990, il est habilité à diriger des recherches. Il intervient également au sein de programmes mixtes en partenariat avec des universités étrangères. Depuis 1985, Charles Croué anime des formations à l'écriture de cas à la Centrale des cas et des médias pédagogiques. Ses centres d'intérêt portent sur les différences culturelles appliquées à la décision marketing ainsi que le développement commercial des entreprises à l'étranger. Il a publié plusieurs ouvrages sur le Marketing international *aux Éditions de Boeck. Il s'intéresse également à la méthode des cas pour laquelle il a publié un manuel,* Méthode des cas, de la rédaction à l'animation, *aux Éditions Gaëtan Morin. En outre, Il intervient depuis 1992 comme formateur à la méthode des cas à la CCMP (Centrale des cas et des médias pédagogiques) de la chambre de commerce de Paris.*

La première partie de ce chapitre propose une lecture historique de la construction de la démarche marketing aux États-Unis. Comment le marketing, inventé par les Américains, s'est-il standardisé et est-il devenu international au gré de la conquête mondiale des marchés par leurs firmes multinationales ? La seconde partie appréhende la façon dont le développement de la mondialisation a entraîné un marketing « global ». Ce sera l'occasion, face à une approche globale planétaire, de souligner l'importance de la prise en compte de la culture dans la décision marketing. L'approche globale-locale sera illustrée par des exemples concrets d'adaptation des décisions aux politiques marketing. Le concept de marketing global-local sera aussi illustré d'exemples concrets et récents afin de proposer une compréhension actuelle des enjeux commerciaux que se livrent les sociétés mondiales, mais également les PME/PMI soumises aux mêmes contraintes. Schémas, exemples et illustrations permettront au lecteur d'appréhender de manière plus concrète la variété des décisions marketing sur des marchés toujours plus complexes, plus concurrentiels et plus instables.

COMMENT LE MARKETING S'EST-IL INTERNATIONALISÉ ?

Avant de répondre à cette question, il paraît utile de rappeler que la construction de la démarche marketing et son internationalisation se sont déroulées de manière parallèle. D'où vient le marketing ? Qui l'a « inventé » ? Comment s'est-il imposé aux consommateurs du monde entier ? Déjà en 1675, Savary dans *Le Parfait Négociant*, traité relatif au commerce, établit le rôle des intermédiaires commerçants en fonction de leur localisation (à l'époque, France, Europe et reste du monde). Ce premier ouvrage peut être considéré comme un manuel de marketing… à l'étranger. La vision des flux commerciaux de Savary était déjà mondiale.

Les origines contemporaines du marketing

« Les Cinquante Glorieuses » et le marché de masse

Dès 1880, les États-Unis, épuisés par la guerre de Sécession, se sont concentrés sur le développement économique de leur pays. Les lignes de chemin de fer sont devenues la colonne vertébrale de l'activité économique du pays. Chaque gare construite s'est muée en une ville-champignon où l'activité économique a contribué à accroître la fortune de tous. Les commerçants, les hôteliers, les négociants de matières premières et de denrées en tout genre, d'outils, de produits alimentaires et parapharmaceutiques, tous s'affairaient au commerce et étaient avides d'une réussite rapide. Cette activité industrielle serait qualifiée aujourd'hui de « boom économique ». Cette forte croissance s'est accompagnée d'une fièvre créatrice dans tous les secteurs d'activité. Beaucoup de marques sont apparues et ont disparu aussi rapidement. Il fallait se faire connaître et installer sa notoriété. Les Américains ont réinventé, sous une nouvelle forme, la réclame : faire réclamer la marque par le consommateur à une époque où seule la vente traditionnelle prévalait. La décision de l'acheteur, car on ne parlait pas de consommateur, était soumise à la force de conviction du vendeur. Ce dernier conseillait la marque qui lui offrait le plus de marge, pas celle qui proposait le produit le plus en rapport avec les besoins des clients. En 1886 coexistaient des dizaines de boissons vendues en pharmacie dont des vertus énergisantes étaient mises en avant par chacune des marques. Plus tard, pendant la prohibition, Coca-Cola et toutes les autres marques de boissons rafraîchissantes sans alcool ont quitté les pharmacies pour être vendues dans les *fountain sodas*, sorte de bistrots très à la mode que les jeunes adultes de l'époque fréquentaient pour s'y faire remarquer.

C'est au cours de ces « Cinquante Glorieuses » que le mythe du rêve américain s'est construit. La réclame, ancêtre de la publicité, devait séduire une population disposant d'un revenu de plus en plus élevé. L'avènement de la fée électricité, l'invention de la radio, puis celle du cinéma, consacré par la création du plateau technique d'Hollywood, ont donné de la couleur à la réclame… La publicité était née. Dans les années 1920, les premiers films publicitaires, muets puis sonores, se sont d'abord limités à vanter les mérites de telle ou telle marque d'un produit nouveau.

Au fil des années, les vagues d'immigrants séduits par l'emploi immédiat mais surtout la promesse de faire rapidement fortune ont contribué au développement économique. On se souvient de l'appel des Américains de Seattle pour faire venir de la main-d'œuvre chinoise afin de construire la partie ouest de la ligne de chemin de fer qui reliait le Pacifique à l'Atlantique en traversant l'immensité du Canada. Comme pour la France, en 1918, beaucoup de jeunes adultes, parfois des adolescents, étaient morts à la guerre ou gravement handicapés. La construction du pays nécessitait une main-d'œuvre solide, à une époque où la mécanisation du travail, notamment dans le bâtiment, balbutiait. D'autres immigrants sont arrivés, fuyant la pauvreté de l'Italie du Sud et la Sicile, ou plus tard Haïti ou la Jamaïque. Citons également les persécutions politiques et/ou religieuses ; anglicanes pour les catholiques irlandais, ou protestantes pour la France, juives pour les Allemands dès l'accession d'Adolf Hitler au pouvoir, communistes pour les Vietnamiens, les Coréens ou les Chinois de Tchang Kai-chek. Cette nation a donc été un refuge pour tous ceux qui aspiraient à refaire leur vie en laissant derrière eux leurs racines, leurs familles et leurs cauchemars. Tous aspiraient à oublier très vite le passé et à repartir en cherchant à se préserver et se reconstruire.

Ainsi, au fil du temps, la population américaine s'est structurée autour de communautés homogènes et solidaires. La nécessité de s'informer a donné naissance à de nombreuses gazettes et journaux communautaires. Les stations de radios communautaires dans les années 1930, puis, plus tard, dans les années 1960, les chaînes de télévision communautaires se sont développées. La complexité née de la multiculturalité a forcé les publicitaires à intégrer les schémas culturels des communautés et à s'y adapter. Aussi, confrontés au *melting pot* de la société américaine, les publicitaires ont acquis une expérience inestimable confinant à l'avantage concurrentiel lors de la conquête des marchés internationaux par les firmes multinationales américaines. *Melting pot* est une expression anglaise qui décrit la multi-ethnicité américaine rassemblée autour de valeurs communes principalement centrées sur la liberté, la démocratie, le respect du bien vivre ensemble.

Cet eldorado a forgé des croyances partagées par tous qui expliquent les raisons de la réussite économique, technologique, financière et militaire des États-Unis au cours du XXe siècle. Parmi ces croyances on peut citer :

- l'investissement personnel dans le travail ;
- l'argent comme moteur de toute action ;
- montrer sa réussite à travers des signes distinctifs ;
- la protection et l'entraide à travers la communauté ;
- l'innovation ;
- la recherche du bien-être ;
- l'argent doit « rouler » ;
- un capital-risque débridé.

Au cours de ce demi-siècle (1880-1929), les États-Unis ont présenté au monde un modèle de réussite. Le capitalisme était synonyme de croissance économique, de plein-emploi, d'une vie simple et heureuse. Le bonheur se matérialisait principalement à travers la possession d'objets et de marques. Arrivé avec quelques dollars en poche, il fallait montrer sa réussite. L'argent n'était pas un tabou, mais un moteur. La croissance économique a été tirée par des gains de productivité liés initialement à la conversion de l'industrie aux principes du taylorisme. Ainsi, le prix de revient s'est progressivement abaissé au fur et à mesure que les économies d'échelle étaient atteintes. Pour réaliser cette équation, la seule réponse a résidé dans le marché de masse. Henry Ford a ainsi été le premier à réorganiser ses chaînes de production selon les principes de Taylor. Il a doublé les salaires de ses ouvriers en même temps qu'il divisait par deux le prix de vente de ses automobiles de telle sorte « que [s]es ouvriers puissent se les offrir ». Ford a créé le marché de masse qui allait se transformer rapidement en société de consommation.

Taylor a posé les bases du marketing en permettant aux entreprises de fabriquer en grande série. En effet, s'il est aisé de vendre des produits en faible quantité lorsque les acheteurs sont nombreux, les risques commerciaux surviennent lorsque la production augmente et que la concurrence existe. Ford a été le premier à créer un rapport de force avec son produit, la Ford « T », simple, fiable, accessible au plus grand nombre et adaptable dans des versions susceptibles de satisfaire les attentes professionnelles ou privées les plus variées. Ce rapport de force avec le marché est un des principes fondateurs du marketing. À travers un ou plusieurs avantages concurrentiels, le client doit « venir manger dans la main de l'industriel ». Plus récemment, le jour du lancement mondial de l'iPad d'Apple, les clients ont attendu toute une nuit l'ouverture du magasin. Les comportements des clients américains étaient identiques aux clients européens ou japonais. Ford se plaisait à dire : « Mes clients peuvent choisir la couleur de leur voiture du moment qu'ils la choisissent noire. » Cette boutade n'aurait aucun écho aujourd'hui. Seule l'avance technologique, préservée par des brevets, validée et adoptée par les consommateurs, permet de construire ce rapport de force.

Au cours du XXe siècle, les États-Unis ont donc dominé le monde. Cette domination s'est formalisée autour de plusieurs paramètres :

- un pays riche et étendu ;
- une population importante ;
- un pays ingénieux ;
- un pays entreprenant ;
- une volonté d'imposer au monde un modèle de société de consommation dont la colonne vertébrale est le marketing.

Les États-Unis sont le pays qui, depuis le début du siècle dernier, a déposé le plus de brevets. Si c'est toujours le cas aujourd'hui, la Chine est cependant le pays qui progresse le plus rapidement dans le nombre de brevets déposés. Par ailleurs, l'histoire contemporaine a donné de multiples occasions à de nombreux pays de répandre peu à peu leur modèle de société. Ainsi, tout au long du XXe siècle, la présence des États-Unis dans de nombreux conflits militaires leur a permis d'imposer leurs produits et leur culture, donc leur modèle de société à travers la société de consommation.

Malgré les crises qu'ils ont traversées, les États-Unis ont toujours su rebondir. La surchauffe de l'économie américaine a provoqué l'effondrement de la Bourse de New York en 1929 mais le rêve américain a continué de se construire, permettant aussi de jeter les bases de ce que sera le marketing moderne. Plus près de nous la crise financière mondiale de septembre 2008 a un peu vite enterré la capacité de rebond des entreprises américaines. General Motors était au bord de la faillite au printemps 2009. L'un des trois constructeurs automobiles américains envisage aujourd'hui de revenir en Bourse et son concurrent américain Ford très dépendant de son marché intérieur après avoir enregistré 14,7 milliards de pertes en 2009 a renoué avec un résultat positif de presque 3 milliards dès 2009.

Le New Deal et la naissance du marketing moderne

Paradoxalement le krach de Wall Street a été bénéfique aux États-Unis. La crise de 1929 a duré plusieurs années. Comme pour celle qui s'est déclenchée en septembre 2008, plus rien n'a été comme avant. Le rebond des États-Unis s'est accompagné de profondes mutations sociologiques, mais également de ce que l'on n'appelait pas encore le management. La démarche marketing, telle que nous la connaissons aujourd'hui, s'est construite grâce à plusieurs phénomènes, tous directement liés aux conséquences économiques de la crise de 1929.

Pourquoi peut-on dire que le marketing s'est nourri de la crise de 1929 ? La réponse s'articule autour de plusieurs faits historiques qui ont entraîné des évolutions sociologiques significatives.

Jamais, dans toute l'histoire des États-Unis, l'élection d'un président n'a revêtu un caractère aussi stratégique qu'à cette époque. La population désemparée par trois longues années d'une crise dont elle n'imaginait même pas qu'elle puisse se produire attendait celui qui allait faire revivre le rêve américain. Un jeune Américain, George Gallup, a eu alors l'idée d'utiliser les statistiques et les probabilités pour inventer une méthode de sondage grâce à laquelle un grand quotidien new-yorkais a pu prédire l'élection de Franklin Roosevelt. Les résultats lui ont donné raison, ce qui lui a immédiatement valu une grande notoriété. Aussitôt, il créa son institut et proposa sa méthode à de très grandes entreprises comme les « Big Three » et Procter & Gamble.

Les grands constructeurs américains ont compris tout l'intérêt qu'ils pouvaient tirer de ces études : le moyen de connaître les préférences (on ne parlait pas encore d'attentes) des consommateurs et donc de limiter les risques d'échec d'un nouveau modèle. Dès les années 1935, les études se sont développées en même temps que fleurissaient de nombreuses sociétés d'études de marché, souvent à l'initiative d'anciens salariés de l'institut Gallup.

Trois principales raisons expliquent le recours aux études par les entreprises.

D'une part, jamais avant la Grande Dépression les industriels n'avaient ressenti le besoin de connaître leurs clients. La crise de 1929 a profondément bouleversé la sociologie américaine. Les croyances ont évolué, les Américains se sont déplacés sur tout le territoire à la recherche d'un nouvel emploi. Beaucoup ont tout perdu, y compris leur statut. Des patrons sont devenus ouvriers, des ingénieurs agriculteurs. Il fallait faire une cartographie des acheteurs qui allaient, grâce aux effets bénéfiques du New Deal, devenir des consommateurs.

D'autre part, si jusqu'en 1929, tous les industriels recherchaient à accélérer le rythme de leur production, après la crise, la concurrence a émergé. Il leur fallait se différencier les uns des autres et identifier les clients susceptibles d'être intéressés par leurs produits et leurs marques.

Enfin, conséquence de cette crise, les revenus ont considérablement chuté. De nombreux Américains ont tout perdu, certains mendiaient, d'autres avaient juste le nécessaire pour survivre. En réponse à cette situation, de grandes chaînes de magasins se sont développées dans tous les États-Unis, appelé *mono-price* ou *unic-price*, proposant souvent les marchandises en *cash & carry* (littéralement « payer et prendre », magasin-entrepôt à l'intérieur duquel un assortiment réduit aux produits élémentaires et du quotidien est présenté de manière dépouillée sur des palettes sans aucun décor). Le produit était vendu un dollar. Ces enseignes ont ouvert la voie à ce que l'on appelle aujourd'hui les *discounters*. La grande distribution moderne était née, reproduisant dans tout le pays un modèle économique construit sur les économies d'échelle et la standardisation. Les industriels américains avaient grand intérêt à se faire référencer par ces centrales d'achat naissantes qui leur offraient des débouchés importants capables d'absorber de grandes quantités de production.

La société de consommation est née à cette époque aux États-Unis, dopée par les effets du plan de relance (*New Deal*) suggéré par Keynes à Roosevelt. Partout dans le pays on construisait des gratte-ciel, des autoroutes, des aérodromes, des centres d'affaires et des zones industrielles. Le concept d'hôtellerie de chaînes a également émergé à cette époque, permettant au manager en déplacement de trouver un confort identique dans tout le pays grâce au concept d'hôtel standardisé.

Le développement des chaînes de magasins a structuré la grande distribution et a renforcé l'influence du marketing. Les nouvelles centrales d'achat négociaient des campagnes de publicité, des mises en avant dans les magasins, des résultats d'études. Les enseignes détenaient également un trésor d'informations, la connaissance pratiquement en temps réel de ce qui se vendait et de ce qui ne se vendait pas ou mal. Sont alors apparues les sociétés de panels dont les résultats allaient permettre d'affiner la stratégie des industriels et des distributeurs. Le marketing direct a fait son apparition ainsi que l'acheteur de plus en plus tenté par une offre également de plus en plus diversifiée. La course à l'achat et au réachat a été engagée. Avec la distribution moderne les États-Unis entraient dans la modernité et la… société de consommation.

Déjà, dès 1925, Sloan, ingénieur en organisation, est appelé à sauver General Motors. Il invente sans vraiment le savoir un des principes fondateurs de la stratégie marketing. L'analyse des ventes d'un fleuron presque moribond de l'industrie automobile lui fait constater que le portefeuille des marques du groupe recoupe un portefeuille de profils d'automobilistes. Son analyse s'articule en trois étapes :

- *la segmentation*, le découpage du marché, c'est-à-dire de l'ensemble des modèles offerts par toutes les marques en groupes distincts et homogènes. La segmentation par l'offre est appréhendée à travers la technologie ;

- *le ciblage* qui permet d'identifier les caractéristiques de l'acheteur idéal auquel il faut s'adresser en fonction des caractéristiques d'un type de produit. Le ciblage s'adresse parfois à plusieurs types d'acheteurs ;
- *le positionnement* est la troisième étape. Face à une offre large, il faut se différencier des produits et des marques des concurrents. Le prix et l'image du produit sont les deux principaux éléments qui déterminent l'achat, qui participent à l'identité du concept et de sa marque. On parlera d'axes de positionnement.

On peut considérer que Sloan et son analyse SCP (segmentation, ciblage, positionnement), Gallup et la vulgarisation des études, puis le groupe Procter & Gamble qui inventa la fonction de chef de produit, ont été les trois acteurs de la construction du marketing moderne (voir également le chapitre 6 de ce livre). Le marketing initialement appréhendé par les entreprises du *big business* est progressivement entré dans les firmes de taille intermédiaire. En 1960, un grand nombre d'entreprises américaines n'en intégraient pas les grands principes. Peu à peu, à l'occasion de l'élection du président Kennedy, un vent de modernité a poussé les États-Unis et les Américains vers de nouvelles valeurs. La sociologie américaine a évolué et le souvenir de la Seconde Guerre mondiale s'est éloigné progressivement. Le *melting pot* a fait apparaître des communautés distinctes dont les structures de consommation varient selon les styles de vie. Le marketing étudie et cartographie ces styles de vie afin d'affiner les stratégies de ciblage des entreprises américaines. Ces dernières prennent pied sur les marchés internationaux et répandent le marketing.

Du marketing américain au marketing international américain...

Si, entre 1880 et 1950, de nombreuses entreprises nord-américaines et européennes se sont implantées à travers le monde, elles pratiquaient tout au plus une des deux interfaces du marketing, à savoir la publicité. Le marketing américain est devenu international grâce à l'internationalisation des firmes multinationales américaines.

Quel a été le principe de diffusion du marketing international ?

Le principe de diffusion du marketing américain dans le monde reposait sur deux piliers :

- d'une part, la firme américaine demandait à l'agence de publicité en charge du budget de son produit (on parle peu de marques à l'époque) de s'installer dans la ville ou le pays où s'implantait sa filiale puisqu'il n'y avait généralement aucune agence de publicité dans le pays concerné. Les grandes agences publicitaires américaines se sont internationalisées au gré des stratégies d'internationalisation de leurs annonceurs. C'est la raison pour laquelle les techniques de communication ont été le fait d'agences américaines obligées de suivre leurs annonceurs dans des pays où ces derniers implantaient leurs filiales. À titre d'exemple, Coca-Cola diffusait les publicités élaborées pour les consommateurs américains sur tous les marchés où la marque était présente ;

- d'autre part, le marketing était localement peu connu, voire inconnu à l'étranger. Les sièges sociaux américains déléguaient sur place des marketers américains en charge de créer un service marketing au sein de la filiale et de recruter sur place des jeunes dans le but de les former aux procédures et aux techniques marketing (comment lancer un produit, comment construire une campagne de communication, comment réaliser un questionnaire et choisir une méthode d'échantillonnage...).

Au fil de leurs conquêtes mondiales, les firmes multinationales américaines ont participé à la transition vers la société de consommation d'économies en reconstruction ou émergentes. Dans ce contexte, l'acheteur se mue en consommateur, que l'on doit convaincre de l'obligation de consommer (toujours plus) un produit ou une marque, dont il n'a pas nécessairement besoin. Ainsi, le groupe américain Procter & Gamble fit découvrir à l'Europe de l'après-guerre les couches-culottes puis les changes complets, les protections féminines, les shampooings aux mille vertus, les savons, ainsi que tous les produits pour nettoyer les vitres, les sols, les WC, sans effort et rapidement. Grâce au marketing, dès les années 1960, les produits américains se sont imposés au Japon, au Canada, en Grande-Bretagne, en Allemagne, et plus difficilement en France et en Italie. Le marketing s'est progressivement diffusé des filiales américaines aux grandes entreprises locales. Ce mouvement s'est amplifié grâce à l'enseignement du marketing dans les universités américaines. Les premiers ouvrages de référence étaient américains. Ils dominent encore actuellement le marché mondial de la publication d'ouvrages en marketing management par l'importance de leur tirage. Dès les années 1970, cette domination s'est appuyée sur l'expansion internationale des universités américaines. Puis, à leur tour, les grandes entreprises japonaises et européennes (Sony, Honda, Nestlé, Danone, Carrefour, Tesco, Volkswagen, Kraft Jacob Suchard, Unilever pour ne citer que les plus significatives d'entre elles) se sont approprié la démarche marketing et l'ont diffusée au gré de leur internationalisation. Elles ont reproduit sous la forme d'un « copier-coller » le schéma directeur de la démarche marketing initié aux États-Unis. C'est le cas, entre autres, de groupes mondiaux comme Nestlé, Danone, Carrefour, Tesco,

Au cours de la seconde moitié du XXe siècle, les États-Unis ont vu leur suprématie diminuer. Ils ont dû faire face à une nouvelle concurrence toujours plus nombreuse et plus rude.

La mondialisation a changé la donne. Voyons maintenant comment le marketing est devenu global et pourquoi le consommateur est devenu le véritable arbitre face à une offre de produits et services toujours plus variée et étendue.

Globalisation et marketing global

Globalisation depuis quand ?

De nombreux experts ont disserté sur les origines de la globalisation. Ce terme a d'ailleurs été interprété de diverses manières. Il ne s'agit pas, dans ce chapitre, d'en proposer une synthèse. En remontant le temps on pourrait avancer que la découverte des Amériques, puis de la route des Indes a sonné le départ d'une mondialisation. À l'origine, la découverte de nouveaux produits, comme les épices, les plantes, les espèces animales, a contribué à faire évoluer les idées et des modes de vie. Le feu d'artifice rapporté de Chine n'a-t-il pas enchanté le roi Louis XIV et sa cour ?

Plusieurs facteurs ont participé au développement mondial des échanges et par-delà à la globalisation. Parmi les plus importants, on peut en citer cinq principaux :

- le développement des transports notamment maritimes et aériens qui ont raccourci les distances entre les marchés ;
- le colonialisme ;
- les stratégies d'internationalisation des FMN (firmes multinationales) et plus particulièrement l'implantation de complexes industriels ;
- la financiarisation de l'économie imposant aux entreprises, par le biais des sociétés de capital-risque ou les fonds de pension, des niveaux de rentabilité à deux chiffres ;
- le développement des technologies de l'information dès les années 1950 avec la télévision, 1970 avec l'informatique, 1980 la multiplicité des chaînes de télévision par satellite, 1990 Internet et les technologies numériques à vocation personnelle.

Ces facteurs peuvent se représenter par le drapeau olympique de la globalisation de la figure 3.1.

Comme cela est souvent expliqué dans des cours de langue anglaise appliquée aux affaires, ces deux expressions, « marketing global » et « globalisation », traduites en anglais ont la même signification. Il n'y a donc pas lieu d'opposer les deux termes, notamment lorsqu'ils concernent l'espace marchand. Si l'on reprend la définition de l'OCDE (Organisation de coopération et de développement économiques) la globalisation de l'économie suit trois stades distincts :

- des échanges de marchandises et de services élargis géographiquement ;
- une uniformisation de l'offre par des produits technologiquement standardisés (photo numérique, ordinateur portable, automobile, formats des enseignes de la grande distribution…) ;
- une uniformisation des comportements et des attentes, quel que soit le niveau de développement du pays.

Figure 3.1 – Le drapeau olympique de la mondialisation

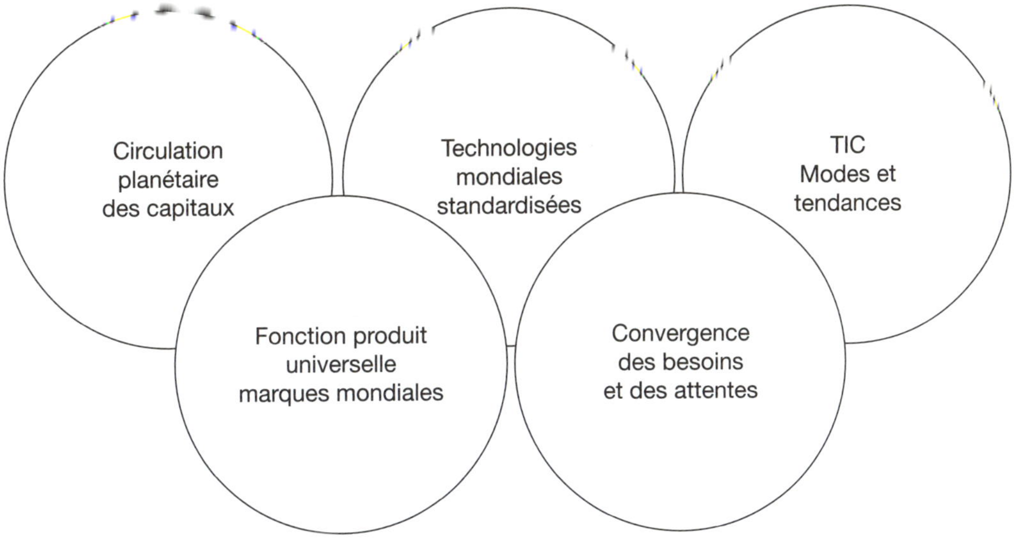

Les entreprises de produits de grande consommation et industrielles mettent en œuvre d'importants moyens notamment publi-promotionnels pour favoriser l'uniformité des attentes. Elles suggèrent des modes et des tendances. Parmi ces tendances mondiales on peut citer :

- le corps est un capital qu'il faut entretenir ;
- la séduction par le paraître ;
- la santé et la tonicité ;
- le sport ;
- le bien-être dans l'allongement de la vie ;
- l'hédonisme ;
- les tendances alimentaires, musicales et vestimentaires.

Le cliché photographique ci-après (figure 3.2) atteste bien de la convergence des attentes. Deux adolescents chinois jouent avec une console de jeux portables. Partout dans le monde on peut observer la même scène. Les aspirations au bien-être et aux loisirs sont donc universelles, y compris dans les pays aux économies émergentes, où les consommateurs locaux aspirent à rattraper leur retard de consommation sur les pays développés.

Figure 3.2 – Exemple de convergence des attentes

Cliché photographique ; source auteur.

Marketing mondial ou global ?

La notion de marketing mondial

Le marketing est mondial au sens géographique du terme. On établira donc un rapport entre le nombre de pays au monde, ceux qui sont susceptibles d'accueillir le produit et l'on comparera avec le nombre de pays au sein desquels la marque ou l'enseigne est représentée. La marque Coca-Cola doit être présente dans plus de deux cents pays, donc deux cents marchés, alors que le monde compte environ deux cent vingt pays. Le marketing de Coca-Cola est mondial car la présence de la marque est mondiale. On dira donc que c'est en fonction du degré de diffusion géographique d'une marque que le marketing est mondial.

La notion de global

La notion de global revient aux firmes multinationales américaines qui ont décliné le même schéma d'organisation lorsqu'elles se sont implantées à l'étranger. Outre la volonté de structurer l'organisation de leurs filiales sur un « copier-coller » de la maison mère, les procédures mises en place localement ont été et sont encore aujourd'hui identiques partout dans le monde. La volonté des dirigeants américains de contrôler au plus près toutes les activités de recherche, de production, de gestion des ressources humaines, d'audit, commerciales et marketing, des filiales implantées à l'étranger ont structuré la notion de global.

Citons le cas de l'hôtellerie de chaîne inventé par les Américains consécutivement à la reprise économique après la grande dépression de 1929. Les enseignes comme Hilton ou Sheraton ont mis au point une manière et une seule de « mettre à blanc une chambre », c'est-à-dire de la préparer pour un nouveau client. Comment nettoyer la chambre ? Commence-t-on par faire le lit ou passer l'apirateur ? Ici encore, l'opération qui consiste à la rendre disponible à la vente doit se réaliser dans un laps de temps très précis. Il en va de même pour les opérations de marketing direct, d'accueil des clients, d'étude de satisfaction des clients.

Ainsi, partout dans le monde, le management s'est progressivement uniformisé. Les firmes multinationales américaines ont démontré leur supériorité notamment avec les résultats financiers qu'elles affichaient. Elles ont fait école et les autres firmes multinationales, européennes, japonaises et maintenant issues de pays émergents, ont copié le même schéma d'organisation. Ainsi le management global s'est-il diffusé dans le monde entier, selon des procédures, des tableaux de bord et des modes d'organisation identiques.

Dans le secteur des produits de grande consommation, l'uniformisation de l'offre génère des attentes qui finalement convergent. Avec le développement économique émerge une classe moyenne qui sera le premier indicateur d'une société de consommation en démarrage. Lorsqu'une grande enseigne mondiale de la distribution moderne s'implante dans un pays en développement, c'est le premier signe de l'entrée de ce dernier dans la société de consommation. C'est également l'émergence du marketing dans le pays. Le marketing ne s'accommode pas de la pauvreté, il irrigue le quotidien des populations lorsque celles-ci disposent de suffisamment de revenus pour dépenser plus que le strict nécessaire. Ainsi, dans les marchés émergents, les grandes enseignes de distribution implantent des formats de magasins identiques à ceux des pays développés. Les consommateurs locaux découvrent et s'habituent progressivement à l'offre des distributeurs. Le cliché photographique de la figure 3.3 illustre ce phénomène. Un hypermarché Carrefour

Figure 3.3

Cliché photographique ; source auteur.

implanté dans la banlieue de Pékin met en scène une démonstration promotionnelle, semblable à toute autre dans le monde.

La notion de marketing global

Dans un contexte où la quête d'une rentabilité à deux chiffres s'est imposée à partir des années 1990, la démarche marketing a été mise à contribution et généralisée sur l'ensemble des marchés internationaux. En effet, le marketing poursuit l'objectif de développer le chiffre d'affaires avec des produits, des marques et des clients existants mais également et surtout de l'accroître en validant des idées nouvelles et d'investir des nouveaux segments de marché et/ou d'en créer de nouveaux.

Le marketing a donc joué comme un effet de levier sur le chiffre d'affaires et la marge opérationnelle. Le marketing est devenu global en reproduisant les mêmes schémas d'organisation, mais surtout de décision. Cela concerne de nombreuses interfaces de la gestion commerciale et marketing. L'encadré ci-dessous présente les principaux champs.

Champ des décisions standardisées de marketing global

Les typologies des études qualitatives et quantitatives.
Le processus de segmentation stratégique.
Les stratégies de ciblage.
Les stratégies de positionnement des marques.
Le planigramme des lancements de produits.
La standardisation du portefeuille des marques.
La gestion des extensions de marques.
La gestion des contrats avec les agences de communication.
La gestion uniformisée des grands comptes.
La standardisation des actions de marketing direct.
La gestion uniformisée du management de la relation client.
La standardisation des campagnes de communication.
La standardisation des opérations d'audit marketing.
La gestion uniformisée de chaine de magasins.
Stratégie standardisée de e-business.

Il est aisé de prendre comme exemple le premier groupe mondial (en chiffre d'affaires) de restauration rapide McDonald's. Ce groupe américain est à l'origine du concept de restauration rapide. Il a appliqué les règles du management global. Partout dans le monde, ses restaurants sont organisés et gérés de la même manière. Au sein du restaurant, que ce soit la cuisine, la réception des commandes ou l'aménagement intérieur du restaurant, tout est identique quel que soit le pays. La manière d'organiser le travail, servir les clients suit un code de procédures très strictes et identiques partout dans le monde. En cela le concept de restauration rapide est reproduit dans ses principes fondateurs. L'exécution des procédures de travail est globale.

Quelle différence à première vue entre les deux restaurants McDonald's ? La figure 3.4 est canadienne. La seconde, située à Osaka, est japonaise.

Figure 3.4

Figure 3.5

Clichés photographiques ; source auteur.

Rien ne semble différent d'un restaurant à l'autre. Dans ses fondamentaux, les achats, l'organisation de la cuisine, la caisse, la salle de restaurant, la gestion des équipiers, le concept est décliné partout dans le monde de la même manière.

L'approche globale a pour vocation de réduire les temps de réalisation d'une opération, de recourir à moins de personnel, de dépenser moins pour atteindre un objectif toujours plus élevé. Ainsi, aujourd'hui, les entreprises mondiales interrogent-elles les internautes sur des forums *ad hoc* car le recueil d'informations de type qualitatif est rapide et surtout peu onéreux au regard d'une étude de marché classique.

Du global au local

L'incontournable culture

La culture est aujourd'hui une dimension incontournable. Elle doit être prise en compte à tous les niveaux de la décision marketing. En effet, face à un mouvement d'uniformisation impulsé par les groupes industriels mondiaux à travers les technologies et les campagnes de communication, le consommateur mondial se regimbe, boude ou sanctionne l'offre lorsque les décideurs marketing n'intègrent pas les composantes de cette culture.

L'offre d'un produit suggère des représentations psychologiques. Une représentation détermine le « politiquement correct » de l'offre d'un produit. Le consommateur selon ses croyances et ses tabous l'appréhendera de manières différentes. Les tabous expriment une gêne, une timidité, des non-dits ou des interdits à évoquer un sujet ou exprimer une opinion. Citons l'exemple de la Chine où le touriste apprend rapidement l'existence de la règle des « Trois T » (*cf.* figure 3.6).

Figure 3.6 – La règle des trois tabous chinois

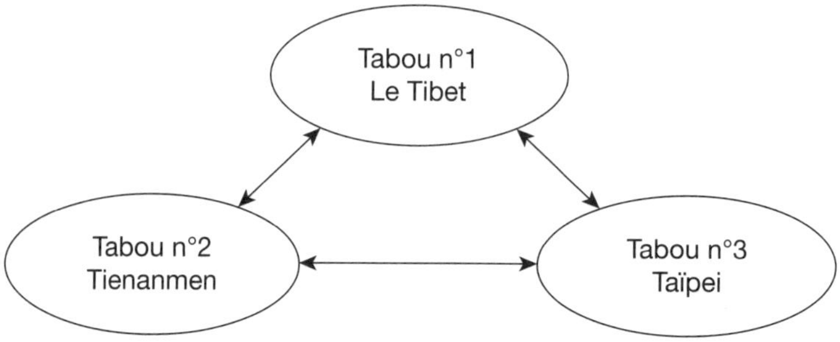

Les croyances quant à elles se concentrent généralement dans le fait religieux. Soulignons que celui-ci prend de l'importance dans le monde depuis la chute du mur de Berlin et les crises du capitalisme. Les religions ou les écoles de pensée deviennent le refuge conscient ou inconscient du citoyen. Or ce dernier est en même temps un consommateur. Les consommateurs se regroupent en communautés qui partagent des valeurs communes, parfois celle d'une religion. Ainsi, en France, la communauté musulmane est satisfaite de fréquenter des restaurants halal à l'enseigne Quick, et l'enseigne de distribution développe quant à elle des gammes de produits respectant les rites coraniques. Il en va de même pour d'autres religions comme le judaïsme.

Celui qui veut l'enfreindre s'expose à de graves représailles. Citons la mise au ban de la société américaine Walt Disney par les autorités chinoises au motif qu'elle n'a pas voulu abandonner, en 1996, la distribution aux États-Unis d'un film sur la vie du dalaï-lama, dirigeant religieux du Tibet. Les autorités chinoises se sont déclarées fermement opposées à la distribution de ce film, estimant qu'il s'agissait d'une ingérence dans les affaires intérieures chinoises. Cette bravade de Walt Disney a retardé les projets de parcs à thèmes sur le sol chinois. Il aura fallu attendre 2010 pour que s'ouvre un parc Disney à Shanghai. Le décideur marketing doit prendre en compte *a priori* et non *a posteriori* des « effets de prisme » qui vont valoriser ou dévaloriser le mix-marketing d'un produit. L'étude préalable du marché, de sa structure, de l'offre des concurrents et plus spécifiquement des valeurs que la cible attribue au produit est indispensable pour éviter un échec commercial lors de l'introduction du produit. Le groupe français Carrefour en a fait l'amère expérience au Japon.

L'encadré ci-dessous propose quelques exemples de différences culturelles qui impactent la structure, voire l'existence même d'un marché. Ces différences qui s'expriment parfois sous la forme de simples préférences sont inhérentes aux représentations que le consommateur local nourrit envers le produit et son concept.

Quelques exemples de différences ou préférences culturelles

- Les Français ont du mal à accepter des bouteilles de vin conditionnées en Tetra Pak et présentant des bouchons synthétiques.
- Le jaune est synonyme de mauvaise qualité aux États-Unis.
- Le consommateur japonais est réfractaire au libre-service total.
- Les Japonais n'acceptent pas les standards de literie occidentale.
- Pendant longtemps, le parfum au Japon était synonyme de femme légère ou négligée.
- Les consommatrices allemandes n'apprécient pas que la caissière de supermarché touche elle-même les produits pour les mettre dans des sacs.
- En Asie, le marché des jeux (machines à sous, loto…) est très populaire.
- L'automobiliste américain ne conçoit pas une automobile sans boîte de vitesses automatique.
- Le « tuning » est très valorisé outre-Rhin et concerne des voitures de très haut de gamme, c'est l'inverse en France.
- Le consommateur français est le premier consommateur mondial de produits laitiers alors que le consommateur chinois déteste les produits à base de lait de vache.
- Le marché du diesel est très confidentiel en Allemagne et aux États-Unis, il est majoritaire en France.

Les politiques produit-prix, épicentre des adaptations

Le champ des adaptations est variable selon les produits et/ou services. Ainsi, les produits alimentaires sont ceux qui sont le plus sensibles aux préférences des consommateurs. À l'inverse, les produits industriels et leurs services associés sont moins perméables aux adaptations culturelles. Les biens industriels doivent respecter les réglementations techniques locales ou régionales (zones panaméricaine, panasiatique et paneuropéenne). Le respect des normes, par exemple, n'entre pas dans le champ du marketing car elles s'imposent de manière identique à tous les compétiteurs.

La décision d'adaptation est souvent prise sous contrainte, c'est-à-dire lorsque l'entreprise est assurée de l'échec si elle n'adapte pas son concept aux exigences locales. L'adaptation doit donc être *a minima*, c'est-à-dire coûter le moins cher possible. Adapter un prix n'a aucune conséquence en termes de surcoûts. Lorsque l'on décide d'adapter un produit, un calcul économique doit valider cette décision. Si j'adapte, combien cela nécessite de surcoûts ? Et, en retour, quel sera le gain en volume ? Face à l'universalité des technologies, il est difficile d'imaginer des programmes de production séquencés au jour le jour pour des marchés distincts. Les messages publicitaires seront « repiqués » en studio pour adapter la langue, mais la conception restera standardisée pour plusieurs marchés rassemblés au sein d'une zone.

La politique produit s'articule autour de trois composantes :

- le degré de familiarité du consommateur local face au concept produit ;
- le degré d'importance qu'il accorde au produit (rapport image/usage) ;
- le pouvoir d'achat dont il dispose pour acquérir le produit.

Le degré de familiarité est différent selon que l'on s'adresse à des pays développés ou à des pays émergents. Ainsi, les marques informatiques, Apple en tête, s'interrogent sur la manière de convaincre les entreprises des pays développés pour qu'elles acceptent d'équiper leurs cadres de « tablettes ». Le degré de familiarité avec le marché chinois est différent et plus complexe pour le groupe français de cosmétiques L'Oréal. À la fin des années 2000, L'Oréal a dû convaincre les jeunes Chinoises des bienfaits du maquillage. Ces habitudes n'existaient pas et il a fallu créer les conditions du marché, et notamment sélectionner et former des jeunes Chinoises à l'art du maquillage pour ensuite promotionner marques et produits en investissant massivement dans la location de stands de démonstration et de séances gratuites de maquillage dans des centres commerciaux. À l'inverse, lorsqu'une marque et son concept sont connus, la conquête d'un marché mondial suggère d'inévitables adaptations.

Si l'on reprend l'exemple cité précédemment de l'enseigne américaine McDonald's, l'offre de sandwichs est variable selon les habitudes alimentaires et les réglementations. Cette gamme de sandwichs est divisée en deux sous-ensembles. Une gamme mondiale composée de références piliers, comme le McDo simple, le cheeseburger simple ou double, ou encore le McBacon. On proposera également des sandwichs adaptés aux préférences alimentaires locales, tantôt avec de la viande halal, tantôt avec du poisson, du poulet, du riz ou encore des salades car la femme européenne est soucieuse de sa silhouette. Les actions de promotion prendront en compte le calendrier et ses fêtes religieuses. Ainsi, en Afrique du Nord, à l'occasion de la période du ramadan, McDonald's respecte les heures d'ouverture des magasins et abaisse ses prix alors que les prix des denrées alimentaires dans les magasins d'alimentation augmentent fortement notamment au coucher du soleil.

Le degré d'importance que le consommateur attribue au produit est une notion de plus en plus importante. En effet, face aux politiques de communication qui sollicitent le consommateur pour consommer « toujours plus », ce dernier qui n'a pas un pouvoir d'achat extensible arbitre de plus en plus entre les postes de son budget. Il accorde une importance variable aux produits et aux marques selon le style de vie. Ses croyances et ses valeurs prédisent des modes de consommation selon une équation de la valeur image-usage qui varie d'un consommateur à l'autre, d'un pays à l'autre. On observe une forte progression mondiale du segment *low-cost* (il ne faut pas comprendre produit à bas coût et donc bas prix mais produit « juste nécessaire ») à l'intérieur d'un marché traditionnel. Il s'agit d'un arbitrage sur la valeur attribuée aux produits, aux services et aux marques. Pourquoi payer une marque ? Pourquoi payer cher un billet d'avion ? Pourquoi s'acheter tel portable ou un ordinateur sophistiqué ? Pourquoi investir dans une voiture dotée d'équipements de haute technologie ?

L'homme de marketing constituera son offre, c'est-à-dire la gamme de produits qu'il veut vendre sur un marché, selon ces trois paramètres. La gamme locale, appelée gamme « fille », sera construite à partir d'une gamme « mère », et ce, pays par pays ou zone de marchés par zone de marchés. Cette méthode s'appelle l'extraction. On extrait des références produit à partir d'une gamme mère pour construire une offre locale représentée par la gamme fille.

La figure 3.7 présente les trois composantes de la politique produit.

Figure 3.7 – Les trois composantes de la politique produit

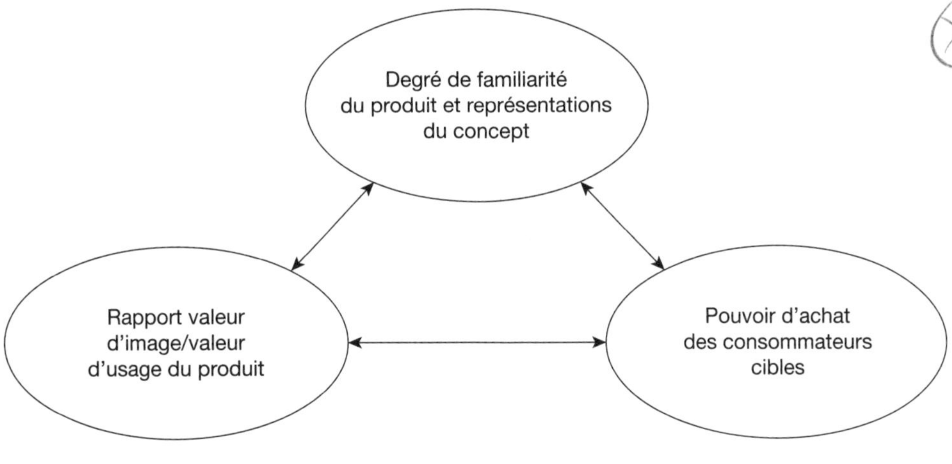

Le pouvoir d'achat, lié au niveau de développement économique, est un indicateur très important. Naturellement le produit sera adapté afin de le rendre accessible au consommateur local. L'adaptation la plus fréquente concerne la quantité de produit. Les cigarettiers américains ont dès le début du siècle dernier proposé des paquets de 5, 10, 20 cigarettes normales ou *king size* (plus longue que la moyenne). Ils ont proposé des ventes ambulantes à l'unité dans les pays très pauvres. Coca-Cola recourt à la même méthode et fait varier la contenance de ses bouteilles selon le pouvoir d'achat des consommateurs locaux. En Afrique, certains autochtones font commerce de leur téléphone portable personnel. Le long des routes, ils louent, le temps d'une communication, leur mobile personnel à ceux qui n'en disposent pas. Le prix de la communication est fixé selon un barème précis qui s'appuie sur la durée de la communication.

Lorsqu'il n'est pas envisageable de faire varier sur la contenance du produit afin d'en diminuer le prix, on construit sa gamme en proposant des produits d'entrée de gamme, simples et aux fonctions réduites pour les marchés émergents. À l'inverse la gamme est dite « tirée vers le haut par le principe de l'extraction » dans les pays riches. On commercialisera alors des produits sophistiqués de haut de gamme dénommés « premium ».

D'un marché à l'autre, l'adaptation concernera la stratégie de la gamme mais également selon le positionnement des marques, à savoir :

- dans les pays riches on commercialise des produits premium très performants et parfois associés à des services ;
- dans les pays aux économies émergentes, on commence à introduire des produits basiques dont le rapport qualité-prix est en rapport avec le niveau d'attentes du consommateur local mais également avec son pouvoir d'achat.

Naturellement la variable du prix est très importante si l'on veut intéresser le consommateur au produit. Quel que soit le niveau de développement économique du pays et le niveau d'éducation du consommateur, ce dernier est de plus en plus soucieux d'une offre adaptée. Ces adaptations sont rendues nécessaires par l'exigence des consommateurs quotidiennement sollicités par une communication omniprésente, dans la rue, les magazines, la télévision, l'ordinateur ou le téléphone mobile. Cette surenchère publicitaire indispose le consommateur notamment lorsque les messages généralement uniformisés ne prennent pas non plus en compte les caractéristiques culturelles du marché.

Le texte ci-dessous propose un bon exemple d'adaptation au pouvoir d'achat.

Pour séduire l'Inde rurale, les opérateurs mobiles vont devoir baisser leurs prix

Voilà un pays qui fait rêver les opérateurs mobiles. En Inde, la croissance du nombre des clients a été en moyenne de 75 % au cours de la période 1998-2008. Le cap des 500 millions d'abonnés devrait être dépassé en 2010. Aujourd'hui, les opérateurs sont à la croisée des chemins. Dans les zones urbaines, on frôle la saturation avec un taux d'équipement de 80 %. Pour conserver un rythme de croissance soutenu, il va falloir s'intéresser aux zones rurales. 70 % des Indiens, soit plus de 700 millions de personnes, habitent à la campagne. En dehors d'une dizaine de grandes villes, le téléphone mobile est encore très peu répandu avec un taux d'équipement qui oscille entre 4 % et 32 %.

Les conditions d'exploitation doivent être adaptées au pays. Cela coûte cher d'implanter des infrastructures lourdes dans des zones peu denses et sous-équipées. Les opérateurs sont contraints d'installer leurs propres infrastructures énergétiques, par exemple des capteurs solaires. Ils doivent également adapter leurs stations de base au climat très humide pendant la mousson. En outre, les relais hertziens et les terminaux doivent résister à la poussière. Le finlandais Nokia, souvent considéré comme une marque locale, est un précurseur en Inde. Il commercialise des téléphones mobiles blindés, dotés de capteurs solaires et d'une fonction lampe de poche très appréciée.

Le second défi consiste à adapter le prix car les Indiens des zones rurales désirent des téléphones avec des fonctionnalités basiques et un coût réduit. Le revenu moyen par utilisateur dans les zones rurales varie entre 250 et 300 roupies par mois, soit 6 euros. Ce niveau de revenu extrêmement faible oblige les opérateurs à s'interroger sur la manière d'adapter l'offre tout en gagnant de l'argent.

Source : *Les Échos*, extrait d'article adapté.

Suntory

Le groupe japonais rachète Orangina

Lorsqu'il a racheté Orangina en 2010, le groupe japonais Suntory n'a pas hésité à apposer un drapeau français sur l'étiquette de la bouteille. Le responsable de la stratégie de développement international de Suntory, Nobu Torii, estimait alors qu'« avec ce drapeau, la perception des Japonais qui goûtaient Orangina pour la première fois changeait. La France incarne au Japon la mode et le raffinement ». Sans le drapeau, de nombreux consommateurs assimilaient Orangina à une marque américaine et la repoussaient. Orangina est peu connue à travers le monde, exception faite de la France et de l'Espagne. Le groupe nippon attend des autorités françaises le droit d'utiliser le drapeau français. L'objectif est de vendre 20 millions de litres par an. Suntory veut s'assurer immédiatement un succès durable et avance avec prudence. En effet, chaque année Suntory lance deux cents nouveaux produits et seuls 3 % d'entre eux subsistent sur le marché à long terme. Selon Nobu Torii, « les Japonais aiment essayer de nouvelles boissons, les Français sont plus conservateurs ». La boisson devrait être commercialisée dans les 450 000 distributeurs automatiques du groupe où la boisson devrait être vendue autour de 150 yens (environ 1,33 euro). À eux seuls, les distributeurs automatiques devraient écouler 10 millions de litres par an.

Même si les Japonais font de plus en plus leurs courses au supermarché, moins chers que les épiceries de quartier, ils plébiscitent toujours les 5 millions de distributeurs de boissons (chaudes et froides) plantés à tous les coins de rue de l'empire du Soleil levant. Avec Orangina, Suntory vise surtout les jeunes qui préfèrent les *soft drinks* aux boissons alcoolisées. Même si les premiers tests laissent penser que le « goût unique » d'Orangina plaît aux Japonais, le nouveau propriétaire de la marque n'exclut pas d'en adapter la recette en modifiant les niveaux de gazéification et de sucre. Autre « sacrilège », il pourrait également changer la forme de la mythique bouteille. Dans un pays où les boissons sans sucre connaissent une envolée depuis deux ans, Suntory pourrait lancer Orangina dans une version *light*. Une décision a été d'ores et déjà arrêtée, celle de positionner Orangina comme une boisson *premium*, plus haut de gamme qu'en France. C'est la seule manière, pense-t-on en interne, de se démarquer et de sortir du lot dans un marché des *soft drinks* saturé et qui a reculé de 3 % en 2009, victime de la crise économique et d'un été froid.

CONCLUSION

L'histoire du XXIe siècle s'installe à peine et il n'est pas difficile d'imaginer qu'il sera fort différent du précédent. Déjà l'émergence économique d'États continents comme les BRIC (le Brésil, la Russie, l'Inde et la Chine) bouleverse les rapports économiques qui étaient jusqu'alors détenus par les États-Unis, le Japon et la vieille Europe. Tous les acteurs vont rebattre les cartes d'un monde toujours plus marchand, toujours plus concurrentiel. De nouvelles formes d'échanges, de nouveaux rapports de force et vraisemblablement des nouvelles formes de protections vont émerger.

Le consommateur en sortira-t-il gagnant ? Personne aujourd'hui ne peut le prédire sérieusement. Une chose est sûre cependant, si le niveau de consommation des pays émergents était du niveau des États-Unis ou du Japon, il faudrait l'équivalent des ressources en matières premières de trois planètes Terre.

Cette simple constatation nous obligera à repenser nos modes de consommation et nos comportements. Le marketing s'adossera toujours aux mêmes pratiques, nous incitant à consommer davantage en nous vantant des bienfaits de tel ou tel concept. Beaucoup de nouveaux produits issus d'innovations dont on ne perçoit pas les limites seront testés auprès du consommateur, qui restera finalement le seul juge arbitre. L'intensité concurrentielle rendra le consommateur plus exigeant. L'adaptation aux schémas culturels des consommateurs ne pourra être interprétée *a minima*. Le marketing international devra dépasser les vieux clivages pays riches/pays émergents et entrer dans l'analyse d'une culture plus fragmentée, celle des communautés, faisant voler en éclats le simple cadre d'un poste frontière.

Les groupes industriels mondiaux en quête de toujours plus de profits et le consommateur mondial en quête de toujours plus d'hédonisme devront ensemble conjuguer un paradoxe : celui d'évoluer dans un monde d'abondances supposées alors que le spectre de la rareté semble déjà incontournable d'ici 2020.

Jusque dans les années 1970, le marketing était international, à la chute du mur de Berlin il est devenu réellement global, aujourd'hui il est déjà mondialo-régional.

CE QU'IL FAUT RETENIR

Le marketing prend racine dans la culture américaine. Le marketing a pour vocation d'accélérer la croissance du volume de facturation et des profits. Les firmes multinationales américaines ont internationalisé le marketing. Avec la mondialisation, le « modèle marketing américain » est repris par les firmes multinationales des pays développés et émergents. L'uniformité technologique permet une offre globale planétaire de produits et services. Le consommateur mondial accepte l'offre globale si elle respecte des aspects particuliers incontournables de sa culture.

RÉFÉRENCES BIBLIOGRAPHIQUES

Briard C. (2001). « L'américain Procter & Gamble renoue avec les marques locales », *Les Échos*, 3 mai.

Cateora Ph. (1996). *International Marketing*, Éditions McGraw-Hill/Irwin, 9e éd. (1re éd. 1966).

Croué Ch. (2010). *Marketing international et* mondialisation, Bruxelles, Éd. de Boeck, coll. « Le point sur ».

Croué Ch. (2006). *Marketing international,* Bruxelles, Éd. de Boeck, 5e éd., coll. « Perspectives marketing ».

Croué Ch. (2006). « La Logan, un produit *low-cost* à la conquête du marché mondial », *Décisions marketing*, n° 43/44, juil.-déc. 123/136.

Debray R. (2003). *Le Feu sacré. Fonctions du religieux*, Paris, Fayard.

Dussart Ch. (1993). « Globalisation : sens et contre-sens », *Décisions marketing*, mai, 51/60.

François I. (2010). « Ford met fin à trois ans de pertes », *Les Échos*, rubrique « Automobile », 30 janv., p. 23-29.

Godeluk S. (2010). « Pour séduire l'Inde rurale, les opérateurs vont devoir baisser leurs prix », *Les Échos*, 5-6 fév.

Hetzel P. (2003). « Pratiques et tabous du marketing, segmenter par les critères ethniques et communautaires », *Décisions marketing*, n° 32 oct.-déc., p. 97-103.

Hout Th., Porter E., Rudden E. (1985). « Stratégie à la conquête du monde », *Harvard L'Expansion*, printemps, 15/29.

Keegan W.J. (1974). *Multinational Marketing Management*, Prentice Hall, International Series in Management, 1re éd.

Kashani K. (1990). « Les pièges du marketing international », *Harvard L'Expansion*, printemps.

Lewitt Th. (1983). « Un seul univers, le marché ? », *Harvard L'Expansion*, automne, 6-17.

Lentschner K. (2010). « Suntory prépare le lancement d'Orangina au Japon », www/lefigaro.fr/sociétés, 16 juin.

Pons Ph. (2005). « Une incompréhension de la culture nippone explique l'échec de Carrefour au Japon », *Le Monde*, 15 mars.

Pras B. (2006). « International : les principaux enjeux et omniprésence de la culture », *Décisions marketing*, Spécial international, n° 43/44, décembre, p. 7-12.

Rodier J.H. (1996). « Pékin en guerre contre Walt Disney, Rub cinéma », *Les Échos*, 29-30 nov.

Sabri O., Manceau D., Pras B. (2010). « Le tabou un concept peu exploré en marketing », *Recherche & applications en marketing*, mars, vol. 25, p. 59-86.

Sice S. (2010). « Avec General Motors, plusieurs introductions en Bourse repartent aux États-Unis », *Les Échos*, 19 août.

Usunier J.-C., Lee J.A (2009). *Marketing across Culture*, Éd. Pearson Prentice Hall, 5e éd.

Zinn H. (2002). *Une histoire populaire des États-Unis – de 1492 à nos jours*, Éd. Agone.

4

Comprendre les consommateurs pour un marketing efficace

François A. Carrillat et Alain d'Astous

François A. Carrillat (Ph.D., University of South Florida) est professeur agrégé au Service de l'enseignement du marketing à HEC Montréal. Ses recherches portent sur la façon dont le sponsoring d'événements a un impact sur les perceptions des consommateurs vis-à-vis des marques. Il a publié de nombreux articles scientifiques traitant de ces questions dans des revues comme Journal of Advertising, European Journal of Marketing, *et* Journal of Brand Management.

Alain d'Astous (Ph.D., University of Florida) est professeur titulaire et directeur du programme de Ph.D. à HEC Montréal. Il a publié des ouvrages et de nombreux articles scientifiques traitant du marketing et du comportement des consommateurs. Il est membre du comité de lecture de plusieurs revues savantes en marketing, dont International Marketing Review, Psychology & Marketing *et* Recherche et applications en marketing.

Les consommateurs sont au centre de l'action marketing. Qui sont-ils ? Que pensent-ils ? Qu'est-ce qui les intéresse ? Que font-ils ? Dans ce chapitre, nous chercherons à montrer comment on peut apporter des réponses à ces questions importantes, et à bien d'autres. Le défi est de taille. Le comportement des consommateurs est une discipline qui a fait l'objet d'un grand nombre de recherches depuis près d'un siècle et toute tentative d'en dresser un portrait complet est utopique. Nos objectifs sont plus modestes. D'une part, nous voulons montrer la diversité des concepts qui servent à dégager une compréhension du comportement des consommateurs, ainsi que les relations entre ces concepts. D'autre part, nous voulons établir comment ces concepts s'avèrent pertinents pour la pratique. Pour chaque concept étudié, deux questions vont donc orienter notre démarche : que faut-il savoir à propos de ce concept ? Quelle est son utilité pour le marketing ?

D'ABORD, UN MODÈLE

Dans le modèle présenté à la figure 4.1, qui servira de cadre de référence à notre discussion dans ce chapitre, nous proposons une explication du comportement des consommateurs au moyen de quatre blocs de concepts : l'environnement social, le psychisme, le traitement de l'information et les réponses des consommateurs.

Figure 4.1 – Un modèle pour comprendre les consommateurs

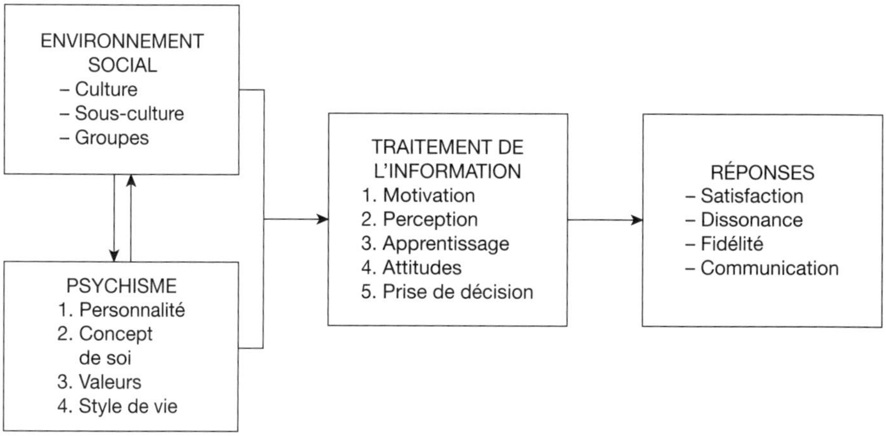

L'environnement social

L'environnement social constitue le premier bloc de variables qui va retenir notre attention. Trois thèmes y sont traités : la culture, les sous-cultures et les groupes.

Les consommateurs sont des êtres programmés (la culture)

On peut étudier les consommateurs du point de vue de leurs caractéristiques individuelles, comme leurs croyances et leurs attitudes. Il est cependant intéressant d'adopter une perspective globale en les considérant comme un groupe social. La variable principale qui les caractérise alors est leur culture.

Que doit-on savoir à propos de la culture ?

Le comportement d'une personne est guidé par un ensemble de *schémas mentaux* qu'elle partage avec les membres du groupe social auquel elle appartient. Ces schémas collectifs, qui constituent la culture, sont tellement envahissants qu'il est difficile d'en voir l'empreinte, à moins de contraster des personnes issues de groupes sociaux culturellement distincts. Quiconque a eu l'occasion de vivre auprès de personnes de culture différente a pu constater son emprise profonde sur les croyances (par exemple, la religion, les mythes, les normes, les principes moraux), les façons d'interpréter le monde (par exemple, les valeurs, les symboles) et de communiquer (par exemple, l'art, le langage) ainsi que sur les moyens utilisés pour la maintenir et la transmettre (par exemple, les institutions).

Les effets de la culture sont étudiés en comparant les valeurs des membres de sociétés différentes. Plusieurs systèmes de valeurs ont été proposés à cette fin. Selon le modèle des dimensions culturelles proposé par Geert Hofstede, les sociétés sont caractérisées par cinq valeurs fondamentales : la *distance hiérarchique* (le degré auquel les différences de statut social sont acceptées), l'*évitement de l'incertitude* (le degré auquel l'ambiguïté est inconfortable), l'*individualisme* (le degré auquel les valeurs individuelles sont plus importantes que les liens sociaux et interpersonnels), la *masculinité* (le degré auquel les valeurs masculines, comme l'accomplissement et l'agressivité, sont acceptées) et l'*orientation à long terme* (le degré auquel l'horizon temporel qui sert de cadre aux actions est lointain).

Quelle est l'utilité pour le marketing ?

L'efficacité du marketing dépend de la capacité de l'entreprise à s'adapter aux contraintes que pose la culture et à saisir les occasions d'affaires qu'elle offre. Ainsi, il peut être nécessaire d'ajuster l'action commerciale (les produits, la communication, la distribution) aux caractéristiques des sociétés ciblées. McDonald's offre à la fois des produits standardisés (des hamburgers) et des produits qui conviennent aux cultures locales dans lesquelles ses restaurants sont implantés (par exemple, en changeant les épices, les garnitures). Ces ajustements touchent les marchés internationaux, mais ils sont tout aussi pertinents sur le marché domestique lorsque celui-ci peut être segmenté en sous-cultures (voir la section suivante). La multiculturalité oblige les entreprises à mettre en place des stratégies de marketing ethnique qui tiennent compte des différences culturelles des groupes de consommateurs ciblés.

Les consommateurs sont programmés à différents niveaux (les sous-cultures)

La culture est un élément essentiel du contexte de vie des consommateurs, mais à l'intérieur de celle-ci, il existe des sous-cultures qui les influencent également. Il est donc fondamental pour les gestionnaires d'identifier les sous-cultures et la façon dont elles influent sur les comportements d'achat.

Que doit-on savoir à propos des sous-cultures ?

Les sous-cultures peuvent être distinguées selon la capacité qu'a le consommateur de choisir d'appartenir à l'une ou l'autre d'entre elles. L'ethnicité et le statut social (revenu, niveau d'éducation et occupation) définissent les principales sous-cultures auxquelles les consommateurs appartiennent naturellement. Cependant, les consommateurs adhèrent volontairement à des sous-cultures, comme les communautés de marque, les associations ou les communautés virtuelles.

L'influence de *l'ethnicité* sur la nourriture, l'habillement ou les voyages est grande. Le poids relatif de la culture dans laquelle vit un consommateur en comparaison avec celui de sa culture d'origine dépend du degré d'*acculturation*. Plus un consommateur est acculturé, plus il a assimilé les normes et les valeurs de sa culture d'accueil. Les sociétés étant de plus en plus multiculturelles, il n'est pas rare que des consommateurs possèdent les traits culturels de leur société d'accueil et ceux de leur culture d'origine. Les chercheurs ont montré que ces consommateurs *biculturels* adoptent les comportements et les attitudes propres à la culture qui correspond à la langue qu'ils utilisent dans une situation donnée (l'ethnicité situationnelle).

Les communautés de consommateurs sont créées par et pour les consommateurs. Ainsi, les adeptes du cyclisme ont leurs propres normes et valeurs quant au matériel approprié ou non. Dans certains cas, les communautés de consommateurs sont construites autour d'une seule marque et de ses produits. Les membres de la communauté Apple vouent un culte à la marque et adorent les produits estampillés du logo à la pomme. Les médias sociaux sont un vecteur privilégié de création et de maintien des sous-cultures virtuelles. Dans certains cas, ils sont un complément aux communautés centrées sur une marque alors que, dans d'autres, ils sont avant tout des réseaux virtuels d'informations.

Si les sous-cultures ont souvent plus d'influence que la culture sur les comportements, ce constat s'applique surtout pour des catégories de produits bien définis. L'acculturation exerce une influence importante dans le choix de produits ethniques, comme la nourriture, mais moindre pour d'autres catégories comme l'équipement pour la maison par exemple.

Quelle est l'utilité pour le marketing ?

Le concept de sous-culture est le plus pertinent pour la segmentation et le positionnement. Un segment ethnique fortement acculturé sera un bon candidat pour des produits symbolisant la culture d'accueil alors qu'en cas de faible acculturation, les produits ethniques seront favorisés.

La langue dans laquelle les messages sont adressés aux consommateurs biculturels oriente leur cadre de référence culturel. Si les arguments d'un produit sont plus cohérents avec une culture plutôt qu'une autre, la langue correspondante devrait être utilisée pour communiquer avec les biculturels.

Les consommateurs sont des êtres sociaux (les groupes)

Les informations à partir desquelles les consommateurs interprètent leur environnement sont généralement filtrées par les autres. Les autres peuvent aussi servir de points de référence pour orienter les décisions de consommation, comme lorsqu'on choisit d'acheter un produit susceptible de plaire à tous les membres de la famille. Ils peuvent même parfois exercer une influence coercitive, comme lorsque l'achat d'une résidence dans une communauté est réservé aux couples sans enfants.

Que doit-on savoir à propos des groupes ?

Tous les consommateurs font partie de groupes. Ceux-ci peuvent être *formels* (par exemple, les collègues de bureau) ou *informels* (par exemple, les amis d'un réseau social). Autant l'appartenance à un groupe permet de caractériser une personne, autant la non-appartenance, qu'elle soit volontaire ou contrainte, renseigne sur les valeurs et les intérêts de chacun.

L'intérêt des groupes pour le marketing s'explique surtout par leur potentiel d'influence sur les comportements des consommateurs. On désigne par l'appellation *groupe de référence* la ou les personnes, réelles ou imaginaires, qui exercent une influence sur les opinions, les valeurs, les aspirations et les comportements d'un individu. Cette influence peut prendre trois formes. On parle de l'*influence informationnelle* d'un groupe de référence lorsque ce dernier est consulté afin d'acquérir des connaissances utiles. Par exemple, les commentaires des internautes sur amazon.com sont une source d'informations potentiellement utiles pour un consommateur qui n'est pas certain de la marque qu'il doit choisir. L'*influence comparative* se produit lorsque le groupe est utilisé comme un modèle pour orienter les comportements de consommation. Il est courant pour une marque (par exemple, Nike) de s'associer à une célébrité (Roger Federer), qui agit au titre de *porte-parole* de la marque, afin de bénéficier de son pouvoir de référence pour attirer les consommateurs. L'*influence normative* est présente lorsque le groupe de référence a le pouvoir de distribuer des récompenses ou des sanctions, selon que la personne se conforme ou non aux normes établies par le groupe. Par exemple, certains clubs de golf exigent des joueurs qu'ils soient vêtus selon un code vestimentaire strict si ces derniers veulent profiter de leur terrain.

La famille est un groupe de référence d'une grande importance pour le consommateur. Celle-ci a beaucoup évolué depuis quelques décennies, la structure traditionnelle (père, mère et enfants) s'étant enrichie de formes diverses (familles d'accueil, monoparentales, homosexuelles, reconstituées). Cependant, les éléments essentiels de la vie familiale et leurs effets sur les comportements de consommation demeurent les mêmes. Un premier élément est l'évolution de la famille au fil du temps. Le *cycle de vie de la famille* permet de caractériser cette évolution en fonction des changements importants qui marquent la dynamique de la vie familiale, comme la naissance des enfants, leur entrée à l'école, leur départ de la maison et la retraite des parents. Ces événements ont des effets considérables sur la consommation des ménages : achat de la maison et des meubles, dépenses en matière de loisirs et d'éducation, etc. Un deuxième élément d'importance concerne la structure des rôles dans la famille, c'est-à-dire la façon dont ses membres se partagent les responsabilités pour les décisions de consommation. Plusieurs études ont montré que ces rôles changent selon la catégorie de produit (par exemple, le téléviseur est l'affaire des hommes, les vacances, celle des femmes), les ressources individuelles et l'expérience (par exemple, les adolescents s'y connaissent souvent davantage en matière de produits électroniques), les étapes du processus de décision et le temps disponible.

Quelle est l'utilité pour le marketing ?

Les responsables du marketing doivent évaluer si le produit subit ou non l'influence des groupes de référence. Ainsi, l'achat de produits consommés en privé (par exemple, matelas, assurances) n'est pas influencé de façon importante par les groupes. Par contre, l'achat de produits dont la consommation est publique, tels les automobiles ou les baladeurs numériques, est sujet à l'influence des groupes car les autres consommateurs ont l'occasion de voir la marque choisie. Si les groupes de référence sont importants, il faut identifier la forme d'influence dominante (informationnelle, comparative, normative) ainsi que les groupes qui sont impliqués. Ces informations sont alors utilisées pour orienter la communication marketing.

Le choix d'un porte-parole pour faire la promotion d'une marque est une décision stratégique. Ce choix doit être fondé sur plusieurs dimensions (attrait, crédibilité, confiance, popularité, congruence), car les célébrités évoquent des associations symboliques multiples. Ces dimensions doivent être analysées en fonction de la nature du produit ou de la marque afin de trouver le meilleur ajustement. Ainsi, alors que l'attrait physique et la popularité d'un porte-parole sont des aspects importants pour les produits de la mode, ils le sont peu pour des produits technologiques où les dimensions d'expertise et de confiance prévalent.

Les responsables du marketing doivent aussi se préoccuper de la façon dont les rôles se distribuent à l'intérieur de la cellule familiale. Cette analyse devrait être faite en fonction des différents segments de marché ciblés, des différentes formes de famille qu'on y trouve, ainsi que des étapes du processus de prise de décision. Ces informations doivent être utilisées dans le développement des stratégies de positionnement de la marque.

LE PSYCHISME DES CONSOMMATEURS

Les chercheurs en marketing ont tenté de cerner le psychisme des consommateurs afin de mieux expliquer et pouvoir prédire leurs comportements. Les variables principales ayant fait l'objet de recherches sont la personnalité, le concept de soi, les valeurs et les styles de vie.

Les consommateurs sont des êtres uniques (la personnalité)

Bien des responsables du marketing croient, intuitivement, que les consommateurs choisissent les produits et les marques qui conviennent à leur personnalité. Cette intuition se révèle malheureusement fausse, nombre d'études ayant montré sans équivoque son faible pouvoir explicatif en matière de consommation.

Que doit-on savoir à propos de la personnalité ?

La personnalité est constituée d'un ensemble de traits (ou facteurs) relativement stables qui conduisent une personne à se comporter de façon cohérente. Ainsi, on dira de tel consommateur qu'il est innovateur en observant les idées qu'il défend ou les gestes qu'il pose dans différentes situations.

Pour un grand nombre de chercheurs, la théorie qui offre la meilleure représentation de la personnalité est la *théorie des cinq facteurs* qui propose de cerner la personnalité sur la base de cinq dimensions, chacune se définissant sur un continuum : selon que la personne est tournée vers le monde extérieur ou vers le monde intérieur (l'*extraversion*), qu'elle adopte une vision analytique des choses ou agit de façon instinctive (la *conscience*), qu'elle est ouverte aux nouveautés ou se complaît dans les choses familières (l'*ouverture d'esprit*), qu'elle réagit à son environnement de façon posée ou névrotique (la *stabilité émotionnelle*), et que ses relations interpersonnelles sont fondées sur l'altruisme ou la confrontation (l'*amabilité*).

Quelle est l'utilité pour le marketing ?

Même si on présente souvent la personnalité comme une base possible de segmentation d'un marché, les différences de comportement d'achat observées entre les consommateurs ayant des personnalités différentes sont généralement insignifiantes. La personnalité trouve cependant une application intéressante au niveau du positionnement de marque. Plusieurs pensent que les consommateurs voient les marques comme des personnes et qu'ils entretiennent des relations avec ces dernières. Des échelles de mesure, inspirées de la théorie des cinq facteurs, ont été conçues afin de dresser le profil de personnalité des marques. L'une d'elles propose que toute marque puisse être positionnée selon cinq dimensions générales : la sincérité, l'enthousiasme, la compétence, la sophistication et la rudesse. De telles échelles sont utiles pour évaluer la position d'une marque et de ses concurrents sur des dimensions psychologiques.

Les consommateurs ont leur vision d'eux-mêmes (le concept de soi)

Les biens de consommation reflètent une certaine image pour les consommateurs car ils leur permettent de définir leur concept de soi. Le concept de soi peut être de nature différente pour un même consommateur (le concept de soi *réel* ou *idéal*) et il peut être composé d'identités multiples selon la situation (être à la fois un mari, un employé de bureau, un joueur de tennis, etc.).

Que doit-on savoir à propos du concept de soi ?

Le concept de soi représente l'image organisée que l'on a de soi-même. Le soi se construit par l'observation de son propre comportement, au contact des autres (ce qu'ils nous disent, comment ils se comportent envers nous) ou par comparaison avec les autres.

On distingue deux catégories d'objectifs liés au concept de soi. La *vérification* et l'*amélioration* du soi. Dans le premier cas, le consommateur cherche à se rassurer, à exercer un maximum de contrôle sur sa vie et sur ses interactions sociales. C'est le cas du nouveau père de famille qui veut acquérir à tout prix le matériel de pointe pour son bébé. Dans le second cas, le consommateur perçoit un décalage entre son soi réel et son soi idéal et cherche à se construire une identité plus flatteuse afin d'améliorer son estime de soi. Une personne qui considère son niveau d'éducation insuffisant peut exhiber des comportements d'érudit en visitant des musées. Dans les deux cas, les *symboles matériels* acquis sont destinés aux consommateurs eux-mêmes, ainsi qu'à leur entourage. La vérification du soi entraîne une pensée qui suit les lois de la logique, alors que l'amélioration du soi est dominée par les émotions et les heuristiques.

Un consommateur cherche à atteindre à la fois des objectifs de vérification et d'amélioration, parfois par le compromis. L'amélioration du soi (la construction d'une identité idéale) ne doit pas trop s'éloigner de l'identité réelle de manière à ménager l'estime de soi et à faire en sorte que la nouvelle identité soit plausible.

Quelle est l'utilité pour le marketing ?

Les consommateurs sont attirés par les produits qu'ils considèrent comme congruents avec leur soi réel ou idéal. Dans l'industrie des cosmétiques, on a traditionnellement employé une stratégie orientée vers l'amélioration du soi en présentant des personnes, ou des stars, d'une grande beauté. On met ainsi en valeur un monde rêvé, décontextualisé et cohérent avec la promesse de la marque. Dans un autre registre, Dove a eu un grand succès en misant sur des personnes à la beauté naturelle plutôt que parfaite.

Le choix des biens consommés ou utilisés en public est fortement influencé par les objectifs liés au concept de soi social. Par exemple, le caractère soigné et prestigieux des cartes de visite et du porte-cartes (élégance de la police d'écriture, qualité du papier, etc.) peut participer à construire chez un jeune cadre une identité professionnelle améliorée.

Dans une optique de vérification, le système plus analytique est privilégié et on doit alors formuler des arguments logiques ou déployer une campagne d'information. Dans une perspective d'amélioration, il faut tenir compte du système émotionnel en adoptant un discours publicitaire imagé ou métaphorique et en insistant sur l'expérience que le produit procure.

Les consommateurs sont guidés par des croyances d'ordre supérieur (les valeurs)

Derrière la plupart des achats, même les plus banals, se dissimulent des raisons latentes. Tel consommateur achète des aliments biologiques parce qu'il se préoccupe de sa santé alors que tel autre le fait pour protéger l'environnement. Tous les consommateurs n'agissent pas sur la base des mêmes valeurs.

Que doit-on savoir à propos des valeurs ?

Une valeur est une croyance profonde à propos de ce qui est préférable ou approprié de façon générale. Il est possible de décrire le système de valeurs d'une personne en lui demandant d'en produire un classement (par exemple, l'ambition, la liberté, l'égalité, l'harmonie intérieure) selon leur importance. Nombre d'études ont montré que des disparités significatives existent entre les valeurs de cultures différentes. Alors que les Asiatiques valorisent le travail et l'honnêteté, les Nord-Américains attachent de l'importance à l'autonomie et la liberté d'expression.

Les valeurs évoluent en fonction des changements qui se produisent dans l'environnement physique, économique et social. Qui eût dit, il y a à peine vingt ans, que le développement durable deviendrait une préoccupation à l'échelle planétaire ? Les valeurs participent à la création et à la perpétuation des grandes tendances qui caractérisent les sociétés.

Quelle est l'utilité pour le marketing ?

Les responsables du marketing doivent comprendre les liens de causalité qui existent entre les attributs des produits, les bénéfices qui en découlent et les valeurs sous-jacentes. Par exemple, un jeune consommateur achète un baladeur numérique « à écran tactile » (un attribut) afin d'écouter de la musique et de visionner des images et des vidéos (les bénéfices) avec l'objectif ultime d'obtenir une reconnaissance de ses pairs (la valeur). La séquence attributs bénéfices valeurs est appelée un *chaînage cognitif*. Des méthodes de recherche ont été développées par des chercheurs en marketing pour en faire l'analyse et ont été appliquées avec beaucoup de succès dans des contextes de consommation variés. La mise au jour des valeurs qui guident les comportements des consommateurs suggère des moyens d'adapter l'action de l'entreprise en conséquence, notamment au niveau de la communication marketing.

Les consommateurs expriment ouvertement leur identité (les styles de vie)

Les choix des consommateurs témoignent d'un certain style de vie et en disent long sur leurs préférences et leurs besoins. Mer ou montagne comme destination vacances ? Rénovation de la cuisine ou achat d'un système de cinéma maison ? De nombreuses approches existent dans l'étude et l'utilisation des styles de vie que les responsables du marketing doivent maîtriser.

Que doit-on savoir à propos des styles de vie ?

Les styles de vie groupent les consommateurs en fonction de variables à la fois sociodémographiques (l'âge, la situation familiale, le revenu, etc.) et psychographiques, telles que les AIO : les activités (culture, loisir, vie associative, etc.), les intérêts (famille, profession, médias, etc.) et les opinions (politique, éducation, consommation, etc.). Un segment basé sur un style de vie homogène peut être très hétérogène quant à son profil sociodémographique. Un consommateur peut faire l'acquisition de l'équipement de golf le plus cher malgré des moyens financiers limités si ce matériel revêt pour lui une grande importance.

Quelle est l'utilité pour le marketing ?

L'application principale des styles de vie réside dans la segmentation des marchés. Une première approche consiste à déterminer *a priori* les AIO qui seront utilisés pour créer les segments (par exemple, la pratique du vélo, surfer sur Internet comme activités ; la botanique et la psychologie comme intérêts ; et le rôle de l'école dans l'éducation des enfants, la politique fiscale et monétaire comme opinions). Ces AIO sont ensuite transformés en courts énoncés à propos desquels les consommateurs expriment un degré d'accord ou de désaccord (par exemple, « j'aime me balader à vélo », « parfaire mes connaissances en botanique est important », « le gouvernement devrait baisser les impôts sur le revenu »). Le questionnaire est prétesté puis utilisé auprès d'un échantillon représentatif de la population de consommateurs ciblée et les données collectées sont analysées à l'aide de techniques statistiques permettant de grouper les consommateurs en segments homogènes. Cette méthode offre une grande flexibilité et permet aux gestionnaires de choisir eux-mêmes les variables servant à définir les segments.

D'autres approches reposent sur des critères de segmentation déjà définis. La méthode VALS (ou VALS2) aux États-Unis est basée sur la distinction de trois objectifs fondamentaux pour les consommateurs : les idéaux (le respect de ses principes), l'accomplissement (le besoin d'être approuvé et reconnu) et l'expression de soi (activités physiques, le risque et la variété) ainsi que sur le niveau de ressources matérielles que possède le consommateur. En utilisant ces quatre critères, il est possible de grouper les consommateurs en huit segments. Dans la société américaine, les « Penseurs » (11,3 %) ont des ressources assez importantes et privilégient les idéaux. Ils lisent abondamment, ont peu d'intérêt pour le prestige et regardent beaucoup d'émissions d'affaires publiques. Les « Réalisateurs » (11,8 %) ont des ressources limitées, cherchent avant tout l'expression de soi et sont attirés par le confort, la valeur et la durabilité. En France, le centre de communication avancé, créé par Bernard Cathelat, publie régulièrement une typologie des profils de consommateurs. La dernière étude distingue trois super-segments : les « Confiants » (41 %) sont plus âgés et se fient aux marques anciennes auxquelles ils sont habitués. Les « Corsaires » (25 %) voient leur relation avec les entreprises comme un conflit où le rapport de force est essentiel ; ils font jouer la concurrence. Les « Marco Polo » représentent 34 % des Français, mais ils possèdent près de 60 % du pouvoir d'achat. Ils sont à la fois sur la défensive vis-à-vis des entreprises et à l'affût des nouveaux produits.

Les styles de vie permettent un positionnement et une différenciation plus efficaces. Porsche a adopté une nouvelle segmentation basée sur les styles de vie. Les nouveaux segments ont permis de modifier le positionnement de la marque par l'intermédiaire d'une campagne publicitaire visant un nouveau type de consommateur cadrant avec un style de vie orienté vers le loisir et l'aventure, sans être nécessairement incarné par des hommes. Grâce à cette stratégie, Porsche a mis fin à sept ans de déclin de ses ventes avec une progression de plus de 45 %.

LE TRAITEMENT DE L'INFORMATION

L'environnement social et le psychisme sont les deux sources principales d'information des consommateurs. Ces informations sont interprétées et analysées par le biais de différents processus internes que sont la motivation, la perception, l'apprentissage, la formation des attitudes et la prise de décision.

Les consommateurs mobilisent de l'énergie (la motivation)

Pourquoi certaines personnes sont-elles prêtes à attendre pendant des heures pour devenir les heureuses propriétaires d'une console de jeux vidéo ? L'énergie et la persistance que les consommateurs mobilisent à l'atteinte d'objectifs représentent leur motivation. Comprendre ce qui détermine l'intensité de cette énergie, ainsi que sa direction, est un objectif fondamental de l'étude des consommateurs.

Que doit-on savoir à propos de la motivation ?

La motivation est un processus qui part d'un *besoin* (la soif) qui va donner naissance à un *objectif* (se désaltérer) qui sera atteint par une action (boire une bière Heineken) déterminée par l'anticipation des *conséquences* associées à cette action (cette marque de bière sera désaltérante).

La motivation des consommateurs à atteindre leurs objectifs est une fonction de leur degré d'*implication personnelle* – c'est-à-dire la pertinence d'un objet selon les besoins, valeurs et intérêts de la personne – par rapport à la catégorie de produit envisagée, à la situation ou à la publicité considérée. Une personne qui valorise grandement la notion de justice sera sans doute impliquée par rapport à l'association Amnesty International. L'implication engendre davantage d'effort à l'atteinte des objectifs et un traitement de l'information en profondeur. Une personne impliquée par rapport à Amnesty International sera plus susceptible d'écouter ses arguments et d'être convaincue par son discours alors qu'une personne peu impliquée ne fera pas l'effort de considérer la valeur des arguments.

Quelle est l'utilité pour le marketing ?

La hiérarchie des besoins de Maslow qui distingue les besoins *physiologiques* (manger, être en santé), de *sécurité* (contrôler son environnement, se protéger), d'*appartenance* (établir des relations avec les autres), d'*estime* (avoir une image positive de soi) et d'*accomplissement* (réaliser pleinement son potentiel) est un outil utile pour mieux positionner l'offre en fonction des segments. Hungry-Man aux États-Unis se positionne sur un besoin physiologique en vantant la taille démesurée de ses portions : « *I know what I like and I like it a lot.* » Les assurances sont souvent positionnées sous l'angle de la sécurité, et les programmes d'éducation supérieurs, sous l'angle de l'accomplissement. En cas de faible implication des consommateurs il est possible d'avoir recours à des personnages fictifs pour dynamiser la marque (par exemple, le Géant Vert, Ronald McDonald). Dans les cas où c'est l'implication par rapport à la communication marketing qui fait défaut, il est possible de créer des contenus sous forme de jeux sur le Web qui reprennent le thème de la campagne.

Les consommateurs construisent leur réalité (la perception)

Les gestionnaires peuvent façonner l'image d'une marque ou les attributs d'un produit, mais ce sont les perceptions des consommateurs qui comptent. La perception est un processus complexe d'interprétation et elle peut diverger de la réalité objective. Il est donc primordial que les responsables du marketing comprennent les facteurs qui influent sur l'interprétation des stimuli de marketing.

Que doit-on savoir à propos de la perception ?

Le processus de perception a pour but de faciliter le traitement de l'information. Si nous percevions, d'une manière directe et fidèle, tous les stimuli qui se présentent à nos sens, nous serions totalement submergés, car toutes les capacités cognitives seraient accaparées par la perception de l'information plutôt que par son traitement. Si un consommateur a besoin d'acheter un ordinateur portable, des outils perceptuels vont faciliter son recueil et son traitement de l'information. Le consommateur a en tête des *schémas cognitifs* pour aborder sa prise de décision, sur la base desquels des produits ou des marques sont catégorisés. Il pourrait ne considérer que les marques japonaises croyant que les produits électroniques de ce pays sont les mieux conçus. Ce schéma, portant sur la réputation d'un pays, est un *stéréotype*. Il pourrait en résulter une catégorie perceptuelle, qu'on appelle un *ensemble évoqué*, contenant les marques jugées comme acceptables pour un achat dans une catégorie de produits. D'autres schémas existent. Les schémas représentant les lieux, les *cartes cognitives*, fournissent une image mentale de la structure d'un endroit, comme un magasin. Un consommateur se rendant au même magasin peut imaginer, à partir de sa carte cognitive, comment les rayons sont organisés et ce qui s'y trouve. Les *scripts* représentent des séquences types d'événements, comme une sortie au restaurant. Les schémas interviennent aussi lorsque des symboles sont interprétés par les consommateurs. Les couleurs ont des connotations fortes au sein d'une même culture et permettent de communiquer des informations de façon indirecte (par exemple, le blanc symbolise la pureté pour les produits d'hygiène). Le symbolisme concerne une multitude d'objets ou de concepts. Une tasse de café est le symbole du confort de la maison, de la sécurité ; c'est pourquoi, dans les publicités vantant les mérites de logiciels permettant de faire ses impôts à la maison, les personnages apparaissent souvent avec une tasse de café à la main.

La perception est également le résultat d'*inférences*. Ainsi, des attributs qui ne sont pas pertinents pour juger de la qualité objective d'un produit ont une utilité diagnostique. Le bruit que fait la portière d'une automobile ou l'odeur de « neuf » à l'intérieur de celle-ci sont souvent des critères d'achat aussi saillants que l'esthétisme ou le prix. Le bruit sourd du claquement de la portière permet de faire des inférences à propos de la solidité du véhicule ; l'odeur des cuirs et autres matériaux nobles donne lieu à des inférences quant à la qualité de la fabrication. Aussi, certains matériaux ont une connotation de qualité (soie) plus élevée que d'autres (coton) et le mauvais goût de certains médicaments est associé à leur efficacité. Au Canada, le slogan du sirop pour la toux Buckley's est : « Ça goûte mauvais et ça marche. »

Quelle est l'utilité pour le marketing ?

La catégorisation des stimuli peut être utilisée afin de capitaliser sur la force d'une marque dans le cadre d'une stratégie d'*extension de marque*. Les croyances positives associées à la boisson énergétique Gatorade ont été facilement transférées aux barres énergétiques commercialisées par la firme, car les consommateurs catégorisent la boisson et la barre comme des aliments de l'effort. L'optimisation de la notoriété est primordiale pour une marque afin qu'elle fasse partie de l'ensemble évoqué. Cela peut se faire au moyen de publicités frappantes (très créatives, faisant appel à une célébrité, etc.).

La notion de perception est à la base du positionnement. Toute stratégie de positionnement, et son outil principal la *carte perceptuelle*, doit reposer sur les perceptions qu'ont les consommateurs des attributs de la marque, même si ceux-ci divergent de ses propriétés objectives.

Un moyen efficace pour une marque de capter l'attention des consommateurs est de bouleverser leurs schémas cognitifs à un degré suffisant pour qu'on le remarque, sans toutefois les remettre totalement en question et les amener ainsi à ignorer le message. Afin d'éviter la lassitude du consommateur, il est préférable de faire un changement dans le packaging d'une marque familière de façon progressive, pour être au-dessus du *seuil perceptuel* (intensité du stimulus en dessous duquel celui-ci n'est plus perceptible), sans toutefois bouleverser le code couleur ou les formes habituellement associées à la marque dans le schéma cognitif des consommateurs. Lorsque les consommateurs sont trop habitués à la disposition des rayons dans un magasin, un changement (modéré) de structure des rayons augmente le degré d'attention.

Les consommateurs acquièrent des connaissances (l'apprentissage)

Pour être efficaces dans l'environnement commercial, par exemple, pour faire les meilleurs choix, les consommateurs doivent assimiler, traiter et utiliser les nombreuses informations qui leur sont transmises par le biais des activités de marketing (par exemple, les publicités, les vendeurs, les sites Web, les affiches, leurs expériences avec les produits) et acquérir ainsi des connaissances utiles. En comprenant comment les consommateurs développent leurs connaissances, les responsables du marketing peuvent influer sur ces apprentissages à leur avantage.

Que doit-on savoir à propos de l'apprentissage ?

Il existe trois grandes approches pour aborder le domaine de l'apprentissage des consommateurs : l'*approche behavioriste*, l'*approche cognitive* et la *socialisation*. Elles proposent des perspectives différentes et complémentaires sur l'apprentissage. L'approche behavioriste offre une vision mécanique de l'apprentissage. Les connaissances y sont vues comme le résultat des associations que font les consommateurs (le *conditionnement classique*) ou des conséquences positives ou négatives qu'ils vivent à travers leurs expériences (le *conditionnement instrumental*). Par exemple, en associant de façon répétée sa marque à l'innovation, la compagnie 3M souhaite que les consommateurs « apprennent » qu'elle est un chef de file mondial en matière de produits performants.

L'approche cognitive conçoit l'apprentissage comme le résultat du traitement mental des informations (voir la figure 4.2). Celles-ci sont d'abord emmagasinées durant une très courte période (moins d'une seconde) dans une *mémoire sensorielle*. Une partie des informations de la mémoire sensorielle est transmise à la *mémoire à court terme*, les autres informations étant oubliées. La capacité de la mémoire à court terme est très limitée, elle ne retient que quelques éléments d'information, grâce à la répétition interne. Si cette dernière n'est pas appliquée, les informations sont oubliées dans un délai d'à peu près quinze secondes. Une partie des informations qui transitent par la mémoire à court terme est stockée dans la *mémoire à long terme* qui est le lieu d'entreposage permanent des connaissances. On conçoit généralement que les informations contenues dans la mémoire à long terme sont organisées en des réseaux de concepts interreliés. Par exemple, on explique que la marque de dentifrice Colgate évoque spontanément chez la plupart des consommateurs des attributs tels que la prévention des caries, la blancheur des dents et une haleine fraîche par l'existence d'associations mentales entre la marque et ces divers attributs.

Figure 4.2 – L'apprentissage selon l'approche cognitive

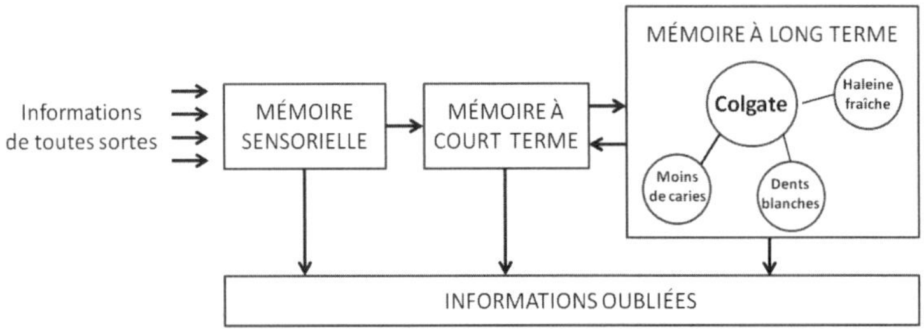

Alors que les approches behavioriste et cognitive sont focalisées sur l'apprentissage comme un processus individuel qui se produit durant une période de temps bien définie, la socialisation des consommateurs est un apprentissage qui s'étend sur toute la vie et qui est fortement influencée par l'environnement social. Il se fait par le biais des *agents de socialisation* comme la famille, l'école, les amis et les médias qui filtrent les informations et orientent l'acquisition des connaissances. Les principaux processus d'apprentissage sont le *modelage* (apprendre en imitant le comportement des agents de socialisation), le *renforcement* (chercher les récompenses et éviter les punitions) et l'*interaction sociale* (apprendre à gérer ses relations interpersonnelles).

Quelle est l'utilité pour le marketing ?

Les applications de l'apprentissage pour le marketing découlent surtout des approches behavioriste et cognitive. Le conditionnement classique est très utilisé dans le domaine de la communication marketing où il est usuel d'associer des produits et des marques à des stimuli qui évoquent les réponses que l'on souhaite. Ainsi, afin de transmettre l'idée d'une bière de très grande qualité, Stella Artois associe son produit au rituel de service en neuf étapes et ne manque jamais une occasion de rappeler aux consommateurs qu'elle a été créée en 1366.

Le conditionnement instrumental trouve des applications dans les situations où on veut renforcer des comportements chez les consommateurs, comme le rachat, la communication positive ou la fidélité. Par exemple, le programme de fidélisation Flying Blue des compagnies aériennes Air France et KLM permet aux voyageurs d'accumuler des miles échangeables contre des primes, ce qui contribue à la formation d'attitudes positives et entretient leur fidélité.

Du point de vue de l'approche cognitive, les capacités limitées de la mémoire à court terme rappellent qu'il ne faut pas surcharger les consommateurs par un trop grand nombre d'informations, notamment dans le cas de communications marketing de courte durée (pubs, panneaux, banderoles). La répétition constitue une stratégie efficace pour faire en sorte que les informations communiquées soient mieux assimilées et mieux mémorisées. La mémorisation peut aussi être améliorée en stimulant la construction d'associations sur la base des informations communiquées. Les communications marketing doivent non seulement transmettre des informations, elles doivent aussi stimuler les consommateurs à enrichir le contenu par leurs propres réflexions (*élaboration*). Afin de permettre aux consommateurs de recouvrer dans leur mémoire des informations stratégiques à des moments opportuns, il est bon de leur fournir sur le lieu d'achat des indices (photos, slogans) qui rappellent les bénéfices du produit ou de la marque.

Les consommateurs ont des préférences (les attitudes)

Les consommateurs choisissent d'acheter les produits et de vivre les expériences qu'ils aiment. C'est pourquoi les responsables du marketing doivent comprendre comment ces derniers forment leurs attitudes, et pourquoi ce thème fondamental du comportement des consommateurs est un de ceux qu'on a le plus étudiés.

Que doit-on savoir à propos des attitudes ?

Les chercheurs en marketing conçoivent une attitude comme une prédisposition apprise à réagir de façon plus ou moins favorable à un objet (par exemple, la marque Nike) ou une classe d'objets (par exemple, les voitures japonaises). Une attitude est une position mentale qui s'exprime habituellement comme une évaluation, soit positive (j'aime), soit négative (je n'aime pas), avec une intensité donnée (un peu, beaucoup...). Il est d'ailleurs courant de mesurer les attitudes des consommateurs à l'aide d'échelles qui permettent d'indiquer à la fois la direction et l'intensité du sentiment éprouvé. À titre d'illustration :

Mon impression de Nike est :

Défavorable **1 2 3 4 5 6 7** Favorable

Les chercheurs croient que les attitudes sont acquises sur la base d'informations diverses, ces dernières étant fondées sur l'expérience avec l'objet (par exemple, utiliser des chaussures de sport de marque Nike) ou non (par exemple, un commentaire entendu à propos de Nike). Le *modèle multi-attributs* a eu beaucoup d'impact en marketing. Selon ce modèle, l'attitude d'un consommateur envers un objet résulte d'un examen des caractéristiques centrales de cet objet, qu'on appelle des *attributs déterminants*. On présume que le consommateur : 1) juge à quel point l'objet possède chacun des attributs (les *croyances*) et 2) pondère ces jugements par l'importance (ou l'évaluation) relative qu'il accorde à chacun. L'attitude résulte d'une combinaison (multiplicative) de ces deux éléments.

Le tableau 4.1 contient des données fictives sur des consommateurs à propos de quatre marques de chaussures de sport. Les attributs que ces consommateurs jugent être déterminants pour cette catégorie de produit sont la performance, le design, le confort, la durabilité et l'innovation. Chaque marque obtient un score qui reflète sa position dans l'esprit des consommateurs sur chaque attribut (1 = mauvais, 5 = excellent) et un score est associé à chaque attribut pour représenter l'importance que ces consommateurs lui accordent (1 = pas important, 5 = très important). Normalement, des données de ce type sont obtenues au moyen d'une enquête.

Tableau 4.1

Attribut	**Importance de l'attribut**	**Position des marques sur chaque attribut (croyances)**			
		Nike	**Adidas**	**Puma**	**Converse**
Performance	4	3	3	4	1
Design	2	4	1	2	4
Confort	3	3	4	3	2
Durabilité	4	2	4	2	2
Innovation	2	3	3	4	2
Score total		43	48	45	30

Le score d'attitude est obtenu en faisant la somme des scores qu'obtient la marque sur chacun des attributs déterminants multipliés par l'importance qu'accordent les consommateurs à l'attribut en question. Par exemple, le score d'attitude envers les chaussures Nike se calcule de la façon suivante (croyance × importance) : $(3 \times 4) + (4 \times 2) + (3 \times 3) + (2 \times 4) + (3 \times 2) = 43$.

De nombreuses études ont montré que le modèle multi-attributs offre une conception raisonnable de la façon dont les consommateurs forment leurs attitudes. Même si cette conception a été remise en question par des chercheurs qui font valoir que les attitudes des consommateurs ne sont pas toujours acquises de façon aussi analytique – il est possible, par exemple, de former une évaluation d'un produit sur la base d'une impression dégagée à partir d'une publicité –, cette critique ne compromet pas l'utilité du modèle multi-attributs pour le marketing.

Quelle est l'utilité pour le marketing ?

Le modèle multi-attributs est un outil précieux pour les responsables du marketing. En premier lieu, il conduit à un ensemble de questions pertinentes dans le cadre d'une analyse du positionnement d'une marque : quels sont les attributs déterminants pour cette catégorie de produit ? Comment les consommateurs perçoivent-ils la marque et celle des concurrents relativement à ces attributs ? Quelle importance les consommateurs accordent-ils à chaque attribut ? Quelles sont les différences entre les segments de marché ?

Deuxièmement, le modèle permet de poser un diagnostic sur la position concurrentielle de la marque sur le marché et suggère des stratégies utiles pour renforcer celle-ci. Imaginons, par exemple, que la marque Nike veuille rendre plus positives les attitudes des consommateurs envers ses chaussures de sport. Une première stratégie consiste à améliorer sa position sur des attributs importants. En utilisant les données du tableau précédent, on note que si la position de Nike sur l'attribut durabilité augmente de 2 points, le score d'attitude de la marque passe de 43 à 51, soit le score le plus élevé parmi les marques en concurrence. Une deuxième stratégie est d'augmenter l'importance d'attributs sur lesquels la marque est en position avantageuse. Par exemple, si Nike parvient à convaincre les consommateurs que le design des chaussures de sport est un attribut très important en faisant en sorte, disons, que le score d'importance de cet attribut augmente de 2 points, le score d'attitude de la marque augmente à 51. Puisque cette stratégie a aussi un impact sur l'attitude envers les marques concurrentes (Adidas : + 2, Puma : + 4, Converse : + 8), il faut donc choisir, comme ici, un attribut où la marque est en position dominante. Troisièmement, Nike peut introduire un nouvel attribut sur lequel la marque occupe une position concurrentielle favorable et le rendre déterminant auprès des consommateurs. Nike a justement utilisé cette stratégie, à la fin des années 1970, en introduisant la technologie du coussin d'air dans ses chaussures de sport. Il s'agissait d'une innovation que la marque s'est empressée de faire valoir auprès de ses marchés cibles, car elle lui permettait de se distinguer des marques concurrentes. Enfin, une stratégie consiste à attaquer directement l'attitude, sans se préoccuper des attributs déterminants pour la catégorie de produit. À l'instar de McDonald's (« C'est tout ce que j'aime »), Nike pourrait utiliser un slogan qui renforce tout bonnement les sentiments positifs des consommateurs à l'égard de la marque. Ces quatre stratégies de changement d'attitude sont la plupart du temps rendues opérationnelles par la communication marketing.

Les consommateurs font des choix (la prise de décision)

« Ai-je vraiment besoin de ce produit ? Si oui, quelle quantité acheter, où, et comment ? » Pour répondre à ces questions, les consommateurs utilisent un processus de prise de décision plus ou moins élaboré selon le contexte et leurs objectifs. Pour qu'une marque constitue le choix final, chaque étape du processus de décision nécessite d'être prise en compte par les responsables du marketing.

Que doit-on savoir à propos de la prise de décision ?

Le processus de prise de décision comporte cinq étapes : la reconnaissance d'un problème, la recherche d'information, l'évaluation des options et le choix, la consommation et l'utilisation, et l'évaluation après l'achat (voir la figure 4.3). Cette dernière étape renvoie à une discussion de deux thèmes qui seront traités aux pages 122 à 124 de ce chapitre, soit la satisfaction et la dissonance cognitive.

Si ces cinq étapes constituent la base du processus décisionnel, on distingue trois perspectives par lesquelles il peut être abordé, soit les perspectives logico-rationnelle, expérientielle et comportementale.

Dans l'approche logico-rationnelle, on distingue deux niveaux d'implication du consommateur. Lorsque son implication est grande, le consommateur collecte et traite une masse importante d'informations et il évalue les différentes options selon des règles de décision complexes. Cette perspective est pertinente lorsque le consommateur a les capacités et la motivation nécessaires pour un tel investissement analytique. Ainsi, plus un problème renvoie à une solution qui comporte des risques (financiers, sociaux, liés à la performance, physiques, ou temporels), plus le processus décisionnel sera rationnel et plus le consommateur va consentir un coût important pour améliorer la qualité de sa décision. Les transports pour la vie quotidienne comportent des risques (prix, choix de véhicule plus ou moins sécuritaire, etc.) et engendrent une recherche d'information intensive. Au moment du choix, le consommateur est susceptible d'utiliser une règle de décision analytique où les critères d'évaluation des options se voient attribuer un score en fonction de la performance de l'option et de la pondération des critères selon leur importance (voir la section sur les attitudes). S'il s'agit de comparer des ordinateurs portables, un écran plus petit pourra être compensé par une mémoire vive plus grosse.

En situation d'implication faible, les risques sont moins grands et donc moins d'efforts sont consentis. Ceci entraîne une recherche d'information moins poussée et peu d'options sont comparées sur des critères moins nombreux. L'achat d'un litre de lait pouvant correspondre à une situation de faible implication, le nombre d'options évaluées et les critères considérés seront réduits. Divers facteurs comme une fréquence élevée d'achat, un faible prix ou une faible visibilité de consommation en public diminuent le niveau d'implication du fait de la minimisation des risques. Le choix s'en trouvera facilité par des règles de décision simplifiées. Il pourrait se faire à l'aide d'une *règle lexicographique* où le

Figure 4.3 – Le processus de décision du consommateur

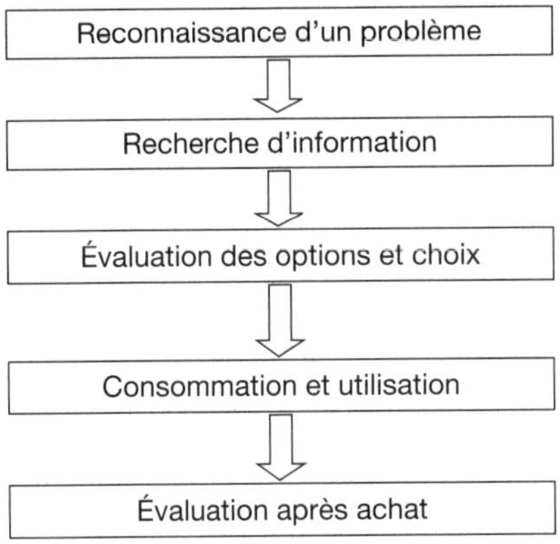

consommateur ordonne ses critères du plus important au moins important et choisit l'option la mieux positionnée sur le critère le plus important en passant à un critère moins important en cas d'*ex aequo*. La notion de risque n'est pas forcément liée à la catégorie de produit : pour certains consommateurs un litre de lait peut s'avérer un achat risqué d'un point de vue physique (le lait est-il bio ?) ou social (est-il issu du commerce équitable ?).

Selon l'approche expérientielle, les produits ne sont pas toujours achetés et consommés afin de résoudre des problèmes (un vêtement pour se protéger du froid), mais aussi, et surtout, parce qu'ils procurent du plaisir à l'utilisation (un vêtement agréable à porter), qu'ils entraînent des émotions positives, ou permettent d'exprimer aux autres, et à soi-même, sa personnalité ou sa position sociale (un vêtement chic). Les caractéristiques utilitaires des attributs des options sont moins prises en compte. Le type de problème identifié est de nature affective et l'information recherchée va porter sur les caractéristiques affectives des options à évaluer en fonction de leur impact sur les sentiments et les émotions qu'elles provoquent. La règle de décision consistera à choisir l'option qui génère la réponse affective la plus forte ; la marque favorite sera choisie. Cette perspective est pertinente lorsqu'il s'agit d'analyser la prise de décision de produits de divertissement comme les films, les émissions de télévision, les sites Internet, les spas, les restaurants ou les parcs d'attractions.

Dans la perspective comportementale, les décisions sont des réactions résultant de l'influence de l'environnement ; les connaissances relatives à la position des options par rapport aux attributs ou les réactions affectives aux options sont moins pertinentes. La disposition des allées dans un magasin peut être arrangée de façon à inciter les consommateurs à adopter un parcours qui soit le plus avantageux pour l'enseigne (par exemple, en plaçant les produits les plus fréquemment achetés en fin de parcours), comme c'est le cas dans les magasins Ikea. Le choix du consommateur est une réponse apprise par rapport à un stimulus (par exemple, une réponse à une offre promotionnelle sur un produit). Il n'y a pas de phase de recherche d'information ou de décision en tant que telle, il y a une réponse plus ou moins forte à des variables de l'environnement.

Quelle est l'utilité pour le marketing ?

Il faut connaître le processus de décision du segment de consommateurs visé. Si le segment s'inscrit dans une perspective logico-rationnelle avec forte implication, la quantité d'informations à fournir sur les attributs du produit devra être élevée. Dans une situation d'implication faible, l'information devra être parcimonieuse et orientée vers les attributs.

Dans la perspective expérientielle, l'information doit permettre au consommateur d'imaginer l'impact de l'achat sur son état affectif. Les campagnes publicitaires de la marque New Balance sont centrées sur l'amour de la course à pied ; tout discours sur les produits est absent. L'analyse des règles de décision utilisées par les segments permettra de mieux allouer les efforts de marketing. Dans le cas de la règle lexicographique, étudier la hiérarchie des critères pour le segment permettra d'orienter les efforts de manière plus fructueuse en améliorant la performance du produit sur l'attribut le plus important et en le positionnant sur cet attribut.

Dans le cas de la perspective comportementale, il faut identifier quels stimuli vont provoquer le comportement voulu et ensuite exposer les consommateurs à ceux-ci. Un magasin peut essayer plusieurs configurations dans la disposition de ses produits et suivre l'évolution des ventes afin de trouver la meilleure formule.

LES RÉPONSES DES CONSOMMATEURS

Les comportements des consommateurs peuvent être vus comme des réponses qui découlent des processus qui sont mis en œuvre pour traiter l'information qui parvient à leurs sens. Quatre types de réponse ont beaucoup intéressé les chercheurs en marketing : la satisfaction, la dissonance cognitive, la fidélité et la communication.

Les consommateurs évaluent leurs expériences de consommation (la satisfaction)

La décision de racheter ou non le même produit est déterminée à 25 % par la satisfaction encourue avec le premier achat. Les facteurs menant à la satisfaction ou à l'insatisfaction sont donc des éléments clés pour les responsables marketing.

Que doit-on savoir à propos de la satisfaction ?

Deux phénomènes expliquent la satisfaction ou l'insatisfaction des consommateurs : la *disconfirmation* et l'*équité*. La disconfirmation (voir la figure 4.4) résulte de deux facteurs déterminant le niveau de satisfaction : les *attentes*, *a priori*, vis-à-vis du niveau de performance des produits, ainsi que le niveau de *performance* réellement obtenu, *a posteriori*, en utilisant ces produits. Si la performance surpasse les attentes, la disconfirmation est positive et le consommateur sera satisfait ; si par contre les attentes sont déçues, la disconfirmation est négative et le consommateur sera insatisfait.

Figure 4.4 – Le processus de satisfaction ou d'insatisfaction

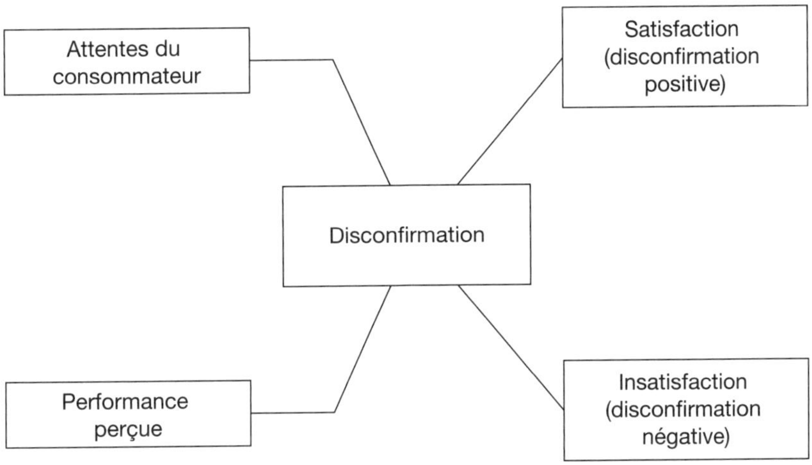

Du point de vue de l'*équité*, la satisfaction ou l'insatisfaction dépendent de la comparaison du rapport coûts/bénéfices pour le consommateur avec ce même rapport pour le partenaire de l'échange. Un consommateur est satisfait s'il perçoit que ce qu'il reçoit (le produit) par rapport à ce qu'il lui en coûte (le temps, l'argent, etc.) est supérieur à ce que l'entreprise reçoit (le prix) par rapport à ce qu'il lui en coûte. Le même raisonnement d'équité s'applique à la comparaison non pas avec la compagnie, mais avec d'autres consommateurs (par exemple, l'insatisfaction ressentie lorsqu'un consommateur apprend que la personne à côté de lui dans l'avion a payé son billet deux fois moins cher).

Les consommateurs insatisfaits ont une tendance dix fois supérieure à celle des consommateurs satisfaits de partager leur expérience. L'insatisfaction qui n'est pas résolue amène presque systématiquement la perte du client alors que l'insatisfaction mineure, résolue rapidement et efficacement, permet de maintenir la fidélité du consommateur. Un client insatisfait qui voit son problème résolu est au final plus satisfait que s'il n'avait pas été insatisfait.

Quelle est l'utilité pour le marketing ?

Il importe de mesurer régulièrement le niveau de satisfaction pour évaluer l'impact des changements dans la stratégie du mix-marketing et identifier les consommateurs insatisfaits afin de pallier leur sentiment négatif. Il est risqué de créer des attentes élevées et il est important que les efforts et coûts consentis par l'entreprise soient perceptibles.

Les consommateurs ont parfois des doutes (la dissonance cognitive)

Qui d'entre nous n'a pas eu un jour la désagréable sensation d'avoir pris une mauvaise décision ? On dit qu'un consommateur est en état de dissonance cognitive lorsque des éléments de son système cognitif ou de son comportement sont incohérents. Par exemple, un consommateur qui vient d'acheter à prix fort une tablette de lecture numérique a de bonnes chances d'éprouver un sentiment d'inconfort après avoir lu, dans une revue spécialisée, une critique dévastatrice à son sujet.

Que doit-on savoir à propos de la dissonance cognitive ?

Une situation susceptible de créer un état de dissonance cognitive est celle où un consommateur a des doutes par rapport à une décision qu'il a prise, par exemple l'achat d'un produit. La probabilité de connaître un état de dissonance cognitive à ce moment dépend de quatre facteurs. En premier lieu, la dissonance est plus probable si la décision est irrévocable. Deuxièmement, plus la décision du consommateur a été difficile (par exemple, plusieurs options possibles, informations difficiles à collecter et à interpréter), plus la probabilité d'être dissonant augmente. Troisièmement, la dissonance cognitive sera d'autant plus grande que l'achat est important (implication plus élevée). Enfin, plus le consommateur a tendance à être anxieux en général, plus il est susceptible de vivre un état de dissonance cognitive.

La dissonance cognitive conduit à un inconfort qui motive le consommateur à trouver des moyens de l'enrayer, ou du moins de l'atténuer. Une première possibilité est d'augmenter la valeur perçue de l'option choisie (par exemple, « Quoi qu'on en dise, j'ai fait le bon choix »). Une autre est de diminuer la valeur des options qui n'ont pas été retenues (par exemple, « De toute façon, les autres options sont moins intéressantes »). Enfin, on peut tout bonnement minimiser l'importance de la décision (par exemple, « Après tout, ce n'est pas la fin du monde »).

Quelle est l'utilité pour le marketing ?

Les responsables du marketing doivent contrer l'éventualité que leurs clients développent un état de dissonance cognitive. Une façon d'y arriver est de les rassurer quant à la justesse de la décision qu'ils ont prise. La publicité permet de diminuer les inquiétudes des consommateurs en faisant valoir les bénéfices de la marque et en renforçant le bien-fondé de la décision. Il est utile aussi de contacter les clients sur une base personnelle (par téléphone, par un envoi postal, par courriel) afin de les féliciter de leur achat, de leur faire parvenir des résultats d'études vantant les mérites du produit qu'ils ont acheté et de recevoir du feed-back sur leur expérience post-achat. Ces différentes stratégies peuvent non seulement contribuer à éliminer les doutes des consommateurs, elles peuvent aussi augmenter de façon significative leur satisfaction.

Les consommateurs s'attachent aux produits et aux marques (la fidélité)

Un consommateur récurrent sur une période plus longue a un potentiel de gains économiques beaucoup plus élevé qu'un consommateur occasionnel. Il est donc essentiel de faire en sorte que les clients de l'entreprise soient fidèles.

Que doit-on savoir à propos de la fidélité ?

La fidélité est la manifestation à la fois d'une attitude favorable envers une marque et son achat présent et futur, ainsi que d'un comportement d'achat plus ou moins régulier. La fidélité existe donc lorsqu'il y a une relation entre le consommateur et la marque, l'entreprise ou le magasin, de sorte qu'une déception du consommateur n'entraînera pas un changement de marque. Mesurer la fidélité des consommateurs est délicat. L'observation des séquences d'achat de la marque de la compagnie et des marques concurrentes peut soit dénoter une véritable fidélité, soit être le reflet de circonstances favorables (par exemple, seule la marque de la compagnie était disponible au moment de l'achat).

Quelle est l'utilité pour le marketing ?

Il faut pondérer les parts de marché par le caractère fidèle ou non des consommateurs ayant acheté la marque. Une marque ayant une part de marché faible obtenue auprès de consommateurs fidèles (à la fois au niveau des attitudes et des comportements) est en meilleure position qu'une marque dont la forte part de marché est expliquée par l'opportunisme des consommateurs. Les programmes de fidélité, pratiqués dans bon nombre d'industries, comme le transport aérien, génèrent avant tout une fidélité comportementale. Ils doivent être considérés comme la première étape dans le processus de création d'une relation avec les clients.

Les consommateurs cherchent à influencer (la communication)

Les consommateurs font davantage qu'acheter : ils communiquent entre eux et s'influencent mutuellement. Gare aux responsables du marketing qui croient qu'ils ont le monopole des communications adressées aux consommateurs, car il n'en est rien. Les informations qui sont transmises par les autres consommateurs ont souvent bien plus d'impact.

Que doit-on savoir à propos de la communication ?

Un phénomène d'une très grande importance pour le marketing est celui du *bouche-à-oreille* (BAO). On estime que les deux tiers des achats des consommateurs sont influencés par le BAO. Les consommateurs admettent d'ailleurs que le BAO est une source d'information plus utile que la publicité pour nombre de produits qu'ils achètent, car ils la trouvent plus fiable.

Internet est un média qui facilite la propagation des communications de BAO de manière virulente. En quelques heures à peine, des milliers d'internautes sont informés à propos de tout ce qui concerne un produit ou une marque. Il arrive fréquemment que des *rumeurs* non fondées, concernant des entreprises, des produits ou des marques, se propagent au sein d'un marché sans qu'on puisse y faire quoi que ce soit. Lorsqu'elles sont négatives, ces rumeurs peuvent causer des dommages irréparables à une marque.

Les *leaders d'opinion* occupent une place stratégique dans le flux des communications qui inondent un marché. Ils exercent une influence marquée chez les autres consommateurs à cause de leur expertise qui est généralement spécialisée (par exemple, les automobiles de sport). Grands consommateurs de médias, ils sont aussi des *innovateurs* qui sont à l'affût des produits les plus récents. Ils adorent transmettre des informations à propos des produits et des marques.

Quelle est l'utilité pour le marketing ?

Il est difficile de contrôler le BAO de façon générale. Les entreprises doivent faire en sorte de faciliter la dissémination d'informations positives à propos de leurs produits et leurs marques, par exemple en encourageant leurs clients à faire la promotion de leurs produits auprès de leurs amis ou auprès d'autres consommateurs.

Étant donné leur pouvoir de persuasion dans un marché, les responsables du marketing doivent tenter d'utiliser les leaders d'opinion à leur avantage. Par exemple, des compagnies cinématographiques invitent régulièrement les critiques de cinéma les plus influents à visiter leurs studios, à assister au tournage de scènes de films et à rencontrer les stars du cinéma afin qu'ils puissent relayer des informations positives aux cinéphiles.

CE QU'IL FAUT RETENIR

Le comportement du consommateur est une discipline où la masse de connaissances est substantielle et en développement sous l'influence de nombreux champs d'études, comme la psychologie, la sociologie, l'anthropologie ou l'économie. Le modèle proposé dans ce chapitre est basé sur quatre grandes familles de variables. Pour chacune d'entre elles, nous avons identifié des concepts pertinents pour la pratique du marketing. Ce tour d'horizon de la discipline s'est limité aux variables qui nous semblent les plus importantes. Cependant, la recherche sur le comportement des consommateurs ne cesse de progresser et de nouveaux concepts apparaissent. Parmi les domaines en émergence, on trouve les *attitudes implicites*, c'est-à-dire les attitudes dont les consommateurs n'ont pas conscience. Les chercheurs en *neuromarketing* tentent d'identifier des zones du cerveau spécifiquement associées à des réponses aux stimuli de marketing. Enfin, l'*économie comportementale* s'intéresse à l'irrationalité des consommateurs. S'informer sur ces nouvelles connaissances et les intégrer dans sa pratique de gestion constitue une part importante du travail que le responsable du marketing doit entreprendre afin de mieux comprendre les consommateurs et d'améliorer l'efficacité de ses actions.

RÉFÉRENCES BIBLIOGRAPHIQUES

Pour chacun des thèmes traités dans ce chapitre, nous suggérons deux références bibliographiques utiles.

La culture

Hofstede G. (2001). *Culture's Consequences : Comparing Values, Behaviors, Institutions, and Organizations across Nations*, 2e éd., Thousand Oaks, Sage Publications.

Shavitt S., Lee A.Y. et Torelli C.J. (2009). « Cross-cultural issues in consumer behavior », in Wänke M. (éd.). *Social Psychology of Consumer Behavior*, New York, Psychology Press, p. 227-250.

Les sous-cultures

Briley D.A., Morris M. W. et Simonson I. (2005). « Cultural chameleons : Biculturals, conformity motives, and decision making », *Journal of Consumer Psychology*, vol. 15, n° 4, p. 351-362.

Peñaloza L. (1994). « Atravesando fronteras/border crossings : A critical ethnographic exploration of the consumer acculturation of Mexican immigrants », *Journal of Consumer Research*, vol. 21, n° 1, p. 32-54.

Les groupes

Bearden W.O. et Etzel M.J. (1982). « Reference group influence on product and brand purchase decisions », *Journal of Consumer Research*, vol. 9, n° 2, p. 183-194.

Lee C.K.C. et Beatty S.E. (2002). « Family structure and influence in family decision making », *Journal of Consumer Marketing*, vol. 19, n° 1, p. 24-41.

La personnalité

Vernette E. (2008). « Les atouts et les pièges de la personnalité de marque », *Décisions marketing*, 49, p. 19-31.

Wiggins J.S. (1996). *The Five-Factor Model of Personality*, New York, Guilford Press.

Le concept de soi

Morling B. et Epstein S. (1997). « Compromises produced by the dialectic between self-verification and self-enhancement », *Journal of Personality and Social Psychology*, vol. 73, n° 6, p. 1268-1283.

Sirgy M.J. (1982). « Self-concept in consumer behavior : A critical review », *Journal of Consumer Research*, vol. 9, n° 3, p. 287-300.

Les valeurs

Beatty S., Kahle L.R., Homer P. et Misra S. (1985). « Alternative measurement approaches to consumer values : The list of values and the Rokeach value survey », *Psychology & Marketing*, vol. 2, n° 3, p. 181-200.

Valette-Florence P., Ferrandi J.-M. et Roehrich G. (2003). « Apport des chaînages cognitifs à la segmentation des marchés », *Décisions marketing*, n° 32, p. 31-43.

Les styles de vie

Piirto R. (1991). « VALS the second time », *American Demographics*, vol. 13, n° 7, 1.

Valette-Florence, P. (1994). *Les Styles de vie. Bilan critique et perspectives. Du mythe à la réalité*, Paris, Economica.

La motivation

Maslow A. H. (1970). *Motivation and Personality*, 2e éd., New York, Harper & Row.

Zaichkowsky J.L. (1985). « Measuring the involvement construct in marketing », *Journal of Consumer Research*, vol. 12, n° 3, p. 341-352.

La perception

Meyers-Levy J. et Tybout A.M. (1989). « Schema congruity as a basis for product evaluation », *Journal of Consumer Research*, vol. 16, n° 1, p. 39-54.

Mick D.G. (1986). « Consumer research and semiotics : Exploring the morphology of signs, symbols, and significance », *Journal of Consumer Research*, vol. 13, n° 2, p. 196-213.

L'apprentissage

Braun K.A. (1999). « Postexperience advertising effects on consumer memory », *Journal of Consumer Research*, vol. 25, n° 4, p. 319-334.

Rothschild M.L. et Gaidis W.C. (1981). « Behavioral learning theory : Its relevance to marketing and promotions », *Journal of Marketing Research*, vol. 45, n° 2, p. 70-78.

Les attitudes

Fazio R.H. et Petty R.E. (2008). *Attitudes : Their Structure, Function, and Consequences*, New York, Psychology Press.

Fishbein M. et Ajzen I. (2010). *Predicting and Changing Behavior : The Reasoned Action Approach*, New York, Psychology Press.

La prise de décision

Blackwell R.D., Miniard P.W. et Engel J.F. (2006). *Consumer Behavior*, 10e éd., Mason, OH, South-Western Cengage Learning.

Mowen J.C. (1985). « Beyond consumer decision making », *Journal of Consumer Marketing*, vol. 5, n° 1, p. 15-25.

La dissonance

Cooper J. (2007). *Cognitive Dissonance, Fifty Years of a Classic Theory*, Los Angeles, CA, Sage Publications.

Cummings W.H. et Venkatesan M. (1976). « Cognitive dissonance and consumer behavior : A review of the evidence », *Journal of Marketing Research*, vol. 13, n° 3, p. 303-308.

La satisfaction

Oliver R.L. (1997). *Satisfaction : A Behavioral Perspective on the Consumer*, New York, Irwin/McGraw-Hill.

Szymanski D.M. et Henard D.H. (2001). « Customer satisfaction : A meta-analysis of the empirical evidence », *Journal of the Academy of Marketing Science*, vol. 29, n° 1, p. 16-35.

La fidélité

Dick A.S. et Basu K. (1994). « Customer loyalty : Toward an integrated conceptual framework », *Journal of the Academy of Marketing Science*, vol. 22, n° 2, p. 99-113.

Reynolds T.J. et Phillips C.B. (2005). « In search of true brand equity metrics : All market share ain't created equal », *Journal of Advertising Research*, vol. 45, n° 2, p. 171-186.

La communication

Chaney I.M. (2001). « Opinion leaders as a segment for marketing communications », *Marketing Intelligence & Planning*, vol. 19, n° 5, p. 302-308.

Duhan D.F., Johnson S.D., Wilcox J.B. et Harrell G.D. (1997). « Influences on consumer use of word-of-mouth recommendation sources », *Journal of the Academy of Marketing Science*, vol. 25, n° 4, p. 283-295.

5

Les études de marché

Jean-Luc Giannelloni et Éric Vernette

Jean-Luc Giannelloni est professeur à l'institut de management de l'université de Savoie où il s'occupe de la spécialité recherche du master en management. Il a occupé diverses fonctions au sein du bureau de l'Association française du marketing de 2004 à 2010.

Éric Vernette est professeur à l'IAE de l'université de Toulouse I Capitole où il est responsable de la spécialisation « Métiers du conseil » du master marketing ; il a présidé l'Association française du marketing de 2006 à 2008 et est actuellement corédacteur en chef de la revue Décisions marketing.

Introduction

Une étude de marché est un choix raisonné de techniques de collecte et d'analyse de données qui permettent à un manager marketing de mieux connaître un marché : consommateurs, distributeurs, concurrents. Si la valeur ajoutée d'une étude réside dans sa capacité à réduire l'incertitude des décisions marketing ultérieures, le risque d'erreur reste toujours présent. Les causes sont multiples : mauvaise formulation du problème marketing, choix méthodologiques erronés, terrain défaillant, versatilité du consommateur, etc.

La qualité principale d'un chargé d'études est sa vision globale des séquences d'une étude : les choix opérés conditionnent ou restreignent les possibilités ultérieures (voir figure 5.1). La première phase est le cadrage : le chargé d'étude dialogue avec son client pour préciser la nature exacte des questions formulées, puis opte pour une approche qualitative ou quantitative ; parfois, il débroussaille le problème avec une démarche qualitative et poursuit avec une méthodologie quantitative. La collecte des données, c'est-à-dire le choix d'un terrain (échantillon), la réalisation des entretiens (approche qualitative) ou l'administration du questionnaire (approche quantitative) constituent la deuxième phase. Les données sont traitées (codification, analyse) dans une troisième phase. Les résultats sont consignés dans un rapport écrit, éventuellement présentés oralement (quatrième phase). Nous allons détailler chaque séquence dans un paragraphe distinct.

Figure 5.1 – Les quatre séquences d'une étude de marché

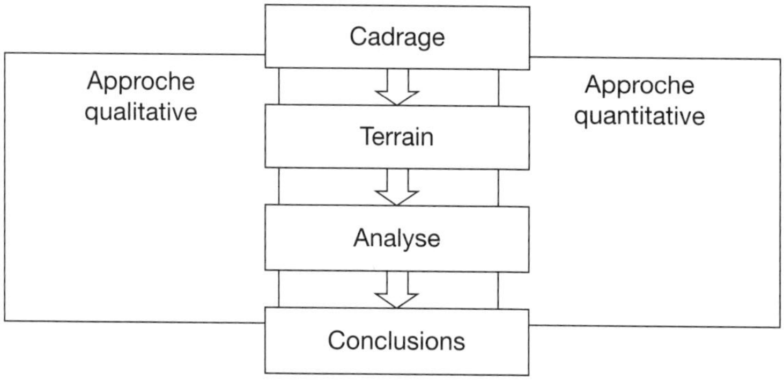

Cadrage de l'étude

Valider les objectifs

Le demandeur rédige un document, appelé « brief » qui résume le contexte de l'étude : environnement marketing, concurrence, cible. Dans l'idéal, un diagnostic est posé et validé par le marketing. Les questions d'études sont listées et hiérarchisées : par exemple, « définir un volume de ventes » ; « connaître la notoriété spontanée sur la cible acheteur potentiel ». La date à laquelle l'étude devra être achevée est précisée ; le budget global alloué à l'étude est parfois indiqué.

La principale difficulté du métier de chargé d'études est de structurer et hiérarchiser les questions initiales posées par son client, souvent trop larges et source d'options méthodologiques multiples. En fait, il doit traduire des questions managériales, par exemple : « Notre campagne publicitaire a-t-elle été efficace ? », en orientations d'études appropriées : « Faut-il mesurer le souvenir ou l'appréciation de la publicité ? » Le tableau 5.1 montre comment une question managériale se décompose en questions d'études. Le chargé d'étude dialogue avec le manager pour comprendre ses priorités, les options et les hypothèses envisageables : ces échanges améliorent considérablement la qualité finale du projet d'étude. En effet, grâce à ces informations, le chargé d'étude peut cadrer correctement ses choix méthodologiques.

Tableau 5.1 – Questions managériales et questions d'étude

Managériale	Étude
Mesurer efficacité campagne de publicité	– Scores mémorisation – Scores agrément – Variation attitude conso – Variation CA (avant/après)
Peut-on augmenter le prix ?	– CA si prix +10% – Impact sur image – Prix concurrents directs

Choisir une approche qualitative ou quantitative

Au terme de ce dialogue, le chargé d'étude est confronté à une décision importante : faut-il une approche qualitative ou quantitative, voire combiner les deux, pour répondre aux questions d'études ? Chaque approche présente des objectifs et des spécificités qui sont résumées dans le tableau 5.2.

Tableau 5.2 – Comparaison des approches qualitative et quantitative

Approche	Qualitative	Quantitative
Objectifs	– Énumérer – Explorer – Comprendre – Interpréter	– Décrire, identifier – Prédire – Hiérarchiser, pondérer – Visualiser, résumer
Questions d'étude	– Pourquoi ? – Comment ? – Dans quelles conditions ?	– Qui consomme quoi ? – Quand ? combien ? – Quelles variables expliquent (le plus, le mieux) ? – Comment résumer le mieux possible ?
Hypothèses sous-jacentes	– Interprétation subjective et en profondeur des faits – Réalité multiple – Interdépendance des faits et de l'observateur. – Rôle de l'inconscient : « tout se passe comme si… »	– Faits mesurables, démontrables, vérifiables, reproductibles. – Indépendance des faits et de l'observateur – Objectivité.
Limites	– Subjectivité – Généralisation des résultats	– Approche en surface – Rationalisation des discours – Mémorisation

Source : Vernette E, Filser M. et Giannelloni J.-J. (2008), *Études marketing appliquées*, Paris, Dunod.

- *L'étude qualitative* : elle permet la compréhension de problèmes complexes, la formulation d'hypothèses, la mise au jour de motivations d'achat latentes, l'observation de comportements d'achat, etc. Elle s'appuie sur de petits échantillons (souvent inférieurs à trente personnes) et ne prétend pas à la représentativité statistique des résultats. La préoccupation est de recenser tout ce qui pourrait expliquer le problème, mais pas de hiérarchiser ou de pondérer les causes de celui-ci.
- *L'étude quantitative* : elle quantifie les comportements ou les attitudes (qui achète quoi, qui préfère quoi...). Par abus de langage, on parle souvent de sondage ; en réalité, ce terme ne désigne qu'un processus spécifique de constitution de l'échantillon. Cette approche mobilise de grands échantillons (supérieurs à deux cents personnes). La représentativité des résultats est une priorité : on doit pouvoir généraliser au reste de la population, avec un risque d'erreur faible, ce qui est observé dans l'étude.

Préliminaires éventuels : étude documentaire

L'étude documentaire est un préalable parfois utile pour cadrer l'étude. Elle permet en effet une première vision rapide d'un marché (en un ou deux jours), pour un coût faible (de 100 à 3 000 euros). C'est une technique de collecte et d'analyse de données secondaires : on réutilise des données déjà disponibles, en les appliquant au problème à résoudre. Plusieurs sources, souvent hétérogènes, sont combinées pour bâtir un document de synthèse. Le risque majeur d'erreur vient de l'hétérogénéité des informations : certaines sources sont peu fiables, d'autres donnent des chiffres approximatifs. Parfois enfin, les données existantes ne sont pas assez détaillées ou, à l'inverse, ne traitent qu'une partie des questions posées. En gardant ces réserves en tête, l'étude documentaire est utile dans trois cas :

- *découvrir* : l'étude permet de s'imprégner de l'environnement d'un marché méconnu : apprentissage d'un vocabulaire technique pour réaliser un questionnaire, découverte des produits, marques, concurrents d'un marché ;
- *dégrossir* : les informations collectées donnent une idée des tendances du secteur d'activité (potentiel de vente, attentes des consommateurs) : la surveillance des concurrents (part de marché, chiffre d'affaires, produits et technologies nouvelles) montre l'intensité concurrentielle du marché ;
- *évaluer* : l'analyse permet une évaluation rapide d'un potentiel de vente pour un nouveau produit. Selon les conclusions, on approfondira éventuellement avec une étude plus lourde. On élimine les idées dont le potentiel marketing ou commercial est manifestement trop faible.

Deux types de sources documentaires existent. Les sources publiques ou parapubliques sont gratuites : elles fournissent la plupart des données économiques, sociales et démographiques de base, ainsi que des analyses sur bon nombre de secteurs d'activité. Les sources privées (associations professionnelles, instituts, consultants, etc.) sont nombreuses et plus difficiles à cerner. La plupart de ces sociétés proposent des compilations documentaires toutes prêtes qui couvrent la quasi-totalité des marchés et produits ; ces études documentaires sont téléchargeables moyennant un paiement à l'unité ou un abonnement. Enfin, il est possible de mettre en place une cellule de veille concurrentielle sur Internet, à l'aide de logiciels spécifiques ou de s'adresser à des consultants spécialisés. L'encadré récapitule quelques pistes documentaires.

Quelles sources documentaires ?

1) Sources statistiques globales sur des marchés ou des pays

Les sources françaises publiques (INSEE) et celles de la communauté européenne (Eurostat) sont accessibles en ligne. D'autres administrations et instituts (douanes, chambres de commerce, CFCE, Banque de France, chambres syndicales) proposent un fond important de données *on line*.

2) Articles scientifiques ou managériaux en marketing

Plusieurs instituts offrent l'accès en ligne (moyennant un abonnement onéreux) à la quasi-totalité des articles publiés par les revues scientifiques ou la presse professionnelle en marketing. Citons parmi d'autres, *Proquest-ABI-Inform (http://www.proquest.co.uk/products/abi_inform.html), Business Source (EBSCO http://search.epnet.com), Science-direct (http://www.sciencedirect.com/)*. On obtient le texte complet ou un résumé de l'article.

3) Étude documentaire réalisée par un institut d'étude

Ces sources sont payantes. Citons, parmi d'autres, quelques sociétés spécialisées : Bipe, Credoc, Dafsa, Data-Eco, Dun & Bradstreet, Euromonitor, Eurostaf, Svp, Xerfi...

4) Étude concurrentielle

Un bon moteur de recherche (Google reste la référence), un choix judicieux de mots clés dans l'option « recherche avancée » permettent de localiser rapidement les sources existantes sur Internet pour suivre les concurrents et ou les évolutions d'un ou plusieurs marchés.

Source : adapté de Vernette E, 2008, *L'Essentiel du marketing*, Eyrolles, 3e éd., p. 159.

Faire ou faire faire ?

La réalisation des études est souvent sous-traitée à un prestataire spécialisé. L'avantage est que ces derniers disposent de compétences spécifiques qui n'existent pas forcément dans l'entreprise (réseau d'enquêteurs, logiciels statistiques, expertise technique) et peuvent répondre très rapidement aux questions posées. Lorsque l'entreprise réalise peu d'études (une ou deux par an), c'est une solution économique. L'inconvénient est que l'appropriation en interne des résultats est plus difficile et les solutions méthodologiques proposées par les instituts tendent à devenir de plus en plus standardisées. Le tableau 5.3 résume les avantages et les inconvénients de chaque cas.

Tableau 5.3 – Étude externe ou étude interne ?

Solutions	Avantages	Inconvénients
Société d'étude extérieure à l'entreprise	Regard neuf Expertise large Flexibilité Économie	Méconnaissance de l'environnement et de la culture de l'entreprise Confidentialité Recommandations inopérantes
Chargé d'étude en entreprise	Capacité de négociation Disponibilité Interprétation des résultats Maîtrise de l'environnement	Expertise limitée Coûts fixes élevés Solutions routinères

Le tableau 5.4 donne les noms des instituts les plus importants en France. Les chiffres montrent clairement l'impact de la crise sur ce marché en 2009. Au niveau mondial, les quatre instituts les plus importants sont en 2010 : AC Nielsen/Nielsen Media, Taylor Nelson Sofres (TNS Groupe Kantar), IMS et GfK. AC Nielsen/Nielsen Media et Taylor Nelson Sofres (TNS) ; ces sociétés ont toutes des filiales en France, mais pour des raisons de confidentialité, elles agrègent les données au niveau du groupe mondial et ne publient plus leurs chiffres d'affaires dans les pays européens.

Tableau 5.4 – Classement des instituts (marché français)

Instituts	CA 2009 (M€)	Variation 2008	CA 2008 (M€)	Variation 2007
1-IPSOS	100,9	– 12 %	113	+ 5 %
2-GFK	97	– 6,7 %	104	+ 10,6 %
3-Médiamétrie	62,6	+ 7,9 %	58	+ 5,6 %
4-IMS Health	59	– 7,8 %	64	+ 1,6 %
5-BVA	54,5	– 9,1 %	60	+ 0 %
6-MV2	47,5	+ 11,4 %	42	+ 6,9 %
7-IFOP	33	+ 0,3 %	32,9	+ 8,2 %
8-CSA	32	– 8,6 %	35	+ 2,9 %
9-Group LH2	30	– 3,5 %	31	+ 7,2 %
10-Synovate	17,7	– 17,2 %	20	+ 8,6 %

Source : adapté de *Marketing magazine*, n° 140, mai 2010.

Choisir un produit d'études

Le chargé d'étude dispose de quatre gammes de produits proposés par les instituts d'étude ; chacune repose sur une méthodologie spécifique et correspond à des objectifs d'études particuliers. Nous allons les présenter brièvement :

- *étude ad hoc* : cette étude est réalisée pour le compte d'un seul client et faite « sur mesure » pour s'adapter au problème spécifique d'une entreprise. L'institut détaille les modalités méthodologiques sous la forme d'un projet d'étude ; les délais de réalisation et les éléments de coûts sont présentés à la page 139 ;
- *étude omnibus* : elle est réalisée en souscription (plusieurs clients), à date régulière. Chaque client achète le droit de poser une ou plusieurs questions : le questionnaire est un « fourre-tout » composé de l'ensemble des interrogations des acheteurs. Les données recueillies sont livrées et directement analysées. Il n'est pas possible d'obtenir les résultats des questions posées par les autres souscripteurs. Compte tenu du principe de facturation à la question, l'omnibus convient bien aux études simples comportant peu de questions ;
- *étude barométrique* : elle est réalisée comme l'omnibus à date fixe, mais avec un questionnaire identique d'une étude à l'autre. Elle peut être effectuée pour le compte d'un ou plusieurs clients. Le baromètre convient particulièrement aux études de satisfaction et de suivi de notoriété ou de popularité (hommes politiques) ;
- *étude sur panel* : c'est une étude longitudinale réalisée pour le compte de plusieurs clients. Les interviewés sont identiques d'une vague d'enquête à l'autre. Les résultats s'achètent par tranches ; il est possible de connaître les résultats des concurrents. Plusieurs types de panels existent :
  - le *panel consommateur* mesure les parts de marché, les volumes et prix d'achat d'un grand nombre de catégories de produits, le nombre de ménages acheteurs (taux de pénétration), les budgets d'achat, etc. Il se fonde sur des échantillons très importants (de 8 000 à 10 000 ménages),
  - le *panel distributeur* donne, comme le précédent, les parts de marché des marques, les volumes et prix d'achat, mais ils permettent en outre de suivre le nombre de magasins référençant chaque marque et le poids de chaque canal. En revanche, on ne connaît pas les quantités achetées par ménage, ni le nombre de ménages acheteurs pour chaque catégorie de produits,
  - le *panel mixte* combine les deux formes de panels précédents. Fondé sur la lecture optique du code à barres attribué à chaque référence de produit, il permet de relier en une seule opération les quantités achetées par le ménage X à un point de vente Z. Lors du passage en caisse, les marques sont scannérisées et couplés avec les don-

nées d'identification contenues dans une carte à puce fournie lors du paiement. Il est possible de relier les publicités vues la veille à la télévision avec les marques achetées. Ce *single source* fonctionne dans différentes villes (Angers, Le Mans, Brive, Sens, Château-Thierry). Les inconvénients sont le coût élevé et le contrôle difficile des achats faits hors de la zone de chalandise du panel. Ces panels sont utilisés pour tester l'efficacité de différents niveaux de variables du marketing-mix : par exemple, on combine deux niveaux de prix, deux spots télévision, deux variantes de produits. On compare alors les différents volumes de vente obtenus pour chaque scénario,

– enfin, le *panel « open access »* se fonde sur un échantillon de très grande taille (10 000 à 20 000 consommateurs) représentatif de la population française. La grande taille permet d'extraire, au gré des demandes des clients, un sous-ensemble de répondants éligibles, rapidement accessibles. En effet, chaque membre de panel a fourni au préalable une série d'informations sur son profil sociodémographique, ses habitudes de consommation, ses valeurs, etc. L'abonnement à un panel distributeur ou consommateur coûte de 30 000 euros à 150 000 euros, selon le nombre de produits suivis. Le budget moyen pour un panel-test se situe aux alentours de 50 000 euros à 60 000 euros.

Évaluer un projet d'étude *ad hoc*

Bien que l'on puisse tout à fait rédiger un projet d'étude pour chacune des quatre gammes de produits que nous avons présentés, l'étude *ad hoc* correspond au cas le plus caractéristique. Lorsque l'étude est sous-traitée à un institut externe, le choix de celui-ci se fait sur la base d'une mise en concurrence des projets d'étude rédigés par les différents instituts qui ont répondu à l'appel d'offres du client.

Le projet d'étude décrit le plan de travail de la future étude. C'est un véritable cahier des charges qui précise les prestations proposées, leur coût et la date de livraison des résultats. Il se compose de quatre rubriques.

Structure d'un projet d'étude

1) Objectifs

On récapitule les questions managériales pour « vendre » l'étude, mais il est recommandé de lister précisément les questions d'études prioritaires qui font l'objet de l'étude. Il est souhaitable de se limiter à un maximum de trois ou quatre objectifs.

2) Méthodologie

Elle se décline en trois volets, plus ou moins détaillés selon l'approche retenue :

- définition des principaux concepts étudiés et nature de la démarche d'étude ;
- terrain et analyse en cas de démarche qualitative :
  - nombre d'interviews en profondeur et durée de chaque entretien,
  - nombre de groupes, effectif de chaque groupe, durée moyenne de la réunion,
  - thèmes du guide d'entretien et/ou guide d'animation,
  - procédure de recrutement des répondants,
  - méthode d'analyse des données ;
- terrain et analyse en cas de démarche quantitative :
  - échantillonnage : définition de la population visée, nombre d'interviews à réaliser, mode de sélection, lieu et date de la collecte des informations, relances prévues,
  - thèmes envisagés dans le questionnaire,
  - administration du terrain : téléphone, à domicile, dans la rue, voie postale, Internet,
  - méthodes d'analyse des données.

3) Budget

Dans l'idéal, la nature du problème détermine le budget. Mais il faut reconnaître que, dans la pratique, c'est l'inverse qui prévaut : le budget contraint le plan de l'étude. Voici quelques repères pour établir un budget.

- *étude quantitative* : le terrain est le poste le plus coûteux. Il représente à lui seul souvent près de 50 % du coût total de l'étude. L'administration par un enquêteur d'un questionnaire d'une quinzaine de minutes revient de 15 euros à 30 euros selon la méthode. L'entretien à domicile est le mode le plus onéreux, suivi par le téléphone, la voie postale ; l'Internet est le mode le plus économique. En incorporant les frais fixes de l'institut (préparation, analyse des données et rédaction du rapport), il faut compter un budget de 30 000 euros à 40 000 euros HT pour une étude portant sur mille personnes représentatives de la population française de plus de 15 ans ;
- *étude qualitative* : un entretien individuel est facturé de 700 euros à 1 000 euros ; une réunion de groupe oscille entre 5 000 et 6 000 euros. Le devis type comporte en général une vingtaine d'entretiens individuels ou trois à quatre réunions de groupe, soit un budget moyen compris entre 15 000 a 20 000 euros HT.

4) Délais

Le délai moyen de réalisation d'une étude quantitative comportant un échantillon de mille personnes interrogées à domicile est de deux à trois mois ; l'administration du questionnaire par Internet ou par téléphone permet de gagner un bon mois. Pour une étude qualitative standard, il faut compter environ deux à trois mois sur la base de vingt interviews en profondeur.

Conduite d'une étude qualitative

Trois grandes familles de méthodes sont mobilisables : l'entretien semi-directif, la réunion de groupe et un groupe de techniques originales.

Entretien semi-directif individuel

L'entretien semi-directif a pour but principal la mise au jour des dimensions sous-jacentes d'un problème. Il explore l'interviewé « en profondeur », pour aller au-delà du discours, considéré comme superficiel et empreint de rationalisation. Les techniques utilisées font appel au principe de la semi-directivité : l'enquêteur laisse parler librement le répondant, et n'intervient qu'à travers des relances brèves. Par abus de langage, ce type de technique est souvent appelé *étude de motivation*. Mais en réalité, à côté de l'étude des motivations, bien d'autres objectifs sont possibles : étude des désirs, restitution des expériences et des représentations de la consommation, focalisation sur les émotions ressenties, etc.

Il n'existe pas à proprement parler de questionnaire, mais une trame d'interview (appelée *guide d'entretien*) : le répondant est libre d'aborder les thèmes qui le préoccupent dans l'ordre souhaité et en y consacrant le temps jugé nécessaire. Les silences, répétitions, lapsus sont considérés comme des informations précieuses pour expliquer les raisons du comportement. Une interview individuelle en profondeur dure fréquemment plus d'une heure.

L'échantillon se compose habituellement d'une vingtaine d'entretiens, réalisés sur des individus relativement hétérogènes. L'analyse des données se fait par analyse manuelle de contenu : après une lecture flottante des interviews, on repère les différents thèmes qui émergent et on reclasse les *verbatim* (mots utilisés par les répondants dans leurs discours) correspondant à chacun d'eux. L'analyse se base sur une synthèse thématique horizontale : on observe comment un même thème a été abordé par les répondants. L'analyse verticale produit des synthèses successives des discours propres à chaque interviewé. Les logiciels de traitement automatisé de discours (Alceste, Sphinx Lexica, etc.) accélèrent le traitement et permettent le calcul de différents indices lexicaux (fréquence de citation des thèmes, richesse de vocabulaire, longueur moyenne des phrases, etc.).

L'entretien individuel est facturé de 760 euros à 1 000 euros HT, soit un budget global d'étude compris entre 15 000 euros et 20 000 euros pour vingt interviews. Ceci ne permet pas de généralisation statistique des résultats, mais assure une bonne couverture des principales dimensions du problème à résoudre.

Réunion de groupe

L'entretien de groupe réunit plusieurs personnes (6 à 12 en général) sous la direction d'un animateur. Si ces personnes sont choisies en fonction de leur expertise, par rapport au problème à résoudre, on parle alors de groupe de réflexion. Lorsqu'il s'agit de simples consommateurs, le groupe est appelé groupe de discussion ; ces derniers sont utilisés, notamment, pour recenser les critères de choix d'un produit ou pour explorer une question complexe. Une réunion de groupe dure environ une demi-journée.

Le problème majeur des groupes résulte du risque d'émergence de leaders, dont l'opinion influence considérablement celle des autres membres durant la réunion. Cela interdit toute tentative de quantification des résultats observés. En revanche, la réunion de groupe reste un moyen économique et rapide pour recenser des éléments ou pour dégager des hypothèses que l'on testera ensuite. La réunion coûte de 5 000 euros à 6 000 euros HT pour un groupe de 8 à 10 personnes ; sachant que l'on prévoit fréquemment deux à trois groupes pour une étude, le budget total oscillera entre 10 000 et 18 000 euros HT.

Techniques innovantes

En réalité, ces « nouvelles » techniques qualitatives sont utilisées depuis longtemps dans d'autres disciplines, notamment la sociologie ; depuis quelques années, les études marketing redécouvrent leur intérêt, car elles permettent de révéler des facettes insoupçonnées des désirs inconscients, motivations d'achats propres à certaines sous-cultures ou des registres expérientiels précurseurs de changement des tendances de consommation. Elles présentent néanmoins l'inconvénient d'être coûteuses, car le temps de collecte est nettement plus important que pour les méthodes classiques ; le budget global varie de 15 000 euros à 40 000 euros, selon la nature et la durée de collecte.

Les méthodes d'observation sont utiles pour comprendre les expériences de consommation (détails et gestes qui font sens, rituels, moments forts ressentis par le consommateur), les usages prévus ou non prévus du produit ou service, les difficultés liées à l'utilisation. L'observation est directe (observation visuelle avec prise de notes par l'observateur) ou appareillée (prise de photos, vidéo, appareillage électronique). Le suivi de discussions sur Internet dans des forums, *newsgroups*, blogs a donné lieu à une nouvelle forme d'observation appelée *netnographie.* L'observation est dite participante si l'opérateur est connu et a la possibilité d'intervenir dans les discussions ; elle sera non participante si l'observateur est identifié, mais reste en retrait ; enfin, elle peut être cachée si l'observation se fait à l'insu de l'individu (glace sans tain, caméra cachée, client mystère...). L'observation suppose que le chercheur soit accepté par l'individu ou par le groupe, et « oublie » l'observateur pour réduire l'effet cobaye (le sentiment d'être observé modifie le comportement), ce qui demande du temps et rend ces méthodes fort coûteuses. L'analyse des résultats se fait par analyse de contenu des discours et/ou par application d'une grille thématique d'observation (faits et gestes des acteurs observés).

D'autres techniques sont disponibles : entretien phénoménologique, approche herméneutique, méthodes projectives et associatives, méthode de collage, prise de photo ou collecte de photographie en ligne, etc.[1]. Le traitement des données se fait généralement par analyse de contenu manuelle et/ou à l'aide de logiciels de traitement automatisé de discours (Alceste, Sphinx Lexica, etc.).

Conduite d'une étude quantitative

Les deux phases essentielles sont l'échantillonnage et la construction du questionnaire. Ensuite, on procède à l'administration du questionnaire, puis à l'analyse des données.

Échantillonnage

Échantillonner consiste à sélectionner un sous-ensemble d'une population de référence. En marketing, il s'agit la plupart du temps d'individus (consommateurs, clients). La population de référence est celle dont les éléments sont *a priori* détenteurs de l'information recherchée par les responsables du projet (*e.g.* caractéristiques personnelles, opinions, comportements). Elle est définie principalement selon des critères socio-démographiques et géographiques (*e.g.* population française de plus de 15 ans, clientes CSP+ de la région parisienne). Il est rarissime, en marketing, que l'on puisse procéder à un recensement (collecte d'information auprès de tous les éléments de la population de référence). L'objectif est d'obtenir un échantillon qualitativement représentatif de la population et quantitativement important pour pouvoir généraliser les résultats obtenus à l'ensemble de la population.

L'échantillonnage se fait au sein d'une « base de sondage ». C'est une liste d'éléments qui concrétise l'existence de la population (par exemple, un annuaire téléphonique de particuliers). La composition de la base de sondage doit être la plus proche possible de la population. Les méthodes d'échantillonnage sont classées en deux familles, aléatoires ou empiriques, selon que l'on fait appel ou pas au hasard dans la sélection des individus.

1. Pour approfondir, voir : Giannelloni J.-L et Vernette E. (2001), *Études de marché,* 2e éd., Vuibert (chap. 4 à 6) ; Pellemans P. (1998), *Le Marketing qualitatif,* De Boeck Université ; Dion D. (coord.) (2008), *À la recherche du consommateur,* Dunod ; Vernette E., Filser M. et Giannelloni J.J. (2008). *Études marketing appliquées,* chap. 2, Dunod.

Échantillonnage aléatoire

On distingue les méthodes selon le degré d'intervention du hasard. Les quatre principales sont l'échantillonnage aléatoire simple, l'échantillonnage aléatoire systématique, l'échantillonnage stratifié et l'échantillonnage en grappes. Le mot « aléatoire » signifie que chaque individu de la population de référence a, au départ, la même probabilité que les autres d'être sélectionné au sein de la population.

- *échantillonnage aléatoire simple* : à partir d'une liste exhaustive et nominative de la population on procède à une sélection purement aléatoire, soit par une table des grands nombres, soit par une procédure informatique ;
- *échantillonnage aléatoire systématique* : on tire au hasard un point de départ dans une liste (*e.g.* le 5e) puis on applique un taux de sondage (un individu tous les dix, par exemple) en fonction de la taille de la population et de la taille d'échantillon souhaitée ;
- *échantillonnage stratifié* : la population est découpée empiriquement en « strates » (sous-populations) sur des critères liés aux objectifs de l'étude (âge, sexe, comportement…). On procède ensuite à un tirage aléatoire simple ou systématique au sein de chaque strate. L'échantillonnage stratifié est dit « non proportionnel » si les strates ne sont pas représentées de manière proportionnelle au sein de l'échantillon ;
- *échantillonnage en grappes* : on sélectionne aléatoirement quelques « grappes » dans la population, puis recensement au sein des grappes. On tire au hasard, par exemple, quelques arrondissements de Paris, puis on interroge tous les boulangers de ces arrondissements.

Échantillonnage empirique

On distingue les méthodes selon le degré de structuration et de préparation de l'échantillonnage. Les quatre méthodes les plus usitées, par ordre de sophistication, sont l'échantillonnage de convenance, l'échantillonnage par jugement *a priori*, l'échantillonnage boule de neige et l'échantillonnage par quotas.

- *échantillonnage de convenance* : on se place dans la rue, un café, un hall de bâtiment et on sollicite les personnes qui se présentent. Les biais de représentativité sont nombreux, puisque rien n'est fait *a priori* pour s'assurer que l'échantillon « ressemblera » à la population. Ce type d'échantillon est à réserver aux phases de développement et de prétest du questionnaire ;
- *échantillonnage de jugement a priori* : les enquêteurs sélectionnent les individus sur des critères fixés à l'avance (par exemple avoir au final 48 % d'hommes et 52 % de femmes, n'avoir que des titulaires de la carte de paiement X) ;

- *échantillonnage boule de neige* : lorsque l'on s'intéresse à des populations restreintes ou à des individus particuliers, il n'existe pas de liste ou de méthode tout faite. On identifie quelques individus possédant les caractéristiques souhaitées ; ceux-ci conduisent à d'autres individus possédant les mêmes caractéristiques (par exemple, des possesseurs de tel modèle de voiture ancienne qui, souvent, participent à des rassemblements où ils ont l'occasion de faire connaissance) ;
- *échantillonnage par quotas* : c'est le plus utilisé en milieu professionnel. Une description précise de la composition de l'échantillon est réalisée *a priori* à partir de données fiables de population ; les enquêteurs choisissent les individus en respectant scrupuleusement ces critères. Le plus souvent, les données de recensement de l'INSEE sur trois quotas croisés (sexe, âge et PCS) sont utilisées.

Construction du questionnaire

Construire un questionnaire est plus un art qu'une science et se fonde sur l'expérience et de nombreux tests. Le questionnaire est l'instrument destiné à recueillir de manière standardisée l'information recherchée pour atteindre les objectifs de l'étude. Il est donc essentiel que cette information soit complète, fiable et identique pour tous les individus[1]. Il faut que ceux-ci soient encouragés par tous les moyens à donner une information sincère et/ou vraie. Des critères de fond et de forme guident la rédaction.

Critères de fond

Souvent, le chargé d'étude néophyte se demande combien de questions il doit rédiger. Le problème ne se pose pas ainsi. Chaque question doit amener une information indispensable pour atteindre les objectifs de l'étude. Le nombre dépend donc de ces derniers. La réflexion sur le contenu et le type de questions est plus importante.

Le contenu des questions

On établit une liste des informations indispensable à recueillir, en s'interrogeant sur leur nature :

- *la nature et la liste des informations* : les informations recueillies se classent en trois grandes catégories : l'identification, les opinions et connaissances et les comportements. Croiser ces catégories avec la nature, descriptive, explicative ou prédictive, de l'étude permet d'aboutir à une liste d'information à rechercher ;

1. « Identique » est relatif aux questions, qui doivent être les mêmes et être posées dans le même ordre pour tous les individus et non pas, évidemment, que les réponses soient les mêmes.

- *la check-list du rédacteur* : trois questions peuvent en constituer la trame, mais elles ne sont évidemment pas limitatives. « Pour une information donnée, faut-il une ou plusieurs questions ? » est la première. L'encadré ci-dessous montre que deux informations différentes (notoriété *top of mind* et notoriété spontanée) ne nécessitent qu'une seule question. « Le répondant *peut-il* répondre ? » est la seconde. Il peut ne pas posséder l'information (erreur d'échantillonnage) ou ne pas s'en souvenir (effort de mémorisation trop important). « Le répondant *veut-il* répondre ? » est la troisième. Demander des informations sensibles (*e.g.* patrimoine, comportements addictifs) passe généralement par des approches indirectes (voire des entretiens qualitatifs où il est plus facile de faire jouer une certaine empathie entre l'interviewer et le répondant).

Liste des informations à rechercher

La direction marketing d'une entreprise demande à une société d'études d'évaluer la notoriété de l'une de ses marques auprès de ses cibles et d'identifier des groupes d'individus à faible notoriété. Il s'agit d'une étude descriptive qui cherche à évaluer des connaissances (notoriété, expertise) et à identifier des individus. L'expérience du chargé d'études suggère deux hypothèses de travail : la notoriété de la marque sera liée à l'expertise des individus dans la catégorie de produit et les indicateurs socio-démographiques suffiront à identifier des groupes à notoriété comparable.

La liste des informations nécessaires découle directement de ces préalables : notoriété de la marque (*top of mind*, spontanée, assistée), expertise de l'individu dans la catégorie de produit (auto-évaluation ou mesure objective par un « quiz »), indicateurs socio-démographiques (âge, PCS, revenu, situation familiale, taille du foyer, type d'habitat).

Les types de questions

Les questions peuvent être ouvertes ou fermées, selon que le répondant est libre ou non de la réponse qu'il veut apporter. L'encadré ci-dessous donne des exemples de questions.

- *questions ouvertes* : le répondant est libre de sa réponse, apportée sous forme de chiffre ou de texte. Mais les questions ouvertes apportent souvent des informations de façade, coûteuses à traiter. Elles doivent donc être utilisées avec précaution. Pour les questions de type texte, il est préférable de se limiter à des informations factuelles qui s'expriment en peu de mots. Des questions de type jugement, opinion ou motivation (« Pensez-vous que… ? », « Pourquoi choisissez-vous X plutôt que Y… ? ») doivent être posées sous forme d'échelles (voir paragraphe suivant) ou relèvent d'entretiens qualitatifs ;

- *questions fermées* : le répondant choisit une ou plusieurs réponses dans une liste préétablie qui couvre l'univers des réponses possibles, sans omissions ni recoupements : le répondant ne doit pas se situer dans deux catégories simultanément (d'où l'utilisation – à éviter – d'une réponse « autre » si l'on n'est pas sûr d'avoir tout prévu). Le traitement des questions à réponses multiples est délicat du point de vue statistique. Il faut se baser sur le nombre de réponses, supérieur au nombre de répondants. Les échelles à catégories spécifiques sont un genre particulier de questions fermées. Elles visent à recueillir des jugements ou des opinions.

Exemples de questions[a]

Question ouverte

Combien d'enfants à charge avez-vous ? ❑

Question fermée

Êtes-vous titulaire du permis de conduire ? Oui ❑ Non ❑

Échelle de Likert

	Pas d'accord du tout		Ni en accord, ni en désaccord		Tout à fait d'accord
Choisir un micro-ordinateur, c'est compliqué	1	2	3	4	5

Différentiel sémantique

	Extrêmement facile				Extrêmement compliqué
Choisir un micro-ordinateur, c'est	1	2	3	4	5

Supports sémantiques

« Comment jugez-vous le prix de cet ordinateur ? »

Extrêmement mauvais ❑ Médiocre ❑ Moyen ❑ Bon ❑ Extrêmement bon ❑

a. Cet encadré est très limitatif. Pour plus de détails, voir Giannelloni J.-L. et Vernette E. (2001), *op. cit.*, chap. 9.

Les échelles sont de type uni ou bipolaire. Dans les échelles unipolaires (*e.g.* Likert), la réponse (généralement un jugement de valeur) est dans la question et le répondant doit donner un degré d'accord avec cette réponse. Dans les échelles bipolaires, la question est neutre et c'est le répondant qui formule le jugement de valeur. Le différentiel sémantique demande d'identifier des couples d'adjectifs de sens opposé, ce qui n'est pas toujours facile en français.

Combien d'échelons choisir pour une échelle ? Les recherches montrent qu'un nombre compris entre 4 et 7 est optimal. La question du nombre pair ou impair est secondaire : le plus important est que les supports sémantiques retenus soient situés à des distances perceptuelles équivalentes : par exemple, il existe un écart perceptuel approximativement équivalent entre « moyen et bon » et entre « moyen et médiocre ».

L'information recueillie est traitée par des outils statistiques. Ceux-ci ne peuvent pas être utilisés de manière indifférenciée pour tous les types d'information. Il faut donc prévoir les questions en fonction de la nature de l'information sous-jacente et du type de traitement qui va en être fait, ce qui revient à s'interroger sur les propriétés mathématiques des mesures. On distingue trois classes : nominale, ordinale et métrique :

- *mesure nominale* : c'est une étiquette qui permet de ranger les individus (*e.g.* genre : masculin ou féminin) ; les chiffres ne permettent qu'un comptage, même relatif (*e.g.* masculin = 48 %, féminin = 52 %). Elle est liée à des informations qualitatives (*i. e.* des questions dont la réponse ne peut s'exprimer qu'avec des mots : couleur des yeux, profession, type d'habitat...) ;
- *mesure ordinale* : elle est liée à des informations qualitatives mais celles-ci décrivent des objets qui peuvent être classés les uns par rapport aux autres. Les mesures de préférence ou de fréquence de comportement sont de ce type (*e.g.* fréquenter un magasin tous les jours, une fois par semaine, moins souvent). C'est également une mesure pauvre qui ajoute au comptage le calcul des paramètres de position (*e.g.* médiane, quartiles) ;
- *mesure métrique* : c'est mathématiquement la plus riche parce qu'elle est liée à des informations intrinsèquement quantitatives (*e.g.* nombre d'enfants, salaire). Elle autorise tous les calculs statistiques possibles. Lorsque c'est possible, elle doit donc être préférée (questions ouvertes, plutôt que fermées). Les jugements psychologiques (accord, importance...), bien qu'intrinsèquement ordinaux, sont assimilés à des variables métriques si le nombre d'échelons égale ou dépasse cinq.

Critères de forme

Les critères de forme relèvent de quelques constats de bon sens, liés principalement à la rédaction, à la présentation et à la dynamique du questionnaire.

Rédaction

Le questionnaire est un outil de communication. Il doit être rédigé pour faciliter son « décodage » : il faut l'écrire en utilisant les codes langagiers du répondant et pas ceux du rédacteur. Sauf exception, on évite le vocabulaire technique ou ambigu ; on préfère un style direct et concis. Les phrases sont courtes (une ligne) et ne comportent pas de négations. L'encadré ci-dessous donne deux exemples de questions inappropriées.

Exemples de questions à éviter

- « La distribution des produits alimentaires issus de l'agriculture biologique est suffisante. »

Cette proposition est suivie d'une échelle de Likert. Elle pose trois problèmes : *distribution*, mot du jargon managérial qui n'a pas la même connotation dans le langage courant, *agriculture biologique* dont il n'est pas évident que tout le monde comprenne la nature exacte, et *suffisant*, générateur d'un jugement totalement subjectif.

- « Que mangez-vous, généralement, au dîner ? »

Il existe un particularisme régional qui va induire potentiellement une erreur de réponse auprès des répondants âgés et peu éduqués du nord de la France pour qui le dîner correspond au déjeuner (le dîner étant appelé souper).

Présentation

Elle doit être la plus agréable et aérée possible pour donner envie de répondre. Des images ou des photos bien choisies peuvent être pertinentes pour cela. Si le questionnaire doit être auto-administré sous forme papier, alors le choix du papier a également son importance.

Dynamique

On commence par des questions générales pour s'orienter progressivement vers le thème de l'étude et/ou des questions plus complexes, pour terminer par un retour à des questions plus générales. L'exercice de capacités cognitives (appel à la mémoire, jugements, comparaisons...) doit être progressif. Un questionnaire se compose généralement de cinq ou six sections : prise de contact, questions introductives, questions qualifiantes (facultatif), questions de mise en route, questions spécifiques et questions d'identification. La prise de contact sert à dire bonjour, se présenter et présenter les objectifs de l'étude (pas forcément de manière très précise). Les questions introductives ont pour objectif de gagner la sympathie du répondant. Les questions qualifiantes « trient » les répondants en fonction de caractéristiques personnelles et/ou de comportement, et les orientent, si nécessaire, vers différentes parties du questionnaire. Les questions de « mise en route » amènent progressivement vers le thème de l'étude : elles nécessitent peu d'efforts de réflexion. Les questions spécifiques traitent du cœur de l'étude et peuvent être complexes (selon les capacités des répondants). Les questions d'identification socio-démographique terminent classiquement le questionnaire.

Administration du questionnaire

L'administration d'un questionnaire peut être scindée en trois étapes : le prétest, l'administration proprement dite et le contrôle de sa qualité.

Prétest

On administre le questionnaire prévu à un petit nombre d'individus appartenant à la population de référence pour repérer les erreurs. L'information recherchée n'est pas liée au fond des questions mais à la manière dont celles-ci sont appréhendées et traitées. L'échantillon est de convenance ; on s'arrête lorsque les répondants ne formulent plus de nouvelles remarques. Le prétest se fait en face à face ; les réactions au questionnaire sont recueillies de manière ouverte, voire enregistrées. La rédaction est modifiée en fonction des défauts constatés.

Méthodes

Quel que soit le support technologique (papier, téléphone, Internet), l'administration se fait soit par un enquêteur, soit de manière auto-administrée. La présence de l'enquêteur peut être médiatisée à divers degrés : pas de présence physique directe (téléphone) ou auto-administration en présence de l'enquêteur (CAPI – *Computer Assisted Personal Interviewing*). Le choix de la méthode dépend des objectifs de l'étude mais, en pratique, il est dicté par le budget et le temps disponible.

Face à face

Historiquement la plus ancienne, cette méthode perd du terrain, essentiellement pour des raisons de coût. Elle met en présence physique un enquêteur et un répondant. L'intérêt essentiel du face-à-face est qu'un enquêteur bien formé génère un taux d'acceptation plus élevé que des modes d'administration plus anonymes. Le lieu de l'enquête est le domicile, la « sortie de caisse » ou la rue. Le domicile nécessite une prise de rendez-vous, mais autorise une durée plus longue pour le questionnaire. Elle implique un déplacement et une formation spécifique, d'où un coût très élevé. L'enquête en « sortie de caisse » consiste à intercepter (d'où l'expression anglo-saxonne de *mall intercept interview*) les répondants après un achat à un point de vente. Les conditions de confort et le temps disponible impliquent des questionnaires plus courts. L'enquête par téléphone (assistée par ordinateur) est un mode dégradé de face-à-face mais dans lequel une certaine forme d'empathie peut toujours se produire (sauf dans les cas où l'administration est faite par robot électronique) ; les questionnaires doivent être simples et courts (moins de dix minutes). Les sollicitations téléphoniques étant de plus en plus nombreuses, le taux de réponse se dégrade fortement depuis quelques années.

Auto-administration

À l'origine, on procédait à un envoi postal des questionnaires. Pour des raisons de coût et de délai de réponse, on procède aujourd'hui de plus en plus souvent par Internet. Lorsque le questionnaire doit être auto-administré, il faut être très attentif à sa mise au point. Des questions difficiles ou ambiguës provoquent un taux d'abandon élevé. Bien que le répondant dispose librement de son temps, le questionnaire doit être court et attractif. Sur Internet, la procédure la plus fréquente consiste à développer le questionnaire sur une plateforme dédiée puis d'envoyer à l'échantillon un courriel présentant l'étude et un lien vers le serveur. Des solutions commerciales (*e.g.* Sphinx Online) ou gratuites existent (*e.g. http://www.mon-enquete-enligne.fr/*).

Contrôle

Il est rare que l'administration d'une enquête soit réalisée par son concepteur. Dans les sociétés d'étude, des équipes différentes s'occupent de la conception et de l'administration. Celle-ci est même de plus en plus souvent sous-traitée. Le « terrain » nécessite une préparation importante. Pour optimiser la sélection, la formation et le contrôle (sur le terrain et/ou à l'issue de l'administration) des enquêteurs doivent être menés avec soin. La sélection est liée à des critères de compétence, de personnalité et d'apparence, qui peuvent être importants pour les enquêtes en face à face. La formation porte sur la prise de contact, la formulation des questions, les relances éventuelles, l'enregistrement des réponses et la conclusion de l'entretien. Le contrôle vise à s'assurer que les enquêteurs administrent correctement les questionnaires aux endroits et aux moments convenus.

Analyse des données

Lorsque les questionnaires sont administrés, deux situations peuvent se produire. La procédure a été automatisée (Internet, téléphone) et la base de données est prête. Les traitements peuvent commencer. Ou bien le questionnaire a été rempli sur papier et il faut, dans ce cas, le « dépouiller », c'est-à-dire transférer les informations brutes dans une base informatique (feuille de calcul ou base de données). Dans la plupart des cas, il s'agit de construire un tableau Individus × Variables qui va se présenter de la manière suivante.

Tableau 5.5 – Extrait de tableau de données Individus × Variables

Âge	Sexe
18	2
20	2
18	2
21	1
60	2
19	2

En ligne figurent les données relatives à un individu. La ligne 1 correspond à une femme de 18 ans. En colonne figurent les données relatives à une variable. La colonne âge, par exemple, rassemble les réponses de tous les individus à cette question.

Les traitements de base proposés par les instituts de sondage se limitent généralement à des statistiques descriptives univariées ou bivariées. Au-delà, on rentre dans le domaine de l'analyse multivariée. Dans les deux cas, on utilise des logiciels statistiques. Bien que les feuilles de calcul offrent de nombreuses fonctions statistiques, un logiciel spécialisé est préférable[1].

Les traitements de base

La première étape est la construction du tableau de distribution de fréquences de chaque variable, appelé « tri à plat ». On compte pour chaque variable le nombre d'apparitions de chaque modalité de réponse dans la base et on le rend proportionnel à la taille de l'échantillon (tableau 5.6).

Tableau 5.6 – Exemple de tri à plat simple

Sexe	Effectifs	Pourcentage	Pourcentage cumulé
Homme	117	63,6	63,6
Femme	67	36,4	100,0
Total	184	100,0	

Le tableau 5.6 montre que l'échantillon de 184 personnes est surreprésenté en personnes de sexe masculin, notamment par rapport à la population française (52 % environ). Il faut soit « redresser » l'échantillon, c'est-à-dire éliminer aléatoirement autant de personnes de sexe masculin que nécessaire pour aboutir à une proportion de 52 %, soit tenir compte de cette composition particulière dans l'interprétation des résultats suivants. Le redressement est délicat et impose de travailler sur de gros échantillons.

Le tableau 5.7 montre qu'une donnée est manquante. L'individu n'a pas répondu ou l'information n'a pas été saisie. Le logiciel distingue les fréquences sur les données totales et sur les données valides. Ce sont ces dernières qu'il faut interpréter. Par ailleurs, le tableau montre que 24 % des répondants déclarent changer de skis tous les deux ans ou moins. Connaissant l'intervalle de confiance autour de ce pourcentage dans la population

1. Quelques exemples de logiciels : intégré (http ://www.lesphinx-developpement.fr/), généraliste payant (http :// www.statsoft.), spécialisé payant (http ://www.mvsoft), généraliste gratuit (http://www.r-project.org/).

Tableau 5.7 – Exemple de tri à plat

À quelle fréquence achetez-vous des skis ?						
		Effectifs	**Pourcentage**	**Pourcentage valide**	**Pourcentage cumulé**
Valide	**Plus d'une fois par an**	9	4,9	4,9	4,9
	Tous les 1 ou 2 ans	35	19,0	19,1	24,0
	Tous les 3 ou 4 ans	60	32,6	32,8	56,8
	Plus rarement	35	19,0	19,1	76,0
	Jamais	44	23,9	24,0	100,0
	Total	183	99,5	100,0	
Manquante	**Système manquant**	1	0,5		
Total		184	100,0		

et la taille de celle-ci, il est assez facile de calculer la taille du marché de renouvellement dans la région.

Calcul de l'intervalle de confiance autour d'une proportion[a]

Soit p la proportion calculée dans l'échantillon. On peut estimer que dans la population, la même proportion, notée π, sera comprise dans un intervalle dont les bornes encadrent symétriquement p. Cette estimation est faite avec un risque d'erreur α fixé à l'avance (le plus souvent 5 %) et qui détermine en partie les paramètres du calcul, dont l'expression mathématique est :

$$\pi \in p \pm 1{,}96\sqrt{\frac{p(1-p)}{n}}$$

Avec : p = proportion observée dans l'échantillon ; n = taille de l'échantillon ; π = proportion à estimer dans la population

Dans notre exemple, p = 0,24. On peut estimer que dans la population, la proportion de personnes remplaçant leurs skis tous les deux ans au plus sera comprise entre 17,8 % et 30,2 %. Cette conclusion est formulée avec un risque d'erreur de 5 %. Si on estime la population des étudiants du sillon alpin (Savoie, Haute-Savoie, Isère) à environ 64 700 (données de l'inspection académique), le potentiel de renouvellement de marché est donc compris entre 11 516 et 19 539 paires. Cette cible peut être intéressante à « travailler » spécifiquement.

a. Seul le calcul est donné. Expliquer comment on aboutit à ce calcul dépasse les objectifs de ce chapitre. Des références de manuels de statistiques sont données en bibliographie.

Croiser les variables deux à deux donne une première approche de segmentation. Par exemple, les filles renouvellent-elles leur matériel aussi fréquemment que les garçons ? Le tableau 5.8 montre qu'il n'en est rien : 79,5 % de ceux qui remplacent leur matériel tous les deux ans au pire sont des garçons, alors qu'ils ne constituent que 63,4 % de l'échantillon. À l'inverse, les filles sont 47,7 % à ne jamais remplacer leur matériel mais ne représentent que 36,6 % de l'échantillon. Les deux variables sont donc liées : la fréquence de renouvellement du matériel n'est pas indépendante du genre. Cette conclusion n'a de valeur marketing que si elle peut être généralisée à la population. Il faut pour cela un test statistique. Les données de l'encadré ci-dessous confirment le lien entre ces deux variables dans la population.

Tableau 5.8 – Exemple de tri croisé

			Fréquence de renouvellement			Total
			Tous les 2 ans au pire	Tous les 3 ans au mieux	Jamais	
Quel est votre sexe ?	Homme	Effectif	35	58	23	116
		% total colonne	79,5 %	61,1 %	52,3 %	63,4 %
	Femme	Effectif	9	37	21	67
		% total colonne	20,5 %	38,9 %	47,7 %	36,6 %
Total		Effectif	44	95	44	183
		Pourcentage	100,0 %	100,0 %	100,0 %	100,0 %

Test statistique : l'exemple du χ^2

Un test statistique est une procédure consistant à analyser des différences observées entre des valeurs théoriques (liées à des hypothèses formulées) et des valeurs observées, puis de conclure à la « probable réalité » (ou pas) de ces différences dans la population.

Le test relatif au tableau 5.8 donne les résultats suivants :

	Valeur	ddl	Probabilité erreur
Khi-deux de Peason	7,515	2	0,023

L'hypothèse est que les deux variables sont indépendantes dans la population. La probabilité d'erreur égale à 0,023 signifie que l'on a 2,3 % de chances de commettre une erreur si l'on rejette cette hypothèse. Par convention, une erreur inférieure à 5 % est acceptable. Si les deux variables ne sont pas indépendantes, c'est qu'elles sont liées et la fréquence de renouvellement est associée au genre.

L'analyse multivariée[1]

« Multivarié » signifie que l'on va travailler sur plus de deux variables simultanément. Les méthodes d'analyse multivariée sont très nombreuses. Le choix de la méthode dépend des objectifs de l'analyse (synthétiser ou décrire, classer, expliquer, prédire), de la nature (quantitative, qualitative) des variables et de la différenciation ou pas entre variables explicatives et variables à expliquer.

Typologies d'individus

Ces méthodes sont intéressantes pour la segmentation marketing. Elles regroupent les individus en fonction de caractéristiques choisies à l'avance. De nombreux algorithmes de classification existent pour constituer des groupes le plus homogènes possible à l'intérieur et le plus dissemblables possible entre eux. Ils partent de matrices de distances entre individus et construisent les groupes sur la base de règles d'affectation fixées à l'avance. D'autres variantes, fonctionnant sur un nombre de groupes fixé à l'avance, existent. Ces méthodes sont précieuses mais la détermination du nombre de groupes et la délimitation de leurs frontières laisse place à une bonne part d'interprétation.

Modèles explicatifs

Lorsque l'on cherche à identifier les facteurs explicatifs de certaines variables (souvent des comportements), on fait appel à l'analyse de régression. L'idée est d'identifier les variables qui partagent le plus d'information avec celle que l'on cherche à expliquer tout en contrôlant l'effet d'autres variables potentiellement perturbatrices. Si l'on dispose de variables explicatives qualitatives, on utilise l'analyse de variance, qui appartient à la même famille de méthodes. Dans les deux cas, on peut tester des effets d'interaction entre variables.

Modèles prédictifs

Très utilisés dans le secteur de la banque et des assurances (sous le terme de *scoring*), ces modèles visent à prédire l'appartenance d'un individu à un groupe à partir d'informations descriptives. Les modèles sont d'abord « calibrés » à partir d'un échantillon pour lequel l'appartenance des individus aux groupes concernés est connue. Par exemple, en VAD, les clients achetant plus d'un certain montant annuel *versus* ceux qui achètent moins. On teste les variables explicatives potentielles jusqu'à aboutir à une réaffectation

1. Pour un panorama plus détaillé, voir Giannelloni J.-L. et Vernette E. (2001), *op. cit.*, chapitres 13 à 15, ou les références données en bibliographie.

« théorique » aux deux groupes la plus proche possible de la réalité. Pour les nouveaux clients, il suffit de demander des informations relatives aux variables sélectionnées et « faire tourner » le modèle pour prédire si la personne est potentiellement un « bon » client ou pas.

DÉCISIONS MARKETING

Une fois les données collectées et traitées, le chargé d'étude consigne les résultats dans le rapport d'étude. Les conclusions tirées des analyses permettent la formulation de recommandations ou de conseils.

Rapport d'étude

Deux types de rapports existent : le rapport complet (généralement facturé à part) et le rapport standard (compris dans le prix).

Le rapport complet est un document écrit remis au client quelques jours avant la présentation orale des résultats. Sa taille varie selon le type d'étude, mais l'ordre de grandeur est de trente à soixante pages (hors annexes). Le plan courant est : synthèse managériale (2 à 3 pages), rappel des objectifs et de la méthodologie (2 à 3 pages), analyse et synthèse des résultats (20 à 40 pages), recommandations (5 à 10 pages). Les annexes développent, par exemple, certains points techniques (échantillonnage, traitements statistiques), le questionnaire, les tableaux de résultats de moindre importance, etc. La présentation orale du rapport permet d'approfondir l'un ou l'autre des résultats de l'étude ; elle dure environ une demi-journée.

Le rapport standard prend la forme d'un document PowerPoint réunissant de trente à cinquante diapositives qui mettent en avant les résultats clés, avec quelques commentaires succincts. La méthodologie est présentée en annexe, avec les résultats bruts enregistrés pour chaque question posée. La conclusion fait la synthèse des enseignements majeurs fournis par l'étude.

Recommandations ou conseil ?

La recommandation, parfois appelée préconisation ou proposition, traduit les conclusions en orientation marketing : les résultats les plus marquants sont listés et hiérarchisés. Le chargé d'étude s'appuie sur son expérience d'études similaires pour lister les options marketing envisageables, mais il ne prend pas nécessairement position en faveur de l'une ou l'autre.

Le conseil est plus engageant : il préconise une décision marketing en s'appuyant sur un ou plusieurs résultats clés de l'étude. En d'autres termes, le chargé d'étude se substitue au directeur marketing ou au chef de produit, ce qui suppose une très bonne connaissance de l'environnement interne et externe de l'entreprise. Le tableau 5.9 donne un exemple pour chacun des cas.

Tableau 5.9 – Exemple de recommandation *versus* conseil marketing

Recommandation	Conseil
Option A : « Si l'objectif est de maximiser la part de marché, il vaut mieux lancer le produit B, au même prix que l'ancien »	« Compte tenu de la pression concurrentielle existante et des résultats obtenus sur notre marché-test, inférieurs aux standards usuels, nous déconseillons le lancement du produit, même avec une pression publicitaire de 1 million d'euros »
Option B : « Si l'objectif est d'accroître la rentabilité, lancer la variante B2 à un prix majoré de 10 % »	« Selon nos standards, la probabilité d'atteindre 5 % de part de marché est inférieure à 20 % »

Ce qu'il faut retenir

Une étude de marché est un processus long qui résulte d'une négociation commerciale entre un donneur d'ordre et un prestataire spécialisé. Elle implique un choix raisonné de techniques de collecte et d'analyse de données pour mieux connaître un marché ou prendre des décisions marketing avec un risque d'erreur réduit. Mais réduire ne signifie pas éliminer et les causes d'erreurs sont multiples : mauvaise formulation du problème marketing, choix méthodologiques erronés, terrain défaillant, versatilité du consommateur, etc.

Le chargé d'étude doit avoir des compétences multiples : *stratégiques et marketing* pour bien comprendre l'objectif du client, *techniques* pour maîtriser les phases de collecte et d'analyse des données, *managériales* et *communication* pour convaincre son client (interne ou externe) de la pertinence de ses conclusions et de ses recommandations.

La gestion d'une étude est délicate car les choix opérés lors d'une phase conditionnent ou restreignent les options suivantes. Le cadrage détermine la nature des questions formulées. Si les bonnes questions ne sont pas posées, le problème à l'origine de l'étude ne peut être résolu ; si les instruments de collecte des données (guide d'entretien et/ou questionnaire) n'ont pas été préparés avec rigueur, si l'échantillon sélectionné n'est pas représentatif de la population de référence, les résultats ne seront pas fiables ; si les méthodes d'analyse sont inadaptées aux données ou utilisées de manière inappropriée, les résultats seront également suspects. Avant de lancer une telle démarche, une réflexion approfondie et la mobilisation d'un budget conséquent s'imposent.

RÉFÉRENCES BIBLIOGRAPHIQUES

Bardin L. (1993). *Analyse de contenu*, Paris, PUF.

Dion D. (Coord.) (2008). *À la recherche du consommateur*, Paris, Dunod.

Évrard Y., Pras B. et Roux E. (2009). *Market*, 4e éd., Paris, Dunod.

Giannelloni J.-L. et Vernette E. (2001). *Études de marché*, 2e édition, Paris, Vuibert.

Hair J.F., Black W., Babin B.J., Anderson R.E. et Tatham R.L. (2008). *Multivariate Data Analysis : A Global Perspective*, 7e éd., Upper Saddle River, NJ, Prentice Hall.

Pellemans P. (1998). *Le Marketing qualitatif*, Bruxelles, De Boeck Université.

Vernette E. (2006). *Techniques d'études de marché*, 2e éd., Paris, Vuibert.

Vernette E., Filser M. et Giannelloni J.-L. (2008). *Études marketing appliquées*, Paris, Dunod.

Zaltman G. (2004). *Dans la tête du client*, Paris, Éditions d'Organisation.

6

Segmentation, ciblage et positionnement

Paul-Valentin Ngobo

Professeur des universités, professeur à l'Institut d'administration des entreprises (IAE) de l'université d'Orléans. Ses recherches portent sur la satisfaction des clients, ses conséquences comportementales et sur la performance des entreprises ainsi que sur le comportement des consommateurs en magasin. Elles ont été publiées dans différentes revues dont le Journal of Retailing *(JR),* International Journal of Research in Marketing *(IJRM),* Journal of Retailing & Consumer Services *(JRCS),* Recherche & applications en marketing *(RAM),* European Journal of Marketing *(EJM),* Décisions marketing *(DM), etc.*

Objectifs

L'élaboration d'une stratégie marketing suppose une bonne connaissance du marché. Pour cela, la segmentation des consommateurs constitue une étape importante de ce processus. Une bonne segmentation du marché ne garantit pas en soi le succès commercial de l'entreprise. Toutefois, une méconnaissance des réalités des marchés ciblés peut être une source d'échecs. Les entreprises ne peuvent pas satisfaire tous les acheteurs sur un marché. Un marché c'est un ensemble de besoins et de comportements souvent différents. Les entreprises cherchent donc à identifier des segments de marché qu'elles peuvent satisfaire de manière rentable. Une fois les segments ciblés, les entreprises doivent développer un positionnement pour chaque segment retenu. Ces trois décisions – segmentation, ciblage et positionnement – constituent les fondements d'une stratégie marketing (*cf.* figure 6.1).

Figure 6.1 – Processus de segmentation, ciblage et positionnement (STP)

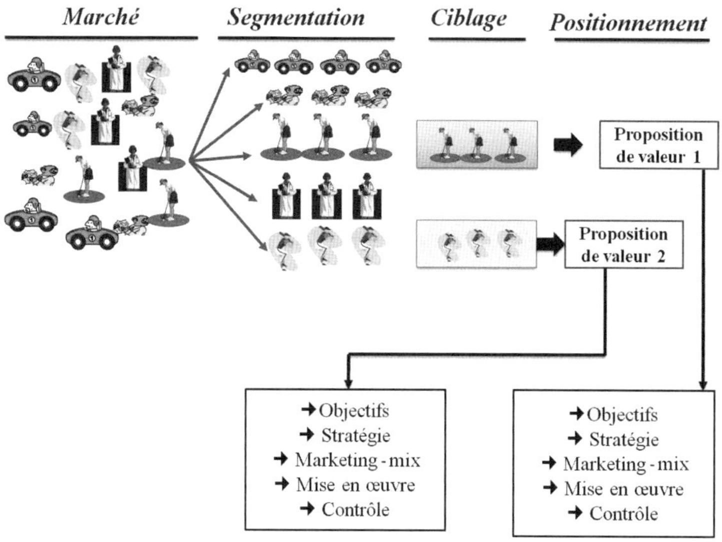

SEGMENTATION D'UN MARCHÉ

La segmentation d'un marché c'est sa division en sous-groupes relativement homogènes, ayant le même profil de réponse à des actions marketing. Chaque segment peut être considéré comme un sous-marché susceptible d'être approché avec une offre particulière. La segmentation permet à une entreprise d'être à la fois efficace et efficiente. Prenons le cas d'une entreprise qui doit faire une campagne d'acquisition de nouveaux clients. Si l'entreprise expédie ses mailings à l'ensemble des clients potentiels, cela va lui coûter cher car elle les aura expédiés à des prospects dont certains sont peu intéressés par son offre. Par conséquent, en segmentant le marché, l'entreprise peut identifier des clients qui ont la plus grande probabilité de réponse à ses mailings. Cela lui permettra alors d'augmenter le taux de réponse (efficacité) et de réduire les coûts de la campagne (efficience).

La segmentation d'un marché implique deux phases :

- une phase d'identification des critères ou des bases de segmentation ;
- une phase d'identification et de caractérisation des différents segments.

Identification des critères de segmentation

La segmentation des marchés de grande consommation

La segmentation des marchés de grande consommation (biens et services) peut se faire à partir de trois types de critères : (*i*) des critères descriptifs ou de description du marché, (*ii*) des critères psychologiques et psychographiques, et (*iii*) des critères comportementaux.

Les critères descriptifs

Ces critères permettent à une entreprise de répondre à deux questions : qui est mon client et où se trouve-il ? Trois types de critères, généralement complémentaires, peuvent être utilisés pour segmenter un marché : (*i*) des critères démographiques, (*ii*) des critères socio-économiques, et (*iii*) des critères géographiques.

Les critères démographiques

La segmentation démographique c'est la division d'un marché en sous-ensembles définis à partir des caractéristiques mesurables de la population.

Plusieurs variables démographiques peuvent être utilisées par les responsables marketing. En voici quelques exemples :

- *le genre* : pour de nombreux produits tels que les vêtements, les voitures, il existe des différences entre les hommes et les femmes ; ce qui oblige les entreprises à en tenir compte. Dans l'automobile par exemple, certains modèles (exemple : la Mini) sont plus destinés aux femmes qu'aux hommes ;
- *l'âge* est l'une des variables les plus utilisées en matière de segmentation car la consommation de nombreux produits est très liée à notre évolution biologique et physiologique. Dans le domaine de la banque et de l'assurance, on observe bien un lien entre l'âge et la rentabilité des clients. Dans le domaine vestimentaire, l'âge constitue également une variable de segmentation pertinente, avec des rayons pour enfants et pour adultes. Dans le choix des points de vente, les personnes âgées accordent une plus grande importance à la qualité de service que les plus jeunes ;
- *la taille du foyer* ou le nombre de personnes dans un ménage influence les quantités de produits, les sommes dépensées mais aussi le type de produits achetés. Dès lors, la taille du foyer devient une variable de segmentation pertinente pour un certain nombre de produits et services. Les familles nombreuses par exemple se caractérisent par leurs contraintes financières (revenu par personne plus faible) et par l'hétérogénéité des besoins au sein du foyer. Elles sont par conséquent plus sensibles aux prix que les autres familles. Ainsi, elles ont tendance à consacrer une part plus importante de leur budget alimentaire aux marques de distributeur que les autres ;
- *la génération* : le marketing générationnel prend de plus en plus d'importance avec le vieillissement de la population et la diversité qu'il apporte au niveau des clients des entreprises. La génération est définie comme un groupe de personnes nées pendant la même période et qui partagent des expériences communes au moment du passage à

l'âge adulte (Strauss et Howe 1991). Pour un même âge, les comportements de clients appartenant à des générations différentes sont susceptibles de ne pas être identiques. Une personne de 20 ans aujourd'hui comparée à une autre personne de 20 ans dans les années 1970 n'aura pas forcément les mêmes besoins, ni les mêmes attentes. Toutes les deux sont au même stade de vie, mais leurs comportements sont différents car elles n'appartiennent pas à la même génération. Par exemple, aux États-Unis, on observe que la consommation de café ne diminue pas avec le vieillissement de la population, les anciennes générations buvant plus que les jeunes générations ;

- *le cycle de vie de la famille* : une segmentation fondée sur le cycle de vie de la famille suppose que les individus à différentes phases de leur vie ont besoin de produits et services différents. Ainsi, un jeune célibataire n'a pas les mêmes besoins qu'un couple marié avec enfants. Même si plusieurs classifications existent, on peut parler globalement de trois phases dans une vie : (*i*) une phase préparentale, (*ii*) une phase parentale et (*iii*) une phase postparentale. Dans le domaine des services financiers, par exemple, il apparaît que les clients acquièrent les produits d'épargne avant les produits d'investissement et les actions. Dans le même ordre d'idées, une entreprise peut utiliser la *situation matrimoniale* comme variable de segmentation des clients. Une segmentation fondée sur la situation matrimoniale suppose que les consommateurs ont des besoins qui diffèrent selon qu'ils sont célibataires, mariés, divorcés, veufs ou veuves, ou pacsés. À la différence du cycle de vie de la famille (combinaison de plusieurs variables), l'information sur la situation matrimoniale a l'avantage d'être facile à recueillir ;
- *la religion* influence les valeurs d'un consommateur et par conséquent l'importance qu'il accorde aux critères d'évaluation et de choix des produits. Elle peut donc être utilisée comme une variable de segmentation des clients. Les marques de champagne ou de jambon de porc sont ainsi obligées de tenir compte de la religion dans leur stratégie marketing. De même, les compagnies aériennes n'offrent pas les mêmes repas (avec ou sans porc) selon qu'il s'agit de vols à destination de pays musulmans, à forte composition musulmane ou des pays non musulmans. En France, certains restaurants Quick ont décidé de lancer des hamburgers halal pour satisfaire les clients de confession musulmane. De même, la marque Isla Délice, qui se positionne comme le « leader mondial de la charcuterie halal », a lancé, en 2010, une campagne destinée aux musulmans de France avec le thème : « Fièrement halal » ;
- *la nationalité et l'ethnie* : certains produits (exemple : le thé, la bière) sont spécifiques ou consommés différemment selon les pays ou les nationalités. Ces différences s'observent par exemple en matière de consommation de bière entre les Français, Allemands, Anglais, Canadiens, et les Américains. Si les Québécois sont attirés par la

bière pétillante, d'autres nationalités le sont moins, la pétillance étant associée à certaines eaux et sodas. La segmentation peut aussi se faire au sein d'un même pays sur la base des différences ethniques. On parle alors de marketing ethnique qui considère un pays comme un ensemble de communautés se distinguant par leur manière de consommer. Certaines enseignes comme Auchan et Leclerc proposent dans leurs rayons des produits des Antilles, d'Asie, d'Afrique, du Moyen-Orient destinés à satisfaire certains de leurs clients originaires de ces zones. Par exemple, la Dakatine (la pâte d'arachide en boîte de conserve) est référencée dans certains magasins Auchan et se destine plus à des clients originaires de pays d'Afrique qu'à des clients européens.

La segmentation socio-économique

La segmentation socio-économique c'est la division d'un marché en groupes socio-économiques relativement homogènes. Trois critères socio-économiques peuvent être évoqués ici :

- *le revenu* permet de tenir compte du pouvoir d'achat et de la sensibilité des consommateurs aux prix. Certaines marques et certains modèles de voitures (exemple : la Mercedes Classe A), certaines marques de chaussures (exemple : Weston) visent tous des clients ayant un grand pouvoir d'achat. Dans la grande distribution, la fréquentation d'un magasin est aussi liée au revenu (exemple, Lidl *versus* Géant Casino). De même, les produits d'agriculture biologique sont plus consommés par des familles à hauts revenus que par des familles à faibles revenus ;
- *le niveau d'éducation* permet de segmenter les clients selon le dernier diplôme obtenu par le client. On suppose qu'un client qui a fait de longues études aura des attitudes, des préférences et comportements différents. Certains produits tels que les journaux et magazines tiennent compte de cette variable dans leur stratégie marketing. Ainsi, le journal *Le Monde*, *Courrier international* et *Les Échos* en France ont un contenu éditorial qui est clairement destiné à des lecteurs ayant un haut niveau d'éducation ;
- *les catégories socioprofessionnelles* (CSP), devenues professions et catégories socioprofessionnelles (PCS), sont destinées à classer la population active dans différentes classes. En France, l'Institut national de la statistique et des études économiques (INSEE) distingue huit classes : (*i*) les agriculteurs exploitants, (*ii*) les artisans, commerçants et chefs d'entreprise, (*iii*) les cadres, professions intellectuelles supérieures, (*iv*) les professions intermédiaires, (*v*) les employés, (*vi*) les ouvriers, (*vii*) les retraités, et (*viii*) les autres personnes sans activité professionnelle. Certains produits tels que les produits bio sont consommés beaucoup plus par certaines professions et catégories professionnelles (exemple : les cadres) que par d'autres (exemple : les ouvriers).

La segmentation géographique

La segmentation géographique c'est la division d'un marché en sous-ensembles géographiques relativement homogènes et qui représentent des territoires de vente. Différents critères peuvent être utilisés, à savoir la région, le département, la ville, les arrondissements et quartiers de la ville. Cette segmentation suppose que les individus vivant dans une même zone géographique peuvent avoir les mêmes besoins, attitudes et comportements. Au niveau de la distribution, les responsables de marketing se servent de cette variable pour identifier la provenance de leurs clients afin de définir les zones de distribution de leurs prospectus. L'hétérogénéité est la principale limite d'une segmentation géographique. En effet, le fait d'habiter le même pays, la même ville ne signifie pas que les clients ont les mêmes attitudes, préférences et comportements.

Certaines segmentations croisent les critères démographiques et géographiques et on parle alors de segmentation géodémographique.

Les critères psychologiques et psychographiques

La segmentation psychologique consiste à diviser le marché en utilisant les perceptions, les attitudes et les intentions exprimées par les clients. Ainsi, la division du marché selon l'attitude à la marque (favorable/défavorable) est une forme de segmentation psychologique. La segmentation psychographique c'est la division du marché en groupes distincts sur la base des valeurs, styles de vie et de la personnalité des clients. La plupart du temps la segmentation se fonde sur les styles de vie des consommateurs. Le style de vie d'une personne ou son mode de vie au quotidien reflète différents facteurs familiaux, professionnels, sociaux et culturels. La segmentation selon les styles de vie implique souvent de longues enquêtes. Il s'agit pour les répondants de donner leur degré d'accord ou de désaccord avec différents énoncés ou affirmations. Ces énoncés et affirmations concernent différentes activités (exemple : sport, lectures), différents centres d'intérêt (exemple : leurs hobbies) et différentes opinions à l'égard de sujets spécifiques (exemple : environnement). Plusieurs classifications sont proposées par différents auteurs, différentes sociétés d'étude ou agences publicitaires. Il en ressort une représentation générale des motivations des individus dans un pays. Par exemple, la société Asterop (en collaboration avec TNS Sofres) identifie neuf classes de consommateurs (exemple : les réfractaires (12 %) détachés de tout, les bobos altruistes transcendants (11 %) très portés sur les produits biologiques et culturels, etc.).

Les critères comportementaux

La segmentation comportementale c'est la division des acheteurs en groupes distincts sur la base de leurs utilisations du produit ou réactions au produit. L'un des critères de segmentation c'est le *niveau de consommation du produit* (exemple : les gros et les petits consommateurs). La règle de 80/20 (ou principe de Pareto) selon laquelle 20 % des clients contribuent à 80 % du chiffre d'affaires est une forme de segmentation par l'usage du produit.

La *segmentation comportementale* peut aussi se faire à partir de *la fidélité à la marque*. En effet, le comportement et les attitudes des clients diffèrent selon qu'ils sont peu ou très fidèles. Par exemple, un client fidèle pardonne plus facilement à une entreprise en cas de mauvais service qu'un client moins fidèle. La fidélité est une variable de segmentation utilisée par les compagnies aériennes qui distinguent leurs clients selon le nombre de miles accumulés.

La segmentation par avantages recherchés est fondée sur l'idée selon laquelle une entreprise doit offrir des bénéfices (avantages) à des clients et que les produits et services n'en sont que des moyens. Quand il achète une voiture, un client achète la possibilité de se déplacer, le confort, voire même la possibilité d'améliorer son image ou de faire valoir son appartenance à une classe sociale. Les compagnies aériennes segmentent leurs clients selon les avantages qu'ils recherchent lors d'un déplacement en avion, les clients en première classe désirant beaucoup plus d'avantages que ceux qui sont en classe économique. La segmentation peut aussi être réalisée à partir de la manière dont les clients utilisent le produit (*usage du produit*). Certains clients sont plus sensibles aux aspects symboliques et aux significations sociales d'un produit. Par exemple, les clients sensibles à la protection de l'environnement éviteront d'acheter un véhicule 4 × 4 étant donné son association à la pollution environnementale. D'autres clients seront plus sensibles au plaisir, aux émotions créées par la consommation d'un produit.

La segmentation selon la consommation média est également importante car elle permet à l'entreprise d'identifier les meilleurs canaux de communication avec ses clients cibles. Elle peut porter sur différents critères à savoir : (*i*) la fréquence d'usage, (*ii*) la diversité des médias ainsi que les motivations d'utilisation de chacun d'eux, (*iii*) la profondeur de consommation (exemple : le nombre de magazines achetés ou auquel est abonné le client), (*iv*) la variété de sa consommation (exemple : le nombre de magazines économiques lus ou auquel est abonné le client), (*vi*) la durée de consommation (exemple : le nombre d'heures devant la télé, sur Internet) et (*vii*) les moments de consommation (soir, journée).

La segmentation des marchés industriels

La segmentation des marchés industriels peut se faire à partir de critères démographiques. Ils concernent les entreprises qui composent le marché à segmenter, tels que la taille de l'entreprise, son âge, etc.

La taille d'une entreprise influence ses comportements face aux offres des fournisseurs car elle détermine ses besoins. On ne vend pas de la même manière à une PME qu'à une grande entreprise qui peut acheter de grosses quantités et dispose donc d'un grand pouvoir de négociation. La taille ne s'apprécie pas de la même manière selon que l'entreprise cherche à vendre de gros volumes ou à vendre des produits chers. Pour des produits chers, la taille peut s'apprécier par le niveau du chiffre d'affaires (ou de rentabilité).

De même, *l'âge de l'entreprise* peut être utilisé comme un critère de segmentation. En effet, selon qu'il s'agit d'une start-up (jeune entreprise) ou d'une ancienne entreprise, les critères de choix ne seront pas les mêmes. Une start-up aura plus besoin de ressources financières comparée à une vieille entreprise dont les parts de marché sont relativement stables. Les marchés industriels peuvent aussi être segmentés par *secteur d'activités* (codes NAF en France). Les codes NAF ont l'avantage d'être facilement accessibles. Cependant, ils définissent des catégories généralement trop larges. Ce qui explique qu'ils soient peu utilisés. Ils peuvent toutefois être considérés comme un premier critère de segmentation du marché avant d'appliquer d'autres critères plus discriminants.

La *segmentation géographique* est l'une des plus pratiquées, notamment par des entreprises qui cherchent à s'implanter sur un nouveau marché. Elle permet de définir des territoires de vente facile à identifier par les commerciaux.

Au niveau opérationnel, il est possible de segmenter un marché selon la technologie utilisée par l'entreprise. Les entreprises utilisent différentes technologies dans le processus de fabrication de leurs produits et celles-ci induisent des compétences et des besoins différents. L'entreprise peut également segmenter en utilisant le critère de *compétences* techniques ; certains clients peuvent en effet avoir besoin d'un accompagnement particulier de la part de l'entreprise vendeuse. Les entreprises clientes peuvent également être regroupées selon leurs *méthodes d'achat ou d'acquisition des produits*. Par exemple, dans le secteur informatique, il est possible de distinguer les entreprises selon leurs critères de choix. Certaines entreprises accordent plus d'importance à la qualité graphique (exemple : les éditeurs) et d'autres à la puissance de calcul (exemple : les banques, les sociétés de télécommunications). En France, des enseignes comme Leclerc et Auchan passent par une centrale d'achat. Dans certains cas, le vendeur dispose d'une faible marge de manœuvre dans la mesure où la vente se fait par appel d'offres.

La *situation d'achat et d'utilisation du produit* constitue également une base de segmentation des clients. Certains produits sont destinés à être utilisés dans le processus de production en usine, d'autres le sont dans les bureaux. Une entreprise de plomberie peut commander du ruban adhésif pour ses chantiers mais aussi comme fournitures de bureau. Le vendeur peut aussi distinguer ses clients selon la *nouveauté de la tâche* – les entreprises qui achètent pour la première fois par rapport à celles qui réachètent le produit avec des spécifications différentes. Tel est le cas lorsque les entreprises passent d'un système d'exploitation Windows Vista à Windows 7. Enfin, la segmentation peut aussi se faire selon les caractéristiques du client telles que l'attitude de l'acheteur à l'égard du risque.

La segmentation de marché à l'international

La segmentation de marché à l'international consiste à identifier des segments de pays, d'individus, de pays/individus, qui ont les mêmes caractéristiques et/ou réactions aux offres marketing. Trois approches sont généralement utilisées dans la segmentation internationale. La première est une approche macro qui consiste à considérer chaque pays comme un marché à part entière. L'attrait de chaque pays, en tant que segment, s'apprécie à travers des critères politiques (exemple : niveau de corruption), juridiques (exemple : niveau de protection des investisseurs), économiques (exemple : PIB/habitant), démographiques (exemple : taux d'urbanisation), et culturels (exemple : l'ethnocentrisme). Le but de cette segmentation est d'identifier un ou quelques pays attractifs et par conséquent susceptibles de rentabiliser les investissements de l'entreprise. Cette forme de segmentation considère que les pays constituent des zones au sein desquelles les consommateurs partagent la langue, la culture, les styles de vie et des comportements. Cependant, cette approche ignore des différences intra-pays ainsi que les similarités entre consommateurs de différents pays (le nord de la France et la Belgique).

Deux alternatives s'offrent alors aux entreprises. Premièrement, elles peuvent procéder à une segmentation intra-pays. Elle consiste à choisir d'abord un pays (par exemple, l'Inde) puis à segmenter les consommateurs en utilisant les différents critères évoqués plus haut. Elle permet d'identifier des segments qui sont spécifiques à chaque pays. Or il pourrait y avoir des segments communs à différents pays, susceptibles de permettre à l'entreprise de réaliser des économies d'échelle. Une segmentation intra-pays ne pourra donc pas les identifier avec précision. En effet, les régions limitrophes partagent souvent le même climat, les mêmes ressources, la même histoire et les mêmes caractéristiques socio-économiques, voire une même évolution économique. Deuxièmement, l'entreprise peut utiliser une segmentation inter-pays qui, elle, tient compte de chevauchements entre certains pays. Dans cette approche, certains segments transcendent les frontières entre les pays. Ainsi, des segments ayant les mêmes caractéristiques peuvent se retrouver à la fois en France, en Allemagne et en Italie même si leur taille (nombre de clients potentiels) diffère d'un pays à un autre. Cette approche justifiée également par la mondialisation et la convergence de certaines économies et traits culturels considère qu'il peut exister des segments dits globaux (c'est-à-dire observables partout).

Méthodes de segmentation

Une fois qu'une entreprise a retenu les critères de segmentation et collecté les données nécessaires, elle doit choisir la manière d'identifier les segments. De manière générale, on distingue entre une segmentation *a priori* et une segmentation *a posteriori*. Dans une segmentation *a priori*, les segments sont créés à partir du jugement des dirigeants ou des analystes. Elle implique sept étapes :

1. le choix des critères de segmentation (par exemple, géographiques, démographiques) ;
2. le choix des variables permettant de caractériser les différents segments (par exemple, l'attitude à l'égard de la marque) ;
3. la définition de la méthode d'échantillonnage (sélection des individus à interroger ou à observer) ;
4. la collecte des données sur le terrain ;
5. la création des segments (catégories) en affectant les individus selon les critères retenus en phases 1 et 2 ;
6. la définition des profils des segments (ce qui les distingue) à partir des méthodes d'analyse multivariées telles que l'analyse de la variance, l'analyse discriminante, la régression logistique ;
7. le ciblage des segments à viser et le développement des stratégies marketing pour chaque segment identifié.

Dans la segmentation *a posteriori*, les segments sont le résultat d'analyses statistiques et non d'une affectation prédéfinie. Plutôt que d'affecter (*a priori*) les individus dans des catégories, l'analyste procède par (*i*) échantillonnage, (*ii*) collecte de données, (*iii*) analyse des données, et (*iv*) définition des profils des segments et leur description. Nous aborderons trois des méthodes de segmentation les plus utilisées dans le but d'illustrer l'utilisation qu'un responsable ou un analyste marketing peut en faire dans le cadre de la segmentation. Il s'agit : (*i*) des analyses typologiques ascendantes, (*ii*) des arbres de décision et (*iii*) de la méthode des classes latentes.

L'analyse typologique

L'analyse typologique cherche à identifier des groupes de clients à partir d'une mesure de la similarité. La similarité peut être estimée par une mesure de la distance entre les individus, les coefficients de corrélation ou des coefficients d'association lorsqu'il s'agit de variables nominales. Les critères utilisés peuvent être géographiques, démographiques, socio-économiques, psychographiques et comportementaux (*cf.* figure 6.2).

Figure 6.2 – La démarche utilisée dans l'analyse typologique des données

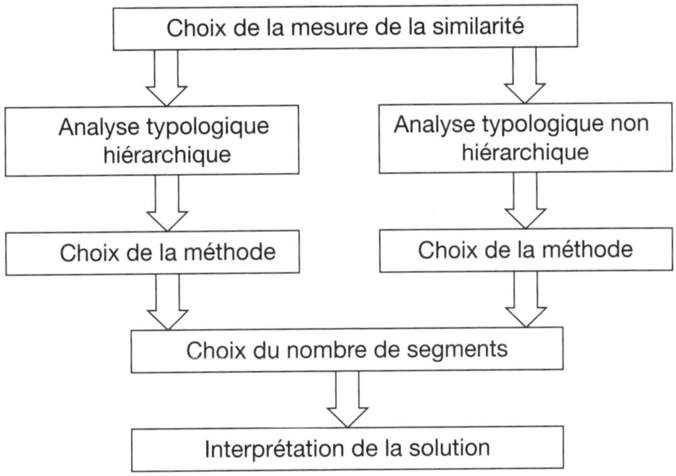

Il existe deux types de méthodes d'analyse typologique : les méthodes hiérarchiques et les méthodes non hiérarchiques (les nuées dynamiques). Les méthodes hiérarchiques réalisent des fusions ou des divisions successives des observations (individus) jusqu'à création de segments de clients. L'affectation d'un individu à une classe (segment) donnée est irrévocable ; une fois qu'un individu a été associé à une classe, il ne peut plus être dissocié pour être fusionné avec d'autres individus appartenant à une autre classe. Il existe deux types de méthodes hiérarchiques : (*i*) les méthodes ascendantes et (*ii*) les méthodes descendantes (*cf.* le paragraphe suivant sur les arbres de décision). Dans les méthodes ascendantes, chaque individu constitue une classe en soi. Dans la première étape, les deux individus les plus proches sont fusionnés pour former une classe et ainsi de suite, la fusion pouvant se faire entre les classes, entre une classe et un individu. Pour constituer la première classe (premier regroupement), il faut déterminer la méthode de sélection des individus. Pour cela, plusieurs méthodes existent. Cependant, la méthode de Ward reste parmi les plus utilisées. Elle cherche à créer des segments de clients le plus homogènes possible (c'est-à-dire présentant la plus faible variance). L'un des résultats d'une analyse hiérarchique ascendante, c'est le dendrogramme, qui est une représentation graphique des étapes de la fusion des individus (*cf.* encadré page suivante).

L'analyse typologique hiérarchique (ascendante) est souvent considérée comme une première phase dans l'identification des segments. Une fois le nombre de segments identifié, l'analyste recourt à une analyse non hiérarchique. Dans cette analyse, l'affectation d'un individu à une classe donnée est révocable ; une fois qu'un individu a été associé à une classe, il peut être dissocié pour être fusionné avec d'autres individus appartenant à

Exemple de résultat d'une analyse typologique hiérarchique

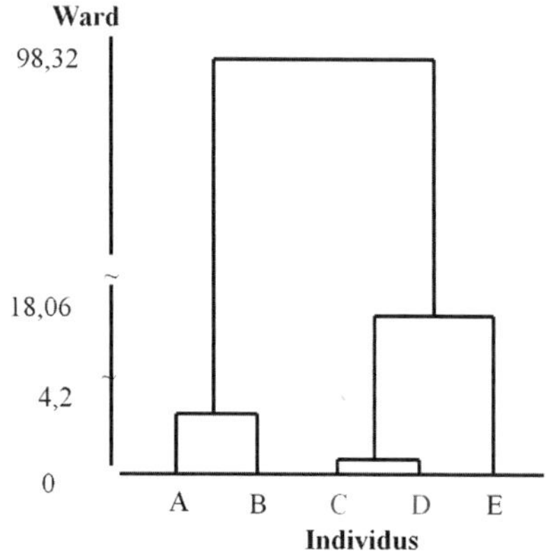

1. Le logiciel fusionne les individus C & D car ils sont les plus proches.
2. Il fusionne les individus A & B car ils sont plus proches entre eux que toute autre combinaison possible.
3. L'individu E est fusionné avec la classe C&D créée en phase 1.
4. La classe CDE est fusionnée avec la classe AB.
5. Il est possible de créer deux segments : AB d'une part et CDE de l'autre.

Le choix du nombre de segments se fait sur la base de plusieurs critères dont la disponibilité est fonction du logiciel (SPSS, SAS, STATA) utilisé.

une autre classe. Ce qui est plus réaliste dans la mesure où le but est d'affecter l'individu au groupe avec lequel il partage le plus de choses. Le nombre de classes doit être connu d'avance. C'est la raison pour laquelle on commence par une analyse hiérarchique afin d'obtenir ce nombre. Parmi les méthodes non hiérarchiques les plus utilisées, il y a la méthode dite des *K-means*. Dans cette méthode, on choisit *k* centres de classes, où *k* est le nombre de classes identifié dans l'analyse hiérarchique. Puis, le logiciel va affecter chaque individu à la classe qui lui est la plus proche. Le logiciel peut réaffecter chaque individu à l'une des *k* classes selon une règle prédéterminée. Il ne s'arrête que s'il n'y a plus d'observations à affecter ou si la réaffectation satisfait toujours la règle retenue.

Les individus étant maintenant affectés à chaque segment, il convient de caractériser ces segments. Cela peut se faire par une régression logistique, une analyse discriminante, etc. Il s'agit d'identifier les variables (exemple : démographiques, socio-économiques, géographiques) qui distinguent les segments les uns des autres. Ainsi, si nous avons identifié trois (3) segments de ménages selon leur degré de consommation des marques de distributeurs (MDD), nous pourrions utiliser la taille du foyer, le revenu et l'âge du chef de ménage comme variables permettant de caractériser ces trois segments.

Les arbres de décision

Les arbres de décision font partie des méthodes hiérarchiques mais descendantes. Le but d'un arbre de décision est de segmenter de manière séquentielle les données, en partant de l'ensemble des observations, afin de « maximiser » les différences au niveau de la variable dépendante (celle qui permet de distinguer les clients) – par exemple, la réponse ou non à un mailing, la fréquence d'achat d'une marque. L'arbre de décision permet de classer les observations dans des groupes ou branches distinctes pour obtenir la plus grande séparation possible des valeurs de la variable de segmentation (*cf.* encadré ci-dessous).

Segmentation des consommateurs de produits d'agriculture biologique par la méthode des arbres de décision (données MarketingScan© entre 2004-2009)

La figure ci-dessous présente un arbre de décision créé à partir d'une variable nominale (le fait d'avoir acheté ou non un produit bio en GMS). La variable de segmentation est donc une variable comportementale – le fait d'avoir acheté un produit bio lors de la fréquentation du magasin ou non. À titre d'illustration, seules deux variables sont utilisées : le fait pour le chef de ménage d'avoir une formation universitaire ou non (OUI/NON) et le fait qu'il y ait une femme active ou non dans le ménage (OUI/NON).

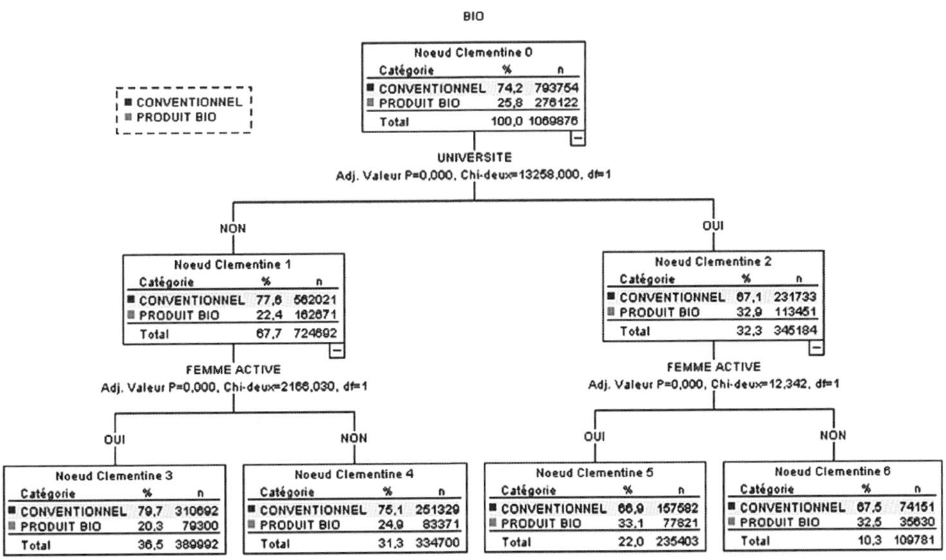

Le premier nœud (*top node*) représente le taux d'achat. Il montre que sur 1 069 876 d'actes d'achat, 25,8 % ont concerné un produit bio. La première division des données (*first split*) se fait à partir de la variable Université. Ce qui signifie que, dans notre exemple, *le niveau d'éducation* constitue la plus grande différence entre les acheteurs et les non-acheteurs de produits bio. Ainsi, les ménages dans lesquels le chef de famille a une formation universitaire achètent beaucoup plus que ceux où le chef n'a pas de formation universitaire (soit 32,9 % *versus* 22,4 %). La seconde variable de séparation (*second-level split*) au sein du groupe des « ménages ayant une formation universitaire » est la « présence d'une femme active ou non » dans le ménage. Ainsi, dans cette catégorie, le taux d'achat des produits bio des familles où il y a une femme active est plus grand que celui des familles où il n'y a pas de femme active (33,1 % *versus* 32,5 %). Au niveau des ménages où le chef n'a pas de formation universitaire, nous constatons, par contre, que le taux d'achat est plus élevé dans des familles où il n'y a pas de femme active. Ainsi, cet exemple montre qu'il est possible d'identifier quatre segments de consommateurs de produits bio.

La segmentation par la méthode des classes latentes

La méthode des classes latentes permet de découvrir des classes (segments) latentes à partir de données de différents formats. Les résultats d'une analyse par classes latentes peuvent être utilisés pour classer/affecter les observations (individus, objets) vers leur classe latente (segment) la plus *probable*. Ces méthodes ressemblent à l'analyse typologique traditionnelle par le fait que les objets ou individus sont affectés selon leur « proximité ». À la différence de l'analyse typologique standard, les classes latentes utilisent une classification fondée sur la probabilité d'appartenance, estimée par le maximum de vraisemblance, alors que la méthode K-means par exemple utilise une mesure de la distance. Avec les classes latentes, le nombre de segments est déterminé grâce aux indices d'ajustement tels que BIC et l'AIC. De même, dans les classes latentes, nous pouvons utiliser des variables de toute nature : nominales, ordinales, d'intervalle et de rapport. Nous n'avons pas non plus besoin de standardiser les variables (centrer et réduire) alors que cette étape est parfois nécessaire avec la méthode K-means pour éviter d'avoir des classes déterminées par des variables à forte variance. Enfin, la méthode des classes latentes permet d'inclure directement les variables explicatives (par exemple démographiques) contrairement à la méthode K-means où il faut procéder à une analyse discriminante ou logistique pour expliquer l'appartenance aux segments pour les caractériser (*cf.* encadré ci-dessous).

Une segmentation des acheteurs et non-acheteurs de produits bio en GMS par la méthode des classes latentes

Nous utilisons ici les mêmes données que celles de l'encadré précédent. Nous avons estimé cinq modèles correspondant à différents segments. Nous devons d'abord choisir le nombre de segments. Les valeurs du BIC et de l'AIC sont plus faibles pour le modèle qui considère trois (3) segments de consommateurs.

	LL	BIC (LL)	AIC (LL)	Npar	Class. Err.
1-Cluster	– 610 949,9	1 221 913,6	1 221 901,7	1	0
2-Cluster	– 366 047,7	732 178,8	732 107,5	6	0,0403
3-Cluster	– 365 571,9	731 296,42	731 165,71	11	0,0801
4-Cluster	– 365 571,8	731 365,79	731 175,67	16	0,1556
5-Cluster	– 365 571,8	731 435,21	731 185,67	21	0,2139

Le tableau ci-dessous montre qu'il existe une différence significative entre les trois segments en ce qui concerne leur taux d'achat des produits bio et conventionnels. Cela se voit au niveau du test de Wald qui doit être significatif (c'est-à-dire ne pas dépasser 0,05). Ici, sa valeur est de 4 287,5245 et la probabilité d'erreur (*p-value*) est très inférieure au seuil de 5 %. Le coefficient de 2,074 signifie que les produits conventionnels sont beaucoup plus achetés par les ménages du segment 1 par rapport aux deux autres segments.

Models for Indicators						
	Cluster1	Cluster2	Cluster3	Wald	p-value	R^2
Produit						
conventionnel	2,074	– 1,058	– 1,016	4 287,5245	0,00000	0,7268
bio	– 2,074	1,058	1,016			

Il est plus facile de lire les différences entre les trois segments dans le tableau ci-après.

	Lecture dans le sens de la colonne			Lecture dans le sens de la ligne		
	Cluster 1	Cluster 2	Cluster 3	Cluster 1	Cluster 2	Cluster 3
Taille	0,6277	0,2289	0,1434	0,6277	0,2289	0,1434
Indicateurs (variable de segmentation)						
Produit						
conventionnel	0,9906	0,1675	0,1795	0,9011	0,0597	0,0392
bio	0,0094	0,8325	0,8205	0,0146	0,6083	0,3771
Covariates (tests de Wald significatifs)						
UNIVERSITÉ						
NON	0,7168	0,7218	0,2702	0,6881	0,2526	0,0592
OUI	0,2832	0,2782	0,7298	0,5136	0,184	0,3023
FEMME ACTIVE						
NON	0,4084	0,4865	0,2972	0,6248	0,2714	0,1038
OUI	0,5916	0,5135	0,7028	0,6298	0,1993	0,1709

Ce tableau montre que le plus grand segment c'est le segment 1 qui regroupe 62,77 % des actes d'achat, suivi du deuxième (22,89 %) et du troisième (14,34 %). La composition des segments se lit de deux manières : dans le sens de la colonne ou dans le sens de la ligne. Si nous lisons dans le sens de la colonne, nous constatons qu'un client du segment 1 a une plus grande probabilité d'acheter un produit conventionnel (0,9906) qu'un produit bio (0,0094). Un client appartenant au segment 2 a une plus grande probabilité d'acheter un produit bio (0,8325) plutôt qu'un produit conventionnel (0,1675). La probabilité est presque identique à celle du segment 3. Cependant, lorsque nous lisons dans le sens de la ligne, nous constatons que la probabilité d'acheter un produit bio est plus grande dans le segment 2 (0,6083) que dans le segment 3 (0,3771) et très faible dans le segment 1 (0,0146). Ce résultat signifie donc que nous avons trois (3) segments : les gros consommateurs de bio (segment 2), les consommateurs moyens (segment 3) et ce que l'on peut qualifier de « conventionnalistes » (segment 1).

Ce tableau nous permet en même temps de comprendre le profil des trois segments. Ainsi, un ménage qui appartient au segment 3 (c'est-à-dire les consommateurs moyens de bio) a une plus grande probabilité d'être d'une famille où le chef de foyer a une formation universitaire (0,7298) que d'une famille où ce dernier n'a pas de formation universitaire (0,2702). Dans le sens de la ligne, nous constatons que la différence entre les segments 2 et 3 tient au fait que dans l'un (segment 3) la proportion de ménages avec formation universitaire est plus grande et dans l'autre (segment 2) c'est la proportion des ménages avec présence d'une femme active. Ainsi, cette méthode nous permet de manière simultanée d'identifier les gros consommateurs de produits bio ainsi que leurs caractéristiques.

LE CIBLAGE ET LE POSITIONNEMENT

Ciblage

La seconde étape dans l'élaboration de la stratégie marketing c'est le ciblage. Il s'agit d'un processus d'évaluation de l'attrait des segments du marché et de sélection d'un ou plusieurs d'entre eux. Une fois les segments évalués, il convient de choisir la manière dont l'entreprise va approcher son marché.

Évaluation des segments du marché

Indépendamment de la méthode adoptée, une segmentation efficace devrait respecter un certain nombre de critères désignés par l'acronyme DAMP :

- la différence (*Distinct*) : chaque segment doit être différent des autres. Les segments doivent en effet réagir différemment aux actions marketing menées par l'entreprise ;
- l'accessibilité (*Accessible*) : le segment du marché doit pouvoir être touché et servi par l'entreprise à travers les différents canaux de distribution et de communication. C'est pour cette raison que, chaque fois que l'on segmente un marché, il faut toujours rattacher les segments identifiés à des variables qui permettent ensuite d'entrer en contact avec les clients potentiels (exemple : leurs caractéristiques sociodémographiques et géographiques) ;
- la possibilité de mesurer (*Measurable*) : le responsable marketing doit pouvoir mesurer la taille, le pouvoir d'achat et les profits d'un segment du marché afin d'évaluer son attrait par rapport aux autres segments du marché ;
- la rentabilité (*Profitable*) : un segment doit être suffisamment grand pour offrir un flux constant (voire croissant) de ventes et de profits à l'entreprise.

Le choix d'un segment suppose également une adéquation entre l'attrait économique du segment et l'entreprise (ses buts, objectifs, ressources et compétences). L'attrait d'un segment s'analyse à partir d'un certain nombre de critères. Certains critères concernent la croissance du marché (par exemple, la taille, le taux de croissance, le potentiel du segment) et d'autres concernent l'intensité concurrentielle (par exemple, le nombre de concurrents, la concentration segment).

La croissance du marché peut être estimée avec des données secondaires (si possible) ou des données primaires, et par application des modèles de prévision de ventes. Le potentiel du marché permet de déterminer la demande maximale que les entreprises évoluant sur le marché peuvent espérer de chaque segment. Une fois le potentiel déterminé, l'entreprise doit estimer sa part de marché potentielle. En multipliant le potentiel d'un segment par la part de marché espérée par l'entreprise, celle-ci sera en mesure d'estimer le maximum de ses ventes potentielles. Pour estimer la rentabilité potentielle dans un segment, l'entreprise doit élaborer des scénarios de marketing-mix (produits, prix, communication, distribution) pour chaque segment ainsi que les efforts (ressources) à engager pour chaque scénario. Cela lui permet de connaître le coût par segment et par conséquent sa rentabilité.

L'estimation de la rentabilité future doit cependant tenir compte de l'intensité concurrentielle du segment. Cette intensité s'apprécie en étudiant la structure du marché (exemple : le degré de concentration, l'intensité publicitaire, l'intensité technologique), l'existence de barrières à l'entrée (par exemple, le besoin d'importants investissements publicitaires au départ), les produits de substitution à ce qu'offrent les entreprises (par exemple, Microsoft Office *versus* Open Office en informatique), le pouvoir de négociation des fournisseurs et des clients par rapport aux entreprises évoluant dans le segment.

Enfin, le choix d'un segment ne doit pas se limiter à son seul attrait mais tenir compte des objectifs, des ressources et compétences de l'entreprise. En effet, beaucoup d'entreprises ne peuvent pas servir tous les segments du marché à cause des contraintes financières, humaines et technologiques. Elles doivent donc faire des choix. Ces choix sont fonction de ce qu'elles veulent réaliser comme objectifs (par exemple, en termes de part de marché, de croissance des ventes, de taux de rentabilité) et de ce qu'elles peuvent faire de manière soutenable (durable) par rapport aux concurrents. Par exemple, une entreprise qui estime ne pas pouvoir offrir de manière durable des produits les moins chers du segment évitera de se focaliser sur un segment où les clients sont très sensibles aux prix.

Stratégies de ciblage

Les spécialistes du marketing ont identifié quatre stratégies génériques par lesquelles une entreprise peut approcher son marché : (*i*) un marketing indifférencié, (*ii*) un marketing différencié, (*iii*) un marketing concentré ou de niche, et (*iv*) un marketing personnalisé.

Marketing indifférencié

Dans un marketing indifférencié, l'entreprise offre les mêmes produits aux mêmes conditions de prix et de promotion, et de la même manière (par exemple, distribution) à l'ensemble de ses clients. Il s'agit donc d'un marketing de masse. Un marketing indifférencié est approprié lorsqu'un grand nombre de clients désirent la même chose. Cette forme de marketing a longtemps été utilisée par le distributeur américain Wal-Mart dont la stratégie a été de développer de grandes surfaces offrant des produits à très bas prix. De même, avant de lancer le Coca Light, au Citron, Coca-Cola poursuivait un marketing indifférencié, offrant un même produit à l'ensemble de ses clients dans le monde avec le même message publicitaire. Un marketing indifférencié permet à l'entreprise de développer son image de marque dans la mesure où elle s'adresse à un grand nombre de clients. Cette stratégie lui permet également de faire des économies d'échelle dans la mesure où les mêmes lignes de production, les mêmes circuits de distribution, et la même communication sont utilisés pour l'ensemble des clients. Cependant, un marketing indifférencié peut être source de désavantages concurrentiels lorsque les besoins des clients sont hétérogènes et que les concurrents, eux, proposent des offres spécialisées aux différents segments du marché.

Marketing différencié

Un marketing différencié implique d'offrir différents produits et/ou de différentes manières (prix, communication, distribution) à différents segments de marché. L'entreprise offre plusieurs produits et les promeut en utilisant différents marketing-mix destinés à satisfaire de plus petits segments. De nombreuses entreprises utilisent cette stratégie. Au niveau des pâtes dentifrices, certaines marques comme Colgate offrent différents produits tels que les pâtes dentifrices contre la carie, pour des dents sensibles, des brosses à dents, des produits de blanchiment et des soins dentaires destinés à satisfaire les besoins de différents segments. Le marketing différencié permet à une entreprise de mieux satisfaire des groupes de clients qui ont généralement des besoins similaires, en leur proposant une offre propre à leurs besoins et non une offre standard. L'inconvénient d'un marketing différencié c'est son coût. En effet, la multiplication des offres peut se traduire par une augmentation du coût de production (problème de charges fixes à répartir sur un petit nombre d'unités produites), des coûts de stockage (à la fois un problème d'espace et de gestion d'une grande variété de produits), et de communication (quand plusieurs segments exigent différents outils de communication). Malgré son coût potentiellement élevé, un marketing différencié est parfois la seule solution pour qu'une entreprise demeure compétitive.

Un marketing concentré ou de niche

Dans une stratégie de concentration ou de niche, une entreprise décide de ne servir qu'un seul segment. Cette stratégie peut convenir à une petite entreprise qui ne dispose que de peu de ressources pour pouvoir s'attaquer à plusieurs segments du marché. Elle convient également à des entreprises qui ont des produits très spécialisés. Une entreprise dispose de plusieurs options en matière de concentration (*cf.* figure 6.3). Elle peut se concentrer sur (*i*) un marché en offrant différents produits, (*ii*) un seul segment pour lequel elle offre un seul produit, (*iii*) un seul produit qu'elle va offrir à différents segments de marché, ou (*iv*) quelques segments pour lesquels elle offre des produits différents.

Figure 6.3 – Les différentes formes de stratégies de concentration

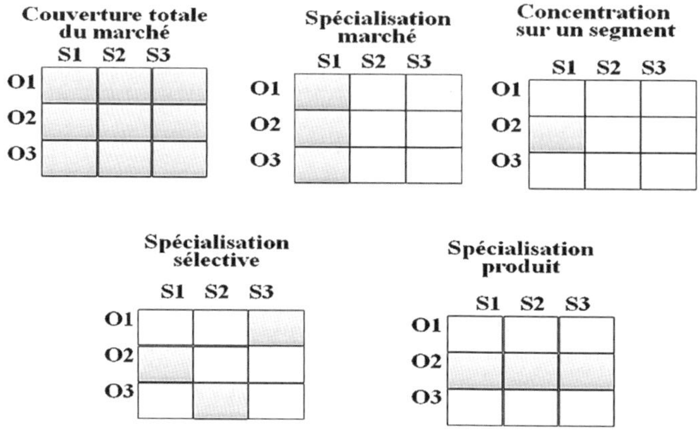

Le micromarketing et la personnalisation

Une quatrième stratégie de ciblage consiste à sélectionner les clients à un niveau plus basique. Ce niveau basique pourrait être la zone géographique (à travers le code postal). On parle alors de marketing local. Il peut aussi concerner une catégorie socioprofessionnelle, voire les individus eux-mêmes. Dans ce dernier cas, on parle de personnalisation dans la mesure où l'offre est conçue et adressée à un individu selon ses caractéristiques et ses préférences (c'est le *one-to-one marketing*). Le *one-to-one* est aujourd'hui rendu possible par le développement des technologies de l'information (exemple : Internet, le téléphone mobile) qui permettent aux entreprises de s'adresser de manière personnalisée à chacun de leurs clients (exemple : à travers des SMS, des e-mails). La société Amazon est capable à partir de l'historique de fréquentation de son site Internet de faire des recommandations d'ouvrages et/ou des offres promotionnelles à des clients de manière personnalisée. Avec un marketing individualisé, la difficulté pour l'entreprise est d'arbitrer entre la personnalisation et la rentabilité. En effet, la personnalisation permet de mieux satisfaire les besoins des clients et donc d'améliorer les ventes de l'entreprise. Par contre, elle coûte plus cher car il faut développer des offres pour chaque client. La standardisation, elle, permet d'améliorer la productivité et donc de réduire les coûts. En conséquence, l'entreprise doit faire attention à ne pas compromettre sa rentabilité chaque fois qu'elle opte pour une stratégie de personnalisation.

Le positionnement

Le positionnement c'est la place que l'offre de l'entreprise (sa marque, son produit) occupe dans l'esprit des consommateurs par rapport aux offres concurrentes. Les consommateurs définissent la place de la marque sur le marché en fonction des attributs qui leur sont importants. Le responsable marketing doit donc savoir véhiculer au marché cible l'image qu'il voudrait que celui-ci ait de sa marque.

Dès le moment où une entreprise choisit un segment donné (par exemple, les adolescents, les moins fortunés...), elle oriente déjà son positionnement. En effet, à travers son choix de segment, l'entreprise décide aussi de faire partie d'un groupe stratégique. Le groupe stratégique représente un ensemble d'entreprises ou de marques qui poursuivent la même stratégie concurrentielle. Par exemple, un distributeur qui décide de se lancer dans le hard-discount alimentaire définit déjà en partie son positionnement. Ainsi, il sera en concurrence avec ED, Aldi, Lidl, Netto et cherchera à offrir un assortiment composé de « l'essentiel » à des prix très bas.

La première phase dans un processus de positionnement c'est l'identification des attributs jugés importants par les consommateurs, c'est-à-dire ceux qui sont les plus susceptibles d'influencer leurs préférences. Il ne suffit pas d'identifier les attributs les plus importants, il convient d'étudier les perceptions des marques par les consommateurs selon ces attributs. Ainsi, l'entreprise pourra évaluer sa position par rapport aux besoins des clients et par rapport à ses concurrents.

Les méthodes de positionnement

Il convient de procéder à une étude du positionnement de la marque ou de l'offre de l'entreprise sur son marché avant de prendre toute décision en matière de positionnement ou de repositionnement de la marque. Plusieurs techniques statistiques permettent d'étudier la position d'une marque sur son marché ou par rapport à son ensemble concurrentiel : (*i*) l'analyse factorielle, (*ii*) les analyses de correspondances multiples, (*iii*) le positionnement multidimensionnel (MDS), etc. Le positionnement multidimensionnel fait partie des méthodes les plus utilisées. Pour créer une carte perceptuelle avec la méthode MDS il faut d'abord identifier des dimensions (critères) sur lesquelles les clients évaluent les marques (exemple : le prix, la qualité, la distance par rapport au domicile, etc.). Les répondants doivent ensuite évaluer la similarité globale (MDS métrique) entre des paires de marques (exemple : Coca-Cola/Pepsi-Cola) ou indiquer leur ordre de préférence des marques (MDS non métrique). Puis, les marques doivent être positionnées sur les dimensions (axes) que le logiciel aura identifiées. Les cartes perceptuelles permettent ainsi de faire une comparaison géométrique de la perception des produits ou marques concurrentes. La proximité entre deux marques signifie qu'elles sont perçues par les consommateurs comme étant substituables, donc concurrentes.

Illustration de la méthode du positionnement multidimensionnel sur le marché de la grande distribution

Nous présentons ici les résultats d'une analyse du positionnement multidimensionnel de 10 magasins (4 grands hypermarchés, 2 hypermarchés de taille moyenne, et 4 supermarchés) 2008. Les données ont été recueillies auprès de 2 400 répondants. Le graphique ci-dessous montre la position occupée par chacun des magasins (c'est à leur similarité perçue par les répondants). Nous constatons que les grands hypermarchés (1 U, 2 Carrefour, 1 Géant) ayant au moins 8 000 m^2 de surface se trouvent dans la partie supérieure du graphique. L'hypermarché U se distingue toutefois des hypermarchés Carrefour (Hypercarr1 et Hypercarr2) et de Géant (HyperG2). Tous les supermarchés sont représentés dans la partie inférieure du graphique. Toutefois, deux hypermarchés de taille moyenne de Leclerc et Géant Casino se situent dans cette zone du graphique. Nous pouvons également constater qu'il existe des effets d'enseigne. En effet, tous les magasins U se situent dans la partie gauche du graphique.

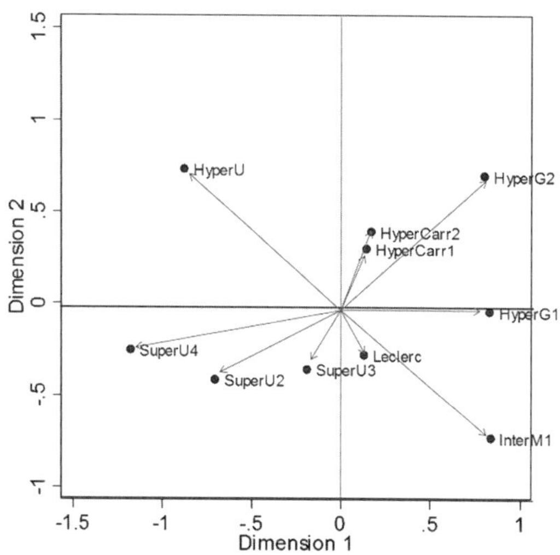

Ce graphique ne permet cependant pas de savoir pourquoi certains magasins sont proches (distants) les uns des autres. Pour cela, nous devons tenir compte des perceptions des magasins par les répondants. Plus précisément, nous allons expliquer les différences entre les magasins à partir des perceptions (échelle de 1 à 5) de (6) attributs par les répondants : (*i*) le choix de produits offert par le magasin, (*ii*) l'absence de rupture de stocks sur des produits importants pour les clients, (*iii*) l'amabilité du personnel, (*iv*) le niveau des prix (bas prix), (*v*) la qualité des promotions faites par le magasin, et (*vi*) l'attrait des prospectus. Ainsi, dans le graphique ci-après, nous avons représenté les magasins et les perceptions des attributs par les répondants.

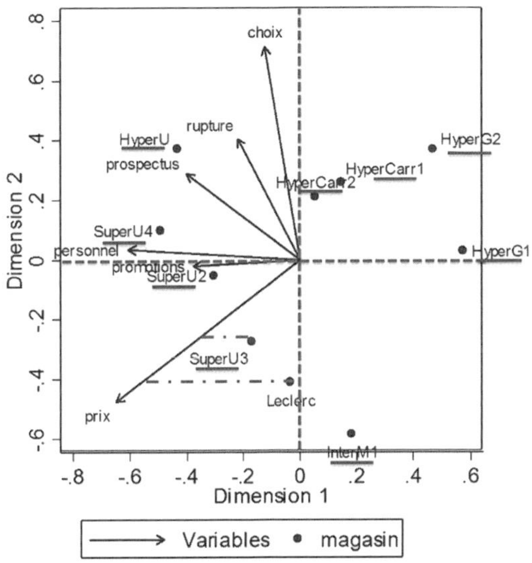

La flèche montre le sens dans lequel l'attribut augmente ; il décroît dans le sens opposé de la flèche. Ainsi, les magasins qui sont dans le sens du sud-ouest (par exemple, Super U3 et Leclerc) sont moins chers que les magasins situés en direction du nord-est, notamment tous les hypermarchés à l'exception d'Hyper U. La longueur de la droite représente l'importance de l'attribut dans l'interprétation de la carte. Ainsi, le « prix » permet de mieux comprendre les différences entre les magasins que les « promotions ». Les deux axes représentent respectivement la « cherté » et la « variété de l'assortiment ». Le magasin Leclerc est perçu comme étant moins cher que le magasin Super U. La différence entre Hyper U et les hypermarchés Carrefour se situe à la fois au niveau de l'offre de produits plus large chez Hyper U mais aussi au niveau des prix (plus bas chez U), du service et des promotions meilleures chez U que chez Carrefour.

Les stratégies de positionnement

Après avoir compris la manière dont les consommateurs perçoivent les marques sur le marché, le responsable marketing doit choisir la meilleure manière de (re)positionner le produit ou la marque. Il s'agit pour lui de rechercher et de mettre en avant un ou plusieurs avantages concurrentiels pour l'entreprise. Les spécialistes du marketing parlent de *proposition de valeur*. Il s'agit de l'ensemble des avantages que le produit ou la marque promet d'offrir au client (par exemple, la durabilité du produit, le service après-vente, la réputation associée à la marque) en contrepartie de ses efforts ou des coûts qu'il peut supporter (exemple : le prix payé, le temps passé avant de trouver le produit) (*cf.* figure 6.4).

Figure 6.4 – Le modèle de la valeur perçue

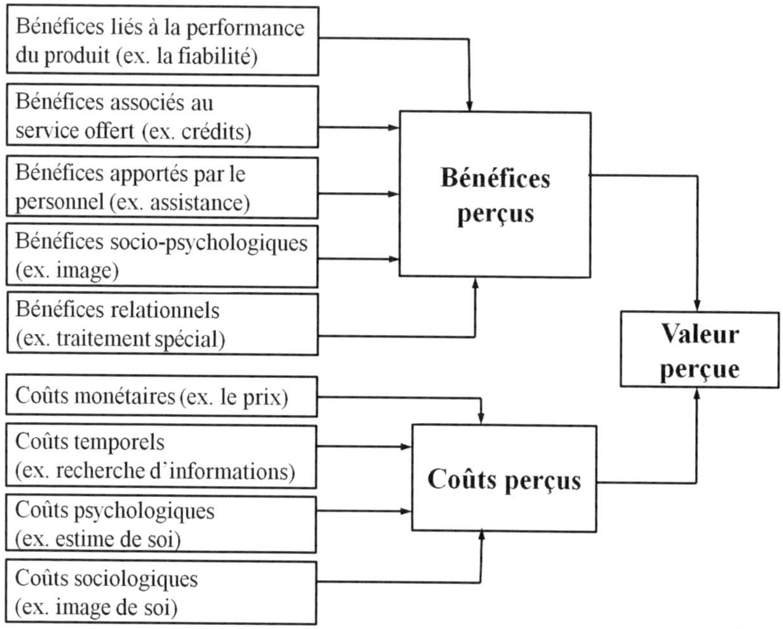

Voici quelques exemples de propositions de valeur :

- l'américain Caterpillar se positionne comme une marque fiable et durable. En d'autres termes, elle offre un produit performant en contrepartie de ce que paye le client. Colgate se positionne comme une marque capable de prévenir les caries dentaires et d'offrir une haleine fraîche ;
- le distributeur Darty en France se positionne comme une entreprise capable d'assister ses clients 7 jours sur 7. Il s'agit d'un positionnement par le service. Darty essaie de se différencier à travers les services qui accompagnent le produit physique – la livraison, l'installation, la réparation, etc. ;
- Rolex apporte à ses clients l'image d'une personne appartenant à la classe supérieure. La marque choisit ses supports de communication en fonction des comportements de consommation de ses clients cibles (exemple : tournois de golf, le tennis avec le Monte-Carlo Rolex Masters). Un positionnement par l'image consiste donc à se différencier en développant des images uniques et distinctives ;
- dans la grande distribution en France, Leclerc a un positionnement fondé sur le prix (coût), avec ses publicités comparatives en matière de prix et son site Internet de comparaison des prix (*www.quiestlemoinscher.com*). Les hard-discounters tels que Lidl, Dia ont également un positionnement par le prix. La différence avec Leclerc se situe, entre autres, au niveau de la qualité et de la variété des produits offerts.

D'autres formes de positionnement sont possibles :

- *par association du produit à un usage spécifique* : par exemple, la marque Narta Invisible se positionne comme un déodorant qui ne se fait pas voir même avec une tenue de couleur noire, efficace durant 48 heures, anti-traces blanches et qui sèche rapidement ;
- *par comparaison à un concurrent* : la marque de télévision en couleurs Onida s'est positionnée par rapport aux géants de l'industrie de la télévision en présentant les autres comme des clones à travers le slogan suivant : *Neighbour's Envy, Owners Pride.* En France, Leclerc utilise aussi un positionnement comparatif par rapport aux autres enseignes de la grande distribution à la fois à la télévision et sur Internet ;
- *par rapport à la catégorie de produit* : l'entreprise met en avant son leadership (pionnier) dans sa catégorie. En effet, certaines marques sont des pionniers et les consommateurs ont tendance à les considérer comme références dans leurs jugements. La marque Coca-Cola a longtemps utilisé ce positionnement à travers ses messages publicitaires (par exemple, *Coke is the real thing* pour signifier que les autres marques sont des copies). Toutefois, une marque « suiveur » peut se positionner par rapport au pionnier en créant une sous-catégorie du produit. La marque Heineken a créé une catégorie de bière dénommée « bière de luxe importée » pour se distinguer d'Anheuser-Busch le leader américain.

Il existe donc plusieurs manières de positionner une marque. Le choix d'un positionnement dépend des caractéristiques du produit, de la concurrence et de la nature du lien que l'on veut établir (exemple : leader *versus* suiveur). Les différences promues par l'entreprise doivent être : (*i*) importantes pour les clients, (*ii*) distinctives par rapport aux concurrents, (*iii*) supérieures à d'autres moyens dont le consommateur pourrait utiliser pour satisfaire son besoin, (*iv*) communicables aux consommateurs (exemple : à travers un message publicitaire), et (*v*) difficiles à imiter par les concurrents.

CE QU'IL FAUT RETENIR

La segmentation du marché constitue la première étape dans l'élaboration de la stratégie marketing. Il s'agit de la division d'un marché en groupes homogènes. Plusieurs critères de segmentation (géographiques, démographiques, psychographiques, comportementaux, etc.) peuvent être utilisés par l'entreprise. Le responsable marketing a le choix entre plusieurs techniques pour segmenter un marché (par exemple, les analyses typologiques ascendantes, les arbres de décision, les méthodes des classes latentes). Leur choix dépend de la nature des variables, de la disponibilité des données mais aussi des compétences.

Le ciblage c'est le fait de choisir un ou plusieurs segments à l'issue du travail de segmentation du marché. Il dépend de l'attrait du segment, des objectifs, ressources et compétences de l'entreprise. Une entreprise dispose de nombreuses alternatives en matière de ciblage. Elle peut procéder par un marketing indifférencié (lorsqu'il n'y a pas de différences significatives entre les clients), par un marketing différencié (à chaque segment une offre particulière), par un marketing concentré (ou de niche) ou adopter une stratégie de personnalisation (à chaque client une offre particulière).

Indépendamment de la stratégie de ciblage adoptée, l'entreprise doit positionner son offre par rapport à la concurrence. Il s'agit de définir dans la mémoire du consommateur la valeur que l'entreprise compte lui offrir à travers ses produits et services. Comme pour la segmentation et le ciblage, l'entreprise a le choix entre plusieurs stratégies de positionnement. Leur choix dépend du marché, de la concurrence, des caractéristiques du produit, et des associations que l'entreprise cherche à véhiculer auprès de son marché. Pour cela, les cartes perceptuelles sont un outil utile dans le choix des bases de positionnement.

Références bibliographiques

Bonoma T.V. et Shapiro B.P. (1983). *Segmenting the Industrial Market*, Lexington, Lexington Books.

Day G., Shocker A.D. et Srivastava R.K. (1979). « Customer orientated approaches to identifying product markets », *Journal of Marketing*, vol. 43, n° 4, p. 8-19.

Kotler P., Keller K., Manceau D., Dubois B. (2009). *Marketing Management*, Paris, Pearson Education, 13e éd.

Ngobo P.-V., Ginguant H., (2006). « La segmentation des marchés au niveau international : les apports de la méthode des classes latentes multi-niveaux », *Décisions marketing*, n° 42, avril-juin, p. 21-32.

Peter J.P., Olson Jerry C. (2007). *Consumer Behavior and Marketing Strategy*, Mcgraw-Hill/Irwin Series in Marketing, 7e éd.

Strauss W., Howe N. (1991), *Generations : the History of America's future, 1584 to 2069*, William Morrow & Co.

Wedel M., Kamakura W.A. (2000). *Market Segmentation : Conceptual and Methodological Foundations*, 2e éd., Norwell, Kluwer Academic Publishers.

Wind Y. (1978). « Issues and advances in segmentation research », *Journal of Marketing Research*, vol. 15, août, p. 317-337.

7

Innovation et développement d'un nouveau produit

Emmanuelle Le Nagard et Delphine Manceau

Emmanuelle Le Nagard est professeur de marketing à l'ESSEC, où elle enseigne la stratégie marketing et le cours « Innovation et développement de nouveaux produits ». Elle est également responsable pédagogique du programme CPI « Création d'un produit innovant », en collaboration avec l'École centrale et Strate College Designers. Elle est l'auteur, avec Delphine Manceau, de Marketing des nouveaux produits *(Dunod, 2005), et de plusieurs articles et chapitres dans des ouvrages collectifs sur le thème de l'innovation et des nouveaux produits.*

Delphine Manceau est professeur de marketing à ESCP Europe où elle dirige l'option « Innovation » et enseigne les cours de « marketing de l'innovation ». Elle est l'auteur de plusieurs articles et ouvrages, notamment Marketing Management *(avec Philip Kotler, Kevin Keller et Bernard Dubois, 13e éd. parue en 2009) et* Marketing des nouveaux produits *(avec E. Le Nagard, 2005). Elle a également écrit avec Pascal Morand le rapport* Pour une nouvelle vision de l'innovation *commandé par la ministre Christine Lagarde (Documentation française, 2009).*

Le rôle stratégique de l'innovation

Les marchés évoluent au rythme des innovations qui apparaissent et connaissent un succès et une durée de vie variables. La stratégie d'innovation pour une entreprise est donc cruciale, car sa pertinence peut déterminer non seulement sa performance, mais également sa survie même dans le long terme. Plus encore, elle influence le devenir d'une catégorie de produits et parfois même d'un secteur dans son ensemble en ayant un effet sur la demande globale.

La nécessité d'innover

Quel que soit son secteur d'activité, une entreprise est contrainte de renouveler régulièrement ses gammes de produits et services, pour plusieurs raisons :

- les besoins et les aspirations des clients changent ;
- les concurrents modifient leur offre ;
- la demande est saturée ;
- la réglementation évolue.

En conséquence, des gammes de produits qui connaissaient une croissance importante finissent par devenir matures, et une nouvelle génération de produits doit prendre le relais. En outre, parce qu'elle fait porter la concurrence entre produits sur des caractéristiques liées au produit lui-même, à ses fonctionnalités et à son apparence, l'innovation permet parfois de limiter l'influence du prix et d'éviter une concurrence centrée sur cette seule variable[1]. On le voit aujourd'hui dans l'alimentaire où les grandes marques utilisent les nouveautés pour tenter d'enrayer la croissance des marques de distributeur vendues à moindre prix.

Au niveau du secteur tout entier, l'innovation peut également influencer le volume de la demande. Son impact est donc double, puisqu'elle peut influencer la part de marché de l'entreprise, mais aussi la taille du marché dans son ensemble. Dans les activités de produits durables, par exemple, l'innovation incite les clients à renouveler leurs équipements. Ainsi, le lancement des smartphones puis de l'iPhone a incité de nombreux consommateurs à renouveler leur téléphone mobile et stimulé la forte croissance du secteur. Parce qu'elle se trouve souvent en substitution avec d'autres catégories de produits, l'innovation peut également inciter les clients à faire porter leurs achats sur un type de produit plutôt qu'un autre. Dans de plus en plus de secteurs, où les besoins sont satisfaits, c'est l'offre et son renouvellement régulier, son inventivité, sa capacité à créer du désir, qui génèrent la demande. Cette logique est de longue date celle de la mode, mais elle touche aujourd'hui nombre d'industries comme les jeux vidéo, la décoration, l'art de la table ou même l'automobile. On n'achète pas un nouveau produit « parce que l'on en a besoin » mais parce qu'un nouveau modèle génère l'envie.

Pour ces différentes raisons, les entreprises doivent innover, de façon plus ou moins radicale et visible sur le marché.

1. Morand P. et Manceau D., *Pour une nouvelle vision de l'innovation*, rapport remis à Christine Lagarde, ministre de l'Économie, de l'Industrie et de l'Emploi, publié à La Documentation française, 2009.

Le cinéma, un secteur porte par l'innovation

Alors qu'on l'annonce moribond depuis des décennies avec l'équipement des foyers en téléviseurs puis en magnétoscopes et lecteurs DVD et, plus récemment, avec le développement du téléchargement illégal de films, du *streaming* et des chaînes de vidéo à la demande, le cinéma connaît des regains de fréquentation. En France, la fréquentation des salles connaît une croissance régulière depuis dix ans et a atteint le chiffre record de 200 millions de spectateurs en 2009, score qui n'avait pas été atteint depuis 1982 à une époque où la télévision ne comptait que trois chaînes. Cette croissance s'explique par le rôle de l'innovation et des nouveautés à un triple niveau.

L'équipement

Pour inciter les gens à sortir pour voir un film et privilégier le cinéma à ses produits de substitution (télévision et DVD, mais aussi jeux vidéo et autres loisirs à domicile), le secteur a renouvelé ses équipements. Le confort des salles et la qualité du son constituent un argument essentiel pour faire de l'expérience cinématographique un moment fort et inégalé. Les 170 multiplexes qui jalonnent le territoire français ont également joué un rôle clé dans la croissance de la fréquentation des salles et modifié le processus d'achat : on va parfois au multiplexe pour sortir, en sachant que l'on trouvera sur place un film divertissant et que les différentes prestations offertes (diversité des films présentés, mais aussi bars et restaurants) garantissent le succès de la soirée, même si on ne sait pas forcément à l'avance quel film on verra. Plus récemment, l'équipement en cours des salles en 3D permet de renforcer la spécificité du cinéma par rapport à ses concurrents, du moins jusqu'à ce que... les téléviseurs 3D se multiplient.

Les films

Dans ce secteur, les contenus jouent également un rôle essentiel. L'offre de films et la capacité à donner envie de voir un film dès sa sortie constituent le premier stimulant pour aller au cinéma. Dans ce domaine, typiquement, c'est l'offre qui crée la demande et quelques titres à grand succès commercial peuvent affecter fortement le nombre d'entrées annuelles.

La structure tarifaire

Enfin, les innovations tarifaires et notamment les abonnements tels que les cartes UGC illimité ont joué un rôle essentiel pour fidéliser les clients réguliers et les inciter à fréquenter davantage les salles obscures. Même si cette innovation-là, tarifaire, dépasse le cadre de ce chapitre, elle montre que l'innovation dans sa diversité peut influencer les ventes d'un secteur de multiples façons : en rendant l'offre plus attractive face aux produits de substitution, en stimulant le renouvellement des achats (ici grâce aux films eux-mêmes), et en incitant les clients réguliers à accroître leur consommation.

On peut distinguer une innovation offensive, qui permet de nourrir la croissance, par exemple en augmentant le prix moyen ou en convainquant une nouvelle cible d'adopter la catégorie de produits, d'une innovation défensive, où il s'agit de maintenir ses ventes, face à un environnement qui évolue.

Ainsi, une innovation comme la nouvelle machine à café Senséo de Philips a permis à la fois de développer les ventes de machines à café de Philips sans cannibaliser les machines à café existantes, tout en augmentant le prix moyen d'une machine à café sur le marché.

En revanche, le lancement des 100 Calories Pack, emballage contenant exactement 100 calories, permet pour un fabricant alimentaire de maintenir son chiffre d'affaires alors que l'attention portée à la valeur calorique des aliments va croissant, notamment sous l'influence des campagnes d'information menées par les pouvoirs publics.

Les bénéfices et les risques liés à l'innovation

Les entreprises retirent un grand nombre de bénéfices de l'innovation. En termes de bénéfices, les effets pour l'entreprise sont nombreux :

- l'entreprise peut augmenter sa part de marché grâce à une offre innovante, donc exclusive par rapport aux concurrents ;
- en lançant une innovation pertinente, on peut convaincre de nouveaux clients d'avoir recours à la catégorie de produits et faire évoluer son taux de pénétration, voire le taux de pénétration de la catégorie de produits dans son ensemble ;
- elle peut augmenter les volumes consommés par chaque client et accroître la part d'exclusifs parmi ses clients, voire augmenter la taille globale du marché ;
- en lançant une innovation radicale, on édifie une nouvelle catégorie de produits. Il s'agit alors de « créer un marché » qui n'empiète pas sur les marchés déjà existants ;
- l'innovation peut également permettre d'éviter la concurrence par les prix car les clients sont souvent prêts à payer plus cher pour des innovations.

Parallèlement, l'innovation constitue pour les entreprises une source de dépenses considérable et génère de nombreux échecs commerciaux et financiers. Il convient donc d'identifier correctement les risques.

Si elle est indispensable pour les entreprises, l'innovation est également très risquée, pour différentes raisons :

- l'innovation peut cannibaliser les produits actuels de l'entreprise ; si elle attire ses clients habituels et répond aux mêmes attentes, elle ne développe pas réellement l'activité, tout en entraînant des dépenses conséquentes. Le moment de développement et de lancement d'une innovation doit donc être choisi avec soin de manière à renouveler la gamme et à maintenir sa performance face aux concurrents sans accélérer pour autant le déclin des produits existants. Bien évidemment, la problématique sera différente si l'innovation s'adresse à des clients distincts ou si elle porte sur de nouvelles catégories de produits par rapport à celles que l'entreprise traitait jusqu'alors ;

- les coûts inhérents à l'innovation sont importants ; ils comportent non seulement des coûts de recherche et développement, mais également des coûts de conception (temps des collaborateurs, coûts des études et des tests), et enfin des coûts de lancement (dépenses de communication, frais de référencement et coûts commerciaux) ;
- les taux d'échecs commerciaux sont élevés. Ils sont cependant souvent difficiles à estimer, car la définition de l'échec commercial est variable selon les entreprises. Il correspond souvent au fait de ne pas atteindre les objectifs espérés en termes de chiffre d'affaires ou de rentabilité, sans que l'on s'interroge forcément sur la pertinence de ces objectifs.

Quelques chiffres sur les taux d'échec des nouveaux produits

Les taux d'échec évalués par les études se situent aux alentours de 20 % à 25 % dans les secteurs industriels, 30 % dans les services, 70 % à 95 % dans le high-tech et entre 35 % et 95 % dans la grande consommation. 45 % à 48 % des nouveaux produits n'atteignent pas leurs objectifs de vente. 44 % des produits sont en deçà de leurs objectifs de rentabilité. Dans la grande consommation, environ 22 % des nouvelles références sont retirées du marché dans l'année qui suit leur lancement. Novaction parle de 75 % de retraits dans un délai de deux ans, la deuxième année d'existence étant souvent un seuil critique.

Les différents types de risques lors de la conception et du lancement d'une innovation sont les suivants :

- le risque technologique : ne pas parvenir à mettre au point une technologie fiable dans les délais et l'enveloppe financière prévue ;
- le risque commercial : vendre moins que prévu ;
- le risque financier : ne pas tenir les coûts ou les prix, ou encore cannibaliser des produits existants (parfois plus rentables) de l'entreprise ;
- le risque d'image : un échec commercial ou le lancement d'un produit qui ne remplit pas entièrement ses promesses peut avoir un impact négatif sur l'image de l'entreprise ou de la marque.

Distinguer les différents types d'innovations et de nouveaux produits

Toutefois, les cas de figure sont extrêmement divers et tous les risques n'ont pas le même niveau d'intensité selon le type d'innovation. Il paraît donc essentiel de bien distinguer les différentes catégories.

L'innovation est fréquemment définie comme une « invention qui trouve son marché ». Cela signifie que, pour qu'il y ait innovation, il faut à la fois un degré de nouveauté important par rapport à l'existant, mais également une transformation de l'invention en une nouvelle offre mise sur un marché.

Tout nouveau produit ou service offert sur le marché n'est donc pas une innovation. On peut même dire qu'il y a de très nombreux lancements de produits et services nouveaux, mais qu'une proportion assez faible de ceux-ci sont réellement innovants. Cependant, la définition du degré d'innovation est difficile car elle est subjective. On distingue habituellement *l'innovation incrémentale*, qui est une amélioration au sein d'une catégorie de produits existante, de *l'innovation radicale*, où une nouvelle catégorie de produits est créée.

Pour tenir compte du niveau d'innovation pour l'entreprise, on distingue également :

- les innovations pour le marché, qui correspondent à des innovations radicales ;
- les produits nouveaux pour l'entreprise, qui sont perçus par le marché comme des innovations incrémentales mais constituent une nouvelle activité pour l'entreprise, ce qui réduit les risques de cannibalisation mais implique le développement de nouvelles compétences internes et de nouveaux partenariats ;
- les extensions de gamme, qui s'inscrivent dans la continuité de l'existant pour l'entreprise et pour le marché.

Pour aller plus loin dans l'analyse du degré d'innovation, deux dimensions de l'innovation peuvent être retenues :

- la dimension technologique ; il faut alors s'interroger sur l'avancée des techniques, des technologies et des savoir-faire nécessaires pour mettre en œuvre l'innovation ;
- la dimension d'usage ; il faut ici se demander dans quelle mesure l'innovation bouleverse les usages existants des clients ou des consommateurs, ou en crée de nouveaux.

Ces deux dimensions sont indépendantes, comme le montre le tableau 7.1.

Tableau 7.1 – Les différents types d'innovations

	Innovation d'usage importante	**Innovation d'usage faible**
Innovation technologique importante	Smartphone Google	DVD Blu-ray Vélo électrique
Innovation technologique faible	Post-it de 3M Produits alimentaires nomades type compotes à boire	Smoothies Mascara vibrant

Elles sont importantes à prendre en compte dans la mesure où elles aboutissent à des types de risques différents, qu'il faut prendre en compte par des approches stratégiques différenciées. En particulier, si l'innovation en termes d'usage est importante, il faudra avoir une compréhension fine des usages existants des consommateurs, et avoir une approche très pédagogique, faute de quoi l'innovation ne sera pas adoptée sur le marché. Le rôle du marketing sera alors essentiel.

Il convient enfin de souligner que certaines innovations portent avant tout sur le *business model* auquel elles sont associées. Les jeux vidéo par abonnement mensuel sur Internet, la presse gratuite type *20 Minutes*, l'iPad et l'accès à la presse en ligne, les chaînes de magasins fondées sur les ventes d'occasion ou encore les machines à café fondées sur des capsules comme Nespresso sont innovantes par les sources de revenus et la manière de facturer. De plus en plus de catégories de produits voient ainsi leurs sources de revenus évoluer et modifier la relation au produit. L'innovation technologique et d'usage peut alors s'accompagner par une innovation de *business model.*

Une entreprise doit décider de son portefeuille d'innovations et de nouveaux produits et analyser sa capacité à réussir leur mise sur le marché en fonction de leurs caractéristiques. Certaines entreprises savent mieux faire de l'innovation radicale, d'autres réussissent mieux la commercialisation de nouveaux produits non réellement innovants. Certaines savent anticiper l'évolution des usages et concevoir des designs de produits qui accompagneront cette évolution. D'autres sont plus performantes en R&D et en innovation technologique. Dans l'idéal, une entreprise doit équilibrer son portefeuille d'innovations et de nouveaux produits pour diversifier les types et les niveaux de risques tout en adoptant des horizons temporels variés. En réalité, les cultures d'entreprises et les compétences internes aboutissent souvent à privilégier certains types de projets plutôt que d'autres. Dans ce contexte, une question clé pour l'entreprise est de déterminer si elle doit être la première à lancer des innovations ou si elle peut être pénalisée par une position de pionnier et devrait plutôt choisir d'être suiveur.

Stratégie du pionnier et stratégie du suiveur

Pour faire un tel choix et mettre en place une stratégie d'innovation, il convient de s'interroger sur les caractéristiques du secteur, ainsi que sur les atouts et les faiblesses de l'entreprise.

La stratégie du pionnier

Une stratégie de pionnier, ou de premier entrant sur le marché, sera *a priori* plus intéressante pour l'entreprise si :

- elle possède les capacités nécessaires pour arriver tôt sur le marché, notamment en termes de recherche et développement et de rapidité de transformation de l'invention en produits ou services innovants. Il s'agit d'analyser si elle pourra maintenir une avance technologique constante qui lui permettra d'avoir un niveau d'avance permanent sur ses concurrents et d'éviter qu'ils ne la rattrapent facilement et à moindre coût ;

- elle possède les actifs et les compétences marketing pour s'imposer sur le marché, grâce, par exemple, à une marque forte, un réseau de distribution performant ou un budget de communication élevé. Il s'agit également de déterminer si elle sait anticiper les besoins et attentes futurs des clients et dispose de la vision nécessaire pour anticiper l'évolution des marchés. Saura-t-elle imaginer les usages futurs, cibler les clients innovateurs, choisir le bon positionnement pour l'innovation ? Toute erreur à cet égard pourra être analysée et réutilisée par les concurrents ;
- elle peut ériger des barrières à l'entrée, rendant difficile une copie rapide de l'innovation par ses concurrents. Ces barrières à l'entrée peuvent provenir de différents facteurs :
  - une protection possible par des brevets ou un « secret de fabrication » spécifique,
  - la préemption possible de ressources rares sur le marché : matières premières, compétences humaines, emplacements géographiques, partenariats...

L'analyse de l'avantage du pionnier : le cas des coffrets-cadeaux

La création du marché

En 2003, Pierre-Édouard Sterin signe un contrat de licence avec la société belge Weekendesk, afin d'introduire en France le concept de coffrets-cadeaux, alors inconnu. Son produit sera baptisé Smartbox. Sept ans plus tard, les ventes de coffrets-cadeaux en France sont estimées à plus de 200 millions d'euros. Malgré l'apparition de nombreux concurrents ou de marques de distributeurs (comme la Fnac), Smartbox possède toujours une part de marché écrasante (estimée à 75 %) sur ce marché.

L'émergence de nouveaux acteurs

Le développement vertigineux du marché des coffrets-cadeaux a attiré de nombreux concurrents, que l'on peut classer en deux catégories :

- les généralistes, comme Wonderbox ou Dakotabox ;
- les spécialisés, comme Happybox, qui propose des offres région par région, ou Doze, qui propose des loisirs aux sensations fortes, dosées de 1 à 6.

Les avantages du pionnier

Comment expliquer la prédominance de Smart&Co, la société qui commercialise Smartbox sur ce marché ? Quels sont les avantages du pionnier sur un tel marché ?

L'idée elle-même ne peut être protégée, ce qui a permis à ces nombreux concurrents d'entrer sur le marché ; cependant, on peut souligner plusieurs avantages liés au fait d'être premier :

- la création d'une notoriété ; il est probable que le concept même de coffret-cadeau est associé à Smartbox. D'autre part, la création d'un nouveau concept, notamment dans le domaine du cadeau, génère fréquemment d'importantes retombées presse qui contribuent à la notoriété du premier entrant sur un marché ;
- la préemption d'actifs rares, que peuvent être les partenariats avec les différents prestataires, avec lesquels Smart&Co a pu signer des contrats d'exclusivité.

La stratégie du suiveur

Dans certaines circonstances, il peut être intéressant pour une entreprise d'adopter une stratégie de suiveur, en imitant les innovations qui sortent sur le marché[1]. Il coûte souvent moins cher de copier – souvent en améliorant le produit ou la politique marketing du pionnier – que d'innover. C'est également plus rapide. Pour que cette stratégie se révèle gagnante, il est nécessaire de réunir quelques conditions :

- suivre suffisamment rapidement ;
- imiter en améliorant, en offrant des fonctionnalités supérieures, en offrant un prix inférieur, en bénéficiant d'une image de marque plus favorable ou plus adaptée.

Pour mettre en œuvre cette stratégie de façon réussie, il faut donc que l'entreprise possède non seulement des capacités de veille concurrentielle, à la fois au niveau technologique et au niveau des marchés, mais également une capacité à développer et à mettre sur le marché des offres rapidement. L'innovation exige un travail soigné, de l'intelligence et de l'imagination, afin de permettre à l'entreprise de surpasser rapidement l'innovateur.

LE DÉVELOPPEMENT D'UNE NOUVELLE OFFRE

Le processus d'innovation

Lorsqu'une stratégie d'innovation et de développement de nouvelles offres a été définie par l'entreprise, elle doit mettre en place un processus de développement permettant de passer d'une idée à une nouvelle offre commerciale offerte sur un marché.

Ce processus, souvent représenté sous la forme d'un entonnoir (*cf.* figure 7.1), doit permettre de réaliser un certain nombre d'objectifs :

- générer des idées innovantes et choisir les plus prometteuses ;
- limiter les coûts ;
- tenir les délais entre la génération de l'idée et la mise sur le marché ;
- réduire les risques ;
- rester fidèle à l'idée initiale lors du processus de développement tout en restant flexible.

Ces objectifs sont largement contradictoires. Il est donc nécessaire, compte tenu des caractéristiques de l'entreprise et de sa culture, de sa taille, et de son secteur d'activité,

1. Voir « Imitation is more valuable than innovation », interview d'Oded Shenkar publiée dans la *Harvard Business Review*, avril 2010, p. 28-29.

Figure 7.1

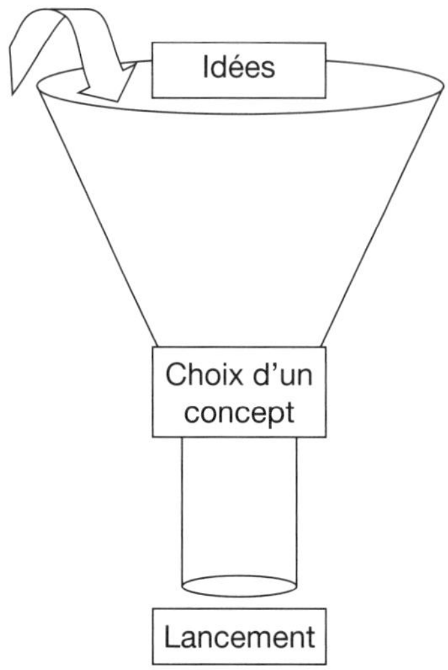

d'adapter le processus d'innovation et de développement. Un processus d'innovation efficace possède les caractéristiques suivantes :

- une génération d'idées très large, permettant d'alimenter en amont le processus ;
- la présence d'un processus formalisé de succession d'étapes associé à une grande souplesse de réalisation permettant de revenir si besoin aux étapes antérieures ;
- un suivi des projets aux différents stades du processus, permettant de prendre des décisions raisonnées de poursuite ou d'abandon à chaque stade. Ces étapes sont souvent qualifiées de portes, où l'état d'avancement du projet est examiné par un comité de projet, grâce à une grille de lecture standardisée. Elle permet de prendre à chaque étape une décision de poursuite ou d'abandon « GO/NO GO » ;
- l'implication d'équipes pluri-fonctionnelles avec des collaborateurs provenant des différents services de l'entreprise, et pouvant anticiper les différentes difficultés le plus en amont possible.

Une idée classique générée par la représentation du processus en entonnoir est de penser qu'il faut sélectionner très tôt un nombre très limité de projets sur lesquels investir massivement. Cette approche malthusienne de l'innovation est pertinente dans les secteurs où de très gros investissements de R&D sont nécessaires pour qu'un projet aboutisse, comme l'industrie pharmaceutique. Dans d'autres secteurs, on peut se permettre de démarrer et mener de front plusieurs projets en parallèle, puis d'opérer une sélection très progressive. Cette approche par la quantité est particulièrement pertinente si l'on sait que le processus de développement générera des évolutions importantes des projets et qu'il est difficile d'anticiper tôt leur potentiel de réalisation. Elle se justifie également si l'on éprouve des difficultés à anticiper les réactions du marché tant que les projets en sont à un stade peu avancé et parfois même jusqu'à leur commercialisation. Si les réactions du marché sont difficiles à anticiper et les coûts de développement limités, il peut être pertinent de lancer de nombreux produits et de laisser le marché opérer lui-même un tri, quelques grands succès finançant les échecs commerciaux.

La génération des idées

Les sources d'idées de nouveaux produits

Pour alimenter un processus d'innovation ou de développement de nouvelles offres, il est nécessaire en amont de générer le maximum d'idées, le plus innovantes possible.

Pour cela, l'entreprise doit s'organiser pour collecter des idées provenant de différentes sources :

- de l'ensemble des collaborateurs en interne, qu'il s'agisse de la R&D, des services de production, des vendeurs, du département marketing, des services juridiques ;
- des partenaires externes, qu'il s'agisse de fournisseurs, de centres de recherche ou d'experts externes, ou encore d'écoles ou d'universités ;
- des clients. L'approche marketing classique consiste à étudier le marché dans son ensemble pour identifier les sources d'insatisfaction ou les attentes non remplies et en dégager des idées d'innovation. On peut également faire directement appel aux clients pour qu'ils transmettent leurs idées, soit en faisant un appel ouvert à tous les clients, soit en ciblant un type de clients particulier. Il peut alors s'agir de clients avant-gardistes et créatifs (que l'on qualifie de *lead users*, ou utilisateurs-leaders), ou des communautés de clients existantes sur Internet. Les passionnés de la marque sont souvent une source d'idées extrêmement riche, certains allant même jusqu'à imaginer et réaliser eux-mêmes des améliorations du produit. C'est ce qu'Éric von Hippel appelle la *user innovation*, l'innovation émanant de l'utilisateur, à l'instar des poussettes à trois roues permettant de faire du jogging en poussant son bébé ou des VTT. Tout l'enjeu pour l'entreprise est de repérer ces innovations et de parvenir à les réintégrer en interne pour les fabriquer à grande échelle.

Les études de marché visant à identifier des idées d'innovations reposent souvent sur des méthodologies qualitatives, sous forme d'entretiens individuels ou de *focus group*. L'analyse des enquêtes de satisfaction peut également donner des idées. La limite de ces méthodes d'interrogation pour générer des idées réellement innovantes réside dans le fait que les consommateurs n'ont parfois pas assez d'imagination, d'implication dans la catégorie de

> **L'*open innovation***
>
> Les approches d'*open innovation* sont aujourd'hui adoptées par de nombreuses entreprises, avec l'idée que les sources externes d'idées sont forcément beaucoup plus nombreuses que les sources internes et qu'il est préférable de concentrer les investissements de R&D internes sur le cœur de l'activité. Si cette approche est aujourd'hui adoptée par de nombreuses entreprises, elle aboutit à des pratiques très diverses. Certaines firmes développent des collaborations avec les laboratoires de recherche publics. D'autres, comme Kraft ou Essilor, privilégient la collaboration avec les fournisseurs et intègrent les services achats au centre du dispositif d'innovation. D'autres cherchent à faire remonter les idées des clients, comme Ducati qui organise des concours entre clients qui imaginent la moto du futur. La collaboration avec les clients de longue date est très fréquente dans les activités *business-to-business*. D'autres firmes font appel à toute personne susceptible de les aider de manière plus ouverte encore (*crowdsourcing*), souvent à travers des plateformes Internet : Lego a ainsi mis en ligne un outil permettant de concevoir son Lego idéal, tandis que Sarah Lee demande qu'on lui suggère des idées de nouveaux produits et que l'on vote entre les idées proposées. D'autres types de plateformes, destinées à des chercheurs, permettent aux entreprises qui souhaitent développer une idée de solliciter les personnes externes compétentes pour les aider, parfois moyennant rétribution financière ; c'est la logique de plateformes comme Innoget ou Innocentive.

produits ou de connaissances sur les technologies pour avoir des idées innovantes et réalisables. D'autre part, l'interrogation peut comporter un certain nombre de biais comme la désirabilité sociale.

L'observation peut également se révéler un moyen intéressant, à travers des études ethnographiques ou d'utilisation de photos ou de vidéos de consommateurs en situation d'achat ou d'usage. Il s'agit alors d'identifier comment les produits sont réellement utilisés et surtout ce pour quoi ils ne sont *pas* utilisés. On peut identifier les freins conscients et inconscients à l'usage et repérer les détournements d'usage susceptibles de donner des idées de nouveaux produits. Les méthodes d'observation sont entachées de moins de biais, mais nécessitent une interprétation judicieuse pour être réellement utiles dans un contexte d'innovation.

La tendance récente est à la co-création avec les consommateurs, qui peuvent ainsi générer eux-mêmes des idées d'innovation ou de nouveaux produits ou services. Ces méthodes de création peuvent, au stade de la génération d'idées, prendre diverses formes :

- utilisation de plateforme Web ;
- organisation d'ateliers en face à face ;
- organisation de jeux concours…

Concours international d'Electrolux

Electrolux a lancé en 2009 un concours international de design sur le thème de l'électroménager du futur afin de générer des idées innovantes, qui seront peut-être un jour développées. Le premier prix a été décerné à des Australiens inventeurs d'un lave-vaisselle écologique capable de se passer d'eau et de détergent. Des Tchèques (2e prix) ont cherché à réconcilier les hommes avec la corvée du linge grâce à Washman, une machine à laver équipée d'un panier détachable en forme de… ballon rond ! Le 3e prix, décerné à une jeune diplômée du Saint Martins College, a proposé une table, avec un quadrillage de lignes de courant incrusté, combinant les fonctions de table de cuisson, de plan de travail et de table à manger.

L'origine de l'innovation

Globalement, on peut classer les innovations en deux catégories selon l'origine de l'idée dont elles découlent :

- les innovations « tirées par le marché » (*market pull*) ; on cherche alors à répondre à un besoin consommateur, que celui-ci ait été identifié grâce à une interrogation des consommateurs, par observation, ou ait été suggéré par les consommateurs eux-mêmes ;
- les innovations « poussées par la technologie » (*technology push*) ; dans ce cas, l'entreprise dispose d'une technologie ou d'une invention pour laquelle elle cherche une application possible.

Le rôle du marketing dans ces deux catégories d'innovation est important, mais différent. Pour les innovations tirées par le marché, le marketing doit parvenir à transformer l'identification d'attentes et d'insatisfactions en idées de nouveaux produits, puis s'assurer tout au long du processus que le projet répondra bien au besoin identifié. Pour les innovations poussées par la technologie, il doit analyser comment des capacités techniques pourront remplir un besoin et être intégrées à un produit susceptible de trouver un marché. Dans les deux cas, il doit également réfléchir au *business model* adéquat et aux sources de revenus possibles. Enfin, il doit également établir un lien permanent avec le marché pour s'assurer que ses préoccupations et ses schémas d'usage sont cohérents avec l'évolution du projet, puis préparer la mise sur le marché à travers un plan marketing de lancement.

Le filtrage des idées

Les différentes idées générées doivent être filtrées, car elles ne peuvent être toutes développées. Il faut donc évaluer leur potentiel, en fonction de différents critères.

Ces critères peuvent être classés en plusieurs catégories :

- la conformité à la stratégie de l'entreprise : proximité avec le portefeuille de clientèle actuel ou visé par l'entreprise, compatibilité avec les marques existantes, utilisation des canaux de distribution, possibilité de valoriser son savoir-faire ou sa technologie ;
- la faisabilité : coûts et délais de mise en œuvre, risque technologique ou juridique… ;
- le potentiel : taille estimée du marché potentiel, rentabilité espérée, part de marché prévue.

Ce filtrage peut s'effectuer à intervalles réguliers, par exemple à l'occasion de comités de projets. Les critères peuvent être pondérés, ou pour certains critères, des seuils minima peuvent être définis.

Un des aspects importants dans cette phase est la cohérence dans le temps et la possibilité de reprendre des idées qui avaient été écartées dans le passé. Ceci permet de passer d'un simple filtrage à une véritable gestion de portefeuille de projets d'innovation. En effet un projet qui est jugé non prioritaire ou difficile à réaliser à une certaine période peut se révéler plus intéressant si une technologie apparaît, ou si la situation stratégique de l'entreprise évolue.

Le test de concept

La définition du concept

Un concept est la présentation d'une idée de nouveau produit ou service sous l'angle des bénéfices que celui-ci peut procurer au consommateur. Ainsi, un pack de céréales petit format peut être une idée de nouveau produit. Plusieurs bénéfices peuvent être attachés à cette idée : le fait de pouvoir le transporter, de pouvoir doser de façon adéquate la quantité de céréales consommées, de pouvoir changer plus fréquemment de types de céréales. À cette idée unique se rattachent donc plusieurs concepts liés à la mobilité, à la maîtrise des calories, à la variété.

Il convient donc pour l'équipe qui développe un nouveau produit de formuler les idées sous forme de concept, afin de mieux comprendre l'intérêt de l'idée du point de vue des clients. Il s'agit donc d'intégrer très tôt dans le processus de développement la vision du client, et ce, que l'idée émane du marché ou au contraire de la technologie.

L'intérêt de formuler l'idée sous forme de concept est également de pouvoir procéder à un premier test. Pour pouvoir soumettre le concept à des clients ou consommateurs potentiels, il va donc falloir le formuler de manière simple et très facilement compréhensible.

La manière la plus répandue de formuler le concept est une planche (ou *board*), qui présente en quelques phrases très courtes le bénéfice offert par le nouveau produit, et montre à côté une représentation graphique du futur produit, ou illustre de manière imagée l'utilisation du service, sous forme par exemple de scénario d'usages.

Selon les cas, la présentation du concept peut être accompagnée d'une indication du rayon dans lequel sera vendu le produit, et de prix envisagé.

Les différentes méthodologies de tests de concept et leurs objectifs

Les objectifs d'un test de concept sont multiples, mais peuvent être regroupés en trois catégories :

- l'amélioration du concept ; il s'agit alors de renforcer certaines caractéristiques du concept, de faire apparaître des fonctionnalités non prévues dans le projet initial… ;
- le choix entre différents concepts ; il peut y avoir à l'issue de la phase de filtrage plusieurs idées qui ont été conservées et formulées sous forme de concept. L'objectif est alors, à ce stade, de décider sur quel(s) concept(s) l'entreprise décide de continuer à investir, et quels projets elle décide d'arrêter ;
- l'estimation du potentiel ; pour pouvoir continuer à investir sur un projet, et notamment passer au stade du développement, qui coûte souvent très cher, certaines entreprises cherchent à évaluer très tôt le potentiel commercial du nouveau projet. Un objectif du test de concept peut donc être une première prévision des ventes.

Pour réaliser ces différents objectifs, certaines méthodologies sont plus adaptées que d'autres. Le tableau 7.2 présente les différentes mesures et les différentes approches méthodologiques recommandées lors de la phase de test de concept.

Tableau 7.2 – Les différents types de tests de concept

Objectif principal	Type de méthodologie	Variables mesurées
Améliorer le concept	Qualitative, par *focus group* (en grande consommation) ou entretiens individuels (surtout en B-to-B)	– Compréhension du concept et de son apport par rapport aux produits existants – Valeur perçue des différentes caractéristiques – Exploration de situations d'usage envisagées, des freins et des motivations à l'achat – Rapport qualité/prix envisagé
Choisir entre plusieurs concepts	Qualitative/quantitative	– Attractivité globale de chaque concept – Originalité – Cohérence perçue par rapport à la marque
Faire des prévisions de volume de vente	Quantitative	– Intentions d'achat – Fréquence d'utilisation – Occasions de consommation

Adapté de Le Nagard et Morin Delerm, 2010.

Le développement du produit

Le passage du concept au produit

Dans cette phase, l'équipe projet doit s'attacher à traduire le concept en une offre concrète qui sera offerte sur le marché.

Pour cela, il s'agira à la fois de concevoir un prototype et son design, puis d'élaborer le produit définitif tout en déterminant son prix. Le rôle du marketing dans cette phase est d'être la voix du consommateur, afin de ne pas s'éloigner du concept testé, qui représente le bénéfice apporté au consommateur. En effet, il est souvent nécessaire de réaliser un certain nombre de compromis au cours du développement, soit parce que la technologie n'est pas encore disponible, soit parce que les coûts sont supérieurs à ceux escomptés.

Dans cette phase, il peut y avoir de nombreux allers-retours entre les services marketing, les services de R&D et les bureaux d'études, afin de réaliser ces différents arbitrages.

Dans la méthode « design » (*design thinking*), il convient de prototyper très vite les projets de produit, afin de les présenter aux consommateurs, qui vont suggérer des propositions d'amélioration, qui donnent lieu à un nouveau prototype, etc.

Les tests de produit

Lorsqu'une première version du produit est développée, il convient de le tester auprès des clients appartenant à la cible marketing. Ceci permettra d'obtenir des retours contribuant à améliorer le produit. Ces tests peuvent se faire dans des locaux de société d'études ou au domicile des consommateurs, notamment lorsque l'on souhaite que le produit soit utilisé dans des conditions d'usage réelles.

Dans cette phase, il convient de distinguer les tests « marketing » qui permettent d'appréhender la perception, nécessairement subjective, du produit par les clients potentiels, des tests « techniques » qui permettent de vérifier la conformité à un cahier des charges. Ainsi, un concepteur de planches de bord pour l'automobile comme Faurecia pourra réaliser des tests de produit marketing pour comprendre si le matériau utilisé génère chez l'utilisateur une impression de qualité, si le toucher et l'aspect sont jugés comme agréables, si le tableau de bord est associé à une impression de puissance, de performance technologique ou de confort. Parallèlement il devra réaliser des tests techniques pour vérifier à la résistance à l'usure ou à la décoloration au cours du temps ou en cas de très forte chaleur par exemple.

Les tests de produit marketing sont en général fondés sur des méthodes quantitatives par questionnaires, dans lesquelles on interroge les clients sur leur perception globale du produit après usage ou consommation, puis où on analyse les impressions ressenties afin de vérifier qu'elles sont cohérentes avec le concept et les caractéristiques souhaitées pour le produit.

L'élaboration de la politique marketing

Au fur et à mesure que le produit est élaboré, les services marketing conçoivent et affinent la politique marketing qui le portera. Il s'agit d'abord de définir précisément sa cible et son positionnement en fonction du concept prédéfini. Ensuite sont prises les décisions relatives à la marque et à toutes les composantes du marketing-mix telles qu'elles sont analysées dans le reste de cet ouvrage. Lors de cette étape, certains tests peuvent être réalisés pour optimiser une composante du mix, par exemple des tests de pack pour vérifier la visibilité en rayon, des tests de prix pour vérifier la cohérence avec le positionnement et l'acceptabilité du prix envisagé par le marché, ou encore des prétests publicitaires pour améliorer la campagne prévue. À l'inverse des tests de marché décrits ci-dessous, ces tests permettent de faire le meilleur choix pour *un* élément de la politique marketing, mais ne tiennent pas compte des autres composantes décidées et notamment du produit lui-même.

Les tests de marché

Lorsque le produit est développé, il peut être utile pour l'entreprise de réaliser des tests de marché. Ceci est loin d'être systématique, mais est fréquemment utilisé par les entreprises de grande consommation pour leurs lancements les plus stratégiques. Les objectifs des tests de marché sont doubles :

- optimiser la stratégie de lancement, et notamment les différentes rubriques du marketing-mix ;
- faire des prévisions de vente, ce qui s'avère particulièrement important lorsqu'il est nécessaire de dimensionner un outil industriel ou de prévoir des commandes de matières premières.

Le principe des tests de marché consiste à simuler le lancement prévu pour observer les résultats enregistrés. Dans certains cas, on fait varier la politique de lancement et on observe les éventuelles différences de performance commerciale. Il existe trois méthodes de tests de marché. Il s'agit, par ordre croissant de réalisme :

- des *tests de marché simulés* : comme leur nom l'indique, il s'agit de « faire comme si » on lançait le produit auprès d'un échantillon de clients. Il s'agit donc d'une enquête *ad hoc*. Après un questionnaire identifiant les comportements et les préférences des consommateurs dans la catégorie de produits, on les soumet à un stimulus publicitaire avant d'observer leur comportement d'achat dans un magasin-laboratoire consistant en une reproduction réelle ou virtuelle (sur écran) d'un magasin ou d'un rayon. On donne ensuite le produit pour une utilisation à domicile, puis on interroge les personnes concernées sur leur degré de satisfaction avant de leur proposer de procéder à un réachat. Les prévisions de part de marché découlent des estimations des taux d'essai et de réachat. Rapides et confidentiels, ces tests permettent de tester de multiples variantes du plan de lancement et de comprendre les raisons de l'acceptation et du rejet du produit grâce aux questionnaires. Leurs limites majeures résident dans le caractère artificiel de la procédure adoptée ainsi que dans leur inadaptation aux produits très innovants ne correspondant à aucune situation d'usage préexistante ;

- les *marchés-tests fondés sur des panels* : il s'agit cette fois de réaliser effectivement le lancement dans une ville moyenne représentative du marché national. Le test est réalisé par une société de panel qui, grâce à des accords avec les enseignes de distribution locales, peut faire référencer l'innovation dans les conditions envisagées pour le lancement dans l'ensemble des supermarchés et des hypermarchés. Lorsque l'on souhaite tester différentes variantes pour le lancement, on peut faire varier le prix, les opérations promotionnelles ou le rayon d'implantation selon les magasins. Des campagnes de communication peuvent être réalisées par affichage, dans les radios locales et même à la télévision grâce à un système de décrochage par satellite. À l'aide des panels consommateurs et distributeurs, on observe pendant quatre à quinze mois le niveau et l'évolution des ventes, la fréquence des achats, et le profil des clients. Ces tests, particulièrement fiables et riches en enseignements, s'accompagnent toutefois de plusieurs inconvénients : un coût élevé, de longs délais de réalisation, l'absence de confidentialité autour du lancement en préparation et la nécessité de fabriquer le produit à grande échelle ;
- les *marchés tests réels* consistent à lancer le produit dans des conditions réelles mais sur une zone limitée. Typiquement, on commence par lancer le produit dans un pays avant d'effectuer un lancement européen ou même mondial. C'est ainsi qu'Actimel, par exemple, a d'abord été commercialisé en Belgique avant d'être introduit dans de nombreux pays européens. Cette approche présente l'avantage d'un réalisme absolu et permet d'étaler les frais de lancement dans le temps. Lorsqu'un lancement exige des capacités de production importantes dont l'entreprise ne dispose pas dès le début, cela lui permet de commencer à introduire le produit et éventuellement de bénéficier de la position de pionnier sur le marché en test. Cependant, il ne s'agit pas d'un test à proprement parler mais plutôt d'un lancement échelonné dont les conséquences néfastes seront importantes en cas d'échec.

Depuis quelques années, un nombre croissant d'entreprises ont recours aux tests de marché pour plusieurs raisons. Face au raccourcissement de la durée de vie des produits et aux risques importants d'échec commercial, elles font le choix d'optimiser en amont la stratégie de lancement afin d'éviter de devoir ajuster *a posteriori* leur politique marketing ou leurs prévisions de vente. Les marchés tests simulés sont ceux qui croissent probablement le plus, du fait de leur coût relativement réduit (comparé aux autres méthodes), de leurs délais de réalisation limités et parce qu'ils ont fait la preuve de leur fiabilité malgré le caractère artificiel de la procédure. Toutefois, ces méthodes restent limitées à quelques secteurs, comme la grande consommation et la parfumerie-cosmétique. Dans d'autres secteurs comme la high-tech ou l'automobile où les contraintes de production sont essentielles, on procède plutôt à un échelonnement géographique des lancements, en considérant parfois la première zone de commercialisation comme un marché test réel. Dans les services, tels la distribution, la coiffure, l'hôtellerie ou la restauration, on commence par ouvrir un point de vente ou de service avant de déployer une chaîne, le magasin pilote faisant alors office de marché test réel.

LE LANCEMENT

Une fois le développement du nouveau produit achevé, le second rôle du marketing intervient : il s'agit de mettre l'innovation en contact avec le marché. L'objectif à ce stade est de favoriser un décollage rapide des ventes. En effet, bien souvent, les innovations voient leurs ventes croître très lentement car il faut du temps aux clients potentiels pour savoir qu'un nouveau produit a été lancé, se renseigner sur lui et se faire une opinion, l'essayer puis l'acheter. Plus encore, de nombreux produits innovants ne parviennent pas à convaincre, comme en témoignent les nombreux échecs commerciaux. Dans ce contexte, le rôle du marketing est essentiel pour élaborer la stratégie de lancement adéquate et favoriser une diffusion rapide du produit.

Adoption et diffusion du nouveau produit

Pour élaborer le plan de lancement du nouveau produit, l'entreprise doit analyser le processus d'adoption habituel de la catégorie. S'agit-il d'un achat planifié ou spontané ? Les critères de choix sont-ils principalement rationnels ou l'émotion générée par le produit est-elle fondamentale ? Ont-ils besoin d'essayer le produit avant de se forger une opinion ou peuvent-ils se baser sur un descriptif de l'innovation ? On distingue habituellement trois types de produits dans ce domaine :

- les *produits d'apprentissage* sont ceux que leurs clients peuvent évaluer à partir d'un simple descriptif, sans nécessité d'essayer l'innovation ; c'est par exemple le cas d'un ordinateur portable dont les caractéristiques en termes de poids, de taille, de microprocesseur, de prix, d'apparence, suffiront à déterminer le choix. En phase de lancement, les variables essentielles seront donc la communication sur les caractéristiques intrinsèques du produit, sa présence dans les points de vente et son prix ;
- les *produits d'expérience* exigent d'être essayés par les clients pour que ceux-ci puissent se forger une opinion ; c'est par exemple le cas des produits alimentaires, des parfums ou des produits culturels et de loisirs comme le cinéma. Un descriptif du produit et de sa composition ne suffit pas à faire évaluer le produit, il faut imaginer l'expérience de consommation. Le lancement doit alors prévoir des dispositifs d'essai du produit, souvent sous la forme d'échantillons (comme dans le cas du parfum) ou de dégustations (produits alimentaires). Les bandes-annonces de films constituent une manière de faire vivre sur une petite séquence l'expérience qui sera ressentie en salle. On peut aussi prévoir des essais en magasins comme dans le cas des consoles de jeux ;
- les *produits de croyance* sont ceux que l'on a du mal à évaluer même après les avoir utilisés ; c'est par exemple le cas des produits associés à des bénéfices de santé, comme les vitamines ou les alicaments, ou des produits de beauté comme les produits amincissants : même après une utilisation régulière, il est difficile de se forger une opinion définitive sur leur degré d'efficacité. La croyance dans leurs bénéfices, liée à la politique marketing, est alors essentielle. La marque joue alors un rôle essentiel comme caution du produit, de même qu'une communication permettant de crédibiliser le produit, soit à travers des témoignages d'experts scientifiques, soit à travers des résultats de tests sur les performances intrinsèques du produit.

Ainsi, l'identification des leviers d'adoption permet de repérer les variables marketing fondamentales pour réussir le lancement. Il convient également d'analyser comment se fera la diffusion au sein du marché visé. Si l'adoption correspond au processus de décision chez un client (qu'il s'agisse d'un individu, d'un foyer ou d'une entreprise), la diffusion correspond à l'agrégation des décisions individuelles et se mesure au taux de pénétration.

De nombreux travaux ont analysé le processus de diffusion d'une innovation au sein du corps social et mis en évidence le poids des facteurs interpersonnels. La décision d'un individu donné d'adopter une innovation est en effet influencée par le nombre de personnes qu'il connaît et qui ont déjà adopté d'innovation, qui lui en parlent, qu'il peut observer, qui lui donnent l'idée et l'envie de l'adopter à son tour. Ce phénomène, connu sous le nom d'*imitation*, désigne à la fois l'observation de l'innovation dans l'entourage et les phénomènes de bouche-à-oreille. Son influence varie selon les catégories de produits : très importante pour les produits visibles à forte connotation sociale comme les téléphones mobiles ou la voiture, elle a une influence plus limitée pour des produits à usage privé comme les ampoules ou les aspirateurs. Ce phénomène peut jouer un rôle d'accélération essentiel pour la diffusion du produit et explique l'importance de bien choisir la cible initiale du produit afin qu'elle puisse favoriser le processus d'imitation.

La typologie des consommateurs selon Rogers

Le sociologue américain Everett Rogers a étudié de nombreuses diffusions d'innovations dans différents secteurs. Il montre qu'une innovation se diffuse dans le temps en suivant une courbe classique dite « en cloche ». Il propose la typologie suivante de consommateurs, selon le temps qu'ils mettent à adopter une innovation qui apparaît sur le marché.

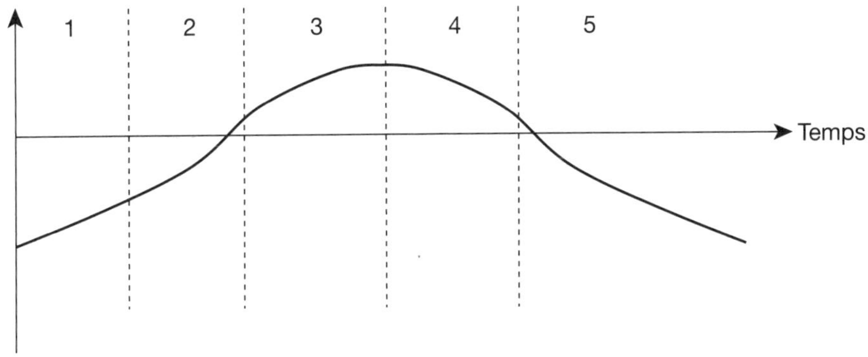

Les premiers (1) 2,5 % sont appelés les *innovateurs*. Ils sont en général experts de la catégorie de produits, fortement impliqués, et sont très informés sur la sortie des nouveautés. Ils ne sont pas très sensibles au prix.

Les suivants (2) (13,5 %) sont qualifiés d'*adopteurs précoces* ; on retrouve parmi eux beaucoup de leaders d'opinion.

Le groupe suivant (3) (34 %) forme la *majorité précoce* ; ils ne se décident que sous une certaine pression sociale et sont plus sensibles à l'opinion des autres que les deux premières catégories.

Le groupe suivant (4) (34 %) constitue la *majorité tardive*.

Enfin, les 16 % restants (5) sont les *retardataires*. Ils sont fortement sensibles au rapport qualité-prix et préfèrent adopter un produit dont la qualité a été reconnue par une forte proportion (84 %) de la population susceptible d'adopter.

La politique marketing à adopter varie donc selon le stade de diffusion de l'innovation auquel on se situe, et donc à la catégorie à laquelle on s'adresse.

La détermination de la cible

La cible de l'innovation doit être déterminée avec une double contrainte : s'adresser en priorité aux clients susceptibles d'adopter l'innovation rapidement de manière à favoriser les premières ventes et choisir des personnes influentes dans le corps social de manière à stimuler l'imitation et la diffusion.

Le premier objectif conduit à viser en priorité une cible d'« innovateurs », en avance sur le reste du marché et très impliqués dans la catégorie de produit, qui éprouvent des besoins et des attentes en avance sur le reste du marché. Dans la mode, on s'adressera aux personnes avides des dernières tendances ; dans les jeux vidéo, aux gros joueurs à l'affût des nouveautés. L'entreprise privilégie également les fans de sa marque, qui lui font confiance *a priori* et souhaitent connaître ses derniers produits. Ainsi, pour le lancement de chaque nouvelle génération de son iPhone, Apple s'appuie sur les fans de sa marque, qui se renseignent sur le produit avant même sa sortie et font des commentaires sur des sites Internet dédiés.

L'objectif de diffusion conduit à s'adresser aux leaders d'opinion qui divulgueront des informations sur l'innovation à leur entourage et sur Internet. Il peut s'agir de clients

Le lancement de Vitaminwater

La nouvelle boisson du groupe Coca-Cola a été lancée en France en avril 2009 sans aucune communication publicitaire, en tablant exclusivement sur l'événementiel et le bouche-à-oreille. Pour ce faire, elle a visé en priorité le monde du cinéma et de la mode en tablant sur leur influence et leur visibilité auprès du grand public. Elle a procédé ville par ville de manière à mailler progressivement le territoire.

La marque a d'abord identifié trois mille personnalités françaises la connaissant et l'appréciant (Pedro Winter, Charlotte Gainsbourg, Lou Doillon, etc.), et a fait d'elles ses ambassadeurs. Elle a développé des partenariats, parfois très informels, avec les événements phares de leur communauté comme la cérémonie des Césars ou les défilés de mode, en fournissant gratuitement ses produits. Pendant la semaine des défilés, elle a fourni les vestiaires en Vitaminwater. Jean-Paul Gaultier lui a même demandé de fournir une bouteille pour chaque chaise attribuée aux sept cents invités à son défilé.

Elle a créé des lieux éphémères, comme une plage au Festival de Cannes. Elle a redécoré et animé un appartement passage Landrieu (Paris VIIe) où elle a accueilli des événements, des soirées et des cours de gym pour personnalités triées sur le volet, et qu'elle a prêté pour des tournages. Plus de trois mille visiteurs y sont passés en deux mois.

Enfin, elle a distribué des échantillons.

Après un an, 30 % des Parisiens connaissent Vitaminwater – sans l'avoir jamais vu dans une publicité. La marque a un million de fans sur Facebook dont mille en France, et est référencée dans mille points de vente de la Région Île-de-France[a].

a. Source : « Vitaminwater passe de bouche à oreille » de Valérie Pothain, *CBNews*, 12 avril 2010, p. 18.

moins innovants mais influents. Il peut également s'agir de personnes qui ne sont pas clientes à proprement parler, des stars, des prescripteurs, des distributeurs, qui joueront le rôle de relais et d'ambassadeurs de la marque auprès des innovateurs et du grand public. Dans la cosmétique, par exemple, on réalisera des opérations de lancement à destination des dermatologues pour les inciter à conseiller le produit. Dans la mode, on identifiera les journalistes influents et les magasins phares comme Colette. Dans tous les secteurs, on repérera les blogueurs influents qui peuvent diffuser des informations sur le produit.

Les outils marketing et le moment du lancement

D'un point de vue opérationnel, le lancement d'une innovation s'appuie sur les outils habituels du marketing tels qu'ils sont présentés en détail dans les différents chapitres de cet ouvrage. Il s'agit ici de bien coordonner l'ensemble en fonction des objectifs visés : faire connaître l'existence du nouveau produit et informer sur ses caractéristiques ; faire essayer l'innovation, à domicile, en magasin, dans des salons professionnels… ; inciter à acheter une première fois puis racheter. L'ensemble des décisions relatives au marketing-mix doivent être analysées au regard de ces différents objectifs en déterminant soigneusement la cible et l'étape du processus d'adoption visées.

Pour ce qui concerne la gamme, la phase de lancement se caractérise par un nombre limité de références proposées, et ce pour plusieurs raisons. D'abord, les contraintes de production sont telles, aux débuts de l'existence d'un produit, qu'il convient de limiter de nombre de versions pour réduire les coûts et simplifier les processus logistiques. Ensuite, face à des clients incertains sur leur évaluation du produit, il paraît pertinent de ne pas complexifier davantage leur processus de choix en leur proposant de nombreuses variantes. Plus tard, lorsqu'ils connaîtront le produit et se formeront une opinion précise à son sujet, lorsque celui-ci s'adressera à une clientèle diversifiée aux attentes diverses, l'entreprise pourra élargir la gamme de manière à s'adresser à des segments de clientèle distincts.

En termes de prix, l'entreprise doit arbitrer entre un objectif de pénétration rapide du produit et des contraintes financières importantes liées aux investissements consentis pour développer et lancer l'innovation. Selon les objectifs de vente, les contraintes de production et les moyens financiers dont elle dispose, elle peut choisir un prix d'écrémage, élevé mais générateur de marge, qu'elle abaissera ensuite progressivement pour élargir la clientèle, ou un prix de pénétration permettant de maximiser les ventes à court terme et de s'imposer comme un standard de marché au risque d'assumer des coûts et des risques élevés.

En termes de communication, l'entreprise combine en général une communication dans les médias s'adressant directement à la cible visée et une communication destinée aux innovateurs et aux leaders d'opinion qui relayeront ensuite l'information. En phase de lancement, le poids du marketing viral et des relations presse est particulièrement important du fait de l'intérêt suscité par les nouveautés. Cependant, lorsque l'implication dans la catégorie de produit ou la marque est faible, la communication médias traditionnelle reste souvent prépondérante. Dans les secteurs *business-to-business*, la force de vente joue un rôle clé pour informer et expliquer le produit aux clients actuels et potentiels. Dans certains secteurs comme la high-tech, la téléphonie, l'informatique, les jeux vidéo, nombre d'entreprises procèdent à des *annonces préalables* de leurs innovations afin de sensibiliser le marché potentiel, faire connaître l'innovation et commencer le processus d'achat avant la mise sur le marché. Cette stratégie informe également les concurrents, ce qui peut faciliter la copie mais aussi dissuader certaines entreprises de se lancer dans des projets comparables.

En termes de distribution, enfin, l'entreprise doit faire face à la forte incertitude des distributeurs sur le succès à venir du nouveau produit. Ceux-ci peuvent être réticents à référencer l'innovation et souhaiter attendre qu'elle fasse ses preuves avant de l'accueillir dans leurs rayons. Les marchés tests peuvent alors constituer un argument déterminant. On peut également proposer l'exclusivité à une enseigne pour qu'elle-même fasse écho au lancement.

Un élément fondamental pour l'ensemble de ces décisions, et, surtout, pour leur bonne coordination, est le choix du moment de lancement. Celui-ci doit être déterminé en fonction de trois facteurs :

- la saisonnalité du marché, liée à la nécessité de bénéficier des ventes de la haute saison ; on tiendra également compte des événements qui ponctuent le secteur, comme les salons professionnels au cours desquels les médias relaient volontiers l'information sur les innovations ;
- les autres lancements prévus par l'entreprise, de manière à ne pas se trouver en concurrence interne avec d'autres projets en termes de budget ou d'efforts consentis par la force de vente ;
- les lancements prévus par les concurrents dans des catégories similaires de façon à éviter une concurrence frontale dans les médias et auprès des distributeurs ; la stratégie de lancement visant à être pionnier ou non influencera également les efforts consentis pour arriver avant les concurrents.

Le contrôle du lancement

Une fois le lancement réalisé, il importe de suivre attentivement les résultats obtenus pour pouvoir mettre en place les actions correctives adéquates. Les indicateurs de suivi sont multiples et ne se limitent pas aux ventes et à la part de marché. Il faut également suivre attentivement le taux d'essai et de réachat pour déterminer si une insuffisance des ventes est liée à la campagne de lancement trop peu incitative à un premier essai, ou au produit lui-même qui découragerait un réachat. Il convient également de suivre la notoriété du produit, le niveau de la distribution et les prix effectivement adoptés par les détaillants. À l'heure où les consommateurs diffusent facilement leur opinion sur les produits sur Internet, il est indispensable de suivre sur les blogs et les sites de consommateurs ce qui est dit sur le produit et de repérer les sources d'insatisfactions, voire les défaillances, évoquées. C'est grâce à un suivi soigné des différents indicateurs de performance que l'entreprise peut ensuite rapidement mettre en place des actions correctrices adaptées évoquées dans le tableau 7.3, et ainsi favoriser une adoption et une diffusion rapides du produit.

Tableau 7.3 – Les principaux problèmes apparaissant lors du lancement d'un nouveau produit

Étape du processus d'adoption	Causes possibles	Actions correctrices envisageables
Connaissance du produit	– Budget de communication insuffisant – Communication peu visible, peu compréhensible	– Nouvelle campagne de communication – Nouveaux choix en médiaplanning
Intérêt	– Création publicitaire pas assez marquante – Mauvaise attribution de la communication publicitaire au nouveau produit	– Changement de message – Changement dans la campagne de marketing viral et les leaders d'opinion
Essai	– Trop faible présence en magasin : référencement insuffisant, ruptures de stock – Mauvaise visibilité en rayon – Trop peu d'opportunités d'essai – Prix perçu comme trop élevé	– Actions auprès des distributeurs pour augmenter la part de linéaire et les stocks – Changement de packaging – Distribution d'échantillons – Promotions prix, introduction de références moins chères
Réachat	– Nombre de réacheteurs faible – Insatisfaction par rapport à l'utilisation : promesse décalée par rapport au produit, mauvaises instructions d'utilisation, faible performance effective du produit – Quantités moyennes réachetées trop faibles : occasions d'utilisation non comprises, prix perçu comme trop élevé	– Changement de positionnement publicitaire – Rédaction de nouvelles instructions d'utilisation – Modification du produit – Nouvelle communication sur les occasions d'utilisation – Baisse de prix

Adapté de Le Nagard et Manceau, 2005.

Ce qu'il faut retenir

L'innovation est indispensable pour les entreprises, mais également très risquée. Pour parvenir à innover efficacement, les entreprises doivent définir une stratégie d'innovation et identifier le degré et les sources d'innovation souhaités pour leur projet, en distinguant innovation technologique, d'usage et de *business model*. Elles doivent ensuite mettre en place un processus d'innovation, permettant de transformer les idées en offres commerciales. Ce processus comporte classiquement plusieurs étapes : la génération des idées, le filtrage, l'élaboration et le test du concept, le développement du produit, le développement de la politique marketing, les tests de marché. La phase de lancement elle-même vise à stimuler une adoption rapide et recourt aux différents leviers d'action marketing en fonction des caractéristiques intrinsèques du produit. En général, on s'adresse au départ aux innovateurs et aux leaders d'opinion qui serviront ensuite de relais pour assurer la diffusion du produit auprès de la cible dans son ensemble.

Références bibliographiques

Bloch A. et Manceau D. (2000). *De l'idée au marché : innovation et lancement de produits*, Vuibert, coll. « Vital Roux ».

Christensen C. (2003). *The Innovator's Dilemma*, HarperBusiness Essentials.

Cooper R. (2001). *Winning at new products*, Perseus Publishing.

Crawford M. et Di Benetto A. (2008). *New Products Management*, 9e éd., Mc Graw Hill.

Chan Kim W. et Mauborgne R. (2008). *Stratégie Océan Bleu : Comment créer de nouveaux espaces stratégiques*, Pearson, Village Mondial.

Gotteland D. et Haon C. (2005). *Développer un nouveau produit : méthodes et outils*, Paris, Pearson Education.

Le Masson P., Weil B. et Hatchuel A. (2006). *Les Processus d'innovation : Conception innovante et croissance des entreprises*, Paris, Hermès-Lavoisier.

Le Nagard E. et Manceau D. (2005). *Marketing des nouveaux produits*, Paris, Dunod.

Millier P. (2005). *Stratégie et marketing de l'innovation technologique*, 2e éd., Paris, Dunod.

Morand P. et Manceau D. (2009). *Pour une nouvelle vision de l'innovation*, rapport remis à Christine Lagarde, ministre de l'Économie, de l'Industrie et de l'Emploi, publié à La Documentation française.

Morin-Delerm S. et Le Nagard E. (2010). *Quels tests de concept pour le développement de nouveaux produits et services ?*, Marketing Trends Congress Proceedings, Venise, janvier.

Mustar P. et Penan H. (2003). *Encyclopédie de l'innovation*, Paris, Economica.

Prax J.Y., Buisson B. et Silberzahn P. (2005). *Objectif : innovation*, Paris, Dunod, coll. « Stratégies et Management ».

Rafinejad D. (2005). *Innovative Development and Commercialization of New Products*, Llumina Press.

Rogers E. (2005). *Diffusion of innovations*, 5e éd., Free Press.

Smith P. G. et Reinertsen D. G. (1998). *Developing Product In Half The Time : New Rules, New Tools*, 2e éd, John Wiley and Sons.

Trott P. (2008). *Innovation Management and New Product Development*, 4e éd., Financial Times Management/Prentice Hall.

Verganti R. (2005). *Design-Driven Innovation : Changing the Rules of Competition by Radically Innovating What Things Mean*, Harvard Business Press.

Von Hippel E. (2006). *Democratizing innovation*, MIT Press.

http ://www.oseo.fr, ancien site de l'Anvar, Services de l'innovation pour les PME-PMI.

http ://www.invention-innovation.com, site de la Fédération nationale des associations françaises d'inventeurs.

8

Du produit à l'expérience : le design ou les dessous du marketing

BENOÎT HEILBRUNN

Benoît Heilbrunn est professeur de marketing à l'ESCP Europe et à l'IFM (Institut français de la mode). Il est notamment l'auteur de La Marque *(PUF, coll. « Que sais-je ? », 2e éd., 2010),* Le Logo *(PUF, coll. « Que sais-je ? », 2e éd., 2006) et co-auteur de* l'ABCdaire du design *(Flammarion, 2003),* Le Packaging *(PUF, coll. « Que sais-je ? », 2011) et* Les Marques pour les nuls *(First Éditions, 2011). Il est également consultant en marketing et en stratégie de marque.*

« To design is to transform prose into poetry. »
Paul RAND.

« Tout est design, c'est une fatalité. »
Ettore SOTTSASS, Le Monde, *30 août 2005.*

« Design est [...] synonyme de destin. Poser des questions, c'est tenter de prendre en main le destin, avec les autres, de le façonner en commun avec eux. »
Vilém FLUSSER, Petite Philosophie du design, *Belfort, Circé, 2002, p. 93.*

Le lecteur est en droit de se demander ce que vient faire le design dans un ouvrage consacré au marketing. Serait-ce parce qu'ils sont apparus à la même époque ? Parce qu'ils s'originent tous deux dans la langue et la culture anglo-saxonnes ? Parce qu'ils sont tous deux intimement liés à des processus à la fois symbolique et économique de création de valeur ? Parce que le design servirait d'horizon à une pensée marketing souvent en quête d'idées et de sens ?

Il aura en effet fallu que des designers tels que Raymond Loewy démontrent aux industriels dans les années 1960 que *la laideur se vend mal* pour que l'esthétique devienne un critère essentiel d'élaboration des objets industriels. Or, si l'on accepte l'idée que le marketing est essentiellement une manipulation symbolique dans le but d'accroître la valeur marchande des objets marchands, autrement dit de transformer de la valeur symbolique en valeur économique, la parenté avec le design devient plus qu'évidente.

QU'EST-CE QUE LE DESIGN ?

Design, dessein, dessin

Mais au fait, qu'est-ce que le design ? Pour qui n'a pas vraiment réfléchi à la question, le design signifie souvent des meubles ou des voitures et telles sont d'ailleurs les icônes qui ornent toutes les couvertures d'ouvrage dits de design. Mais rouler et s'asseoir ne sont pas seuls champs d'investigation du design. Le design recouvre une diversité d'acceptions parmi lesquelles se chevauchent les notions de dessin, d'industrie, de technologie, de service, de graphisme, d'art décoratif, de style, de mode, de marque, de Web, etc. C'est un mot fourre-tout comme le sont les termes « environnement », « écologie » ou « développement durable ». D'où par exemple une extension des usages du terme à des activités telles que les services funéraires (l'embaumeur se dit *funeral designer* aux États-Unis) ou la coiffure (le *hair designer* n'est autre que le coiffeur outre-Atlantique).

Malgré la séduction immédiate que lui confèrent sa brièveté et son apparente intelligibilité, le terme « design » fait fréquemment l'objet d'une méprise ou d'un abus. En circulant souvent dans l'espace social à travers des expressions telles que « ça fait design ! », son usage laisse entendre qu'il ne renverrait qu'à des objets colorés, extravagants, gadgetifiés dans des univers tels que le mobilier, l'automobile, les ustensiles de cuisine, etc. Le design est donc implicitement considéré comme une intervention visible et remarquable, voire spectaculaire, sur les éléments formels et chromatiques des objets ; ce faisant on sous-estime la plupart du temps ses enjeux techniques, sociaux, culturels. Or le designer n'est pas qu'un metteur en forme. Comme le rappelle Roger Tallon, « le designer se distingue dans la production industrielle par sa capacité à transformer un ensemble de contraintes antagonistes en un produit lisible, utile ».

Dans la langue anglaise, le *design* signifie plusieurs choses selon que l'on considère le nom (qui exprime un champ d'activités), le verbe (qui indique une action) et l'adjectif (qui peut induire la caractéristique d'un objet).

Nul ne contestera que le terme de design dérive de celui de signe qui dérive lui-même du latin *signum* proche de trace, empreinte, signal, voire présage. Il y a donc des signes, derrière (et dans) le terme « design ». Or le signe est, rappelons-le, l'articulation d'éléments d'expression (son signifiant) avec des éléments de contenu (son signifié). La production du sens passe donc à travers des signes qui articulent le monde matériel (des formes, des couleurs, des matières) et le monde immatériel (des idées, des valeurs, des convictions).

Figure 8.1 – Le parcours étymologique du design

Dessein-Dessin-Dessign

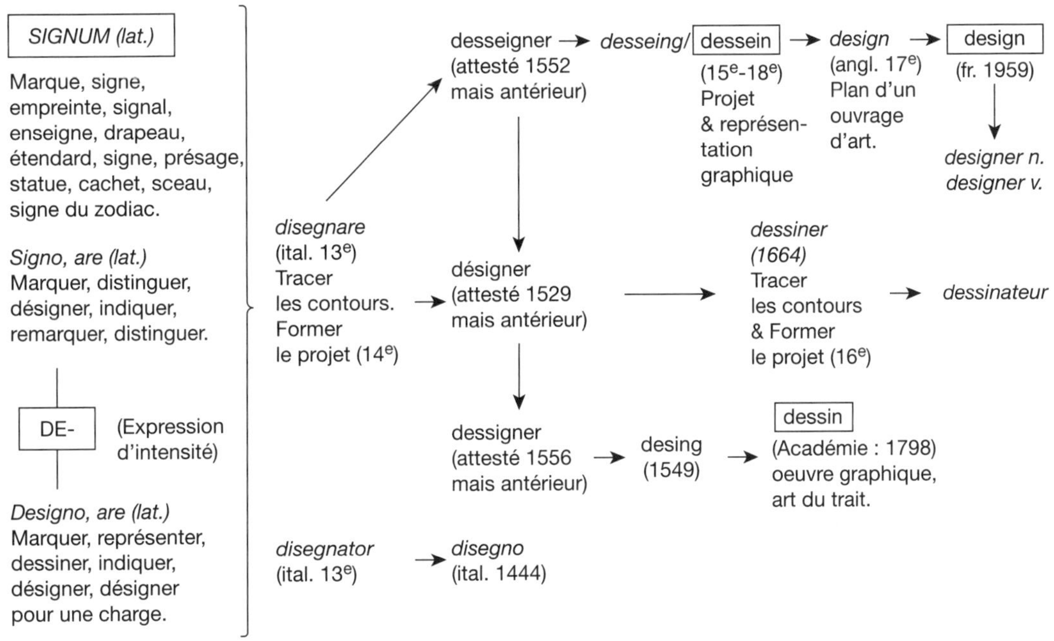

L'antécédent du design est donc le terme latin de *designo, are* signifiant « représenter, dessiner, indiquer » et d'où dérive probablement l'italien *disegnare* (qui apparaît au XIIIe siècle) signifiant à la fois « tracer les contours » et « former un projet ». À partir de là s'articulent nettement les deux dimensions essentielles qui donnent son sens au terme « design », à savoir d'un côté le *dessein* (au sens de projet) et de l'autre le *dessin* (au sens de représentation graphique et matérielle). Le terme *design* apparaît en anglais au XVIIe siècle au sens de plan d'un ouvrage d'art mais n'émerge dans la langue française qu'en 1959 ! Le design est donc l'ensemble des dispositifs qui visent à donner forme à un projet. L'idée de projection et de planification est importante dans le déploiement du design, d'où la parenté historique entre le développement du chemin de fer et le design. On comprend alors que le terme se soit largement déployé avec le machinisme et l'industrialisation.

Design et monde industriel

Qu'est-ce donc alors que le design ? L'être humain n'a certes pas attendu l'apparition du design pour s'asseoir ou se déplacer. Mais le design est, lui, destiné à la bonne réalisation de la grande production industrielle ; il découle d'un progrès technique et de ses conséquences et s'enracine dans une vision de la vie sociale et domestique propre au déploiement de la société industrielle. Il est donc toujours plus ou moins l'affirmation d'une vision politique et de choix de société dans le cadre d'une société qui est rompue aux principes de la rationalisation. Succédant à l'art nouveau à une époque où il existait un grand nombre d'artisans d'art, tant pour les meubles que pour les accessoires, le design propose une approche significativement différente des problèmes de création, raisonnable et rationnelle et non pas artistique comme on aimerait à nous le faire croire. Car contrairement à ce que l'on pourrait penser et en dépit de la notoriété de quelques designers français, la tradition française est passée à côté de l'idée de design en ne cessant de graviter autour des Arts décoratifs, c'est-à-dire d'objets de luxe qui n'étaient pas destinés aux classes populaires. D'où la très forte résistance culturelle des Français qui ont longtemps opposé à l'idée de design qui se diffusait progressivement dans les cultures anglo-saxonnes, l'idée d'esthétique industrielle. C'est pourquoi le design est un terme récent dans la langue française. Il recouvre un ensemble de pratiques qui ne se sont diffusées que tardivement, si l'on considère que le design acquiert ses lettres de noblesses avec l'Exposition universelle de Londres de 1851 qui le lance véritablement comme une discipline à part entière dans les pays anglo-saxons.

La mère porteuse du design est donc l'industrie avec le passage au XIXe siècle d'une production artisanale d'ustensiles limités à la production en série d'objets et de produits. Le design s'est comme enraciné dans le monde des entreprises au rythme des révolutions industrielles, des sciences appliquées, des innovations technologiques, des nouveaux matériaux en prenant en compte l'évolution des modes de vie et des modes de pensée. Dès lors, l'essor du design illustre le passage d'une logique artisanale à une logique industrielle de production des objets et l'évolution d'un cycle de production manuel à un cycle mécanique qui comporte une série de conséquences qui sont d'ordre économique, d'usage et de significations. On peut alors, comme nous y invite la figure 8.2, distinguer les objets produits manuellement de manière unique (modalité propre au régime artistique), les objets produits selon la recherche d'uniformité obtenue par des procédures manuelles (modalité propre au régime artisanal), les objets produits selon la standardisation mécanique de la production sérielle (modalité propre à l'industrie) et enfin les objets produits de façon mécanique mais selon la singularité propre à une signature porteuse de valeur ajoutée dans une logique industrielle (modalité du designer).

Figure 8.2 – Les différents modes de production des objets

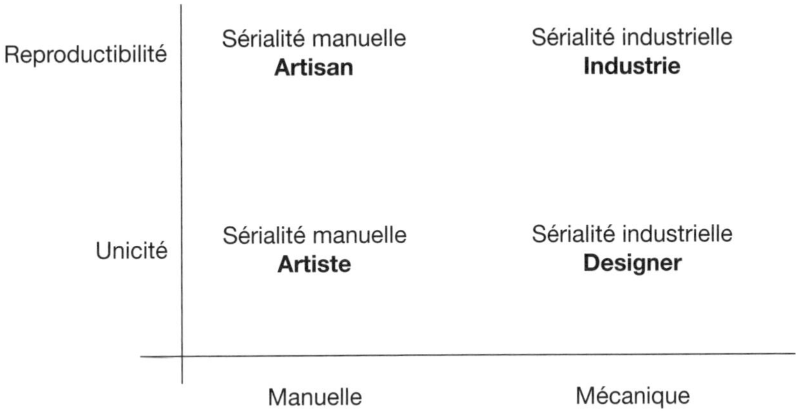

Source : Alessandro Zinna (2010), « À quel point en sommes-nous avec la sémiotique de l'objet ? », *in* Bernard Darras et Sarah Belkhamasa (sous la dir. de), *Objet et communication*, Paris, L'Harmattan, p. 76.

De la commodité à l'expérience

Comme l'ont judicieusement montré Pine et Gilmore, l'évolution des marchés se caractérise par des logiques d'enrichissement de la valeur et d'augmentation du prix de vente (phénomène de premiumisation) qui vise à la décommodification des offres en enrobant produits et lieux d'un imaginaire qui dépasse leur stricte valeur fonctionnelle.

Figure 8.3 – Le modèle d'enrichissement de la valeur

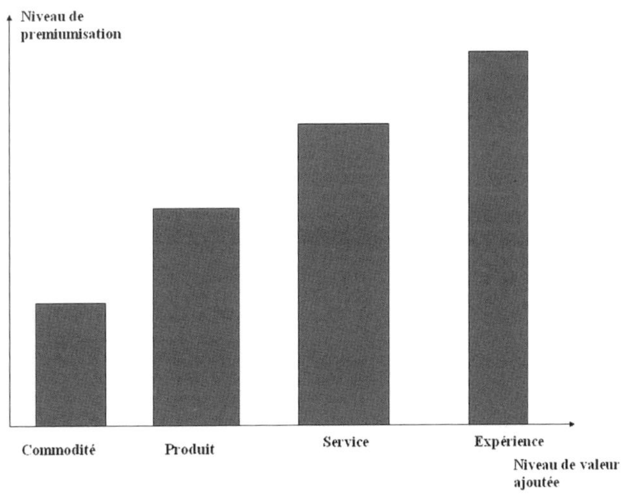

Source : adapté de Pine B. J., Gilmore J. H. (1999), *The Experience Economy : Work is Theatre and Every Business a Stage*, Harvard Business School Press, Boston, Mass.

Ainsi, le café, qui est à l'origine une commodité, peut être vendu sous forme de produit (avec des marques comme Carte Noir ou Jacques Vabre), sous forme de service (le petit noir que vous buvez au zinc avant d'aller travailler) ou comme expérience (lorsque vous allez passer un après-midi confortablement installé dans les fauteuils en cuir de Starbucks). Il existe donc un modèle d'enrichissement de la valeur qui permet d'identifier quatre modalités successives par lesquelles les entreprises peuvent créer et capturer de la valeur marchande avec leur marque :

- *la commodité* est un bien que les consommateurs ne peuvent différencier parce que dans une catégorie les commodités ont en apparence les mêmes fonctions, répondent aux mêmes besoins ne se singularisent pas. Il est difficile dans cette logique de créer de la valeur ;
- *le produit* qui a permis aux fabricants d'identifier leur offre, de créer de la différenciation et de créer chez les clients des préférences et de la fidélisation. Le développement du design accompagne donc l'apparition conjointe du marketing et des marques à partir du milieu du XIXe siècle aux États-Unis. Il s'agissait dès l'origine de permettre aux industriels de transformer des marchés de vrac et de commodité (blé, café, savon) en des marchés de produits (identifiés par un nom de marque) à plus forte valeur ajoutée. Le design va dès lors servir à identifier les produits et les marques qui servent de dispositifs de médiation sociale permettant de créer une relation fictionnelle entre les entreprises et leurs clients finaux. Avec l'économie des marques se met donc en place un système d'intermédiation marchande qui vise à établir une relation avec le consommateur final. L'essor du produit se caractérise par :
  - l'apparition de noms de marque sur les produits qui permettent de les identifier et donc de créer de la redemande. L'extension du nom sous forme de signe accompagné d'un symbole et d'un système de couleurs va contribuer à créer la notion d'identité visuelle,
  - l'avènement du packaging qui remplace l'emballage en papier (qui prévalait dans une logique de vrac) ; il permet aux produits de devenir de véritables acteurs dans une économie du libre-service et permet une identification des marques qui va au-delà de leur seul logo,
  - l'apparition des personnages de marque (ces « vendeurs silencieux ») qui visent à personnifier les produits pour leur donner plus de valeur,
  - la publicité qui remplace graduellement la réclame et qui sert à enrober le produit d'un imaginaire pour le rendre attractif ;
- le service qui permet d'intégrer une dimension relationnelle et donc d'enrichir le prix de vente ;

- l'expérience est le stade ultime de création de valeur pour les marketers. Dans ce cas, l'entreprise ne vend plus simplement un service mais une expérience à la fois sensorielle, relationnelle, esthétique qui peut être immersive et participative. Ainsi, on ne va pas simplement boire un café chez Starbucks : on peut déguster différentes variétés de café et de pâtisseries, confortablement installé dans un fauteuil en cuir, dans une ambiance *cosy*, climatisée.

L'expérientialisation de la consommation de café ne serait que le stade (ultime ?) de transformation graduelle d'un marché de commodités en marché de produits, puis de services et enfin d'expériences avec à chaque étape une culbute en termes de marge. Si Starbucks peut effectivement vendre (à des individus qui n'aiment pas foncièrement le café) un expresso au prix de 5 dollars, c'est parce que l'on y propose une expérience – un endroit climatisé, des journaux, des fauteuils confortables, et surtout le fait pour les fidèles d'être reconnus et appelés par leurs prénoms, ce qui n'a évidemment pas de prix ! – qui va au-delà d'un simple bénéfice fonctionnel.

La prétendue montée en puissance de la consommation dite expérientielle force justement le marketing à rentrer davantage dans la sphère d'intimité du consommateur en développant des modes opératoires liés au toucher, au goût et à l'olfaction ainsi qu'en témoigne par exemple l'essor des logolfs (les logos olfactifs) ou encore le développement du design tactile. En d'autres termes, le design pousse le marketing à quitter les rives des sens du lointain (la vue, l'ouïe), pour investir les sens du proche (le toucher, le goût) et toucher les clients au sens propre et figuré.

CHAMPS ET FONCTIONS DU DESIGN

Les champs du design

L'essor du marketing et des marques au XIXe siècle va donc de pair avec l'essor de différents niveaux d'intervention possibles du design : le produit, le packaging, l'identité visuelle, la signalétique en magasin, le merchandising, l'architecture commerciale, etc.

On peut alors mettre en évidence plusieurs champs du design qui peuvent intervenir dans la logique de capture de valeur :

- à la logique « produit » correspond le design produit qui peut correspondre à du design d'objet (une voiture, une théière), à du packaging (la couche d'emballage qui sert d'interface entre le produit et le consommateur). Le design produit inclut notamment du design volume (qui s'intéresse à la volumétrie, aux matériaux et à l'aspect d'un produit), du design graphique (étiquette, couleurs, logo et système d'identification visuelle), et du design sensoriel (avec des éléments qui ne sont pas strictement visuels) ;

- à la logique « service » correspond le design de la relation commerciale qui peut concerner toutes les modalités d'interaction entre l'entreprise et ses clients. Pour une entreprise comme la SNCF, le design de service inclut donc l'identité visuelle des rames, le système de signalétique dans les gares, les messages d'accueil en gare et dans les rames, la tenue du personnel, l'aspect physique des rames (sièges, disposition, couleurs, ergonomie des toilettes, situation de la voiture-bar, etc.) ;
- à la logique de l'expérience correspond (en plus de tout le reste) le « design d'environnement » qui est une mise en scène très précise, à travers l'utilisation de nombreux éléments (sons, odeurs, lumière, design) qui ont pour fonction de plonger le consommateur dans un monde complètement nouveau et différent de ce qu'il connaît. Ainsi les Hard Rock Café qui donnent aux clients l'impression de dîner en compagnie des icônes de la culture rock ou encore les magasins de Ralph Lauren qui recréent l'atmosphère d'un manoir de la Nouvelle-Angleterre, cossu, meublé avec goût, aux odeurs caractéristiques (encaustique, parfum masculin). Le magasin s'efforce de donner l'impression au client qu'il entre vraiment chez quelqu'un, le client oscillant alors entre fiction et réalité.

Les fonctions du design

S'intéresser au design, c'est accepter que les objets et les lieux nous parlent. Un objet (entendu au sens large) raconte quelque chose au-delà de sa seule valeur fonctionnelle. Il dit quelque chose de lui-même, du monde dans lequel il s'insère, d'un monde auquel il aspire, mais il parle aussi de son utilisateur. Il interroge à la fois le détail et l'ensemble, à savoir l'environnement social, technique et culturel dans lequel l'objet évoluera. Un objet dit toujours à quoi il peut servir, comment l'utiliser, quelles sont ses interactions avec l'utilisateur, etc. De ce fait, comme l'a montré Abraham Moles, le design vise à parer l'objet (ou le lieu) de plusieurs fonctions au nombre desquelles :

- une fonction informative : le design indique à quoi l'objet peut servir, d'où il vient, qui l'a fabriqué, il indique son prix ;
- une fonction de propagande montrant au consommateur les différentes situations et mode d'usage de l'objet ; un objet est toujours porteur d'une idéologie et d'une façon de voir le monde ;
- une fonction de consonance qui vise à montrer l'adéquation de l'objet aux attentes mais aussi aux désirs et rêves de l'usager et qui permet justement une intégration de l'objet dans un schème de perception et d'action ;

- une fonction de marquage social qui permet à son utilisateur d'exprimer son identité et d'indiquer une appartenance à une certaine communauté.

Ainsi, Jean-Marie Floch nous rappelle qu'« un couteau de poche en dit toujours plus sur celui qui le possède [...] Il est ainsi légitime, selon nous, d'imaginer que le manche d'un couteau est en fait prolongé par une certaine manière de faire, et que celle-ci témoigne, *in fine*, d'une certaine façon de vivre et d'être. En abordant les choses de cette manière [...] on vise à identifier sinon une culture [...] du moins une forme de pensée et un mode particulier de contact entre soi et le monde ». Ainsi, l'Opinel est le couteau de montagne qui propose une réponse unique pour chaque fonction ; c'est un généraliste qui semble dire à ses utilisateurs : « Débrouillez-vous » ; à l'opposé, le couteau suisse fonctionne comme un spécialiste en proposant une réponse spécifique par type d'usage ; il semble davantage dire à ses utilisateurs : « Servez-vous. »

Dans un même ordre d'idées, designer un espace de bureau, c'est nécessairement tenir compte de dimensions telles que les rapports de pouvoir et d'autorité, la circulation (ascendante, descendante et horizontale) des flux de communication, le degré de verticalité de l'organigramme, etc., dimensions qui se manifestent de façon matérielle à travers le cloisonnement ou non de l'espace, l'organisation du volume, des flux de lumière, etc. Si le design n'est pas un jeu gratuit de forme, c'est bel et bien parce qu'il engage une conception du monde. C'est ce qu'ont compris les grandes marques comme Hermès, Apple ou Disney qui ne proposent pas tant des produits que de véritables scénarios de vie à leurs consommateurs.

Le design au service des marques

Pourquoi un industriel fait-il appel à un designer alors qu'il pourrait copier ce qui est efficace chez ses concurrents ? Comme l'explique Roger Tallon, « c'est ici que l'image, l'empreinte interviennent en tant que protections. Il n'existe pas de design sans marque [...] Il n'existe pas de design italien, français ou allemand mais un design d'Olivetti, d'IBM de Braun, de Honda, de Nissan, de Canon... ». Les grandes marques se sont généralement construites sur de grands produits. Que l'on pense au 501 de Levi's, à la 2CV de Citroën, au stylo Bic, à la cocotte-minute de SEB, au Macintosh d'Apple, etc. Un produit permet d'ancrer une marque dans un écheveau de perceptions et d'associations qui vont fonder aux yeux des clients sa valeur ajoutée contributive.

Un produit se conçoit donc par rapport à un projet de marque. Or qu'est-ce qu'une marque, si ce n'est une histoire racontée sur des objets, sur l'utilisateur et sur le monde ? Si, par marque, l'on entend non pas un simple signe apposé sur des objets pour les distinguer et les différencier les uns des autres mais plus essentiellement une machine générant un univers de sens et des valeurs, alors la marque peut être comprise comme une promesse qui propose des modalités d'usage et des scénarios de vie. Ce qui fonde la légitimité d'une marque, c'est, outre un savoir-faire, un type d'histoire raconté sur les choses et les humains et sur les relations entre les deux.

Un bon exemple est le verre Perrier dessiné par Martin Szekely qui a contribué a relancé la marque au milieu des années 1990 après la dramatique chute des ventes consécutive à la rumeur sur la présence de traces de benzène dans le Perrier. En 1995, Perrier décide d'abandonner son célèbre quart pour lancer la bouteille de 33 cl (au même prix que le 25 cl) en l'accompagnant d'un verre spécifique. L'idée est que ce verre doit devenir une icône de la marque au même titre que la bouteille d'origine conçue en 1903 sur le modèle d'une massue indienne par Saint John Harmsworth, alors propriétaire de la source. Il doit renforcer la présence dans les cafés de la « princesse des eaux de table », ainsi que fut baptisée la marque dès les années 1870. Le verre est destiné à former un duo avec la bouteille mais son usage est différent ; en tant que pilier de bistrot, il doit être robuste et stable car manipulé, posé, reposé sans cesse. Mais son format doit également lui permettre de faire bonne figure sur un plateau, une table, un comptoir. Il doit aussi être pris en main et pouvoir accueillir une rondelle de citron, tout en permettant d'identifier clairement le logo de la marque. Le designer Martin Szekely, est choisi pour développer ce projet, déploie une philosophie des objets fondée sur l'économie des formes et l'essentialité. Sa quête se nourrit de questions telles que : « Quels sont les objets indispensables placés entre la Terre et nous ? » ou bien encore : « Qu'est-ce qu'un objet utile qui ne relève pas de la surconsommation ? » Il imagine un verre évasé capable d'offrir généreusement cette boisson qui jaillit d'une bouteille galbée qui semble, elle, protéger l'eau et ses bulles. L'image du gobelet ancestral en forme de cône tronqué s'impose à lui, d'où la forme conique du verre, légèrement évasée et une base cylindrique épaisse, qui déborde le cône et le rend plus stable (ce qui n'est certes pas innocent pour une marque dont le slogan a été pendant des années « Perrier c'est fou » et qui a longtemps utilisé les vertus de la déraison et de la folie, donc d'une sorte de déséquilibre perçu dans sa communication publicitaire). Avec ce verre, Szekely permet de relancer la marque, mais invente aussi un « design sans dessin », pour lequel seuls l'usage et le lieu commun ont imposé la forme. Signalons que l'objet de 300 grammes est ensuite fabriqué en verre trempé par Arc International par un subtil mélange de sable, de soude, de chaux et de groisil (verre concassé). Il est, depuis son lancement en 1997, devenu un véritable étendard de la marque, parce que, comme l'explique encore Martin Szekely, « c'est un produit qui ne divise plus le goût, il parle à tout le monde. C'est un objet d'ordre définitif ». En dépit de ses défauts d'usage (il n'est pas empilable, il est un rien encombrant...), il est devenu une sorte de mascotte de la marque qui renoue avec la longue lignée des ustensiles de bistrot qui ont fait la renommée de marques comme Dubonnet, Byrrh ou Ricard.

Un objet, c'est un scénario de vie. Ainsi, par exemple, le train Corail, ancêtre du TGV, dessiné par Roger Tallon, a changé notre représentation du train en important à la fois le design, le marketing et l'ergonomie dans l'univers du chemin de fer français. « Adieu le formica, les photos encadrées des châteaux de la Loire en noir et blanc, l'obscurité des compartiments, bonjour les espaces ouverts, les tablettes, les sièges confortables, la moquette fixée au plafond pour étouffer les bruits, etc. » Le Corail inaugure en effet un nouveau mode de transport espace ouvert, tout en rondeur et en douceur, éliminant les sacro-saints compartiments en alignant l'image du train sur celle de l'avion. Ne serait-ce que d'imaginer un bar entre la première et la seconde était révolutionnaire.

ÉLÉMENTS DE MÉTHODOLOGIE DESIGN

Structure, fonction, symbole

Le design aide les objets à produire du sens. C'est cette capacité à produire du sens (et donc de la valeur marchande dans une logique marketing) qui le distingue à la fois d'une logique purement fonctionnelle et de l'art pour l'art. Le sens, c'est d'abord le sens social qui investit l'objet lui permettant d'investir des relations sociales réelles ou virtuelles. « Cette virtualité et cette nécessité du social portent un autre nom : le symbolique. Un objet symbolique est un objet qui peut réunir des êtres humains où à partir duquel la relation entre humains peut se penser. [Ainsi] les objets "fétiches" – et donc les missionnaires chrétiens soulignèrent qu'ils étaient adorés pour eux-mêmes – sont éminemment "symboliques", gorgés de sens social, objets de culte sans doute mais par là même établissant, à travers la figure du dieu qu'ils représentent et incarnent à la fois, une médiation entre les hommes. » C'est pourquoi, poursuit l'anthropologue Marc Augé, les objets du monde industriels sont « porteurs de sens social, ne serait-ce que parce qu'ils sont en majorité consacrés à la circulation, à la communication [...] à la diffusion ou à l'enregistrement – bref à la relation entre les uns et les autres ».

Les consommateurs n'ont pas besoin d'une voiture mais de se déplacer confortablement, sans contrainte et en famille ; ils n'ont pas davantage besoin de dentifrice mais ils souhaitent avoir une haleine fraîche, pouvoir sourire sans contrainte et conserver le plus longtemps possible leur denture d'origine. Un produit ou un lieu se définit donc par :

- des éléments *matériels* (technologie, qualité physique, conditionnement, etc.) : il s'agit des attributs et de ses qualités sensorielles ;
- des éléments *fonctionnels* (ce à quoi il peut servir) : il s'agit ici des différents usages auxquels il peut répondre ;

- des éléments *immatériels* liés à des représentations imaginaires : il s'agit ici de sa dimension symbolique.

Partant de ce triptyque structure/fonction/symbole qui caractérise tout objet, il apparaît alors que le design est susceptible d'apporter trois grandes catégories d'innovations :

- des *innovations matérielles* : ainsi l'utilisation d'un packaging en *flow pack* pour le sucre Daddy ou les bouteilles de bière en plastique de Carlsberg ;
- des *innovations fonctionnelles* : des marques comme Sony Ericsson ou Apple ne cessent de faire évoluer les fonctions des objets qui chevauchent les univers de la communication, de la technologie et du divertissement ; la Smart a de la même façon tenter de modifier notre rapport à la mobilité urbaine pour nous faire redécouvrir la ville ;
- des *innovations symboliques* : ou bien encore la marque Kotex qui est la seule marque de produits d'hygiène féminine à n'utiliser que le rouge dans son packaging (couleur bannie par tous les concurrents) en réinvestissant cette couleur de tous les atours de la féminité. De la même façon, la marque Lush a importé dans les domaines de la cosmétique les codes de l'alimentaire.

Design et registres d'expérience

Le design ne se réduit donc pas à des objets tangibles, il peut concerner des éléments plus immatériels liés à des services ou des expériences. Un lieu est par exemple investi de valeurs à la fois fonctionnelles (sa valeur d'usage) et de valeurs émotionnelles qui prennent davantage en compte sa nature résolument polysensorielle. De fait, la pratique d'un lieu de service est par essence multi-modale, c'est-à-dire qu'elle est une expérience synesthésique qui convoque univers de consommation affectivisé et socialisé. Parler d'expérience c'est accepter que la consommation recouvre un ensemble de pratiques sociales par lesquelles les individus manipulent du sens et des symboles et échangent de la valeur, quelle que soit d'ailleurs la nature de cet échange ou de cette valeur (qui peut être économique, esthétique, ludique). L'expérientialisation des lieux marchands nous rappelle donc que la consommation n'est pas une activité périphérique, mais qu'elle affecte l'être humain en profondeur, dans sa chair, en ce qu'elle est essentiellement une opération de transformation. On peut alors envisager plusieurs niveaux d'évaluation et donc de valorisation d'un produit, qui sont successivement :

- le niveau *substantiel* lié à la valorisation des matières (le toucher d'une étoffe, la fragrance d'un parfum d'ambiance, les éléments du design sonore) ;
- le niveau *référentiel* qui renvoie aux différentes fonctions du lieu : s'amuser, se relaxer, rencontrer d'autres personnes, etc. ;

- le niveau *situationnel* qui met en évidence le cadre de consommation du produit et qui renvoie à différentes métaphores que peut recouvrir l'expérience de ce lieu : est-il assimilable à un jardin dans lequel on se promène, à une autoroute sur laquelle on circule le plus rapidement possible, un endroit féerique dans lequel l'on est amené à vivre des aventures dépaysantes, à un terrain de jeu, à une galerie d'art, etc. ?
- le niveau *interactionnel* qui met l'emphase sur les relations humaines impliquées dans l'acte de consommation du lieu. Est-on dans une logique purement transactionnelle, une logique relationnelle, Considère-t-on le client comme un visiteur, un ami, un passant, un flâneur ?

Design et scénarios d'expérience

Le rôle du design est donc de matérialiser un registre d'expérience, sachant qu'une modalité expérientielle est d'autant plus opérante qu'elle est capable : 1) de débanaliser le service tout en garantissant les valeurs d'usages de l'offre, 2) de créer de la surprise et de l'étonnement permanents, 3) de garantir des sensations inédites si ce n'est inoubliables et 4) d'être perçue comme inédite en reposant sur la mise en scène, la fiction ou l'imaginaire.

La fréquentation d'un lieu de service s'apparente à la quête d'un objet de valeur qui se matérialise sous la forme d'une expérience qui intègre à la fois une dimension d'usage et une dimension hédonique. La visite d'un tel lieu résulte tant de motifs individuels (affirmer sa personnalité, se distraire, se faire plaisir, rechercher des stimulations, etc.) que de motifs sociaux (tenir son rôle, avoir une expérience de vie sociale, rencontrer des gens ayant des intérêts communs, développer son statut, etc.). Partant de là, il est possible d'envisager quatre modes de registres d'expérience d'un lieu de service. Il peut s'agir tout d'abord de glorifier le lieu par une rhétorique *emphatique* liée au registre de l'extraordinaire ou du féerique, ainsi que l'illustrent la chaîne Rainforest Café qui recrée une ambiance tropicale en plein centre-ville ou encore Planet Hollywood qui permet (d'avoir l'impression) de dîner en compagnie de stars. Il est également possible de jouer sur la corde de l'*empathique* en insistant sur la thématique du lien et de la proximité ainsi que l'illustrent des chaînes telles qu'Ibis qui explorent la dimension proprement familiale du service. Le *phatique* est un autre mode de valorisation de l'expérience qui insiste sur l'idée de contact, de réassurance et de reproduction du passé ainsi que l'emblématisent tous les hôtels et restaurants qui surutilisent des éléments de décoration propres à une revisitation des codes du passé (chandeliers, nappes vichy, etc.). Enfin, le design d'environnement peut également investir le registre *pathique* en insistant sur le caractère émotionnel, passionnel et hyper-esthésique du lieu ainsi que l'illustrent par exemple des lieux de service comme les lounges qui surcodent les éléments tels que la musique, les épices, la sensorialité des hôtesses, les couleurs chatoyantes, etc.

Design et marketing

Logique de marketer ou logique de designer ?

Même si le design rassemble en général des objets emblématiques d'une époque, il est lié à une forme d'innovation technique et sociale et s'articule délibérément à la question de la différenciation. Mais cette idéologie de la différence qui résulte de l'infusion d'un esprit résolument marketing dans la conception des objets affiche clairement et rapidement deux écueils possibles ; le premier consiste à différer pour simplement différer au sein d'une idéologie qui ne serait que de pure différenciation. Ce registre de la différence banalisante est stérilisante car elle se calque sur les pratiques concurrentes et vise à créer des clones sans âmes. Ce type d'approche marque par une surabondance technique la pauvreté d'un projet. L'objet perd alors la parole ; il ne communique plus, ne dit plus rien de lui, de l'usager ou bien de son environnement. Cette approche est par ailleurs vouée à terme à une impasse du fait de la saturation des codes et de la lassitude générée chez le consommateur par la répétition *ad infinitum* de codes pré-établis dont l'arrogance et l'automaticité ne masquent que trop imparfaitement l'absence de projet véritable. Une autre raison, éthique celle-là, interdit le recours à cette approche de pur clonage des objets. Le second écueil consiste à faire adhérer très (trop !) étroitement l'objet aux attentes de consommateurs, qu'ils soient actuels ou potentiels. Il s'agit ici alors d'une approche prostitutive de l'objet dont la fonction première et dernière est la séduction (au sens premier de *se-ducere* : se porter au-devant de, attirer à soi).

Cette approche est apparemment cohérente avec l'idéologie marketing qui vise, rappelons-le, à circonscrire les attentes des consommateurs et à élaborer des objets qui puissent satisfaire au plus juste ces attentes. Or un véritable travail de design, même s'il ne peut certes pas oublier les consommateurs et leurs attentes, doit avant tout être capable de savoir dépasser, transgresser les attentes et les codes du marché. L'innovation doit tout à la fois anticiper et déborder la seule différence. Si le travail repose sur une observation des pratiques de consommation – comment utilise-t-on l'objet ? comment le regarde-t-on ? comment le touche-t-on ? etc. – il s'agit néanmoins de savoir dépasser le discours du consommateur sur l'objet, d'anticiper des évolutions technologiques, de débarrasser l'objet de sa gangue de préjugés (une chaussure de ski doit être lourde, un aspirateur bruyant, etc.). Il ne s'agit donc pas de caler son projet sur les attentes des consommateurs (où serait alors le designer créateur dans ce cas ?), mais de reconsidérer d'une façon fraîche l'articulation de l'offre et de la demande. Et c'est sans doute ainsi qu'il faut considérer une réelle approche marketing du design ; le marketing n'est en définitive pas une pratique consistant à élaborer un objet correspondant à des attentes préétablies, mais de reconfigurer le rapport (d'usage, esthétique, émotionnel) que les individus entretiennent avec des objets ; objets qui sont d'ailleurs essentiellement culturels parce qu'irrémédiablement marqués du sceau d'une époque, d'un genre, d'un type défini de pratiques et d'usages. Le designer est donc celui qui en reconfigurant l'objet va pouvoir modifier les rapports à la chose et faire advenir un nouveau type d'attentes. Ainsi, on peut attendre autre chose d'une brosse à dents que le seul fait d'être un objet fonctionnel « visant à enlever les morceaux de viande entre les dents » (formule ironique de Starck) ; pourquoi ne deviendrait-elle pas en effet un objet ludique, voire esthétique, qui puisse même devenir (pourquoi pas ?) un objet de décoration de la salle de bains. Le design vise donc à réinvestir l'objet de nouvelles valeurs. Il s'agit tout d'abord de le délester de sa simple valeur utilitaire (se doucher, se brosser les dents, etc.) pour lui permettre d'accueillir d'autres types de valorisations (émotionnelle, esthétique, etc.). En ce sens, l'on peut dire que le rôle du design est d'éviter habilement les deux risques inhérents à toute innovation, à savoir la répétition banalisante et la différenciation courtisane.

Les inférences perceptuelles

Un important mécanisme explicatif de la perception des produits par les consommateurs est celui des inférences perceptuelles par lequel le consommateur va déduire certaines propriétés du produit à partir d'autres attributs du produit ou des qualités notamment chromatiques et formelles du packaging (ou d'autres vecteurs de représentation de la marque). Ce mécanisme de transfert sensationnel est le levier déterminant de la plupart de nos relations sensibles aux produits. Ainsi, les consommateurs ont du mal à reconnaître le parfum d'un sirop transparent, d'où par exemple l'insuccès des colas transparents ou bien encore des sirops de fruits incolores. Sans parler de la forte résistance des consommateurs américains à l'égard du ketchup vert lancé il y a quelques années par Heinz. De même, comment évalue-t-on la force de l'arôme d'un café, si ce n'est par la force des couleurs du packaging ? Croirait-on au caractère décaféiné d'un café vendu dans un paquet noir ? Achèterait-on une boisson gazeuse au cola dont les codes visuels ne seraient pas le rouge et le blanc, couleur reprise par tous les concurrents de Coca-Cola (à l'exception de Pepsi-Cola qui fonde justement tout son discours sur le passage au bleu) ?

La prise en compte des inférences perceptuelles du consommateur, d'une part, et la sédimentation des codes due à des logiques mimétiques sur la plupart des marchés, d'autre part, expliquent le développement de conventions dans la majorité des catégories de produits : omniprésence du code rouge/blanc pour le cola, du brun et du noir pour le café, du blanc pour les yaourts, etc. Or ces conventions se déploient sur l'ensemble des attributs sensoriels des produits, ce qui conduit au développement d'une matrice gustative propre à la plupart des produits alimentaires industriels.

De cela émanent les attentes souvent stéréotypées des consommateurs à l'égard de la plupart des catégories de produits : ainsi un nettoyant ménager est-il perçu comme plus efficace s'il est parfumé au citron, au pin des Landes ou à la lavande. Mais il serait hasardeux pour un industriel de lancer un tel produit aux odeurs de fraise ou de banane sans qu'un travail conséquent et coûteux d'éducation du consommateur soit entrepris.

La logique holiste du design de marque

La mise en œuvre d'une stratégie design nécessite pour une marque de prendre en compte les interactions entre ses différentes formes d'expression. Le design chez McDonald's c'est à la fois la force de l'identité visuelle, l'agencement des restaurants, la construction architecturale des burgers, des desserts et autres mets, les différents types de packaging, mais aussi toutes les variables d'ambiance qui permettent de faire vivre au client une certaine expérience. Le design à la fois visuel, sonore, olfactif et bien sûr gustatif fait partie d'une expérience totale. Voyons par exemple comment cette expérience est relatée par un auteur qui s'est fait le chantre des plaisirs minuscules, Philippe Delerm :

> *« Le fast-food est un plaisir pervers. Une jouissance intellectuelle d'abord : la volupté de se vautrer dans le politiquement incorrect. Car c'est de cela qu'il s'agit. Les choses ne sont pas les choses. Quoi de commun entre un Coca domestique, gâcheusement livré dans sa bouteille de plastique trop molle, trop dure, et le Coca du fast-food ? ce dernier change déjà d'essence en fonction de sa taille […] Quelle que soit sa taille, le gobelet aura la même forme, les mêmes couleurs chaudes. Un couvercle vous empêchera de contempler son contenu. Cela pourrait paraître presque despotique, mais c'est tout le contraire : ce Coca invisible devient l'essence d'une boisson rare : on boit l'idée du Coca dans sa matérialité commune. Au centre du couvercle, un chalumeau coudé s'enfonce sans résistance et fait donc du Coca une boisson festive, non pas à boire mais à siroter. Le meilleur est peut-être dans l'entrechoquement des glaçons que l'on entend sans les voir en déplaçant le gobelet […] Même chose pour les frites. On peut en aimer la consistance légère, la taille fine, la couleur pâle. Mais on ne saurait les juger en toute objectivité lorsqu'elles sont servies dans une espèce d'étui à cigarettes qui en transforme la nature : ce ne sont pas des frites mais des blondes à fumer […] Même le strawberry-sundae sera consommé dans une béatitude nuageuse que la chantilly aseptisée, l'incertain parfum de la glace ne sauraient entamer. Car il flotte sous les lampes une atmosphère à la Hopper que le dépouillement du mobilier vient confirmer […] Rien ne dépasse du plateau, de l'invisible Coca, du hamburger sous coque de plastique, de l'étui de frites-cigarettes. »*

LE DESIGN OU COMMENT DÉPASSER LE MARKETING ?

Si le design et le marketing ont essentiellement grandi au cours du XXe siècle dans une forme de rivalité dans une culture française empreinte de judéo-christianisme et entretenant une sorte d'étanchéité culturelle et de frontière morale entre le domaine artistique et le domaine marchand, comment désenclaver cette opposition entre deux pratiques sociales productrices à leur façon de valeur économique et symbolique ?

Notre époque est à la fois celle qui porte à son point culminant le phénomène d'esthétisation de la vie quotidienne et qui témoigne également d'une indéniable misère symbolique à laquelle le marketing n'est pas étranger. Par misère symbolique, entendons l'incapacité à produire des objets de sens qui enrichissent les conditions de la vie et les relations humaines. C'est pourquoi on peut définir le design de façon générale comme une forme d'organisation de la vie sociale (le design c'est « l'anti-chaos », comme le disait Peter Buckminster). Il englobe les modalités par lesquelles l'homme donne une forme matérielle à des idées, des projets, une façon d'être et de vivre ensemble. C'est pourquoi Viktor Papanek, qui fut l'un des pionniers du design dit écologique, donne une définition du design qu'il faut absolument méditer pour comprendre sa visée ultime : « Le but final du design est de transformer l'environnement et les outils de l'homme et, par extension, l'homme lui-même. » Le design concerne donc l'élaboration d'un objet mais surtout la *relation* de cet objet avec les autres personnes qui vont s'en servir. Le design est donc (comme d'ailleurs la marque) une histoire de relation. L'objet est doté d'une valeur d'usage, ce à quoi il peut servir, mais il irradie aussi d'autres fonctions. Une lampe qui mime la lumière naturelle et s'adjoint des gazouillis d'oiseaux dès l'aube peut tout à la fois dénouer les relations au sein du couple ou au contraire les aggraver.

Or rappelons que le marketing parle beaucoup de produits mais presque jamais d'objets. Qui plus est, en parlant de produits, il actionne essentiellement des signes et du récit. La focalisation sur la dimension symbolique des produits et des marques a enseveli l'ancrage proprement matériel et charnel de l'expérience de consommation. On pourrait presque dire que, depuis les études pionnières de Jean Baudrillard, les analyses de l'objet ont constamment rabattu le signifiant sur le signifié évacuant de ce fait les dimensions matérielles et sensorielles de l'objet. L'effet d'un point de vue marketing se conjugue le plus souvent sur le mode de la spectacularisation par des logiques phatiques et emphatiques qui laissent finalement peu de place à l'expérience sensible. La question que pose le design est donc de savoir comment objets et lieux peuvent encore nous étonner, nous émouvoir malgré l'usure du quotidien et la saturation des effets rhétoriques propres à la société des marques.

Design et marketing que tout semble *a priori* opposer ont au moins cette chose en commun qui est de vouloir créer de la valeur, fût-elle fonctionnelle, symbolique ou émotionnelle, pourvu qu'elle se transforme en valeur marchande. Ayant de plus en plus de mal à capturer de la valeur sur des marchés banalisés et saturés, le marketing a depuis longtemps compris que le design pouvait être un recours pour redonner du sens aux produits et aux marques. Inversement, le designer qui n'est – qu'il le veuille ou non – pas un artiste, ne peut vivre qu'à partir du moment où les objets et lieux sont astreints au régime de la circulation marchande. C'est pourquoi marketing et design ont tôt compris l'importance d'un accord tacite pour créer et capturer de la valeur marchande sur des marchés banalisés et saturés. L'expérience ne serait alors qu'un concept bâtard résultant de l'accouplement tardif du design et du marketing...

Le marketing nous a donné des produits bons à penser alors que le design fournit des objets bons à regarder, à toucher. Alors que le design est résolument multisensoriel, le marketing qui est issu d'une culture essentiellement visuelle est resté quant à lui ankylosé dans une forme de diktat audiovisuel, passant du coup à côté du sensoriel et donc du sensible, quoi qu'en puissent dire les apôtres du marketing dit polysensoriel. L'emphase sur le positionnement et sur l'espace mental et émotionnel occupé par les marques a justement oblitéré la dimension sensible des produits, d'où le fait que le design soit l'ultime recours du marketing pour redonner du sens aux produits. C'est d'ailleurs une caractéristique du design français que de travailler à contre-courant de la signification première quoique enfouie du design. Comme le rappelle Vilém Flusser, le design est littéralement *dé-signer*, ce qui signifie ôter la dimension de signe à l'objet pour lui redonner, peut-être, sa capacité de résistance qui fonde sa raison ontologique.

D'où l'idée que le design a souvent été envisagé par les marketers comme une roue de secours pour justifier le recours à un imaginaire déconnecté des fonctionnalités du produit et légitimer un phénomène de premiumisation des produits consistant à vendre nettement plus cher que le prix de référence du marché. Les marques ont tout à la fois défonctionnalisé les produits tout en leur ôtant bien souvent leur valeur émotionnelle afin de faire porter la valeur sur des leviers ludiques, esthétiques, voire faussement expérientiels.

Accepter l'articulation nécessaire du marketing et du design, c'est envisager le passage d'une logique de l'objet à une logique du processus et de la relation alors que le marketing est davantage préoccupé par la captation des flux économiques, symboliques et émotionnels et donc d'absorption. Alors que le marketing est tout entier arc-bouté sur une logique de l'effet et de la finalité – il s'agit d'« aller vers », aller vers plus d'effet, plus de valeur, plus d'émotion – le design est davantage dans une logique de « l'aller entre » en fluidifiant les rapports entre l'homme et les objets de sens qui l'environnent. Dans le produit l'effet est fini, délimité et comme accompli ainsi qu'en témoigne le participe passé alors que dans l'objet s'articule la possibilité d'un écart, et donc d'un jeu qui va justement permettre de reconfigurer les relations de l'homme à son environnement. Dans cette fluidification s'inscrit justement cette volonté de démocratisation du design comme si les objets devaient sortir d'une logique d'ostentation pour être accessibles au plus grand nombre. Le design a donc une éminente propriété de reliance comme l'entendent Edgar Morin et Sami Naïr, à savoir comme « tout ce qui fait communiquer, associe, solidarise, fraternalise : elle s'oppose à tout ce qui fragmente, disloque, disjoint (brise toute communication), renferme. La reliance doit être comme la religion de ce qui relie, faisant front à la barbarie qui divise (le diable, *diabolus* étant le diviseur) ». C'est à cette seule condition que le design est à même de proposer des objets qui soient intersubjectifs et donc dialogiques. Le design nous confronte à une « pensée du "entre" », pensée de l'interstice, pensé de la liaison, et qui pourrait l'assimiler à une forme de composition proche du montage cinématographique.

Ce qu'il faut retenir

Le design n'est pas réductible au stylisme ou à la décoration. Qu'il s'exprime à travers un produit, un service ou des expériences, il vise à donner corps avec des éléments matériels (couleurs, formes, matériaux, etc.) à un projet de marque. Le design s'organise autour de trois axes qui sont la structure, la fonction et le symbole. Le design n'est donc pas une gesticulation désordonnée de signes visant à accroître la valeur marchande des biens ; il vise à donner de la signification aux objets et aux lieux marchands et c'est en ceci qu'il est consubstantiel au marketing.

Références bibliographiques

Augé M. (1993). « Préface », *in* J. de Noblet (dir.), *Design. Miroir du siècle*, Paris, Flammarion, p. 16-17.

Barré B. (2009). *All you need is L.OV.E. (Live the Oblique Vision Experience)*, Lyon Mag Éditions.

Baudrillard J. (1970). *La Société de consommation*, Paris, Gallimard.

Boutaud J.-J. (1999). « Analyses sensorielles : pour une sémiotique du goût », in *Les Métiers de la sémiotique*, J. Fontanille et G. Barrier (dir.), Limoges, PULIM, p. 61-73.

Cochoy F. (1999). *Une histoire du marketing. Discipliner l'économie de marché*, Paris, La Découverte.

Delerm Ph. (2005). *Dickens, barbe à papa et autres nourritures délectables*, Paris, Gallimard.
Fèvre A.-M. (2005). « Comme un message subliminal : le verre Perrier », in *Le Design*, série « Textes et Documents pour la classe », CNDP, n° 87, p. 16-18.
Floch J.-M. (1995). *Identités visuelles*, Paris, PUF.
Flusser V. (2002). *Petite Philosophie du design*, Belfort, Circé.
Guillaume V. (2003). *ABCdaire du design*, Paris, Flammarion.
Loewy R. (1963). *La laideur se vend mal*, Paris, Gallimard.
Midal A. (2009). *Design. Introduction à l'histoire d'une discipline*, Paris, Pocket.
Moles A. (1972). *Théorie des objets*, Paris, Éditions Universitaire.
Morin E. et Naïr S. (1997). *Une politique de la civilisation*, Paris, Arléa.
Tallon R. (2005). « Je reste un moderniste radical », entretien publié dans *Le Design*, série « Textes et Documents pour la classe », CNDP, n° 87, p. 22-23.
Tallon R. (2009). « Utile mais beau », in *Et soudain ils se parlèrent*, Paris, Le Cherche Midi, p. 240-249.

9

Le prix – calcul, gestion, évolution

JÉRÔME BON

Jérôme Bon est professeur de marketing et Senior Associate Dean *à ESCP Europe. De 2007 à 2009, il a exercé les fonctions de président du CFVG (centre franco-vietnamien de gestion) au Vietnam. Il est titulaire d'un doctorat de 3e cycle de l'université Aix-Marseille, d'un doctorat ès sciences de gestion de l'université Paris IX-Dauphine, HDR et d'un diplôme de l'ESSEC. Durant sa carrière à ESCP Europe, il a été successivement doyen associé à la recherche, directeur de l'Executive MBA, puis élu doyen du corps professoral de 1988 à 1994. Il a ensuite pris la direction déléguée du groupe ESCP-EAP (1998 à 1999) pour devenir directeur général adjoint d'ESCP-EAP, de 1999 à 2007. Jérôme Bon a été président du Chapitre des écoles de management de la Conférence des grandes écoles et président de l'Association française du marketing de 1994 à 1996. Depuis 2009, il est membre du comité EQUIS à l'EFMD.*

La fixation du prix de vente est un élément essentiel de la relation commerciale entre l'entreprise et le consommateur.

Pour le consommateur il s'agit de la valeur monétaire qu'il est prêt à accorder à la valeur d'usage et la valeur psychologique procurée par la marque et le produit. Le prix que le consommateur est disposé à payer dépend de l'intensité du besoin qu'il éprouve, de ses moyens financiers, de la confiance qu'il éprouve dans la marque, de l'existence et du prix des éventuels produits concurrents ou substituables. Le prix fixé par l'entreprise joue ainsi un rôle déterminant dans sa décision d'achat. Un prix bas (automobile, voyages *low-cost*) va dans certains cas permettre à une demande latente de se révéler, faisant ainsi naître de nouveaux marchés, dans d'autres situations un prix bas pourra au contraire générer de l'inquiétude et dissuader les acheteurs potentiels (éducation, médicaments…). À l'inverse un prix élevé peut être interprété comme un signe de qualité et de différence mais peut également dissuader les consommateurs potentiels qui n'ont pas des ressources financières suffisantes pour payer le prix demandé.

Pour l'entreprise le prix est un moyen de générer des profits en jouant sur le volume des ventes et sur la marge unitaire. On distingue traditionnellement, dans les ouvrages de stratégie inspirés de Porter, deux grands types de stratégies :

- *les stratégies de prix bas* qui consistent à générer du volume et à dominer le marché par les coûts. Le profit global provient alors du volume de vente élevé même si les marges unitaires sont faibles. Bien que ces stratégies *low-cost* aient été formulées il y a longtemps par Henry Ford avec la Ford T, Boucicaut avec Le Bon Marché ou plus récemment par Édouard Leclerc, elles prennent aujourd'hui un nouveau relief avec la montée du hard discount, des vols *low-cost*, des voitures *low-cost* et des ventes directes sur Internet ;
- *les stratégies de prix élevés* qui consistent à proposer des produits ou services innovants ou suffisamment différenciés de la concurrence. Ceci permet de pratiquer des prix relativement élevés grâce à la valeur fonctionnelle ou psychologique perçue par les clients. Le profit global provient alors des marges unitaires élevées même si les volumes sont limités.

Les stratégies de prix bas ou de création de valeur sont fondées sur l'idée d'un prix fixe identique pour tous les clients, mais il existe également des *stratégies hybrides* consistant à vendre des produits innovants à bas prix ou à vendre le même produit à différents prix en fonction de la période, des segments de clientèle ou des lieux de vente. Ces stratégies de discrimination tarifaire consistant à vendre un produit identique ou similaire à un prix bas ou un prix élevé en fonction de la situation se développent et font dire à certains qu'« il n'y a plus de prix ».

Quelle que soit la stratégie adoptée, elle doit reposer sur la maîtrise des coûts, de la valeur perçue par le consommateur et de la situation concurrentielle.

Les coûts

Comprendre les coûts

Les coûts sont des ressources (personnel, matières premières, locaux...) utilisées pour fabriquer un produit ou un service, ces coûts sont de différentes natures et reposent dans la plupart des cas sur des systèmes d'imputation ou des hypothèses qui ne représentent pas une vérité absolue et indiscutable.

Les coûts fixes

Les coûts fixes sont, contrairement aux coûts variables, des coûts qui ne changent pas même quand le niveau d'activité de l'entreprise change, il s'agit par exemple des frais du siège social, des locaux, de certains frais administratifs. Lorsque les coûts fixes sont élevés, le prix de revient unitaire baisse quand le niveau d'activité augmente car les coûts fixes sont répartis sur un plus grand nombre d'unités produites, c'est ce que l'on appelle les économies d'échelle. Dans cette configuration il est important pour l'entreprise d'avoir une stratégie permettant de vendre des quantités importantes. En réalité à long terme les coûts ne sont jamais complètement fixes et varient par seuil, il faut agrandir le siège social, construire une nouvelle usine, changer de système d'information pour s'adapter à un volume de ventes accru, il importe donc avant tout de s'assurer d'une bonne utilisation des capacités de production plutôt que de faire du volume à tout prix.

Des coûts fixes élevés représentent un risque si l'activité de l'entreprise vient à diminuer, en effet dans ce cas l'entreprise voit son coût unitaire de production s'accroître puisque les coûts fixes sont répartis sur un plus petit nombre d'unités et elle est écartelée entre la tentation d'augmenter ses prix pour mieux couvrir ses coûts et la tentation de baisser les prix pour retrouver des volumes plus élevés. Certaines entreprises cherchent à « variabiliser » leurs coûts fixes en externalisant les fonctions qui ne sont pas dans leur cœur d'activité (comptabilité, logistique…), une autre pratique pour les activités à coûts fixes très élevés (distribution d'électricité, opérateur de téléphonie…) est de faire payer les coûts fixes aux clients sous forme d'un abonnement auquel s'ajoute la facturation de la consommation, cette tarification bimodale permet de réduire les risques en calquant la structure tarifaire sur la structure des coûts.

Les coûts indirects

Les coûts indirects sont, contrairement aux coûts directs, les coûts qui ne peuvent pas être imputés directement à la fabrication d'un produit ou d'un service. C'est le cas de coûts qui sont supportés par l'entreprise mais qui n'entrent pas directement dans la fabrication d'un produit donné (par exemple les frais de siège social, les bâtiments lorsqu'ils ne sont pas affectés à une production unique, la publicité institutionnelle…). Dans ce cas on peut répartir ces coûts en adoptant une règle d'imputation qui varie suivant la nature des coûts, il peut s'agir du pourcentage du chiffre d'affaires, de la surface occupée, du volume de stockage… Cette imputation n'est qu'une représentation théorique du coût réel du produit car, quelles que soient les règles d'imputation, elles ne donnent pas toujours une image fidèle de la réalité, ainsi un produit dont le chiffre d'affaires décline constamment se verra imputer une part décroissante et faible des frais généraux alors qu'au contraire il requiert une attention constante.

Coût complet et contribution

L'imputation des coûts fixes et des coûts indirects permet de calculer ce que l'on appelle le coût complet et donne une image du niveau en deçà duquel le prix de vente ne devrait pas descendre, toutefois ce calcul en coût complet peut s'avérer dangereux car il repose sur des hypothèses qui sont parfois discutables et il risque de réduire la flexibilité et la capacité de réaction face aux offres promotionnelles de la concurrence. Pour permettre plus de flexibilité il est courant de travailler sur la base des coûts directs imputables sans ambiguïté à un produit donné et de se donner des objectifs de contribution aux charges indirectes.

Finalement plus les coûts fixes et les coûts indirects sont élevés, plus la politique de prix peut être flexible.

Marge et coefficient multiplicateur

Une façon traditionnelle de fixer les prix consiste à multiplier le prix d'achat par un coefficient fixe (par exemple 3 à 5 dans la restauration ou 2 dans la distribution de mobilier). Ce taux de marge ou coefficient multiplicateur présente l'avantage d'être simple à utiliser lorsque l'entreprise possède de nombreuses références, toutefois elle présente deux inconvénients majeurs.

D'une part elle peut renchérir excessivement le prix des produits haut de gamme et les rendre de ce fait invendables. Par exemple le coût d'un cru classé que l'on pourrait acheter 60 euros dans le commerce va se trouver à 200 ou 300 euros au restaurant et les ventes vont être très faibles alors que si on appliquait une marge fixe de 20 euros pour couvrir les coûts de stockage et d'ouverture de la bouteille la demande et le bénéfice pour le restaurateur seraient plus élevés. Il est souvent plus efficace d'utiliser une formule de fixation des prix moins fruste par exemple en associant un facteur fixe et un coefficient multiplicateur (prix = a + coût d'achat * b).

D'autre part l'utilisation d'un coefficient uniforme ne tient pas compte de la position concurrentielle des différents produits vendus alors que certains sont très visibles et exposés à la concurrence et d'autres sont moins exposés parce qu'ils représentent un enjeu moindre pour les acheteurs ou parce qu'ils sont plus différenciés des produits concurrents. Dans ce cas une modulation des coefficients permet d'améliorer la performance de l'entreprise. Par exemple une société vendant du matériel électrique en B-to-B va identifier trois catégories de produits, les produits exposés qui sont très visibles (marges faibles), les produits qui sont dans l'ombre (marges moyennes) et les produits invisibles sur lesquels on peut pratiquer des marges plus élevées.

Coût marginal

Lorsque la concurrence est très agressive, l'entreprise peut être tentée de vendre au coût marginal, c'est-à-dire au coût supplémentaire pour produire une unité supplémentaire pour obtenir un marché. Cette décision est dangereuse car elle ne permet pas à l'entreprise d'amortir et de renouveler ses investissements. Elle ne peut donc se justifier que de façon temporaire et marginale en cas de crise grave.

Les prix fondés sur les coûts

La recherche du coût le plus bas est une constante, que ce soit pour être plus compétitif sur les marchés établis, pour créer de nouveaux marchés ou pour améliorer les marges de l'entreprise.

Le low-cost

Le *low-cost* n'est pas un phénomène nouveau même s'il se développe en temps de crise et avec le développement des sites de vente sur Internet. Les principales orientations pour diminuer le coût d'un produit ou d'un service sont présentées ci-dessous.

Les économies d'échelles

Les économies d'échelle sont les économies réalisées grâce au volume de production. Ces économies sont particulièrement importantes lorsque les coûts fixes représentent une part élevée des coûts. Par exemple un opérateur de téléphonie a des coûts d'infrastructure très lourds (antennes ou réseau filaire, centraux, câbles sous-marins…) mais tant que son réseau n'est pas saturé le coût pour servir un nouveau client est très faible. En conséquence il réalise de fortes économies d'échelle, ce qui explique l'agressivité dont font preuve les opérateurs pour recruter de nouveaux clients qui rapportent du chiffre d'affaires et ne coûtent pratiquement rien.

Traditionnellement on considérait que les économies d'échelle se situaient principalement au niveau de la production, en réalité il y a de nombreuses autres sources d'économie liée au volume d'activité parmi lesquelles figurent les économies sur les achats, l'amortissement de la recherche et développement, la logistique, les frais commerciaux et surtout la communication puisque le coût des campagnes de publicité est indépendant du nombre de clients.

La standardisation

Henry Ford écrit dans sa biographie à propos de la Ford Model T lancée en 1908 : « Chacun peut choisir la couleur de sa voiture pourvu que ce soit noir. » La standardisation constitue toujours un moyen de réduire les coûts et Renault, lorsqu'il a lancé la Logan, a également réduit au strict minimum le nombre de versions proposées, de même que les enseignes de hard discount réduisent l'assortiment proposé aux consommateurs. Mais si la standardisation permet de réduire les coûts elle réduit également la satisfaction des clients.

Afin de réconcilier standardisation et individualisation on essaye de mettre en place des structures de production modulaires permettant de fabriquer en grandes séries des éléments standardisés et des méthodes d'assemblage permettant d'individualiser à faible coût les produits vendus. La construction automobile est très standardisée mais en jouant sur l'assemblage des différentes motorisations, des niveaux de finition, des options, des couleurs l'offre est suffisamment diversifiée pour qu'il soit aisé de reconnaître sa propre voiture. Benetton, au lieu de fabriquer des pull-overs avec de la laine déjà teintée, a mis au point un procédé lui permettant de teinter les pull-overs en fin de cycle (on parle alors de différenciation terminale), ce qui génère des économies (moins de stocks et d'invendus...) et permet de s'adapter rapidement à la demande des clients. Dell va plus loin puisqu'il offre à ses clients la possibilité de choisir par Internet la configuration qui leur convient. Le développement des sites marchands sur Internet permet d'augmenter la variété de l'offre proposée aux consommateurs sans nécessairement générer des coûts supplémentaires élevés. Chris Anderson dans son best-seller *The Long Tail* explique comment cette abondance de choix ouvre la voie à une transformation des marchés de masse en marchés à niches multiples.

L'analyse de la valeur et les innovations de procédés

Un des éléments essentiels dans la recherche de réduction des coûts consiste à éviter d'offrir des fonctions inutiles ou que certains consommateurs sont prêts à sacrifier pour bénéficier d'un prix plus bas. L'analyse de la valeur consiste donc à analyser en détail tous les éléments de coûts pour éliminer les fonctions n'apportant pas une valeur suffisante au consommateur. Les compagnies aériennes *low-cost* arrivent à avoir des coûts plus faibles que les grandes compagnies aériennes en augmentant la rotation des appareils mais également en simplifiant leur offre (transport point à point sans transfert de bagages, pas de repas à bord...) sur des aspects qui n'ont qu'une importance secondaire pour les utilisateurs de vols court-courriers.

Le Duster de Dacia

En 2010 la filiale de Renault, Dacia lance un nouveau 4 × 4, le Duster, qui rencontre immédiatement un grand succès grâce à un prix, 11 900 euros, très inférieur à tous les véhicules concurrents. Ce prix bas a été rendu possible en supprimant toutes les options superflues et en acceptant des normes de sécurité inférieures aux meilleurs véhicules (3 étoiles au crash test au lieu des 5 étoiles). Le résultat est une voiture dont le poids (1 160 kg) est inférieur de 300 à 400 kg à celui des véhicules concurrents et qui est de ce fait beaucoup plus économique aussi bien à l'achat qu'à l'utilisation.

Design to cost

La recherche de bas coûts est aussi un moyen de permettre à une demande latente de se révéler et de créer ainsi de nouveaux marchés. On dit chez Ikea que l'on conçoit l'étiquette avant le produit, on fixe ainsi un objectif de coût et l'on cherche comment atteindre cet objectif.

Le PC1 de Canon

En 1980, le directeur de Canon Keiso Yamaji donna le challenge suivant à ses ingénieurs : « Je veux que vous conceviez un nouveau photocopieur. Il ne doit pas être plus gros qu'une boîte à pain. Il ne doit pas être vendu plus de 1 200 dollars aux États-Unis. Et je veux qu'il soit prêt dans 18 mois. »

Bien que la mission paraisse impossible à une époque où les prix des photocopieurs existants étaient au moins dix fois plus élevés, les chercheurs trouvèrent de nouvelles idées, c'est par exemple en regardant une boîte de bière en aluminium qu'ils ont eu l'idée de concevoir un tambour photosensible léger et peu coûteux.

En août 1982, les premiers photocopieurs personnels, le PC 10 et le PC 20, permettaient à des millions de professions libérales et d'individus d'accéder à cette technologie dont le prix devenait accessible.

La Logan

Lorsqu'il a annoncé en 1998 le projet de construire une voiture *low-cost*, Louis Schweitzer, alors président de Renault, avait fixé un prix cible de 5 000 euros pour un véhicule robuste, nécessitant peu de révisions, offrant cinq vraies places et disposant d'un grand coffre. Pour réaliser cet objectif ambitieux, Renault décida d'emprunter de nombreuses pièces à des modèles existants tels que la Clio, la Mégane et la Laguna et, bien que le prix ciblé ait été un peu dépassé, la Logan connaît un grand succès avec déjà plus d'un million de véhicules vendus en 2010.

On peut appliquer la même démarche dans le secteur des services, comme l'a fait Accor lorsqu'il a lancé en 1985 la première chaîne d'hôtellerie super-économique avec un prix de nuitée à partir de 30 euros (valeur 2010) pour une chambre pouvant accueillir jusqu'à trois personnes. Même si l'offre est simplifiée à l'extrême, elle a permis de rendre service à de nombreuses personnes et a été à l'origine de la création d'un nouveau segment du marché.

Les stratégies de pénétration

Lorsqu'une entreprise lance un nouveau produit la question se pose de savoir si elle profite de cette innovation pour adopter une politique de prix élevés (stratégie d'écrémage) ou une politique de prix bas (stratégie de pénétration).

La stratégie de prix bas présente l'avantage de permettre une pénétration du marché plus rapide et de contribuer à diminuer les coûts unitaires grâce aux économies d'échelle réalisées (les coûts fixes sont amortis sur un grand nombre d'unités) et grâce à l'effet d'expérience ou d'apprentissage (les coûts diminuent grâce à l'expérience acquise qui permet d'améliorer les processus de production).

Les stratégies de pénétration sont particulièrement adaptées lorsque :

- la prime aux premiers entrants est forte. C'est le cas par exemple dans les activités de réseau ou lorsqu'il s'agit de lancer un nouveau standard, car la compatibilité avec la norme dominante et l'importance de la diffusion l'emportent souvent sur la performance technique ;
- la protection juridique et commerciale est faible. Si l'entreprise ne dispose pas d'une forte protection à travers des brevets ou une image de marque très forte (comme c'est le cas par exemple pour Apple avec l'iPhone et l'iPad), elle risque d'être rapidement copiée. Pour bénéficier pleinement de l'avantage que lui confère sa position de leader, elle doit rapidement avoir des volumes de ventes élevés ;
- l'élasticité de la demande au prix est forte. Si la demande augmente rapidement lorsque le prix baisse (on dit alors que l'élasticité de la demande au prix est forte), un prix d'introduction relativement bas permet de réaliser d'importants volumes de ventes. Dans ce cas un profit unitaire modeste est plus que compensé par le volume de ventes.

LES CONSOMMATEURS FACE AU PRIX

Comprendre le comportement du consommateur

Élasticité de la demande au prix et sensibilité au prix

On considère généralement qu'une augmentation du prix entraîne une réduction de la demande et on mesure cette élasticité de la demande au prix en rapportant la variation de demande à la variation de prix. Si le prix augmente de 10 % et que la demande baisse seulement de 1 %, on dira que la demande pour ce produit est peu élastique au prix, ce sera le cas généralement pour les produits de première nécessité. À l'inverse si une augmentation de prix de 10 % entraîne une chute de la demande de 30 % on dira que l'élasticité de la demande au prix est forte.

Cette relation entre le prix et la demande se vérifie dans de nombreux cas, toutefois ce n'est pas une relation mécanique et il existe de nombreuses situations dans lesquelles une augmentation de prix limitée n'a pas d'impact significatif sur la demande. Il existe même des situations anormales où l'augmentation du prix entraîne une hausse de la demande soit parce que le prix élevé permet à l'acheteur de montrer aux autres sa richesse (effet de snobisme), soit parce que les acheteurs pensent que cette augmentation va être suivie d'autres hausses de prix (effet de spéculation) ou enfin parce que les acheteurs sont appauvris et se reportent sur des produits de base même si leur prix augmente (effet Giffen).

La sensibilité au prix, c'est-à-dire l'importance du prix dans la décision d'achat, varie dans des proportions importantes en fonction des situations, comme a pu le montrer Nagle.

Cette sensibilité est faible lorsque :

- le produit est très différent des produits concurrents ou qu'il n'existe pas de substitut connu ;
- la comparaison avec d'autres produits est difficile ;
- l'achat représente une faible proportion du revenu ;
- la valeur procurée à l'acheteur est faible ;
- le consommateur ne paye pas ou se fait rembourser ;
- l'achat n'induit pas d'autres dépenses (consommables, énergie, produits liés) ;
- l'achat n'a pas de valeur d'expression sociale.

Valeur perçue et rapport qualité/prix

Un jeune restaurateur qui s'installe veut créer un restaurant très bon marché. Sa femme est décoratrice et conçoit une vitrine et une salle avec un design raffiné. Bien qu'il soit dans un lieu de passage, que ses clients soient très satisfaits et que ses prix soient inférieurs à ceux pratiqués par le restaurant italien qui se trouve à proximité, il ne parvient pas à augmenter la fréquentation de son restaurant. Il s'aperçoit finalement que le caractère soigné de sa façade donne l'impression aux clients de passage qu'il s'agit d'un restaurant cher alors que la façade criarde et la salle désordonnée du restaurant italien d'à côté véhiculent une image de restaurant bon marché et attirent la clientèle de passage.

La perception du consommateur est influencée par de nombreux facteurs (odeur, toucher, son, aspect visuel, goût) qui interviennent dans son appréciation.

Un bruit de porte mat sera interprété comme un signe de qualité, une bouteille élancée va donner une impression de volume, un packaging noir et or véhiculera une impression de luxe.

Le consommateur apprécie la valeur d'un produit ou d'un service sur deux dimensions principales, la valeur utilitaire, qui peut se mesurer partiellement à travers les caractéristiques techniques, et la valeur psychologique ou symbolique, qui dépend de l'aspect du produit et de l'image de la marque. Puis il compare cette valeur au prix qu'il doit payer pour voir si l'achat « vaut le coût » et a un bon rapport qualité/prix.

La perception du prix est également influencée par la présentation de ce prix.

Le prix de référence

Un consommateur pensera généralement qu'un kilo de pommes de terre à 10 euros est très cher alors qu'un kilo de caviar à 100 euros est très bon marché et ceci même s'il préfère les pommes de terre au caviar. Le consommateur a donc une perception du prix qui dépend de son expérience (prix de référence interne) et du prix des produits comparables ou substituables (prix de référence externe).

Cette référence ancrée dans la tête du consommateur a deux conséquences importantes en termes de politique de prix :

- les augmentations ne doivent pas être trop importantes et trop brutales, il est généralement préférable de lisser les évolutions de prix afin de ne pas déstabiliser le consommateur par une augmentation supérieure à 10 % ;
- si l'on propose un produit qui s'écarte de façon importante du prix de référence, il faut pouvoir justifier cet écart de prix, quel que soit le sens de cet écart, en plus ou en moins.

La relation qualité-prix et la zone de prix acceptable

La toute première question qu'un vendeur va poser à un client qui rentre dans un magasin pour acheter une chaîne haute-fidélité est : « Quel prix voulez-vous mettre ? » Le client pense implicitement que plus il paye cher, plus la qualité de la chaîne sera bonne. Cette idée suivant laquelle un prix élevé correspond à une qualité élevée est très répandue surtout lorsqu'il s'agit de produits techniques ou de services immatériels. En effet, dans ces cas, le consommateur estime ne pas avoir les compétences pour juger la qualité par luimême. On dit alors que le prix est un indicateur secondaire de qualité.

La conséquence de cette perception d'une relation entre la qualité et le prix est que chaque consommateur a, vis-à-vis d'un produit, un seuil en deçà duquel il a peur que le produit soit de mauvaise qualité. Par exemple s'il se renseigne sur l'offre de MBA il jugera qu'en dessous de 15 000 euros la qualité risque d'être insuffisante et il éliminera d'emblée les programmes dont le prix est inférieur à ce seuil. Comme par ailleurs il a en tête un prix au-dessus duquel il juge que ce serait trop cher, il pourra également éliminer les programmes dont le prix est supérieur 40 000 euros. Il n'examinera donc plus en détail que les programmes qui se situent dans sa zone de prix acceptable, soit de 15 000 à 40 000 euros.

Il est courant de réaliser des études pour connaître les zones de prix acceptable avant le lancement de nouveaux produits.

Les prix fixés par rapport au consommateur

Value pricing

La fixation du prix par rapport à la valeur apportée au consommateur nécessite de bien identifier les avantages différentiels que l'on apporte par rapport à la concurrence et de mesurer la valeur qu'ils représentent pour le consommateur.

D'une certaine façon le prix que le consommateur est prêt à payer est une mesure de la valeur apportée par l'entreprise en termes d'innovation, de fiabilité, de garantie, de design ou d'image de marque.

La friteuse Actifry de SEB

SEB est une société innovante qui a mis au point Actifry, la première friteuse qui permet de faire des frites avec 3 % d'huile contre 18 % pour les friteuses classiques. Compte tenu de l'importance que les consommateurs accordent à la diététique et de la crédibilité de la marque, le prix moyen de vente au public est de 229 euros contre 50 à 100 euros pour la plupart des friteuses classiques. Malgré ce prix élevé, il s'est vendu plus d'un million de friteuses Actifry dès la première année.

Pendant longtemps les grandes marques leaders ont pu pratiquer des prix beaucoup plus élevés que les marques ordinaires en jouant sur l'innovation et sur leur notoriété pour créer une différenciation perceptuelle et une préférence au niveau des consommateurs. En situation de crise certains consommateurs remettent en question leurs habitudes et renoncent à payer trois fois plus cher des produits offrant à peu près le même service, on assiste ainsi par exemple à une désaffection croissante des clients pour les grandes marques d'eau minérale. La prime accordée aux grandes marques n'est donc pas un acquis définitif et pour la maintenir elles doivent sans cesse innover et entretenir leur image. L'importance de la prime dépend alors de la capacité d'innovation et de la qualité de l'image de la marque.

Écrémage

Lors du lancement d'un nouveau produit se pose la question de savoir si le prix de lancement doit être bas (stratégie de pénétration) ou élevé (stratégie d'écrémage).

Cette question est avant tout une question qui dépend :

- du niveau de protection juridique, technologique ou commerciale dont bénéficie la marque ;
- de l'élasticité de la demande au prix ;
- de la structure des coûts et des économies d'échelle réalisables ;
- de l'importance d'acquérir des parts de marché élevées rapidement.

Toutefois même lorsque la stratégie choisie est à terme de pratiquer des prix bas, il est souvent possible d'écrémer le marché au départ pour tirer parti de l'effet de nouveauté. En effet les premiers acheteurs sont des innovateurs qui sont plus sensibles à l'attrait de la nouveauté qu'au prix. Dans ce cas le prix d'introduction est élevé et il baisse rapidement (6 mois à un an plus tard) pour permettre un développement plus large du marché.

Justification du prix

Lorsque le prix de vente proposé par l'entreprise s'écarte du prix de référence des consommateurs, il est souvent nécessaire d'expliquer les raisons de cet écart.

Par exemple un fabricant de lampes LED qui vend son ampoule deux à trois fois plus cher que des ampoules fluo compactes justifiera son prix par la faible consommation des lampes LED et par leur longévité.

On peut également associer une qualité élevée à un prix bas à condition de justifier les raisons qui permettent d'obtenir un prix bas sans compromettre la qualité.

La justification des prix bas d'Ikea

Ikea a une stratégie hybride consistant à associer qualité, design et prix bas. Pour crédibiliser ce positionnement Ikea doit justifier que ses prix bas sont obtenus sans sacrifier la qualité. Les justifications fournies aux clients sont les suivantes :

1. le self-service. Le consommateur transporte et monte ses meubles lui-même ;
2. une distribution efficiente sans intermédiaires et un transport facilité par la présentation en kit à plat ;
3. une analyse de la valeur en coopération avec les fournisseurs pour améliorer le processus de production et réduire les coûts ;
4. une approche *design to cost*. Ikea détermine le prix d'abord et cherche les moyens de produire au coût cible afin de donner de la valeur à bas prix ;
5. des économies d'échelle rendues possibles par son volume d'achat et de ventes dans chaque magasin.

Présentation du prix

Prix ronds et prix d'appel

Les prix d'appel ont pour but d'attirer le consommateur en proposant un prix bas « à partir de » pour une version simplifiée du produit (voiture sans direction assistée) ou une prestation de base (formule de restaurant sans dessert et sans boisson) tout en sachant que la plupart des consommateurs choisiront au final une version plus élaborée.

Il est également fréquent dans des magasins à bas prix ou à l'occasion d'offres promotionnelles de fixer des prix se terminant par 99 afin de ne pas passer le seuil psychologique d'un prix rond tel que 100 ou 1 000. Cette pratique semble efficace lorsqu'il s'agit de produits bas de gamme mais elle peut décrédibiliser la marque et être dangereuse pour des produits réputés.

Forfait et garantie

Le consommateur qui achète un produit ou un service impliquant se trouve souvent dans une situation d'incertitude car il ne dispose pas d'une information complète sur le coût de la prestation. Afin de rassurer le consommateur il peut être utile de réduire cette incertitude en lui donnant une information plus complète sur le prix de la prestation ou en lui donnant une garantie de prix.

Dans le domaine de la réparation automobile il était courant de facturer le client en fonction du temps passé. Cette pratique génère une incertitude forte concernant le prix final de la prestation. La société Midas a adopté une nouvelle pratique en établissant un prix type pour diverses opérations d'entretien et de réparation courantes et en s'engageant à l'avance sur ce prix. Cette pratique du forfait s'est maintenant étendue aux réseaux de concessionnaires automobiles pour la majorité des opérations.

Une autre source d'incertitude porte sur la qualité du produit vendu surtout s'il s'agit d'un produit nouveau ou d'un produit d'occasion. En effet dans ce cas un prix bas risque d'être interprété comme un signe de qualité inférieure et un prix plus élevé risque d'être jugé comme trop élevé compte tenu du risque perçu concernant la qualité ou la performance du produit.

Prenons l'exemple, cité par Akerlof, d'une voiture d'occasion. *A priori* le client n'a pas autant d'information sur la qualité de la voiture que le vendeur. Cette asymétrie d'information entre acheteur et vendeur rend la transaction peu probable en raison du risque perçu par l'acheteur. Si le vendeur ajoute une information sous forme de garantie pour l'année à venir, la valeur perçue par l'acheteur augmente et la probabilité pour que la transaction se fasse augmente également.

La garantie de prix et de qualité est un élément important chaque fois que l'acheteur potentiel souffre d'un déficit d'information et estime prendre un risque, notamment lorsqu'il s'agit de produits innovants et coûteux.

Coût du prix, prépaiement et ventes à crédit

Lorsqu'un consommateur fait ses courses au marché, il achète un produit et paye simultanément. Si cette modalité de transaction prévaut dans de nombreux cas, il existe de nombreux cas où la fourniture du produit et le paiement sont dissociés pour différentes raisons :

- réduire le coût du prix et les risques d'impayés : lorsque le prix unitaire du produit ou du service est très faible, il est utile de trouver les moyens de réduire le coût et le risque d'impayé. Dans cette optique on pourra faire des ventes par lots, des ventes par abonnement ou des ventes prépayées par Internet ou par des monnayeurs. La méthode de paiement utilisée est également un moyen de segmenter la clientèle. Prenons l'exemple de la facturation des appels à partir d'un téléphone mobile. Dans un pays développé comme la France, la formule de l'abonnement domine alors que dans des pays en voie de développement comme l'Algérie, le Vietnam ou les Philippines la majorité des utilisateurs utilisent des cartes prépayées. Cette pratique du prépaiement, qui offre à l'utilisateur l'avantage de pouvoir mieux contrôler ses dépenses, est étudiée également dans un pays comme le Brésil pour la fourniture d'électricité et d'eau aux populations défavorisées ;
- favoriser les ventes : l'offre de crédit par le fournisseur est une pratique courante dans tous les achats avec des délais de paiement variables et pour la vente de biens d'équipement aux particuliers (télévision, mobilier, voitures). Cette possibilité de crédit a un coût et les entreprises offrent alors généralement des escomptes pour paiement comptant.

Tarification duale

La plupart des foyers français ont un abonnement à l'électricité, à l'eau et au téléphone et payent tous les deux mois ou chaque mois leur abonnement et le montant de leur consommation. Il s'agit d'une tarification duale comprenant deux éléments, un coût de raccordement au réseau et un coût de consommation du service.

Ce mode de tarification est particulièrement bien adapté aux situations dans lesquelles les coûts fixes de réalisation et de maintenance du réseau sont élevés. Il permet de :

- réduire le risque de couverture des frais fixes. En effet même en cas de baisse de la demande les frais fixes sont partiellement couverts par le montant de l'abonnement ;

- stimuler la demande car le coût de consommation d'une unité supplémentaire est plus faible que si l'ensemble des coûts fixes étaient imputés au coût de consommation ;
- segmenter la clientèle à travers des packages tarifaires. Il est possible par exemple de proposer des tarifs d'abonnement élevés avec des coûts de consommation relativement faibles pour cibler les gros utilisateurs et à l'inverse des coûts d'abonnement faibles et des coûts de consommation élevés pour les petits utilisateurs.

Il existe de nombreuses situations (centres de remise en forme, instituts de beauté…) dans lesquelles il est possible d'utiliser une tarification duale même dans des domaines inhabituels.

Costco

Ainsi, la chaîne de distribution alimentaire et généraliste Costco fait payer une carte d'adhérent dont le prix est de 50 ou 100 US dollars par an donnant accès au magasin et à des remises supplémentaires pour la carte à 100 dollars. Cette politique tarifaire permet à Costco de pratiquer des marges inférieures à ses concurrents et d'attirer et fidéliser de gros consommateurs.

Tarification autosegmentante

Sur le marché il existe différents segments de clientèle qui ont chacun des besoins et des attentes différentes vis-à-vis du service acheté. Ces différentes attentes sont connues de chaque acheteur individuel mais généralement inconnues par l'entreprise et, même si elles étaient connues, il serait très difficile à l'entreprise d'atteindre de façon spécifique ces consommateurs. Pour révéler ces préférences cachées on peut définir une gamme de packages tarifaires.

Prenons l'exemple d'une personne qui souhaite aller de Paris à Bruxelles par le train Thalys, elle pourra choisir entre :

- le tarif Hi Life offrant la possibilité d'échange illimité y compris au moment du départ (141 euros en 1re et 90 euros en 2e, août 2011) ;
- le tarif Smoove ni échangeable ni remboursable (59 euros en 1re et 30 euros en 2e).

Tableau 9.1 – Package tarifaire et segmentation

Flexibilité / Confort	Smoove non flexible	Hi Life flexible
1re classe	59 €	141 €
2e classe	30 €	90 €

Tarif aller Paris-Bruxelles en Thalys (août 2011).

Le choix du tarif sera révélateur de la sensibilité au prix de l'acheteur, de ses attentes en matière de confort et de la valeur qu'il accorde à la flexibilité. S'il s'agit d'un homme d'affaires qui ne paye pas lui-même son billet et qui doit participer à une réunion dont la durée est incertaine, il est probable qu'il choisira le tarif Hi Life en première classe. En revanche s'il s'agit d'un étudiant qui va voir des amis un week-end, qui paye son billet et qui n'a pas d'incertitude sur la période et la durée de son séjour, il choisira sans doute le tarif Smoove en 2e à 30 euros.

Les conditions du tarif permettent de segmenter la clientèle en fonction de la flexibilité qui apparaît comme un critère de détermination du prix plus important que la classe de confort.

Dans le domaine de l'assurance automobile un critère de segmentation important est le risque d'accident correspondant à différents segments de clientèles. On peut utiliser des critères objectifs pour opérer cette segmentation, tels que la durée de possession du permis, l'âge, les accidents antérieurs et définir une grille tarifaire sur ces bases. Mais il existe également des facteurs de risques liés au style de conduite et à la personnalité du conducteur qui sont inconnus de l'assureur et qu'il n'est pas possible de connaître de façon directe. Prenons l'exemple d'une compagnie d'assurances qui propose les deux packages suivants :

- un prix d'assurance modéré et une franchise de 2 000 euros en cas d'accident ;
- un prix d'assurance élevé et pas de franchise ;

Nous pouvons faire l'hypothèse que les clients qui choisissent la franchise élevée estiment avoir peu de risques d'accident pour des raisons qu'eux seuls connaissent (ils circulent peu, sont très prudents, ne boivent pas d'alcool…). À l'inverse, ceux qui choisissent l'absence de franchise ont sans doute consciemment ou inconsciemment le sentiment d'être plus exposés aux risques d'accident.

Discrimination tarifaire et gamme de prix

« Pourquoi faire payer un consommateur moins cher que ce qu'il est prêt à payer ? » C'est à partir de cette interrogation que l'on est amené à remettre en question la pratique du prix unique pour tous pour le remplacer par des prix négociés ou par des gammes de prix adaptés à différents segments de clientèle.

Cette discrimination tarifaire permet à l'entreprise d'adopter une stratégie de prix hybride consistant à associer prix bas et différenciation. L'offre tarifaire à bas prix permet de réaliser des volumes et de réaliser des économies d'échelle, l'offre tarifaire à prix élevé permet quant à elle de réaliser des marges.

L'exemple le plus traditionnel est la première et la deuxième classe dans les trains mais on peut trouver des applications de ce principe dans de nombreux domaines.

Pour être efficace cette politique doit satisfaire deux conditions :

1. la plateforme de production du produit ou du service doit être largement commune à l'ensemble des offres. En effet une différenciation trop importante augmente le coût de production. On cherchera donc à mettre en place une structure de production modulaire et à opérer des modifications d'aspect en phase terminale de processus de production (peinture, finitions, aspect) ou tout simplement au niveau perceptuel (marque différente). On peut également concevoir un produit couvrant l'ensemble de la gamme des besoins et restreindre l'accès à certaines fonctions pour l'offre la moins chère. Un grand éditeur de logiciel de comptabilité vend fondamentalement le même logiciel de 160 à 6 000 euros sous deux marques différentes, dans différents circuits de distribution et en fonction du nombre d'employés de l'entreprise cliente ;
2. les différences de prix doivent être justifiées par des différences d'aspect, de fonctionnalité, de design, de marque, suffisamment perceptibles pour éviter que toute la demande se reporte sur l'offre la moins chère. Il y a quelques années la différence de confort entre la première classe et la deuxième classe paraissait trop faible pour justifier la différence de prix, d'autant qu'avec le TGV le temps de trajet est plus court. La SNCF a alors entrepris un travail pour redonner à la première classe une différence appréciable. Les différences de prix peuvent également avoir une importance symbolique : une carte bancaire Platinum ou Infinite offre fondamentalement le même service qu'une carte ordinaire, mais certains sont prêts à payer un prix beaucoup plus élevé pour faire partie de ce club réservé.

Modulation de la demande par le prix et *yield management*

La demande pour un produit connaît souvent des variations saisonnières importantes. Par exemple la majorité des ventes de jouets s'effectuent pendant la période de Noël, s'agissant de produits stockables il est possible d'étaler la production tout au long de l'année. Il en va autrement lorsqu'il s'agit de produits périssables (les services, certains produits frais) car le risque de perte est alors important, un siège inoccupé dans un vol de Paris à New York ne peut pas être utilisé le lendemain.

Puisqu'il est impossible de lisser l'offre en stockant le produit, on peut tenter de lisser la demande en faisant varier le prix. Cette modulation tarifaire peut prendre une forme simple : *early birds* dans les cafés aux heures creuses, tarif basse saison dans les hôtels, tarif nuit jour pour l'électricité, et donne des résultats variables suivant les activités concernées.

Des méthodes plus complexes de modulation tarifaire se sont développées principalement dans les compagnies aériennes et dans l'hôtellerie. Ces modèles sont fondés sur l'estimation de la probabilité de remplissage à partir de données historiques et d'informations sur les foires et salons. Ils permettent de moduler les prix à chaque instant en fonction du remplissage prévu dans le but de maximiser la recette globale.

Dans ce cas le prix devient l'instrument principal pour assurer le remplissage de l'avion ou de l'hôtel.

Prix et concurrence

Prix de marché et avantage différentiel

Le prix de marché résulte de l'équilibre entre le volume de l'offre et la demande. Lorsque l'offre excède la demande, le prix baisse et, lorsque c'est la demande qui excède l'offre, le prix monte (ce qui est rare est cher). Cette relation entre le prix de marché et le niveau d'offre se vérifie sur des marchés de produits banalisés (pétrole, certains produits agricoles...) dans lesquels il existe une information quasi parfaite sur l'offre et la demande.

Un des objectifs du marketing est d'innover en créant des différences permettant d'échapper à cette dictature du prix de marché et de valoriser ces différences. Prenons l'exemple d'une coopérative de production de pommes de terre, si le produit vendu est banalisé le cours du marché sera de 15 euros la tonne (cours en juin 2010), en revanche s'il s'agit d'une variété et d'une origine particulière telle que la pomme de terre bonnote de Noirmoutier le prix de vente pourra se situer autour de 5 euros le kilo, plus de trois cents fois plus cher.

Positionnement prix par rapport à la concurrence

Le positionnement d'un produit comprend nécessairement un positionnement du prix par rapport à la concurrence car le prix représente à la fois une fonction économique de régulation des échanges et une fonction d'expression de la qualité et du positionnement du produit.

Le positionnement « premium » de Barilla

Lorsque la marque de pâtes alimentaires Barilla décida de se développer en France, elle constata qu'il existait deux positions occupées par la concurrence : les pâtes premium aux œufs et les pâtes premier prix sans œufs. Barilla décida d'adopter un positionnement original, celui des pâtes premium sans œufs. Pour affirmer ce positionnement premium Barilla fixa un prix d'entrée élevé, choisit au départ un réseau de distribution sélectif et utilisa son image d'origine italienne en mettant en jeu dans sa publicité l'Italie aristocratique (Venise, opéra, palais, comtesse et pâtes Barilla présentées dans un écrin pour bijoux) contrairement aux codes classiques de l'Italie napolitaine (rouge et vert, tresses d'ail, linge pendu et désordre).

À l'inverse certaines marques se positionnent volontairement sur le créneau des produits bon marché de grande diffusion. Par exemple la marque Bic s'est spécialisée dans la fabrication de stylos-billes, briquets et rasoirs bon marché et jetables, elle se lance aujourd'hui dans la vente de téléphones bon marché.

Bien qu'il n'existe pas de classification universelle des marques par rapport à leur positionnement prix, on peut identifier les positionnements suivants :

- les marques de luxe dont le prix peut être sans rapport avec les produits courants et dont l'image et la valeur symbolique sont fortes (par exemple Vuitton) ;
- les marques premium : il s'agit généralement de grandes marques internationales ou parfois nationales dont l'image et la notoriété sont fortes et qui adoptent une politique de prix élevée tout en restant accessibles à une large clientèle (par exemple Audi et BMW) ;
- les grandes marques qui ont une position de leader sur leur marché (par exemple L'Oréal, Évian). On considère que ce sont ces marques qui ont le pouvoir de déterminer les prix sur leur marché et qui servent de base pour positionner le prix des concurrents ;
- les marques grand public en position de challenger (par exemple Volvic), ces marques ont une notoriété moindre et proposent une offre de qualité à un prix inférieur à celui des grandes marques internationales ;
- la marque premier prix qui offre un prix et des prestations de base (par exemple Cristalline).

Le maintien d'un positionnement prix par rapport au leader exige une remise en cause permanente pour s'ajuster en fonction des variations de prix de la concurrence et nécessite donc des comparaisons de prix fréquentes (électronique, électroménager) ou même quotidiennes dans la zone de chalandise (distribution d'essence). De plus il ne faut pas se fonder sur les prix tarifs qui sont généralement relativement stables mais sur les prix d'achat réels (*street price*) qui prennent en compte les promotions très fréquentes sur certains marchés (par exemple automobile).

Une façon courante d'analyser et de suivre un positionnement prix consiste à comparer le prix pratiqué par l'entreprise avec le prix du leader (indice 100) et celui des autres marques présentes sur le marché.

Anticipation des réactions de la concurrence

Les décisions prises en matière de fixation des prix doivent prendre en compte les réactions de la concurrence.

Une augmentation de prix suivie dans les mêmes proportions par les autres acteurs du marché pourra se traduire par une reconstitution des marges sans modification de part de marché. En revanche, si elle n'est pas suivie, l'entreprise risque de perdre des parts de marché au bénéfice des marques qui n'augmentent pas leurs prix et cela peut se traduire par une perte de marge globale.

Une baisse de prix peut être perçue par les concurrents comme une démarche agressive visant à les exclure du marché. Dans ce cas le risque est élevé de générer un conflit juridique au motif qu'il s'agit de prix « prédateurs » visant à réduire la concurrence ou de créer une guerre de prix avec une spirale de baisse de prix continue. Ces guerres de prix, généralement longues et coûteuses, se développent le plus souvent dans des activités de réseau où il y a une forte prime à la taille (téléphonie, Internet…) et des coûts variables faibles ou sur des marchés en déclin dans lesquels les entreprises espèrent pouvoir reprendre des parts de marché en baissant leurs prix.

Transparence et opacité du prix

En principe plus un marché est transparent, plus il est efficace car le consommateur peut alors véritablement exercer son pouvoir d'achat sur la base d'informations comparables.

Cette recherche de transparence est facilitée par :

- le législateur à travers les obligations d'affichage du prix pour l'ensemble des prestations et même de l'affichage du prix au kilo pour les produits alimentaires ;
- le développement de l'offre de produit en ligne (par exemple les voyages) et des sites de comparaison de prix sur Internet ;
- la focalisation sur les prix bas de la plupart des enseignes de distribution, qu'il s'agisse du militantisme de Michel-Édouard Leclerc, du développement du *hard-discount* ou tout simplement des promotions centrées sur les prix de toutes les chaînes de grandes surfaces.

Cette transparence favorise la comparaison sur les prix au détriment de la qualité. Un jambon piqué avec des polyphosphates retient l'eau de la saumure, ce qui réduit son prix au kilo mais n'ajoute rien à sa valeur nutritive et gustative, bien au contraire. Afin d'assurer une bonne information du consommateur il existe des appellations et des labels qui garantissent la qualité des produits : jambon supérieur, jambon de Paris et Label Rouge garantissent l'absence de polyphosphates. Mais il reste néanmoins un effet d'optique sur le prix qui est amplifié par la focalisation sur les prix bas et peut handicaper les marques qui se positionnent sur la qualité.

Il est parfois utile d'éviter une comparaison trop frontale sur les prix, pour cela on peut :

- modifier les paramètres de fixation des prix. Prenons l'exemple du fret. En première lecture le fret aérien va être beaucoup plus cher que le fret maritime dans presque tous les cas et ne sera retenu que pour des produits périssables. Toutefois si on intègre le fret aérien dans le cadre d'une solution logistique globale intégrant le conditionnement, l'assurance, les coûts de stockage et la réduction du risque de rupture de stock, il s'agira d'une solution viable pour certaines situations.
  Nissan axe l'essentiel de sa promotion en France sur des offres de location longue durée avec l'affichage du prix mensuel plutôt que du prix d'achat du véhicule. Cette présentation du prix lui permet d'échapper à la comparaison immédiate avec les prix des concurrents bien qu'il s'agisse au final d'une offre semblable à un achat avec crédit et offre de reprise. On peut également chercher à être « incomparable » en incluant des services ajoutés qui permettent de faciliter le travail de l'acheteur et finalement réduisent le coût final pour l'acheteur ;
- jouer sur les produits liés et les consommables. Pour certains produits tels que les imprimantes la vente des consommables et des produits liés représente un chiffre d'affaires plus élevé que l'appareil lui-même. D'une certaine façon on se trouve alors dans une situation similaire avec un coût de raccordement (l'achat de l'imprimante) et un coût de consommation (les cartouches d'encre). Cette situation permet de varier les politiques de prix et de rendre les comparaisons difficiles ;
- créer des différences marginales sur l'offre. Des différenciations même marginales sur l'offre peuvent permettre de toucher différents segments de clientèle avec différents prix en rendant les comparaisons difficiles. La production d'électroménager « blanc » est très concentrée au sein d'un petit nombre de fabricants (Gorenje, Merloni, Electrolux, Whirlpool, Brandt) qui vendent des produits très proches sous des marques et à des prix très variés ;
- jouer sur les remises et les promotions. La multiplication des remises et des promotions permet d'échapper à une concurrence frontale sur le prix tarif et de rendre les comparaisons de prix plus difficiles. De plus cette pratique permet d'attirer des clients de plus en plus nombreux qui achètent la réduction de prix plutôt que le prix.

CE QU'IL FAUT RETENIR

La fixation du prix de vente est une des décisions les plus importantes que doit prendre une entreprise car cela impacte directement son résultat, une différence de prix de 2 % ou 3 %, qui dans certains cas est imperceptible par le client, peut faire passer l'entreprise d'une situation déficitaire à une position bénéficiaire.

Mais c'est également une des décisions les plus difficiles à prendre et dont les résultats sont les plus incertains. Il est parfois possible d'augmenter les prix de plus de 5 % sans perte de part de marché, mais la même décision peut également s'avérer catastrophique.

Face à cette méconnaissance des réactions du marché, il est fréquent de privilégier des approches traditionnelles fondées sur l'analyse des coûts et la comparaison des prix de la concurrence. Ces approches, qui ont pour avantage la simplicité et une apparente objectivité, sont incontestablement des éléments qui doivent contribuer à la réflexion tarifaire.

Toutefois ce conformisme rassurant risque d'occulter les deux facteurs essentiels dans la définition d'une politique de prix que sont l'articulation avec la stratégie de l'entreprise et la connaissance du comportement du consommateur.

Au niveau stratégique l'opposition entre les stratégies de volume destinées à servir un marché de masse à bas prix et les stratégies de différenciation ciblant des niches de marché avec des produits différenciés n'est peut-être plus d'actualité et l'on peut considérer l'adoption de stratégies hybrides consistant à servir différents marchés à des prix différents en s'appuyant sur des plateformes de production communes.

Au niveau du consommateur il est possible d'imaginer de nouvelles formules de tarification plus créatives qui apportent de la valeur à la fois à l'entreprise et au consommateur. L'innovation peut porter sur les bases de tarification, les modes de paiement, la formulation de packages adaptés à différents segments, les gammes de tarifs offerts… Ces innovations tarifaires peuvent à elles seules représenter une différenciation significative et créer un avantage compétitif déterminant.

RÉFÉRENCES BIBLIOGRAPHIQUES

Abate R., Ducreux J.-M. et Kachaner N. (2009). *Le Grand Livre de la stratégie*, Paris, Éd. d'Organisation.

Akerlof G.A. (1970). « The Market for Lemons : Quality Uncertainty and the Market Mechanism », *The Quarterly Journal of Economics*, vol. 84, n° 3, août, p. 488-500.

Anderson C. (2006). *The Long Tail : Why the Future of Business. Is Selling Less of More*, New York, Hyperion.

Anderson C. (2009). *Free : The Future of a Radical Price*, New York, Hyperion.

Bon J. et Jallat F. (1995). « Stratégies internationales de prix : Peut-on résister aux exportations parallèles ? », *Décisions marketing*, sept.-déc., p. 43-53.

Bon J. et Jallat F. (1997). « Guerre des prix et concurrence : une analyse en situation de crise économique », *Revue française du marketing*, n° 161, p. 49-59.

Bon J. et Pras B. (1984). « Dissociation of the roles of buyer, payer and consumer », *International Journal of Research in Marketing*, 1, p. 7-16.

Bon J. (2010). « Fixer les prix », in *Le Marketeur : fondements et nouveautés du marketing*, Éditions Pearson Education, p. 312-335.

Brault F. (2005). *La Stratégie prix, le pricing : nouveau levier opérationnel pour augmenter votre rentabilité*, Paris, Dunod.

Cram T. (2006). *Optimisation prix : Capter la valeur disponible de votre marché grâce au pricing*, Paris, Village Mondial.

Cross R. (1998). *La Tarification flexible : stratégie de croissance*, Paris, Éditions d'Organisation.

Delarce V., Deschamps P.-M. et Lupieri S. (2010). « Les prix n'ont plus de valeur », *Enjeux Les Échos*, février, p. 25-30.

Ingold A., Mc Mahon-Beattie U. et Yeoman I. (2000). *Yield Management – strategies for the service industries*, Continuum International Publishing Group.

Michon C. (éd.) (2010). *Le Marketeur : Fondements et nouveautés du marketing*, Éditions Pearson Education, 3e éd.

Monroe K.B. (2002). *Pricing : Making profitable decisions*, McGraw-Hill, 3e éd.

Nagle T. et Hogan J. (2007). *The Strategy and Tactics of Pricing*, 4e éd, Pearson Education.

Perri P. (2006). *Toujours moins cher : Low-cost, Discount et Cie*, Éditions de l'Atelier.

Ryans A. (2009). *Beating Low-cost Competition : How Premium Brands can Respond to Cut-Price Rivals*, Wiley.

Shy O. (2008). *How to Price : A Guide to Pricing Techniques and Yield Management*, Cambridge University Press.

Simon H., Jacquet F. et Brault F. (2000). *La Stratégie prix, agir sur les prix pour optimiser le résultat*, Paris, Dunod.

Waldman M. et Jonhson P. (2007). *Pricing Tactics, Strategies and Outcomes*, Edward Elgar Pub.

Stiel N. (2010). « Et Renault créa Dacia, le must du *low-cost* », *Challenges*, n° 204, 18 mars, p. 55-57.

Zilberberg E. (2004). *Le Levier prix : Pour concilier rentabilité et croissance*, Paris, Éditions d'Organisation.

10

Distribution : identifier les canaux *ad hoc* et développer le circuit de distribution

Marc Filser

Marc Filser est professeur de sciences de gestion à l'IAE de Dijon (université de Bourgogne). Il dirige le centre de recherches en marketing de Bourgogne (Cermab), équipe de recherche membre du laboratoire d'économie et de gestion (LEG UMR 5118 CNRS et université de Bourgogne). Ses travaux de recherche ont fait l'objet de nombreuses publications dans les domaines du comportement du consommateur, du management de la distribution, et du marketing des activités culturelles. Il est corédacteur en chef des revues Décisions marketing *et* Perspectives culturelles de la consommation.

Trois évolutions majeures caractérisent les circuits de distribution des biens et services de grande consommation : la progression continue de la part des achats réalisés sur Internet, la concentration dans chaque pays des ventes entre un nombre limité de détaillants, et enfin une ouverture internationale lente mais continue des firmes de distribution. Ces évolutions affectent profondément la relation des firmes avec le consommateur final, qu'il s'agisse des producteurs, qui doivent développer les canaux de distribution de leurs produits, ou des détaillants, confrontés à de nouvelles contraintes stratégiques. Dans ce contexte, le thème du choix de l'organisation de la distribution revêt une importance particulière : les producteurs doivent en effet sélectionner les meilleurs canaux susceptibles d'atteindre la cible de clientèle identifiée par la stratégie marketing, et les détaillants doivent intégrer de nouvelles formes de relations avec leur clientèle qui complètent la vente traditionnelle en magasin.

Les nouveaux canaux dans la distribution alimentaire en France

La dynamique du commerce de détail alimentaire en France a reposé depuis 1963 sur le format « hypermarché » et, à un moindre degré, sur le supermarché. Ces deux formes de vente ont dominé le marché jusqu'au début des années 1990, lorsque le *hard-discount* alimentaire, introduit par Aldi en 1988, a connu un développement rapide qui se traduit aujourd'hui par une part de marché proche de 14 %.

Depuis le début des années 2000, une accélération très sensible du rythme d'introduction de nouvelles formes de vente peut être observée. Les innovations suivantes occupent désormais une place significative :

- les grandes surfaces en libre-service spécialisées dans les produits frais (par exemple : Grand Frais, la Ferme du Sart) ;
- les circuits courts organisés par des producteurs pour développer une relation directe avec les consommateurs (la Ferme de Gally, la vente par abonnement à un panier de produits) ;
- les petites surfaces de proximité offrant une large amplitude horaire (Monop, Chez Jean, Petit Casino, Carrefour City) ;
- les points de livraison de commandes réalisées sur Internet, associés ou non à un point de vente physique (Chronodrive, Auchandrive).

FONCTIONS ET ACTEURS DANS LE CANAL DE DISTRIBUTION

L'analyse économique du canal de distribution peut adopter deux perspectives : une perspective fonctionnelle, qui s'attache à l'analyse des fonctions remplies par le canal, et une analyse institutionnelle, qui prend en compte les acteurs et leur rôle dans le fonctionnement du canal. Nous analyserons dans un premier temps les fonctions remplies par le canal de distribution, puis l'évolution de la nature et du statut des intermédiaires participant au canal, avant de nous arrêter sur l'évolution du rôle du client dans le canal.

Fonctions logistiques et fonctions transactionnelles

Le canal de distribution est classiquement décrit comme une séquence d'opérations permettant de supprimer la séparation entre le producteur et l'acheteur final. Quatre séparations sont traditionnellement retenues :

- la séparation spatiale : le produit est rarement fabriqué à l'endroit où le consommateur est susceptible de l'acheter ;
- la séparation temporelle : le processus de fabrication mobilise des effets d'échelle qui exigent la réalisation de grandes séries, alors que la demande du consommateur se produira suivant un calendrier différent (il ne serait pas économique de fabriquer les maillots de bain au moment où la demande des consommateurs se manifeste) ;

- la séparation perceptuelle : les caractéristiques du produit, ses conditions d'utilisation et éventuellement de maintenance doivent être communiquées au consommateur pour qu'il en retire une satisfaction maximale ;
- la séparation juridique : le transfert de propriété en échange d'un règlement doit être organisé.

À partir de ces quatre catégories de séparations qui doivent être traitées par le canal, deux grandes catégories de fonctions peuvent être dissociées :

- les fonctions logistiques correspondent au traitement physique du produit : transport, stockage, allotissement, et éventuellement transformation du produit ;
- les fonctions transactionnelles reposent sur des échanges d'informations entre les parties prenantes au canal : échanges d'informations entre le producteur, les intermédiaires, les détaillants, mais aussi le consommateur final.

Historiquement, un canal de distribution était une séquence d'institutions qui prenaient en charge à la fois les fonctions transactionnelles et logistiques : un grossiste assurait la gestion physique des flux de marchandises en même temps que le suivi administratif des commandes et de leur règlement. Aujourd'hui, ces deux catégories de fonctions sont le plus souvent prises en charge par des institutions spécialisées : ainsi, une centrale d'achats traitera exclusivement des opérations transactionnelles, et un prestataire logistique assurera les opérations physiques de transport, de groupage, d'éclatement et éventuellement de différenciation finale du produit.

Les intermédiaires et leur évolution

Allongez le canal pour réduire le coût de distribution !

L'idée selon laquelle la réduction du nombre des membres du canal était le plus sûr moyen de réduire le coût de distribution est très populaire, et intuitivement séduisante. C'est oublier le fait que bon nombre de fonctions de la distribution s'accompagnent de coûts fixes massifs, alors que leur coût variable est faible. Il est donc souhaitable de confier à un intermédiaire spécialisé une fonction associée à des coûts fixes élevés. L'augmentation de son volume d'activité conduira ainsi à une baisse du coût moyen, donc à une amélioration de la rentabilité. Pour réduire le coût du canal, il est donc souvent judicieux d'allonger le canal. Le recours à des prestataires logistiques s'inscrit dans cette logique, car ils doivent supporter les coûts fixes des flottes de camions (même s'ils l'externalisent eux-mêmes, en recourant à des loueurs de flottes…), des plateformes logistiques et des entrepôts. La même logique conduit à confier la distribution sur un marché étranger à un partenaire contractuel lorsque le volume des ventes ne justifie pas la création d'une antenne locale contrôlée par le producteur.

La fonction de distribution est une source très importante de coûts : il est commun d'observer une part de 30 % de la distribution dans le coût de revient du produit. De surcroît, une part importante de ces coûts est fixe. Le recours à un intermédiaire va permettre de concentrer autour d'un centre de coûts un volume d'activité le plus élevé possible pour minimiser le coût moyen. La spécialisation est donc la raison d'être de l'intermédiaire : en prenant en charge une fonction spécifique qu'il maîtrise parfaitement et pour laquelle il consolide un volume d'activité maximum, il contribue à la réduction du coût du canal.

L'ouverture internationale des marchés a contribué au développement de l'intermédiation dans les canaux. En effet, plus le marché final est éloigné du lieu de production et plus les chaînes logistiques s'allongent, tandis que les spécificités culturelles rendent plus difficile l'approche des nouveaux marchés (procédures de négociations différentes selon les cultures). Le recours à des intermédiaires rend possible l'élargissement géographique de l'activité à des conditions économiques acceptables.

Tableau 10.1 – Les principaux intermédiaires dans les canaux

Participant au canal transactionnel		Participant au canal logistique
Exercent la propriété sur le bien	**N'exercent pas la propriété sur le bien**	
– Bureau de vente du producteur – Grossiste – Centrale d'achat	– Agent du producteur – Centrale de référencement	– Prestataire de transport – Prestataire logistique

Le développement d'Internet a contribué au renforcement de l'intermédiation. Les moteurs de recherche (Google, Bing) ou les comparateurs de prix sont des intermédiaires participant directement au canal transactionnel. Même les sites communautaires (Facebook) jouent un rôle d'intermédiation lorsque les producteurs y réalisent des opérations de communication pour leur offre. Une nouvelle forme d'intermédiation peut même conduire à l'apparition d'un nouveau mode d'intermédiation : ainsi, des sites spécialisés proposent leurs services au consommateur novice qui souhaite réaliser ses premières transactions sur un site d'enchères (eBay par exemple) ! Le développement très rapide des « smartphones » s'accompagne d'une nouvelle vague d'apparition de nouveaux intermédiaires : l'application « Shazam » de l'iPhone préfigure un nouveau mode d'intermédiation, qui permettra au consommateur d'accéder directement à un fournisseur potentiel d'un produit ou service qu'il aura perçu dans son environnement, sans disposer de la moindre information préalable sur ce produit ou service. L'évolution de l'intermédiation constitue donc un trend essentiel : le producteur doit déjà se préoccuper de la place de sa marque dans les moteurs de recherche, il devra sans doute rapidement prendre en compte l'influence de nouveaux intermédiaires, le plus souvent virtuels.

La participation du consommateur

La question du rôle du client et de sa participation au fonctionnement du canal est centrale dans l'analyse de l'évolution des formes de vente au détail : chaque grande innovation de format s'est en effet accompagnée d'une modification des fonctions confiées au client final. Le développement d'Internet ouvre une nouvelle étape dans ce transfert de fonctions, puisqu'il est désormais économiquement envisageable de permettre au consommateur de choisir en ligne lors de sa commande les caractéristiques qu'il souhaite donner au produit acheté. Cette personnalisation (« customisation » pour certains auteurs) peut être limitée, lorsque le client choisit par exemple un motif qui sera imprimé sur des chaussures de sport. Mais elle peut être plus radicale : le constructeur informatique Dell a fait de l'ordinateur « sur mesure » sa principale compétence distinctive, en laissant l'acheteur faire son choix parmi un grand nombre de caractéristiques techniques de la machine commandée.

L'implication active du client dans la production est depuis longtemps réalisée dans le secteur des services (automatisation des opérations bancaires ou de la vente des titres de transport aérien ou ferroviaire). Elle se développe désormais massivement dans le secteur des produits, induisant parfois un bouleversement profond de toute une industrie : le téléchargement de musiques ou de films remet en cause le mode de production traditionnel des industries musicales et cinématographiques.

Tableau 10.2 – L'évolution du rôle du client dans le canal de distribution

Nature de l'innovation	Modification du rôle du client
Grand magasin (1850)	Le prix est fixé, le client ne participe plus à la négociation du prix de vente
Libre-service (1930)	Plus de vendeur : le client sélectionne lui-même les produits qu'il achète dans l'assortiment proposé
Hypermarché (1963)	Achats regroupés dans le temps, qui transfèrent chez le client le stockage des produits
Discount ameublement (1970)	Le client assure lui-même l'assemblage du produit qu'il a acheté en pièces détachées
Encaissement automatique (2000)	Le client assure lui-même l'édition du ticket de caisse et le paiement en sortie de magasin
Customisation du produit (2000)	Le client définit lui-même les caractéristiques du produit qu'il commande en combinant des options qui lui sont proposées

LES MODÈLES ANALYTIQUES DU CANAL DE DISTRIBUTION

Le recours à des intermédiaires spécialisés pour la prise en charge des activités de distribution obéit en premier lieu à une logique de minimisation du coût de mise à disposition du bien ou service auprès de l'acheteur final. Des modèles d'inspiration microéconomique ont donc logiquement été développés pour proposer des critères d'optimisation de l'organisation du canal dans cette perspective de minimisation des coûts. Mais le canal de distribution est aussi une organisation rassemblant des institutions dont les objectifs ne sont pas systématiquement convergents : il justifie donc aussi des analyses adoptant le cadre de la théorie sociale des organisations. Alors que les modèles fondateurs considéraient que l'organisation du canal résultait de choix discrétionnaires du fournisseur, la montée en puissance des entreprises de distribution exige la prise en compte de l'autonomie de leur stratégie, et débouche sur des modèles stratégiques du canal de distribution. Enfin, le développement du commerce électronique a ouvert de nouvelles voies théoriques pour explorer l'alternative que constitue la vente à distance par rapport à la vente en magasins.

Les modèles économiques

Les analyses économiques des canaux de distribution reposent sur un même principe : l'objectif du producteur est d'atteindre un coût de distribution minimum pour ses produits et services, et il recherche pour cela une allocation optimale des différentes fonctions de distribution entre les intermédiaires possibles sur la seule base de leur fonction de coût. Dans la mesure où les frais fixes sont dominants dans la structure des coûts de distribution, toute variation du volume d'activité doit entraîner une nouvelle évaluation des coûts proposés par les différents partenaires potentiels.

Deux catégories de coûts associés à la fonction de distribution doivent être distinguées :

- les coûts de réalisation des fonctions de distribution, tels que les coûts de stockage, de transport ou encore de différenciation finale du produit ;
- les coûts de transaction, qui correspondent à l'ensemble des coûts résultant de la réalisation d'une transaction économique : coût de la recherche d'information, coût de la négociation et coût de la surveillance de l'exécution du contrat, conséquence de l'asymétrie de l'information entre les acteurs et de l'existence de comportements opportunistes entretenus par cette asymétrie d'information.

La théorie des coûts de transaction est bien adaptée à l'analyse des décisions prises par un producteur pour organiser le canal de distribution de ses produits. Elle a en effet pour objectif de rendre compte de l'arbitrage entre le recours au « marché », c'est-à-dire aux prestations d'un agent indépendant, et le recours à la « hiérarchie », c'est-à-dire à l'intégration de l'activité de distribution. La diversité des modes d'organisation possibles du canal entre les formes de marché et les formes hiérarchiques justifie la prise en compte par le producteur de l'ensemble des coûts de transaction, et non seulement des seuls coûts directs de la distribution. Cette question revêt une importance particulière dans le cadre de la mise en place d'un canal de distribution destiné à aborder un nouveau marché étranger mal connu par le producteur.

L'internationalisation des entreprises du commerce de détail a élargi le champ d'application des théories économiques du canal, historiquement développées pour rendre compte des choix de canaux opérés par les producteurs. Un détaillant qui décide de s'implanter sur un marché étranger est en effet confronté à l'alternative marché-hiérarchie. Il peut décider de créer une filiale dont il contrôlera majoritairement le capital (hiérarchie) ou, au contraire, décider de s'associer avec des partenaires qui partageront avec lui le risque de cette nouvelle activité (marché).

Une illustration de la théorie des coûts de transaction

Les modes d'implantation de Carrefour sur les marchés étrangers

Le groupe Carrefour a développé très tôt une stratégie de développement international, non seulement en Europe, mais dans de nombreux marchés émergents. Trois modes d'implantation ont été retenus selon les caractéristiques du marché abordé. Ils illustrent les principes de la théorie des coûts de transaction : en fonction du risque économique associé au marché, l'entreprise limite son engagement direct.

- Sur les marchés considérés comme prometteurs et associés à un niveau risque limité, une filiale est créée avec un contrôle majoritaire de la maison mère (Belgique, Espagne…) : c'est la stratégie d'intégration hiérarchique.
- Sur des marchés plus risqués mais à fort potentiel, une filiale commune est créée avec un partenaire local, éventuellement majoritaire (notamment lorsque la législation locale l'exige : Inde, Chine).
- Enfin sur des marchés où le risque perçu est maximum, Carrefour choisit la franchise en s'associant avec un partenaire local qui assume seul le risque d'investissement (golfe Persique) : c'est la stratégie de délégation au marché.

Les modèles sociologiques

Les modèles économiques butent sur des configurations de canaux qui poursuivent un autre objectif que la seule minimisation des coûts : le fonctionnement du quartier du Sentier à Paris, qui occupe une place très importante dans le secteur du prêt-à-porter, répond ainsi à des objectifs de réactivité dans une activité, la mode, qui demande une extrême flexibilité des entreprises, au-delà de la seule recherche du coût le plus faible. Et l'importance des relations interpersonnelles entre les membres du canal contribue à améliorer l'efficacité du canal.

Les analyses sociologiques des canaux prennent en compte d'autres variables que le coût de distribution pour rendre compte des relations entre les membres du canal (des Garets) :

- la confiance entre les acteurs, résultant par exemple de relations anciennes qui ont permis d'atteindre de bons résultats économiques ;
- le pouvoir qu'un membre du canal est susceptible d'exercer sur les autres membres, par exemple lorsqu'il est considéré comme une référence pour les autres acteurs du fait du prestige attaché à sa marque (cas des grandes marques de parfums) ;
- le conflit qui peut aussi se développer en cas de divergences entre les objectifs d'un membre du canal, même si ce conflit se traduit par des conséquences économiques négatives. Le conflit qui a opposé en France à la fin des années 1970 la société McDonald's à son unique franchisé de l'époque a ainsi retardé de plusieurs années le développement de la marque dans le pays, et notamment en région parisienne.

Inditex : une stratégie de réseau social

Le groupe espagnol Inditex (enseignes Zara, Bershka, Zara Home...), qui figure désormais parmi les leaders mondiaux de la distribution de prêt-à-porter, a maintenu en Espagne l'activité de production de ses articles à rotation la plus rapide, tandis qu'il délocalisait, principalement en Asie, la fabrication des pièces dont le renouvellement est plus long (notamment l'essentiel des collections « homme »). Même si le coût de la main-d'œuvre locale est plus élevé en Espagne, l'entreprise s'appuie sur un réseau établi de relations avec des entreprises sous-traitantes qui lui apportent à la fois le niveau de qualité requis pour ses produits, mais surtout une réactivité inégalée pour diffuser rapidement sur le marché les modèles conçus par les designers d'Indit par exemple. La qualité de ce réseau partenarial est considérée comme l'un des facteurs clés de succès de l'entreprise.

Les modèles stratégiques

Les modèles stratégiques des canaux transposent au secteur les apports du modèle de Porter, et notamment les trois stratégies génériques proposées par cet auteur : la domination par les coûts, la différenciation ou la concentration sur un segment. La transposition de ce modèle au commerce de détail a fait appel à la théorie de la roue de la distribution, qui constitue l'une des plus anciennes contributions à l'analyse stratégique du canal de distribution. Selon la théorie de la roue, une nouvelle forme de vente au détail apparaît toujours sur le marché en se différenciant des formules établies par un coût de distribution plus faible, qui lui permet de proposer des prix plus faibles que ceux des détaillants établis. Le nouveau format développe ainsi sa clientèle, et suscite des imitations de la part de concurrents. Dès lors que plusieurs détaillants développent ce nouveau format, ils éprouvent le besoin de rechercher une différenciation à travers l'introduction de prestations supplémentaires qui augmente le coût de fonctionnement de la forme de vente et entraînent mécaniquement une hausse des prix, ouvrant ainsi la voie à une innovation qui saura développer à nouveau une formule de vente plus économique.

La théorie de la roue rend correctement compte des principales innovations introduites depuis le XIXe siècle dans le commerce de détail : le grand magasin, le magasin populaire, le supermarché, l'hypermarché et le hard discount sont en effet apparus sur le marché avec un avantage de coût qui s'est ensuite érodé sous l'effet de l'affrontement concurrentiel qui pousse à la recherche d'une différenciation plus qualitative.

La théorie du *Big Middle* enrichit cette analyse de la roue en identifiant trois options stratégiques pour le détaillant :

- le maintien d'une position offensive sur le critère prix en développant le modèle du *low-cost*, c'est-à-dire la recherche constante du coût de distribution le plus faible répercuté dans les prix bas. La stratégie du hard discounter Aldi ou de l'américain Wal-Mart s'inscrit dans cette démarche ;
- la recherche d'une différenciation délibérément qualitative, qui permet la pratique de marges élevées dans la mesure où il n'existe pas de concurrence directe pour le format. La chaîne des magasins de surgelés Picard a adopté cette stratégie en combinant une implantation massive des points de vente pour satisfaire la recherche de commodité des clients, un assortiment presque exclusivement proposé sous sa propre marque et caractérisé par la recherche permanente d'innovations produits et une offre très qualitative ;
- les autres détaillants se trouvent enfermés dans l'affrontement direct prédit par la théorie de la roue : la majorité des enseignes sont donc prisonnières du *Big Middle*, proposant une offre peu différenciée qui les conduit à un affrontement assez stérile à long terme à coups d'opérations promotionnelles qui ne peuvent que dégager des bénéfices très ponctuels.

Une contribution majeure des modèles stratégiques est de mettre en évidence les limites de la seule prise en compte des coûts de distribution retenus par les modèles économiques et de proposer des options de différenciation des canaux fondées sur d'autres variables que le prix.

L'impact d'Internet : la théorie de la longue traîne

L'activité de distribution est caractérisée par une prédominance des coputs fixes dans la structure des coûts du distributeur. Celui-ci ne peut donc améliorer sa rentabilité que s'il est en mesure d'augmenter son volume d'affaires sans progression des coûts fixes. Le stock des produits proposés à la vente est en moyenne la principale source de coûts fixes, aussi un distributeur doit-il chercher à obtenir une rotation de ces stocks la plus rapide possible. Cette contrainte de rotation du stock trouve son illustration la plus pure dans le modèle du *hard discount* : en réduisant drastiquement l'étendue de l'assortiment (autour de mille références, contre vingt mille dans un supermarché classique), le *hard discounter* maximise la rotation de son stock, tout en proposant une offre pertinente aux clients.

La structure classique d'un assortiment peut être analysée par la loi de Pareto : en moyenne, 20 % des références contribuent à 80 % du chiffre d'affaires. Mais les 80 % des références qui ne procurent que 20 % des ventes jouent un rôle primordial dans la construction de l'image de l'enseigne perçue par les clients. Il est donc difficile de réduire significativement l'étendue de l'assortiment sans remettre en cause la performance commerciale du magasin.

La théorie de la « longue traîne » (*long tail*) se fonde sur ce constat (80 % des références, 20 % des ventes) pour suggérer une alternative stratégique à l'organisation du canal de distribution. Alors que les distributeurs ont tendance à concentrer leur offre autour des références qui procurent la plus forte rotation, et se trouvent donc exposés à une concurrence directe, analysée notamment par la théorie du *Big Middle* exposée plus haut. Il est possible de se différencier durablement en proposant dans l'assortiment la quasi-totalité des produits disponibles à un moment donné sur le marché, qui sont associés à des fonctions de demande beaucoup plus limitées. Une telle stratégie n'est pas praticable dans des magasins « réels », car les coûts de détention d'un tel stock dans de nombreux magasins seraient intenables. Et concentrer cette offre dans un seul point de vente ne permet pas d'attirer suffisamment de clients pour rentabiliser la forme de vente (la disparition à Paris du grand magasin la Samaritaine, dont le positionnement était justement « on trouve tout à la Samaritaine » illustre cette contrainte). En revanche, la vente sur Internet permet de combiner un stock central unique et un accès potentiel à tous les consommateurs et ainsi de fonder le développement du distributeur sur le marché de la longue traîne. Lorsque les biens proposés peuvent être dématérialisés (téléchargement de vidéos ou de musiques), l'élasticité du coût de l'assortiment à sa taille est même presque nulle…

Une stratégie de distribution fondée exclusivement sur un assortiment composé d'articles à rotation très rapide garde pourtant toute son actualité. Le développement très spectaculaire de la distribution automatique dans de nouvelles catégories de produits (cosmé-

Amazon.com : une illustration de la théorie de la longue traîne

La stratégie du site Amazon.com sur le marché du livre est une excellente illustration de la théorie de la longue traîne. Alors qu'une librairie est contrainte de ne proposer que des titres dont la rotation est compatible avec la structure de sa zone de chalandise, un site Internet peut proposer l'ensemble de l'offre éditoriale disponible à un instant donné à partir d'un entrepôt central qui permettra une livraison rapide des commandes passées par Internet par les clients.

Le cas Amazon est aussi un cas exemplaire de désintermédiation : les clients peuvent en effet disposer d'un service presque identique s'ils commandent chez leur libraire « réel » un titre qui n'est pas disponible en rayon. Mais le libraire ne sera alors qu'un intermédiaire supplémentaire dans le canal, supportant un coût sans création significative de valeur. Il est donc économiquement pertinent de supprimer cet intermédiaire et de permettre au client d'accéder directement au stock central.

Cette analyse trouve toutefois une limite si le libraire est capable de proposer dans son magasin de véritables services distinctifs qui fidéliseront sa clientèle.

tiques, alimentation, accessoires électroniques), tout spécialement au Japon et aux États-Unis, s'appuie ainsi sur une analyse économique simple : le coût de distribution à travers un automate de vente peut être considérablement plus faible que le coût de distribution en magasin pour des produits que le client souhaite avant tout acheter au moment et à l'endroit où il en ressent le besoin : l'espace réduit limite le coût foncier, et l'absence de personnel les coûts d'exploitation.

La théorie de la longue traîne enrichit donc sensiblement la compréhension des options d'organisation du canal en contrastant des stratégies de centralisation maximale de l'offre d'un assortiment virtuellement illimité au prix d'un délai logistique de mise à disposition, et des stratégies de niches qui proposent au contraire une disponibilité instantanée de produits.

LES FORMES D'ORGANISATION ET DE MANAGEMENT DU CANAL

Les différents modèles analytiques mettent en évidence la diversité des critères qui président à la conception d'un canal de distribution : critères économiques (recherche de la minimisation du coût de distribution, mais aussi des coûts de transaction), critères sociologiques (compatibilité des décisions des différents acteurs) et critères stratégiques (capacité du canal à conférer un avantage distinctif au fournisseur dans l'accès au marché). La mise en place d'un canal de distribution résulte de la confrontation des objectifs des institutions participantes, et il n'est plus guère question aujourd'hui de conception du canal à l'initiative du seul fournisseur qui imposerait ses choix aux autres membres du canal.

La question de l'organisation du canal a pris en revanche une importance croissante, dans la mesure où elle conditionne la performance globale de l'activité de distribution. Quatre modes d'organisation sont envisageables dans un canal : une simple coordination informelle des relations entre les acteurs, une régulation autoritaire par l'un des membres du canal, la stabilisation des relations à travers un dispositif contractuel, et enfin l'intégration de l'ensemble des niveaux du canal au sein d'une seule organisation.

Le canal coordonné

C'est la forme historique d'organisation du canal. Les institutions qui le composent conservent une indépendance stratégique et opérationnelle complète, et les transactions qu'elles réalisent sont strictement ponctuelles. Une telle organisation est naturellement incompatible avec la recherche d'économies d'échelle qui exige la possibilité de prévoir avec précision le volume d'activité associé aux coûts fixes du canal. En revanche, elle procure au canal une très grande réactivité : un agent qui a besoin dans un délai très rapide d'un produit ou d'une prestation précise trouvera généralement un fournisseur potentiel. Le surcoût qui résultera de cette organisation pourra être répercuté dans le prix de vente compte tenu du caractère relativement inélastique de la demande.

Le canal coordonné trouve donc sa justification sur des marchés confrontés à une forte volatilité de la demande (articles associés à la mode, et notamment le prêt-à-porter, comme l'illustre le cas du Sentier à Paris) ou des cours des produits (matières premières agroalimentaires par exemple).

Un canal coordonné : le « Sentier »

Comment un canal coordonné contribue à la performance des firmes

Le quartier du Sentier à Paris est un remarquable exemple de canal coordonné dans le secteur de la distribution du prêt-à-porter. Il rassemble dans un périmètre géographique très réduit tous les acteurs de la filière : transformateurs, grossistes, prestataires de services et détaillants. Il permet à ces agents indépendants de prendre en charge l'incertitude qui caractérise ce marché dominé par des effets de mode difficilement prévisibles. Pour un détaillant indépendant qui exploite un seul point de vente, il serait en effet très risqué de s'engager plusieurs mois à l'avance sur un assortiment définitif à proposer dans son magasin. Le Sentier lui permet de passer des commandes de faible volume lorsque les choix de la clientèle sont assez stabilisés, de disposer très rapidement des articles commandés, et de bénéficier de prix d'achat qui assurent sa compétitivité sur le marché. L'organisation de ce quartier est donc tournée vers la recherche de flexibilité et de réactivité, ce qui laisse une grande place aux rapports informels entre les acteurs et une absence généralisée de cadre formalisé des relations commerciales.

Le canal administré

Le canal administré répond au besoin des membres du canal de stabiliser leurs relations pour être capables de réaliser des économies d'échelle lorsque l'un des acteurs est capable d'imposer à l'ensemble du canal ses propres choix stratégiques.

Les industries du luxe sont représentatives de cette situation : les producteurs exercent une influence déterminante sur l'ensemble du canal grâce à la puissance d'attraction de leur marque auprès des consommateurs. Ils peuvent donc imposer aux intermédiaires et aux détaillants leurs propres décisions de distribution : composition de l'assortiment, prix de vente final, quantité minimale à détenir en stock, organisation du magasin ou communication publicitaire.

Le canal administré peut être piloté par n'importe quel niveau du canal : dans le cas des parfums de luxe ou de l'automobile, c'est le producteur qui exerce le leadership sur le canal. Mais dans le secteur de la pharmacie, les grossistes répartiteurs sont des administrateurs des canaux à travers le caractère irremplaçable de leur efficience logistique et l'aide qu'ils apportent de plus en plus aux officines pour l'organisation de leur surface de vente. Enfin dans le secteur alimentaire, ce sont les détaillants intégrés qui exercent leur autorité sur le canal grâce au contrôle qu'ils exercent sur l'accès des produits au client final.

La principale faiblesse du canal administré réside dans le risque de conflit qui peut résulter de l'excès d'autorité du leader sur les autres membres du canal. Mais si le leader est capable d'associer son pouvoir à un niveau élevé de performance des autres institutions, cette forme d'organisation peut être stable dans la durée, du moins tant que le cadre légal et institutionnel autorise le recours à la distribution sélective qui est le principal fondement du leadership.

Le canal contractuel

Le champ d'application potentiel du canal administré est limité à la fois pour des raisons légales (possibilité de pratiquer le refus de vente strictement encadrée par la législation de la concurrence) et pour des raisons organisationnelles (tolérance des membres du canal à l'autorité du leader). La principale voie de stabilisation des relations entre membres du canal est donc contractuelle : les institutions qui souhaitent coopérer pour atteindre leurs objectifs économiques et commerciaux décident de formaliser leurs engagements respectifs.

Il existe une grande diversité de formes contractuelles d'organisation du canal. La théorie des coûts de transaction constitue alors un puissant cadre explicatif des choix d'un mode de relation de préférence à un autre. On notera aussi qu'un atout important de l'organisation contractuelle est sa flexibilité : non seulement deux organisations peuvent décider de modifier la forme du contrat qui les associe, mais une même organisation (par exemple un fournisseur) peut décider de recourir à plusieurs formes de contrats sur un même marché.

Le canal contractuel constitue un puissant vecteur de croissance pour des entreprises qui ont engagé des coûts fixes importants dans leur activité et souhaitent réaliser des économies d'échelle sans investissements directs supplémentaires. Ce modèle économique est le principal ressort du contrat de franchise : le franchiseur a développé un savoir-faire qu'il souhaite rentabiliser en occupant rapidement la totalité du marché, et le recours à la franchise lui procure cette visibilité sans qu'il ait à supporter les investissements nécessaires à cette présence étendue.

Tableau 10.3 – Les formes d'organisation contractuelle des canaux

Type de contrat	Principales caractéristiques
Centrale d'achats	Statut de commissionnaire : achète pour le compte des membres (rémunération à la commission sur la base des achats réalisés).
Centrale de référencement	Statut de courtier : propose aux adhérents des fournisseurs potentiels sur la base des conditions que ces derniers proposent.
Groupement d'achats	Association de commerçants pour créer et gérer l'organisation d'achats (association, GIE, société par actions ou société coopérative).
Franchise	Franchiseur détenteur d'un savoir-faire et d'une marque qu'il met à la disposition du franchisé en échange d'une rémunération. Obligation d'assistance du franchiseur au franchisé.
Licence de marque	Le propriétaire d'une marque ou d'une enseigne autorise un partenaire à utiliser cette marque ou enseigne pour son activité en échange d'une rémunération (fixe ou proportionnelle au chiffre d'affaires).
Concession	Le concédant autorise le concessionnaire à vendre ses produits avec des engagements réciproques d'exclusivité (approvisionnement et achat).
Commission-affiliation	Le fournisseur met à la disposition du commerçant le stock et en reste propriétaire. Le commerçant est rémunéré par une commission sur les ventes qu'il réalise, mais ne prend pas le risque de la gestion du stock.

En revanche, les canaux contractuels exposent les acteurs au risque opportuniste : à l'issue du contrat qui le lie au franchiseur, le franchisé peut décider de reprendre son indépendance et d'exercer seul la même activité. Non seulement le franchiseur perd alors sa présence sur le marché concerné, mais il se trouve désormais en présence d'un nouveau concurrent, qu'il a lui-même formé.

Les risques de rupture du canal contractuel

La franchise Carrefour en 1974

Lorsque Carrefour ouvrit son premier hypermarché en 1963, ses fondateurs perçurent très rapidement le potentiel de développement de ce nouveau format de vente, notamment grâce à l'impact de la communication massive en faveur de l'enseigne à travers la radio. Pour assurer rapidement la présence nationale de l'enseigne, Carrefour conclut une série de contrats de franchise avec des détaillants régionaux auxquels il apportait son savoir-faire. Plusieurs de ces franchisés développèrent rapidement leur parc de magasins sous l'enseigne Carrefour. En 1974, les deux plus importants contrats de franchise ne furent pas renouvelés par les franchisés. C'est ainsi que Promodès et les Docks du Nord lancèrent leurs propres enseignes d'hypermarchés : Continent et Cora, privant de surcroît Carrefour de l'essentiel de sa présence dans le nord-ouest et l'est de la France.

Le canal intégré

Si les coûts de transaction sont jugés trop élevés par une firme pour recourir à la délégation des activités de distribution, elle peut recourir à l'intégration verticale : vers l'aval s'il s'agit d'un producteur, ou vers l'amont dans le cas d'un distributeur.

Dans les années 1980, les théories de la stratégie avaient formulé des critiques sévères de la stratégie d'intégration au nom du principe de spécialisation : production et distribution relèveraient de deux métiers inconciliables, et leur réunion au sein d'une même firme ne pourrait conduire qu'à des performances médiocres.

La perception du canal intégré est aujourd'hui nettement plus nuancée, notamment chez les producteurs qui mesurent la contribution potentielle d'un contrôle direct de leur distribution, ou au moins d'une partie de leur distribution : le développement de points de vente au détail intégrés par des marques aussi différentes que Nike (magasins Niketown), Apple (Apple Store), Louis Vuitton ou Nivea, met en évidence l'intérêt de l'intégration aval. Si la contribution des points de vente intégrés au chiffre d'affaires de la marque reste généralement anecdotique, ces magasins constituent en revanche d'extraordinaires vecteurs de l'image de la marque, dont ils constituent en quelque sorte des « vaisseaux amiraux » (*flagships*). Les cas de Niketown et d'Apple Store sont emblématiques : implantés dans des localisations prestigieuses génératrices d'un maximum de trafic, ces établissements entretiennent l'image et suscitent un puissant effet de bouche à oreille à partir du flux des visiteurs.

Le développement de la vente en ligne a également ouvert de nouvelles perspectives au canal intégré, en permettant au producteur de proposer directement à la vente ses produits. Ce canal ouvre en particulier des perspectives prometteuses à une association plus étroite du consommateur à la conception même du produit qu'il achète : c'est le principe de la « customisation de masse », c'est-à-dire la faculté donnée au client de déterminer lui-même les caractéristiques du produit qu'il choisit de retenir. Ces pratiques ont encore un caractère expérimental (personnalisation en ligne du texte figurant sur des bonbons M&M's par exemple). Elles constituent sans doute un signal faible d'une association plus étroite du consommateur à la conception d'un produit de moins en moins standardisé et adapté de plus en plus finement aux attentes de chaque consommateur et non plus seulement de segments.

Niketown

Des points de vente intégrés au service de l'image de la marque
Implantés dans un nombre limité de villes (Londres et Berlin en Europe par exemple), les magasins Niketown poursuivent un objectif principal de communication autour de la marque. Souvent comparés à des musées de la marque, ils contribuent en effet à enrichir son contenu symbolique à travers la mise en scène de la relation entre le produit Nike et la performance extraordinaire des sportifs qui l'ont utilisé. La vente est marginale (souvent les produits sont vendus plus cher dans les Niketown pour ne pas concurrencer les autres détaillants), mais la mise en scène de l'histoire de la marque, et des mythes développés autour de ses utilisateurs légendaires constitue un relais de la communication de masse afin d'enrichir l'expérience de relation personnelle du consommateur avec la marque.

Le canal mixte

La complexité de la structure des marchés et les exigences de la segmentation rendent indispensable le développement de canaux de distribution combinant plusieurs formes d'organisation afin de tirer parti le plus efficacement possible de leurs forces et faiblesses respectives. Le canal mixte est donc une forme dominante d'organisation des canaux.

Le secteur automobile illustre cette diversité. Un même constructeur distribuera en effet ses véhicules à la fois à travers des points de vente intégrés (ses succursales, réservées aux secteurs géographiques disposant du potentiel de vente le plus élevé), des concessions et des agents. La multiplication du nombre de marques étrangères disponibles favorise même l'émergence de distributeurs multi-marques, alors que le principe d'exclusivité a longtemps été considéré comme une absolue nécessité.

L'évolution des organisations franchisées révèle le même phénomène. Un franchiseur combine en général un important réseau de succursales intégrées avec le réseau des points de vente franchisés. Cette combinaison permet de renforcer la légitimité du franchiseur auprès des franchisés, puisqu'elle démontre son engagement financier dans le produit ou service. Mais le contrôle de points de vente intégrés est aussi un moyen efficace pour le franchiseur de disposer d'informations fiables sur les conditions d'exploitation des unités, et donc de réduction de l'asymétrie d'information dans les négociations avec les franchisés qui peuvent toujours être tentés d'adopter des comportements opportunistes à l'égard du franchiseur.

En fonction de ses objectifs de présence sur le marché et de couverture de sa cible, le producteur aura donc intérêt à évaluer les différents canaux auxquels il peut recourir en retenant deux critères principaux : d'une part le niveau de risque économique et financier auquel il s'expose en adoptant ce canal, notamment à travers le niveau d'investissement exigé, et d'autre part le degré de contrôle qu'il pourra exercer sur ce canal et sa performance.

Tableau 10.4 – Les critères d'arbitrage entre formes d'organisation des canaux

Niveau de contrôle exercé par le fournisseur sur le canal	**Niveau du risque assumé par le fournisseur dans le fonctionnement du canal**	
	Faible	**Élevé**
Faible	– Achats ponctuels des distributeurs (grossistes, détaillants) auprès du fournisseur – Licence de marque	– Participation minoritaire à une filiale commune
Élevé	– Concession – Commission-affiliation – Franchise	– Succursale intégrée – Participation majoritaire à une filiale commune

LES ENJEUX DE LA DISTRIBUTION MULTICANAL

Même si l'activité commerciale est millénaire, il est symptomatique de constater qu'une forme de vente au détail ne disparaît jamais : même à l'heure d'Internet, les marchés et la vente itinérante « au camion » (dans le domaine de l'outillage par exemple) conservent une activité significative. De ce fait, le nombre de canaux disponibles pour un produit ou un service augmente régulièrement, et le caractère « multicanal » de la distribution s'impose comme un principe universel. Le développement du commerce électronique a contribué à la sensibilisation des praticiens à cette notion qui pose deux séries de problèmes majeurs : d'une part la compréhension du comportement de l'acheteur dans un contexte multicanal, et d'autre part la conception et le pilotage de canaux simultanés multiples.

Le comportement de l'acheteur

La prise en compte du comportement de l'acheteur détermine le choix d'une distribution multicanal. En effet, la distribution procure au chaland de nombreux bénéfices, qui dépassent largement la seule fonction de mise à disposition des produits ou services. L'article pionnier de Tauber publié en 1972 proposait une typologie des bénéfices procurés au chaland par la fréquentation des points de vente, qui conserve toute son actualité. Cette analyse apporte en particulier une explication de la faible progression de la part des achats de produits alimentaires réalisés à travers Internet, alors même que ces achats répétitifs sont souvent perçus comme peu gratifiants pour le chaland : l'importance de la recherche de conformité au rôle, mais aussi de l'interaction sensorielle avec les produits en magasin, constitue sans doute un puissant facteur de fidélité au point de vente « réel ».

Tableau 10.5 – Les bénéfices procurés au chaland par la distribution

Catégorie de bénéfices	Bénéfices
Bénéfices personnels	– Conformité à un rôle perçu – Distraction – Gratification hédoniste – Information sur les nouveaux produits – Exercice physique – Stimulations sensorielles
Bénéfices interpersonnels	– Rencontrer d'autres gens – Partager ses centres d'intérêt – Rencontrer ses pairs – Exercer son statut et son autorité – Marchander pour le plaisir

D'après Tauber, 1972.

Les modèles d'analyse du comportement d'achat conduisent à distinguer deux étapes de ce processus : la phase de recherche d'information préalable à la décision d'achat, et la phase d'achat proprement dite. La dualité sphère réelle-sphère virtuelle permet de proposer un modèle général de comportement multicanal du chaland. Quatre processus principaux peuvent être distingués : le client peut réaliser dans un seul canal (magasin ou Internet) la totalité du processus d'achat (recherche d'information et achat effectif) ou il peut combiner les deux canaux pour la réalisation de ce processus.

Il serait pourtant trop réducteur de ramener la question de la distribution multicanal à la seule articulation d'Internet et des magasins. Les entreprises de vente à distance n'ont par exemple pas abandonné la version papier de leur catalogue, même si une part croissante des commandes est passée par Internet.

Tableau 10.6 – Un modèle du comportement d'achat multicanal

Phase du processus d'achat	**Sphère réelle (magasins physiques)**	**Sphère virtuelle (commerce électronique)**
Recherche d'information Prise de décision	Information sur le lieu de vente	Information en ligne
Achat effectif	Achat en magasin	Achat en ligne

Les critères d'arbitrage dans le multicanal

Les critères de choix d'un canal de distribution restent naturellement applicables à une problématique de gestion multicanal. Le tableau 10.7 rappelle les principaux critères qui peuvent être mis en œuvre pour évaluer les canaux auxquels un producteur peut recourir.

Tableau 10.7 – Critères d'évaluation d'un canal de distribution

Objectifs	**Indicateurs**
– Couverture de la cible	– Nombre de membres de la cible atteints par le canal
– Proximité entre le canal et la cible	– Taux de nourriture de la cible par le canal pour la catégorie de produits
– Évolution du canal	– Taux de croissance des ventes du canal en volume et en valeur
– Équilibre des relations avec le canal	– Poids comparé de l'activité du producteur pour le canal et du canal dans l'activité du producteur
– Proximité culturelle	– Compatibilité des valeurs poursuivies par le canal avec celles du producteur

Une décision majeure pour le producteur concerne l'intensité de la distribution qu'il désire mettre en place :

- la distribution intensive vise la couverture la plus large possible du marché à travers une diversité de canaux avec lesquels les relations seront limitées aux procédures classiques de négociation entre fournisseur et distributeur. C'est le mode de distribution dominant sur les marchés de produits de grande consommation ;
- la distribution sélective repose sur un canal plus restreint. Le fournisseur choisira un nombre limité de distributeurs et contrôlera strictement le respect de ses prescriptions en termes de modalités de distribution. Les grandes marques de parfumerie et l'automobile adoptent ce mode de distribution ;
- la distribution exclusive est la forme la plus restrictive de conception du canal. Le producteur choisit un nombre très limité de points de vente, qui peuvent même être des filiales intégrées. La distribution des produits de luxe recourt à ce modèle.

Il est important de rappeler que le recours à la distribution sélective ou exclusive est strictement réglementé par le droit de la concurrence. Dans l'Union européenne, les restrictions de distribution sont acceptables si le produit présente des caractéristiques d'exclusivité très précises, par exemple au plan technique, ou si un environnement de vente très spécifique est indispensable pour préserver l'image du produit.

Les recherches ont montré que l'augmentation du nombre des canaux à travers lesquels un produit est distribué n'entraîne pas une augmentation proportionnelle du nombre d'acheteurs, donc du taux de pénétration du produit. En revanche, la distribution multicanal conduit à une augmentation du volume des achats réalisés par les clients auprès de la marque, donc à une augmentation du taux de nourriture. La distribution multicanal serait donc un moyen d'augmenter la fidélité des acheteurs à la marque ou à l'enseigne. Le secteur bancaire a bien intégré ce résultat : plutôt que de développer des canaux spécialisés par segments de clientèle, les banques s'efforcent au contraire d'offrir à tous leurs clients l'accès à l'ensemble des canaux de relation possibles : agences, automates, centres d'appels, site Internet.

Le développement de plusieurs canaux par une même marque permet également de prendre en compte la diversité des avantages recherchés par le consommateur en fonction des situations d'achat, et notamment de la contrainte particulière que constitue la vente des fins de séries dans des secteurs d'activité où la mode conduit à un renouvellement rapide de l'offre. Des producteurs peuvent ainsi avoir intérêt à développer des points de vente intégrés spécialisés sur ce segment (les *factory outlets*, qui peuvent être rassemblés dans des centres commerciaux spécialisés comme à Troyes).

Nike

Un exemple de distribution multicanal et multisegment

La marque Nike a développé de puissantes associations à la performance mais aussi à la mode et à l'innovation technologique. Elle dessert donc des segments très divers. Elle a développé une distribution multicanal particulièrement complète :

- un réseau de distribution principal à travers des magasins indépendants ou des chaînes spécialisées dans les articles de sport ;
- le réseau des magasins amiraux Niketown qui servent à développer le contenu symbolique associé à la marque (voir cas ci-dessus) ;
- un réseau de magasins exclusifs, implantés dans les principales métropoles mondiales, pour assurer une visibilité maximale de l'ensemble de la gamme ;
- un réseau de magasins Nike Factory Store qui est chargé de l'écoulement des fins de série ;
- le site NIKEiD qui permet aux clients de commander *via* Internet des produits qu'ils ont la possibilité de personnaliser (customisation).

Pilotage et résolution de conflits

Les relations entre les membres des canaux peuvent rapidement causer des conflits : le pouvoir perçu d'une institution, la répartition de la valeur ajoutée ou les clauses d'exclusivité dans les contrats de distribution restrictive sont autant de sources possibles de divergences entre les membres du canal.

La mondialisation des marchés a entraîné une croissance des conflits liés aux « marchés gris », c'est-à-dire des canaux qui distribuent sans autorisation du producteur des produits de distribution sélective achetés de manière parfaitement légale, souvent auprès d'un distributeur sur un autre marché.

La résolution des conflits fait appel à une combinaison de contrôle (mesures coercitives) et de coopération (recherche d'objectifs poursuivis conjointement par les différentes institutions membres du canal). Le partage des informations détenues par un fournisseur et un distributeur se généralise, afin de faciliter la coordination des opérations logistiques dans le canal, mais aussi de mieux analyser les attentes et les comportements des clients afin d'orienter les décisions relatives aux produits, mais aussi à l'organisation des points de vente.

Le développement de la gestion par « catégories de produits » (*category management*) s'inscrit dans cette perspective : le distributeur sélectionne le fournisseur qu'il considère comme le plus performant dans une catégorie de produits et lui confie la gestion de cette catégorie pour l'ensemble de ses points de vente : structure de l'assortiment (y compris avec les marques concurrentes), politique de prix, merchandising et animation des rayons. Le fournisseur qui acquiert ce statut de « capitaine de catégorie » est alors responsable de la performance de cette catégorie dans l'enseigne, ce qui facilite la coopération entre les personnels du producteur et ceux du détaillant.

Internet et organisation franchisée : une cohabitation difficile

Lorsqu'un système de distribution franchisé développe un site Internet, c'est logiquement le franchiseur tête du réseau qui pilote le développement et l'exploitation de ce site. Si celui-ci est seulement un site d'information des clients, la réaction des franchisés est généralement favorable, puisque le site donne de la visibilité à l'enseigne et peut même décharger les magasins de certaines activités d'information de la clientèle jugées peu valorisantes. Mais si le site intègre la fonction de vente en ligne, la question du partage du chiffre d'affaires réalisé sur le site entre le franchiseur et les franchisés est posée. Il n'existe pas de solution optimale à ce problème, d'autant que les franchisés craignent que les chalands ne viennent préparer leur achat en magasin pour réaliser ensuite la transaction sur Internet. Le même problème se pose d'ailleurs dans les chaînes intégrées qui développent un site marchand, même si le chiffre d'affaires est alors automatiquement consolidé.

Ce qu'il faut retenir

Dans un contexte de développement constant de l'offre de produits et services disponibles sur les marchés, la question cruciale de l'accès au consommateur final donne à la fonction distribution un rôle stratégique pour tous les producteurs. La réduction des coûts de distribution contribue également à l'effort de réduction générale des coûts engagé par les producteurs. Le développement d'Internet induit une généralisation de la distribution multicanal qui contraint producteurs et distributeurs à remettre en cause l'organisation traditionnelle de leurs systèmes de distribution.

Références bibliographiques

Anderson C. (2006). *The Long Tail: Why the Future of Business is Selling Less of More*, Hyperion Books, New York.

Badot O. et Benoun M. (2005). *Commerce et distribution : prospective et stratégies*, Paris, Economica.

Benoun M. et Hélies-Hassid M.L. (2003). *Distribution. Acteurs et stratégies*, 3e éd., Paris, Economica.

Coughlan A.T., Anderson E., Stern L.W. et El Ansary A.I. (2006). *Marketing Channels*, 7e éd., Upper Saddle River, Prentice Hall.

Doriol D. et Sauvage T. (2010). *Management des achats et de la supply chain*, Paris, Vuibert.

Fady A., Renaudin V. et Vyt D. (2007). *Le Merchandising*, 6e éd., Paris, Vuibert.

Filser M. (1989). *Canaux de distribution*, Paris, Vuibert.

Filser M., des Garets V. et Pache G. (2001). *La Distribution : organisation et stratégies*, Caen, EMS.

Levy M., Grewal D., Peterson R.A. et Connolly B. (2005). « The concept of the "Big Middle" », *Journal of Retailing*, vol. 81, n° 2, p. 83-88.

Rieunier S., éd. (2006). *Le Marketing sensoriel du point de vente*, 2e éd., Paris, Dunod.

Rosenbloom B. (2003). *Marketing Channels*, 7e éd., Fort Worth, The Dryden Press.

Tauber E. M. (1972). « Why Do People Shop ? », *Journal of Marketing*, vol. 36, oct., p. 46-59.

Underhill P. (2004). *La Science du shopping*, Paris, Village Mondial.

Vanheems R. (2009). « Distribution multicanal : pourquoi les clients mixtes doivent faire l'objet d'une attention particulière », *Décisions marketing*, n° 55, juil.-sept.

Williamson Oliver E. (1975). *Markets and Hierarchies*, New York, The Free Press.

11

La marque : la créer, la protéger, la gérer

JEAN-NOËL KAPFERER

Jean-Noël Kapferer fait partie du cercle très restreint des experts des marques réputés sur le plan mondial. Son livre Strategic Brand Management *est devenu une référence dans les MBAs internationaux. Il a été le promoteur de concepts clés comme l'identité de marque, la capitalisation sur la marque… Diplômé HEC et Ph.D de Northwestern University (États-Unis), il est professeur à HEC Paris et mène séminaires et conférences auprès des entreprises partout dans le monde. Activement consulté sur tous les problèmes stratégiques de marque, il a formé ou conseillé des dirigeants de toutes les entreprises du CAC 40. J.-N. Kapferer est auteur ou co-auteur de quinze livres sur les marques et la communication, dont* Rumeurs, *et tout récemment* Luxe oblige.

Une entreprise qui ne se pense pas d'emblée comme une marque, ou qui ne se soucie pas de ses marques, est mal gérée. En effet la marque est un des leviers concurrentiels les plus puissants, une source de création de valeur, de barrières à l'entrée et à la sortie, au-delà des techniques de fidélisation. Mais la marque ne tombe pas du ciel, comme un effet induit automatique des ventes. La marque se construit, se gère et se défend : elle est un investissement qui réclame une cohérence totale, donc une discipline. Ce chapitre vise à expliquer de façon très concrète les principes du management de la marque.

IMPORTANCE DE LA MARQUE

Preuve extrême de cette importance, une marque peut sauver des vies, elle peut aussi tuer si elle est mal gérée. La Croix-Rouge est peinte en rouge sur les voitures qui sillonnent les terrains de combats. Elle sera une cible privilégiée dans une vallée d'Afghanistan où elle n'a pas bonne réputation et pourra œuvrer dans les deux camps si au contraire elle est respectée dans une autre vallée. On ne saurait donc se méprendre sur l'importance de la marque. Pourtant maints secteurs continuent à s'estimer non concernés. Ce type de réponse est dépassé. Les secteurs où la marque « ne compte pas » sont ceux où le management n'a pas encore entrepris une démarche à long terme pour sortir de la seule logique du bas prix. La fin des marques ? Le contraire d'une stratégie de marque est la démarque, la concurrence par les prix bas. La politique de marque a pour but de faire en sorte qu'il ne soit plus le critère n° 1. D'ailleurs, fait significatif, dans les appels d'offres des marchés publics, on est passé du *moins-disant* au *mieux-disant*. Les facteurs de qualité et de risque sont aussi à prendre en compte dans le choix des prestataires. Un autre concept, plus récent, se positionne comme concurrent de la logique de marque : celui dit de la « valeur client », en anglais de la *lifelong customer value*. C'est un concept nécessaire dans la gestion des bases de données clients des banques et assurances, deux secteurs qui ont, les premiers, promu cette approche. Il s'agit d'envisager chaque prestation offerte à un segment, donc non en fonction de sa rentabilité ponctuelle, mais cumulée, actualisée dans le temps. Par exemple on peut proposer des prêts déficitaires aux étudiants des grandes écoles car, si on sait les fidéliser, on leur proposera plus tard des prêts à l'installation, ou des prêts immobiliers attachés à un compte-courant donc bien plus rentables. N'a-t-on alors pas besoin de marque dès lors que l'on adapte l'offre à la rentabilité de chaque segment comportemental ?

Cessons d'opposer les concepts. La marque ne remplace ni le marketing, ni l'écoute de la clientèle, ni l'examen de la rentabilité des clients. Aucune entreprise n'a intérêt à proposer des offres qui vont nuire à sa rentabilité à long terme, marque ou pas. La marque est un concept intégrateur et différenciateur qui annonce en quoi réside notre spécificité par rapport aux concurrents. La marque par ses intangibles (ses services, ses valeurs, son histoire, son identité) veut créer un lien émotionnel avec le public, facteur d'implication, d'attachement affectif, voire de prosélytisme. Et bien sûr de fidélité aussi.

LA MARQUE : POINT DE CONVERGENCE DU DROIT, DE LA COMPTABILITÉ, DE LA FINANCE ET DU MARKETING

Qu'est-ce qu'une marque ? Étymologiquement, un signe. À l'origine, celui-ci montrait à qui appartenait l'objet marqué, sa provenance. C'était ce que l'on appelle une *marque de fabrique*. Avec le temps, il a désigné une qualité de l'objet et enfin s'est chargé de distinguer l'acheteur lui-même, d'être un badge. La marque est devenue un outil central du management des entreprises et à ce titre il est intéressant de l'envisager sous plusieurs angles.

Pour les juristes

La marque est un signe qui « authentifie la provenance et différencie des concurrents ». En droit, la marque n'existe que si elle est déposée auprès de l'INPI, et auprès d'instances européennes dans le cadre de l'arrangement de Madrid qui garantit qu'une marque enregistrée dans un pays de la zone Europe jouit de la même date de début de protection dans les autres pays (pour éviter que, par simple volonté de blocage, d'aucuns déposent plus vite la même marque dans la même catégorie, dans les autres pays). Premier fait important, la marque doit être exploitée commercialement sinon elle peut être déchue, là encore afin d'empêcher des démarches de blocage systématiques visant à empêcher des entreprises d'entrer dans certains secteurs avec leur nom de marque. En somme la marque ne s'use que si l'on ne s'en sert pas. C'est pourquoi la famille Picasso, qui gère les droits liés à ce nom, a demandé au constructeur automobile Citroën s'il était intéressé par l'utilisation du nom Picasso. En cosignant une Citroën, Picasso conserve son statut juridique de marque et ne tombe pas, en tant que nom, dans le domaine public. Second fait important, le dépôt de marque est toujours lié à une catégorie : c'est pourquoi on trouve les cigarettes Ariel et la lessive Ariel. La fonction de la marque est de différencier les produits de ceux des concurrents. Les concurrents sont intra-sectoriels, voire intra-segment. Seules quelques marques notoires comme Chanel parviennent, pour préserver leur aura, leur prestige, à bloquer l'usage de ce nom en dehors des catégories qui constituent leur business réel. C'est pourquoi il n'est pas de gestion de marque sans un très bon juriste et un système de veille permanent pour détecter les concurrents qui s'approcheraient par trop de la zone de protection du nom ou des autres signes de la marque.

Pour les comptables

Selon les normes comptables internationales IASC, il existe, dans le bilan des entreprises, à l'actif, au sein des immobilisations immatérielles, une ligne « marques et brevets ». C'est donc que les marques ont une valeur monétaire et que celle-ci contribue à la valorisation patrimoniale de l'entreprise.

- Un « actif » est un élément de patrimoine (il est possédé) séparable du reste de l'entreprise et cessible, producteur de revenus au-delà de la période comptable de référence (en l'occurrence l'année). La marque est un actif : son rôle ne se situe pas dans le court terme. D'ailleurs on peut vivre sans : toutes les start-up sont inconnues au départ de leur activité, elles ont certes un nom mais celui-ci n'a aucun renom. La marque est construite par les entreprises pour sa capacité à donner un avantage stratégique à long terme, celui lié à la réputation. Cet avantage permet une meilleure tenue des prix, une meilleure profitabilité *via* des coûts de prospection réduits (les clients viennent à vous) et *via* la fidélisation qui crée des barrières à la sortie.

- L'examen de la structure des bilans des entreprises modernes montre que la part des actifs immatériels croît dans ces bilans, signe que la valeur se situe aujourd'hui dans des éléments intangibles (savoir-faire, brevets, *data banks*, fonds de commerce ou marque). Dans maints secteurs, les actifs intangibles sont clairement majoritaires et les marques en sont le principal levier (en particulier dans le secteur de la grande consommation où les marques peuvent représenter 80 % de la valeur des intangibles).
- La marque, bien que considérée comme un actif, n'est pas amortissable. Les comptables ont en effet bien compris que, à la différence du brevet, qui lui a une durée de vie limitée, la marque quant à elle a – en théorie – une durée de vie illimitée si elle est bien gérée. Coca-Cola a plus de cent ans, Chanel N° 5 (un des parfums les plus vendus au monde chaque année) avoisine les 90 ans… La marque est donc un *actif conditionnel.* D'ailleurs dans l'industrie pharmaceutique, dès que le brevet tombe dans le domaine public, arrivent les génériques au quart de prix. La mort de la marque est immédiate car les marques médicales ne sont remboursées que sur la base du prix du générique.
- Toujours selon les normes mondiales IASC, seules les marques achetées sont inscrites au bilan. Ainsi, dans le rapport annuel du Groupe Pernod Ricard, n° 2 mondial des vins et spiritueux, le poste « marque » au bilan fit un bond de 4 milliards d'euros. C'est en effet le prix payé pour acheter la vodka la plus à la mode dans le monde (Absolut). Mais combien vaut la marque Ricard elle-même ? De toute façon on ne pourrait l'activer au bilan. Des méthodes d'évaluation de la valeur des marques existent, mais leur validité est sujette à caution, donc pas assez fiables du point de vue des comptes publics.

Le troisième point de vue sur la marque est celui des financiers

À la différence des comptables, mus par le principe de prudence, les financiers veulent faire rêver. Leur but est la valorisation de l'entreprise (*shareholder value*). Aussi, tout ce qui accroît la désirabilité de l'entreprise sur le marché des actions est souhaitable. La réputation de l'entreprise (marque *corporate*) ou celle de ses produits et modèles y contribue en rassurant les investisseurs sur le futur de l'entreprise (qui dit marque dit fidélité de ses clients). Les financiers, eux, n'ont donc aucune réticence face aux évaluations financières des marques, publiées chaque année par le cabinet Millward Brown et par la Société Interbrand. Pour évaluer financièrement une marque, on établit son *cash flow* prévisionnel sur cinq à dix ans : puis le marketing doit dire quelle part de ce *cash flow* est due à la marque elle-même (*vs* tout autre aspect de son marketing-mix). En effet ce n'est pas parce que l'on fait un plein d'essence dans une station-service Total qu'on le fait *parce qu'elle est Total* : le critère n° 1 de fréquentation d'une station-service est la proximité puis le prix.

Pour le marketing

La marque est un nom qui symbolise une proposition de valeur durable, unique et forte, aux yeux d'une cible. La marque est créée au départ par cette proposition de valeur et le bouche-à-oreille qui l'accompagne émanant des premiers clients satisfaits, devenus prosélytes. Avec le temps et une bonne gestion, elle devient *synonyme* de cette proposition de valeur. La marque est donc un contrat. C'est la clé du *business model* de la marque : la rentabilité des clients ne peut être construite que par une fidélité de l'entreprise elle-même à sa proposition de valeur initiale, à son contrat.

Le (contrat) Apple

Cas d'une plateforme de marque à part

Il a été mis en œuvre dès sa création comme start-up californienne :

- proposition de valeur unique et forte : *Each of you can be so creative, in a snapshot* ;
- valeur centrale de la marque (ADN) : la créativité (elle inonde tous les produits dans leur ergonomie, dans leurs applications) ;
- cœur de cible : toute personne qui veut aller au-delà de la simple fonctionnalité à prix bas des Dell ou Lenovo (par exemple IBM), qui se vit (mentalisation interne) comme la *creative elite*, au sommet de la hiérarchie des besoins de Maslow ;
- bénéfice client fonctionnel : plus simple d'usage n'existe pas chez les concurrents (l'extrême sophistication technique est toujours ultra-compensée par un bond en avant en ergonomie et simplicité d'usage) ;
- bénéfice client psychologique : l'accès immédiat à une multitude de fonctionnalités jusqu'alors réservées aux experts, et qui apportent un vrai progrès et plaisir dans la vie quotidienne ;
- bénéfice client social : très forte valorisation par Apple de ses adeptes et clients. Avoir un Apple se voit et fait de vous un membre d'une communauté à part, qui distingue de ceux qui n'achètent que des Dell, des Samsung, des Toshiba, des Lenovo et autres produits purement fonctionnels ;
- symbole de marque : une pomme, le fruit primordial, celui du désir, mais aussi un symbole d'une grande simplicité. Couleur dominante : le blanc, pur, parfait, simple ;
- territoire de compétence : micros, téléphone, livres électroniques, téléchargements de contenus.

Remarquons, à partir du cas d'Apple qui a connu des hauts et des bas, que la *durée de vie d'une marque* repose sur cinq conditions essentielles :

1. identifier le besoin durable qui sera la raison d'être de la marque : ici, le dépassement du fonctionnel par le créatif ;

2. savoir mettre en œuvre la proposition de valeur par des technologies exclusives qui la rendent réelle dans l'expérience client (ce qui déclenche le bouche-à-oreille). Cela suppose une intuition des besoins à venir, une R&D puissante et des développeurs passionnés, toujours prêts à re-innover ;
3. savoir capter très tôt, sous la même marque, des nouveaux segments de croissance pour en devenir le référent, le « prototype de la catégorie », celui par rapport auquel les concurrents devront se positionner ;
4. étendre le champ des produits de la marque à condition de respecter son « contrat de marque ». C'est ainsi qu'Apple s'est « étendu » à la téléphonie mobile en créant dans cette catégorie un nouveau référent, sur le plan symbolique et fonctionnel, reléguant les Nokia et autres Sony Ericsson au rang de produits d'hier ;
5. maintenir l'avantage concurrentiel fonctionnel et symbolique dans le temps face aux nouveaux Samsung à venir, grâce à un renouvellement systématique des produits et l'entretien du buzz.

Ce qui est vrai d'Apple est vrai pour toute PME innovante, quel que soit son secteur. Apple commença aussi par être un nain. Il importe de fonder la marque sur un besoin durable du marché, non capté à ce jour, une innovation qui lui répond et un business modèle profitable.

Pourquoi existe-t-il des marques ?

En premier lieu car la marque est un levier de pouvoir. La création des marchés de masse a éloigné les producteurs des clients : ce sont les distributeurs, qui sont en contact avec les clients et donc tentent de les contrôler. Construire la marque c'est reconstruire un lien direct avec les clients, un *market pull*, la demande des clients finaux. Ce faisant, on évite aussi de trop dépendre des distributeurs eux-mêmes.

La deuxième raison d'être de la marque est que l'offre est opaque. Dans la société d'hyper-consommation trop d'offreurs se présentent sur le papier comme les meilleurs. Mais comment choisir quand on n'est pas expert et sans vendeur conseil ? Le client perçoit un risque mais il n'a pas les connaissances. Ici interviennent la notoriété de la marque et son image (de quelle promesse est-elle porteuse) ? Or si le client est exigeant : pourquoi prendrait-il le n° 2 dans une catégorie ? *A fortiori* le n° 3. Il veut le meilleur dans les attributs qu'il recherche. C'est pourquoi il faut construire l'image de toute marque comme celle qui excelle en quelque chose (*le positionnement*). Avant Internet, la marque était reine car, faute d'informations autres que celles des vendeurs, des journalistes et de quelques amis experts, il fallait bien choisir : la réputation de la marque avait alors un rôle important.

Pour quoi cette marque était-elle réputée ? Aujourd'hui plus que jamais il faut l'être dans les faits, car les clients insatisfaits s'expriment désormais partout sur Internet.

La troisième raison d'être de la marque est qu'elle différencie non seulement les objets mais les possesseurs. Quand la marque devient badge elle est objet de désir en tant que telle, facteur d'identité du porteur ou du possesseur. C'est la base du système de la mode et du luxe. Cela est vrai aussi en B-to-B. Il est flatteur d'être client de McKinsey, conduire un camion Volvo est la consécration pour un camionneur.

QU'EST-CE QU'UNE MARQUE FORTE ?

Qu'est-ce qu'une marque ? Un nom qui a du pouvoir, celui d'influencer. Cela commence par un bon nom, logo et design. Nombre de bouteilles de vin sont choisies en rayon parce que leurs étiquettes ont rendu le produit attractif. Mais la marque va bien au-delà de l'attractivité des noms et signes. C'est ce qu'elle symbolise aux yeux des prospects qui constituent la base de sa valeur, le fameux capital-marque, appelé en anglais *consumer based equity*. La marque n'a de force que si elle a acquis la capacité de symboliser une excellence spécifique ou des valeurs clients uniques. À côté de cette *consumer based equity* (active dans la perception des clients) il existe une autre définition de la valeur d'une marque, appelée *company based equity*. Nous y avons fait référence en disant qu'Absolut Vodka « valait » 4 milliards d'euros. Il y a un rapport étroit entre ces deux notions, car le *cash flow* prévisionnel vient des achats des consommateurs, donc du désir qu'ils ont de cette marque en particulier, avec sa prime de prix. Absolut vaut 25 euros, alors que les hypermarchés proposent d'autres vodkas connues à moindre prix. Ce qu'a acheté Pernod Ricard, c'est la durabilité de ce désir d'achat d'Absolut chez les jeunes consommateurs d'aujourd'hui et de demain. Il a acheté un fonds de commerce constitué des millions de consommateurs dans le monde qui demandent une Absolut et non une vodka.

Une marque est forte quand elle est devenue le critère de choix n° 1 du consommateur. Cela vaut tout autant pour le client B-to-B. Par exemple la majorité des électriciens en France précisent à leur grossiste : « Je veux du Legrand. » De même les plombiers disent à leur client : « Je vous mets du Grohe », ou les garagistes changent les pare-brise en mettant du « Sekurit » de Saint-Gobain. C'est être le but avoué de toutes les entreprises à marque : faire, à terme, de leur nom le critère de choix n° 1 des clients. « Un Ricard sinon rien ! »

Comment mesurer la construction du capital de marque ? Beaucoup répondent par les ventes ou les parts de marché. Ce sont des indicateurs de la réussite de la marque *via* ses produits, sa distribution, son prix, ses conditions commerciales… C'est donc pour nous des indicateurs de performance du marketing dans son ensemble. Cela crée-t-il pour autant une envie d'être fidèle, d'accepter un écart de prix, de devenir avocat de la marque ? La part de marché ne dit rien à cet égard. Elle ne différencie pas les marques fragiles construites à coups de promotion (*market push*), de celles qui ont investi dans la demande client, le *market pull*.

Comment mesurer alors l'attractivité intrinsèque de la marque ? Ce nom est-il devenu un critère très important de choix pour les clients ? La *consumer based equity* est faite de tout élément en mémoire du client ou prospect qui pèse sur ses préférences. Un bon baromètre de marque doit rester simple, pertinent et peu onéreux, donc ne comporter que quelques questions.

ATTENTION : NE PAS TOUT APPELER MARQUE !

La marque a deux piliers : l'un tangible, l'autre intangible. Kinder c'est du bon chocolat et du lait, dans tous ses produits, mais sur le plan intangible cette marque est un signe de plaisir partagé. Le premier Kinder est un œuf, signe de vie, avec un petit cadeau à l'intérieur, que le petit enfant ne peut monter qu'avec l'aide d'un adulte. Kinder représente une relation d'amour entre l'adulte et l'enfant.

Dans le domaine des marques, il existe un très grand nombre de termes, de concepts, dont beaucoup sont utilisés en anglais. Ceci crée une opacité qu'il faut dissiper.

- Un *label* est un signe décerné par une autorité officielle qui atteste du respect d'un cahier des charges objectif sur la qualité du produit, son mode de production… Ce n'est pas une marque au sens plein car il repose sur la seule dimension tangible (les preuves) et n'offre pas d'éléments intangibles. Les labels les plus célèbres sont le Label Rouge, Max Havelaar pour le commerce équitable, AB pour le biologique. Pour les PME, le label est bienvenu car il révèle explicitement la qualité des produits ou services d'entreprises qui n'ont pas les moyens de développer leur propre marque. En échange l'entreprise doit contribuer financièrement à la promotion et communication du label.
- Une *AOC* (appellation d'origine contrôlée) est un signe qui atteste du respect d'un cahier des charges préservant la typicité des méthodes de production (depuis le lieu exclusif, les matières premières de ce lieu, les rites de production, de conservation…). L'AOC ne dit rien sur la qualité objective du produit. Ainsi le roquefort, le cognac, le champagne sont des AOC.
- Une *enseigne* est une entreprise qui redistribue *via* ses magasins des produits qu'elle achète ailleurs et qu'elle ne conçoit pas, le tout au service d'un concept unificateur. Darty est une enseigne, comme Amazon, Conforama ou Manutan. En revanche Gap,

Celio ou Jules sont des marques qui ont leurs propres magasins. Certaines enseignes ont néanmoins voulu aussi offrir dans leurs rayons des produits qu'elles inventent, conçoivent elles-mêmes : c'est le cas de Carrefour et de Décathlon. Ces produits sont nommés « marque-enseigne » s'ils sont signés du nom de l'enseigne (les produits Carrefour) ou marque-propre s'ils ne le sont pas (Reflets de France chez Carrefour).

- Une *marque-entreprise* est la traduction de l'anglais *corporate brand*. La marque-entreprise renvoie au profil d'image que l'on veut donner de l'entreprise et de ses produits. C'est un choix fondamental : faut-il ou non faire de l'entreprise une marque ? Puis comment agencer cette marque avec celle de ses produits et services, quel sera le rôle de chacun ? Certaines entreprises comme PSA, Bel ou PPR préfèrent garder un profil bas et mettre en avant leurs marques de produits uniquement. D'autres comme Suez, GE, Accor ou Sanofi-Aventis se mettent en avant à côté de leurs marques. Les raisons d'une option ou d'une autre sont multiples : en B-to-B la confiance se construit par la taille de l'entreprise, signe de sa pérennité. Dans un marché de grande consommation, on privilégie la différenciation des produits au maximum, surtout s'ils sont concurrents dans le même marché : leur donner une marque chapeau commune, très visible, nuirait à cet objectif.
- La notion de *megabrand* n'est qu'une emphase pour signifier une marque de plus d'un milliard d'euros de chiffre d'affaires. La notion de *masterbrand* renvoie, quant à elle, à une marque qui recouvre de nombreuses sous-catégories de produits : par exemple la marque L'Oréal Paris recouvre des shampooings, de la coloration, du maquillage et du soin de peau. On parlera aussi de marque ombrelle pour qualifier cette largeur de marque. L'émergence croissante des *masterbrands* résulte d'une nécessité de regrouper ce qui était hier des marques-produits indépendantes, avec leur propre publicité, sous une égide commune. Les coûts de communication allant croissant, maintes petites marques n'ont plus les moyens d'atteindre la taille critique, le seuil des dépenses médias, pour être visibles.

À PROPOS DE LA DURÉE DE VIE DES MARQUES

Un produit, défini comme un bouquet figé d'attributs, rencontre toujours à un moment son obsolescence. Il ne correspond plus à la demande du moment. Tout le monde aime la 2CV, mais plus personne ne veut l'acheter tant elle est aux antipodes des normes actuelles de sécurité les plus élémentaires. D'ailleurs on n'aurait plus le droit de la construire. Même la New Beetle ne fit que ressembler à l'ancienne Coccinelle de Volkswagen mais avec un châssis et la mécanique complète de la dernière Golf. C'était du *new vintage*.

Les marques ont-elles un cycle de vie ? Oui, si l'on s'en tient aux marques-produits car à la marque ne correspond qu'un seul produit : le cas VéloSolex est typique. En revanche, bien que la 2 CV ne puisse plus exister, la marque Citroën est encore là. Le but du management de marque est la pérennité. Dire que, de nombreuses marques étant mortes, il y a donc bien un cycle de vie des marques, est un raisonnement *ex post facto*. La marque a vocation à durer : pour cela elle doit remplacer des produits déclinants par des produits innovants.

Dire que la marque est immortelle n'a pas de sens non plus : la marque peut mourir d'un mauvais management, si l'on n'a pas su faire évoluer les produits à temps pour tenir compte de l'évolution des attentes, ou si l'on n'a pas cherché à reprendre le leadership sur les valeurs identitaires, face à des concurrents devenus de même qualité. Une autre cause de déclin de la marque est la perte de son attractivité symbolique. Insistons sur cette double problématique de la durée de vie des marques : le plan produit/service et le plan symbolique sont sujets à obsolescence. Dans l'automobile, BMW est une marque qui met clairement l'automobile sur un piédestal, ultra-masculin. Mais avec la perspective de la raréfaction des ressources énergétiques, la voiture elle-même a vu son statut baisser aux yeux des élites, qui préfigurent le goût populaire. Une marque qui fait de l'automobile le centre du désir masculin est en soi-même menacée par ces mégatrends qui affectent la catégorie. La réponse de BMW doit être au niveau du produit lui-même mais aussi de la marque (ce qu'elle symbolise dans l'esprit des hommes et femmes du monde entier), hier attractive mais peut-être demain répulsive.

Peut-on revitaliser une marque défunte, qui aurait cessé toute activité depuis longtemps ? En tout cas il existe un vrai marché de repreneurs de ces marques qui ont une histoire, un mythe, et parfois encore une notoriété assistée (Olida, La Roche aux Fées, Chambourcy, Menier, Schiaparelli).

Qu'est-ce que mener une vraie politique de marque ?

Une politique de marque engage toute l'entreprise car elle force à une cohérence d'ensemble, condition majeure pour devenir la marque que l'on souhaite créer. Mais une fois cette réputation acquise, quel avantage concurrentiel ! Notre message est que la marque n'est pas un acte de communication, une étiquette sur les produits et un slogan, c'est un *business model* et une discipline de fer. Quelles sont les étapes d'une vraie politique de marque ?

Première étape : identifier une demande orpheline

Une marque nouvelle doit toujours symboliser un *progrès significatif.* Si elle n'est qu'un produit avec un « plus » par rapport à la concurrence, elle manquera de souffle et engagera, avec la concurrence déjà installée, une lutte au couteau sur des avantages ténus : ce sera « l'océan rouge ». Il faut chercher « l'océan bleu ». La notion de « progrès » sépare le concept d'invention de celui d'innovation. Une innovation est une résolution radicale d'un problème client latent. Il faut donc avoir un *insight marché*, une vision du problème majeur non résolu à ce jour et qui va soutenir une demande durable. L'insight majeur qu'aurait dû avoir la filière viticole française (si malmenée aujourd'hui sur les nouveaux marchés consommateurs de vin) est : les jeunes clients dans tous les pays n'ont pas le même palais que leurs parents. Il a été façonné par les *soft drinks* depuis leur tendre enfance. Ils n'aimeront donc pas le vin que leurs parents aimaient (ni le café d'ailleurs). En plus, hors des pays de production, le vin est incompréhensible. Si le vin est un apprentissage naturel pour un jeune qui vit en Italie ou en France, c'est une catégorie opaque pour un Anglais, ou un Brésilien, *a fortiori* pour un Chinois. Il faudra donc des marques.

Deuxième étape : définir le cahier des charges de la marque à créer

Une marque est une promesse de satisfaction répétée sur sa proposition de valeur. Il faut spécifier ses valeurs très clairement, très explicitement, afin de commencer à briefer la R&D, le *sourcing* en amont, la production… puis bien sûr les communicants à 360° (mise en scène en magasin, mise en histoires (*storytelling*) sur Internet, mise en images en publicité et sur les étiquettes, recherche de nom…). La marque est toujours la marque des clients. Il faut définir le *cœur de cible* : les personnes auxquelles on pense en priorité pour leur vendre la marque et son innovation. Même si l'on est tenté de dire « tout le monde aimera », toute marque cherche d'abord à détourner de leurs consommations habituelles certains consommateurs (ou clients B-to-B) qui seront précurseurs. Nous ne parlons pas des innovateurs systématiques qui abandonneront pour essayer autre chose. Enfin, il faut ici spécifier le positionnement prix car il va déterminer le *process* de production et le niveau des contraintes qui pèsent sur les coûts.

Troisième étape : garantir la satisfaction répétée du client et du distributeur

Une Peugeot reste une Peugeot où que vous l'achetiez. Le challenge du producteur à marque est de garantir un niveau d'expérience identique *urbi et orbi.* C'est pourquoi les grandes marques de service (les chaînes de fast-food par exemple) investissent tant dans une signalétique commune, des décors communs pour déjà façonner un vécu client identique. Puis elles mettent un uniforme au personnel. Surtout elles le forment en permanence aux comportements clés qui feront la différence et serviront de marqueurs de la qualité de service comme chez McDonald's ou chez Starbucks. Or, avec la croissance, la garantie de qualité tend à se dérégler. Elle est la cause des problèmes majeurs survenus en 2009 chez Toyota qui avait pourtant redéfini depuis dix-huit ans la notion de qualité automobile. À trop se l'entendre dire, Toyota avait baissé la garde.

Pour revenir au vin, lancer une marque, c'est être capable de fournir en quantités illimitées, à la demande, une boisson au goût constant, qui plaît aux clients du cœur de cible. Quantités assurées pour ne pas irriter les clients déçus d'une rupture de stock et surtout les grands distributeurs qui détestent ne pas être livrés. Remarquons d'emblée que ces exigences sont aux antipodes de la culture du vin en France : une multitude de petites exploitations aux quantités limitées, chacune fière de « sa différence ». C'est pourquoi la marque de vin fut développée soit par des industriels capitalistes capables de fédérer le *sourcing* en amont (le modèle du champagne), soit des grossistes (le modèle Dubœuf), soit des coopératives puissantes. Il faudra aussi avoir défini ce goût qui plaira aux clients que l'on ne connaît pas. D'où l'importance du marketing qui va définir un profil sensoriel et tester différents « produits » ou « jus », concepts et noms pour les accompagner et véhiculer le rêve.

Quatrième étape : assurer la présence et la mise en scène en rayons des magasins choisis

Pas de marque sans force de vente nationale dans chaque pays concerné par la marque. C'est pourquoi la marque nécessite un certain niveau de concentration : il faut pouvoir visiter régulièrement les rayons, pour être sûr de la mise en place correcte des produits, leur mise en avant, organiser les promotions, les essais en magasin… discuter avec les chefs de rayon, leur apporter des informations…

Cinquième étape : créer la notoriété de la marque et enclencher le bouche-à-oreille, la rumeur

On est marque quand le consommateur/client vous nomme tel. Il faut donc déjà être dans son champ de conscience pour être dans son champ de choix (évoqué ensemble) un jour. On doit pour cela communiquer :

- en premier lieu par l'animation répétée sur les points de vente, ce qui permet aussi de lancer la consommation et le cycle de ré-achat préalable à la fidélisation ;

- auprès des hubs informationnels du marché : journalistes, blogueurs, rubriques table des quotidiens, des magazines… les sites liés au besoin générique ;
- par la publicité dans les médias si on en a les moyens, sinon dans tous les cas sur Internet ;
- par un début de création d'une communauté de marque grâce au site Internet ;

Tout ceci est à la portée de toute PME désireuse de sortir de l'étau du prix.

Sixième étape : définir le ou les produits stars qui vont porter l'image

Il n'existe pas de marques sans produits et services. Mais l'image de la marque se construit à partir de certains produits de la gamme qui résument à eux seuls toute la spécificité de la marque. On les appelle les « produits prototypes de la marque » ou encore ses produits stars. Pendant longtemps l'icône du Renault d'aujourd'hui fut la Scenic ou l'Espace, moins les autres modèles qui pourtant se vendaient aussi très bien (Mégane, Safrane, Clio, Twingo). La création d'une marque de vin n'échappe pas à cette réflexion. Combien de vins va-t-on mettre sous cette marque ? En quoi méritent-ils cette marque commune qui dit explicitement qu'ils vont donner une satisfaction du même ordre ? Lequel en particulier veut-on pousser ?

Septième étape : mesurer les performances et prévoir des ajustements réactifs aux suggestions des clients

Trop de marques sont dans leur tour d'ivoire. Les clients veulent leur dire des choses, pour les aider : elles ne sont pas à l'écoute. Certes chacun associe marketing et études de marché. Mais ces études ne remplacent pas l'écoute du client. Or les outils de la communication digitale interactive permettent désormais cette écoute, donc la réactivité, signe que l'entreprise est résolument orientée client. L'exemple de Clarins est révélateur. M. Courtin, son fondateur, eut une idée simple et devenue exemplaire : mettre un petit mot écrit par lui dans chaque emballage d'huile essentielle. Il demandait uniquement à la cliente de lui dire ce qu'elle pensait du produit. C'était il y a quarante ans. Aujourd'hui on a théorisé et informatisé cette démarche sous le nom de CRM (*customer relationship management*). Celui qui a le contact client a le client. Ces inputs – captés aujourd'hui sur Internet – permettent de vérifier la qualité exécutionnelle au niveau de tous les points de contact client. Il est vital d'avoir connaissance de ces remarques avant de les trouver sur des sites publics d'opinion des consommateurs.

Huitième étape : innover régulièrement

Toute marque est née d'une innovation. Une qui a réussi. L'innovation est donc l'ADN de la marque, on tend à l'oublier. On se met à gérer la marque comme une rente. Or deux choses érodent la marque :

- le décalage progressif entre ce qui est proposé et les attentes en permanente évolution. Un « produit » n'est donc jamais fini, certains aspects doivent toujours être repensés. Pour cela il faut comprendre l'évolution de la vie des clients, de leurs besoins formulés ou non, avant que les concurrents aient agi ;
- la perte de la différence fondatrice du succès, car les concurrents ont réagi en copiant, voire en faisant mieux. Il faut donc re-innover pour reprendre le leadership sur les valeurs qui firent le succès initial de la marque.

L'innovation peut être dans le produit, mais aussi dans les services ou la commercialisation (Afflelou a inventé « la deuxième paire gratuite »).

Neuvième étape : la montée en gamme pour fidéliser

Que fait-on des clients qui après avoir essayé nos vins s'aguerrissent et ont envie d'autres goûts plus sophistiqués donc plus chers ? Les envoie-t-on à la concurrence ? Ou bien lance-t-on nous-mêmes des produits en volume plus restreint, sous notre nom, mais plus chers ? C'est une question clé qui se pose vite dans une logique de fidélisation et de profitabilité. Toute marque automobile se la pose aussi : au sein du groupe Volkswagen, jusqu'où doivent monter la marque Seat et la marque Skoda ? Certes ces deux marques souhaitent garder leurs clients mais elles doivent aussi comprendre qu'un client dont les revenus progressent a besoin d'envoyer des signaux autour de lui, par exemple en choisissant un modèle de catégorie supérieur, surtout en changeant de marque ; alors il est préférable de l'envoyer chez VW et surtout Audi.

L'OUTIL PRINCIPAL DU MANAGEMENT DE MARQUE : LA PLATEFORME

La marque est un système qui intègre et qui différencie.

- Elle intègre tout ce qu'elle signe. C'est pourquoi elle ne peut signer que des produits et services qui délivrent fortement ses valeurs. Si ce n'était pas le cas, le produit doit être signé d'une autre marque, ou alors changer pour s'aligner sur les valeurs de la marque.
- Elle se différencie aussi de toutes les autres marques.

Pour être crédible la marque a besoin de cohérence totale : non seulement dans les produits de la gamme, mais aussi dans les services et tout au long de l'expérience client. Pour cela il faut une bible, une charte qui définit ce que la marque veut être (pas ce qu'elle est aujourd'hui). Chacun alors doit ne penser et agir qu'en fonction de ce projet. Quelle que soit la taille de l'entreprise, on doit commencer par écrire ce document essentiel, appelé « plateforme de marque ». Une feuille (pas plus) résume la marque, ce que l'on veut qu'elle signifie, auprès de quels clients (cœur de cible), dans un délai de combien d'années, pour atteindre quel statut (degré d'ambition). Cette plateforme est l'outil majeur de délégation d'un management décentralisé moderne. Chacun dans l'entreprise ne doit pas uniquement penser à son contrat d'embauche, sa convention collective, mais au contrat que passe la marque avec son marché et auquel il participe forcément. C'est pourquoi le DRH est très concerné aussi par la plateforme de marque : pas de construction de marque sans politique de formation sérieuse et approfondie : c'est ce qui fait la force de Toyota.

Il existe de nombreux formats de plateforme, certains inspirés des travaux de recherche en marketing ou en psychologie cognitive. Mais les chercheurs tendent, par définition, à être le plus analytiques et exhaustifs possible. La plateforme devient alors tellement détaillé et sophistiqué qu'elle perd toute valeur opérationnelle. En management l'enjeu est autre : mobiliser en interne comme en externe, penser la marque comme une croisade : de quoi veut-on devenir le référent ? de quelles valeurs ?

Comment construire cette plateforme de marque, par quel processus ? Quels sont ses registres principaux ?

1. On doit partir des *vérités de la marque* : de son identité. Quelles sont les briques identitaires de cette marque : histoire de sa fondation, produits phares qui ont marqué, personnalité des dirigeants fondateurs, caractéristiques marquantes des produits, symboles et logos ? Ceci définit le matériau dont on pourra se servir... dans la communication (*brand content*) sur le Net.
2. La deuxième tâche est d'identifier l'*insight de marché*, la tension latente chez les consommateurs, à laquelle la marque et ses innovations pourraient apporter une proposition, une réponse radicalement neuve.
3. La troisième tâche est d'identifier le *cœur de cible*, ces personnes qui ressentent le plus cette tension. Ce sont elles qui feront le succès initial ou non de la marque ou de son relancement.
4. La quatrième est la définition de l'*essence de la marque* à créer :
   - quelle est sa proposition de valeur, forte et impactante ?
   - que manquerait-il au marché si la marque n'existait pas ? Ces valeurs clés sont aussi appelées « noyau de marque » (de l'anglais *brand kernel*) ;
   - quelles sont les conséquences de ces valeurs en termes d'expérience-client, quels attributs tangibles seront des marqueurs de la marque ?

5. Quel est le territoire de compétence de la marque ? Quel est son territoire d'extension possible ?
6. Quels sont les codes formels de reconnaissance de la marque ? ses signes, symboles, autres ?
7. Quelle est la personnalité de la marque (ceci va impacter le style de sa communication) ?

Une plateforme de marque se construit avec des intuitions mais aussi des faits, des tests, des études sur le marché. Un responsable de marque à un haut niveau ou un comité stratégique de la marque seront nécessaires pour veiller à valider régulièrement cette plateforme et passer en revue tous les cas où les manifestations de la marque n'ont pas été à la hauteur.

Choisir le nom de marque

Le nom est le premier média de la marque : il est son message le plus souvent répété. De plus son choix engage à très long terme. On n'en changera que dans des cas exceptionnels, comme lorsque ce nom a une trop mauvaise image (NMPP devint Prestalis). Il faut donc exercer le plus grand soin à ce choix. Notre but n'est pas ici de détailler le processus de choix d'un nom. Nous voulons rappeler les enjeux et situer la question dans la perspective stratégique. Le but du nom de marque n'est pas de décrire mais de distinguer. Apple ne vend pas des pommes. BlackBerry ne vend pas des mûres. Orange ne vend pas des oranges. La conséquence de ce principe majeur est que la façon la plus simple de trouver un nom de marque est de prendre un dictionnaire et une page au hasard puis un nom au hasard. Ainsi, on est presque sûr que le nom retenu n'aura aucune dimension descriptive du produit ou du service, ce qui évitera à l'entreprise le piège n° 1 des noms : le générisme. Ainsi, les marques Ticket Repas ou Chèque Restaurant sont des cauchemars juridiques car ils sont descriptifs de la prestation et non distinctifs. Microsoft aussi n'est pas un bon nom de marque. C'est un nom générique qui dit « software pour micro-ordinateurs » : le succès phénoménal de Microsoft ne change rien à notre diagnostic. Ce succès est dû à la position de monopole acquise très tôt par la détention du standard mondial, *via* l'élimination des autres standards potentiels. Microsoft est une entreprise respectée mais qui ne fait rêver personne.

Second principe essentiel, le nom de marque doit communiquer de l'intangible, de l'imaginaire. Rappelons en effet que le pouvoir de la marque se construit par la force de sa promesse et par l'attractivité de son identité. La promesse sera démontrée par les produits ou services et le bouche-à-oreille qui suivra leur consommation. De ce point de vue, Amazon est un très bon nom de marque : tout entrepreneur normal aurait appelé ce site e-bookstore. Ce faisant il aurait certes été très explicite quant à son contenu mais dramatiquement pauvre sur un plan émotionnel. e-bookstore ne raconte aucune histoire, ne crée aucune connexion émotionnelle. Un tel nom serait devenu très vite un handicap pour la croissance de l'entreprise qui vend maintenant à peu près tout en ligne, bien au-delà des seuls livres. Le nom « Amazon » évoque immédiatement le plus puissant fleuve du monde, une force incroyable, la découverte, l'exploration sans fin… Tout cela le distingue des concurrents BarnesandNoble.com et Fnac.com en France.

C'est pourquoi il faut aussi bannir les sigles. Qui est GTM ? Qui est GSI ou ADP ? Le sigle est un non-sens communicationnel. Pire un destructeur de valeur. Il faut dépenser bien plus en communication afin de faire mémoriser le nom de marque quand celui-ci est un sigle. On nous rétorquera qu'IBM est un sigle aussi : mais IBM n'a pas commencé comme sigle, il l'est devenu au fil du temps et du succès. Au départ c'était International Business Machines. Comme GE était General Electric. Un sigle ne fait pas rêver, sauf s'il n'apparaît plus comme tel : NRJ (énergie ?). L'exception qui confirme la règle est BPCE. Cette entité qui chapeaute Banque Populaire et Caisse d'Épargne a pris pour nom un non-nom… volontairement. Il faut en effet tout faire pour que cette superstructure ne devienne pas elle-même une marque, mais reste une instance de mutualisation de certains coûts et de cohérence stratégique entre Banque Populaire et Caisse d'Épargne. La réussite de BPCE résidera dans celle de ses deux marques, et pas l'inverse.

Quels autres principes doivent régir le choix d'un nom ?

1. *Voir loin !* On invente un nom pour le long terme. Il faut un nom qui soit prêt déjà pour le futur, l'évolution des marchés, des demandes des clients. De ce point de vue Europ Assistance fait aujourd'hui petit bras par rapport à Mondial Assistance. Avec les vols *low-cost*, le monde entier s'est ouvert aux masses de touristes, pas uniquement l'Europe. Mondial Assistance rassure plus. Sport 2000 a paru daté dès le 1er janvier 2001.
2. *Penser monde !* On invente un nom pour le monde entier, pour accompagner la globalisation de la marque. Il est révélateur que les créateurs de la marque de distributeur de Decathlon spécialisée dans le nautisme l'aient appelée Tribord. Car c'est ainsi que l'on désigne la droite du bateau… en français, pas en anglais. Or Décathlon est désormais mondial avec ses marques propres.
3. *Donner du souffle !* Quand GTM et SGS fusionnèrent, deux sociétés de travaux publics et concessions, l'une émanant de Suez l'autre de Vivendi, on posa bien sûr la question du nom de ce nouveau groupe. On choisit Vinci. Un nom mythique, mondial, à forte puissance évocatrice (Léonard de Vinci), facile à prononcer, à écrire, à l'URL disponible aussi.

4. *Être authentique !* Lors de l'avènement d'Internet, un cabinet de conseil conseilla à Renault de se débaptiser pour devenir Reno. Là, disait-il, aucun risque de mauvaise écriture de l'URL. Après tout City Bank n'est-elle pas devenue Citi ?

Mais les marques périraient à suivre de tels conseils. À l'époque du cynisme grandissant et de la fin des idéologies, les marques sont les porteurs de rêve dans une société désenchantée : les clients aspirent à du vrai, des racines, de l'Histoire. Du Häagen-Dazs !

Capitaliser sur le nom de sa marque

Lors du lancement de l'iPad par Apple, de Kindle par Amazon, une jeune entreprise française, Bookeen, attira l'attention sur elle par ses produits très performants. Comment s'appellent-ils ? Le Cybook Opus, Le Cybook Gen... Cette entreprise est sûrement très innovante et doit être encouragée mais elle débute par une mauvaise politique de marque qui détruit, selon nous, de la valeur. Quand Steve Jobs et Steve Wozniak créèrent Apple, comment appelèrent-ils leurs premiers produits ? Tout simplement Apple I, Apple II... Quand on a un nom, on l'utilise. Ce n'est que plus de dix ans après, pour marquer une rupture dans la gamme qu'ils lancèrent Apple Macintosh. Au contraire Bookeen introduit d'emblée de la complexité. Peut-être est-ce le signe que le nom de l'entreprise aurait dû être CyBook et non Bookeen (qui renvoie à bouquin, une allusion compréhensible uniquement en France) ? Capitaliser doit aussi s'appliquer aux grands groupes. Le groupe Vinci n'a que dix ans. Pourtant petit à petit il transforme toutes ses filiales (Jean Lefevre...) en Vinci. Même les parkings sont devenus Vinci Parcs, ce qui permet de bâtir une image protectrice et hospitalière à cette maison totalement B-to-B. Car tout est fait dans les Vinci Parcs pour rendre l'expérience client agréable, loin du côté sale et inquiétant des parkings publics habituels. Capitaliser s'entend enfin sur un plan sémantique. Certes quand on lit le mot Dubois on ne pense plus à son étymologie forestière (du-bois), mais pour les marques existantes, il est coûteux d'aller contre le sens manifeste de sa marque. Ou alors il faut en changer. Si une marque de cosmétique s'appelle LaNeige, il est intéressant de capitaliser sur les évocations spontanées de pureté, brillance, hydratation liées à ce nom, plutôt que de lui inventer un territoire de sens différent.

Créer des signes à côté du nom

La marque est multisignes. Elle est constituée d'un ensemble dont l'image est déposée (logotype, formes, couleurs et symbole). Le symbole est ce qui déplace la communication du tangible vers l'intangible. Or la marque est plus que le nom d'un produit, elle est le sens dont émane ce produit. Ce sens doit être symbolisé, figuré. De plus, le symbole va acquérir avec le temps une autonomie d'existence, ce qui permettra de jouir d'une considérable flexibilité de communication plus tard. Que l'on pense à Nike avec son signe si simple et si distinctif (le swoosh) ou bien le crocodile de Lacoste qui rappelle que notre champion de tennis était surnommé par les Américains *the Crocodile* car il ne lâchait jamais prise. À l'ère de la mondialisation, on ne saurait sous-estimer l'intérêt d'avoir un symbole : il ne nécessite pas de mots. De plus, maintes cultures fonctionnent sur un mode symbolique. En Chine Remy Martin est le cognac de l'homme-cheval (le centaure), ce qui promet implicitement virilité et honneurs. On doit donc bien se poser la question du sens à émettre.

Évitons les symboles abstraits : le symbole n'est pas décoratif, il doit être signifiant, permettre d'y ancrer une histoire à raconter. Enfin il doit être impactant et authentique. On devra parfois avoir de l'audace. Par exemple, aucune étude de consommateurs ne pourrait oser recommander une chauve-souris comme symbole de marque. Cet animal dégoûte ou inquiète les consommateurs. Pourtant c'est le symbole qu'utilise avec force Bacardi, la première marque de spiritueux au monde. Pour Bacardi, la chauve-souris n'est pas une invention du marketing, c'est le symbole de son histoire, de la grange où tout a commencé : ce symbole permet de dérouler l'histoire à raconter, le rêve de la marque, son *storytelling.*

SE DÉFENDRE CONTRE LA COPIE

Dès que la marque a du succès commercial, que son nom devient renom, ses signes seront copiés afin de détourner à moindres frais les bénéfices des investissements faits par l'entreprise. Sans aller jusqu'à la contrefaçon, il s'agit de parasitisme économique, ou de concurrence déloyale. Les premiers à faire usage de cette technique de captation de valeur sont souvent les grands distributeurs avec leurs propres marques. Alors qu'en bonne théorie juridique, la marque est un élément qui authentifie l'origine et signale une différence avec la concurrence, la marque de distributeur poursuit en réalité une démarche exactement inverse : tout est fait pour ressembler au produit de la marque leader. Les instructions données aux agences de packaging des marques de distributeur sont souvent non ambiguës : se rapprocher le plus possible des signes distinctifs du packaging de la marque leader dans le rayon. Il s'agit de capitaliser sur les phénomènes de confusion de la perception en rayon (faire prendre la copie à la place de l'original), ce qui est aisé pour les produits d'implication minimale où les consommateurs – désimpliqués – ne veulent pas passer plus de quelques secondes à choisir. L'impunité totale dont jouissent les marques de distributeur dans leurs magasins relève de la loi du plus fort. Si les multinationales n'hésitent pas à soulever, oralement du moins, le problème en haut lieu dans les états majors des distributeurs, les PME hésitent par peur de déréférencement. Comment se prémunir contre le risque de copie par les distributeurs ?

- En premier lieu, il faut saturer la marque de signes *arbitraires*, non génériques de la catégorie ou du segment. Le blanc du lait Candia est générique : il ne peut être considéré comme signal distinctif, propriété de la marque. En revanche le jaune de Ricoré est arbitraire : ni la chicorée ni le café ne sont naturellement jaunes. Il en va de même du bleu d'Orangina : c'est une couleur arbitraire. Le raisonnement vaut aussi pour les choix de noms : plus le nom de marque comporte d'éléments génériques, moins il est défendable : on doit ici rappeler le procès historique perdu en appel par Coca-Cola qui voulut bloquer l'entrée de Pepsi-Cola. La Cour suprême statua que Cola étant un nom générique, celui d'un ingrédient (la noix de cola), il ne pouvait en tant que tel être propriété de Coke. D'où la myriade de concurrents qui suivirent : Royal Crown Cola, Virgin Cola, Tesco Cola…
- En deuxième lieu, il faut être une cible mouvante, c'est-à-dire ne pas hésiter à modifier le packaging pour déstabiliser les copies des grands distributeurs. Bref avoir un pack d'avance. Mais il ne faut pas aller trop loin car, à trop s'éloigner de ses propres signes distinctifs habituels, mémorisés par les consommateurs, on risque de les perdre dans les rayonnages des magasins. L'acheteur veut en effet aller vite et se repose donc sur des signaux sub ou supraliminaux pour repérer le produit recherché. La défense de la marque est donc une ligne de crête étroite entre garder indéfiniment son packaging habituel donc devenir une proie facile des copies des distributeurs et trop en changer au risque alors de faire perdre leurs repères aux consommateurs.
- En troisième lieu, il faut éviter de trop balkaniser les signes de la marque en fonction de la segmentation. Prenons l'exemple de Coca-Cola : à l'origine le rouge était la couleur de la marque. C'est pourquoi le Père Noël a un habit rouge d'ailleurs. Mais avec la segmentation, sont venus des variantes :
  - la couleur argentée pour le Coca Light ;
  - le doré pour le Coca sans caféine ;
  - le noir pour le Coca Zéro.
- Certes cela clarifiait l'offre en rayon : on savait que la bouteille dorée était le Coca sans caféine pour ceux qui ont des problèmes cardio-vasculaires. Ce faisant, on diluait aussi les signes de la marque : on ne pouvait plus dire que le rouge c'est Coca-Cola. C'est pourquoi d'ailleurs toutes les copies de distributeur n'ont pas hésité à arborer le rouge. C'est pourquoi aussi Coca-Cola a fait marche arrière et différencie maintenant

ses bouteilles par la seule couleur du capuchon et non plus par la couleur de la bouteille. Cela rend le rouge plus défendable sur un plan juridique face aux copies des distributeurs.

La copie de marque est aussi une conséquence de la globalisation. Or il n'existe pas de droit mondial de la propriété intellectuelle : il n'existe que des droits (ou non-droits) locaux, voire régionaux en qui concerne la Chine, très rétive à accepter la défense de la propriété intellectuelle (dessins, marques, modèles, brevets). Il est vrai que cette défense heurte trois éléments clés en Chine :

- sa culture qui veut que le disciple s'inspire au plus près du maître pour le dépasser ;
- son *business model* qui fait son succès : diminuer les coûts de production au maximum pour offrir un produit similaire à un coût ultra-compétitif ;
- sa sensibilité politique. En effet la défense de la propriété intellectuelle émane des pays occidentaux et est vécue comme une volonté de bloquer l'expansion chinoise.

Ajoutons que la Chine est en réalité *des* Chines. Un jugement rendu dans une région en faveur d'une marque copiée peut être infirmé par un autre jugement dans une autre région, en faveur du copieur.

Ces risques qui ont touché bien des entreprises telles Danone, dont le partenaire local développait des copies concurrentes de ses produits leaders, sous une autre marque, ou bien Schneider Electric attaqué par son licencié pour lui avoir soi-disant copié des brevets, ou encore Lacoste face à des copies légalement déposées !

QUELLE POLITIQUE DE MARQUE POUR UNE CROISSANCE RENTABLE ?

Tout au long de la croissance en effet se posent des questions nouvelles en termes de marque.

Le challenge du second produit

La première étape de la croissance consiste à lancer le *second grand produit* de la marque, dans la même catégorie, plus cher ou moins cher, visant soit à fidéliser les clients lassés du premier soit à capter une clientèle un peu différente. Ce second grand produit est le plus difficile à lancer car c'est lui qui va révéler les attributs vraiment centraux de la marque (donc transverses à la gamme) et de ceux qui n'étaient liés qu'au premier produit. Lorsqu'il n'existait qu'un seul produit de la marque, on ne pouvait faire la différence entre ce « noyau de marque » (les valeurs non négociables) et la « périphérie » (celles qui dépendent de chaque produit de la gamme).

Jusqu'où la globalisation ?

Dans un monde qui se globalise, la croissance de l'entreprise peut passer immédiatement par *l'international*. Chacun reconnaît que, compétitivité des coûts oblige, l'ère de l'adaptation de la marque et de ses produits à chaque pays est révolue. Ikea l'a prouvé. Aujourd'hui la question est plutôt celle du curseur : quel degré de globalisation ou au contraire d'adaptation mettre en œuvre pour à la fois augmenter les ventes localement, et maintenir l'attractivité intrinsèque de la marque, son identité ? Dans l'automobile, les Mercedes et BMW vendues en Chine ont été allongées de quelques centimètres pour tenir compte des demandes de ce marché qui sera un jour le premier du monde. On doit donc parler désormais de *marque post-globale*. La marque Clarins jouit du prestige des marques haut de gamme françaises. Pour développer ses ventes encore faibles en Corée ou en Chine, Clarins peut-il utiliser dans ses publicités des mannequins coréens ou chinois pour augmenter ses ventes ? Lancôme, marque de luxe du groupe L'Oréal, doit-elle faire de la publicité télévisée de vente directe comme le font tous ses concurrents locaux ? Le dilemme est entre le court terme et le long terme. Certes les ventes de la cosmétique homme de Biotherm firent un bond quand la marque prit des modèles hommes coréens pour sa publicité. Quel sera l'effet sur l'image de marque à long terme *versus* les marques qui, elles, resteront étrangères dans tous leurs éléments du mix ?

Jusqu'où l'extension sous un même nom de marque ?

Bic commença par bâtir sa marque sur une innovation majeure : l'introduction du stylo jetable offrant des kilomètres d'écriture sans baver. Bic n'a pas inventé le stylo-bille, il l'a industrialisé en offrant la qualité totale au meilleur prix grâce à la rationalisation maximum de la production : une usine high-tech pour un produit destiné au monde entier. Puis Bic chercha d'autres catégories pour exploiter son savoir-faire (en anglais *core competence*) – la maîtrise des plastiques – et sa connaissance de la grande distribution. Il fallait trouver des secteurs en croissance où cette *core competence* pouvait faire des ravages chez les concurrents en déstabilisant les préférences des consommateurs : ce furent les briquets jetables dont Bic est désormais le leader mondial. Ce faisant Bic eut à prendre une décision majeure : devait-il aussi vendre le briquet sous la marque du stylo-bille ? Cette décision s'appelle l'extension de marque : que mettre sous le nom de la marque ? Jusqu'où ne pas aller trop loin, hors de la catégorie d'origine ? Tout dépend de la stratégie et des ressources. Imaginons que Marcel Bich ait désiré faire de Bic une marque uniquement d'écriture. Il eût alors fallu appeler les briquets d'un autre nom de marque, donc disposer d'un nouveau budget de publicité pour lancer mondialement à partir de zéro une marque mondiale (créer sa notoriété...). Mais quelles sont les perspectives de croissance à long terme d'une marque d'écriture ? Même Mont-Blanc s'est totalement diversifié, avec succès d'ailleurs. La marque veut être non un produit mais une promesse garantie. La question de l'extension de Bic aux briquets devient alors : les briquets Bic incarneront-ils de façon spectaculaire les valeurs fortes et différenciatrices de la marque Bic ?

Pour résumer la recherche en marketing, l'extension de marque doit toujours respecter le noyau dur de l'identité de la marque, ces valeurs et attributs concrets qui font sa singularité, sa crédibilité et son attractivité. Ceci ne veut pas dire fabriquer toujours le même produit, mais il faut que les consommateurs imaginent une *transférabilité possible du savoir-faire* qui garantit la qualité dans la catégorie de diversification. C'est pourquoi la marque de chaussures Cat reproduit l'univers du chantier mais choisit aussi comme produit phare la paire de chaussures typique des ouvriers (à bout renforcé afin de protéger les pieds en cas de chute de poutrelles d'acier). Caterpillar n'eut pas à apprendre un savoir-faire nouveau. Une entreprise experte de ce secteur a acquis, pour une période donnée et dans une zone géographique donnée, les droits exclusifs (*licence*) de concevoir, faire fabriquer et commercialiser des gammes de produits sous contrôle d'un cahier des charges extrêmement serré tant au niveau des produits que des points de vente et des prix. En échange de cette « location sous contrôle du nom de leur marque », Caterpillar touche des *royalties*, qui deviennent de purs produits financiers accroissant la rentabilité de l'entreprise. En outre ces extensions ont considérablement diffusé l'image unique et si attractive de ces deux marques. La licence est une voie idéale de croissance négligée par les marques, à condition d'exercer un contrôle effectif sur la qualité des produits, les points de vente, le niveau de service et l'image projetée. Le licencieur doit penser d'abord à la réputation à long terme de sa marque car le licencié ne pense qu'à ses profits.

Les deux cultures de l'extension de marque

L'Asie et l'Occident ne donnent pas la même réponse aux questions ci-dessus. Quel rapport existe-t-il entre les pianos et guitares Yamaha et les motos Yamaha, les moteurs de hors-bord Yamaha, les chaînes haute-fidélité Yamaha, les raquettes de tennis Yamaha ? Aucun ! Si ce n'est, bien sûr, qu'ils émanent de la même compagnie. Les entreprises japonaises, coréennes, chinoises pensent réputation globale avant de penser image spécifique. Pour elles, plus l'entreprise est grande, plus sa réputation est grande, et plus sa qualité doit être grande. En Occident la marque a été inventée par des entreprises désireuses de répondre à la segmentation du marché donc de créer une marque par segment. De plus le consommateur occidental est individualiste, il veut se différencier de son voisin, alors que l'Asiatique ne souhaite pas heurter « l'autre », et met la conformité confucéenne au cœur de son fonctionnement quotidien. La diversification de Yamaha a répondu à une vision de son président qui a senti venir la société de loisirs en Occident. Cette entreprise d'instruments de musique a su remarquablement défricher et devenir leader de ces nouveaux usages de loisir sous son nom Yamaha. L'idée de le faire sous d'autres noms selon les produits aurait été incongrue, hors culture : Yamaha signifiant déjà la qualité, pourquoi repartir à zéro ? Surtout, dès lors que l'on pense monde, conquête de l'Occident, il fallait capitaliser sous un seul nom et doter ainsi plus vite la marque Yamaha d'une notoriété mondiale. Bic raisonne aussi en Asiatique. Alors que les groupes asiatiques mettent tous leurs produits sous une bannière unique (créant une *branded house*), en Occident les groupes développent des portefeuilles de marques segmentées ayant chacune une identité. Ils sont des *house of brands* comme l'entreprise Coca-Cola Company qui a un portefeuille de marques très ciblées (la gamme Coca-Cola, Fanta, Minute Maid, l'eau Dasani, une joint-venture avec Nestea…).

Le dilemme des portefeuilles de marques

Comment dominer un marché avec une seule marque ? La difficulté est que toute marque leader a ses limites : il existe des clients qui recherchent autre chose. Cela s'appelle la segmentation des clients ou des besoins. La réponse des entreprises est d'organiser la concurrence en leur sein *via* un portefeuille de marques. En B-to-B, Legrand domine en France. Pour les électriciens qui justement ne veulent pas de Legrand pour se différencier et proposer une offre plus haut de gamme, la Société Legrand a une autre marque : Arnould. Le groupe Volkswagen a un portefeuille de marques couvrant tous les besoins depuis l'entrée de marché avec Seat et Skoda jusqu'au haut de gamme avec Audi, et le luxe avec Bentley, Lamborghini, Bugatti. Mais une politique de marques séparées a un coût : celui de tout devoir doubler (usines, staffs, administrations, publicités…). C'est pourquoi certains groupes multimarques vont mal : ils ne peuvent plus soutenir en communication certaines de leurs marques et tentent de les regrouper de façon un peu artificielle et hâtive sous des noms ombrelles de circonstance. Ou bien ils décident de passer de la logique multimarques (*house of brands*) à la logique monomarque ombrelle (*branded house*) : c'est ce que fit avec succès Vinci il y a dix ans à peine.

Pour maintenir les coûts sous contrôle tout en capitalisant sur plusieurs marques et leur renommée, les groupes ont opté pour la logique industrielle des plateformes de production communes (sauf les groupes de luxe bien sûr). Il y aura de plus en plus de parties cachées communes entre toutes les marques du groupe Volkswagen, excepté encore Bentley ou Lamborghini… Ceci va conduire à radicaliser les territoires de chaque marque et leur identité visible : d'où la montée du design de marque, la facette visible de la différenciation. Le second problème des portefeuilles de marques est qu'ils cachent l'entreprise au moment où, Bourse oblige, les entreprises elles-mêmes doivent se bâtir un profil (la marque *corporate*) et faire croître leur notoriété. Une réponse à cette problématique est l'architecture de marque visant à faire endosser les marques commerciales par le nom de l'entreprise : c'est le cas dans l'industrie pharmaceutique, et dans les secteurs sensibles où l'on veut savoir quelle est la marque de confiance derrière la marque.

Marques globales et marques locales

Les groupes mondiaux croissent de deux façons :

- soit en déroulant mondialement dans le temps leur marque (McDonald's, Coke, IBM...) ;
- soit en achetant des parts de marché local et des entrées dans la distribution *via* des marques locales leaders dans leur pays.

Ces groupes se trouvent vite alors dépassés par la complexité de leur portefeuille de marques – globales, régionales, locales –, donc le risque d'inefficiences et de coûts qui nuisent à leur croissance rentable. Une stratégie classique est celle du changement de nom des marques locales pour bâtir alors une méga-marque mondiale. Alors les consommateurs médusés assistent à la disparition de marques locales sans en comprendre la raison. Cette destruction de valeur (en cas de marque locale forte et affective) doit être justifiée par une vraie stratégie à long terme. Dans les mois qui suivirent le rachat par AXA de UAP, l'assureur n° 1 en France, UAP fut supprimé malgré sa notoriété, son image... Claude Bébéar poursuivait déjà son idée fixe : faire d'AXA la première marque d'assurances au monde.

Comment concilier alors réduction des coûts et portefeuille de marques globales et locales ? Les marques locales sont souvent des trésors de rentabilité : les clients leur vouent presque un culte, elles font partie de la nation, de la communauté. D'où un très fort attachement, des taux record de fidélité, donc d'insensibilité au prix. En France, la javel Lacroix, la lessive Saint-Marc en sont des exemples, comme la marque de cosmétique Gemey que L'Oréal hésite toujours à faire disparaître au profit de sa marque mondiale Maybelline de New York (d'où la double signature Gemey-Maybelline). Pour concilier *brand equity* et économies, les groupes raisonnent par plateforme. Peu importe le nom local de la marque dès lors que tout le reste est commun d'un pays à l'autre : le positionnement, le produit, le packaging, la cible, la communication publicitaire, le format du site Internet. Notons au passage l'intérêt de marques locales bien gérées comme *cash flows* sur le plan financier : elles permettent à l'entreprise d'acquérir des « stars » mondiales (fort potentiel de croissance, forte profitabilité) et de jouir des bénéfices des synergies ainsi créées avec le reste du portefeuille de marques.

CE QU'IL FAUT RETENIR

Manager par la marque : aujourd'hui, loin d'être perçue seulement comme un levier du marketing, la marque devient un outil de management de l'entreprise elle-même. En effet, dans bien des entreprises, la marque est devenue un des rares projets fédérateurs, une force de dynamisation des énergies au moment où les modèles de management précédents s'épuisaient pour avoir été déjà bien utilisés : cercles de qualité, *kan-ban*, orientation client, chaîne de valeurs, identité d'entreprise, *mission-statements* idéalisés... En outre, effet de la crise, l'entreprise ne fait plus recette. On s'y identifie moins. D'où la question clé ? Comment fédérer, comment remobiliser ? *Via* la marque ! On est donc passé du management de la marque au management par la marque.

RÉFÉRENCES BIBLIOGRAPHIQUES

Bastien V. et Kapferer J.-N. (2008). *Luxe oblige*, Paris, Eyrolles.

Bontour A. et Lehu J.-M. (2002). *Lifting de marque*, Paris, Eyrolles.

Botton M. et Cegarra J.-J. (1990). *Le Nom de marque*, Paris, McGraw Hill.

Breton P. (2004). *Les Marques de distributeur*, Paris, Dunod.

Boutineau C. et Kapferer J.-N. (2006). *Le Dirigeant et la Planète consommateurs*, Paris, Village Mondial.

Courneau J.-B. et Gagne J.-F. et Josserand E. (2005). *Manager par la marque*, Paris, Eyrolles.

Guevel M. et Bö D. (2010). *Brand content*, Paris, Dunod.

Kapferer J.-N. (2007). *Les Marques capital de l'entreprise*, Paris, Eyrolles.

Kapferer J.-N. (2009). *Rumeurs*, Paris, Le Seuil, coll. « Point ».

Kapferer J.-N., et Laurent G. (1992). *La Sensibilité aux marques*, Paris, Eyrolles.

Lehu J.-M. (2006). *La publicité est dans le film*, Paris, Eyrolles.

Lewi G. (2004). *Mythologie des marques*, Paris, Village Mondial.

Michel G. (2000). *La Stratégie d'extension de marque*, Paris, Vuibert.

Michel G. (2009). *Au cœur de la marque*, Paris, Dunod.

Salmon C. (2008). *Le Storytelling*, Paris, La Découverte.

Sicard M.-C. (2005). *Les Ressorts cachés du désir*, Paris, Village Mondial.

Variot J.-F. (2001). *La Marque post-publicitaire*, Paris, Village Mondial.

Walliser E. (2001). *La Mesure comptable des marques*, Paris, Vuibert.

12

Communications marketing intégrées Outils et tactiques

Benoît Cordelier

Benoît Cordelier est professeur en communication à la faculté de communication de l'université du Québec à Montréal (UQAM). Il codirige le Centre d'études en communications marketing, équipe de recherche de la chaire en relations publiques et communication marketing. Il dirige également la Revue internationale de communication sociale et publique *et l'unité de programmes en communications publiques (baccalauréats en communication marketing et relations publiques).*

Vers la fin du XXe siècle, les communications marketing ont suivi l'évolution de la structure des entreprises qui changeaient sous la pression du développement d'une informatique intégrée. Elles se sont elles aussi décloisonnées et, au lieu d'être envisagées en fonctions séparées, les chercheurs comme les gestionnaires ont adopté un point de vue global. Les stratégies deviennent multicanales, voire inter-canales ou cross-canales, et préparent la synergie des différentes fonctions qui permettent la communication de l'entreprise.

Modèles théoriques de communication

Dans les années 1990, le marketing échappe au paradigme transactionnel et rentre de plain-pied dans une approche relationnelle. Internet, puis quelques années plus tard les réseaux sociaux numériques, commence à grignoter la place des médias de masse. Pourtant, dans les manuels de marketing, la communication continue d'être pensée dans une approche cybernétique ou, au mieux, en termes d'effets. Sans rentrer dans le détail des nombreuses théories de communication, il est intéressant de renouveler la compréhension de la communication pour mieux comprendre la conversation dans laquelle les entreprises et les professionnels de la communication marketing disent s'engager avec leurs clients à l'ère des médias sociaux. Le marketing et ses enjeux de communication doivent continuer de s'adapter aux caractéristiques communicationnelles de la société. Jusque dans les années 1970, c'est la communication de masse qui prévaut. Dans les années 1980, avec la saturation des marchés occidentaux, c'est le temps de la communication persuasive pour convaincre le consommateur de changer de produit et arracher des parts de marché aux concurrents. Les années 1990 voient le développement d'un marketing de bases de données favorisant l'individualisation du consommateur grâce à une hypersegmentation. Les années 2000 voient l'avènement des médias sociaux numériques qui favorisent une forme de reconnexion sociale sur laquelle le marketing cherche à s'appuyer en joignant la conversation et en exploitant la quantité incroyable d'informations que cela génère. Mais le volume et la rapidité de ces flux d'information, les attentes toujours plus fortes en termes d'émotion de la part des consommateurs rendent l'exercice de plus en plus complexe au-delà de ce que la théorie cybernétique et les théories des effets ne permettent de comprendre. D'autres modèles existent, mais nous nous contenterons ici d'un aperçu de quelques modèles décrivant les effets de la communication dans le processus de décision du consommateur.

Le modèle cybernétique

Le modèle cybernétique de la communication découle de la théorie de l'information de Claude Shannon (1948) qui a par la suite été adaptée par Warren Weaver (1949) pour en faire une théorie de la communication. Tous deux ingénieurs, ils présentent la communication comme un phénomène mécanique de diffusion et réception d'un message. L'exportation de cette théorie dans le champ des communications sociales s'est faite par une série de glissements sémantiques sur les notions d'information et de communication.

Figure 12.1 – La communication cybernétique (Shannon et Weaver)

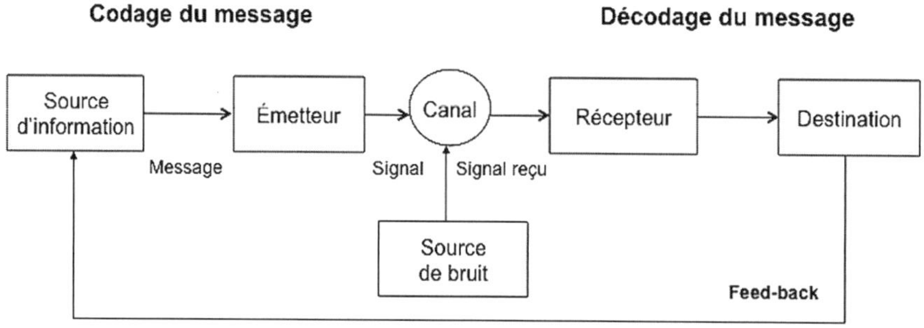

Ce modèle met l'accent sur l'émission du message. La source ou l'émetteur veut partager de l'information avec un récepteur à travers un canal de communication (les médias, par exemple). Facile à comprendre, il correspond également à un type de communication unidirectionnel caractéristique des grands médias de masse.

Les théories des effets

Qui dit quoi ? par quel canal ? à qui ? avec quels effets ? Ne sont-ce là finalement des questions que tout marketer a à se poser ? Elles correspondent en fait à la formule programmatique d'Harold Lasswell (1948) qui étudie alors la propagande et ses effets. Pour celui-ci, les médias produisent des messages suffisamment puissants pour modifier directement l'attitude des spectateurs, comme s'il leur était directement injecté par une *seringue hypodermique*. Des recherches postérieures menées notamment par Paul Lazarsfeld (1944) et Elihu Katz (1955) portent un bémol à cette idée en introduisant notamment les concepts de double flux de communication et de *leader d'opinion* qui a connu le succès que l'on sait en marketing[1]. Les messages gagnent en force et pertinence lorsqu'ils sont relayés par une personne de son entourage en qui l'individu a confiance. Mais la communication reste essentiellement unidirectionnelle dans une approche émetteur-récepteur.

Les modèles des effets en communication marketing

Les modèles des effets utilisés en marketing décrivent les différentes étapes à faire franchir à un consommateur pour qu'il finisse par acheter le produit. Ainsi, le modèle *AIDA*, destiné aux vendeurs, explique qu'il faut attirer l'Attention pour susciter l'Intérêt puis le Désir avant de faire réaliser l'Achat. Le modèle de la *hiérarchie des effets* de Lavidge et Steiner porte plutôt sur la manière dont fait effet la publicité ; le consommateur franchit les différentes séquences suite à une ou plusieurs expositions à des publicités qui vont modifier sa représentation du produit jusqu'à déclencher l'acte d'achat. Le modèle de *diffusion des innovations* provient en fait du modèle d'Everett Rogers sur l'adoption de nouvelles technologies dans la société. Il donnera également lieu à une classification des usagers ou consommateurs[2] en fonction de leur adoption dans le cycle de vie de la technologie ou du produit. Enfin, le modèle de traitement de l'information de McGuire considère le récepteur d'une communication persuasive comme une machine à traiter de l'information ; il propose une étape supplémentaire pendant laquelle l'individu mémorise tout ou partie de l'information qui lui est adressée et qui servira à terme à orienter sa décision d'achat.

1. Le Bureau of Applied Social Research de Lazarsfeld effectue de nombreuses études portant sur des produits de consommation.
2. Innovateurs, adeptes précoces, majorité précoce, majorité tardive, réfractaires.

Figure 12.2 – Les modèles des effets

STADES	MODÈLES			
	AIDA	**Hiérarchie des effets**	**Diffusion des innovations**	**Traitement de l'information**
Cognitif	Attention	Prise de conscience Connaissance	Prise de conscience	Présentation Attention Compréhension
Affectif	Intérêt Désir	Sympathie Préférence Conviction	Intérêt Évaluation	Consentement Mémorisation
Conatif	Action	Achat	Essai Adoption	Comportement

Le modèle de probabilité d'élaboration[1]

Petty et Cacioppo proposent un modèle qu'ils définissent comme une théorie de la persuasion. Leur approche est redevable aux travaux de Greenwald (que nous ne détaillerons pas ici) et de McGuire sur les processus de changement d'attitude (que nous venons de voir ci-dessus). Pour Petty et Cacioppo, tout individu soumis à une tentative de persuasion consacre un effort variable de réflexion pour élaborer son attitude en fonction d'une analyse du message auquel il est exposé. Ils présentent deux voies de traitement de l'information.

La *voie centrale* est adoptée lorsque l'individu est suffisamment motivé et capable de traiter l'information persuasive. Les éléments cognitifs du message sont les plus importants. Le résultat en serait un changement d'attitude stable.

La *voie périphérique* est empruntée lorsque l'individu est faiblement impliqué et ne veut donc pas s'étendre dans une analyse poussée du message. Le changement d'attitude serait dans ce cas plus instable.

Enfin, l'individu peut avoir un *biais de traitement de l'information* qui oriente généralement son attitude vers une résistance à la tentative de persuasion. C'est le cas notamment des individus qui ont une importante mémorisation des informations que la communication persuasive cherche à modifier.

1. Traduction d'*Elaboration Likelihood Model* (ELM).

Figure 12.3 – Modèle de probabilité d'élaboration (*Elaboration Likelihood Model*)

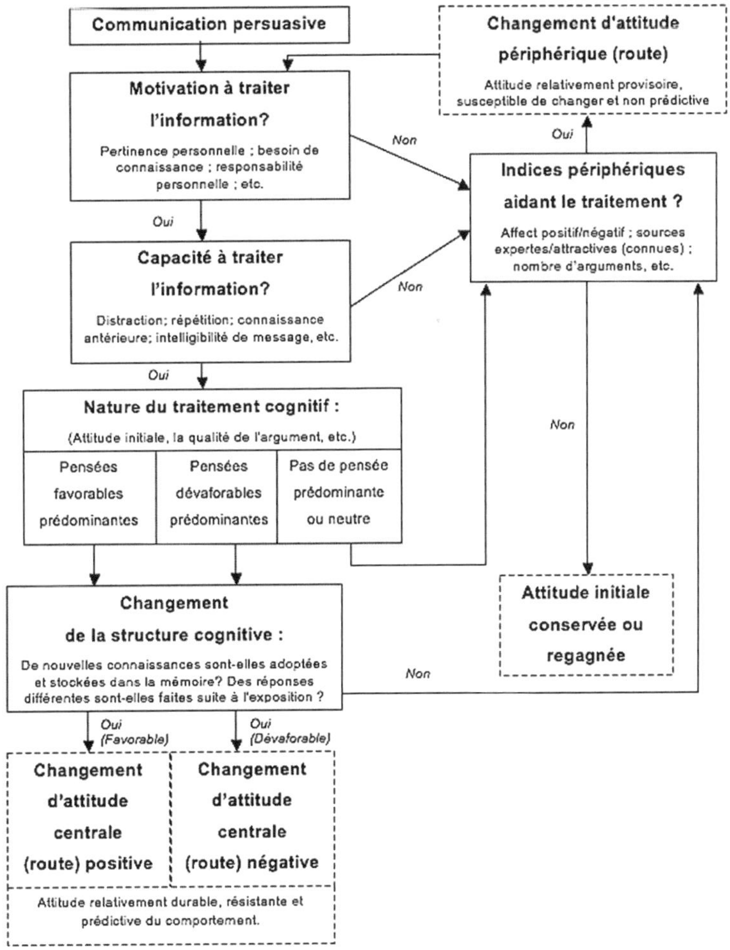

LA PUBLICITÉ

La réclame de la première moitié du XXe siècle nous informait sur les avantages des produits. Depuis, la publicité est devenue un outil de création et de gestion de marque. Comme elle s'est notamment développée avec les médias de masse (radio, télévision, presse, cinéma, affichage), elle est considérée comme un outil de communication impersonnel et à sens unique. La publicité peut être classée selon les populations qu'elle cherche à atteindre (cibles), selon les types de média ou encore selon sa portée géographique (locale, régionale, nationale et internationale). Son objectif est soit de renforcer les attitudes positives des consommateurs vis-à-vis d'une marque, soit de créer de la demande.

L'une des forces de la publicité pour l'annonceur est qu'elle permet un grand contrôle du message aussi bien à travers la formulation que la gestion des supports de diffusion. L'avantage principal de la publicité est d'attirer l'attention, de positionner et d'*alimenter* les marques. L'importance de la publicité dans les médias de masse s'explique également par sa capacité à atteindre un large public et par conséquent offrir des coûts au contact relativement bas. C'est par conséquent un outil également intéressant lorsque l'annonceur ne sait pas comment atteindre son public. L'annonceur doit pouvoir dans ce cas proposer un autre point de contact (site Internet, courriel, numéro de téléphone spécial) à son public afin de récolter l'information les concernant.

Toutefois, la publicité dans les médias de masse connaît certaines faiblesses. Elle touche beaucoup de personnes qui ne sont pas intéressées par le produit. Bien qu'ils développent une *portée* importante, l'*audience utile* peut être faible au final. La multiplication des chaînes télévisées et leur spécialisation permettent d'atténuer cette faiblesse. La publicité souffre également d'une faible crédibilité. Les audiences sont en effet habituées depuis des années à recevoir des messages aux promesses mirobolantes. Ils décodent donc les messages et relativisent ce qui y est dit. Ils y résistent et se constituent parfois en associations ou lobbies contre elle. Enfin, les médias sont encombrés de publicité. Les messages perdent de leur impact. Ils doivent soit être multipliés, soit se démarquer pour attirer l'attention du public.

Le cas Mini[a]

Une bourgeoise révolutionnaire et impertinente

La Mini est une petite voiture créée en 1959 pour la British Motor Corporation. Ses succès dans de nombreux rallyes et son adoption par une clientèle de femmes bourgeoises comme des franges moins conformistes de la population lui donnent un positionnement particulier qui fera sa légende. En 2001, le groupe BMW lance une nouvelle version surnommée Mini 2. Il cherche alors à adopter un positionnement basé sur l'audace et l'impertinence. Au Canada, depuis 2002, ses ventes ont connu une croissance constante pour atteindre les 4 905 unités en 2008 (près de deux fois et demie les ventes de 2002).

BMW veut positionner la nouvelle Mini comme une petite voiture haut de gamme tout en renouvelant son image. Ce deuxième objectif est en soi un défi au regard de l'histoire de la Mini originale.

a. Dossiers de l'agence de publicité Taxi consultables en ligne :
http://www.cassies.ca/caselibrary/winners/MINI2003.pdf
http://cassies.ca/caselibrary/winners/2006pdfs/_549_MINI_Web_DR.pdf
http://cassies.ca/caselibrary/winners/2009pdfs//14_C09_MINI_Web_inc_credits.pdf
http://cassies.ca/caselibrary/winners/2009pdfs/15_C09_MINI_ESST_Web.pdf

Les objectifs de la publicité

La publicité va chercher à atteindre des objectifs de communication qui vont découler des objectifs généraux de l'entreprise en termes de communication marketing :

- *construire et alimenter une image de marque* : la publicité permet d'ancrer un produit ou un service dans l'esprit des gens en créant une familiarité de façon à ce que la marque leur vienne rapidement à l'esprit (*top of mind*) au moment de l'achat (*top choice*). Pour cela, la créativité des annonces est essentielle. Elle doit à la fois communiquer une identité et de l'information sur la marque. Elle délivre une *promesse de marque* et aide alors à établir une relation psychologique avec les consommateurs. Ceux-ci sont en effet sensibles à l'établissement d'un lien émotionnel. Cette caractéristique rend difficile l'utilisation de la publicité dans les médias de masse pour des marques complexes et techniques. Celles-ci ont besoin de communiquer sur les caractéristiques précises et les performances de leurs produits dans les médias spécialisés et peuvent alors se servir des médias de masse pour la publicité de rappel ;
- *fournir de l'information* : l'objectif est de faciliter le processus d'achat. Selon le modèle ELM, cet objectif est plus particulièrement important pour les produits à *haute implication* pour lesquels le consommateur a besoin de plus de détail pour prendre sa décision ; il est donc moins important pour les produits à *faible implication* ;
- *persuader* : la publicité cherche à changer ou renforcer l'attitude du consommateur par des tactiques qui peuvent être complexes (par exemple, la *publicité biréférentielle*) ;
- *soutenir les actions marketing* : la publicité peut servir à créer des effets de synergie avec les plans promotionnels et de marketing direct.

Le brief créatif

Le brief créatif, ou plateforme de création, est le nom du document que le chef de publicité ou le service conseil donne au service de création. Il peut être confondu avec la *copy strategy*. Il sert à préciser le cadre dans lequel les créatifs vont devoir travailler.

- L'*objectif* : construire l'image de marque, recruter ou fidéliser des consommateurs, informer, communiquer avec les grossistes…
- Le *public cible* : un message est communiqué différemment selon les profils de consommateurs qui intéressent l'annonceur.
- Le *thème du message* : c'est le bénéfice consommateur présenté dans la publicité, la promesse unique de vente – ou USP, *Unique Selling Proposition* (par exemple, M&M's : « Il fond dans la bouche, pas dans la main »).
- Le *ton du message* : il doit être cohérent avec l'image du produit et le public cible.

- L'*information d'appoint* : présenter les faits qui permettent d'appuyer la promesse unique de vente.
- Les *contraintes* : le créatif doit éventuellement respecter des limites légales, inclure des informations obligatoires (par exemple, les publicités pour le tabac et l'alcool doivent s'accompagner de messages de mise en garde sur les risques liés à la consommation de ces produits).

Le cas Mini

L'identité de la Mini, base de la création publicitaire

Le travail créatif de la campagne de la Mini devait constamment refléter son identité en respectant l'acronyme FLIP pour :

- ***f****un* : la petite taille de la voiture doit être mise en avant de manière ludique ;
- ***l****egacy* : le créatif doit respecter la représentation de cette petite voiture de rally, icône des années 1960 ;
- ***i****ndividuality* : cette voiture s'adresse à des individus qui veulent se distinguer de la masse et qu'ils peuvent personnaliser à travers de multiples options ;
- ***p****erformance* : la voiture est dynamique, voire sportive (118 CV pour 203 km/h pour le modèle de base).

Choisir une agence de publicité

Une entreprise peut avoir à choisir entre la réalisation d'une publicité par des services internes ou par le recours à une agence de publicité. La première option est préférée lorsque la taille du budget ne permet pas de garantir la motivation de l'agence de publicité ou lorsque celle-ci ne parvient pas à fournir une publicité qui correspond à l'esprit du produit. Encore faut-il que l'entreprise puisse réunir les compétences nécessaires à la production d'une publicité.

En ce qui concerne la taille du budget, il est d'usage de considérer que 75 % vont à l'achat d'espace média, 15 % servent à la rémunération de l'agence et 10 % à la production de la publicité. Des comptes plus modestes réduiront plus généralement sur l'achat d'espace média. Il vaut mieux alors préparer la publicité et avoir recours à des sous-traitants spécialisés, des pigistes pour compléter les compétences d'une équipe interne.

Avant de choisir une agence externe, il faut établir les objectifs de l'entreprise en matière de publicité et communication marketing. Cela permettra également de préciser les critères de sélection de l'agence qui porteront sur :

- la *taille de l'agence* : trop grande par rapport à l'entreprise et l'agence peut ne pas assez s'investir dans le dossier ; trop petite et l'agence risque de ne pouvoir fournir les services dont l'entreprise a besoin ;

- l'*expérience de l'agence* : si l'agence connaît l'environnement commercial de son client, elle comprendra plus rapidement ses besoins ;
- les *conflits d'intérêts* : l'agence ne devrait pas avoir de clients concurrents ;
- la *créativité* : sans être une garantie d'efficacité, elle peut se refléter à travers ses anciennes productions et d'éventuels prix remportés ;
- la *procédure de production et d'achat média* : l'agence peut sous-traiter une partie de sa production ou de l'achat média, il faut simplement s'assurer qu'elle sait le faire.

D'autres critères comme la *rotation des clients*, et les raisons de celle-ci, ou la qualité des *relations personnelles* peuvent également jouer lors de la sélection d'une agence de publicité.

La présélection des agences faite, l'entreprise peut solliciter des *pitches* où les agences vont venir présenter leur concept et leur interprétation des attentes du client.

La planification média

Une fois la publicité produite, il faut encore la diffuser. La planification répond à la question « comment rejoindre notre clientèle ? ».

C'est donc l'action qui consiste à choisir les médias et supports devant être utilisés, le choix des moments de diffusion ainsi que l'établissement d'un calendrier de campagne. Le choix des médias et supports se fait à partir de leurs différentes caractéristiques (coût, couverture de la cible, puissance, possibilités créatives, complémentarités…) et en fonction du budget de l'annonceur. Le calendrier de la planification média doit également tenir compte des actions et des objectifs commerciaux de l'annonceur.

Le choix des médias se fait en fonction du message à faire passer et en comparant le profil de leur audience ou public avec celui de la clientèle cible. L'audience ou le lectorat est mesuré en France par la société *Médiamétrie* (télévision, radio, cinéma et Internet), l'*Euro-PQN-PQR* (quotidiens) et l'*AEPM* (magazines). Au Canada, elle est mesurée par le *NADbank* (quotidiens), le *PMB* (presse écrite), le *BBM* (télévision et radio).

L'objectif est d'optimiser le nombre de contacts utiles, car l'audience des médias ne correspond pas exactement à la population ciblée. Il est donc possible de distinguer :

- l'*audience brute* : nombre total de contacts ;
- l'*audience nette* : nombre total de contacts sans duplication (la duplication est l'audience commune à plusieurs supports) ;
- l'*audience utile* : nombre de contacts délivrés sur un support sur la cible média ;
- l'*audience moyenne* : nombre moyen de contacts sur une période donnée.

L'affinité d'un support

Les définitions de l'audience permettent de se rendre compte que l'intégralité de l'audience n'intéresse pas forcément l'annonceur. Il faut donc être en mesure d'évaluer la correspondance entre la population cible et l'audience du support. À ces fins, on fait appel à la notion d'affinité.

Les indicateurs de l'affinité

- Le taux d'affinité : audience utile support/audience totale support × 100.
- Indice d'affinité : taux d'affinité/(population cible/population totale).
- Si l'indice d'affinité est supérieur à 100, la cible est sur-représentée par rapport à la population totale. À l'inverse, si l'indice d'affinité est inférieur à 100, elle est sous-représentée et le support perd de son intérêt.

Puissance et économie des supports

Pour établir un plan média, il faut également jouer sur la *puissance* (capacité à toucher un public) et l'*économie* (coût) des supports qui vont être sélectionnés. Il faut trouver la combinaison de médias qui permettent de rejoindre le plus possible la population cible au meilleur coût dans le respect du budget de l'annonceur.

Les indicateurs de puissance du support

Portée

- Mesure de l'audience cumulée et sans duplication potentiellement exposée à un média sur une période donnée.
- Nombre total de membres d'une audience nette exposés au moins une fois à un support publicitaire pour une durée de référence donnée.

Fréquence

- Nombre de fois qu'un même individu aura été exposé au même message publicitaire dans une période donnée.
- La répétition est un élément essentiel pour aider à la mémorisation du message et marquer ainsi les personnes.

Gross Rating Point = Point d'exposition brut

GRP = (nombre total de contacts sur la cible/taille de la population cible) × 100
GRP = (audience utile/taille de la population cible) × 100
GRP = portée × fréquence × 100

Les indicateurs d'économie du support

Coût par point (d'audience)

CPP = prix de l'insertion publicitaire/GRP

Coût par mille (contacts)

CPM = CPP × (100 000/taille de la cible)

CPM = prix insertion/audience utile × 1 000

Le cas Mini

Mini et les médias

L'image de la Mini a été façonnée à travers des médias habituellement considérés comme secondaires par l'industrie automobile. De 2002 à 2008, ils n'ont diffusé que trois spots télé faisant partie d'une même marque et qui ont servi à instaurer la reconnaissance de la marque. Le reste de la stratégie média s'est appuyé sur de l'affichage extérieur, du marketing événementiel ou de guérilla et de la publicité interactive sur Internet. L'objectif était de toucher une cible très mobile et renforcer le lien grâce à l'interactivité.

Ce choix de médias leur a permis d'optimiser les contacts tout en maintenant un budget inférieur à ceux habituellement rencontrés dans cette industrie.

LES RELATIONS PUBLIQUES

Les relations publiques sont un domaine à part entière dans les industries de la communication au point d'être régulièrement en conflit avec les communications marketing pour savoir qui est au service de qui. La définition qu'en donnent James Grunig et Todd Hunt est assez révélatrice des relations qu'entretiennent les deux univers professionnels : « [Les relations publiques s'occupent] de la gestion des communications entre une organisation et ses publics. » Elles servent à s'adresser à de multiples parties prenantes de l'organisation aussi bien à l'interne qu'à l'externe. Elles cherchent donc à communiquer avec les gouvernements, les associations, les fournisseurs, les groupes de pression, les syndicats, les employés, les actionnaires, les médias et même les clients que l'on pourrait croire être la chasse gardée des communications marketing. La distinction entre le marketing et les relations publiques se fait en fait au niveau de leurs objectifs puisque, comme l'explique Fraser Seitel, si « l'objectif premier du marketing et des ventes est de vendre les produits de l'organisation, les relations publiques cherchent à vendre l'organisation elle-même ».

Les budgets consacrés aux relations publiques sont faibles par rapport à ceux de la publicité, mais cela reflète simplement le fait que leurs coûts sont surtout composés par les postes de personnel et de production de documentation comme les brochures, les rapports annuels et la communication institutionnelle. Elles peuvent porter sur différentes fonctions telles que :

- les *relations organisationnelles* : travailler l'identité de l'entreprise, sa réputation, faire du conseil en communication auprès de la direction générale ;
- la *gestion de crise* : prévoir le plan et les processus de communication en cas de crise ;
- les *relations média* : distribuer de l'information au média pour faire parler de l'organisation et entretenir de bonnes relations avec les journalistes ;
- la *communication interne* : maintenir les employés informés pour renforcer leur moral ;
- la *communication financière* : en plus des communications imposées par la loi, établir les stratégies et les actions de communication pour valoriser l'entreprise auprès des investisseurs.

Dans le cadre des communications marketing intégrées, les relations publiques servent à maintenir un climat favorable entre l'entreprise, les clients et surtout les médias qui relayent l'information sur les produits de l'entreprise. Cela peut par exemple se faire à travers la participation à des foires, à la production d'événements ou encore par l'envoi de kits d'information lors de la sortie de nouveaux produits ou d'actions commerciales particulières.

La méthode RACE

Les relations publiques sont un outil d'influence pour l'organisation. Leur activité peut se résumer en quatre étapes clés : recherche, analyse et action, communication, évaluation. L'acronyme qui en résulte, RACE, a été présenté en 1963 par John Marston dans le livre *The Nature of Public Relations*.

RACE

Recherche

Quel est le problème ? Il est nécessaire de faire le tour de la question sur laquelle les relationnistes devront intervenir. Des sondages, des entrevues individuelles, des groupes focus [...] permettront de mieux cerner les tenants et aboutissants du problème sur lequel il faut agir.

Analyse et action

Les informations recueillies dans la première étape permettent d'identifier les éléments sur lesquels vont agir les relationnistes. Ils pourront alors établir des objectifs chiffrés et une stratégie à décliner en plans d'action qui tiendront compte des publics ciblés. Le plan doit être budgété et tenir compte des contraintes d'organisation et de politique interne dans la mobilisation des ressources.

Communication

Dans la continuité des précédentes étapes, les relationnistes produisent et diffusent leurs messages. D'autres organisations ou individus peuvent également diffuser des messages qui ne sont pas forcément convergents avec ceux prévus. Les relationnistes doivent en tenir compte et adapter leurs actions en construisant sur leurs réalisations précédentes.

Évaluation

Le plan de relations publiques doit pouvoir être évalué en cours de réalisation, puisqu'il doit pouvoir s'adapter aux changements de contexte, comme à la fin du processus. L'évaluation peut être faite avec des indicateurs chiffrés comme par la production de nouvelles données lors d'enquêtes de post-campagne.

Le plan de relations publiques

Le plan de relations publiques sert à établir comment les relationnistes vont traiter la problématique qu'a l'organisation avec certaines de ses parties prenantes et, dans le cas des communications marketing, avec ses clients. Ce document comprend dix étapes selon Maisonneuve.

Le plan de relations publiques

1. Introduction

Décrire le mandat et la situation globale (mise en contexte)

2. Recherche et analyse de la situation

Définir les enjeux, les opportunités et les risques

3. Identification de la problématique et des publics cibles

Cerner le problème à résoudre et segmenter les publics

4. Définition des objectifs à atteindre

Procéder de manière quantifiable et mesurable

5. Proposition d'une stratégie globale

Concevoir une stratégie d'action

Définir un axe de communication, soit le message moteur décliné en fonction des divers publics cibles

6. Moyens de communication

Établir la liste des moyens de communication pour atteindre les objectifs fixés pour chaque public cible

7. Échéancier

Planifier le temps requis pour réaliser chaque étape du plan

Source : D. Maisonneuve, *Les Relations publiques dans une société en mouvance*, 2003.

LA PROMOTION DES VENTES

La promotion des ventes (ou promotion commerciale) porte sur tous les mécanismes mis en place pour inciter directement à l'achat et ainsi accroître les volumes de vente. Elle peut toucher aussi bien le consommateur final que le distributeur ou intermédiaire (grossiste, détaillant).

La promotion des ventes vers le consommateur

Tableau 12.1 – Les différents types de promotion vers le consommateur

Type	Mécanisme	Distribution	Avantages	Inconvénients
Coupons	– Réduction de prix	– Médias imprimés – Publipostage – PLV – Internet – À la caisse automatiquement – Jumelage avec d'autres produits	– Recrutement et fidélisation – Limite le transfert vers la marque concurrente – Bénéfice immédiat pour le consommateur	– Difficulté à en anticiper la portée – Baisse de la marge – Coût de production – Risque de report d'achat lorsque le prix n'est pas réduit – Fraude
Primes	– Cadeau ou échantillon gratuit accompagnant le produit – Autopayante (le client la réclame par courrier avec des preuves d'achat)	– Courrier – Dans l'emballage – Retrait au magasin	– Recrutement et fidélisation	– Frais d'emballage supplémentaire – Risque de report d'achat lorsque le prix n'est pas réduit – Faible taux de retour – La prime doit être de qualité au risque de détériorer l'image du produit promu.
Remboursement et réduction différée	– Possibilité d'obtenir de l'argent contre preuve d'achat		– Répétition des achats – Recrutement – Changement de marque	– Peut dégrader l'image du produit – Faible transformation si le processus est complexe – Risque de report d'achat lorsque le prix n'est pas réduit

Type	Mécanisme	Distribution	Avantages	Inconvénients
Format boni	– Volume ou unité de produit supplémentaire améliorant le rapport quantité-prix	– Magasin	– Manœuvre défensive contre une promotion concurrente – Fidélisation – Bénéfice immédiat pour le consommateur	– Perturbe la mise en rayon – Peut dégrader l'image du produit – Cannibalise les ventes habituelles
Échantillons	– Cadeau d'un petit volume de produit – dégustation en magasin	– Magasin – Publipostage – Jumelage avec d'autres produits	– Recrutement – Lancement de produit – Peut permettre de récolter de l'information sur les consommateurs	– Quantité insuffisante pour percevoir le bénéfice produit (par exemple cosmétiques)
Promotion à prix réduit	– Baisse de prix annoncée sur l'emballage	– Magasin	– Recrutement – Bénéfice immédiat pour le consommateur – Préserve la marge du détaillant	– Gestion des stocks du détaillant – Cannibalise les ventes habituelles – Baisse de la marge

La promotion des ventes pour les intermédiaires

Les objectifs poursuivis sont la rotation et l'augmentation des stocks des grossistes et détaillants. Ces derniers acceptent d'augmenter l'espace réservé à un produit en zone de stockage ou dans leurs rayons si celui-ci représente un intérêt financier pour eux. Différentes tactiques sont possibles : les remises, les concours et programmes promotionnels incitatifs, le *marchandisage* (ou *merchandising*) et la *publicité sur le lieu de vente* (PLV), les salons professionnels, la publicité à frais partagés.

Les remises

Les *remises à l'achat* : escompte accordé sous forme de réduction de prix ou de marchandise gratuite sur la marchandise commandée à une période donnée ; la remise peut ou pas bénéficier au consommateur.

La *remise de promotion* : remise accordée contre des activités de promotion réalisées par le détaillant ; elle s'accompagne souvent de mise en place de PLV.

Les *frais d'étalage* ou *de stockage* : les détaillants demandent aux fabricants de participer financièrement aux frais de stockage et de mise en rayon, voire à la formation des employés.

Les remises posent certains problèmes, car leur impact n'est pas toujours transféré au consommateur (30 % selon Procter & Gamble) et les intermédiaires peuvent en profiter pour faire des achats d'anticipation.

Les concours et programmes promotionnels incitatifs

Les détaillants qui atteignent des quotas de vente préétablis par le fabricant peuvent lors de concours gagner des prix tels que des voyages. Les primes incitatives correspondent à des montants que les vendeurs peuvent toucher lorsqu'ils réalisent une vente ou recrutent de nouveaux clients.

Le marchandisage

Le marchandisage comprend l'ensemble des techniques de mise en avant d'un produit afin de le valoriser et d'en faciliter l'écoulement.

Le rayonnage étant limité dans les magasins, il est difficile d'intégrer des produits supplémentaires et des offres promotionnelles dont les produits ne correspondent pas au stock habituel. Une des tactiques répandues en grande distribution notamment est alors d'augmenter ponctuellement le rayonnage par l'ajout de présentoirs. Ceux-ci permettent de faire vivre le rayon par des mises en avant flexibles.

Un autre service apprécié des détaillants est la mise à disposition de planogrammes qui détaillent la place que doivent occuper les produits en rayon en fonction de paramètres multiples comme les familles et sous-familles de produits, la marge qu'ils génèrent, le sens de circulation dans les allées du magasin, etc.

Les salons professionnels

Les fabricants présentent leurs produits aux détaillants lors de salons professionnels. Les détaillants sont plus susceptibles de commander un produit qu'ils ont pu tester et qui les a séduits. C'est également un excellent endroit pour recueillir de l'information sur le marché et démarrer des relations d'affaires en envoyant par la suite un commercial chez le détaillant.

La publicité à frais partagés

La publicité à frais partagés verticale consiste pour un fabricant à assumer une partie des frais de publicité engagés par le distributeur ou le détaillant. Ces publicités peuvent prendre la forme d'affichage, de dépliants, de catalogues ou d'événements promotionnels.

LA VENTE PERSONNELLE

La vente doit faire aujourd'hui partie des stratégies de communication de l'entreprise. Le client ne doit plus être considéré que sur la base d'une transaction ponctuelle, mais dans l'établissement d'une relation durable, voire partenariale. Ce qui était déjà vrai pour la gestion des comptes clés (*Key Account Management*) l'est également pour les plus petits clients. La révolution de la *gestion de la relation client* (GRC ou *Customer Relationship Management*, CRM) rendue possible grâce au marketing de bases de données et à l'Internet a orienté l'entreprise d'une approche transactionnelle vers une approche relationnelle. Les progrès technologiques transforment aussi le métier de la vente, mais les qualités personnelles restent toujours importantes.

Les éléments clés du succès d'un vendeur s'articuleront alors autour des éléments suivants :

- il cherchera à établir des liens de confiance avec le client par une image positive et un caractère souple ;
- il mettra en relation les bénéfices pertinents du produit ou service avec les besoins du client ;
- il trouvera un équilibre entre une approche émotionnelle ou rationnelle en fonction du type de client (particulier ou entreprise) ;
- il saura s'adapter aux situations non prévues pendant la présentation.

Planification des activités de la force de vente

1. Établir les objectifs de vente

2. Stratégies de vente
- Identifier les clients et prospects
- Qualifier les clients et prospects
- Valider l'information sur les clients et prospects
- Identifier les besoins
- Établir un plan d'approche

3. Action commerciale
- Approche
- Présentation du produit ou service
- Négociation
- Suivi après-vente

4. Mesure et évaluation
- Ventes réalisées *vs* ventes planifiées
- Ventes réalisées *vs* ventes de l'an dernier
- Ventes par type de client

Source : d'après K.J. Tuckwell, *Integrated Marketing Communications*, 2008.

Les sept étapes de la vente personnelle

1. Prospecter
- Faire le suivi des recommandations
- Prospecter à froid
- Exploiter les bases de données

2. Qualifier
- Réunir l'information sur le client ou prospect
- Qualifier

3. Prendre contact
- Établir un premier contact
- Créer une impression favorable
- Fixer un rendez-vous

4. Faire la présentation de vente
- Présenter les bénéfices du produit en fonction des besoins du client
- Être convaincant
- Utiliser les technologies audiovisuelles
- Faire une démonstration du produit

5. Répondre aux objections
- Répondre aux inquiétudes du client
- Apporter de l'information supplémentaire

6. Fermer la vente (closing)
- Tenter de fermer la vente
- Fermer la vente
- Confirmer la fermeture

7. Faire un suivi
- Faire un contact post-vente
- Maintenir le contact
- Alimenter la relation

Source : d'après K. J. Tuckwell, *Integrated Marketing Communications*, 2008.

La force de vente, qu'elle soit propre à l'entreprise ou externe (VRP multicartes, vendeurs d'un distributeur...), doit bien sûr être tenue au courant de l'évolution des caractéristiques des produits, de la publicité, des actions promotionnelles, du matériel de marchandisage disponible. Et ils peuvent également servir à remonter de l'information du marché. Mais quand la force de vente doit-elle faire véritablement partie du plan de communication ?

Importance du client

L'importance du client dépend de sa place dans le portefeuille de l'entreprise. Si le client a un profil simple et rapporte proportionnellement peu, un système automatisé de gestion de la relation sera à prévoir. À l'inverse, un client aux besoins complexes représentant une part importante du portefeuille client de l'entreprise pourra bénéficier d'un conseiller commercial dédié.

Figure 12.4 – La pyramide GRC

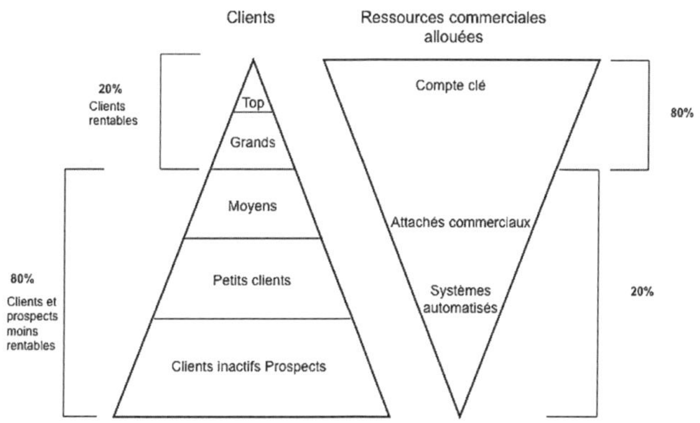

Vente complexe

La vente personnelle est importante lorsque le produit ou les besoins du client sont complexes. La vente a besoin d'être assistée car il est crucial que le vendeur et le client s'entendent clairement sur les enjeux. Bien que l'on parle de vente personnelle, celle-ci peut impliquer des équipes constituées d'experts techniques et de commerciaux aussi bien que d'éventuels partenaires externes. L'objectif n'est donc plus seulement de vendre un produit mais également des solutions basées sur les produits et services de l'entreprise et de ses partenaires.

Efficacité de la communication

Le fonctionnement de la publicité est limité par la *promesse unique de vente*. Le message doit rester simple. La communication interpersonnelle par la force de vente est alors un des moyens de faire passer l'information vers les clients et prospects. Cela semble évident pour les ventes complexes, mais concerne également les ventes à forte implication comme l'achat d'une voiture ou d'un logement.

DU MARKETING INTERACTIF AUX RÉSEAUX SOCIAUX NUMÉRIQUES

Les débuts de l'Internet commercial au milieu des années 1990 semblent bien loin au regard de la rapidité de son évolution. Cet outil a révolutionné la mise en relation et les modes de consommation des individus. Cela a favorisé l'apparition du marketing interactif. Dès lors, au lieu d'envoyer des messages à sens unique aux consommateurs, l'entreprise a pu mettre en place des programmes de communication bidirectionnels. Les individus peuvent être ciblés par l'utilisation d'information personnalisée recueillie en ligne. Grâce à Internet et les technologies qui y sont développées, le marketing et la vente sont de moins en moins distincts. De l'information fine concernant un individu peut être recueillie lors de sa navigation et de ses achats précédents. Cela conduit à la proposition de nouvelles communications promotionnelles plus pertinentes (publicités, recommandations). L'information que souhaiterait l'internaute est alors disponible plus rapidement et cela augmente les possibilités d'achat.

Les revenus publicitaires d'Internet rattrapent ceux des journaux et ont déjà dépassé ceux de la radio et des magazines.

Figure 12.5 – Revenus publicitaires en Europe, Moyen-Orient et Afrique (milliards USD)

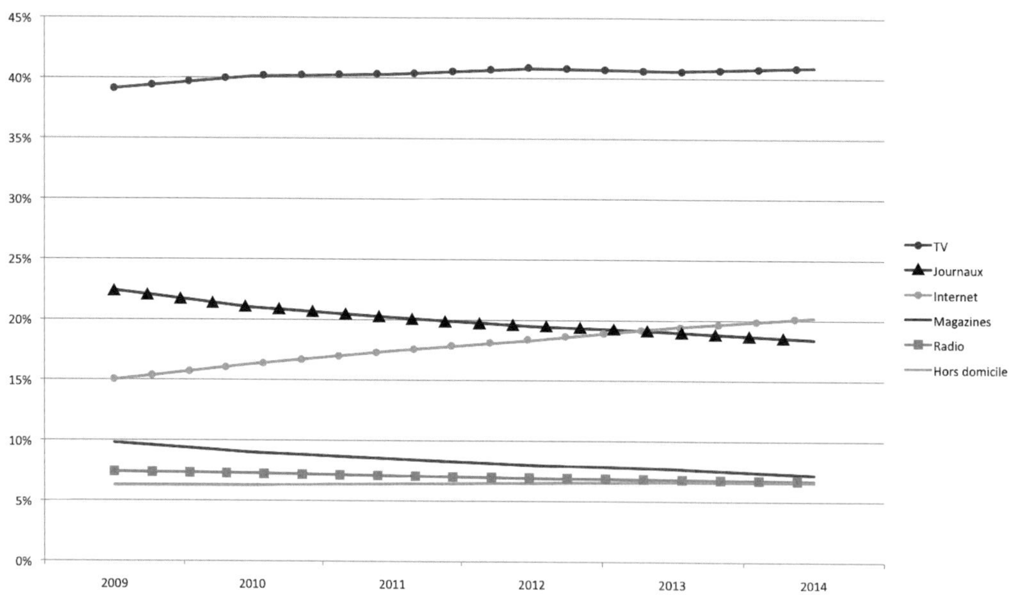

Note : monnaie à taux constant base 2009.
Source : MAGNAGLOBAL, *Global Core Advertising Revenues*, 16 juin 2010.

La question que se posent aujourd'hui les marketers est de mesurer correctement l'efficacité et la rentabilité de ces investissements publicitaires. L'enjeu est d'autant plus important que les internautes résistent à la publicité autant que les audiences hors ligne. Par exemple, en 2010, les taux de clic sur les bannières en France se situent entre 0,09 % et 0,11 %[1].

Figure 12.6 – Les plus importants indicateurs de performance pour les campagnes de marketing en ligne selon des marketers – Monde (% de répondants)

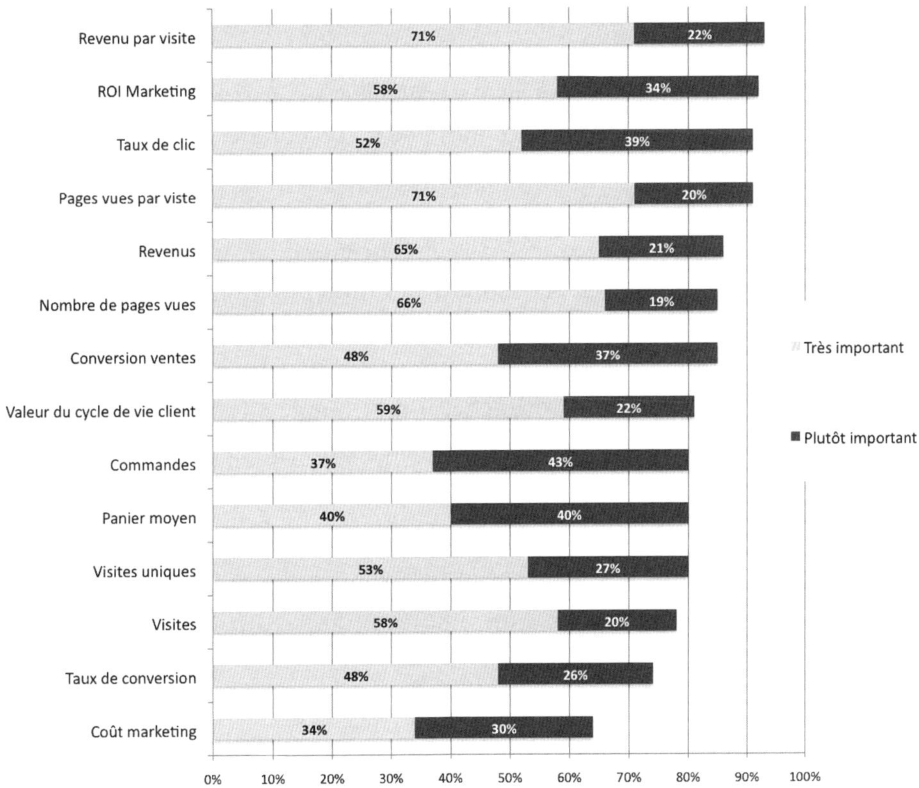

Source : d'après *Omniture*, 2010 Online Analytics Benchmarke Survey pour eMarketer.

Le courriel

Le courriel est un outil plus ancien et qui a fait ses preuves en marketing direct. Aujourd'hui, pour rester efficace, le courriel doit être intégré dans un programme de communication marketing cross-canal et se servir des dernières avancées des médias sociaux pour partager de l'information.

1. *Source* : Eyeblaster, *Global Benchmark Report 2010* pour eMarketer.

Il permet à l'entreprise de rappeler au consommateur qu'elle est là, de faire de la promotion sur ses nouveaux produits ou soldes du moment, de diffuser des info-lettres, de promouvoir des concours, etc.

Les moteurs de recherche

Le *Search Engine Marketing* (SEM ou marketing des moteurs de recherche) et son corollaire le *Search Engine Optimization* (SEO ou marketing pour les moteurs de recherche) traitent des méthodes pour optimiser le référencement d'un site ou d'une page Web pour améliorer sa fréquentation. Le SEO consiste à travailler la construction et l'évolution d'un site en tenant compte des algorithmes des moteurs de recherche. Il s'agit de rendre accessible aux robots de moteurs de recherche de l'information sur le contenu du site pour que ce dernier soit bien référencé. Pour compléter les techniques de référencement organique, il est également possible d'avoir recours à du référencement payant, d'acheter des publicités qui apparaissent dans les pages de résultats des moteurs de recherche en fonction de mots-clés ou encore de mettre en place des publicités qui seront payées en fonction des clics qu'elles recevront (*Pay Per Click*). Ces pratiques sont utiles pour accélérer le référencement et la visibilité d'un site. En revanche, il faut que le site délivre ses promesses et intéresse les internautes, sinon ces efforts auront été vains.

Le blog d'entreprise et les réseaux sociaux numériques

Les nouvelles stratégies sur le Net consistent pourtant non pas à créer de la vente directement, mais à générer de la conversation. Elles font appel aux blogs et aux forums ou autres réseaux sociaux numériques.

Les *web logs*, ou *blogs* tels qu'ils sont maintenant connus, sont des outils de publication sur Internet. Le blogueur grâce à une interface simple peut publier rapidement de l'information et recevoir ou pas des commentaires d'autres internautes. Le microblogage (Twitter, Facebook dans une certaine mesure) est aussi un outil qui connaît un succès grandissant. Les internautes identifient un blog qui correspond à leurs intérêts et le suivent en l'indexant. Les entreprises peuvent alors créer des blogs où l'échange d'information, le partage d'anecdotes sont en fait des raisons pour faire parler de la marque et faire partie du quotidien des internautes. L'objectif d'un blog d'entreprise est de créer du bouche-à-oreille positif. Par conséquent, une des premières appréhensions des marketers et de leurs entreprises est le manque de contrôle qu'ils ont sur l'information qui est ainsi diffusée. C'est un faux problème car de toute façon la discussion aura lieu. Internet ancre définitivement le marketing dans une approche relationnelle, voire conversationnelle.

Tableau 12.2 – Méthodes employées par les entreprises pour minimiser les commentaires négatifs en ligne – Monde (% de répondant)

Conversation directe avec le blogueur critique	47 %
Tenter d'améliorer le produit ou service pour réduire les critiques	33 %
Encourager les autres à parler positivement	24 %
Faire un communiqué de presse	17 %
Essayer de faire retirer le commentaire par le blogueur	14 %
Créer du contenu pour le faire baisser dans les moteurs de recherche	12 %
Rien de tout cela	30 %
Autre	5 %

Source : Econsultancy and bigmouthmedia, *Social Media and Online PR Report*, pour eMarketer, 2009.

Le blog établit le contact avec le consommateur et est une vitrine de la manière dont l'entreprise gère ses affaires. Il peut donc rassurer le consommateur qui, en le consultant, identifiera mieux les compétences de l'entreprise et verra comment elle mène ses affaires et ses relations avec ses clients. C'est également un canal par lequel de l'information peut être diffusée et les opinions du consommateur recueillies.

Les réseaux sociaux numériques ou communautés virtuelles offrent également nombre d'opportunités pour diffuser du matériel promotionnel. Les forums spécialisés selon des thématiques précises permettent de réaliser un ciblage fin pour placer de la publicité. Les sites de partage de vidéo (YouTube, DailyMotion, Vimeo) ou d'hébergement d'images (ImageShack, Photobucket, Flickr) facilitent la diffusion et le partage de vidéos ou d'images promotionnelles lors de campagnes de marketing viral. Un exemple amusant, le lancement de FIFA Street 3 peut être vu sur Youtube (*http://www.youtube.com/watch?v=jWk9VJ3wVX8*) ainsi que d'autres vidéos présentant le *making-of* de la vidéo ou du jeu lui-même pour attiser et entretenir la passion des joueurs.

Mais les internautes prennent également la parole en rédigeant des commentaires sur les produits qu'ils consomment. Le bouche-à-oreille prend dès lors une nouvelle dimension. Que ce soit à travers des recommandations directement sur le site du vendeur comme le fait Amazon ou sur des sites spécialisés par centre d'intérêt (*http://reviews.cnet.com, http :/ /www.harmonycentral.com*). Des étapes sont sans cesse franchies et entre jeux et reconnexion sociale les marques et même les commerces locaux vivent de nouveaux enjeux. Ainsi, la récente plateforme Foursquare (*http://foursquare.com*) ou encore Gowalla (*http:// gowalla.com)* permettent de promouvoir des commerces lorsqu'une personne les cautionne de sa présence.

Cette volonté de participer se retrouve également dans la *publicité générée par les consommateurs* (*Consumer Generated Advertising*). Les vidéos de Mentos faisant exploser des bouteilles de cola ont ainsi eu un effet positif sur les ventes du bonbon. L'entreprise peut alors être tentée de récupérer ce type de publicités sauvages. La démarche est certes controversée dans la profession qui craint à la fois une dévalorisation de son travail et une professionnalisation de la démarche.

Doritos craqué pour ses consommateurs

Depuis 2006, Frito-Lay lance chaque année un concours de *Consumer Generated Advertising* pour sa marque Doritos. Le gagnant de ce concours reçoit une récompense financière et voit sa publicité diffusée à la télévision lors du Super Bowl aux États-Unis. Cet événement est très attendu par les consommateurs et prisé par les entreprises qui en arrivent à créer des spots uniquement pour cette occasion.

Pour renforcer la portée de sa campagne, Frito-Lay met en place de nombreux mécanismes viraux en créant un site de vote pour les internautes (*http://www.doritosvote.com*) où les participants peuvent partager l'adresse du site, gagner des billets pour l'événement, gagner un jeu de société ou des bons de réduction. Pour le concours de 2010 (*http://www.crashthesuperbowl.com*), Doritos a promis un million de dollars aux créateurs du film gagnant si ce dernier occupait la première position du classement *USA Today Admeter*. Pari gagné à leur grande surprise puisque Budweiser occupait cette place depuis dix ans et semblait indétrônable.

Au regard de ces succès, la filiale britannique décide début 2010 d'importer le concept (*http://kingofads.doritos.co.uk*).

ÉTHIQUE, DÉONTOLOGIE ET PUBLICITÉ

Éthique ou morale ? La publicité doit-elle s'inquiéter du bien agir en société ? Au-delà des différences étymologiques quasi inexistantes sur le sens de ces deux termes qui renvoient tous deux aux mœurs d'un peuple, la publicité diffuse littéralement des modèles de comportement et des valeurs au public. Ces derniers peuvent être calés sur ce qui est acceptable pour une société donnée ou, à l'inverse, aller à l'encontre en jouant sur la provocation. Les publicitaires, voire les communicateurs en marketing au sens large, ont donc une responsabilité vis-à-vis du public en ce qui concerne les messages qu'ils transmettent. Ce devoir doit pouvoir s'imposer à l'éthique personnelle de chacun d'eux ainsi qu'idéalement permettre de cadrer les attentes de l'annonceur. La réflexion sur l'éthique de la publicité ne se fait pas sur le seul plan individuel. Elle doit porter sur toute une profession. Un code déontologique permet dans ces circonstances de guider les comportements professionnels de manière concrète. Il ne s'agit bien évidemment pas de normer un référentiel de bonnes pratiques qui ne porterait que sur les moyens. Le message étant véhiculé vers le public, la finalité de ces communications fait également partie des préoccupations à prendre en compte.

Ces conditions respectées, la publicité n'en est pas pour autant morale. La campagne provocatrice ou moralisatrice de Benetton dans les années 1990 en est un témoignage éloquent : à travers des stratégies de *shockvertising*, la marque a cherché à s'emparer de sujets brûlants dans la société, mais la finalité commerciale de ce type d'entreprise ne pouvait que laisser planer une ambiguïté. La vogue du *porno-chic* des années 2000 met en évidence un autre phénomène : celui de l'amoralité d'une publicité qui joue la carte de la transgression. La publicité ne vise à être ni morale ni immorale, car son objectif est la séduction pour mieux vendre. C'est la réception qu'en fait le public qui en déterminera au final la qualité morale. Mais qui peut anticiper l'appréciation des spectateurs et être le garant d'un certain respect éthique ? Ce rôle peut être endossé dans une certaine mesure par le législateur. L'Europe a d'ailleurs vu un renforcement de la loi par l'apparition d'une législation européenne sur la question en plus des dispositifs nationaux. Les dispositifs d'autorégulation, à condition qu'ils viennent compléter, renforcer et faciliter l'interprétation du cadre législatif, sont plus à même de faire en sorte que les publicitaires et les annonceurs qui y participent jouent moins à trouver la faille dans les principes pour, au contraire, en respecter l'esprit.

Bien qu'il en existe d'autres, nous invitons les lecteurs à aller visiter les sites Internet des organismes professionnels de régulation de la publicité tels que, en France, l'Autorité de régulation professionnelle de la publicité (ARPP – anciennement bureau de vérification de la publicité, BVP), en Europe l'Alliance européenne pour l'éthique en publicité (AEEP – ou European Advertising Standards Alliance, EASA) et canadien (normes canadiennes de la publicité (NCP) – ou Advertising Standards Canada (ASC)). Ces associations sont constituées, dans des proportions variables, des représentants des différentes parties prenantes autour de l'industrie publicitaire (des annonceurs, des publicitaires, des organismes de la presse écrite et électronique ainsi que des fournisseurs de l'industrie de la publicité, voire des représentants de la société civile et des consommateurs). Elles ont des rôles d'information et de réflexion autour des pratiques publicitaires ainsi que d'élaboration et d'évolution de cadres déontologiques. Elles peuvent même aller jusqu'à épauler les pouvoirs publics dans l'activité de régulation (ARPP et NCP).

Ce qu'il faut retenir

La communication marketing est marquée par des modèles de communication unidirectionnelle et par les théories des effets qui se sont centrées sur l'influence des médias sur les gens. Une des principales préoccupations de la communication marketing étant la persuasion et la modification des attitudes du consommateur, la psychologie de la communication fournit des outils d'analyse, comme le modèle de probabilité d'élaboration de Petty et Cacioppo, qui peuvent aider le marketer à comprendre comment communiquer avec sa cible.

La publicité dans les médias de masse est un outil de communication impersonnel et unidirectionnel.

Elle permet d'attirer l'attention du consommateur, de construire et positionner les marques, de fournir de l'information, de persuader et de soutenir les actions marketing. Toutefois, en raison de ses excès et de son omniprésence, elle perd en crédibilité et impact. Réalisée par des services internes ou des agences de publicité, elle doit donc être préparée méthodiquement en posant les bases de la stratégie dans une *copy strategy* ou un brief créatif avant de produire la publicité et proposer une planification média cohérente avec le public cible et le budget alloué.

Les relations publiques permettent de compléter le travail promotionnel en préparant les communications de l'entreprise vers ses partenaires internes ou externes. Elles interviennent aussi bien pour faciliter une information nécessaire au développement et au maintien de bonnes relations que pour veiller à la diffusion des messages pertinents lors de crises.

La promotion des ventes est un ensemble de méthodes incitatives pour réaliser des ventes auprès du consommateur et des intermédiaires. Elle comprend l'utilisation de techniques de baisse de prix, de découverte et de mises en avant de la marchandise, comme de partage de l'effort de commercialisation avec les distributeurs.

La vente personnelle permet de faciliter le passage à l'acte d'achat. Elle arrive en bout de chaîne après l'ensemble des autres techniques de communication. Elle permet d'appuyer et compléter, quand c'est nécessaire, le message commercial en mettant en avant les bénéfices clients.

Le coût de cette main-d'œuvre en fait une ressource rare à dédier à des produits à forte valeur ajoutée et par conséquent pour des clients très rentables.

Internet, les réseaux sociaux et le marketing interactif ont permis à l'entreprise de prétendre à une communication bidirectionnelle. Celle-ci y gagne en dynamisme ce qu'elle y perd en contrôle sur ces messages. Elle doit toutefois veiller à maîtriser les bases techniques, stratégiques et relationnelles de ce média.

Les enjeux éthiques et déontologiques des communications marketing sont nombreux. Au-delà du respect des dispositifs légaux, les professions qui y sont rattachées doivent également prendre l'initiative par un travail d'autorégulation dont l'ARPP en France, l'AEEP en Europe et la NCP au Canada sont des exemples. Cet effort est indispensable pour gagner en crédibilité et préserver la confiance fragile des consommateurs.

RÉFÉRENCES BIBLIOGRAPHIQUES

Belch G.E. *et al.* (2008). *Communication marketing. Une perspective intégrée*, Montréal, 2e éd., Chenelière, MacGraw-Hill.

Cathelat B. (2001). *Publicité et société*, Paris, Payot.

Chabrol C. et Radu M. (2008). *Psychologie de la communication et persuasion. Théories et applications*, Bruxelles, De Boeck.

Chaffey D. (2007). *Total e-mail Marketing – Maximizing your Results from Integrated e-marketing*, 2e éd., Jordan Hill, Oxford, Butterworth-Heinemann.

Chaiken S. et Trope Y. (éd.). (1999). *Dual Process Theories in Social Psychology*, New York, Guilford Press.

Charon J.-M. (2003). « Presse écrite : du tirage au lectorat », *Hermès*, 37, p. 63-71.

Clow K.E. et Baack D. (2010). *Integrated advertising, promotion and marketing communications*, 4e éd., Upper Saddle River, Prentice Hall.

Cossette C. (2009). *Éthique et Publicité*, Québec, Presses de l'université Laval.

Dagenais B. (2008). *La Publicité : stratégie et placement média*, Presse de l'université Laval.

DePelsmacker P., Geuens M. et Vand den Bergh J. (2007). *Marketing communications – A European Perspective*, 3e éd., Harlow, Prentice Hall Europe.

Fill C. (2009). *Marketing Communications – Interactivity, Communities and Content*, 5e éd., Harlow, Prentice Hall Europe.

Grunig J.E. et Hunt T. (1984). *Managing Public Relations*, New York, Holt, Rinehart et Winston.

Katz H. (2007). *The Media Handbook*, 3e éd., Mahwah, NJ, Lawrence Erlbaum Associates.

Lavidge R. J. et Steiner G. A. (1961). « A Model for Predictive Measurements of Advertising Effectiveness », *Journal of Marketing*, 25, p. 59-62.

Lebtahi Y. et Minot F. (2009). *La Publicité d'aujourd'hui : Discours, formes et pratiques*, Paris, L'Harmattan.

Maigret E. (2007). *Sociologie de la communication et des médias*, Paris, 2e éd., Armand Colin.

Maisonneuve D. (2010). *Les Relations publiques dans une société en mouvance*, 4e éd., Québec, PUQ.

Maisonneuve D. (2003). *Les Relations publiques dans une société en mouvance*, Québec, PUQ.

Mattelart A. et Mattelart M. (2004). *Histoire des théories de la communication*, Paris, La Découverte.

McGuire W. J. (1978). *Behavioral and Management Science*, H. L. Davis et A. J. Silka (éd.), Ronald Press, USA.

Meunier J.-P. et Peraya D. (2010). *Introduction aux théories de la communication*, 3e éd., Bruxelles, De Boeck.

O'Keefe, D.J. (2009). « Theories of Persuasion », *in* Nabi R.L. et Oliver M.B. (éd.). *The SAGE Handbook Of Media Processes and Effects*, Los Angeles, SAGE, p. 277-278.

Petty R. E. et Cacioppo J. T. (1986). *Communication and Persuasion : Central and Peripheral Routes to Attitude Change*, New York, Springer-Verlag.

Rapp S. (éd.). (2009). *Reinventing interactive and direct marketing*, USA, McGraw-Hill Professional Publishing.

Seitel F.P. (1998). *The Practice of Public Relations*, Upper Saddle River, NJ, Prentice Hall.

Teyssier J.-P. (2004). *Frapper sans heurter – Quelle éthique pour la publicité*, Paris, Armand Colin.

Tuckwell K. J. (2008). *Integrated Marketing Communications – Strategic Planning Perspectives*, Toronto, 2e éd., Pearson Prentice Hall.

Weber L. (2009). *Marketing to the Social Web*, Hoboken, NJ, 2e éd., John Wiley & Sons.

Publicité et Société, Dossier spécial « Publicité et développement durable », Paris, BVP, 1, 2007 (consultable en ligne : *http ://www.arpp-pub.org/IMG/pdf/pub-et-soci-t-1.pdf*)

Publicité et Société, Dossier spécial « Du BVP à l'ARPP – L'autorégulation refondée », Paris, BVP, 2, 2008 (consultable en ligne : *http ://www.arpp-pub.org/IMG/pdf/Publicite_et_Societe_No2_12-2008.pdf*)

Communication & Organisation, Dossier « Fidélisation et personnalisation – Les nouvelles formes de relations consommateurs/entreprises », Bordeaux, Presses universitaires de Bordeaux, 2005.

13

Gestion de la relation client

CHRISTOPHE BENAVENT

Christophe Benavent est professeur à l'université Paris-Ouest. Ses travaux de recherche portent essentiellement sur la gestion de la relation client et l'influence des technologies sur les pratiques et stratégies de marketing. Il est responsable de la rubrique Digital de Décisions marketing *et animateur de plusieurs blogs dont « Technologies du marketing* http ://i-marketing.blogspot.com ».

UN MARKETING ORIENTÉ VERS LE CLIENT

Depuis trente ans le marketing se focalise sur le client en plaçant la relation au centre de l'analyse et de l'action au lieu de se concentrer sur les transactions qui s'y déroulent. Acquérir, maintenir et développer la relation sont les activités centrales de la gestion de la relation client.

Au-delà de la détermination des besoins à satisfaire et des conditions de l'acte d'achat, le fait de prendre en compte la relation dans sa durée et son étendue résulte de nombreux facteurs parmi lesquels trois méritent un examen plus attentif.

En premier lieu, le facteur technologique. Depuis vingt-cinq ans les technologies de l'information donnent aux entreprises une capacité de contrôle de l'ensemble et du détail de leur clientèle et de ses comportements. L'identification est au cœur de ces technologies, l'interconnexion des données en est l'enjeu, la puissance n'est plus une limite. Les systèmes CRM rendent possible le rêve orwellien d'une surveillance généralisée, mais ouvrent aussi les canaux de la contestation, posant le problème de la protection des données personnelles en redonnant au consommateur un pouvoir certain.

Aujourd'hui, ces technologies prennent une dimension sociale, dont les réseaux sociaux numériques sont l'élément apparent, et qui se manifeste dans les moteurs de recommandation, les systèmes de personnalisation, les identités numériques et en tissent la véritable structure. La technologie définit le possible, mais ce possible justifie les investissements qui sont engagés (la mise en œuvre d'un CRM sur un plan à quatre ans dans une grande entreprise peut représenter plusieurs centaines de millions d'euros). Elle favorise du même coup une innovation incessante et une baisse des coûts radicale. Le CRM est désormais à la portée de toutes les entreprises. Avec les technologies du *cloud computing*, la gestion de la relation client prend des aspects nouveaux : plus simple, moins coûteuse, plus flexible, mais aussi plus insidieuse, et plus complexe dans ses effets.

Le deuxième facteur est stratégique. Il réside dans l'idée de maintenir des conditions de monopole par une focalisation sur le client et sa fidélité, alors que la différenciation produit atteint ses limites en touchant aux frontières technologiques et en se déployant dans un univers concurrentiel stabilisé. En concentrant la stratégie sur la création et le développement de relations durables, on peut espérer desserrer l'étau de la concurrence. Une combinaison de protection des bons clients, de développement des clients moyens et d'acquisition de nouveaux clients permet de tirer un meilleur profit de l'exploitation du portefeuille de clientèle, dans un environnement structuré par l'économie de l'information.

Le troisième facteur est sociologique : la consommation s'est transformée. Elle exprime un besoin élevé de personnalisation, un degré important d'accompagnement, un niveau soutenu de services, une charge symbolique considérable, une plus grande participation. D'autres offres sont possibles : plus de services, plus de sur mesure, plus de bouquets. Pour produire cette offre, un système industriel fondé sur les économies de champ est nécessaire. La consommation s'est décentrée du produit et de ses qualités vers l'expérience qu'on en éprouve.

Ces trois facteurs se conjuguent pour faire du client et de la relation l'objet central du marketing, ils déterminent un modèle de gestion différent du marketing-mix, dont la logique est l'objet de ce chapitre.

Nous commencerons par une étude de la relation client. Quels en sont les constituants, les moments importants, les problèmes de gestion ? D'un point de vue plus managérial, cette notion de relation se traduit par la notion de valeur client qu'on a appris à modéliser et qui structure les portefeuilles de clientèles. C'est l'analyse du portefeuille qui détermine la politique de clientèle. Celle-ci se présente en trois volets : d'abord protéger l'actif et défendre le cœur de clientèle des attaques intempestives de la concurrence et surtout de ses propres faiblesses. Le socle de la stratégie étant établi, la question de la conquête et de l'acquisition de nouveaux clients doit être résolue ne serait-ce que pour renouveler le stock de clients.

Cette politique ne pourrait être mise en œuvre sans une infrastructure solide : bases de données, CRM, interfaces Internet, capteurs de tous ordres. On conclura sur le nouveau paysage qui se dessine, celui d'un âge digital qui rentre dans la plénitude.

Du premier regard au détachement

Le propre de la GRC est de s'inscrire dans la durée. La relation avec le client peut s'étendre sur plusieurs années. Le pari de la GRC est que, dans cette perspective, on alloue mieux les ressources marketing dans le temps et l'on obtient un meilleur ROI. C'est une idée fondamentale.

La relation est une affaire de durée, et plus encore une histoire. La vie de la relation est une histoire commune, sans cesse reconstruite en fonction de la mémoire et de la situation du jour. Elle est traversée d'épisodes plus ou moins déterminants, ponctuée d'actes d'achat, de recherche d'information, de messages reçus, d'échanges avec les vendeurs, de réception de produit, de moments d'émotions, de crises et de réconciliations.

L'idée d'un cycle de vie du client est sans doute plus pédagogique qu'empirique, en distinguant des phases particulières on peut cependant prendre conscience de situations de gestion particulières qui réclament des stratégies spécifiques :

1. son enclenchement : si le coup de foudre est possible, le petit restaurant trouvé au détour d'un chemin, la situation la plus fréquente prendra l'allure d'un formulaire d'inscription, et de la constitution d'une habitude. L'enjeu lors de cette phase est celui de la connaissance mutuelle, c'est à ce moment que les rôles se forment, que les attentes se précisent ;
2. son développement : il est fondamentalement caractérisé par le développement d'un sentiment de confiance, clé de la poursuite ;
3. la maturité : l'ennui est l'ennemi de la maturité, c'est à ce moment que la recherche de variété peut conduire à l'infidélité ;
4. la défaillance : elle peut se produire à tout moment. C'est d'ailleurs le paradoxe de la relation, plus la relation est longue, intense, et plus grandes sont les chances qu'elle soit perturbée par des défaillances. Ce caractère inévitable rend cette gestion de la défaillance fondamentale ;
5. le détachement : et la séparation – elle peut être coûteuse quand elle est conflictuelle et se règle devant les tribunaux. Elle peut être aussi un simple délitement. Elle est une source de coût.

Figure 13.1 – Cycle de vie de client idéal typique

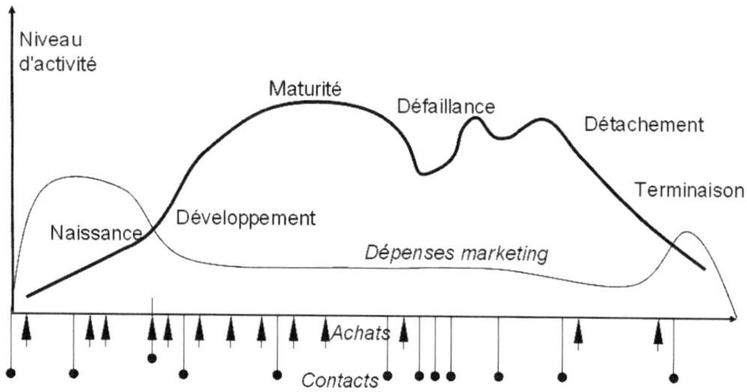

Le contrat de confiance de Darty

Des dizaines de cas pourraient être utilisés pour décrire l'importance de la relation, mais celui de Darty est triplement remarquable. D'abord par son ancienneté : c'est en 1973 que le contrat de confiance est inventé, ensuite par sa promesse – remboursé si l'on trouve moins cher, enfin par la contractualisation. On y retrouve tous les éléments de la relation :

- le contrat de confiance réduit les coûts de transaction. L'engagement de Darty sur le SAV en réduisant le risque pour le consommateur, permet de vendre à meilleur prix des produits de qualité intermédiaire plus aisément que les concurrents ;
- l'information du site jusqu'au fil Twitter du SAV ;
- la mise en avant du contrat est confortée par une charte, des règles sont édictées et communiquée en dix articles principaux ;
- on sera sensible à cette conséquence du contrat sur la relation de pouvoir : il égalise une asymétrie naturelle.

En communiquant sur cet élément, Darty renforce son positionnement. Le symbole de la camionnette, vecteur idéal de la relation.

« Vendredi 8 mai 2009, j'ai commandé sur darty.com un caméscope SD "Samsung SMX-F30" à 209 euros (fdp inclus), ce qui correspond au prix moyen constaté. Le samedi 9 mai 2009, jour de son expédition, son prix est passé à 179 euros (fdp inclus) sur darty.com o.O ! Déçu de l'avoir payé 30 euros de + à 1 jour près. J'ai envoyé un mail à leur service conso « do.conso@darty.com », en leur disant que je refuserais la livraison si je n'étais pas remboursé de la différence. L'après-midi même j'ai reçu un appel du service consommateur, pour me confirmer que je recevrais bien le remboursement de la différence dans un délai de 3 à 4 semaines :) ! Et m'ont assuré que le remboursement de la différence s'applique aussi sur les achats darty.com, en cas de baisse sur leur propre site, dans un délai de 30 jours. J'attends donc ma livraison en toute confiance, avec l'assurance chez Darty d'être remboursé de la différence, dans un délai raisonnable. Bravo le Contrat de Confiance Darty.com ^-^ ! »

(Commentaire sur *http://www.vox-populi.net/article.php3?id_article=204*.)

Une certaine qualité de relation

Pour caractériser la qualité de la relation, des approches variées ont été proposées. Les plus radicales réduisent à un seul critère : c'est le cas du NPS (*Net promoter score* – score net de recommandation). De manière plus raisonnable, cette qualité revêt de nombreuses facettes et nuances dont la liste suivante, non exhaustive, donne celle que les chercheurs ont étudiée.

Tableau 13.1 – Les différentes facettes de la relation

Critère	Définition
Satisfaction	Jugement qui résulte de la comparaison des attentes et de la qualité perçue
Confiance	Croyance en ce qu'autrui sera consistant dans ses actions et n'abusera pas de la situation
Engagement	Croyance que le maintien de la relation est plus important que tout
Justice	Sentiment d'avoir obtenu une rétribution équitable selon une procédure dans le respect de la dignité
Légitimité	Acceptation sociale que la marque puisse agir comme elle le fait
Attachement	Sentiment de dépendance affective et d'amitié
Intimité	Sentiment de proximité, de connivence

Cette qualité de la relation détermine la fidélité dont on peut mesurer de manière comportementale les effets : fréquence d'achat plus régulière, plus rapide, volume d'achat plus important, taux de nourriture accru, durée de vie plus longue, et dont le tableau complet se traduit par le portrait suivant du consommateur fidèle :

- il achète plus souvent et plus régulièrement ;
- il préfère la marque aux autres indépendamment de la qualité ;
- il ne détermine pas son comportement ultérieur en fonction de sa satisfaction pour le dernier achat ;
- il résiste aux sollicitations des concurrents ;
- il tend à promouvoir la marque auprès de ses proches ;
- il accepte volontiers les sollicitations commerciales de la marque ;
- il tolère les défaillances quand elles ne sont pas de la responsabilité de la marque ;
- il est moins sensible au prix ;
- il recherche moins d'information sur les alternatives.

La nature du trésor

Assurer la bonne qualité des relations entretenues avec les clients est un objectif important de la GRC, mais n'est pas son objet unique. Cette qualité doit se traduire par la valeur apportée à l'entreprise. C'est cette valeur qui forme le pivot de la GRC, c'est à partir d'elle que les décisions doivent être prises. Les chercheurs et les praticiens la formulent sur la base d'un principe d'anticipation et d'actualisation des marges futures que génère le client au cours de sa vie. Naturellement, chaque client étant différent, il s'agit de gérer un portefeuille.

De la *Life Time Value* au *Customer Equity*

Puisque le client est attaché à l'entreprise, pour une durée plus ou moins longue, s'est imposée une notion capitale : celle de « valeur actualisée du client » (en anglais : *Customer Lifetime Value*) et celle du capital de clientèle qui agrège les CLV et ajoute les effets de conquête. On définira la LTV comme la somme des marges futures que l'on espère réaliser compte tenu d'une politique donnée, un exemple simple de calcul suffira à nous en donner la pleine signification.

Le premier élément tient dans le fait qu'un client aujourd'hui n'est pas sûr de l'être demain. Si la probabilité de rompre la relation est constante, de 30 % par période, on peut en déduire aisément la probabilité qu'il reste dans le portefeuille. C'est ce qui est donné en colonne (4) et dont l'effet est que l'espérance des revenus (ici un revenu d'abonnement de 100 plus les ventes additionnelles qui croissent avec l'expérience puis décroissent avec l'usure) sera décroissante dans le temps : $E(Rt)$. Pour obtenir ce revenu une certaine politique d'acquisition (en première période) puis de rétention (les autres périodes) a été engagée. Son coût doit être déduit de l'espérance de gain. Dans notre exemple le profit maximum est atteint à la 3e période, et c'est à la 5e qu'on atteint la valeur actualisée du client maximum. Au-delà il vaut mieux ne plus faire d'effort.

Dans un tel calcul il est utile de connaître l'effet des dépenses marketing sur les deux principales composantes de la valeur : la probabilité d'être encore client, et le revenu produit par le client. Dans ce type de calcul le futur est la projection du présent.

La valeur du client est conditionnée par la poursuite de la politique actuelle. Pour calculer les effets d'un changement de politique (une nouvelle répartition des dépenses de fidélité et d'acquisition), il est nécessaire d'obtenir des fonctions de réponses. La difficulté de l'exercice réside dans certaines interdépendances, par exemple que les modalités d'acquisition déterminent de manière large la fidélité. En construisant une fonction de réponse dont la forme générale est $Rt = f(Ct, Ct - 1, Ct - 2, \ldots)$, on peut optimiser au sens économique l'allocation des ressources.

Tableau 13.2 – Calcul de *life time value*

Période	Revenu	Revenu additionnel	Survie (St)	E(Rt)	Revenu cumulé	Coût	Bénéfices	Valeur actualisée
0	100	0	1	100	100	50	50	50
1	100	10	0,7	77	177	20	57	107
2	100	20	0,49	58,8	235,8	20	38,8	145,8
3	100	25	0,34	42,88	278,68	20	22,88	168,68
4	100	20	0,24	28,81	307,49	20	8,81	177,49
5	100	20	0,17	20,17	327,66	20	0,17	177,66
6	100	15	0,12	13,53	341,19	20	– 6,47	171,19
7	100	15	0,08	9,47	350,66	20	– 10,53	160,66

Une dernière remarque doit être faite. Si la VAC reflète les activités au cours du cycle de vie du client, elle ne se confond pas avec la qualité de la relation. L'hypothèse forte qui est faite cependant est qu'une qualité de relation élevée réduit l'attrition, favorise le développement des achats, et se traduit par une plus grande valeur pour l'entreprise.

Structure du portefeuille

Toutes les relations ne sont pas égales, et tous les clients n'ont pas la même valeur, le portefeuille a une certaine structure dont l'allure générale est donnée dans la figure 13.2. De cette représentation découlent trois idées principales dont les implications stratégiques sont importantes.

Figure 13.2 – Valeur et segmentation de clientèles

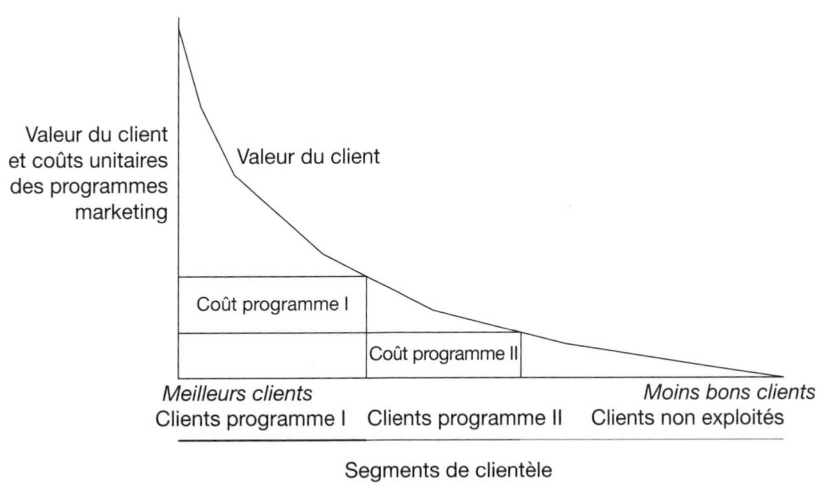

- La première est que la valeur se concentre dans un nombre de clients réduit. C'est la fameuse loi des 20/80, telle qu'un cinquième de la population génère 80 % des revenus et des profits. C'est sur le groupe des grands contributeurs qu'il faut concentrer l'action et les investissements.
- La deuxième idée généralise la précédente : la segmentation par la valeur induit une segmentation des programmes d'action, dont l'intensité et le coût doivent s'y ajuster. Ceci peut concerner tous les éléments de l'action marketing. Pour n'en donner qu'un exemple, cela peut conduire à ajuster les canaux de distribution
- La troisième idée est celle de la longue traîne, qui postule qu'en présence de coûts marginaux faibles, voire nuls, c'est la capacité à exploiter la longue traîne qui est source de profits (c'est-à-dire la partie gauche).

Ce point de vue est cependant insuffisant pour représenter correctement le portefeuille, car il ne prête pas assez d'importance aux différences qualitatives. En revenant sur la structure de la valeur, une représentation plus solide du portefeuille est obtenue. Chacun des clients contribue à la valeur de deux manières : dans la durée car il est fidèle ou dans le potentiel qu'il représente. En croisant ces deux critères, on obtient du même coup une typologie des stratégies en fonction de la contribution à la valeur :

- les plus faibles contributeurs doivent faire l'objet d'une stratégie de surveillance, on doit s'assurer que les dépenses n'excèdent pas les profits. Et l'on pourra s'interroger sur la nécessité d'un retrait ;
- les plus grands contributeurs forment le fonds de commerce, il s'agit de le protéger des convoitises de la concurrence en y développant des programmes de fidélisation ;
- en haut à gauche, les proies doivent être l'objet de stratégie de conquêtes, il s'agit de créer une préférence, et de les amener à devenir des clients fidèles ;
- en bas à droite, ce sont des stratégies de développement de clientèle qui devront être mises en œuvre visant à augmenter les paniers d'achats.

Figure 13.3 – Structure du portefeuille

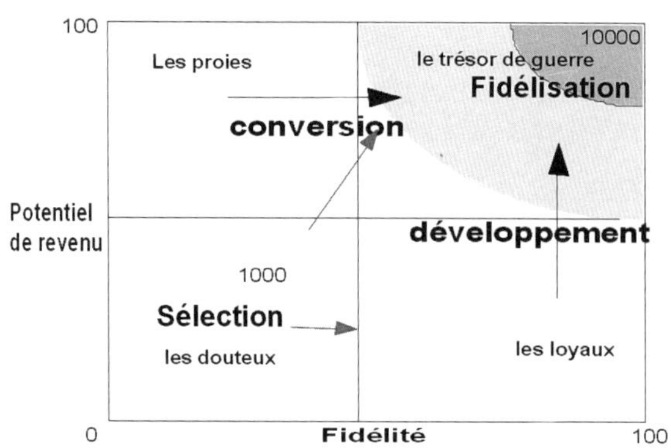

LA DYNAMIQUE

Le portefeuille n'est pas statique, il évolue continuellement, déterminé par le double flux des nouveaux entrants et des sortants. En analyser la dynamique est le moyen de définir l'équilibre optimal entre acquisition et rétention.

Le tableau 13.3 illustre un modèle simple de dynamique. La matrice supérieure est destinée à générer un processus de Markov. Elle est constituée de probabilité de transition d'un état à un autre. Ainsi, un client qualifié de mauvais a 50 % de chances de le devenir et 20 % de chances de sortir du portefeuille et de devenir non-client. Les valeurs de la diagonale donnent les proportions de clients qui restent dans le même segment (ici simplifiés à l'extrême en trois catégories).

Tableau 13.3 – Dynamique simple d'un portefeuille de clientèle

Segments	*petit*	*moyen*	*Bon*	*Sortant*		
petit client	50%	10%	20%	20%		
moyen	10%	60%	20%	10%		
bon	10%	20%	60%	10%		
Sortant	0%	0%	0%	100%		
						Entrants
t	petit	moyen	Bon	Sortant	Taille du portefeuille	*0.14*
0	600	200	200	0	1000	140
1	480	220	280	160	980	137
2	427	236	308	306	971	136
3	404	246	317	446	967	135
4	394	251	320	583	966	135
5	389	254	321	719	965	135
6	387	256	321	854	965	135
7	386	256	322	990	964	135
8	386	257	321	1125	964	135
9	386	257	321	1260	964	135
10	386	257	321	1395	964	135
11	386	257	321	1530	964	135
12	386	257	321	1665	964	135
13	386	257	321	1800	964	135
14	386	257	321	1935	964	135

La première ligne du tableau donne la répartition des clients au temps 0. Ici on part d'un stock de 1 000 clients. La ligne à la période 1 est obtenue simplement en multipliant la ligne précédente par la matrice des probabilités de transition. Ainsi, le nombre de sortants (160) est égal à 20 % du nombre des mauvais clients, 10 % des moyens et 10 % des bons.

On simule aussi la politique d'acquisition : en supposant que l'effort est proportionnel à la taille du portefeuille. Dans l'exemple, c'est un taux de 14 % qui est retenu. Ces clients étant nouveaux, on les classe en petits clients et ils sont ajoutés dans la première colonne. Les deux graphiques de la figure 13.4 donnent l'évolution de la population et sa composition pour deux hypothèses : un taux d'acquisition de 14 % et un taux de 10 % – qui n'assure pas le renouvellement. En dix périodes, 1 394 clients ont été perdus de manière cumulée dans le cas d'un renouvellement constant, alors que le taux d'attrition n'est que de 14 % !

Figure 13.4 – Dynamique de la clientèle (hypothèse d'un recrutement à 14 % et 10 % du stock précédent de clients)

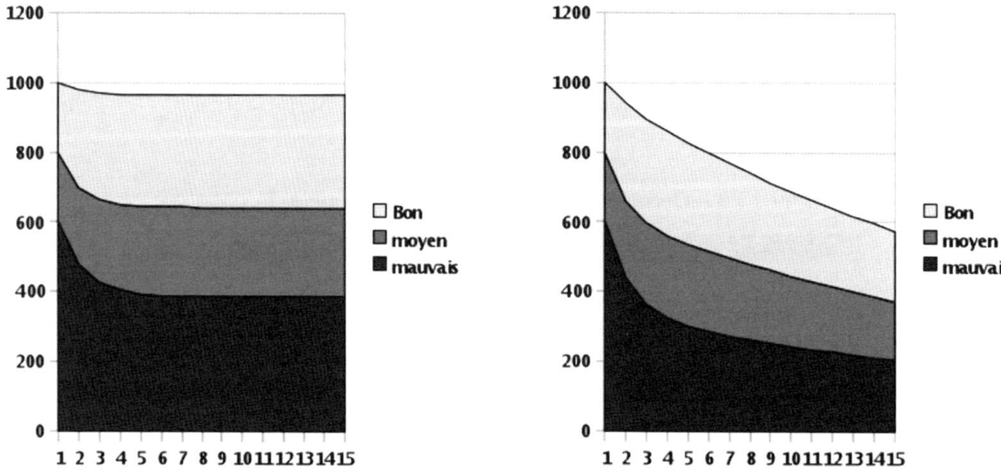

Si la période est le semestre, les valeurs du tableau sont réalistes et correspondent à une clientèle fidèle, en moins de cinq ans le portefeuille a été renouvelé. Un tel outil peut être complété par une analyse économique en ajoutant des éléments de rendement de la clientèle, de coûts de fidélisation et de coût d'acquisition. On pourra l'utiliser pour optimiser, au sens propre, les politiques d'acquisition et de rétention.

PROTÉGER SON BIEN

La priorité a été donnée à la fidélisation au titre d'un coût de fidélisation moins grand que celui de l'acquisition. La formule qui a fait le tour du monde est en fait inexacte : ce sont les rendements qui doivent être comparés. Certes, à quoi servirait de rechercher de nouveaux clients si les anciens s'enfuient ? D'où trois grands domaines d'opération : mettre au point des programmes qui encouragent la fidélité, une organisation qui résolve défaillances et conflits, élargir le panier d'achat par des opérations de *cross-selling*.

Les programmes de fidélisation

Les programmes de fidélisation existent depuis très longtemps, souvenons-nous des timbres de coopérative, mais les années 2000 ont été l'occasion d'en voir le formidable développement surtout dans le secteur de la distribution et des services.

Ils ne sont plus des outils de différenciation mais un élément de service obligatoire qui s'ajoute à une panoplie déjà importante : SAV, moyens de paiement, livraison, conseil, maintenance, etc. La tentation est grande de les fusionner en un pack de services matérialisé par une carte. Il s'avère que l'efficacité des programmes de fidélisation est relativement faible, même si les moyennes masquent une grande variabilité. Leur principal avantage est l'identification des clients les plus engagés et les plus susceptibles de s'engager dans ces programmes cherchant les récompenses qu'ils méritent.

Cette observation conduit à penser les programmes de fidélisation en termes de nature de la gratification. Et sur ce point une idée simple s'impose : c'est l'adéquation entre les buts recherchés par les consommateurs et la nature de la récompense qui sont les éléments clés de la performance du programme.

Tableau 13.4 – Corrélation entre fidélité et nature de la gratification selon la stratégie d'achat des clients

			Types de clientèles en fonction de leur stratégie d'achat		
Nature de la gratification	**Minimiser le budget**	**Se sentir reconnu**	**Acheter sans effort**	**Habitude**	**Découvrir et s'amuser**
Relationnelle (ex : coupe-file)	– 0,08	0,73	– 0,17	0,09	0,23
Économique (ex : points et miles)	0,74	0,09	0,09	0,03	0,09
Hédonique (ex : jeux concours)	0,02	0,44	– 0,02	0,02	0,83
Fonctionnelle (ex : carte de paiement)	0,46	0,02	0,97	0,04	– 0,32
Informationnelle (ex : magazine)	0,32	0,14	0,097	0,92	0,04

L'avenir des cartes de fidélisation se trouve dans les nouveaux moyens de paiement mobiles : la technologie NFC (*near field communication*), techniquement prête mais commercialement en cours d'expérimentation, offre un boulevard au déplacement de la fonction d'une carte vers le téléphone. Mais les distributeurs n'ont pas attendu avec les cartes sans contact – le RFID (*radio frequency identification*) a encore de nombreuses perspectives. La technique ne doit pas masquer l'essentiel : l'appropriation par les consommateurs.

Le véritable coût de la réparation

Dans la durée, il est difficile de se prémunir contre les incidents de toutes sortes qui peuvent affecter la relation. Moins que de les traquer pour les supprimer, il vaut certainement mieux mettre en place des dispositifs et une organisation qui en facilite la résolution. La gestion des réclamations et celle des réparations ont un rôle stratégique dans le maintien et le développement de la relation client.

Le comportement de réclamation est une chose largement étudiée. Il couvre un champ d'action très large, de l'évitement au procès ses manifestations sont nombreuses. On peut les classer selon deux grands critères. Le premier oppose les réactions d'évitement (*Exit*) à la protestation (*Voice*). Le second critère a fait l'objet de moins d'attention, il décrit la stratégie des consommateurs pour réduire leur perte et restaurer leur intégrité. Il oppose des stratégies de remédiation à la vengeance. En croisant les deux, on obtient la typologie présentée dans le tableau 13.5.

Tableau 13.5 – Les modes de réponse à l'insatisfaction et à l'injustice

Champs Finalité	**Public (*Voice*)**	**Privé (*Exit*)**
Vengeance	Par exemple boycott, dérision, détournement d'image, courrier de lecteur, blogs, commentaires	Par exemple vol et dégradation, dénigrement, infidélité, bouche-à-oreille négatif, cessation d'achat
Compensation	Par exemple action en justice, recours au médiateur, talk-show, association de consommateurs	Par exemple lettre de réclamation, appel téléphonique, interpellation du SAV, de vendeurs

Le problème posé est que la majorité des consommateurs protestent en silence et qu'en conséquence l'entreprise reste sourde et aveugle. La protestation est plus simple à gérer, il suffit d'y répondre. Ainsi, de manière paradoxale, la qualité de la gestion des réclamations sera liée principalement à la capacité de les faire s'exprimer. L'accessibilité du service client, la mise en place de lignes téléphoniques, de boîtes mail s'avère donc un élément essentiel de la politique de fidélisation.

La première stratégie des clients vise à obtenir une compensation et à engager une négociation, qui se compose d'une phase d'interpellation, puis de revendication et enfin de discussion. Elle réclame un effort, un coût à engager qui le sera si l'espérance de gains le dépasse. Cette compensation pourra être négociée directement (à l'amiable), être prise en charge par les tierces parties (médiateur), ou au pire résulter d'une action en justice. Différents travaux se sont attaqués à cette question et mettent en évidence la gravité du dommage, l'espérance de compensation, l'attribution de la faute (négligence ou accident).

Si le gain espéré est trop faible au regard des coûts engagés, il reste au client la vengeance qui rétablit l'équilibre non pas en comblant le dommage, mais en réduisant le gain de la marque, en lui infligeant une punition au moins à la hauteur du dommage subi : la loi du talion. La vengeance est une pratique utilisée en dernier ressort, lorsque les individus ne voient aucune alternative possible. Elle est aujourd'hui d'autant plus aisée que les occasions de dénigrer sur les sites et forums se sont considérablement accrues.

Une seconde règle pour l'entreprise est donc non seulement de favoriser les manifestations de mécontentement, mais en plus d'appliquer une politique de compensation généreuse pour éviter les réactions orageuses et destructives des clients mécontents.

La magie du *cross-selling*

La logique profonde de la fidélisation est une logique de dépendance. Plus nombreux sont les produits et services consommés et plus étroite sera la relation. Les opérateurs téléphoniques ne s'y sont pas trompés et ont développé des approches parfois contestables de fidélisation en liant notamment l'obtention de primes à un engagement de prorogation de contrat. C'est une manière de lier les produits : services et terminaux. La vente croisée apparaît comme une technique ambiguë qui est un moyen habile de lier le consommateur, mais aussi de développer sa consommation. Son principe général est d'une grande simplicité.

Les techniques sont nombreuses. Contentons-nous ici de donner une illustration dans le cas de produits financiers. La méthode employée est celle de l'analyse de survie dont l'intérêt est de probabiliser le moment où un événement peut se produire, l'acquisition d'un produit financier, sachant que le client vient d'en acquérir un autre. Dans l'exemple le produit est un crédit immobilier (ce sont les produits d'acquisition de nouveaux clients par excellence). On voit dans la figure 13.5 que l'acquisition d'un produit épargne présente un risque maximum au bout de sept à huit mois, alors que dans le cas d'une offre globale de service c'est un délai de quelques semaines. Le plan d'action est tout trouvé.

Au-delà de la vente croisée, c'est la question des coûts de changement de l'entreprise qui est en jeu. Satisfaire le consommateur, créer une atmosphère de confiance, récompenser la fidélité, être capable de réparer les erreurs est bien souvent simplement inefficace, quand la concurrence est aussi bonne et que les produits ne se distinguent plus. Ces *switching costs* ont des sources différentes : l'apprentissage engagé pour utiliser le produit, la perte d'avantages financiers, le coût de rupture d'un contrat.

Figure 13.5 – *Cross-selling* – un exemplaire dans le secteur bancaire

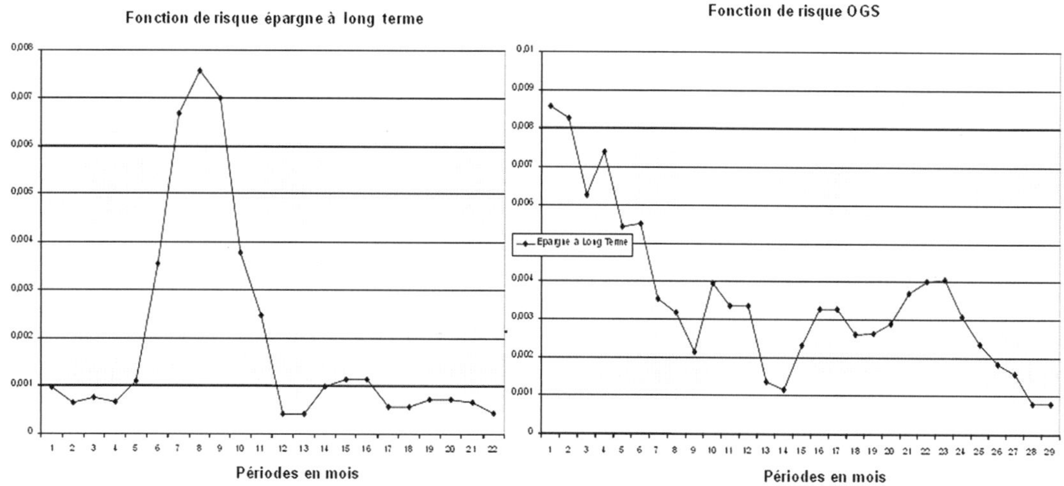

Vers le *self-care*

Nous avons souligné l'importance des services dans la fidélisation, et que les programmes de fidélité articulés sur les cartes voyaient s'élargir le spectre de leurs services. Un peu de prospective doit nous conduire à examiner une notion fondamentale : celle du *self-care*. Plus qu'une version moderne du bon vieux self-service, l'œil plus attentif y voit l'instrument futur de la fidélisation.

Le concept de *self-care* se développe depuis plusieurs années dans le domaine médical suivant la tendance à l'automédication et l'effort de faire peser sur le patient une partie des activités thérapeutiques. Il prend la forme d'instruments qui dialoguent avec une plateforme centrale, tout en étant prise en charge par le patient. Cette approche émerge dans le domaine des services. Dans un futur très proche les compteurs électriques seront dotés de certaines de ces fonctions, ils donneront au consommateur une idée en temps réel de leur consommation et pourront piloter des plateformes de contrôle domotique. Déjà certaines offres d'assurance au kilomètre exigent d'introduire ce type d'instrument.

Deux caractéristiques sont remarquables dans ces dispositifs : 1) en offrant un feed-back sur l'action, ces techniques redonnent du pouvoir et du contrôle aux consommateurs et accroissent la valeur de l'expérience, 2) en étant connectés à des plateformes centralisées, ils permettent de comparer et d'optimiser les comportements.

Run+

Un exemple remarquable, même s'il est marginal dans l'activité de Nike, est celui du service Run+.

En dotant les chaussures de capteurs combinés avec un iPod, les amateurs de « *running* » peuvent contrôler leur effort, pendant et après la course, et au fil des mois. Ils peuvent partager avec d'autres les données de leurs courses (vitesse, distance consommation d'énergie) sur les réseaux sociaux. L'outil permet d'établir ces propres plans d'entraînement. Il élargit l'expérience en donnant une totale autonomie.

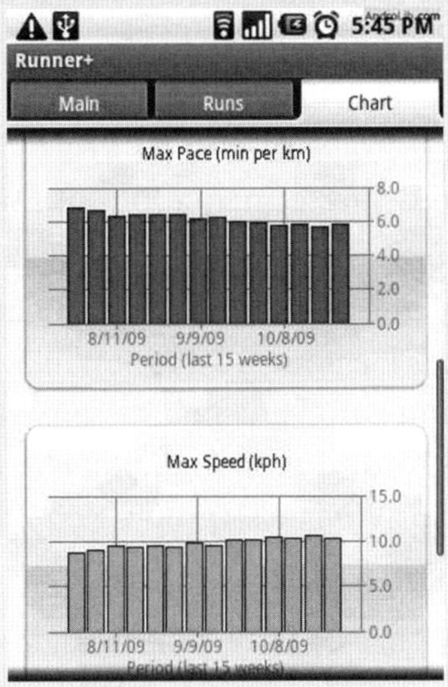

PERSONNALISER

Si à l'évidence une meilleure qualité de la relation suscite une plus grande fidélité, l'excellence du service et la qualité de la relation ne suffisent pas pour exploiter au mieux le portefeuille. C'est par l'exploitation de la diversité, et par conséquent par la personnalisation systématique, que le profit se révèle. En traitant chaque client comme une unité de marché, dans l'esprit *one-to-one* que Peppers et Rogers ont annoncé dès les années 1990.

Le secret de la richesse : à chacun son prix

Le fond économique de la personnalisation trouve sa raison d'être dans la riche littérature de la discrimination par les prix. Elle s'est popularisée notamment avec la notion de *versioning* induite par Hal Varian, qui est aujourd'hui l'économiste en chef de Google, et son collègue Shapiro. L'idée centrale vient de la théorie de la discrimination par les prix et propose qu'en jouant sur la qualité des biens et des services, on peut pratiquer des prix (très) différents et ainsi accroître le niveau de profit.

On peut s'interroger sur l'efficacité du *one-to-one*, ou plutôt sur son degré. Les résultats empiriques sont plus mitigés que l'on pourrait s'attendre. C'est ainsi que Zhang et Wedel (2009) montrent que si un degré d'individualisation modéré (segmentation) améliore les résultats, une individualisation totale n'apporte pas forcément un gain très élevé. En fait pour en comprendre l'économie le graphe suivant sera utile. En abscisse est représenté le degré de personnalisation. Deux situations se distinguent. En trait épais le cas de l'industrie traditionnelle. Offrir plus de variété de produit, plus de services personnalisés, génère une valeur qui va cependant décroissant avec le degré de personnalisation. C'est une hypothèse raisonnable, les gains de personnalisation sont sans doute décroissants.

Les coûts de la personnalisation (segmentation) sont d'abord supposés linéaires. Plus on personnalise et plus cela coûte, en plus d'un investissement initial d'accès au marché. On ajoute ici une autre hypothèse. La personnalisation n'est pas qu'un avantage pour le consommateur, elle revêt un coût car elle demande sa participation à des degrés plus ou moins élevés, mais surtout dans notre monde digital elle nécessite une identification, et peut atteindre aux droits de vie privée et à sa propre définition de l'intimité. Ce qui est un problème majeur.

Figure 13.6 – Économie de la personnalisation – l'effet du digital

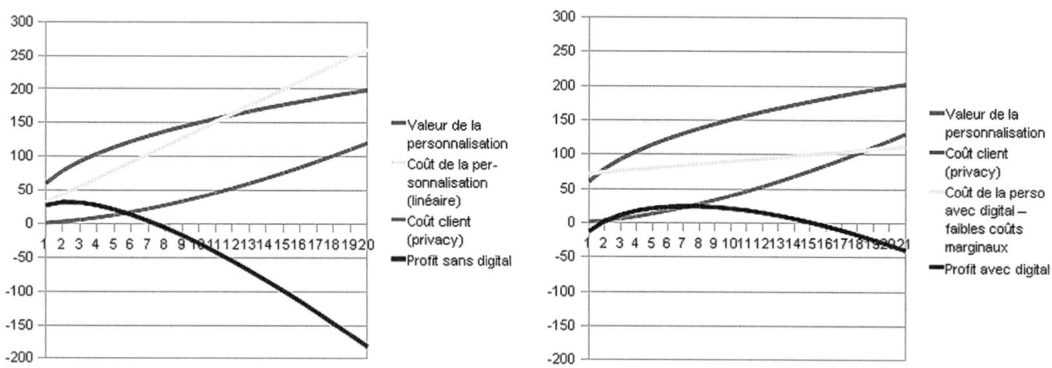

Dans la première situation (*cf.* figure 13.6), le profit optimum est obtenu en segmentation modérément le portefeuille de clientèle. Mais dans la seconde situation, si une technologie – au coût fixe plus élevé mais au coût marginal faible – est introduite, le niveau de profit se réalise à un niveau beaucoup plus élevé de personnalisation.

Dans la pratique le raisonnement ne porte pas tant dans le degré optimum, cette notion est plutôt pédagogique, mais dans le degré de couverture des offres personnalisées. On rencontre souvent une approche binaire : services standardisés pour le marché de masse, approche personnalisée pour une fraction de la clientèle, celle dont la valeur est la plus importante et le niveau de compétence plus grand.

La règle empirique est de ne servir de manière individuelle que ceux qui sont prêts à en payer le coût. Dans tous les cas, l'irruption et l'amélioration continue des technologies de l'information conduisent à développer sur le groupe des clients à forte valeur une stratégie déterminée de personnalisation. Reste à savoir laquelle.

Les formes de l'individualisation

Si le bénéfice de l'individualisation est simple à comprendre, se pose la question de ses formes. Un consensus s'établit aujourd'hui sur la base du critère de l'initiation. Elle peut être le fait du client lui-même, et l'on parlera de personnalisation, ou de l'entreprise, on utilisera plutôt le terme de sur mesure.

Tableau 13.6 – Les formes de l'individualisation

Individualisation		**Pilotée l'entreprise**
	Segmentation	**Sur mesure de masse** : en fonction de la connaissance client des solutions sont proposées ! (ex. : Amazon)
Pilotée par le client	**Personnalisation** : le client fait un choix au travers d'un système de menu (ex. : NIKEiD)	**Collaborative** : une négociation est engagée pour définir le résultat (ex. : le coiffeur)

Des capacités différentes sont requises. Dans le cas de la personnalisation, pour l'essentiel il s'agit de capacité de dialogue et d'interaction, de modularité et d'outillages permettant au consommateur de personnaliser son produit par une succession de choix et d'options. La personnalisation peut être superficielle (quand il s'agit simplement de varier des motifs) et peut être profonde quand elle touche aux éléments centraux du produit. Dans celui du sur mesure, c'est la capacité d'anticipation et d'analyse en temps réel permise notamment par les techniques de scoring et de plus en plus par les méthodes de filtrages collaboratifs.

La nécessaire maîtrise des prix

Dans les années 2000, l'économie des biens d'information s'est largement développée, mettant en évidence les effets d'externalité de réseaux et de standards qui tendaient à établir des situations de *winner takes all*, un autre aspect de cette littérature porte sur la tarification des biens d'information comme développée par Varian, Farrell et Shapiro.

La personnalisation des prix se traduit par une grande diversité de politiques de prix, sans en faire l'inventaire exhaustif, rappelons les principes de quelques techniques traditionnelles et d'autres plus nouvelles :

- les ventes liées trouvent un terrain exceptionnel dans le monde digital. Dans le cas de la vente digitale de livre, c'est devenu un procédé courant. Ici c'est la version électronique, pour Amazon.com c'est un livre au contenu similaire, dans tous les cas une manière de segmenter habile ;
- l'abonnement est une forme croissante de paiement : ainsi les télécoms sont passées du paiement à l'acte vers le paiement à capacité ;
- PWYW, payez ce que vous voulez, il n'y a pas que les stars du rock pour utiliser la technique, le secteur des charités et l'industrie du logiciel (*shareware*) sont actifs dans ce domaine ;
- PWYG, payez à la demande, comme chez le charcutier ne payer que pour la quantité demandée. C'est une innovation significative comme dans le cas récent de l'assurance auto, mais c'est sans doute avec le *cloud computing* une nouvelle manière de customiser le prix dans le domaine du software ;
- le *yield management*, depuis longtemps, a imposé l'idée que les tarifs ne se réduisent pas à quelques options de base mais sont dynamiques et dépendent des conditions de la demande ;
- les enchères, le succès d'eBay met en avant la possibilité d'utiliser à grande échelle la méthode des salles de vente, et d'atteindre ainsi des marchés de bazars, des marchés du singulier. Mais on voit aussi au travers de formes renouvelées de coopérative d'achat, le social shopping, des sortes d'enchères inversées ;
- Freemium – une offre presque gratuite pour ceux dont le consentement à payer est faible (presque car il faut subir le coût de la publicité) et différents niveaux de prix pour des niveaux de qualité plus élevés permettent de couvrir toute la population des clients potentiels.

Toutes ces techniques partagent l'idée d'exploiter les fonctions de demande individuelles et de faire payer chacun en fonction de son prix de réserve. Le problème posé est que ces pratiques peuvent conduire à des réactions négatives des consommateurs qui peuvent leur reprocher leur injustice. La tentation d'user de la personnalisation pour optimiser les prix peut créer un sentiment d'injustice et en ruiner l'effet. C'est ce risque non négligeable qui conduit certains auteurs à promouvoir la notion de *smart price* utilisée par Raju et Zhang.

Librairie : l'art de lier les ventes

Un exemple clair de l'usage des ventes liées (*product bundling*) pour, en toute ironie, vendre un livre sur le *smart pricing*. On notera l'accès à un club qui permet d'accéder à d'autres gammes de prix. L'interface étant électronique on peut imaginer aussi que les discomptes varient selon le compte de l'utilisateur (par les cookies ou un véritable compte-client).

Figure 13.7 – Un cas simple de *product bundle*

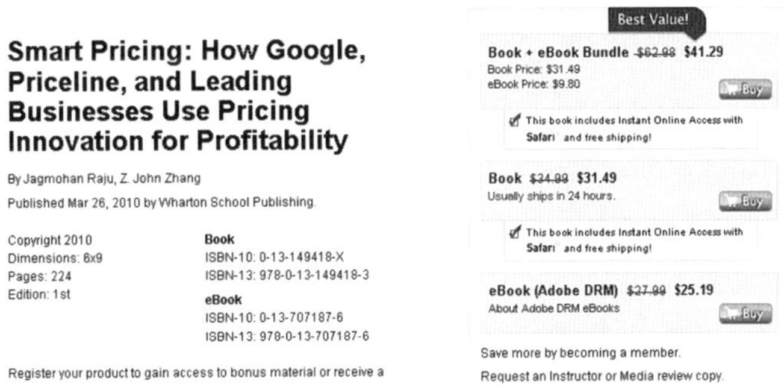

En conclusion, il est utile de se reposer la question des relations entre personnalisation et fidélité car il y a souvent confusion. Soyons clair, la personnalisation n'a pas vocation à fidéliser. Elle peut avoir cet effet indirect par le biais de la satisfaction. L'entreprise qui ajuste les produits aux besoins peut s'attendre à créer un niveau de satisfaction plus élevé qui lui-même suscitera une plus grande confiance. Mais l'effet principal de l'individualisation vient d'ailleurs : de la capacité à s'approprier le surplus du consommateur.

Cette confusion provient du langage courant. Par personnaliser, on entend souvent l'idée de traiter avec considération le client. C'est autre chose. Une chose importante dont le succès exige la sincérité de l'intention. Lorsqu'on personnalise un courrier en s'adressant à la personne, en utilisant son prénom, effectivement on peut espérer qu'elle suppose qu'on s'adresse véritablement à elle, et que l'offre qui lui est faite n'est faite que pour elle. C'est supposer cependant que les consommateurs sont naïfs.

RENOUVELER LA CLIENTÈLE

Plus que d'acquisition c'est de renouvellement de la clientèle qu'il faut parler car, quels que soient les efforts que l'on peut faire en matière de fidélisation, notre clientèle s'évapore. Deux objectifs lui sont assignés : maintenir la valeur du portefeuille par la nécessaire injection de nouvelles sources de valeur, étendre son potentiel par un véritable élargissement de la base de clientèle.

Un cas remarquable : Meetic

Meetic, comme ses concurrents (Match.com, Friendster...), est un réseau particulier car la motivation est spécifique : trouver un partenaire pour la vie ou une nuit, pour converser ou commercer, un réconfort ou une excitation. Les uns et les autres varient dans leurs propositions selon que la liaison est sérieuse ou libertine, générale ou confinée à une orientation, assistée par des calculs d'affinité ou laissée à l'initiative.

Dans le cas de Meetic, le modèle d'affaire est fondé sur l'abonnement qui est relativement court puisque dans la pratique il n'excède pas 6 à 8 mois. De manière amusante la fidélité véritable des clients conduit à l'infidélité au site. Même si le montant engagé est élevé, la marque doit renouveler de manière continue son portefeuille. L'acquisition joue un rôle central.

Mais si le renouvellement constant de la population assure l'avenir, il n'oblitère pas une politique ferme d'acquisition. Celle-ci se traduit par la dépense de la moitié du chiffre d'affaires : « Acheter des clients entre 30 et 40 euros (le coût d'acquisition des abonnés) qui génèrent 100 euros de chiffre d'affaires (ils dépensent en moyenne 17 euros par mois, restent en moyenne six mois et demi) » (Guillemette Faure).

Quand Jean-Marie Reyt s'interroge sur cette stratégie, il le fait avec raison mais sans doute néglige le caractère très opérationnel de cet investissement hors du commun. Dépenser 30 à 40 euros, signifie 30 à 40 clics, en supposant les liens efficaces (2 %) cela revient à toucher 2 millions de contacts au moins pour renouveler les 4/500 000 abonnés perdus. Si quelques millions arrivent sur le marché chaque année, il s'agit d'en conquérir au moins 10 %. Même sans concurrent la marque serait certainement amenée à maintenir l'investissement.

Le coût de l'acquisition

Le coût d'acquisition des clients nouveaux est un critère fondamental de la politique d'acquisition, il détermine le retour sur investissement et s'associe aux rendements.

Son analyse est simple : elle dépend des principales étapes du tunnel d'acquisition, dont une représentation simplifiée est donnée dans le tableau 13.7. On imagine ici une campagne de recrutement en trois étapes. D'abord une campagne large de mailing, ou de *search marketing*, qui génère un million d'impressions, c'est-à-dire d'occasions d'être exposé. Le taux de transformation est supposé être de 1 %, correspondant aux taux de clics courant. Un coût de 1 euro par clic a été engagé dans l'enchère. Les 10 000 actions mettent les consommateurs en situation d'action, donner son adresse e-mail, le plus souvent.

Ces 10 000 personnes feront l'objet d'une opération de mailing, accompagnée d'avantages supplémentaires destinés à convaincre. L'enjeu : faire une simulation pour obtenir un devis. Au final chaque nouveau client coûte 12,50 euros, c'est la marge minimale pour rentabiliser ce client, on s'aperçoit que le rendement de la campagne est de 0,05 % (ce qui est un ordre de grandeur réaliste).

Tableau 13.7 – Analyse du ROI d'une campagne d'acquisition.

		Quantité	CPM	Transformation	Coût total	Coût d'acquisition
Nombre d'impressions	(campagne lien sponsorisés)	1 000 000	1	1,00 %	1 000	0,10
Nombre d'actions	(emailing)	10 000	50	10,00 %	500	0,50
Nombre d'offres de vente	(proposition de devis)	1 000	1 000	20,00 %	1 000	5,00
Nombre d'achats finals		200				
Probabilité par impression				0,05 %		
Coût total de la campagne					2 500	12,50

Cette logique de tunnel, ou d'entonnoir, structure les tactiques d'acquisition selon des objectifs progressifs dont les principaux sont les suivants :

- qualifier les clients potentiels ;
- générer de l'intérêt (*lead*) ;
- obtenir un engagement ;
- transformer en une vente ;
- répéter la vente et passer à la fidélisation.

L'exemple met en évidence une relation inverse entre le rendement d'un média et son coût. Le véritable critère est celui de la valeur client plus la vente. Les différentes techniques d'acquisition peuvent se définir selon deux critères : la capacité de cibler la clientèle potentielle, et celle de pouvoir l'attirer. La métaphore des techniques de pêche est utile à ce propos. Le chalutage consiste à tirer un filet qui peut être vaste au-dessus des fonds puis de trier à bord le poisson. La pêche à la mouche consiste à localiser la truite et à envoyer très près d'elle une mouche qui la séduit. La senne est employée pour pêcher la sardine, ou le thon, qui se déplace en banc compact. La palangre enchaîne des appâts sur des lignes que l'on tire en pleine eau pour capturer les poissons nobles.

Tableau 13.8 – Quatre stratégies fondamentales d'acquisition de nouveaux clients

Stratégie d'acquisition	Ciblage difficile	Ciblage possible
Attraction faible	**Chalutage** : campagne de marketing de masse	**Senne** : mailing sur liste comportementale.
Attraction forte	**Palangre** : offre promotionnelle dans les magazines spécialisés	**Mouche** : méthode de ciblage et de promotion comportementale/ *retargeting*

Les canaux de l'acquisition

Ce qui caractérise l'environnement contemporain du marketing client est fondamentalement la multiplication des canaux, il peut être utile d'en donner les caractéristiques principales.

Tableau 13.9 – Les canaux de l'acquisition de clientèle

Canal	Caractéristiques
TV	Le média de masse par excellence. Forte image mais faible possibilité de réaction
Presse	Un support de qualité à forte capacité de ciblage quand elle est spécialisée
Petites annonces/ annuaires	Souvent négligées, leur rôle est important surtout en B-to-B
Marketing direct	Le roi des médias qui draine 30 % des dépenses publicitaires
Couponnage	C'est l'appât par excellence, il se place au plus proche des produits et de l'acte d'achat. Il devient mobile et peut être mieux ciblé (le cas de groupon est un des meilleurs exemples)
E-mail/newsletter	Il est devenu en 15 ans le média universel mais est menacé par le spam
Search marketing/liens sponsorisés	Il apparaît quand on le cherche, son ciblage lui permet des rendements surprenants au regard de sa faiblesse créative
Affiliation/parrainage	Bon ciblage et force de l'affection font sa force
Bannières et affichage	C'est l'affiche dans l'univers digital, son efficacité est faible
Réseaux sociaux	Le média prometteur qui industrialise le parrainage
Call center	Sa force est l'interactivité, sa faiblesse la taylorisation
Mobile	Le phénoménal usage du SMS en est la base, mais l'explosion des smartphones en développe des applications particulières

UNE AFFAIRE DE TECHNOLOGIES

Une place essentielle doit être donnée aux technologies de l'information. Grâce à elles, la gestion de la relation change de visage. Il est raisonnable de penser que leur gestion fait partie intégrante de la politique de GRC. Les évolutions sont nombreuses et polyformes, elles déterminent les possibilités des systèmes CRM qui intègrent de plus en plus d'éléments :

- à partir des années 1980, mais surtout au cours des années 1990, la micro-informatique associée au développement des bases de données relationnelles a permis l'apparition d'un marketing de bases de données. Ce mouvement a encouragé fortement le développement du marketing direct dans cette période ;
- la notion de CRM est apparue au début des années 2000 sans doute avec l'essor des *datawharehouse* et le développement d'Internet 1.0 au moment de la bulle Internet 2000. On n'oubliera pas l'évolution de l'impression numérique et des systèmes de *knowledge management*. Depuis 2005 c'est l'explosion du Web 2.0 ; des réseaux sociaux et du *cloud computing*. Mais aussi des agents virtuels et des technologies vocales et textuelles ;
- l'Internet mobile sera sans doute la grande mutation des années 2010 par sa diffusion et la multiplication des plateformes : smartphone, tablettes, consoles de jeux et e-books.

Les composants du système CRM

De manière fonctionnelle les systèmes CRM sont décrits sous la forme de trois composants :

- CRM analytique qui permet d'établir des tableaux de bord, d'analyser les comportements, et comprend des outils de *datamining*, des bases de connaissances et des systèmes experts ;
- un CRM opérationnel : automatisation des forces de ventes (SFA), de la gestion de campagne de marketing direct et d'e-mailing, ce ciblage promotionnel. Il soutient toutes les opérations ;
- un CRM collaboratif : essentiel, il permet aux différents acteurs de se coordonner, à l'intérieur de l'entreprise, mais aussi avec les clients, les fournisseurs et les tiers.

Ces composants sont organisés autour d'éléments techniques dont les plus importants sont :

- l'identification : login, mot de passe, numéro client, éléments d'identité qui permettent de cerner l'unité du client au travers de toutes ses activités ;
- les bases de données de contacts et de comportements qui retracent l'ensemble des activités dans le temps et de plus en plus dans l'espace ;

- les capteurs qui permettent de saisir ces activités de manière plus ou moins automatisée là où elles se produisent ;
- le système encyclopédique qui gère et rassemble les éléments documentaires relatifs au client assurant la production et l'archivage (factures, contrat).

L'exploitation des systèmes CRM permet d'envisager quatre effets principaux qui s'additionnent et se conjuguent. Leur compréhension est la clé d'une politique intelligente de développement du système d'information marketing :

- le premier effet se traduit par la réduction des coûts et l'amélioration de la productivité commerciale : automatisation du *back-office*, l'accroissement des capacités d'appel et de contact, la réduction des coûts par la dématérialisation ;
- l'amélioration de la qualité de service et de contact. Si, à chaque interaction, les problèmes sont résolus sans trop de complication, le client sera ravi. Le rassurer sur le devenir de sa commande, optimiser la logistique de livraison en sont les conditions ;
- le renforcement de la relation et des interdépendances qui permet de garantir la fidélité. Le jeu de l'habitude, de l'adhésion et de la dépendance assure que le client revienne et réduise ses coûts d'exploitation ;
- la personnalisation de l'offre permet la mise en œuvre de politique de discrimination par les prix et par conséquent de s'approprier l'ensemble du surplus du consommateur.

Du *datamining* aux moteurs de recommandation

Les technologies CRM concernent largement l'analyse et l'intelligence marketing. Un des grands enjeux est d'amortir la collecte massive de données en améliorant l'analyse et la décision par une meilleure connaissance et écoute du client. Trois types de technologies jouent en ce domaine un rôle déterminant. Le décisionnel, le *datamining* et les systèmes de recommandation.

Par décisionnel on entend l'ensemble des applications qui permettent de produire des rapports sur les indicateurs clés de performance (désormais connu comme KPI's). Parmi ces applications le cas de Business Object est remarquable. S'appuyant sur des techniques de Cube OLAP (*on-line analytical processing* – extraction et agrégation simplifiées de données agrégées), il permet de produire des tableaux multidimensionnels (régions, temps, catégories de produits, segments de clients…). On peut ranger dans cette catégorie les outils de *web analytics*. Le trait commun est de permettre à un utilisateur sans formation de manipuler de manière descriptive un très grand nombre de données. Aujourd'hui ces technologies s'étendent aux méthodes de visualisation.

Toute une série de problèmes peuvent être résolus par l'exploitation de ces vastes bases de données : calculer le risque de non-paiement d'un client, calculer la probabilité qu'il achète tel article en fonction de son profil, mesurer ses chances de répondre à une sollicitation. Ces problèmes ont suscité le développement de nombreuses techniques statistiques, descriptives et explicatives. Les outils de *datamining* ont cette fonction, ils se présentent sous la forme de vastes bases de programme (SAS, SPSS…). Ils s'étendent désormais à d'autre corpus : *webmining* et *textmining* en attendant que le traitement de l'image se popularise…

Mais ce qui marque une véritable évolution est l'automatisation des processus. L'exploitation de bases étendue par des agents humains présente des limites. L'enjeu est désormais de pouvoir fournir des décisions contextuelles et automatisées que les agents humains ne sont pas en mesure de produire. Les systèmes experts jouent un rôle important dans ce domaine, ils sont complétés par les systèmes d'apprentissage automatisé et les techniques de filtrage collaboratifs.

Du multicanal au cross-canal

L'effet principal des TIC est de multiplier les canaux de communication et de distribution. Le cas des services est remarquable : quand les points de contact se limitaient à l'agence, au courrier et au téléphone, s'y ajoutent les sites Web, les réseaux sociaux, le mail, permettant un contact 24 heures sur 24 et des actions immédiatement suivies d'effet.

L'accroissement du nombre de canaux s'est traduit par une approche dite à 360°. Le multicanal est nécessaire, chaque canal correspond à un type particulier de segment. Mais cette approche frontale laisse désormais place à plus d'intégration. Au cours des décisions d'achat et de consommation, les canaux jouent des rôles différenciés. Si Internet fait office d'aide à la recherche d'information et le point de vente de lieux de décision et d'achat, pour d'autres consommateurs un schéma inverse est observé. L'optimisation du cross-canal passe par cette connaissance.

Une autre manière de considérer les rapports entre les canaux est de s'appuyer sur le modèle *reach/richness* qui distingue deux grandes caractéristiques des canaux : leur richesse et leur portée.

Dans la figure 13.8 ces critères sont appliqués au secteur bancaire. Le conseiller privé est sans doute le canal le plus riche, car celui qui offre la plus grande compétence et liberté de décision, mais il ne peut toucher qu'un nombre limité de clients. Le DAB (distributeur automatique de billets), quant à lui, a une portée très vaste à la fois géographique, temporelle et démographique. Il touche tout le monde, partout et à tout moment. Chaque canal

Figure 13.8 – Passage d'un canal à l'autre : recherche d'information puis achat

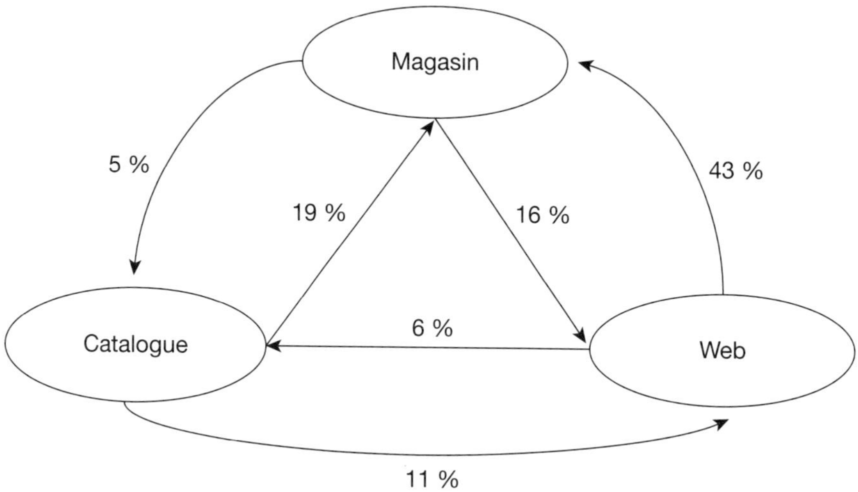

peut évoluer en fonction de la technique et une décision est de savoir dans quelle direction les orienter chacun. On peut ainsi avoir une politique d'enrichissement du canal ATM (*automated teller machine*), ou d'élargissement des cibles.

Figure 13.9 – Architecture des canaux

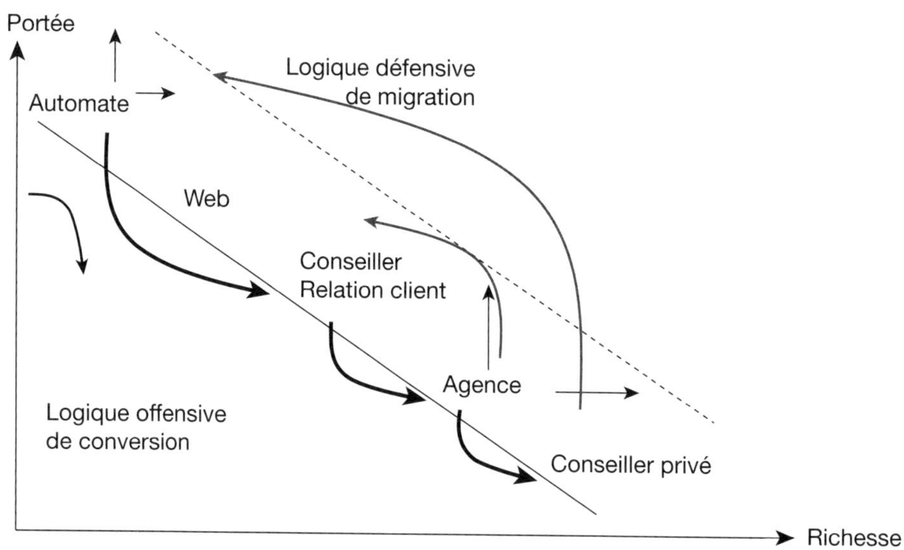

La politique de distribution se manifeste enfin dans la coordination des différents canaux. Dans la figure, on illustre deux politiques courantes dans le secteur bancaire. L'une, défensive, s'appuie sur une logique de coût et cherche à faire migrer les utilisateurs vers les canaux les moins coûteux, tandis que l'autre, plus offensive, utilise les canaux à longue portée comme base de recrutement de client que l'on fait migrer vers des canaux plus riches.

VERS UN NOUVEAU PAYSAGE

À l'orée de la décennie, le paysage du marketing change encore fortement. Et cela est dû essentiellement aux canaux qui se multiplient, s'interconnectent, puisent des ressources de l'un à l'autre, multiplient les contacts. Deux transformations méritent une attention plus particulière.

La socialisation des médias

Moins de quelques années après leur naissance, il est difficile de dire le futur des réseaux sociaux numériques au-delà d'en affirmer l'importance : ils ont au moins prouvé que des populations de plusieurs centaines de millions de personnes peuvent y être rassemblées sur une seule plateforme. La socialisation d'Internet, que l'on désigne par l'acronyme Web 2.0 forgé par O'Reilly, couvre d'autres aspects : celui des contenus générés par les utilisateurs, important dans le développement de nouveaux modèles d'affaires, est le fait principal des réseaux : il décrit le processus qui relie les agents du réseau, mais aussi produit et intègre les normes de comportement.

Cette socialisation sur un plan technique a débuté par la systématisation des liens hypertextes, non pas par un procédé technique, mais de présentation : les *blogrolls* en sont un premier exemple, donnant naissance à une pratique communautaire d'Internet. Ces outils, en facilitant l'ajout de liens amis à une liste, préfigurent la suite : non plus relier des documents (textes, images, programmes ou vidéos), mais des entités figurant des personnes. La socialisation est opérée à large échelle par des plateformes telles que Facebook qui, en uniformisant la manière dont on se présente et en centralisant l'information, accroît et simplifie les possibilités d'interactions personnelles. Elles amènent une toile sur la Toile, reliant les éditeurs des documents plus que les documents eux-mêmes.

Certains procédés ludiques acquièrent un pouvoir normatif considérable : les notes et les commentaires qui jouent un rôle grandissant de filtre : on est exposé plus facilement aux liens favoris de nos amis. C'est la trame d'une intelligence des foules : l'agrégation des jugements individuels. Cette troisième couche est tendue et maîtrisée par ces plateformes : celui de la qualification des contenus, et implicitement celui de la qualification des agents. Chaque objet du Net est en passe d'être décrit non seulement en fonction de ses caractères techniques (méta-données) et de son contenu (données) mais aussi par le caractère de son évaluation qui en détermine la visibilité et la crédibilité.

À l'ère de la surcharge informationnelle, de l'infobésité, la réponse à l'encombrement des boîtes aux lettres, des répondeurs et de toutes les interfaces passe par des stratégies de filtrage dont une grande partie est de nature collaborative. Autant dire qu'un message qui n'est pas noté, approuvé, recommandé par les autres risque simplement de passer en bas de la pile. L'enjeu est désormais, pour traverser ces frontières, d'obtenir non seulement l'écoute des clients, mais leur soutien actif. Ce nouvel environnement a pour conséquence qu'on ne peut plus seulement s'appuyer sur les caractères personnels et la nature de la relation, mais aussi sur la maîtrise de la communauté du client.

Mobilité – ubiquité

Le téléphone mobile s'apprête à inaugurer une nouvelle époque de l'ère de l'information. Si son taux de pénétration est encore faible, moins de 20 % des mobiles utilisés ont une fonction de consultation du Web, ce taux s'accroît à grande vitesse et l'on peut sans difficulté prédire qu'à un horizon proche, il sera dans quasiment toutes les poches. Avec la puce NFC, il sera plus qu'un moyen de paiement, mais un instrument d'échange avec les multiples points de contact des points de vente.

Le point technique principal réside dans les vertus de la géolocalisation. Le succès de Twitter, l'avancée de Foursquare, l'omniprésence de Google Maps et ses compléments viennent de la possibilité d'annoter chaque point de l'espace. Des bases de données géolocalisées couvrent le monde. L'information locale désormais prolifère.

L'information partout et tout le temps. Une information qui se conforme au besoin ici et là. Qu'importe de pouvoir consulter Wikipédia dans le bus, même si c'est utile pour passer des examens. Ce qui compte est d'obtenir, en fonction de la localisation, des informations sur le proche environnement : les commerces, le plan des rues, les promotions disponibles à proximité – de nouveaux acteurs apparaissent tels que Groupon.com.

Twitter et Salesforce.com

Le *cloud computing* ne présente pas seulement l'avantage économique de l'externalisation de bases de données coûteuse à concevoir et à maintenir. Il permet aussi l'exploitation plus rationnelle de l'information notamment en la partageant, *via* des applications de type *mash up* qui, puisant dans une base et une autre, rendent des services qui étaient impossibles avant. La manière dont Salesforce.com intègre Twitter dans certaines solutions de SFA est instructive. Les commerciaux sont reliés à leur port d'attache par des terminaux mobiles, et c'est un jeu d'enfant que d'aller rechercher dans les bases Twitter les messages émis dans le rayon d'action de chacun. En filtrant raisonnablement sur des mots clés pertinents, on fournit une veille personnalisée et on renforce la capacité d'action des équipes de ventes.

CE QU'IL FAUT RETENIR

Dans ce chapitre, la doctrine de la gestion de la relation client a été exposée en soulignant son objet central : la relation comme climat et comme histoire. On en tire l'implication principale : gérer la relation, c'est gérer une valeur qui se réalise avec le temps. Ceci pose une question d'allocation des ressources entre les activités d'acquisition et de fidélisation de la clientèle. La notion clé de portefeuille fait de la segmentation de la clientèle l'élément central de la formulation de la stratégie.

Ces éléments fondamentaux étant exposés, il était possible de présenter les deux grandes politiques opérationnelles : fidéliser les clients afin de préserver et d'accroître leur valeur, et définir des stratégies d'acquisition dont le but est de renouveler et de développer la valeur du portefeuille.

Les stratégies et politiques de gestion de la relation client s'appuient largement sur la maîtrise des technologies de l'information : systèmes CRM et canaux de distribution et de communication. La clé du succès réside dans l'adéquation entre les politiques de GRC et l'architecture du système d'information.

À l'âge des réseaux sociaux cette perspective de la relation renouvelle un problème classique : celui de la gestion du bouche-à-oreille. La recommandation est l'enjeu principal : elle est essentielle dans le développement de stratégie d'acquisition des nouveaux clients. La capacité à constituer dans sa clientèle une part significative de prescripteurs est essentielle pour accroître la valeur du portefeuille. Cela ne suffit pas, l'organisation des clientèles en communautés s'avère essentielle. La gestion de la relation client est une gestion des communautés de clientèles. À l'âge de la mobilité, le local reprend une importance extrême. Il repose sur une acceptation du dévoilement de soi considérable, exige des permissions préalables et devient ubiquitaire.

L'approche orientée vers le client a une finalité stratégique : créer une situation monopolistique qui ne s'appuie pas sur la différenciation de l'offre, mais sur la domestication de la clientèle : des marchés que des frontières protègent. Les technologies ont rendu possibles de telles stratégies, elles redonnent aussi un certain pouvoir au consommateur, et l'on aurait été très incomplet si nous n'avions rappelé qu'au CRM s'oppose désormais le VRM (*Vendor Relationship Management*).

Références bibliographiques

Anderson C. (2008). *La Longue Traîne*, Paris, Pearson.

Balagué C. et Fayon D. (2010). *Facebook, Twitter et les autres*, Paris, Pearson.

Benkler Y. (2009). *La Richesse des réseaux : Marchés et libertés à l'heure du partage social*, Lyon, PUL.

Blattberg R., Getz C. G., Thomas J.S. (2001). *Customer Equity : Building and Managing Relationships as Valuable Assets*, Boston, MA, Harvard Business School Press.

Claeyssen Y., Deydier A. et Riquet Y. (2006). *Le Marketing direct multicanal : Prospection, fidélisation et reconquête du client*, Paris, Dunod.

Claeyssen Y. et Guinard M. (2008). *L'E-mail marketing*, Paris, Dunod.

Evans P. et Wurster T. S. (2000). *Blown to Bits : How the New Economics of Information Transforms Strategy,* Boston, MA, Harvard Business School Press.

Gummesson E. (2008). *Total Relationship Marketing : Marketing Management, Relationship Strategy and CRM Approaches for the Network Economy,* Maryland Height, MO, Butterworth-Heinemann.

Heilbrunn B. (2010). *La Consommation et ses sociologies : Domaines et approches,* Paris, Armand Colin.

Hunt T. (2009). *The Whuffie Factor : The 5 Keys for Maxing Social Capital and Winning With Online Communities, New York,* NY Crown Business.

Isaac H., Volle P., Bréban Y. (2008). *E-commerce : De la stratégie à la mise en œuvre opérationnelle*, Paris, Pearson.

Kaplan D. (2010). *Informatique, libertés, identités,* Limoges, FYP Éd.

Lehu J.-M. (2006). *Stratégie de fidélisation*, Paris, Éditions d'Organisation.

Levine R., Locke C., Searls D. et Weinberger D. (2009). *The Cluetrain Manifesto*, New York, NY Basic Books.

Maillet T. (2005). *Génération participation : De la société de consommation à la société de participation,* Paris, M21 Édition.

Meyer-Waarden, L. (2004). *La Fidélisation client : Stratégies, pratiques et efficacité des outils du marketing relationnel,* Paris, Vuibert.

Moati P. (2008). *L'Économie des bouquets : Les marchés de solutions dans le nouveau capitalisme,* La Tour d'Aigues, Éditions de l'Aube.

Peelen E., Jallat F., Stevens E., et Volle P. (2009). *Gestion de la relation client,* Paris, Pearson.

Peppers D. et Rogers M. (1999). *Managing Customer Relationships : A Strategic Framework,* New York, NY, Doubleday.

Pine J.B. et Gilmore J.H. (1998). *The Experience Economy : Work Is Theater & Every Business a Stage,* Boston, MA, Harvard Business School Press.

Raju J. et Zhang Z. J. (2010). *Smart Pricing : How Google, Priceline, and Leading Businesses Use Pricing Innovation for Profitability,* Upper Saddle River, Prentice Hall.

Reichheld F. F. (1999). *The Loyalty Effect : The Hidden Force Behind Growth, Profits, and Lasting Value,* Boston, MA, Harvard Business School Press.

Reinartz W., et Kumar V. (2002). « The Mismanagement of Customer Loyalty », *Harvard Business Review,* 80, p. 7.

Rifkin J. (2001), *The Age of Access : The New Culture of Hypercapitalism,* Jeremy P. Tarcher.

Rust R. T., Zeithaml V. A. et Lemon K. (2000). *Driving Customer Equity,* New York, NY, The Free Press.

Godin S. (1999), *Permission Marketing : Turning Strangers Into Friends And Friends Into Customers,* New York, NY, Simon & Schuster.

Solove D. J. (2008). *The Future of Reputation : Gossip, Rumor, and Privacy on the Internet,* New Haven, CT, Yale University Press.

Surowiecki J. (2005). *La Sagesse des foules,* Lattès.

Varian H. R., Farrell J., et Shapiro C. (1998). *The Economics Of Information Technology : An Introduction,* Boston, MA, Harvard Business School Press.

Varian H. R., Farrell J. et Shapiro C. (2004). *The Economics Of Information Technology : An Introduction*, Cambridge University Press.

Zhang J. et Wedel M. (2009). The Effectiveness of Customized Promotions in Online and Offline Stores, *Journal of Marketing research*, 46, 2, avril, p. 190-220.

14

B-to-B : Spécificité de la relation professionnelle

Philippe Malaval et Christophe Bénaroya

Philippe Malaval, diplômé de l'ESCT et docteur HDR en sciences de gestion, est professeur de marketing à l'École supérieure de commerce de Toulouse. Il est membre de l'AFM, responsable des programmes marketing du MBA Aerospace et du mastère M2C. Il intervient également à l'ISAE Supaéro et dans différents MBA (ESCP Europe, HEC...). Responsable marketing pendant douze ans dans le secteur industriel, dirigeant fondateur de Business Conseil, il conseille de nombreuses entreprises internationales sur leur stratégie de marque. Spécialisé en marketing B-to-B, il est l'auteur de nombreux ouvrages et notamment : Marques B-to-B, Marketing Business to Business, Marketing aéronautique et spatial *avec Ch. Bénaroya, et* Pentacom, *livre de référence en communication avec J.-M. Décaudin.*

Christophe Bénaroya, diplômé de l'ESC Toulouse et titulaire d'un DEA de sciences de gestion, est professeur à l'ESCT et encadre le programme anglophone du mastère M2C et l'option management B-to-B à Barcelone. Il est consultant auprès d'entreprises industrielles et intervient en marketing dans différentes écoles de commerce et d'ingénieurs, en formation initiale comme en formation continue. Au-delà des ouvrages co-écrits avec Ph. Malaval et mentionnés ci-dessus, il est auteur de L'Efficience commerciale en B-to-B *avec H. Lagrasse ainsi que de plusieurs articles.*

Jusqu'aux années 1970, seuls quelques dirigeants précurseurs se sont efforcés d'adapter de façon pragmatique les principes et techniques développés dans l'enseignement et la recherche du marketing au contexte interorganisationnel. Comme le notent Fletcher et Hart, les entreprises B-to-B n'ont pas adopté aisément les concepts marketing, contrairement à leurs homologues du BtoC, établissant ainsi un retard durable dans la diffusion de l'état d'esprit marketing dans des organisations aux cultures et aux profils structurellement techniques et technologiques. En conséquence, dans la pratique, de nombreuses entreprises B-to-B ont parfois encore tendance à ne pas disposer de directeur marketing ni de responsables « seniors » en charge du marketing. Les concepts et pratiques BtoC les plus populaires les confortent d'ailleurs souvent dans l'idée que le marketing est inaccessible ou inapproprié compte tenu des réalités perçues comme très différentes, et souvent plus complexes, auxquelles elles sont confrontées. Comprendre la nature spécifique du contexte B-to-B permet de dégager les modes d'action les plus efficaces sur le plan marketing pour conforter la relation client.

Le B-to-B : longtemps oublié du marketing

En étudiant trente et une publications marketing parues depuis la première parution du *Journal of Marketing* en 1936, LaPlaca et Katrichis attestent de la sous-représentation du marketing B-to-B dans la littérature, en particulier si l'on ramène ces publications au poids que représente ce domaine dans les économies développées. En reprenant, en France, le contenu des deux principales revues *Recherche et applications en marketing* (RAM) et *Décisions marketing* (DM), on observe que sur les 420 articles publiés par RAM depuis 1986 et les 440 publiés par DM depuis 1995, vingt-trois seulement (soit 0,27 %) concernent une thématique relevant du marketing B-to-B. De même, sur les vingt dernières années, trente et un articles ont été publiés dans la *Revue française du marketing* autour des principaux thèmes du B-to-B sur un total de huit cent quatre-vingts, ce qui représente 3,5 % de l'ensemble. Le marketing industriel ou B-to-B est ainsi resté le parent pauvre de l'enseignement du marketing et donc de la recherche.

Pourtant, ce champ de recherche B-to-B s'avère d'autant plus intéressant que les activités de nature B-to-B sont largement majoritaires dans l'économie des pays développés. Si l'on prend en compte l'ensemble des biens d'équipement, lourds et légers, les biens dits « intermédiaires », les ingrédients et composants incorporés dans les produits de grande consommation, ainsi que l'ensemble des prestations de services délivrées aux entreprises et administrations, leur poids peut être estimé à plus de la moitié du PIB. De même aux États-Unis, l'ensemble des activités B-to-B représente plus de la moitié du PNB, et plus de la moitié des diplômés des *business schools* travaillent dans le B-to-B, alors que 2 % d'entre eux seulement ont suivi des cours de marketing industriel pendant leur scolarité. Le nombre d'étudiants en B-to-B dans le monde est estimé à quelques centaines seulement, comparé au nombre d'étudiants en BtoC évalué à plusieurs milliers. Comme le notent Reed et ses collègues, l'enseignement a contribué à cette faible représentativité du B-to-B en orientant son contenu sur les marchés consommateurs, « sous-entendant quelque part que les machines et les composants sont moins “sexy” que les cosmétiques, les voitures ou la hi-fi ». Plusieurs initiatives sont prises dans le monde académique pour développer la recherche B-to-B et diffuser les connaissances auprès des institutions d'enseignement et le monde professionnel : le groupe IMP-Industrial Marketing & Purchasing en Europe (*http://www.impgroup.org/*) et le ISBM-Institute for the Study of Business Markets aux États-Unis (*http://isbm.smeal.psu.edu/*) pour les mouvements les plus établis mais aussi l'initiative franco-germano-suisse des workshops B-to-B (lancée en 2008).

Ce décalage peut aujourd'hui se transformer en avantage pour faciliter l'application efficace du marketing dans les différents contextes B-to-B. En effet, il est possible de profiter des meilleures pratiques observées en BtoC (orientation client) tout en évitant les abus qui ont parfois pu y être observés et en bénéficiant des connaissances cumulées tant dans les pratiques managériales que les recherches académiques dans le domaine professionnel.

LES PRINCIPALES SPÉCIFICITÉS DU *BUSINESS TO BUSINESS* (B-TO-B)

Dans les années 1970 est apparue progressivement la nécessité de définir un cadre théorique aux spécificités du marketing adapté au secteur industriel. Il faut attendre les travaux du groupe de recherche européen IMP pour analyser plus précisément les différents types de contexte B-to-B, en fonction du nombre et de la concentration des clients potentiels de l'entreprise fournisseur.

La notion très générale de B-to-B est en effet discutable en soi et nécessite d'être précisée tant elle embrasse de réalités diverses. De nombreuses classifications ont souvent été proposées dans la littérature pour rendre compte de la disparité des biens et services faisant l'objet d'échanges B-to-B et tenter d'appréhender l'ensemble des contextes interorganisationnels. À la suite des travaux de Kotler, les biens industriels sont généralement présentés en trois catégories principales :

- les biens qui entrent dans la composition du produit final (*entering goods*) ;
- les biens d'équipement entrant directement dans le processus de production (*foundation goods*) ;
- les biens et services qui permettent de soutenir l'activité et n'entrent pas directement dans le processus de production (*facilitating goods*).

Le *business to business* est caractérisé non seulement par le nombre des secteurs d'activités qu'il concerne mais également par la complexité de son environnement, différent de celui de la grande consommation. Ces différences avec les marchés de grande consommation et ceux du business to business sont bien détaillées dans la littérature et de nombreux ouvrages généralistes et livres spécialisés sur les échanges interorganisationnels s'en font l'écho.

Un nombre restreint de clients potentiels

La nature même des produits et des services vendus limite en général le nombre de clients potentiels directs. Il est ainsi courant de n'avoir pas plus d'une centaine de clients, y compris pour les grandes entreprises. Airbus par exemple n'a guère eu plus de trois cents compagnies aériennes clientes entre 1992 et 2007. En raison du nombre restreint de clients, le niveau de leurs attentes et de leurs exigences est sensiblement supérieur à celui observé dans les marchés BtoC. Un faible nombre de clients représente alors la majeure partie des ventes et le poids relatif de chacun des clients est nettement plus fort : les acheteurs sont souvent en position de force face aux fournisseurs. Si l'entreprise s'adresse à un secteur très concentré, le petit nombre de concurrents en présence se traduit par une clientèle réduite et l'impératif absolu de soigner la relation client au sein du cercle restreint d'acteurs bien informés et organisés évoluant sur le marché (*village*). En raison de ce faible nombre de clients potentiels (qu'ils soient prospects ou clients), leur suivi peut être exhaustif en termes d'études (échantillonnage exhaustif) ou en termes commerciaux (activité relationnelle directe de la force de vente). Cette spécificité n'est cependant pas tout à fait générale. Certains produits, par leur caractère banalisé, s'adressent à des milliers d'entreprises (fournitures de bureau, consommables). Dans ce cas, les moyens d'études comme de communication s'inspireront beaucoup plus de ceux utilisés en grande consommation.

La fragmentation du marché : une clientèle très hétérogène

La deuxième caractéristique du *business to business* réside dans la très grande différence qui peut exister entre deux clients potentiels d'un même produit :

- la différence de taille : un écart de 1 à 1 000 se rencontre fréquemment dans le potentiel d'achat de fournitures telles que les produits pétroliers, le matériel électrique, mais aussi les photocopieurs, si l'on prend en compte les différents établissements d'un même groupe par exemple (grand compte) ;
- la différence de motivation : telle entreprise aura par exemple pour premier souci la garantie de dépannage très rapide, contrairement à son concurrent pour lequel le coût d'acquisition restera le premier critère de décision ;
- la différence de mode de fonctionnement : en fonction même de la nature de leur activité et de leur secteur d'origine, mais également de leur structure (TPE, PME, grandes entreprises), les organisations publiques, les associations, les groupements et

les entreprises industrielles ou commerciales procèdent de manière très différente dans leur mode d'acquisition d'un même bien (centralisé, localisé, appels d'offres...). Par ailleurs, les négociations commerciales entre un fournisseur et un client qui se trouve lui-même être le fournisseur du premier (réciprocité) pour une autre catégorie de produits ou services ne sont pas rares. Il arrive même que le fournisseur vende certains produits de son offre à un concurrent avec lequel il collabore par ailleurs conjointement sur un programme d'innovation et dont il peut être également client. Ce cas de figure se rencontre par exemple dans le domaine spatial entre des intégrateurs de satellites ;

- la différence d'implantation géographique : elle s'observe entre des clients placés au cœur de grandes zones d'activités par opposition à des usines relativement isolées ou éloignées, y compris au plan international ;
- la différence de connaissance du produit : les entreprises clientes ont souvent une connaissance des biens achetés identique à celle dont dispose les fournisseurs, voire parfois supérieure dans le cas de certains appels d'offres dont les spécifications sont définies par leurs soins (jouant ainsi le rôle de donneur d'ordre) ou par l'intermédiaire d'experts (assistance à la maîtrise d'ouvrage, AMO).

Les différences dans les caractéristiques des clients et donc de l'achat rendent pertinentes et opérantes les méthodes de segmentation qui utilisent des critères différents de ceux usités en BtoC.

Un processus d'achat long et complexe : le rôle du centre d'achat

Les processus d'achat et de décision diffèrent en B-to-B. En fonction de la complexité, du coût et des enjeux stratégiques du bien acheté, l'achat B-to-B peut être un processus long, sans qu'il y ait pour autant une solution nécessairement supérieure aux autres qui se dégage. Ce contexte est assez éloigné de la plupart des situations d'achat en grande consommation, où l'on observe même des achats impulsifs. Les produits et services échangés en B-to-B sont beaucoup plus complexes que leurs homologues du marché BtoC : les acheteurs sont des experts qualifiés, analysant et comparant les offres dans le détail. Des critères stricts de performances guident les acheteurs dans leur prise de décision. Leurs exigences spécifiques nécessitent la fourniture de données techniques précises ainsi que, souvent, l'adaptation, voire la personnalisation de l'offre. Les produits et services en B-to-B représentent ainsi des solutions à des problèmes précis, visant à satisfaire des besoins concrets.

L'achat industriel est un processus de décision complexe, faisant habituellement intervenir tout au long des négociations de nombreuses personnes ayant des niveaux variables d'interaction entre elles et guidées par des objectifs individuels et organisationnels. Simultanément, les interactions entre les équipes du fournisseur (vente, marketing, direction, responsables techniques, administratifs...) et celles homologues du client sont fréquentes.

En 1967, les travaux de Robinson, Faris et Wind ont permis d'analyser les différentes séquences du processus conduisant au choix du produit, du fournisseur et du mode de passation de commande. Ainsi, dès les années 1970, est apparue la notion de *centre d'achat* (*buying center*)[1], au sens actuel du terme, à savoir l'ensemble des responsables opérationnels et fonctionnels qui prennent part à la décision finale d'acquisition, et non plus le seul service achats. Les processus de transaction reposent sur des centres de décisions multipersonnelles. L'organisation cliente comporte en général un service achats bien formalisé qui est, en réalité, l'une des composantes de cet ensemble moins formel qu'est le centre d'achat. Parmi les membres du centre d'achat, on distingue en effet :

- les acheteurs (*buyers*) qui, en général, disposent d'un niveau élevé d'information et ont l'autorité formelle pour sélectionner les fournisseurs et gérer les termes de l'achat. Contrairement au BtoC, ils sont dument formés et rémunérés pour procéder à l'achat ;
- les utilisateurs (*users*) qui sont les employés qui utiliseront le produit ou le service ; ils participent aujourd'hui de plus en plus à la définition des caractéristiques attendues ;
- les décideurs (*deciders*) qui exercent un pouvoir formel ou informel dans la sélection et/ou le choix des fournisseurs ;
- les prescripteurs (*influencers*, voire *specifiers*) qui définissent les caractéristiques de l'achat et fournissent de l'information pour identifier d'éventuelles alternatives ;
- et les filtres (ou *gatekeepers*) qui régulent le flux et le contenu de l'information auprès des autres membres du centre d'achat.

On ajoute parfois les initiateurs (*initiators*) qui, en interne, sont à l'origine de l'expression du besoin (souvent des utilisateurs d'ailleurs) et les approbateurs (*approvers*) qui autorisent les actions proposées par les acheteurs et les décideurs. Les caractéristiques de l'achat ont une incidence sur la structure du centre d'achat. Le temps dont disposent les acheteurs (pression des délais) et le coût de l'acquisition (investissements consentis) ont une incidence sur la structure du centre d'achat qui se trouve en ces circonstances plus complexe (davantage de membres du centre d'achat sont impliqués) et plus centralisé (les acheteurs ont tendance à se délester de la responsabilité du choix au profit des décideurs). Lorsqu'il s'agit d'un achat nouveau, le centre d'achat est d'une certaine manière moins formalisé (moins de procédures, de règles).

1. Autres termes utilisés : *decision making unit* en anglais ; chaîne décisionnelle, spectre de décision...

Le processus d'achat implique ainsi différents profils en charge d'optimiser les aspects pratiques, financiers et de performance dans la prise de décision, laissant *a priori* moins de place aux paramètres émotionnels. Le réalisme est privilégié avec une focalisation sur les exigences techniques, les problématiques de production, les précédentes expériences, les attentes en termes de performance, de fiabilité et de prévisibilité. Les achats n'ont en effet aucun impact sur le style de vie de l'acheteur et ils visent plutôt à améliorer l'activité de l'entreprise.

Trois grandes situations d'achat ont été par ailleurs très tôt révélées : le rachat à l'identique ou de routine (*straight rebuy*), le rachat modifié (*modified rebuy*) et l'achat nouveau (*new task*). C'est dans ce dernier scénario d'achat que réside la plus grande incertitude pour l'organisation, ce qui implique le plus grand nombre de participants à la décision d'achat et la plus forte recherche d'informations. Les achats nouveaux impliquent des risques davantage organisationnels que personnels.

Les travaux réalisés sur le comportement d'achat organisationnel ont souligné l'importance des caractéristiques de l'acheteur, de l'achat et du processus de décision dans le choix final opéré. Les acheteurs n'accordent pas tous la même importance à chacun des critères d'achat. Le comportement d'achat est influencé par des facteurs environnementaux, organisationnels, puis interpersonnels et enfin individuels, auxquels s'ajoutent le rôle des situations d'achat (nouveau, à l'identique ou modifié), les caractéristiques propres à l'entreprise, celles liées au produit ainsi que des facteurs psychologiques. Le comportement d'achat résulte ainsi d'un processus d'échange, d'une décision conjointe visant à résoudre tout conflit par l'obtention d'un compromis parmi les participants à la prise de décision.

Un comportement d'achat professionnel influencé par le risque perçu

Le processus d'achat et l'acte d'achat industriels ont longtemps été qualifiés de rationnels par comparaison avec le comportement plus affectif des consommateurs, acheteurs individuels. Cette conception tient à la rationalité économique qui entoure l'acte d'achat en milieu industriel, notamment pour la recherche du coût minimum, l'ordonnancement de la production (système *Material Requirements Planning*, MRP, *Materials Management*), etc. Mais cette attitude varie nettement en fonction des situations. Par exemple, les biens conçus sur mesure pour une entreprise, ceux qui sont également vendus à d'autres entreprises, ceux vendus directement aussi bien au grand public qu'aux entreprises, ne seront pas évalués de la même manière.

D'une manière générale, l'acheteur professionnel cherche principalement à contribuer à l'amélioration de la performance de son entreprise et à satisfaire les attentes des membres du centre d'achat.

L'acheteur doit donc proposer son propre arbitrage sur les décisions d'achat, en composant avec les avis des membres du centre d'achat. Ces derniers utilisent en général les mêmes critères formels d'évaluation mais pas les mêmes niveaux de pondération.

La rationalité économique n'est pas le seul élément déterminant l'acte d'achat. L'expérience passée avec le fournisseur retenu est un critère dominant, tout comme la réputation du fournisseur, la qualité des produits et les délais. Les acheteurs ont recours à des éléments solides (expérience, performance) mais aussi plus souples (impressions lors de salons, de visites commerciales) pour sélectionner leurs sous-traitants. C'est moins le prix que la valeur de l'offre qui est souvent prise en compte. Les acheteurs industriels accordent leur préférence aux fournisseurs en fonction :

- de leur capacité à respecter les spécifications établies ;
- de leur possibilité de fournir l'entreprise au moment voulu ;
- du niveau de prix proposé (critère plus déterminant que les deux premiers sur les biens non différenciés).

La notion de risque perçu tient une place importante et ambiguë dans l'analyse du comportement des acheteurs. En effet, on peut parler des risques perçus à la fois :

- par l'entreprise à propos de la sécurité des approvisionnements ou en termes de protection de la fluctuation des changes monétaires ;
- par l'acheteur lui-même, à travers la contestation du choix final par tel service, la critique de recherche de la facilité, la suspicion de partialité, etc.

Le style de décision des acheteurs dépend de leur comportement face aux risques, comportement qui est lui-même fonction des caractéristiques individuelles, des expériences passées et de la perception du risque. Le service achats détermine un classement hiérarchisé des risques et des procédures correspondant au niveau de risque estimé. Par exemple, lorsque le degré d'incertitude est élevé et que le choix effectué a des conséquences importantes, le risque perçu est maximal. Dans ce cas, le service achats attirera l'attention de l'entreprise et l'achat suivra le processus formalisé et assez long en plusieurs phases.

Le rôle actif du client

Le client lui-même participe à la qualité du produit ou du service vendu, des pré-études permettant d'identifier ses besoins (définition du cahier des charges) jusqu'à la consommation du produit (capacités d'utilisation, compétences, niveaux et qualité de production...). Cette idée de co-création de valeur représente l'un des courants de recherche les plus dynamiques en marketing B-to-B.

Une forte implication réciproque entre clients et fournisseurs : la filière et la demande dérivée

L'ensemble des transactions *business to business* intervenant entre les fournisseurs et les clients suit un chaînage de ventes successives, depuis l'amont vers l'aval : les notions de *demande dérivée* et de *filière* traduisent cette interdépendance des différents acteurs tout au long de la chaîne de production du secteur. Par voie de conséquence, les relations entre client et fournisseur sont plus étroites et bénéficient généralement en B-to-B d'une meilleure fidélisation que dans les secteurs de la grande consommation. Comme l'a étudié depuis plus de vingt ans le groupe IMP, les entreprises fournisseurs doivent s'adresser de manière individualisée à leurs clients et entretenir la relation client-fournisseur caractérisée par une interdépendance.

La demande des entreprises placées en aval d'une filière détermine le niveau d'activité de celles situées en amont. Ce chaînage industriel correspond à la notion de demande dérivée. La demande du produit ou du service industriel dépend de la demande du produit suivant dans lequel le premier va être *incorporé* (ingrédients, matières premières...), *assemblé* (composants, pièces détachées...) ou pour la production duquel il doit être *consommé* (lubrifiants, produits énergétiques...) ou *utilisé* (services industriels, bureautique, machines-outils, véhicules de transport...). Si la demande industrielle connaît des fluctuations en fonction du marché, elle se révèle structurellement peu élastique (moins sensible aux variations de prix, par exemple, que ne le sont les consommateurs en grande consommation). Le terme de filière (*supply chain*) provient de la présentation verticale simplifiée, souvent utilisée pour symboliser la succession d'opérations industrielles et l'interdépendance de l'ensemble de la chaîne de production, du matériau de base au produit fini. En fonction de la destination finale du bien, ce chaînage peut être qualifié de manière plus précise : B-to-BtoC (client final), B-to-BtoE (salariés), BtoAtoU (usager final)... Cette vision verticale présente des vertus pédagogiques mais doit cependant être largement nuancée : au-delà de ce chaînage en effet, chaque acteur imbriqué est simultanément en présence de plusieurs interactions avec de nombreux partenaires situés en amont, en aval, mais aussi horizontalement, au même échelon industriel.

Cette dépendance est défavorable et souvent perçue par les acteurs du marché comme injuste puisque le fournisseur au sein d'une filière (OEM, *original equipment manufacturer*) dépend de son client qui lui-même dépend de son client (les OEM développent et commercialisent des produits qui intègrent des composants technologiques différents provenant de fournisseurs distincts). Ainsi, toute baisse d'activité au sein d'un secteur donné se répercute sur l'ensemble des fournisseurs concernés. Ce problème de dépendance est d'autant plus grave pour les fournisseurs spécialisés de taille moyenne, qui ne travaillent en général que pour un petit nombre de donneurs d'ordres. En effet, en situation de crise, la tendance est à la réintégration d'opérations par les principaux clients (donneurs d'ordres ou *prime contractors*) qui tentent d'éviter ou de diminuer les suppressions d'emplois dans leurs propres entreprises. N'étant généralement pas en prise directe avec l'acheteur final (qui est situé à l'autre extrémité de la filière), la réactivité du fournisseur en termes d'offres dépend de celle des acteurs placés en aval dans la filière. C'est précisément pour limiter cet effet de dépendance ainsi que pour contourner le poids *a priori* déterminant des acheteurs que se développent les stratégies marketing présentées plus loin.

La création de valeur

Quelle que soit la nature de leurs activités, les organisations qui achètent des biens et services recherchent avant tout une solution capable de résoudre des problèmes particuliers. Elles n'achètent donc pas à proprement parler un produit ou un service pour ce qu'il est mais bien pour le bénéfice qu'elles en retirent. Ainsi, l'idée selon laquelle la seule suprématie technique du produit suffit à séduire le client est souvent illusoire : ce dernier peut très bien opter pour une offre radicalement différente d'un point de vue technique (parfois plus basique) mais lui permettant de résoudre au final son problème. Ainsi, c'est à l'aune du bénéfice tiré par le client, et non à la seule estimation du coût d'acquisition, que se mesure la valeur qui lui est apportée. La satisfaction du client repose sur la création de valeur pour ce dernier (et perçue comme telle par ce dernier), ce qui nécessite une parfaite compréhension de ses besoins exprimés et latents. La satisfaction et la fidélité du client dépendent d'éléments non cartésiens, dont il est cependant facile d'oublier l'existence face à des acheteurs apparemment très rationnels.

Des moyens spécifiques de promotion

Étant donné le nombre restreint de clients potentiels, leur exigence quant aux informations techniques détaillées, leur attente de relation personnalisée et la possibilité de contacter chacun d'eux individuellement, les médias de masse ne sont guère utilisés en marketing *business to business* pour cibler les clients directs. En revanche, parmi les manifestations professionnelles (congrès, colloques, symposiums…), les salons professionnels sont le moyen privilégié pour les rencontrer et leur présenter les savoir-faire de l'entreprise. La presse professionnelle est plus fréquemment utilisée encore par des entreprises de toutes tailles. Globalement, elle représente des budgets plus modestes : le prix d'une insertion publicitaire est calculé en fonction d'audiences beaucoup plus restreintes (mais plus ciblées) que celles des magazines grand public. Sur le plan qualitatif, le principal vecteur d'image est le responsable commercial. Responsable de la première impression laissée à l'entreprise prospectée, c'est lui ou son équipe qui seront chargés de transmettre les propositions, les devis, et d'imaginer des variantes. Il utilisera les différents moyens mis à sa disposition, du marketing direct aux plaquettes de présentation, catalogues et documentations techniques.

Il existe ainsi une certaine primauté des relations interindividuelles entre les interlocuteurs des structures fournisseur et cliente. Il importe pour le responsable commercial d'adapter son comportement au contexte rencontré chez le client. La transmission des informations nécessaires doit prendre en compte la culture et l'éloignement des interlocuteurs ciblés et peut s'appuyer sur des médias spécialisés (marketing direct, Internet, salons professionnels...). Les témoignages d'utilisateurs satisfaits représentent un moyen efficace pour transmettre des messages, y compris par le biais de communautés virtuelles. La communication B-to-B comprend principalement des composantes rationnelles liées aux caractéristiques techniques mais aussi plus émotionnelles (dimension culturelle, origine géographique, relation interindividuelle autour de sujets et valeurs non strictement professionnels...). Compte tenu de ces spécificités, de la complexité des produits, des processus d'achat et de la demande dérivée, de l'interdépendance client-fournisseur dans la filière, etc., les pratiques des affaires diffèrent en B-to-B et entraînent une activité marketing elle-même différente, parfois même réalisée sous la responsabilité générale du management ou par la fonction commerciale (*business development*). À la lumière de ces spécificités, Pförtsch et ses collègues ont proposé en 2007 une lecture synthétique et générale des principales différences entre le contexte BtoC et B-to-B (*cf.* tableau 14.1).

Tableau 14.1 – Grandes caractéristiques du marketing B-to-B et BtoC

B-to-B	BtoC
Vise un fournisseur de valeur intermédiaire	Vise l'utilisateur final
Relation à double sens	Transaction ou relation « unidirectionnelle »
Marché cible étroit, nombre restreint de clients	Marché de masse, grand nombre de consommateurs
Les acheteurs peuvent être touchés par le biais de médias spécialisés	Les acheteurs sont touchés par les mass-médias
Un cycle d'achat comprenant plusieurs étapes	Un cycle de vente bref
Une offre relativement complexe de produits	Une offre relativement simple de produits
Jamais d'achat impulsif	Les achats peuvent être impulsifs
Le marketing consiste à éduquer	Le marketing consiste à convaincre
La marque permet une première impression : elle ouvre les portes mais ne permet pas de vendre	La marque peut constituer la raison d'achat

La comparaison des contextes BtoC et B-to-B permet d'identifier également pour ce dernier :

- une concurrence plus large ;
- un acte d'achat significatif en termes de valeur et de conséquences ;
- des caractéristiques produits adaptables au client (cycle de vente plus long) ;
- une décision d'achat parfois possible par une seule personne mais devant composer avec le poids des relations interpersonnelles pour sélectionner les offres ;
- la place moindre de l'émotionnel et de la perception en B-to-B ;
- une place prépondérante jouée par la marque corporate, même si des marques-produits existent ;
- l'importance des différentes parties prenantes (clients, fournisseurs, partenaires, actionnaires, prescripteurs externes…) dans le processus d'évaluation des offres de fournisseurs et dans le processus de décision d'acquisition final.

DES RELATIONS PROFESSIONNELLES DIFFÉRENTES SELON LES TROIS GRANDS CONTEXTES B-TO-B

Certains experts proposent une autre lecture des marchés définis non plus seulement en fonction des biens mais en fonction des caractéristiques des échanges, des clients et des pratiques marketing et commerciales. Trois grands domaines ont ainsi pu être identifiés (*cf.* figure 14.1).

Figure 14.1 – Regard synthétique sur les caractéristiques principales des trois grands types de marketing B-to-B[a]

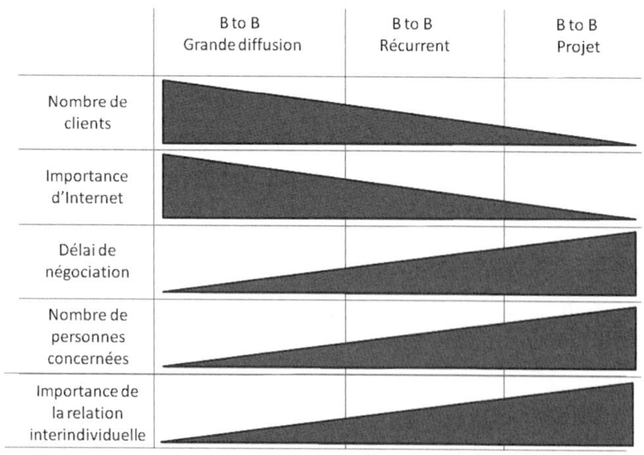

a. D'après Malaval, Ph. et Bénaroya, Ch., (2010), *Marques B-to-B*, Pearson.

Le B-to-B de grande diffusion ou de « masse »

Il s'adresse à une clientèle de professionnels, diffuse et en très grand nombre, telle que les très petites entreprises (TPE), les professions libérales, les petites et moyennes entreprises et/ou industries (PME/PMI). Les outils et les pratiques d'étude marketing sont identiques à ceux pratiqués en BtoC (panels, questionnaires quantitatifs, études *online*…). Les niveaux et modes d'achat y sont semblables à ceux rencontrés chez les particuliers (Soho : *small office, home office* ; matériaux ; restauration collective). La diffusion de l'offre emprunte de fait des canaux analogues aux distributeurs respectivement du type Office Depot, Point P ou Metro. Les places de marché (*marketplace*), les portails et les sites de commerce en ligne peuvent ici prendre tout leur sens où les marques représentent un élément clé dans ces échanges d'e-business. Les opérations de promotion usent d'arguments et de supports semblables à ceux pratiqués en BtoC (primes directes ou différées) et peuvent être relayées sur des médias de masse (Internet, affichage et même télévision et/ou radio). Les biens à faible implication (standardisés) se prêtent en effet bien aux opérations de promotion en B-to-B (échantillonnage, prêts, démonstration, formation et installation…). Le processus d'achat est simplifié avec soit un achat direct sur le mode *cash and carry* ou sur des sites Internet, soit une négociation d'achat centralisée avec un approvisionnement décentralisé et réalisé par les fournisseurs retenus et référencés.

Le B-to-B récurrent

Anciennement appelé « marketing industriel », il est caractérisé par une relation continue entre le fournisseur et le client. Les produits/services proposés ne sont alors plus standards mais « customisés », voire totalement dédiés à un compte clé, intégrés dans le produit du client avec lequel il partage la vie dans une forme de « communauté de destin ». L'équipement automobile illustre ce contexte. Si Valeo fournit l'équipement électrique de la Peugeot 308, les échanges d'informations, de produits ainsi que de transactions financières sont quasiment continus sur une période de plusieurs années. Généralement caractérisé par un faible nombre d'acteurs (clients intégrateurs), ce contexte a permis de révéler les particularités de l'achat d'organisation avec l'importance des enjeux et des risques encourus ainsi que la complexité des influences concourant à la décision finale.

Le B-to-B de projet

Appelé aussi marketing d'affaires, il se caractérise principalement par une relation non continue entre le fournisseur et le client et souvent par des procédures d'achat longues et complexes proches de l'appel d'offres pour une transaction unique. Du côté du fournisseur comme de l'acheteur un plus grand nombre de personnes sont impliquées dans la préparation de l'affaire (*stakeholders* ou parties prenantes), dans la sélection de la solution puis dans le suivi du projet et l'après-vente. Trois grandes spécificités (DUC) ont été identifiées par la littérature dans les activités de projet :

- la discontinuité des relations entre acheteurs et vendeurs en raison de la faible fréquence d'achat ;
- la complexité due à l'implication de nombreux acteurs marchands et non marchands ;
- l'unicité des projets.

Il est possible d'ajouter que ces affaires non récurrentes réalisées en mode projet engagent des sommes très importantes, au moins dans la perspective de l'unité cliente, et procèdent selon des processus d'achat très formalisés (procédures d'appels d'offres notamment). Il existe deux grands types de projets :

- les projets « autonomes » comme la construction d'un aéroport ;
- les projets « prototypes » qui précèdent, s'ils sont réussis, une longue phase de marketing industriel classique (marketing récurrent). Un nouvel appareil commercial comme l'Airbus A-350 XWB représente par exemple un projet pendant la phase de conception et de développement, avant de devenir un « produit » avec son industrialisation et le premier vol commercial effectif.

Une autre approche consiste à distinguer les projets de dimension limitée (temps, budget), au contenu plutôt aisé à concevoir (technologies connues, compétences existantes) comme ce peut être le cas dans de nombreux projets du bâtiment, des projets à grande ampleur (coûts très élevés, challenges technologiques, fortes incertitudes).

Les tendances récentes dans les pratiques d'achat : vers une bipolarisation de l'achat professionnel

Un des fondateurs du marketing industriel, Yoram Jerry Wind (2006), a récemment analysé les évolutions apparues dans la pratique des affaires depuis la fin des années 1960, soulignant notamment la percée d'Internet et le basculement des sociétés jadis industrielles vers des sociétés de connaissances. Compte tenu de ces tendances, et d'une manière un peu provocatrice, Wind va jusqu'à suggérer la fusion des théories BtoC et B-to-B, dont la délimitation est, il est vrai, parfois ténue, afin de générer de nouvelles pensées et rendre la recherche encore plus pertinente. Cette proposition est transposable en particulier pour les activités B-to-B de masse.

Lorsque l'achat à réaliser est peu impliquant en termes de conséquences techniques et commerciales et lorsqu'il représente un faible enjeu financier, il se prête à une forte rationalisation. Il pourra alors emprunter des circuits traditionnels comme les sociétés de distribution B-to-B à l'instar de Metro, Promocash, Office Depot ou Rexel, les sociétés de vente à distance comme Manutan ou Raja mais également le circuit de l'e-commerce. La mise en perspective des différentes offres concurrentes est facilitée par l'usage d'Internet et ceci indépendamment des relations préétablies par les différents fournisseurs. Les enchères inversées en sont une illustration extrême : le client professionnel définit totalement les spécificités techniques réunies dans le cahier des charges et attend les propositions des fournisseurs préréférencés en un temps limité. Le moins-disant est alors le gagnant dès lors qu'il respecte le cahier des charges. Il s'agit d'une perspective transactionnelle. La mondialisation des échanges a permis entre autres de « décomplexer » les acheteurs tentés par de nouveaux fournisseurs issus de pays émergents, leur offre de prix compétitifs compensant les risques perçus supérieurs mais pour des produits peu impliquants et équivalents. Les nouvelles technologies semblent exercer une influence réelle sur l'achat professionnel et le pouvoir d'influence des fournisseurs même s'il est encore difficile d'évaluer correctement les effets des technologies récentes comme les visioconférences, le visiophone, les échanges téléphoniques avec webcam sur le comportement des acheteurs industriels. Toutefois, l'analyse des profils des adopteurs et des non-adopteurs des techniques d'achat en ligne montre bien que leur proportion varie en fonction du niveau technologique de l'entreprise cliente, du niveau de formation et de l'âge des acheteurs.

Symétriquement, l'achat de biens et de prestations complexes est de plus en plus un projet d'équipe impliquant un nombre toujours croissant d'interlocuteurs en raison de la sophistication croissante des différents équipements et des interrelations nécessaires à la réalisation du projet. Internet ne peut dans ce registre servir de canal de distribution, mais plutôt d'outil efficace pour échanger des informations en temps réel.

La stratégie générale d'un fournisseur consiste à créer des liens avec les principaux responsables opérationnels (production ou vente) et avec les principaux services prescripteurs (R&D, marketing) afin qu'ensemble ils puissent défendre la position du fournisseur auprès du service achat. En ce qui concerne les achats complexes, le rôle des prescripteurs et des utilisateurs s'est ainsi développé régulièrement au détriment du poids respectif des acheteurs et des décideurs (*cf.* tableau 14.2).

Il a été montré par ailleurs que le niveau de pouvoir de chaque interlocuteur et l'enjeu réel pour l'organisation cliente ne pouvaient que très partiellement être intégrés dans un modèle compensatoire, prouvant ainsi l'importance de la personnalité des interlocuteurs du centre d'achat. Le fait que la personnalité des membres du centre d'achat intervienne également dans la décision finale permet d'imaginer l'utilité des arguments non rationnels en complément des argumentations basées sur des critères cartésiens comme le prix, les délais de livraison et les coûts de mise en œuvre.

Tableau 14.2 – Une modification du poids et de l'influence des membres du centre d'achat

Évolutions observées	Membre du centre d'achat	Poids et influence
Un centre d'achat dont la composition est de plus en plus en « mouvante »	Acheteurs	↘
Des équipes *ad hoc* pour chaque affaire avec des leaderships provisoires	Décideurs	
Risques perçus plus élevés : besoin accru d'informations précises face à des achats complexes Rôle des ressources humaines pour les achats impactant les collaborateurs (B-to-BtoE) et du marketing pour les achats entrant dans l'offre réexploitée par les clients (B-to-BtoC)	Prescripteurs	↗
Prise en compte accrue des utilisateurs, en particulier, ceux disposant de statuts prestigieux (pilotes, chirurgiens, ingénieurs…)	Utilisateurs	

De nouveaux horizons à la relation B-to-B : la prise en compte aval du destinataire final (B-to-BtoC, B-to-BtoE)

Avec le développement des pratiques marketing en B-to-B, la sophistication des démarches des fournisseurs et les évolutions observées dans les courants de recherche, une nouvelle étape se dessine ouvrant la voie à des approches holistiques. La prise en compte successive des acheteurs d'abord, du centre d'achat ensuite et désormais du centre d'achat élargi aux autres acteurs impliqués dans la filière (réseaux marchands et non marchands) conduit désormais les responsables marketing à reconsidérer la relation client-fournisseur en adoptant la perspective du destinataire final. Il s'agit notamment de déployer une stratégie de visibilité pour sortir du statut de sous-traitant et apparaître distinctement dans la chaîne de la valeur. Cantonné à un second rôle, le fournisseur sous-traitant ne peut *a priori* s'appuyer sur aucun levier pour améliorer son rapport de forces avec les puissants donneurs d'ordre… sauf à prendre en compte le destinataire final. Plusieurs logiques coexistent :

- le B-to-BtoC : l'offre du fournisseur se retrouve dans celle du client professionnel qui se destine au consommateur final ;
- le B-to-BtoE : l'offre du fournisseur s'adresse à l'organisation cliente mais se trouve en réalité utilisée ou consommée par les employés ;
- le BtoAtoU : l'offre du fournisseur se retrouve dans celle du client institutionnel (administration publique, gouvernement) qui la destine aux usagers, citoyens utilisateurs. Dans ce contexte, l'utilisateur final n'achète pas un bien de façon individuelle mais il le loue de façon provisoire en payant un ticket d'accès, un droit d'usage à des collectivités publiques.

Si ce dernier cas renvoie à un contexte spécifique de marketing de projet, les deux premiers se retrouvent fréquemment dans les relations professionnelles B-to-B.

La relation B-to-BtoC

Le vocable B-to-BtoC concerne l'ensemble des transactions destinées à un client professionnel qui s'adresse ensuite au marché des particuliers. Des situations très différentes s'observent en fonction du degré d'implication du client business, c'est-à-dire de celui qui est le « payeur effectif du fournisseur ».

La relation B-to-BtoC est caractérisée par l'existence d'une double cible systématique constituée du client « payeur » et du client final, avec parfois la présence d'acteurs intermédiaires. Dès lors, les partenariats vont pouvoir se situer aussi bien :

- en amont de l'entreprise cliente, c'est-à-dire sur l'aide à la R&D, à la conception et au co-développement ;
- en aval de l'entreprise cliente, c'est-à-dire sur l'aide à la connaissance des segments émergents, à la communication et à la commercialisation.

Dans ce contexte, les équipes de l'entreprise fournisseur sont amenées à collaborer activement avec les équipes de la structure cliente. L'importance des prescripteurs externes est alors primordiale pour appuyer et conforter cette collaboration. Il peut s'agir des architectes dans le secteur du bâtiment, des sociétés d'ingénierie et de consulting dans les principaux projets d'équipements (IT, télécoms…). La relation client-fournisseur s'appuie aussi sur l'utilisation commune voire conjointe des mêmes médias que ceux utilisés par le client business (*co-advertising*). Toutefois, le fait d'utiliser les mêmes médias crée un risque de confusion auprès du destinataire final en ce qui concerne la place de chaque acteur dans la chaîne de valeur. Un déséquilibre dans les efforts de promotion peut à l'extrême se traduire par un phagocytage de la marque de grande consommation par la marque fournisseur.

La relation B-to-BtoE

L'expression « B-to-BtoE » regroupe l'ensemble des transactions réalisées avec un client professionnel qui destine le produit ou le service acheté à ses propres équipes, qu'il s'agisse, de façon classique, des salariés, employés et collaborateurs mais aussi des actionnaires que l'on peut associer au public interne.

Le poids accordé aux utilisateurs est très variable selon :

- le prestige de l'utilisateur (chirurgiens/infirmiers, ingénieurs/techniciens, pilotes/chauffeurs d'autocars…) ;

Tableau 14.3 – Les principales spécificités de la relation B-to-BtoC

B-to-BtoC	Caractéristiques
Objectif d'achat de la structure cliente	– Objectif principal : création de valeur – Acquisition en vue d'améliorer l'offre en élaborant un produit, un service ou un équipement répondant de façon plus pertinente à la demande finale
Processus d'achat	– Possibilité d'appel d'offres, de consultation simple ou de négociation directe avec les fournisseurs – Centralisé ou non par site en fonction de la culture d'entreprise
Préparation de l'achat	– Bilan d'évaluation technique et commerciale par les services utilisateurs et prescripteurs remis aux acheteurs pour finaliser le cahier des charges
Participants à l'achat	– L'ensemble des membres du centre d'achat avec les utilisateurs internes, les services marketing, R&D, maintenance, production, qualité..., les décideurs et les prescripteurs externes
Cycle d'achat	– Long (plusieurs mois voire plus)
Conditions d'utilisation par le client final	– Le destinataire final est utilisateur à titre individuel (vêtement) ou familial (voiture, logement). Utilisation régulière quel que soit le statut propriétaire ou locataire
Culture marketing	– Systématique pour la structure cliente – Généralement forte par imprégnation pour la marque fournisseur
Moyens de promotion	– Double utilisation des médias professionnels (systématiquement) et des médias grand public (de plus en plus souvent) par la marque fournisseur

- la culture nationale : la Scandinavie, le Japon ont depuis longtemps le réflexe de prendre en compte l'avis des futurs utilisateurs de la machine-outil, du véhicule... Cela est beaucoup moins vrai dans les pays du Sud et même aux États-Unis (à l'exception des utilisateurs de biens complexes). En France, la prise en compte de l'avis des utilisateurs se développe régulièrement, appuyée sur l'idée qu'elle permet d'améliorer l'état d'esprit « entreprise » basé sur la satisfaction des clients finaux ;
- la taille des entreprises : les grandes entreprises ont davantage développé d'outils pour intégrer les utilisateurs dans les processus de décision.

La fonction « ressources humaines » est la plus concernée et doit représenter le cœur de cible des entreprises fournisseurs. Selon l'organisation des groupes clients et en fonction de l'éloignement du site de production par rapport au siège social, il arrive que les directeurs opérationnels de sites soient également en charge de la fonction RH. Un meilleur confort dans les conditions de travail et une meilleure prise en compte des affinités personnelles peuvent permettre à un responsable manager d'améliorer la motivation de son équipe et par là son efficacité sur le plan professionnel. C'est ainsi qu'au sein d'une même entreprise, certains services se positionneront comme des pionniers susceptibles d'entraîner ensuite les autres.

Tableau 14.4 – Les principales spécificités de la relation B-to-BtoE

B-to-BtoE	Caractéristiques
Objectif d'achat de la structure cliente	– Objectif principal : respecter la législation en vigueur et la réglementation qui précise les normes en matière de conditions de travail, de sécurité des équipements et des hommes – Deuxième objectif : chercher à améliorer la motivation des collaborateurs en leur prouvant l'attention portée à leur sécurité et à leur confort. En dépassant le niveau minimal requis, l'entreprise espère renforcer la cohésion des différentes catégories de personnel et leur attachement à une entreprise socialement responsable. – Au final, c'est l'efficacité économique que l'entreprise cherche à améliorer
Processus d'achat	– Possibilité d'appel d'offres, de consultation simple ou de négociation directe avec les fournisseurs – Centralisé ou non par site en fonction de la culture d'entreprise – Une autonomie plus forte est acceptée dans le cadre des chantiers isolés appelés bases-vie
Préparation de l'achat	– Bilan d'évaluation par le CHSCT (Comité d'hygiène, de sécurité, et des conditions de travail) et bilan de satisfaction par les principaux utilisateurs. Ces études sont remises au service achat afin d'élaborer le cahier des charges
Participants à l'achat	– Principaux prescripteurs : - la DRH et le CHSCT pour les prestations principales liées à l'activité économique - le CE (comité d'entreprise) selon les pays pour les prestations moins liées à l'activité professionnelle (loisirs sportifs, culturels…) – Par rapport aux prescripteurs, le poids des utilisateurs est particulièrement élevé lorsqu'ils bénéficient d'un statut prestigieux et en fonction du contexte culturel
Cycle d'achat	– Très long pour les machines-outils complexes – Très court pour un EPI (équipement de protection individuelle) d'usage courant
Conditions d'utilisation par le client final	– Sur le lieu de travail en ce qui concerne les EPI et les services à consommer sur place (blanchisserie, restauration…) – Hors champ professionnel pour les prestations de loisirs sportifs et culturels…
Culture marketing	– À ne pas mettre en avant voire à éviter : aider les prescripteurs internes à se positionner comme « initiateurs sociaux » – Le côté « business » ne doit pas prendre le dessus sur le positionnement « RH » des fournisseurs
Moyens de promotion	– Buzz, bouche-à-oreille entre salariés des différents sites, entre prescripteurs et utilisateurs – Techniques d'essai et d'échantillonnage pour les EPI en particulier – Les outils de communication interne (*in-house*, *newsletter*, Intranet, blog…) peuvent se prêter à des opérations conjointes entre le fournisseur et l'employeur – Possibilité de campagne de lobbying auprès des organismes de réglementation, de certification

Les différents produits et services proposés dans un contexte B-to-BtoE répondent à des motivations rationnelles (par exemple l'alimentation des équipes) mais également aux besoins psychologiques de s'exprimer d'un individu (par exemple prise en compte des goûts individuels, des rites et pratiques alimentaires, respect des individualités...). Les réponses apportées par les entreprises fournisseurs s'adressent aussi bien au contexte professionnel qu'à son prolongement dans l'environnement personnel, familial et amical.

On peut distinguer différents besoins des salariés qui représentent autant de positionnements possibles pour l'offre des fournisseurs dans leur relation avec les clients professionnels :

- besoin de sécurité (accidents possibles sur le lieu de travail lors des différentes tâches à effectuer) ;
- besoin de se nourrir de façon équilibrée (adaptation aux contraintes de l'environnement de travail et culturel mais également variété pour les salariés amenés à manger très souvent dans le même restaurant d'entreprise) ;
- besoin de reconnaissance sociale qui peut se traduire par les vêtements de travail et les divers signes distinctifs de qualité mais également par les différents équipements utilisés (machines-outils, véhicules de service, voitures de fonction, ordinateurs, téléphones mobiles) ;
- besoin de dépassement par des formations qui visent à améliorer les compétences du salarié dans sa fonction actuelle, mais également pour sa future évolution de carrière. Les employés des entreprises qui reçoivent des formations peuvent donc être ciblés à titre professionnel mais également à titre personnel par les organismes fournisseurs de formation.

B-to-BtoE : partenariat DuPont Personal Protection-Tyvek et Airbus[a]

Au-delà de la nécessité : efficacité et confort

DuPont Personal Protection a été retenu par Airbus comme fournisseur de combinaison pour les équipes de peinture des avions. Dans leurs combinaisons Tyvek® Classic Plus à usage unique de DuPont Personal Protection, et équipés de masques à ventilation assistée pour un meilleur confort, les peintres, quatre de chaque côté de l'avion, vont, pendant une semaine, depuis l'arrière jusqu'à l'avant de l'appareil, appliquer par pulvérisation entre trois et six couches de peintures spéciales selon les directives des clients et la complexité du type de décoration. Les applicateurs se font face, prennent appui sur les barres métalliques des garde-corps et dirigent par des gestes amples les buses des pistolets en direction de la surface de l'avion. Les peintures utilisées peuvent présenter des risques pour la santé, d'où l'obligation faite aux applicateurs par les préventeurs de la société Airbus de se protéger efficacement, mais aussi confortablement.

Une démarche concertée et participative

Chargés de répertorier et d'évaluer les risques professionnels afin que ceux-ci ne puissent avoir aucun effet sur la santé des compagnons, les préventeurs d'Airbus ont mis en place, en collaboration avec le médecin du travail, le Pôle Peinture, les membres du CHSCT et les utilisateurs, des procédures strictes qui prennent en compte le comportement des employés, mais aussi tous les aspects techniques du bâtiment où ceux-ci évoluent. C'est ainsi que le hall de peinture des Airbus A-320 est doté de systèmes d'aspiration et de renouvellement d'air sophistiqués. Une soufflerie située au point le plus haut du bâtiment envoie de l'air filtré et dépoussiéré et un extracteur placé au sol aspire l'air ambiant chargé en solvants. D'autre part, des consignes de sécurité lisibles rappellent aux peintres le nombre de personnes pouvant stationner sur chaque plancher mobile et le poids maximum autorisé.

Dans un univers où la sécurité fait partie intégrante du plan qualité de l'entreprise, DuPont Personal Protection a écouté les préventeurs et les peintres d'Airbus et préconisé l'utilisation de la combinaison Tyvek® Classic Plus avec passe-pouce élastique. Cet équipement a été plébiscité par les peintres qui travaillent avec des gants recouvrant les manches de leurs combinaisons, mais qui, comme indiqué précédemment, travaillent penchés sur les garde-corps, en extension permanente des bras. Les manches avaient alors pour inconvénient de remonter et de dégager une partie de l'avant-bras. Aujourd'hui, la protection des bras est assurée (si utilisée correctement) et le confort des utilisateurs garanti.

Devenir acteur de changement par l'anticipation des besoins

De même, l'Airbus A-340 fait l'objet d'une série de tests effectués conjointement par les techniciens Airbus et ceux de la compagnie cliente. Il s'agit d'inspecter la voilure, après test quasi grandeur nature, et de vérifier l'étanchéité des réservoirs structuraux de carburant et des cellules pressurisées. Cette étanchéité est assurée à l'aide d'un mastic PR, mastic bicomposant à base de polymère liquide polythioéther. Après polymérisation, le mastic PR offre une excellente adhérence sur l'aluminium, le titane, l'acier inoxydable et de nombreux autres supports. Le mastic PR peut être manipulé en toute sécurité en prenant un minimum de précautions. C'est dans le respect des directives de sécurité établies par les préventeurs Airbus que s'effectuent les visites préventives et d'entretien. Chargé de l'inspection de la voilure, l'opérateur accède à la zone en cours de vérification par des trous d'homme, ouvertures de faible dimension, fermées par un tampon étanche. Pour se protéger du contact des mastics et des différents corps gras utilisés lors de la construction et des tests, l'intervenant revêt une combinaison Tychem® F avec chaussettes de DuPont Personal Protection. Ce vêtement de catégorie III est tout particulièrement conçu et destiné pour des personnes en contact avec des substances chimiques.

Léger, avec double rabat auto-adhésif sur la fermeture, ouverture faciale avec élastique, coutures cousues et recouvertes, élastique aux poignets et chevilles, le vêtement Tychem® F avec chaussettes est confortable à porter et apprécié pour ce type d'utilisation qui requiert une protection optimale, au plus près du corps, sans gêner les mouvements de l'utilisateur qui évolue dans un espace très réduit. Dans le cadre de la visite effectuée sur la voilure de l'Airbus A-340, l'opérateur se sent en sécurité, libre de ses mouvements et se consacre exclusivement à son inspection.

En collaboration avec les préventeurs, les services de la médecine du travail d'Airbus France ont confirmé, au moyen d'analyses biométrologiques, des résultats de tests en dessous des seuils normalement admissibles, tests réalisés sur des échantillons de matériaux en Tyvek® et en Tychem®. Cette première phase a duré un an, avec de nombreux contacts et échanges, au terme duquel l'offre de DuPont Personal Protection a été retenue.

En conclusion, pour convaincre et surtout fidéliser un client professionnel, il est nécessaire en *B-to-B-to-E* d'anticiper les besoins de ses salariés et de lui apporter des solutions qu'il n'a pas encore envisagées. C'est ainsi que de simple sous-traitant qui soumissionne suite à un appel d'offres, l'entreprise fournisseur est capable de se positionner en acteur de changement qui permet d'améliorer l'atmosphère de travail et par voie de conséquence les performances des salariés.

a. *Source* : d'après Malaval Ph. et Bénaroya Ch. (2010), *op. cit.*, chap. 8.

CE QU'IL FAUT RETENIR

Quel que soit le contexte B-to-B dans lequel se déroulent les transactions, B-to-B de masse, B-to-B récurrent ou B-to-B de projet, la confiance et l'engagement sont des déterminants de la relation professionnelle. Ils permettent l'établissement de relations client-fournisseur dans la durée et l'allégement des processus d'achat. Pour le fournisseur, il s'agit de réduire les risques perçus par l'utilisation d'arguments professionnels, rationnels et factuels mais également par le déploiement de signaux plus individuels et émotionnels *via* la force de vente, la stratégie de marque et la communication. Il s'agit de sortir de l'anonymat en étendant sa démarche marketing au-delà du client direct, auprès des niveaux successifs de clientèle situés en aval.

Les premiers travaux en marketing industriel d'abord, puis en B-to-B, ont progressivement souligné l'importance pour le fournisseur de s'adresser non seulement aux acheteurs mais aussi aux décideurs, prescripteurs et utilisateurs. Les transactions B-to-B ont d'abord pu être considérées comme des épisodes ponctuels impliquant un centre d'achat à la configuration variable. Ces transactions sont désormais considérées comme étant déterminées par un historique relationnel et un faisceau relationnel rendant indispensable la prise en compte des parties prenantes. Cet élargissement du centre d'achat à d'autres acteurs marchands et non marchands de la filière permet de développer des stratégies marketing « pull » reposant sur le levier des destinataires finals : B-to-BtoC, B-to-BtoE…

RÉFÉRENCES BIBLIOGRAPHIQUES

Albert T.C. (2003). « Need-based segmentation and customized communication strategies in a complex-commodity industry : a supply chain study », *Industrial Marketing Management*, 32, 4, p. 281-290.

Anderson J.C. et Narus J.A. (1998). « Business marketing : Understand what customers value », *Harvard Business Review*, 76, 6, p. 53-65.

Bénaroya Ch. et Lagrasse H. (2010). *L'Efficience commerciale en B-to-B. Marketing et vente pour les PME-PMI en mode affaire*, éditions EMS.

Bénaroya Ch. (2010). « Le marketing B-to-B : le(s) contexte(s) business to business », working paper.

Blombäck A. (2009). « Brand meaning and impact in subcontractor context » (chap. 6), in *Business-to-business Brand Management : Theory, Research and Executive Case Study Exercises*, Glynn, M.S. et Woodside, A.G. (éd.), *Advances in Business Marketing and Purchasing*, 15, p. 223-262.

Choffray J.-M. (1979). « Perception du risque dans l'achat industriel », *Revue française de gestion*, 22, p. 24-30.

Cova B., Ghauri P. et Salle R. (2002). *Project Marketing : Beyond Competitive Bidding*, New York, John Wiley & Sons Ltd, Chichester.

Danneels E. et Lilien G.L. (1998). « Doctoral programs in business-to-business marketing : status and prospects », *Journal of Business-to-Business Marketing*, 5, 1-2, p. 7-34.

Fletcher K. et Hart S.J. (1990). « Marketing strategy and planning in the UK pharmaceutical industry : some preliminary findings », *European Journal of Marketing*, 24, 2, p. 55-68.

Ford D. (2002). *Understanding Business Marketing and Purchasing*, 3e éd., Thomson Learning, London.

Ford D., Berthon P., Brown S.J., Gadde L.E., Håkansson H., Naudé P., Ritter Th. et Snehota I. (2002). *The Business Marketing Course : Managing in Complex Networks*, Chichester, John Wiley & Sons.

Gilliland D.I. et Johnston W.J. (1997). « Toward a model of business-to-business marketing communications effects », *Industrial Marketing Management*, January, 26, 1, p. 15-29.

Grönroos C. (2004). « The relationship marketing process : communication, interaction, dialogue value », *Journal of Business & Industrial Marketing*, 19, 2, p. 99-103.

Håkansson H. et Snehota I. (1995). *Developing Relationships in Business Networks*, Londres, Routledge.

Håkansson H. (1982). *International Marketing and Purchasing for Industrial Goods : An Interaction Approach*, Chichester, John Wiley & Sons, Ltd.

Hutt M.D. et Speh Th.W. (2007). *Business Marketing Management : B2B*, 9e éd., The Dryden Press, p. 4 ainsi que notamment « Career path for B2B CEOs : For Many, It Began in Marketing ! », p. 8.

LaPlaca P.J. et Katrichis J.M. (2009). « Relative Presence of Business-to-Business Research in the Marketing Literature », *Journal of Business-to-Business Marketing*, 16, 1, p. 1-22.

Lichtenthal D.J. (1998). « Business-to-Business Marketing in the 21st Century », *Journal of Business-to-Business Marketing*, 12, 1-2, p. 1-5.

Lichtenthal D.J. et Mummalaneni V. (2009). « Commentary : Relative Presence of Business-to-Business Research in the Marketing Literature : Review and Future Directions », *Journal of Business-to-Business Marketing*, 16, 1, p. 40-54.

Malaval Ph. et Bénaroya Ch. (2001). *Marketing aéronautique et spatial*, Paris, Pearson Education.

Malaval Ph. et Bénaroya Ch. (2009). *Marketing business to business*, Paris, Pearson Education.

Malaval Ph. et Bénaroya Ch. (2010). *Marques B-to-B*, Pearson Education.

Malaval Ph., Décaudin J.-M. et Bénaroya Ch. (2009). *Pentacom*, 2e éd., Paris, Pearson Education.

Mandjàk T. (1999). « Du comportement d'achat industriel au marketing des relations d'affaires », *Revue française du marketing*, 173/174, p. 35-47.

Pförtsch W., Linder Ch., Beuk F., Bartikowski B. et Luczak C.A. (2007). « B2B brand definition – Understanding the role of brands in business and consumer markets », *Pforzheimer Forschungsberichte*, 9, Institut für Angewandte Forschung, Pforzheim.

Reed G., Story V. et Saker J. (2004). « Business-to-business marketing, What is important to the practitioner? », *Marketing Intelligence & Planning*, 22, 5, p. 501-510.

Robinson P.J., Faris C.W. et Wind Y. J. (1967). *Industrial Buying and Creative Marketing*, Boston, Allyn and Bacon.

Sheth J.N. et Sharma A. (2006). « The surpluses and shortages in business-to-business marketing theory and research », *Journal of Business & Industrial Marketing*, 21, 7, p. 422-427.

Skaates M.A. Tikkanen H. et Lindblom J. (2002). « Relationships and project marketing success », *Journal of Business & Industrial Marketing*, 17, 5, p. 389-406.

Soulez S. et Guillot-Soulez Ch. (2006). « Vingt ans de recherche et applications en marketing », *Recherche et Applications en Marketing*, 21, 4, p. 5-24.

Turnbull P.W. et Valla J.-P. (1986). *Strategies for International Industrial Marketing : The Management of Customer Relationships in European Industrial Markets*, Londres, Croom Helm.

Ulaga W. (2003). « Capturing value creation in business relationships : A customer perspective », *Industrial Marketing Management*, 32, 8, p. 677-693.

Vargo S.F. et Lusch R.F. (2004). « Evolving to a new dominant logic for marketing », *Journal of Marketing*, January, 68, 1, p. 1-18.

Webster F.E. et Wind Y. J. (1972). « A general model for understanding organizational buying behavior », *Journal of Marketing*, avril, 36, 2, p. 12-19.

Wind Y.J. (2006). « Blurring the lines : is there a need to rethink industrial marketing? », *Journal of Business & Industrial Marketing*, 21, 7, p. 474-481.

15

Postmodernité, idéologies et marketing

MICHEL MAFFESOLI

Michel Maffesoli est sociologue et professeur de sociologie à l'université Paris V – René-Descartes. Il est également membre de l'Institut universitaire de France. Il a notamment publié Matrimonium. Petit traité d'écosophie *(Éd. CNRS),* Au creux des apparences pour une éthique de l'esthétique, *pour lequel il a reçu le prix de l'essai André-Gautier (Éd. Plon),* Le Temps des tribus, le déclin de l'individualisme dans les sociétés de masse *(Éd. La Table ronde),* La Connaissance ordinaire, précis de sociologie compréhensive *(Éd. Méridiens-Klincksieck),* La Conquête du présent, sociologie de la vie quotidienne *(Éd. De Brouwer),* La Transfiguration du politique, *pour lequel il a reçu le grand prix des Sciences humaines de l'Académie française (La Table ronde).*

IMAGINAIRE DE LA POSTMODERNITÉ ET MARKETING

On s'accorde sur l'importance de l'inconscient pour l'individu. Mais il y a, encore, quelques réticences à admettre que puisse exister un inconscient collectif qui, sur la longue durée, façonne les mentalités et les manières d'être. Peut-être est-ce ainsi qu'il convient de comprendre ce qu'il est convenu de nommer : imaginaire. Mais le propre de l'imaginaire est d'être variable. Telle représentation du monde peut être efficace un moment, puis se saturer et laisser la place à une autre à l'efficacité non moins réelle.

D'un mot rapide, quel fut l'imaginaire de la modernité ? Cela a été analysé de multiples manières, mais il est admis que ce qui fit la spécificité de la tradition judéo-chrétienne, ce fut cette injonction première de cultiver le jardin d'Éden. Et l'homme doit le faire « à la sueur de son front ». Le travail est donc un ordre divin, et la maîtrise de la nature ce qui va différencier l'humanité de l'animalité. Voilà, en quelques mots, quelle est l'origine de ce qui va, peu à peu, devenir le mythe du Progrès. C'est sur une telle logique de la domination que va s'organiser le va-et-vient, structurel, entre *production* et *consommation*. Double face d'une même réalité aboutissant, sans coup férir, à cette dévastation du monde, dont les saccages écologiques ne sont qu'un avant-goût peu réjouissant. Dévastation des esprits aussi, conséquence inéluctable d'une déification de l'objet. Déification faisant de l'individu un objet parmi d'autres. Et comme tous les objets, manipulable et mesurable à merci.

Mais voici que depuis quelques décennies s'esquisse la *saturation* de ce paradigme. Avec lenteur et sûreté à la fois, les esprits sont contaminés par une autre manière de comprendre et de se situer par rapport au monde et aux autres. Cela peut se traduire de diverses manières. En particulier ce sentiment diffus de faire de sa vie une œuvre d'art. Le refus, pas toujours conscient, de perdre sa vie à la gagner. Et bien d'autres manières de mettre l'accent sur le qualitatif de l'existence.

C'est dans ce cadre général qu'il faut bien saisir l'évolution que va subir la consommation. En bref, non plus quantitative, mais qualitative. Le marketing, dès lors, sera lui aussi déterminé par le changement de paradigme en cours. Ainsi, dans l'inconscient collectif ce qui va prévaloir ne sera plus un Progrès débridé et infini, mais quelque chose dont le mot reste à trouver. Je tente ici un néologisme : « INGRÈS ». À savoir une énergie se focalisant sur ce monde-ci. Un hédonisme ici et maintenant. Un rapatriement de la jouissance en quelque sorte. Comment peut s'exprimer un tel « Ingrès » ? Par la reprise d'une sensibilité romantique se traduisant par l'attachement au territoire, l'importance du localisme, l'attention aux produits du terroir, aux nourritures biologiques. En bref, par la sensibilité écologique. Romantisme de la terre en ce qu'il met l'accent sur le sentiment *chtonien*. Qu'est-ce à dire sinon que confusément l'on se sent autochtone, appartenant, pour le meilleur et pour le pire, à cette terre-ci ! Une « écosophie » en quelque sorte ; véritable sagesse de la maison commune.

C'est en fonction de cela que l'on peut comprendre ce que pourra être le substrat du marketing postmoderne : le glissement de la *consommation* vers la *consumation*. Deux grandes caractéristiques peuvent permettre d'apprécier un tel glissement. Tout d'abord l'importance du *présent*. Cela fut le cas dans d'autres cycles historiques (en particulier durant la prémodernité qui n'est pas sans ressemblance avec ce qui est en train de s'esquisser sous nos yeux). Il y a un rapport entre le *présentéisme* et l'*hédonisme*. Mais, à l'encontre de ce que l'on a tendance à croire, cet hédonisme met l'accent, comme je l'ai indiqué, tout à la fois sur le qualitatif et sur la beauté des choses. C'est cela l'autre aspect de la *consumation* : privilégier l'esthétique. Il suffit de rappeler ce que signifie, symboliquement, l'émergence du *design* au mitan du siècle dernier. L'objet quotidien tout en gardant sa fonctionnalité est habillé, paré, signifiant par là l'obscur désir que tous les moments de l'existence s'inscrivent dans un perpétuel *dimanche de la vie*.

Je le rappelle, dans les sociétés prémodernes, les objets de la vie courante avaient une sacralité propre. Morceaux du monde, ils bénéficiaient de *l'aura* de celui-ci. Ils étaient entourés de prévenance, de respect, et cela s'exprimait par la beauté intrinsèque qui était la leur. C'est ce qui réapparaît, en notre postmodernité, par le souci du beau, que l'on va retrouver dans les objets ménagers, dans l'aménagement de l'espace, dans la multiplicité des magazines et magasins consacrés au « bien-être » sous ses diverses formes. On n'est plus, dès lors, dans la simple consommation, mais dans une ambiance de *consumation.* C'est bien une *éthique de l'esthétique* qui est en gestation. En son sens strict, un lien s'élaborant à partir du partage de la beauté et des émotions qu'elle ne manque pas de susciter. *L'ethos* est issu d'us et de coutumes issus d'un lien donné. D'un territoire aimé. C'est donc une éthique parfois immorale, qui s'exprime dans « l'effet *Impulse* », le désir, le plaisir pour un objet en ce qu'il permet le partage des passions et des émotions collectives.

L'esthétisation de l'existence, l'art se capillarisant dans l'ensemble de la vie quotidienne, l'accent mis sur le qualitatif, le refus du saccage productiviste, la rébellion contre la dévastation des esprits, voilà ce qui se résume dans la consumation postmoderne. Il y a dans tout cela quelque chose de *mondain.* C'est-à-dire un attachement à ce monde-ci. Une accordance, tant bien que mal, à cette terre, dont il s'agit de *jouir* sans en regretter nostalgiquement et sans en attendre mélancoliquement une autre. Plaisir de la vie qui se consume, voilà bien ce qu'est l'inconscient collectif, l'idéologie du moment !

Une telle évolution était prévisible, mais elle laisse pantois les divers observateurs sociaux, qui forts de leurs certitudes en tous genres, ont du mal à faire rentrer dans le « lit de Procuste » de la théorie un phénomène qui l'excède de toutes parts. Voilà bien le paradoxe. La pensée savante s'est constituée contre la *doxa*, cette *opinion commune* dont il fallait se distancier. Et elle est devenue elle-même une *doxa* faite de conformisme intellectuel, de politiquement correct, de moralisme rigide. Car ce qui prévaut est bien ce que Max Weber appelait une « logique du devoir être », incapable de voir ce qui est vraiment là. Décalage dangereux. Déphasage inquiétant qui conforte l'intelligentsia dans une paresse que l'on risque de payer fort cher : celle des *évidences* ne permettant pas de voir ce qui est *évident.* Intellectuels, hommes politiques, journalistes et décideurs de tout poil, tout à leurs divers écrivailleries ou bavardages académiques ont bien du mal à revenir à ces « choses elles-mêmes » dont Husserl nous rappelait la salutaire urgence. Le marketing, de bien entendu, n'est pas indemne d'un tel conformisme de pensée. Et pour le rendre tonique peut-être faut-il savoir se purger de l'habituelle et bien tranquillisante attitude *critique.* Celle qui, à partir d'une assurance théorique, juge péremptoirement. Or l'actualité n'est pas avare des dérives judicatives. Dire le droit, dire le vrai, recèle, très souvent, une dose, variable, de paranoïa. Ainsi, les observateurs sociaux, tout comme les politiques d'ailleurs, convaincus d'avoir raison, tendent à considérer la vérité comme leur butin. Ils sont prisonniers des fixations dogmatiques préconçues.

Il existe un fossé, s'élargissant de plus en plus, entre d'une part ceux qui « disent » et « font » la société, et d'autre part ceux qui la vivent. D'où la nécessité de prendre du recul. De revenir au vieil idéal des humanistes de la Renaissance : aborder *sine ira et odio*, sans colère ni haine, les choses de la vie. Mettre en pratique cette *neutralité axiologique* qui seule va permettre de trouver les mots, les moins faux possibles, disant ce qui est. Mots pour comprendre sans pour autant justifier. Mots fécondants du penseur qui irrigue la compréhension sociétale. Jacob Taubes remarque que s'il ne convient pas de jouer du violon pendant que Rome brûle, il n'est pas inutile d'étudier la théorie de l'hydraulique. Judicieuse observation, en appelant à la nécessité de l'*écart*, fondement même de la prudence intellectuelle. Base de l'intelligence des faits sociaux qui, au plus près de son étymologie, sait trouver les liens secrets, profonds, mais non moins solides, unissant des phénomènes apparemment disparates, ou d'allure éclatée.

À certains moments il faut savoir neutraliser l'urgence des événements pour en dégager la *forme* essentielle. Pour en repérer, au-delà des interprétations hâtives et forcément passionnelles, la signification cachée. Saisir en quoi ceux-ci sont des indices, des *index*, pointant qu'une idéologie cesse, ou à tout le moins est bien fatiguée mais, dans le même temps, qu'une autre est en gestation. C'est cela même qui, au-delà de la *critique*, en appelle à une pensée *radicale*. En un moment qui n'est pas sans ressemblance avec le nôtre, justement par la profonde mutation sociétale en gestation, à la fin de la Renaissance donc, on put observer l'effroi du savoir établi devant la démarche « radicale » s'exprimant, en particulier dans la philosophie de l'athéisme. Une telle radicalité ne s'intéressait plus vraiment aux querelles confessionnelles opposant les diverses obédiences chrétiennes (luthériens, catholiques, réformés…). Elle s'employait, au contraire, avec plus de désinvolture et de profondeur, à comprendre ce qui était émergent : le naturalisme, le néo-épicurisme, la rationalisation et autres phénomènes de sécularisation.

N'est-ce pas ce qui est, de nos jours, en jeu ? Au-delà des querelles « confessionnelles » : le contrat social, la citoyenneté, la démocratie, les querelles politiques, la radicalité va consister à penser un *idéal communautaire* en gestation, dont les contours sont, certes, encore nébuleux, parfois même irruptifs, mais qu'il ne sert à rien de dénier ou de stigmatiser. Sans vouloir être apocalyptique c'est, en effet, un certain « *nomos* de la terre », c'est-à-dire un certain ordre social moderne qui coule par le fond. Mais comme ce fut déjà le cas dans d'autres moments des histoires humaines, il s'agit, surtout, d'une *crise des élites*. Celles-ci, en effet, ne savent plus dire, façonner, fixer les contours que prend l'être-ensemble. Une réflexion de l'acte de consommer ou, ainsi que je l'ai rappelé, de « consumer » est, au plus haut point, tributaire d'un nouvel esprit du temps : celui d'un hédonisme tribal, d'un bien-être que l'on entend partager.

Voilà bien les leçons qu'il faut retenir, l'émergence d'un Nouveau Monde. Ou plutôt la prise de conscience d'une telle naissance. Et comme toujours lorsque cela arrive, étonné que l'on est, en son sens étymologique, du coup de tonnerre suscité par la découverte d'un corps céleste nouveau, on a du mal à trouver des mots qui soient en congruence avec la vie réelle. Pour cela, peut-être suffit-il de se tourner vers ces « ordres élémentaires », ces éléments ou formes de base constitutifs de toute existence *mondaine*.

Mais pour dire, il faut savoir médire. Il n'y a de *pars construens*, de vraie construction, que si existe une *pars destruens*, une mise à bas de ce qui est vermoulu. En la matière, détruire les idées convenues et autres conformismes de pensées qui sont, justement, le fondement des multiples crispations dogmatiques. Ou qui, tout simplement, confortent les diverses paresses intellectuelles, les lieux communs, et autres expressions des bons sentiments. En bref, tous ces « niagaras » d'eau tiède tenant, généralement, lieu d'analyse. Peut-être sous forme de « thèses » faut-il rappeler quelques-unes de ces banalités de base dont on ne pourra plus longtemps faire l'économie.

Il est peu intéressant d'analyser les faits, au sens habituel de la sociologie quantitative : catégories socioprofessionnelles (CSP), classe ou niveau de diplômes. Par contre, ce que révèlent nombre de phénomènes postmodernes, nombre d'effervescences, plus ou moins violentes, ainsi les afoulements musicaux, religieux, sportifs, tout comme les effervescences dans les temples de la consommation au moment des multiples fêtes ponctuant la vie sociale, c'est une profonde évolution des modes de *l'être ensemble* dans notre société. Il y a longtemps que j'ai rendu attentif aux figures dessinées par les *tribus postmodernes*, et ceci pour le meilleur et pour le pire. Ces rassemblements communautaires, ces agrégations éphémères et successives, ces groupes d'appartenance fondés sur l'émotion partagée oscillent entre fêtes culturelles et orgies barbares, entre générosité et égoïsme. L'on aurait tort de n'y voir que l'expression d'une barbarie à l'œuvre, d'un simple désir égoïste et à courte vue. Ces effervescences « consumatoires » délivrent un message prospectif. Elles manifestent, parfois avec cruauté, les profondes mutations de valeurs touchant, transversalement, l'ensemble de nos sociétés.

Certes, il serait niais de nier la pauvreté et les difficultés qui sont le lot de nombre d'habitants de nos villes. Il serait plus irresponsable encore de ne voir que leur misère et de ne pas prendre en considération les formes culturelles qu'ils nous proposent et mettent en exergue. Ce sont en quelque sorte les messagers de la postmodernité naissante, qui annoncent, souvent bien avant d'autres, les changements de valeurs à l'œuvre.

Du bon usage de l'hédonisme

À trop vouloir aseptiser l'existence sociale, la « pasteuriser », on aboutit à son exact contraire. Le bon sens le « sait » qui considère que « l'enfer est pavé de bonnes intentions ». En langage plus académique, c'est « l'hétérotélie » : le résultat inverse de celui que l'on attendait. Certes, il y a bien lieu de *s'étonner* du retour en force des bouffées délirantes des divers fanatismes, des formes explosives du terrorisme et, bien sûr, des incendies de voitures dans nos banlieues. La liste pourrait s'allonger de tous les « rodéos » de voitures en fin de semaine, ou des divers « jeux » de strangulation dans les cours des écoles. *Étonnement* ? Mais n'était-ce pas prévisible ? En tout cas c'est là. Il y a comme un air d'ensauvagement dans nos sociétés policées. Le poil, la peau, les « humeurs » reprennent une force indéniable. Et l'on ne pourra pas comprendre le management, la production, la consommation si l'on ne saisit pas un tel changement de paradigme. La modernité avait domestiqué l'humain, et voilà que son côté animal retrouve une jeunesse nouvelle.

Disons-le fort simplement. Pour bien comprendre ce qui nous arrive, il faut savoir explorer les cryptes de notre culture. Mettre au jour cela même que, sur la longue durée, l'on s'est employé à repousser, à refuser, à dénier. C'est tout cela qui, tel le retour du refoulé, refait surface au grand dam, bien sûr, des belles âmes « vertuistes » pensant que seul le Bien (avec une majuscule) a droit de cité. Voilà bien le fondement de l'idéal d'asepsie de la vie sociale. « L'hygiénisme » du XIXe siècle, l'idéologie du risque zéro de nos jours, la sécurisation à outrance de l'existence sociale sont les moments essentiels d'un tel idéal.

On peut, à cet égard, se souvenir du mythe de Dionysos. La ville de Thèbes est bien gérée par le sage technocrate Penthée. Tout est sous contrôle. L'ordre règne. Mais la vie s'en est allée. Ce sont les bacchantes qui, en introduisant le bruyant, redonnent vie à la cité. La *réaniment* en quelque sorte. Lui redonnent son âme. Nombreux sont les exemples mythologiques et historiques qui, en ce sens, disent et redisent la nécessité du « bon usage » de l'effervescence : expression du plaisir d'être, de l'hédonisme populaire, en bref de l'esthétisation de l'existence. Sa fonction fondatrice. Son aspect fécondant. Rappelant que l'*animal* humain est, aussi, un être d'instinct ayant besoin d'excès et d'effervescences.

Et c'est dans l'usage ritualisé de ceux-ci qu'une communauté se constitue en tant que telle. En bref, l'existence individuelle et sociale ne s'élabore pas en « dépassant » cette constante anthropologique qu'est la *part d'ombre* de l'humain, mais en l'intégrant. Ou, si l'on veut faire image, en l'homéopathisant. Et, par là, en évitant ses aspects les plus nocifs. Il s'agit là d'une sagesse qu'on pourrait dire « démoniaque », celle du *daimon* socratique, celle du *double* que tout un chacun éprouve en lui-même, celle d'une société ne se réduisant pas à ce qui serait le « positif » d'une réalité simplement rationnelle. Sagesse populaire, sachant bien que la vie est tragique, qu'elle est conflit. Et qu'il faut savoir s'accommoder de ces caractéristiques-là.

Bon sens que l'on retrouve dans les contes et légendes, qui resurgit dans la production cinématographique, dans les musiques techno ou « gothiques », et même, tout simplement, dans la fascination pour le fait divers. Sagesse sachant intégrer l'ogre, le méchant, le bandit, le non-conforme comme éléments de la complexité humaine. « Fleur du mal » de la banalité que l'on a trop tendance à négliger. Ainsi que nous le rappelle Max Weber : « La sagesse populaire nous enseigne qu'une chose peut être vraie bien qu'elle ne soit et alors qu'elle n'est ni belle, ni sainte, ni bonne. Expression la plus élémentaire de la lutte qui oppose les dieux des différents ordres et des différentes valeurs. » C'est cela qui est dénié par l'idéologie du *correctness* propre à la modernité dont j'ai parlé. Ce qui est dangereux, car ce que l'on ne ritualise pas, devient sanguinaire et *pervers*. Et ce en son sens strict : *per via*, cela prend des voies détournées et, dès lors, devient immaîtrisable.

Les effervescences, le désir de *consumation*, ou encore ce que Durkheim nommait « la soif de l'infini », ne sont pas, comme on le dit pour se sécuriser, les manifestations d'une simple misère économico-sociale. C'est plutôt la réaction contre une idéologie ordre rigide, mortifère et surtout obsolète. Rappel de la perdurance du monde des instincts. Perdurance que le marketing se doit de prendre en compte sous peine d'être en complet déphasage avec l'imaginaire postmoderne en gestation. On assiste ainsi au retour de la figure archétypale de ce que les ethnologues ont appelé le « trickster ». Ce « fripon divin » dont la fonction est de rappeler le besoin d'effervescence et d'excès. *Soif de l'infini*, qui, toujours et à nouveau, taraude le corps individuel et collectif.

Lorsqu'une telle figure reprend force et vigueur, il est vain de vouloir la brider. Il vaut mieux lui trouver des formes *passables* d'expression. Il ne sert à rien de condamner. Condamner ce qui est là n'est pas l'abolir. C'est le criminaliser. Or criminaliser quelque chose qui est de notre nature, ou de notre manière d'être : violence, force, vitalité, ne peut conduire qu'aux pires formes de tout cela. À ces formes « perverses » dont l'actualité vient de nous donner des exemples dont on peut dire qu'ils sont *brûlants*. Souvenons-nous qu'il n'y a de « commerce » social que si l'on sait prendre en compte tous les aspects de cette vie sociale : commerce des biens, certes, mais aussi *commerce des idées*, *commerce amoureux*. Ceci est le défi auquel est confronté le marketing postmoderne : savoir intégrer l'entièreté de l'être.

En fin de son analyse de « l'inquiétante étrangeté » (*unheimliche*), S. Freud rappelait que cette chose-là renvoie au « chez soi » (*das Heimisch*) ; qu'il s'agit de « l'antiquement familier d'autrefois ». Mais que, en allemand, le préfixe *un* par lequel commence le mot est « la marque du refoulement ». Amère sagesse dont il faut se souvenir. Et le travail du penseur n'est pas de conforter un moralisme toujours (re)naissant. D'aller dans le sens du poil. Mais bien de rappeler qu'il faut savoir ritualiser et, donc, canaliser l'effervescence. À défaut de cela nos sociétés risquent d'être comme ces hôpitaux parfaitement aseptisés. L'on y rentre pour se faire soigner un petit « bobo », et l'on en sort (ou pas) avec une maladie nosocomiale ! À trop vouloir soigner le mal qui nous habite, « curer » les turpitudes, désordres et autres dysfonctionnements, on se fait les fourriers d'un danger bien plus grand. Le mieux, on le sait, est l'ennemi du bien.

Le temps des tribus

Voilà bien, en effet, la seconde leçon de l'hédonisme, du plaisir d'être, du « plus être » postmoderne. La diversité tend à s'exprimer de plus en plus. Et de cela, également, les observateurs sociaux ont peur. Mais, on le sait, la peur est mauvaise conseillère. Très précisément en ce qu'elle conforte le déphasage, c'est-à-dire l'incapacité de reconnaître ce qui est. Pire des choses s'il en est ! Forme de paresse que l'on risque de payer fort cher. C'est un tic de langage, largement répandu, qui voit du « communautarisme » partout. Sottise qui consiste également à considérer qu'une question est résolue lorsqu'on la supprime, artificiellement, en la déniant. Attitude infantile enfin, celle de l'incantation, qui, d'une manière magique, répète des mots, et pense ainsi régler un problème.

Qu'en est-il ? Ce fut la grandeur de l'organisation sociale dans les sociétés modernes que de réduire toute chose à l'Unité. Évacuer disparités et différences. Homogénéiser les manières d'être, de parler, de vivre, de produire, d'aimer. La définition-programme d'Auguste Comte est, de ce point de vue, paradigmatique : *reductio ad unum*. D'où le bel idéal de la République Une et Indivisible. Ayons la lucidité et l'humilité de reconnaître que, ainsi que cela s'est vu à d'autres reprises dans le cours des histoires humaines, l'on peut observer une *saturation* de cet idéal unitaire. Pour ceux qui savent voir, réellement, ce qui est, la théâtralité de nos rues est à la diversité : casquettes, kipa, boubou, djellaba et autres perruques rasta sont les touches colorées de la vie urbaine. Empiriquement l'hétérogénéité s'affirme avec force. Réaffirmation de la différence, localismes divers, spécificités langagières et idéologiques, rassemblement autour d'une commune origine, réelle ou mythifiée. Tout est bon pour accentuer des formes de vie dont le fondement est moins la raison universelle que l'affect partagé, que le sentiment d'appartenance. Voilà qui permet de justifier que puisse exister ce que l'on peut appeler le *marketing des tribus* !

Les corps s'exacerbent, se tatouent, se percent. Les chevelures se hérissent en crinières animales ou se couvrent de foulards et autres accessoires, ethniques ou rituels. La peau, le poil, les humeurs réaffirment leur vitalité, les odeurs multiples reprennent droit de cité. En bref, dans la grisaille quotidienne, l'existence s'empourpre de couleurs nouvelles, traduisant ainsi la féconde multiplicité des enfants des dieux. *Il y a de nombreuses maisons dans la demeure du Père !* C'est cela même qu'il y a quelques années j'ai appelé le « Temps des tribus » (1987). Que celles-ci soient sexuelles, musicales, religieuses, sportives, culturelles peu importe. Il suffit de reconnaître qu'elles occupent l'espace public. Voilà le constat. Il est vain de le nier. Il est puéril de le dénier. Il est malsain de le stigmatiser. L'on serait mieux inspiré, fidèle en cela à une immémoriale sagesse populaire, d'accompagner une telle mutation. Et ce pour éviter, là encore, qu'elle s'aigrisse, devienne perverse et, dès lors, tout à fait désordonnée. On peut, à cet égard, donner en entier la citation de Max Weber relevant que « lorsqu'on part de l'expérience pure on aboutit au polythéisme. La formule a un aspect superficiel et même paradoxal, et pourtant elle contient une part de vérité. S'il est une chose que de nos jours nous ignorons donc, c'est bien qu'une chose peut être sainte non seulement bien qu'elle ne soit pas belle mais encore *parce que* et *dans la mesure* où elle n'est pas belle – vous en trouverez les références au chapitre LIII du livre d'Isaïe et dans le psaume 21. De même une chose peut être belle non seulement bien qu'elle ne soit pas bonne, mais précisément par ce en quoi elle n'est pas bonne. Nietzsche nous l'a appris… ».

Se montrer à la hauteur du quotidien nous force à partir d'une telle constatation. On est là au cœur de l'imaginaire postmoderne. Et seul un marketing qui prendrait acte du *changement climatique* que cela induit sera à même d'être en phase avec les appétences, les désirs, les pulsions, voire les besoins contemporains. Car, en effet, pourquoi ne pas envisager que la *res publica*, la chose publique, puisse s'organiser à partir de l'ajustement, *a posteriori*, de ces tribus électives ? Pourquoi ne pas admettre que le consensus social, au plus près de son étymologie : *cum sensualis*, puisse reposer sur le partage des sentiments divers ? Puisqu'elles sont là, pourquoi ne pas accepter les différences communautaires, aider à leur ajustement et apprendre à composer avec elles ? Il s'agit là du B.A. BA du « commerce », compris en son sens plénier, et donc de la consommation, de la consumation postmoderne. Après tout une telle composition peut participer d'une mélodie sociale au rythme peut-être plus heurté, mais non moins dynamique. En bref, il est dangereux, au nom d'une conception quelque peu vieillissante de l'unité, de ne pas reconnaître la force du pluralisme, de la diversité. Le centre de l'union peut se vivre dans la conjonction, *a posteriori*, de valeurs opposées.

Notons bien, d'ailleurs, que si l'on parle de conjonction des différences, l'on est loin d'un système politique organisé en fonction du partage du pouvoir par les différentes communautés répertoriées : noirs, musulmans, femmes, gays, etc. Ce qui est en jeu, en effet, dans ce « partage des sentiments », dans cette conjonction des différences, c'est la puissance sociétale. À savoir, pour reprendre la formule de Nietzsche à propos de telle ville ou de tel quartier : « Ici on peut y vivre puisque l'on y vit. » Ce qui fait qu'un lieu est un vrai « territoire », un terroir, parce qu'il fait lien. *Le lieu fait lien !* À l'harmonie abstraite et languissante d'un unanimisme de façade est en train de succéder, au travers de multiples essais et erreurs, un équilibre diversifié, cause et effet de la vitalité des tribus postmodernes. Peut-être faut-il cesser d'être obnubilé par le « bon vieux temps » de l'unité, et avoir l'audace intellectuelle de penser la viridité d'un idéal communautaire en gestation. En tout cas, ces tribus sont autant de *cibles*, autant de lieux symboliques où, de plus en plus, la *consommation-consumation* va se nicher. D'où la nécessité de savoir *apprécier* un tel phénomène : savoir lui donner son prix !

C'est en ce sens qu'un cycle civilisationnel est bien en train de s'achever. Nombreux, en effet, sont les petits « dieux » musicaux, sportifs, spirituels, occupant le devant de la scène sociale. Chacun, pour le meilleur et pour le pire, est signe d'effervescence, mais aussi de vitalité. Le *polythéisme des valeurs* (Max Weber) est à l'ordre du jour. Il est urgent de le prendre, intellectuellement et pratiquement, en charge. La mythologie nous rappelle que lorsqu'une cité rejetait le dieu Pan, il semait la *panique* chez ceux qui refusaient son entrée dans la ville. Amère leçon qui devrait nous inciter à plus de sagesse. Celle de reconnaître avec *humilité* que l'*humain* est aussi, pour une part, constitué par l'*humus*. C'est ainsi que peut se vivre, conflictuellement, un autre équilibre social. Celui de l'entièreté de l'être, fondement du nouvel imaginaire postmoderne.

L'ÉTERNITÉ AU PRÉSENT

C'est à partir de ces caractéristiques essentielles, propres à la postmodernité, que l'on peut voir s'élaborer un autre rapport au temps. Non plus celui du projet, qui était celui du politique structurellement moderne, mais bien le temps d'« à-présent » (Walter Benjamin). Dès lors ce qui est en jeu n'est plus la recherche de la « Cité de Dieu » (saint Augustin) fondement de l'imaginaire chrétien, occidental puis moderne ; ce n'est plus la tension vers la société parfaite marxienne qui va prévaloir, mais bien une accentuation sur le présent vécu. D'un *instant éternel* que l'on vit avec les autres ici et maintenant. Reviviscence du « cueillir aujourd'hui les roses de la vie » et autre *carpe diem* spécifiques de certaines époques, et qui seront, certainement, les caractères essentiels de l'imaginaire postmoderne. L'éternité est comme rapatriée dans un moment donné sur cette terre. Tout cela ne peut plus se comprendre au travers de la simple rationalisation généralisée de l'existence. Un tel hédonisme est, à tous égards, lourd de conséquences.

En effet, cela ne peut s'expliquer dans les catégories politiques ou rationalistes héritées du XVIIIe ou XIXe siècle. Les effervescences ne sont pas des « mouvements sociaux » revendicatifs. Certains tentent bien de les récupérer en ce sens, mais leur caractéristique est, justement, d'être « instantanéistes » : ils s'épuisent dans le moment même. Le « buzz », la rumeur, les divers « flashmobs » et autres formes de contamination vont, de plus en plus, servir de fondement à la production, à la consommation, sans oublier le management. Peut-être cela va-t-il dessiller les yeux des observateurs sociaux qui, ainsi, découvriront qu'il s'agit non pas de mouvements de désespoir, mais de l'expression d'une intense *circulation* sociétale ; le « commerce » plénier. La recherche, maladroite peut-être, mais non moins réelle, de nouvelles formes de solidarité, d'un désir de « proxémie » : le plaisir de l'entre-soi.

L'on ne peut plus, en effet, continuer à analyser la société à partir de « l'impératif catégorique » du travail comme réalisation de soi et du monde. Nous vivons une époque charnière, où la « valorisation » du travail cède la place à la volonté, plus ou moins consciente, de faire de sa vie une œuvre d'art. Désir du qualitatif, du ludique, de l'onirique, du festif : ne pas perdre sa vie à la gagner. Ce dernier point, en particulier, est tout à la fois essentiel et parfaitement ignoré par le conformisme ambiant. Ce qui est certain, c'est qu'à l'encontre de cette « tarte à la crème » que serait l'individualisme ambiant, la vie sociale ne repose plus sur l'association contractuelle d'individus rationnels, mais bien sur le jeu émotionnel de « personnes » trouvant leurs expressions quotidiennes dans une tribu. On est toujours en groupe, on pense, parle et agit en groupe. Tout un chacun n'existe que par et dans l'esprit de l'autre. Ne parle-t-on pas de « s'éclater » ? Cette perte de soi dans l'autre est bien la marque d'une *société de consumation* dont on n'a pas fini de mesurer les effets.

Il est donc important de comprendre qu'est en train de se mettre en place une autre manière d'être-ensemble, de vivre-ensemble. Ou plutôt de savoir dire cette autre manière d'être (vivre)-ensemble qui, déjà, est là. La désorganisation *sociale* peut, en effet, aller de pair avec une restructuration *sociétale*. Autant le *pouvoir* surplombant (économique, politique, symbolique) est de moins en moins admis par les jeunes générations, autant l'*autorité* est d'actualité. L'autorité en son sens strict est ce qui fait croître. C'est donc sur celle-ci qu'il faut faire fond. Autorité des « grands frères » qui peut favoriser une entrée dans la vie. Autorité qui, à la place d'une éducation totalement dévalorisée, mettra l'accent sur un processus « initiatique » permettant de comprendre les nouvelles formes de solidarité et de générosité qui sont en gestation dans nos sociétés.

C'est en ayant cela à l'esprit que l'on pourra savoir ce que sera le « commerce » postmoderne : les modes, les produits, les idées vont se diffuser sous forme de *contamination* induite par les « grands frères ». Dans l'imaginaire postmoderne, tout comme dans celui de la « pré-modernité », l'épidémie joue un rôle important. La viralité est de retour. On peut dire qu'à la structure patriarcale, verticale est en train de succéder une structure horizontale, fraternelle. La culture héroïque, propre au modèle moderne, reposait sur une conception de l'individu actif, « maître de lui », se dominant et dominant la nature. L'adulte étant l'expression achevée d'un tel héroïsme. L'anthropologue Gilbert Durand a pu y voir le vieil « archétype culturel constitutif de l'Occident ». Il faut, là encore, trouver le mot adéquat pour désigner la vitalité non active des tribus postmodernes. Vitalité de « l'enfant éternel », un peu ludique, un peu anomique. Mais la « loi du père », dans une telle configuration, n'est plus pertinente. Le *puer aeternus* est quelque peu amoral. Il est même, parfois, carrément immoral. Mais cet immoralisme peut être éthique en ce qu'il soude ensemble et fortement les divers protagonistes des effervescences propres à l'hédonisme contemporain. Ajoutons que cet « enfant éternel » n'est pas réductible à une tranche d'âge. Il s'agit d'une spécificité s'étendant, d'une manière transgénérationnelle. Rester jeune, parler jeune, s'habiller jeune, etc., voilà ce qui caractérise bien le *climat* postmoderne. Plutôt que de le dénier ou de le stigmatiser, il vaut mieux savoir accompagner un tel processus. Et ce au nom d'un simple principe de réalité, tant il est vrai que l'anomique d'aujourd'hui est souvent le canonique de demain !

Création-consumation

On peut dire qu'à l'image de ce que fut le politique pour la modernité, l'esthétique risque d'être la marque de la postmodernité. Esthétique qu'il faut bien sûr comprendre, en son sens étymologique : le fait d'éprouver, ensemble, des émotions. C'est une telle esthétique qui fonde l'idéal communautaire et donc le marketing des tribus. Il y a dans l'esthétique une « fureur de vivre » ne pouvant que choquer les esprits établis qui ne sont, en fait, capables que de repérer et d'analyser les pensées et les modes de vie moyens. Or l'esthétique rappelle que l'être est événement, voire *avènement*. Pour reprendre l'opposition modernité-postmodernité, on peut dire que, dans le cadre de celle-là, l'histoire se déroule, alors que pour celle-ci l'événement advient. Il fait intrusion. Il force et violente. D'où l'aspect brutal, inattendu, toujours étonnant qu'il ne manque pas d'avoir. C'est « l'effet *Impulse* » bien vu par diverses publicités.

L'avènement est singulier. Mais sa singularité s'enracine dans un substrat archaïque intemporel. Il s'agit, bien sûr, d'« archaïsmes » repensés en fonction du présent, vécus d'une manière spécifique mais qui n'en gardent pas moins la mémoire des origines. Événement-avènement, ai-je dit. Il est certain que ce qui est vécu qualitativement, avec intensité, s'emploie à faire resurgir ce qui est déjà là au sein même de l'être, que celui-ci soit individuel ou qu'il soit collectif. On peut, ici, faire référence à Heidegger, et à son souci d'une pensée post-métaphysique, en ce qu'il s'attache à faire ressortir ce plus « simple » servant de substrat à l'existence humaine. Mais également à Leibniz qui, dans son « principe des indiscernables », s'emploie à trouver une voie moyenne entre la différence absolue et le retour du même. Entre les deux, le romantisme ou la philosophie de la vie accentue l'aspect tragique du présent ; ainsi que son exigence, sa rage de vivre et le sens de l'urgence qu'il sécrète. Toutes choses pouvant se résumer au travers des deux termes : création-consumation.

Si l'on essaie de définir une telle ambiance, on peut la rapprocher de la créativité du paganisme éternel. Et ce en son sens fort : *paganus*, paysan de cette terre-ci ! Paganisme s'employant à empoigner la vie, à empoigner ce qu'elle offre, ce qui se présente. Exubérance païenne s'attachant à user des jouissances du présent, menant une vie audacieuse, hardie, une vie traversée par la fraîcheur de l'instant en ce que ce dernier a de provisoire, de précaire et donc d'intense. On a pu, analysant l'opposition de Machiavel au christianisme, parler à son propos de « générale impiété ». Il me semble que l'on peut extrapoler ce qu'il dit de son paganisme. Car c'est bien l'essence du christianisme que l'on retrouve dans le projet politique, dans la conception économique de l'existence, ou dans la recherche de sécurité proposée par les diverses institutions sociales. Ne l'oublions pas l'économie *stricto sensu* est, en fait, l'héritière de la chrétienne *économie du salut : rechercher son salut individuel dans une société parfaite à venir.*

C'est bien contre ce « christianisme-là » que s'insurge la *consumation* contemporaine. L'aspect juvénile de son effervescence, la « fraîcheur » de ses expressions, la recherche exacerbée d'une jouissance, multiforme, au présent, tout cela l'amène à voir dans le « monde antique » sa patrie d'origine. « Monde antique » qu'il faut, bien sûr, comprendre d'une manière métaphorique, c'est-à-dire tout ce qui contrevient aux divers « impératifs catégoriques » formulés par le moralisme moderne. Que ces impératifs soient d'ordre sexuel, économique ou idéologique. Il est, à cet égard, instructif de voir le retour de l'ethnique, du tribal. La mode, sous toutes ses formes, est à l'originaire. C'est bien ce retour à l'antique, à l'archaïque qui est le propre de la postmodernité. Comme si, au-delà de la parenthèse moderno-chrétienne, pour le meilleur et pour le pire, dans le quotidien ou dans le paroxysme, d'une manière adoucie ou, au contraire, dans des excès, on retrouvait la sublime et tragique beauté du monde. Seule celle-ci serait importante, autant en jouir pour ce qu'elle est, fût-ce, justement, en se soumettant à ses lois terribles et redoutables qu'il faut bien accepter. Ce qui n'est pas sans évoquer la thématique de l'*amor fati* dont on peut, dans un esprit nietzschéen, évaluer les importantes conséquences sociales.

C'est en se réveillant du rêve prométhéen que de plus en plus nombreux sont ceux qui adoptent une attitude stoïcienne. Stoïcisme généralisé, pour lequel ce sur quoi l'on ne peut rien devient indifférent. Voila bien l'*amor fati* qui fait que le destin n'est pas seulement échu, il est accepté, voire aimé en tant que tel. Ce qui engendre une certaine forme de sérénité pouvant sembler paradoxale, mais qui est à la base même de ces nombreuses manifestations de générosité, d'entraide, de bénévolat, d'actions humanitaires diverses dont la vie sociale n'est pas avare, et qui ont tendance à se multiplier. Car l'acceptation de ce qui est peut aller de pair avec le souci de participer à ce qui est : non pas maîtriser, mais accompagner un état de fait pour, éventuellement, l'amener à donner le meilleur de lui-même. Faire de sa vie une œuvre d'art. Participer à la créativité générale de la vie, à sa « dépense » aussi. Il est intéressant de voir, en cette période de soi-disant crise économique, se développer les entreprises et le commerce du luxe. Ce dernier, souvenons-nous-en, ne vient pas, simplement, de la luxure, mais de la *luxation*, du fait d'être *luxé*. C'est-à-dire ce qui n'est pas fonctionnel. C'est en ayant à l'esprit le retour de cette dépense somptuaire, ce que G. Bataille nommait la « part maudite », que le marketing saura en mesurer les conséquences sur la *consommation-consumation* postmoderne.

Voilà bien la logique esthétique décrite en quelques mots. Ainsi, la réalisation de soi ou du monde ne se « fait » plus dans une simple action économique, mais s'épanouit dans une interaction écologique fonctionnant sur la réversibilité structurelle, et qui serait, elle, la marque des périodes pré et postmodernes. En l'appliquant à la situation contemporaine, une telle « propension » ne manque pas de sécréter une indéniable sagesse. Sagesse, non active sans être passive, faisant ressortir la tendance qui, à un moment donné, est inscrite dans la réalité envisagée. Ainsi, pour reprendre une idée que j'ai déjà formulée, au moralisme et à son devoir être succède une « déontologie » prenant au sérieux les *situations* et agissant en conséquence. Le moralisme repose sur l'injonction à être ceci ou cela. L'individu doit se plier au projet édicté *a priori*, la société doit, également, devenir ce que l'intellectuel, le politique, l'expert a pensé qu'elle devait être. Tout autre est la *déontologie* (*ta deonta*) qui s'accommode d'une tendance générale, qui est attentive à la disposition du moment, en bref qui s'accorde aux opportunités du présent. Seules les situations ont de l'importance. Il n'y a nulle indifférence dans un tel immanentisme, mais, au contraire, une conscience constante, une présence à ce qui est : le monde, les autres proches, le social. En bref, on pourrait parler d'une « co-présence » à l'altérité sous ses diverses modulations. « Co-présence » à l'intensité variable mais qui intègre la globalité de l'être, et non plus telle ou telle de ses parties ou de ses caractéristiques.

Pour reprendre une thématique que j'ai déjà signalée, on peut rappeler le rôle du *daïmon* dans la tradition grecque. Socrate, bien sûr, a mis en scène le sien, et l'on peut considérer que c'était une croyance généralisée à laquelle personne n'échappait. Mais ce qu'il est intéressant de souligner, dans le cadre de notre propos, c'est l'étroite liaison existant entre le « daïmon » et la nécessité dont le rôle est si important dans le cadre de la culture antique. D'un mot on peut dire que beaucoup plus de choses dépendent de la nécessité que du caractère propre de l'individu. C'est cela même qui s'exprime, de diverses manières, dans les tragédies : on est plus agi que l'on n'agit vraiment par soi-même. Le destin est là, tout-puissant, impitoyable qui, malgré la volonté du sujet, oriente dans le sens de ce qui est écrit. Là encore c'est d'une forme de prédestination qu'il s'agit. Pour ne citer qu'un exemple parmi bien d'autres, tout le mythe d'Œdipe est construit sur une telle « nécessité », avec les conséquences paroxystiques que l'on sait.

On est là au point nodal de l'imaginaire postmoderne dont le marketing ne peut plus faire l'économie : l'esthétique tribale, la perte de soi dans l'autre, en bref la création et sa consumation, tout cela ne fait qu'accentuer la montée en puissance de ce qui est impersonnel. Ce qui est en jeu dans ce retour du destin, c'est la négation même du fondement philosophique de l'Occident moderne : le libre arbitre, la décision de l'individu ou des groupes sociaux agissant de concert pour faire l'Histoire. Le grand fantasme de l'universalité en étant la conséquence. Par contre l'affirmation, ou la réaffirmation des systèmes cycliques, rend caduc un tel libre arbitre. Les divers « orients » mythiques qui font intrusion dans la postmodernité renouent avec les puissances impersonnelles, et avec l'inéluctabilité de leur action. Que ce soit les diverses philosophies, ou plus simplement les techniques, bouddhistes, hindouistes, taoïstes, les voyances africaines, en prise directe avec les forces telluriques, les cultes de possession afro-brésiliens, sans oublier les multiples pratiques du New Age, ou tout simplement la fascination qu'exerce l'astrologie, tout cela met, essentiellement, l'accent sur le fait que l'individu n'est, au pire, que le jouet, au mieux, le partenaire, de forces qui le dépassent, et dont il faut qu'il s'accommode. Cela n'est pas qu'un simple problème philosophique. Les conséquences en termes de consommation-consumation seront considérables. Le marketing ne peut pas l'ignorer.

En tant qu'expressions de la mythologie contemporaine les films de science-fiction, nombre de vidéo-clip, parfois même la publicité font bien ressortir cette relativisation du libre arbitre par la « force » supra-individuelle. Certes, les esprits forts ne manquent pas de s'en gausser, mais sa prégnance est indéniable. Elle taraude l'imaginaire social, assure le succès des spectacles folkloriques et des reconstitutions historiques, lance les foules sur les lieux de pèlerinage, et fait un triomphe aux romans initiatiques. C'est cela que l'on peut appeler une « éthique de l'esthétique », autre manière de reposer la question des alchimistes médiévaux se questionnant sur la *glutinum mundi*, cette colle du monde qui faisait qu'en tout état de cause, il y avait quelque chose plutôt que rien, et que ce quelque chose soit cohérent. La « colle du monde » serait donc dans une force impersonnelle, un flux vital, auquel tout un chacun, et chaque chose, participe en une mystérieuse correspondance attractive.

Nombreux sont les poètes, artistes, utopistes qui ont célébré une telle « attraction ». Elle est en train de devenir une réalité juvénile indépassable, repérable dans divers affoulements musicaux, tout comme dans le succès des diverses émissions de la « télé-réalité ». En tous ces cas s'exprime le désir, inconscient, de faire comme l'autre, de n'exister que par et sous le regard de l'autre. Il est possible donc d'en faire une lecture socio-anthropologique. C'est ce que pour ma part j'ai proposé au travers du terme « orgie », c'est-à-dire la passion partagée, l'empathie sociale. Ou encore, en détournant quelque peu l'expression de Durkheim, on pourrait parler à ce propos d'une « solidarité organique » faisant que, le voulant ou non, tout un chacun fait partie, essentiellement, d'un ensemble qui le constitue pour ce qu'il est. En bref, nous n'existons que parce que l'autre, mon prochain, ou l'Autre, le social, me donne mon existence. Je suis un tel parce que l'autre me reconnaît comme tel. Une telle assertion peut paraître choquante, mais n'est-ce pas ainsi, empiriquement, que, de la plus petite aux ensembles les plus vastes, les sociétés fonctionnent.

Ainsi, au-delà de l'individualisme, qu'il soit théorique ou méthodologique, la vie sociale empirique n'est que l'expression de sentiments d'appartenance successifs. On est membre, on fait partie, on s'agrège, on participe ou, pour le dire trivialement, « on en est ». Même si cela a pu être le cas aux bons moments de la modernité, l'autonomie, la distinction, l'affirmation d'une identité individuelle ou de classe, tout ceci n'est plus, de nos jours, qu'un leurre, une illusion, un simulacre. Sociologie de l'orgie, ai-je dit, c'est-à-dire ordre de la fusion, voire de la confusion faisant que tout un chacun existe selon un principe d'hétéronomie, en son sens strict : c'est l'autre qui me donne la loi. Un devenir mode du monde en quelque sorte !

C'est en ayant cela à l'esprit que l'on peut comprendre le retour en force et la prégnance des figures emblématiques et autres archétypes quotidiens. Le phénomène des groupes de « fans » dans les jeunes générations n'est que la forme paroxystique de ces multiples adhésions vécues sans même y prêter attention. C'est ainsi que l'on « participe » magiquement à tel chanteur rock, à telle idole sportive, à tel gourou religieux ou intellectuel, à tel leader politique. Participation générant une communion quasi mystique, un commun sentiment d'appartenance. On peut ainsi faire remarquer que les grandes figures emblématiques, de don Giovanni à Zidane, deviennent des purs « objets ». Plus objets que sujets en ce qu'elles n'existent que dans l'esprit des autres, elles deviennent « type idéal », elles ont pour fonction essentielle de favoriser l'identification et, ainsi, de susciter la consommation – consumation.

On peut poursuivre en faisant remarquer que ces « grandes abstractions », ces archétypes tendent à se multiplier, voire à se démocratiser. Il y a, de plus en plus, des petites grandes figures. À la limite, chaque tribu postmoderne aura sa figure emblématique comme chaque tribu, *stricto sensu*, possédait, et était possédée, par son totem. Dans tous les cas l'identité, le libre arbitre, la décision ou le choix individuel peuvent, certes, être affirmés ou revendiqués, ils sont, en fait, tributaires des identités, décisions et choix du groupe d'appartenance. Au lieu de s'opposer, d'une manière irréductible, au lieu d'être dépassées, selon un mécanisme dialectique et dramatique, dans une synthèse lénifiante, la liberté et la nécessité sont, à certains moments, vécues dans une tension « contradictorielle », c'est cela que j'ai appelé une harmonie conflictuelle. Cela, bien sûr, fait penser à la tradition mystique, ou à la philosophie hindouiste, mais également au processus d'*individuation* (à ne pas confondre avec l'individualisation) bien décrit par C.G. Jung, où le moi se sert et se vit comme un petit soi dans un Soi plus vaste qui l'englobe. C'est cela l'expérience du Soi ne détruisant pas l'individu empirique, le moi, mais qui, au contraire, l'exhausse, c'est-à-dire l'élève dans un ensemble plus vaste. Voilà bien l'intensité et la jubilation de la situation tragique, celle, souvenons-nous, de l'*amor fati* nietzschéen : être libre dans une nécessité toute pleine d'amour. En bref, une forme de dépendance pleine de quiétude en ce que l'individu se réalise dans un « plus être » le révélant à lui-même. Aussi choquant que cela puisse paraître ce n'est plus la thématique de la liberté qui va prévaloir, mais bien celle de la dépendance, celle de la *reliance* : être relier à l'autre, avoir confiance en l'autre.

On voit bien quelles peuvent être, contemporainement, ces situations de « plus être ». Grands rassemblements, affoulements de tous ordres, transes multiples, fusions sportives, excitations musicales, effervescences religieuses ou culturelles. Toutes choses exhaussant la personne à une forme de plénitude que ne donne pas la grisaille de la fonctionnalité économique ou politique. Il y a, en chacun de ces phénomènes, une sorte de participation magique à l'étrange, à l'étrangeté, à une globalité dépassant la singularité individuelle. Globalité qui est de l'ordre du sacré, auquel tout un chacun communie. Ironie du tragique, ou « ruse » de l'imaginaire collectif, remettant dans le circuit social cette dimension numineuse que la modernité avait cru évacuer de la vie sociale ? *Réenchantement du monde ?* Certainement en ce que l'on assiste, indéniablement, au dépassement de la simple utilité, voire *ustensilarité*, que celle-ci soit individuelle ou sociale. Retour de la vie luxueuse – luxée dont certaines périodes, comme la Renaissance, ont donné une brillante illustration.

Dans une telle perspective, le monde et l'individu ne deviennent pas, progressivement, ce qu'ils doivent être en fonction d'une finalité programmée, mais, pourrait-on dire, ils « adviennent » à ce qu'ils sont. L'archétype n'étant, en quelque sorte, qu'une aide dans ce dévoilement créatif, quelque chose servant de révélateur, s'employant à faire ressortir ce qui est déjà là. C'est en ce sens qu'existe une étroite liaison entre la dimension tragique de l'archétype et l'accentuation d'une conception cyclique du temps. Cette proximité structurelle entre la procédure archétypale, l'inconscient collectif et le cycle tient au fait que tout processus vital suit ses propres lois internes. Pour prendre, ainsi, l'exemple de l'inconscient, on ne peut avancer à marche forcée, il vient au jour « à son heure ». À l'image d'une source qui surgit, resurgit ou se tarit selon un rythme qui est le sien, on ne peut jamais prévoir, d'une manière certaine, l'émergence du flux inconscient.

On peut également rapprocher cela de ce que tout comme dans la pensée alchimique, tout comme dans la dynamique de l'inconscient, il y a quelque chose de circulaire, ou mieux de spiralesque dans la production des images. Celle-ci n'obéit pas non plus au linéarisme mécanique qui est celui de la simple raison, mais suit un ensemble de circonvolutions, qui en complique, singulièrement, l'interprétation. Il y a, en effet, une structure labyrinthique tout à la fois dans l'inconscient et dans le monde des images. Et si le premier domaine a été largement investi par l'interprétation intellectuelle, il n'en est pas de même pour ce qui regarde le second, encore bien ignoré, méprisé ou marginalisé par les penseurs, à tout le moins par ceux défendant un point de vue strictement rationaliste.

Il est certain que les circonvolutions ou même, si on se réfère à une expression de l'histoire des religions, les « circumambulations », décrivent le lent travail circulaire que fait tout un chacun pour accéder, peu à peu, à la réalisation de ce que j'ai appelé, plus haut, un « plus être ». Le « mandala » tibétain en est une bonne illustration, pour la tradition orientale, tout comme le mythe de la quête du Graal l'exprime bien dans la tradition occidentale. Dans tous les cas il y a répétition, mouvement cyclique et conception tragique de la vie. Les figures archétypales procèdent toujours par redondances, elles font toujours référence à un temps mythique, celui, non datable, de nos contes et légendes : « en ce temps-là », de l'*illud tempus*. Peut-être est-ce à l'aune de tout cela que l'on peut mesurer le succès commercial des films et livres d'initiation (*Harry Potter*, *Le Seigneur des anneaux*, *Da Vinci Code*, etc.) et de leurs produits dérivés.

Mais ce phénomène d'intemporalité, d'accentuation cyclique ou tragique se repère, également, dans la mise en scène quotidienne ou, *a fortiori*, spectaculaire qui est celle des stars contemporaines. Le *puer aeternus* que représente, par exemple, Michael Jackson, la dépravée repentante que représente bien Madonna ou, plus prosaïquement, le fripon divin illustré par le *trader* contemporain, sans oublier le héros belliqueux qu'est telle figure sportive, tout cela ressortit bien d'un *réenchantement du monde* ayant un fort retentissement dans l'imaginaire collectif. Ces figures ne créent rien de spécifique, elles ne font que répéter, redire des caractères, des manières d'être anthropologiquement enracinés. Elles recréent ce qui est déjà là. C'est cet aspect cyclique qui fait, d'ailleurs, qu'elles sont portées au pinacle. Et c'est en communiant à ces redondantes mises en scène, en s'identifiant à elles, que tout un chacun, au bout d'une longue initiation, qui est la plupart du temps non consciente, se dépasse, « s'éclate », d'une manière créatrice, dans quelque chose dépassant l'enfermement, ou le rétrécissement, dans le petit moi individuel. Là encore l'étroite liaison de la création et de la consumation qu'illustrent tant de phénomènes contemporains !

Que ce soit dans les expressions empiriques de l'art contemporain ou, ce qui n'est pas forcément très éloigné, dans les contradictions mythiques il est important de relever une redondance fondamentale. Les anthropologues (Lévi-Strauss et Gilbert Durand) ont insisté, avec force, sur cet aspect : la répétition, le « bricolage » qui lui est corrélatif sont à l'œuvre dans les grandes œuvres spirituelles de l'humanité. D'une certaine manière, cet aspect répétitif, que ce soit le « retour du même » nietzschéen, l'idée obsédante de l'écrivain, la phrase musicale typique du musicien, la « patte » du peintre, la sempiternelle digression théorique du penseur, voire même la ritournelle reconnaissable du chanteur, tout cela souligne la présence de l'intemporel dans l'histoire, d'une sorte d'immobilité dans le mouvement.

C'est en ayant à l'esprit la redondance du mythe et la répétition dans les créations quotidiennes, sans oublier, bien sûr, celle qui est à l'œuvre dans la vie courante, que l'on comprend la part d'intime émotion sécrétée par la familiarité des phénomènes, des situations, des idées, etc., qui reviennent avec régularité. C'est cela même qui caractérise l'esthétique communautaire. L'*habitus* (Thomas d'Aquin, Aristote) insiste sur l'aspect structurant de la coutume établie, sur la prégnance de l'habitude. Toutes choses montrant que le perfectionnement, individuel ou collectif, n'est pas forcément dans un progrès sans fin, ainsi que l'a postulé la modernité, mais peut, à certains moments, s'effectuer dans une adéquation à ce qui se présente d'une manière récurrente : les us et coutumes, les mythes et les rites, les habitudes d'une société donnée. *La création comme recréation* fondement du « Commerce » sociétal. C'est bien cela que proposait la société prémoderne, il est possible que ce soit cela qui reprenne de l'importance dans l'imaginaire de la postmodernité.

RÉFÉRENCES BIBLIOGRAPHIQUES

Baudrillard J. (1970). *La Société de consommation*, Paris, Galimard.

Benjamin W. (1971). *Poésie et révolution*, Paris, Denoël, coll. « Lettres Nouvelles ».

Deleuze G. (1988). *Le Plis*, Paris, Éditions de Minuit.

Durand G. (2010). *Pour sortir du XXe siècle*, Paris, CNRS Éditions.

Douglas M. (1992). *Comment pensent les institutions*, Paris, Éditions Esher.

Giddens A. (1987). *La Constitution de la société*, Paris, PUF.

Heidegger M. (2006). *La Dévastation et l'attente*, Paris, Gallimard, NRF.

Jeffrey D. (1998). *Jouissance du sacré*, Paris, Armand Colin.
Maffesoli M. (1982). *L'Ombre de Dionysos*, Paris, LGF.
Maffesoli M. (1988). *Le Temps des tribus*, Paris, La Table Ronde.
Maffesoli M. (2003). *L'Instant éternel*, Paris, La Table Ronde, coll. « Le Petit Vermillon ».
Maffesoli M. (2010). *Après la modernité*, Paris, CNRS Éditions.
Susca V. (2009). *Récréations : Galaxie de l'imaginaire postmoderne*, Paris, CNRS Éditions.
Tacussel P. (2007). *L'Imaginaire radical*, Dijon, Les Presses du Réel.
Taubes J. (1999). *La Théologie politique de Paul*, Paris, Le Seuil, coll. « Trace écrite ».
Vattimo G. (1991). *Éthique de l'interprétation*, Paris, La Découverte, Armillaire.

16

Les racines oubliées du marketing d'aujourd'hui… et de demain

Franck Cochoy

*Franck Cochoy est professeur de sociologie à l'université de Toulouse II, professeur invité à l'université de Göteborg (Suède), et membre du CERTOP (UMR CNRS 5044). Ses travaux de sociologie des marchés concernent les différentes médiations qui façonnent les relations entre l'offre et la demande, tels le packaging, le merchandising, le marketing, la normalisation, etc. Il est l'auteur d'*Une histoire du marketing *(Paris, La Découverte, 1999) et d'*Une sociologie du packaging ou l'âne de Buridan face au marché *(Paris, PUF, 2002) ; il a publié de nombreux articles dans des ouvrages et revues scientifiques en France et à l'étranger.*

Le marketing a-t-il une histoire ? À lire les manuels de la discipline on peut en douter, tant ce type de publication se donne pour tâche paradoxale à la fois d'opérer une mise à jour très scrupuleuse de l'évolution de l'état des connaissances, mais aussi de gommer dans le même temps toute trace de leur état antérieur, pour donner au final l'impression d'un savoir unique, immuable, parfaitement fonctionnel, comme si la science des marchés exprimait un rapport « naturel » au monde, indépendant des intérêts sociaux et des contingences dont elle est pourtant le produit. Pour répondre à la question de la possible histoire du marketing, il faut donc sinon se tourner vers d'autres sources du moins relire l'ensemble du corpus qui a jalonné le long développement du marketing. On retrouve alors l'histoire humaine et sociale du marketing, et les enjeux dont elle est porteuse. Revenir sur le passé, c'est en effet découvrir des dimensions oubliées de la discipline, les raisons de ces oublis. Nous allons voir que l'histoire du marketing a revêtu quatre aspects successifs : d'abord, les pionniers du marketing se sont donné pour objectif de se former à l'étude empirique du marché et de former des spécialistes correspondants. Les marketers sont parvenus à ce premier objectif en formatant le savoir de la pratique *via* la constitution de cadres conceptuels et humains adéquats. À partir de là, les adeptes de la discipline du marché ont joué le jeu des gestionnaires et des affaires, des économistes et de l'économie pour finalement redéfinir les contours du marché et de l'économie dans leur ensemble[1]. Remettre au jour cet ensemble d'évolutions, c'est non seulement découvrir des aspects souvent oubliés d'une discipline que l'on pensait connaître mais aussi trouver les moyens de réfléchir aux allants de soi d'aujourd'hui, et donc peut-être, ce faisant, d'imaginer autrement les voies du marketing à venir.

Le double apprentissage du marketing

La discipline du marketing (le contrôle des marchés) a commencé bien avant la discipline du marketing (la science des marchés). De ce point de vue, la mise en lumière du marketing comme élément de structuration des marchés n'a rien d'innovant. Les historiens américains ont depuis longtemps montré que les savoir-faire des gestionnaires en matière commerciale ont participé de façon décisive à l'affirmation du capitalisme contemporain : depuis le milieu du XIXe siècle, l'internalisation progressive du marché dans les grandes entreprises, la pratique récurrente de la segmentation des clientèles, voire la construction sociale de la demande ont sanctionné la prise de pouvoir de la main visible des managers au détriment de la main invisible du marché. Pourtant, l'histoire du marketing est aussi celle de la progressive dissociation de la connaissance et de la pratique marchandes.

De l'économie au marketing : découvrir le marketing

Au départ, le marketing universitaire provient de la science économique elle-même. Les fondateurs du marketing universitaire moderne furent des économistes du Middle West américain, formés à l'école de l'économie historique allemande. Ce furent des économistes, parce que l'économie était la seule discipline qui, à l'époque, traitait des phénomènes marchands. Ce furent des économistes américains formés en Allemagne, parce que la formation de ceux-là les opposait aux orientations classiques de leurs pairs formés aux États-Unis, parce que l'école historique allemande dont ils étaient issus prônait une approche des choses économiques qui fût à la fois historique, statistique et pragmatique, c'est-à-dire tournée vers l'étude empirique des marchés concrets. Enfin, ce furent des économistes du

1. Le présent chapitre reprend, simplifie et actualise deux textes antérieurs (Cochoy, 1998, 2001).

Middle West, parce que ces personnes, souvent membres de Land Grant Universities (c'est-à-dire des universités d'État vouées à la promotion de l'activité agricole), confrontées quotidiennement aux problèmes complexes de l'économie rurale, furent amenées à s'intéresser au fonctionnement réel des circuits de distribution, et notamment à l'acheminement des denrées périssables des zones rurales vers les zones urbaines. À l'écart de l'économie politique classique, mais aussi à l'extérieur du monde de l'entreprise dont ils ne connaissaient rien, les économistes fondateurs du marketing durent tout inventer. Cette extrême marginalité fit leur force. Pour construire un savoir nouveau, ces hommes entreprirent de suivre physiquement le parcours des produits tout au long des circuits de distribution et d'inventorier les institutions, procédures et pratiques observées. Le témoignage de L.D.H. Weld, auteur du tout premier manuel de marketing, est à cet égard exemplaire :

> *« Lorsque j'ai commencé à enseigner le marketing à l'automne 1913, il n'y avait pratiquement pas de littérature sur le sujet. Je devais aller sur le terrain et déterrer ma propre information. J'ai étudié de première main le mouvement du grain et le fonctionnement du marché à terme de la chambre de commerce de Minneapolis [...] J'ai suivi personnellement l'envoi par bateau du beurre et des œufs et d'autres marchandises depuis l'affréteur de campagne du Minnesota en passant par les grossistes, intermédiaires et détaillants jusqu'à New York, Chicago, et autres villes. J'ai analysé chaque dépense impliquée dans ce passage à travers les circuits du commerce. J'ai étudié les méthodes de cotation des prix, les opérations d'échange du beurre et des œufs, et les marchés d'enchères des villes de l'Est. J'ai aussi étudié de première main les opérations des associations coopératives de fret du Minnesota et publié des bulletins sur ce sujet » (Weld, 1941).*

Parce qu'il n'est de nulle part, parce qu'il ne sait rien, le futur professeur de marketing passe au site de l'autre, en prélève le savoir. En visitant l'ensemble des lieux, il construit un savoir transversal. Avant lui, le savoir existait, mais retranché en chaque point de la chaîne. Après lui, le savoir est extériorisé, intégré, redistribué. On obtient enfin l'image d'ensemble : « Après deux ans de ce travail j'avais écrit mon livre, *Le Marketing des produits agricoles* » (Weld, 1941).

L'universitaire ne sait rien, donc, et lorsqu'il apprend quelque chose, il fait profession de le faire deux fois : il enseigne ce qu'il a récolté. Dès lors, ce hors-jeu, cet intrus dans la concurrence historique des acteurs privés, construit sa propre médiation, propose la diffusion transversale de savoirs détournés, resitués, restitués, et anticipe une possible transformation de l'économie par la nouvelle science gestionnaire.

Des pratiques aux cours de marketing : enseigner le marketing

Mais pour transformer l'économie de marché, le marketer devait encore devenir le formateur des marchands. Or, au départ, cela n'avait rien d'évident : pourquoi les hommes d'affaires auraient-ils prêté attention aux leçons de professeurs qui, jusqu'à preuve du contraire, en savaient moins qu'eux-mêmes ? Pourquoi auraient-ils renoncé à se former sur le tas, par la pratique ? Pourquoi auraient-ils admis l'inventaire et la divulgation de leurs précieux savoirs, au risque de perdre leur expertise et leurs avantages concurrentiels ? Pourquoi auraient-ils troqué un savoir local mais éprouvé contre un savoir général mais mal assuré ? Répondre à cette quadruple question, c'est d'abord observer que l'invention du marketing universitaire est contemporaine d'une double mise en réseau. Du côté des entreprises, au début du siècle, on assistait à la formation du groupe des cadres. À cette époque, ceux qui assuraient la gestion technique des entreprises se rencontraient, se rassemblaient, organisaient des meetings, lançaient des revues professionnelles. Ces efforts aboutirent en 1919 à la formation d'une American Administrative Management Association qui, en 1925, devint l'American Management Association. Parallèlement, la formation universitaire se généralisait et s'unifiait : l'Association of American Universities fut créée en 1900, l'American Association of University Professors en 1915, l'American Council on Education en 1918.

L'entreprise grandissait, et le management devenait une profession – celle des cadres. L'université se développait, et la formation supérieure devenait une profession – celle des universitaires. La professionnalisation des uns était indissociable de celle des autres. Les universités avaient pour mission de prendre en charge les qualifications, d'assurer l'homogénéisation des critères de formation et des carrières. Seules les institutions d'enseignement se trouvaient en mesure de mettre au point les diplômes qui garantiraient les compétences d'acteurs anonymes entrant sur le marché du travail nouveau des spécialistes en gestion. En retour, les cadres, qui n'avaient d'autres richesses que leur unique savoir-faire, étaient les seuls, dans le monde de l'entreprise, à être directement intéressés à la constitution des sciences propres à légitimer leur action, à garantir leur emploi, à construire leur identité commune face au groupe des actionnaires.

Voilà pourquoi les *business schools* se développèrent rapidement, et s'unirent, en 1916, au sein d'une American Association of Collegiate Schools of Business. Les écoles de gestion furent le point de ralliement des mouvements conjoints d'affirmation des cadres et d'essor des universités. Ce furent des lieux de formation, si l'on veut bien entendre par ce mot autant formation des savoirs que formation des savants, autant formation des professionnels que formation des professeurs. Les *business schools*, comme leur nom l'indique, permirent le brassage des affaires et du scolaire, et donc la redéfinition de l'identité de chacun des bords ainsi rapprochés. À ce titre, il n'est pas innocent de rappeler combien les pionniers du marketing furent des hommes hybrides, croisant et combinant allègrement les identités de gestionnaire et d'universitaire, passant de l'université à l'entreprise, puis de l'entreprise à l'université, etc.

Les premiers (Ralph Starr Butler, L.D.H. Weld, Paul H. Nystrom...), économistes déviants devenus marketers, parvinrent, en alternant les positions universitaires et gestionnaires, à faire en sorte que le savoir empirique en matière de gestion des marchés gagnât en importance, en reconnaissance, pour finir par intégrer le centre, les lieux de savoir et de pouvoir des régions, des universités (NYU, Columbia...) et des entreprises les plus importantes de l'Amérique (Procter & Gamble, US Rubber...). Ces hommes purent ainsi, telle l'abeille qui transporte le pollen récolté d'une fleur à l'autre, fertiliser chacun des champs traversés par les savoirs acquis dans les autres.

Les seconds, en migrant temporairement de l'entreprise vers l'université, purent obtenir une position suffisamment décalée et surplombante pour penser l'articulation des affaires. Arch W. Shaw en particulier, homme d'affaires ayant des intérêts dans plusieurs entreprises de Chicago, et par là même porté à comparer des situations diverses pour constituer un savoir transversal des affaires, fut requis successivement par Harvard et Northwestern University pour contribuer au développement de cursus en gestion. Arch W. Shaw tira parti des effets de perspective ouverts par la multiplicité de ses positions pour inventer les références, les dispositifs et les méthodes grâce auxquels on pourrait unifier la nouvelle communauté des spécialistes en gestion.

Du côté des affaires, Arch W. Shaw fonda *System, the Magazine of Business* – l'ancêtre direct de *Bloomberg Business Week* –, c'est-à-dire un forum de discussion, un lieu où les hommes de l'art pouvaient découvrir des idées générales sur la conduite des affaires, partager et mettre à l'épreuve leurs savoirs, convictions et expériences communes. Du côté de l'université, Arch W. Shaw fut à l'origine de deux innovations capitales. D'une part, il mit en place la forme laboratoire pour l'entreprise – le Bureau of Business Research – ce dispositif universitaire prodigieux qui, en ouvrant sur la constitution d'un savoir à la fois systématique, cumulatif et transversal, rendait pour la première fois, aux yeux des praticiens, l'expertise des universitaires supérieure à leur propre expérience individuelle. D'autre part, il mit au point la méthode des cas, cette didactique novatrice qui, en transposant la pratique dans la salle de classe, donnait pour la première fois aux enseignants le privilège d'une pédagogie de la pratique, mais permettait aussi, en organisant la simulation de la pratique, l'acquisition de l'expérience (le savoir) par le recours à l'expérience (l'expérimentation), d'apprendre la pratique sans les risques du métier.

Tous ces premiers efforts de généralisation et de croisement des savoirs et des pratiques locales ne tardèrent pas à susciter l'apparition de procédures globales de mise en forme et de mise en équivalence, tant la circulation des hommes en économie de marché – et notamment l'invention de possibilités de carrières pour les cadres – demandait l'uniformisation des langages, des qualifications, et des compétences. En marketing, cette uniformisation emprunta une double voie.

DISCIPLINER L'ÉCONOMIE DE MARCHÉ

La première uniformisation du marketing : la sédimentation d'un savoir commun

La première voie d'uniformisation du marketing, ascendante et interactive, fut celle de la mise en relation progressive des observations et des connaissances acquises sur des terrains locaux en matière de produits, d'institutions et de fonctions commerciales. Nous avions vu plus haut que pour percer les mystères des circuits de distribution, l'économiste-marketer avait choisi de suivre la commercialisation des produits. Le suivi des produits déboucha sur la nomination de leurs lieux d'origine, de transit, et de destination : dans les années 1910-1920, les pères fondateurs du marketing moderne, formés pour la plupart, nous l'avons vu, à l'école de l'économie institutionnelle, entreprirent de décrire l'ensemble des institutions impliquées dans le processus de commercialisation, depuis les maisons de gros jusqu'au moindre commerce de détail. À partir de ce double inventaire (ce qui circule : les produits ; par où cela circule : les institutions) une première généralisation devint possible. La double entrée par les produits et par les institutions déboucha sur l'approche fonctionnelle, à l'époque où, précisément, la « fonction marketing » commençait à être institutionnalisée dans les entreprises américaines.

L'étude des « fonctions » de marketing fut introduite par Arch W. Shaw, qui proposa une classification des « fonctions générales des intermédiaires ». Les fonctions qu'il distinguait étaient le partage des risques, le transport, le financement, la vente, l'assemblage-assortiment-réexpédition. L'idée d'Arch W. Shaw était que ces fonctions, universelles, devaient être remplies d'une façon ou d'une autre : si quelque chose pouvait être éliminé dans la médiation marchande, c'était tel ou tel intermédiaire, mais non la fonction que ce dernier remplissait. Parce qu'elle dissociait les hommes, les choses et les concepts, l'approche fonctionnelle ouvrait sur la généralisation, donc sur la sédimentation transversale des savoirs locaux. Cette approche fut reprise par l'ensemble des premiers manuels qui s'efforcèrent de compléter, d'affiner, de systématiser la typologie initiale d'Arch W. Shaw, par exemple en regroupant les fonctions initialement discernées sous des intitulés plus généraux.

Ainsi, peu à peu, la connaissance des réseaux déboucha sur un réseau de connaissances ; l'induction pragmatique allant des produits aux institutions puis des institutions aux fonctions accoucha d'une discipline et d'un corps de spécialistes entièrement nouveaux. L'uniformisation progressive des connaissances par lectures réciproques, rapprochements et recoupements conduisit les hommes de marketing à se repérer les uns les autres, à dialoguer, à se regrouper. Ainsi, l'uniformisation ascendante et décentralisée des connaissances (au sens de savoirs) dont nous parlions plus haut fut très vite relayée par l'uniformisation descendante et centralisée des connaissances (au sens de relations humaines), que nous allons évoquer maintenant.

La seconde uniformisation du marketing : la constitution d'une communauté humaine

Les universitaires intéressés par le monde commercial se rencontrèrent dans le cadre des associations professionnelles de leurs origines – Associated Advertising Clubs of the World pour les psychologues marginaux parmi les professionnels de la publicité naissante, American Economic Association pour les économistes marginaux parmi les économistes orthodoxes. À l'occasion de ces réunions, les marginaux des deux bords prirent d'abord conscience de leur marginalité dans leur communauté d'origine, et se regroupèrent. Les deux groupes ainsi formés, en raison de leur intérêt commun pour la distribution et de leur identité commune d'universitaires déviants, finirent par fusionner en une National Association of Teachers of Marketing and Advertising. Enfin, ce premier groupe fut bientôt rejoint par un troisième : le groupe des cadres et des techniciens spécialistes de l'étude qui, s'estimant en marge du pouvoir gestionnaire et du savoir universitaire, s'étaient regroupés depuis 1931 en une American Marketing Society. Les hommes de l'entre-deux décidèrent donc de se joindre aux autres hommes de l'entre-deux, et de donner naissance, le 1er janvier 1937, à l'American Marketing Association.

L'apparition d'une association professionnelle *ad hoc* permit aux hommes de marketing d'accroître leur emprise sur la formation et sur la gestion de l'économie américaine. Nous avions signalé que la mise en œuvre des nouveaux savoirs pratiques dépendait de leur généralisation, de leur abstraction, de leur systématisation sous forme d'enseignement. Cependant, cette première procédure d'uniformisation ascendante, de par son caractère itératif et décentralisé, était lente et capricieuse ; elle reposait sur des rencontres aléatoires, sur des trouvailles providentielles, sur la disponibilité plus ou moins grande des références, sur le bon vouloir et la perspicacité des auteurs comme des éditeurs. Une association professionnelle, en revanche, permettait de lever ces difficultés. Dès les années 1920, l'ancêtre de l'AMA, la National Association of Teachers of Advertising, mit en place un Committee on Teachers' Materials destiné à rassembler du matériel pédagogique auprès des publicitaires et des éditeurs, puis elle se lança dans sa propre activité éditoriale, en publiant les communications de son colloque annuel sous forme de bulletins. Rassembler des textes et les diffuser permettait à la communauté concernée d'accéder simultanément au même type de références : les marketers, par l'intermédiaire des écrits, pouvaient pour la première fois communiquer, prendre connaissance de l'action des autres, rapporter leurs positions respectives aux avancées de leurs autres collègues.

Le rapprochement était enfin possible, mais il suscitait plus de problèmes qu'il n'en résolvait. En effet, la mise à jour des travaux divers faisait apparaître en pleine lumière l'hétérogénéité des entreprises locales, la prolifération des concepts, l'extrême polysémie des incarnations possibles du « marketing », tour à tour synonyme de vente, de distribution, de publicité, etc. On pouvait comparer, certes, mais la comparaison tendait à produire une impression de cacophonie préjudiciable à la cohésion intellectuelle et sociale de l'association. Aussi, le deuxième effort des responsables de l'association consista à mettre de l'ordre dans les éléments qu'elle avait contribué à rassembler, à construire un langage commun.

En 1930 fut institué un Committee on Definitions qui reçut pour mission de légiférer, d'harmoniser, de construire le vocabulaire officiel du marketing. Parce que l'AMA occupait une position centrale, elle pouvait niveler puis redistribuer le sens des mots et des choses, constituer un dictionnaire. Parce que les acteurs – membres et non-membres – n'avaient pas que cela à faire, et trouvaient au contraire commode que quelqu'un se chargeât à leur place de définir le langage qui leur permettrait de mieux communiquer, donc d'aller plus vite dans la conduite de leurs échanges et de leurs projets personnels, ils se rangèrent volontiers, de proche en proche, aux définitions promues par l'AMA ; ils échangèrent les objections qu'ils auraient pu émettre s'ils avaient participé directement à la négociation des contours du marketing contre le gain d'énergie et de temps que leur offrait justement la délégation du problème d'uniformisation.

Mais l'objectif des marketers n'était pas uniquement de produire des mots et des concepts, c'était surtout de faire en sorte que les notions élaborées fussent reprises et incorporées dans les pratiques. Pour que les définitions formulées par l'AMA ne restassent pas lettres mortes, il fallait donc montrer comment ces outils pouvaient jouer ensemble ; il convenait de passer du paradigme au syntagme ; il s'agissait d'articuler le vocabulaire en un tout cohérent, utilisable par ses éventuels locuteurs. En même temps, comme l'intérêt pour les études de marché allait croissant, et comme les membres de l'AMA n'étaient pas, loin de là, les seuls à en maîtriser la pratique, mieux valait tenter de rester dans la course, en répertoriant et en intégrant le savoir accumulé ici et là dans un ensemble logique. À cet effet, en 1937, fut institué un Committee on Marketing Techniques, qui publia aussitôt un ouvrage de synthèse. Grâce à cet ouvrage, l'AMA pouvait consolider son rôle d'instance-référence, et productrice de références, pour l'ensemble de la discipline et de ses clientèles.

Pourtant, les responsables de l'AMA, en bons spécialistes du marketing, savaient bien que toute prétention au monopole est illusoire, et que ni le langage ni le savoir ne peuvent être définitivement fixés. Comment concilier la référence (le point de repère fixe) et le renouvellement des références (la mouvance permanente des connaissances) ? Pour assurer leur position de référence, les hommes de l'AMA devaient mobiliser un dispositif qui assurât à la fois la permanence de leur identité disciplinaire et institutionnelle et la révision continue des acquis de la discipline. Ce moyen, ce fut le *Journal of Marketing*. La revue scientifique est à la fois toujours et jamais la même. Son titre invariant permet de fédérer une communauté, mais son contenu fluctuant permet aussi d'enregistrer fidèlement les déplacements, les mouvements, les mutations qui l'affectent.

Ainsi, dans les premières années de sa parution, le *Journal of Marketing* refléta fidèlement la généalogie conceptuelle de la discipline. Un bilan des dix premières années de publication de la revue montrait bien que les thématiques originelles (marketing agricole, relations entre théories économiques et marketing, enseignement du marketing...) avaient progressivement cédé le pas à des orientations nouvelles, telle la gestion des ventes ou, surtout, les études de marché. En d'autres termes, les préoccupations initiales visant à fonder conceptuellement la nouvelle discipline, à faire le tour des pratiques de marketing, à trouver les méthodes adéquates de son enseignement – bref, l'entreprise visant à partir de l'extérieur pour percer le savoir interne de l'entreprise – avaient progressivement débouché sur la maîtrise de la gestion technique des relations entre l'entreprise et son marché.

Le glissement thématique des publications, mais aussi l'unification et la généralisation du vocabulaire et des savoir-faire, la multiplication des lexiques, des répertoires, des manuels, des revues, la mise en place des institutions, des meetings et des cercles humains, bref, le préformatage progressif de la pratique marketing par les savoirs et par les réseaux du même nom attestaient la mise en place d'un bouclage de plus en plus étroit des savoirs et de la pratique, l'application œuvre des concepts sous forme de cadres d'actions disciplinaires et gestionnaires. Désormais, par la double action de l'enseignement (local) et de l'harmonisation (globale) de la nouvelle discipline, la cognition se repliait sur la gestion ; l'étroite imbrication d'un corpus professoral et d'un corps professionnel parvenait peu à peu à pénétrer le monde commercial, à le faire agir sinon de concert du moins dans un même état d'esprit, et donc à peser sur l'orientation générale de l'économie américaine, tant au niveau micro que macroéconomique.

LE MARKETING ENTRE TAYLOR ET ROOSEVELT

Une technique microéconomique : le marketing taylorien

Au niveau microéconomique, la mise au pas du marketing américain autour d'un esprit et d'un bagage technique communs fut préparée et prolongée par l'arrimage progressif de la science commerciale aux préceptes d'un taylorisme en pleine expansion. Puisque la « gestion scientifique » du travail permettait au management d'obtenir un meilleur contrôle de l'organisation de la production, certains pensèrent que le modèle pouvait être transposé et adapté au monde commercial pour avoir prise sur le système de distribution.

D'abord, dès 1912, un certain Charles W. Hoyt s'employa à tayloriser la vente comme Taylor avait taylorisé l'atelier : chez Hoyt, la fixation de quotas de vente, l'établissement d'itinéraires précis et l'imposition d'une formation professionnelle standardisée devenaient aux vendeurs ce que l'assignation des rendements, la définition des tâches et la planification des procédures étaient au travailleur de Taylor :

> « *Dans la gestion scientifique de la force de vente, je mettrais fortement l'accent sur une division plus égale des responsabilités entre le représentant et la direction. [...] Pour ce faire, je créerais un service central de planification chargé des vendeurs. [...] La gestion scientifique de la force de vente a également trait à la sélection appropriée de tel homme pour telle tâche. [...] Le directeur des ventes qui travaille sous les principes de la Gestion Scientifique de la Force de Vente réalise que sa tâche est de former systématiquement cet homme que l'on désire compétent, plutôt que de pister celui que quelqu'un d'autre a formé* » (Hoyt, 1912).

Pour la première fois, la déclinaison d'un programme de « gestion scientifique de la vente » permettait d'étendre la « gestion scientifique du travail » à l'extérieur de l'atelier, de généraliser l'optimisation et le contrôle des activités gestionnaires à l'extérieur de la firme.

Ensuite, en 1927, un dénommé Percival White s'appliqua à radicaliser et systématiser ce programme. Hoyt avait étendu le contrôle taylorien de la production vers la vente ; White proposa d'inverser la relation, de partir d'une « gestion scientifique des marchés » pour contrôler la production dans son ensemble. Préfigurant le marketing concept et le marketing management des années 1950 – lesquels, nous le verrons, entendent subordonner la gestion de l'entreprise à la satisfaction préalable du consommateur –, White proposa de soumettre l'ensemble du processus productif à la maîtrise scientifique non seulement de la vente, mais aussi de la distribution dans son ensemble :

> « *La guerre a depuis longtemps été déclarée contre les pertes de production. Cependant, ces pertes sont d'une importance secondaire. Avant qu'elles puissent être éliminées, les pertes de marketing doivent être réduites, parce que le marketing est premier et que*

toute la production dépend à terme de la demande du marché. Les méthodes de fabrication de masse, avec la gestion scientifique des hommes et des machines, peuvent réussir à réduire le coût de la production, mais les économies réalisées de cette façon sont d'une certaine manière neutralisées en raison du désordre de la distribution, de la concurrence destructrice, et de procédures de marketing inorganisées. […] Les gaspillages dus à une diversification inutile sont éliminés par un marketing scientifique. Les études de marché indiquent les attentes de la consommation, à la fois présentes et potentielles » (White, 1927).

Avec le marketing taylorien, le taylorisme du dedans finissait par être encadré par un taylorisme du dehors ; d'un bout à l'autre du marché américain, de la production jusqu'à la consommation, ou plutôt de la consommation jusqu'à la production, le marché américain se trouvait enserré, défini, géré, optimisé par l'application d'une même doctrine, d'une même procédure, d'un même contrôle.

Entre 1912 et 1927, des énoncés de Hoyt aux formulations de White, en arrière du basculement d'une simple gestion des ventes vers une gestion inspirée par l'observation et le contrôle méthodiques du marché, il y avait eu, bien sûr, la progression des savoirs, des lexiques, des techniques, des associations, des réseaux et des institutions du marketing. Certes, le marketing taylorien des uns et le marketing plus descriptif des autres ne se superposaient pas. Mais les deux formes de marketing avançaient parallèlement, se renforçaient l'une l'autre, et permettaient d'appliquer à la gestion des entreprises américaines tout un ensemble de concepts et d'instruments d'après lesquels il devenait enfin possible de ne plus concevoir chaque entreprise comme plongée dans le marché, mais au contraire de situer le marché au cœur même de la gestion de toute entreprise. Avec le marketing, la boucle de la gestion scientifique était bouclée : tout le circuit économique, de l'entreprise jusqu'au marché, devenait passible d'un contrôle systématique – le marketing passait progressivement de la microéconomie à la macroéconomie.

Une technique macroéconomique : le marketing du New Deal

À ce stade de notre exposé et de ce point de vue, il n'est pas anodin d'observer combien la proposition du marketing comme moyen d'adjoindre à la gestion de l'entreprise une gestion symétrique du marché coïncide avec un soudain accès de faiblesse de l'autorégulation marchande. L'essor décisif du marketing comme science et comme technique de gestion est contemporain de la crise de 1929 : dans les années 1930, les marketers s'emparèrent d'un domaine de recherche inédit – la régulation gouvernementale du marketing – et leur communauté fut rejointe par des membres d'un nouveau type – les fonctionnaires de l'État fédéral. Quelques indices le montrent : au cours des années de crise, dans les pages du *Journal of Marketing*, les préoccupations gouvernementales avaient conquis la deuxième place (16,7 % des articles), alors que les agents de l'État représentaient la troisième force humaine de l'American Marketing Association (15,1 % des membres). Que s'était-il passé ? Pour nous qui connaissons l'incidence finale de la crise sur l'économie américaine, la réponse est facile : la crise économique des années 1930 était passée par là, le contexte avait produit son effet, les problèmes de l'époque s'étaient retrouvés naturellement inscrits dans le programme de l'Association. Marc Meuleau peut écrire – en exagérant quelque peu – « le marketing va trouver [dans la crise de 1929] son acte de naissance ». Mais pour les acteurs de l'époque, les choses n'étaient pas aussi évidentes. Dans les années 1930, ce n'était pas le contexte qui imprimait son effet sur les acteurs, mais bien plutôt les acteurs qui se saisissaient du contexte pour assurer leur propre progression. De ce point de vue, le tout premier numéro de *The American Marketing Journal*, publié en 1934, contenait un avertissement de ses rédacteurs fort explicite :

> *« [1] Nous réalisons tous que les problèmes extrêmement importants auxquels les entreprises auront à faire face au cours de la prochaine décennie et même au-delà tomberont presque certainement dans le domaine du marketing et de la distribution. [2] L'efficacité de nos processus productifs a apparemment surclassé les développements correspondants du marketing. [...] [3] Alors que ce premier numéro part sous presse, la National Recovery Administration et l'Agricultural Adjustment Administration font des efforts audacieux pour hâter le retour de la prospérité. [4] Quels que puissent être leur succès et leurs réalisations ultimes, ils auront certainement produit une impression durable sur la pensée des affaires. [5] Face à la spirale infernale descendante de la dépression, les hommes d'affaires auront pu développer un cadre de pensée qui les rende désireux d'accepter le leadership selon des conditions qu'ils n'auraient pas voulu considérer quelques années auparavant. [6] L'Administration pense que la stabilité de l'emploi et des salaires adéquats sont de la première importance pour fournir un marché de masse à notre production de masse, et la nation est unie dans un grand effort concret visant à donner à cette conception une mise en œuvre universelle. [7] Les résultats seront étroitement observés par les cadres du marketing, qui consacreront une attention croissante aux données et aux horaires comme indices des possibilités de vente. [...] [8] Le but de* The American Marketing Journal *est tout d'abord de présenter un matériau valable qui sera intéressant pour ceux qui ont la charge des opérations de marketing dans les sociétés d'affaires. [9] En d'autres termes, nous espérons être un facteur susceptible d'aider à vendre les résultats de véritables études de marché aux responsables de la gestion. [10] L'un des problèmes avec la plupart des recherches en gestion est que leurs résultats pratiques sont rarement présentés aux responsables d'une façon qui les rende propres à être utilisés pour modifier les méthodes d'achat et de vente des biens » (*The American Marketing Journal*).*

La dépression, (parce que) désastreuse pour les affaires, était une opportunité fantastique pour les nouveaux spécialistes du marketing. Le chaos économique déstabilisait les certitudes des anciens gestionnaires, et les rendait par conséquent plus réceptifs à la mise en œuvre de principes de gestion nouveaux. Bien entendu, pour les nouveaux marketers, la crise ne valait que si ses effets profitaient à la nouvelle expertise. Voilà pourquoi on prenait soin, d'une part, d'associer désordre économique et problèmes distributifs [1], et d'autre part de disqualifier les savoirs existants [2]. « Vos problèmes sont des problèmes de marketing, et vous ne pourrez plus les résoudre par vous-mêmes » : voilà comment les marketers présentaient la crise aux managers – leurs clients [9]. L'action du gouvernement Roosevelt, ici, donnait aux marketers un ultime argument. Non seulement les conditions économiques avaient changé, mais les principes de gestion n'étaient plus les mêmes [3]. À la régulation marchande se substituait désormais l'interventionnisme fédéral, avec toute sa batterie de codes, de règlements, d'agences spécialisées, de dispositifs comptables, de nouveaux principes économiques [3]. Comme l'acceptation du New Deal était universelle [6], au point que la communauté des affaires elle-même semblait en accepter la fatalité [4 ; 5], il fallait bien « faire avec », repenser la vie des affaires dans le cadre d'une économie faisant une place plus large à l'intervention de l'État [7]. Tel était précisément le programme du marketing : la nouvelle discipline prenait acte de la nouvelle donne, formulait des concepts adaptés à ses effets, offrait en retour aux entreprises les moyens d'un interventionnisme microéconomique [8]. Le *Journal*, dès lors, se chargerait de mettre en forme ces moyens, et de les communiquer à ses destinataires [10]. Le New Deal, de contexte macroéconomique avec majuscules, devenait *new deal*, complexe microsocial avec minuscules. Le projet de l'État fédéral servait à formuler celui d'une discipline nouvelle. À l'instar de l'État-providence moderne, le marketing se structurait au moment où tout s'effondrait ; le marketing tirait parti des ratés de la main invisible pour imposer sa propre médiation. Comme le développe Didier, pour les conseillers du prince comme pour ceux de l'entrepreneur, les soubresauts de l'économie libérale servaient de fondation à la construction des sciences nouvelles (Didier, 2010) ; les représentants des secteurs public et privé brandissaient le spectacle des effets de l'absence d'une science économique adéquate pour justifier l'émergence de la macroéconomie d'un côté, du marketing de l'autre. Des deux côtés, on proposait une reprise en main générale du marché – la main visible du manager et la main prévoyante de l'État devaient pouvoir, en unissant leurs efforts, contrôler définitivement les fluctuations économiques.

Le parallélisme des deux projets mérite d'être souligné. Alors que les marketers tentaient de s'organiser, en promouvant la régulation de l'AMA sur leur profession, l'administration Roosevelt s'efforçait de maîtriser l'économie, en imposant la régulation de l'État sur le cours des choses économiques. D'un côté, les marketers défendaient les études de marché comme moyen de répondre aux attentes précises de la clientèle. D'un autre côté, l'État fédéral prenait fait et cause pour la normalisation industrielle comme outil susceptible d'accroître la lisibilité du marché. L'élaboration de codes industriels était particulièrement conforme à la pensée marketing : si l'État visait à la construction de conventions propres à permettre une meilleure identification des produits, les marketers voyaient dans le même procédé une arme stratégique pour la conquête d'avantages concurrentiels : l'État ouvrait la porte au contrôle technique de l'extension de l'accord marchand, l'élaboration des conventions (niveau global) devenait l'outil privilégié de la différenciation et de la segmentation (niveau local).

En outre, le dirigisme étatique – la prise en main de l'économie – apportait une légitimation d'une ampleur inégalée aux études de marché. De l'étude des marchés locaux, l'État passait à l'étude du marché global : il donnait une application et une caution universelles à ce qui, jusqu'à présent, n'avait été qu'une pratique locale et particulière. Ainsi, le lancement en 1929 du premier recensement national de la distribution justifiait non seulement la thématique même du marketing (l'engagement du recensement fonctionnait comme reconnaissance implicite de l'importance d'une connaissance des circuits de distribution) mais aussi ses méthodes (l'usage bureaucratique des statistiques légitimait les procédures qui commençaient à se répandre dans les affaires) et ses finalités (l'État admettait l'importance, pour les milieux d'affaires, de la disponibilité d'informations factuelles générales d'après lesquelles ils puissent régler leur action) – comme l'écrivent Luc Boyer et Noël Equilbey : « Le marketing avait trouvé ses lettres de noblesse dans cette crise du marché. »

Ainsi, le parallélisme marketing/New Deal se muait en convergence : les marketers entendaient bien tirer parti des rapports existants entre leur projet et celui de l'administration Roosevelt pour justifier leur action ; ils pariaient sur le succès de la régulation macroéconomique pour promouvoir leur propre science de la régulation marchande. Aussi, à partir des années 1930, le développement de l'appareillage statistique d'État fut-il indissociable du formidable essor des études de marché et des méthodologies correspondantes (mesure de corrélation, théorie de l'échantillonnage, analyse multivariée, usage de panels, etc.). Car la contribution de la nouvelle politique économique aux avancées du marketing n'était pas uniquement symbolique.

D'abord, la production de données fédérales fournissait d'utiles informations pour l'amélioration et le développement des techniques et des savoirs commerciaux. Ensuite, à une époque où les entreprises ne recrutaient plus, le développement de fonctions techniques de haut niveau au sein de l'administration fédérale offrait des perspectives d'emploi allèchantes pour les jeunes cadres formés par les *business schools*. Enfin et surtout, le renouvellement conceptuel de la doctrine économique ouvrait sur un changement radical de la pensée marketing. L'argument du New Deal, on l'a vu, autorisait la disqualification des savoirs et techniques anciens, forgés pour la maîtrise d'un monde désormais révolu. Dès lors, la codification des pratiques antérieures n'était plus de mise – à quoi bon en effet répertorier des compétences inopérantes ? Les choses économiques n'étant plus ce qu'elles étaient, les marketers pourraient bientôt quitter l'approche inductive de leurs débuts pour une orientation résolument déductive – construire, *ex nihilo*, la nouvelle science de la distribution :

> « *Dans le futur, nous pouvons espérer un très haut degré de perfection dans le développement d'une procédure scientifique en matière de recherche dont l'American Marketing Association sera certainement le moteur. Mais développer la technique n'est pas suffisant – pour important que cela soit. Ce dont nous avons le plus besoin est d'obtenir quelques principes de base qui puissent servir de guides aux processus de marketing. [...] Nous avons passé le moment où nous enseignions seulement ce qui se fait dans les affaires. Nous n'hésitons pas à critiquer le monde des affaires lorsqu'il est inefficace en matière de méthode ou antiéconomique dans ses objectifs* » (Agnew, 1941).

DE LA RÉFORME DES SCIENCES DE GESTION À LA RÉFORME DES SPÉCIALISTES DU MARKETING

La réforme des sciences de gestion

« Dans le futur » : à la fin de l'entre-deux-guerres, certains marketers rêvaient d'un marketing qui fût vraiment scientifique, c'est-à-dire d'un marketing qui permît d'inverser la relation historique entre savoir et pouvoir gestionnaire – de passer d'une gestion plus ou moins scientifique à une véritable science de gestion : au lieu de partir de la pratique pour constituer le savoir – au lieu d'accepter que le marketing procédât de la gestion – on espérait que le savoir pût fonder la pratique – on souhaitait faire en sorte que le marketing précédât la gestion.

Sans doute la formulation des premiers concepts et principes de marketing, la mise au point des techniques d'études de marché, et surtout les propositions de Charles W. Hoyt et de Percival White avaient-elles ouvert la voie. Mais les premières notions ne faisaient que codifier les pratiques, les premières études restaient essentiellement descriptives et, si l'on en juge par la littérature de l'époque, l'idée pour le coup innovante d'une gestion scientifique des marchés n'avait reçu qu'un écho limité auprès des marketers universitaires.

Certes, dans les années 1950, une innovation considérable fit son apparition dans le monde commercial américain : le marketing concept. Celui-ci proposait de subordonner la réalisation des profits à la satisfaction du consommateur, de soumettre la gestion de toute entreprise à l'observation méthodique du marché, donc de plier les autres services de gestion aux commandements du département marketing. La nouveauté résidait moins dans l'idée elle-même, qui rappelait beaucoup, par exemple, l'idée de gestion scientifique des marchés de Percival White, que dans sa reprise systématique et enthousiaste par les milieux d'affaires américains : la rhétorique conquérante du marketing concept traduisait au mieux l'émergence d'une nouvelle pratique de gestion, voire l'avènement d'une nouvelle économie fondée sur le service rendu à la clientèle ; elle témoignait, à tout le moins, de l'indéniable progression de la fonction et des hommes du marketing dans les entreprises américaines, et de leur influence croissante sur la conduite des affaires. Mais si les milieux d'affaires expérimentèrent ou vantèrent le marketing concept tout au long des années 1950, il fallut attendre le début des années 1960 pour que les universitaires du marketing s'en saisissent tout à fait. Pourquoi ce décalage ? Pourquoi les universitaires ont-ils si longtemps résisté ? Et pourquoi, finalement, ont-ils cédé au tournant des années 1960 ?

A priori, les réticences des universitaires à l'égard du marketing concept peuvent surprendre : mettre le consommateur au centre du marketing, n'était-ce pas, pour les professeurs, trouver le meilleur moyen de faire du marketing une science distincte de la pratique, de subordonner la gestion de l'entreprise à l'observation scientifique des marchés ? oui et non. Oui, si l'on se souvient du vœu d'indépendance et de scientificité des marketers de l'avant-guerre, soucieux de fonder leur discipline comme gestion de l'interface entreprise-marché. Non, si l'on se rappelle aussi l'identité particulière de ces premiers marketers, et le type de science qu'appelait la prise en compte du marketing concept. Souvenons-nous : les pionniers du marketing, formés à l'économie institutionnelle et à l'analyse descriptive des circuits de distribution, pouvaient certes réaliser des études de marché, mais ils ne disposaient en aucun cas des compétences qui leur eussent permis de percer les mystères du comportement du consommateur et/ou de modéliser le fonctionnement des marchés.

Les premiers marketers n'étaient ni fous ni aveugles : en observant le monde des affaires, ils voyaient combien le marketing concept attirait les consultants en tous genres, les Ernest Dichter, Burleigh Gardner et autres Sidney Levy, tous ceux qui proposaient les études de « motivation », c'est-à-dire la psychanalyse du consommateur comme nouvelle technique de maîtrise des marchés. En regardant le monde des sciences sociales américaines, les pionniers du marketing voyaient combien les spécialistes des nouvelles technologies mises à l'honneur durant la guerre – la recherche opérationnelle, l'économétrie, la théorie générale des systèmes – lorgnaient vers la gestion pour assurer leur reconversion dans un cadre civil, et combien une gestion des marchés fondée sur le consommateur offrait une prise favorable à l'application de ce genre de techniques. Pour rester en place, mieux valait donc faire en sorte que l'objet « consommateur » ne devînt pas le cheval de Troie des spécialistes nouveaux, mieux valait continuer à parler du marché, des produits, des institutions et des fonctions du marketing – bref : mieux valait se méfier du marketing concept.

Pourtant, en 1959, les fondations Ford et Carnegie lancèrent un important programme d'aide pour une réforme des sciences de gestion. Ce programme, piloté par Robert Gordon et James Howell, deux économistes favorables aux nouvelles sciences sociales et quantitatives, consistait à subordonner le financement des *business schools* d'une part à l'abandon de l'approche descriptive et inductive d'avant-guerre et d'autre part à l'adoption d'une démarche fondée sur la double mise en œuvre des techniques quantitatives et des sciences du comportement.

L'alternative, pour l'ancien marketer, était cruelle : résister aux recommandations de la fondation Ford, c'était voir sa propre *business school* passer à côté d'alléchants subsides ; accepter la réforme, c'était perdre son identité d'enseignant, se faire dépasser par des approches pour lesquelles on n'avait aucune compétence. L'alternative était cruelle, mais elle n'était pas sans issue. Pour concilier l'inconciliable, pour préserver les intérêts contradictoires de leurs carrières personnelles et de leurs institutions communes, les anciens eurent l'idée de se déplacer : ils renoncèrent aux terrains de l'enseignement et de la recherche, et migrèrent vers les positions de responsables administratifs de leurs écoles. En acceptant d'organiser ce qui les dépassait, en se faisant les administrateurs de la réforme, bref, en s'appliquant à gérer l'application des techniques quantitatives et des sciences du comportement aux sciences de gestion, les vieux gestionnaires parvinrent à rester au centre des *business schools* tout en appliquant efficacement les orientations nouvelles.

En marketing, la réforme des années 1960 fut d'autant mieux reprise qu'on pouvait la présenter comme un prolongement logique du marketing concept. Une fois le deuil de l'économie institutionnelle consommé, les techniques quantitatives et la psychologie du consommateur pouvaient être repris comme outils « naturels » d'une gestion fondée sur l'« orientation consommateur » – l'ère du marketing management pouvait commencer. Grâce au recrutement avisé de jeunes spécialistes des nouvelles sciences sociales, économiques et quantitatives, le marketing des années 1960 s'orienta dans une double direction : d'un côté, l'application de la recherche opérationnelle et de l'économétrie permit la naissance de la *marketing science*, c'est-à-dire d'un courant capable de modéliser et d'optimiser le comportement des marchés ; d'un autre côté, l'importation des sciences statistiques, psychologiques et sociales donna naissance à la *consumer research*, c'est-à-dire à une approche permettant l'étude serrée du comportement du consommateur.

À partir de cette double orientation, on put prolonger/dépasser les intuitions de Wendell R. Smith et Wroe Alderson, qui avaient proposé, dès avant la réforme, de tirer parti de la théorie économique de la concurrence imparfaite chère aux économistes de l'école de Cambridge pour clarifier/maîtriser les pratiques anciennes de segmentation et de différenciation des produits. Grâce aux techniques quantitatives et aux sciences du comportement, on fut en mesure de développer les concepts et les procédures nécessaires à la mise en œuvre d'un véritable marketing management – d'une gestion technique et intégrée du marché. Plus précisément, le programme de marketing management consista d'une part à proposer l'idée de marketing-mix, laquelle arrime la gestion des marchés à la définition d'une combinaison optimale et contrôlée des politiques de tarification, de publicité, de conception des produits et de distribution ; ce programme consista d'autre part à compléter et renforcer le modèle du marketing-mix grâce à la reprise systématique de la topique taylorienne de la planification, de l'analyse et du contrôle. Autour de la triade marketing concept/marketing management/marketing-mix, l'application croissante des techniques statistiques au marketing permit de montrer combien, au-delà du prix, la concurrence se jouait sur l'aspect multidimensionnel du produit – c'est-à-dire sur la marque, sur le service, sur l'emballage, etc. – et donc de jouer sur ces diverses dimensions pour configurer les marchés ; l'usage des ordinateurs, des techniques économétriques et des méthodes de modélisation déboucha par ailleurs sur la mise au point de véritables boîtes noires pour une gestion technique des marchés ; les conceptualisations des sciences sociales et l'étude systématique des pratiques de consommation autorisèrent la modélisation du comportement d'achat et l'application de ces modèles à la définition des stratégies marketing. L'application des mêmes démarches, des mêmes techniques, des mêmes instruments et des mêmes procédures, depuis l'État jusqu'à l'entreprise en passant par l'ensemble des réseaux commerciaux, ne put que renforcer l'efficacité d'une gestion des marchés.

La réforme des spécialistes du marketing

Pourtant, vers la fin des années 1960, les succès du marketing concept, du marketing management et du marketing-mix avaient des conséquences inattendues. Nous l'avons souligné, les orientations nouvelles n'avaient dû leur mise en œuvre qu'au recrutement d'hommes nouveaux ; le recrutement de spécialistes était le corollaire indispensable de la quantification et de la « socialisation » du marketing. Or, si les *business schools* entendaient favoriser l'application des sciences nouvelles aux sciences de gestion, les hommes des sciences nouvelles étaient souvent moins attachés à l'application gestionnaire de leur savoir qu'à la poursuite, au sein du marketing, des orientations de leurs disciplines d'origine.

Ainsi, lorsque certains proposèrent, dans le contexte de contestation endémique de la fin des années 1960, d'inventer un concept élargi de marketing susceptible de fonder un marketing social, c'est-à-dire un marketing applicable aux organisations sans but lucratif (Moor, 2010), d'autres reprirent ce programme comme un appel au développement d'un marketing sociétal, c'est-à-dire un marketing plus fondamental, davantage préoccupé par l'étude du rôle social des pratiques commerciales que par la recherche de l'efficacité gestionnaire. En quelque sorte, l'idée de marketing sociétal permit à ses adeptes non seulement de prendre une certaine distance politique vis-à-vis de l'orientation gestionnaire, mais surtout de renouer avec la relative indépendance scientifique de la psychologie, de la sociologie ou de l'économie théorique dont ils étaient issus ; le marketing social/sociétal offrit la possibilité d'une certaine désapplication de la science appliquée. Le marketing des années 1970-1980 finit ainsi par juxtaposer d'un côté le marketing le plus technique, le plus pragmatique et le plus appliqué et d'un autre côté un marketing de plus en plus orienté vers la contestation et/ou vers la recherche fondamentale, vers l'étude du consommateur pour le consommateur, plutôt que vers l'étude du consommateur pour la gestion optimale des marchés.

Que penser de cette dérive ? La réforme (au sens de libération) des spécialistes va-t-elle dans le sens d'une moindre contribution du marketing au fonctionnement de l'économie de marché ? Sans doute le double élargissement thématique et disciplinaire du marketing et la prolifération de recherches contradictoires sans intérêt ou sans préoccupations pratiques plaident-ils en faveur d'un certain relâchement des liens entre science et gestion. Pourtant, à y bien regarder, le relâchement des réseaux techniques, cognitifs et humains du marketing va davantage dans le sens de leur redéploiement que de leur rupture, et pour deux raisons. D'abord, l'invention du marketing social a permis l'extension du marketing au-delà du cercle étroit de la seule pratique des affaires privées. L'idée de marketing social, loin de rompre avec l'ancrage gestionnaire de la discipline, a favorisé au contraire l'extension de cet ancrage à des secteurs qui, jusque-là, lui avaient échappé : l'invention du marketing politique, du marketing des causes, du marketing des affaires publiques ou du planning familial etc., a fini par rabattre vers la gestion marketing de l'économie de marché toute une série d'institutions qui lui étaient *a priori* étrangères, voire hostiles. Ensuite, la reformulation du marketing social comme marketing sociétal a permis l'insertion des spécialistes de *consumer research* auprès des organes de l'État chargés de veiller à la protection du consommateur – Federal Trade Commission, Food & Drug Administration, Consumer Product Safety Commission, Office of Consumer Affairs, Office of Consumers' Education. Le développement du consumérisme, paradoxalement, loin de condamner le marketing pour manquement à ses engagements, a plutôt reconnu son efficacité ; il a contribué à rendre les marketers toujours plus indispensables et présents dans l'économie. Grâce à la contestation consumériste, les spécialistes du marketing et leurs méthodes d'enquête furent convoqués, à titre d'experts et de corps d'expertise, pour éclairer les tribunaux lors des affaires de publicité mensongère, de fraude commerciale, de tromperies et d'abus en tous genres à l'égard du consommateur. Les vertus comme les fautes du marketing ont ainsi contribué à généraliser la diffusion des méthodes, des concepts et des hommes de la discipline des marchés au sein de l'ensemble des institutions américaines, depuis l'entreprise privée jusqu'aux agences fédérales, en passant par l'appareil judiciaire. Enfin, l'interprétation du marketing sociétal comme marketing « pur » ou « fondamental » aura favorisé, du moins aux États-Unis, la poursuite de la migration d'autres spécialistes ou spécialités vers le marketing, telle l'épistémologie, l'anthropologie, l'histoire, le postmodernisme, ou même la sémiotique et la critique littéraire. De même que la segmentation du marketing entre marketing-pour-l'entreprise et marketing-pour-le-secteur public-et/ou-sans-but-lucratif a eu pour effet de soumettre tous les secteurs de l'Amérique à la micro-gouvernance commerciale, la segmentation du marketing entre marketing fondamental et marketing appliqué a eu pour conséquence de convoquer l'ensemble des sciences humaines et sociales autour d'une analyse systématique des marchés.

Dans les années 1980, des chercheurs formés à la psychologie expérimentale, une fois atteint le pic de leur carrière en ayant assuré de nombreuses publications dans les revues majeures de la discipline en suivant les canons de la recherche hypothético-déductive outillée par les méthodes quantitatives, se sont en effet lancés dans une opération quasi subversive visant à ouvrir la porte du marketing à d'autres méthodes plus innovantes comme l'ethnographie, l'entretien approfondi, la description des pratiques de consommation, comme s'il s'agissait pour eux de renouer avec l'orientation inductive et qualitative du marketing des débuts. L'exemple le plus significatif de ces nouvelles recherches est sans doute le *Consumer Behavior Odyssey*, cet étonnant projet qui consista à embarquer une vingtaine de chercheurs dans une traversée de l'Amérique à bord d'un camping-car, afin que tous réalisent une ethnographie collective de la consommation américaine, sans autre objectif que d'accumuler des données, d'expérimenter de nouvelles méthodes, de renouveler les approches de leur objet. Depuis cet épisode, les recherches qualitatives ont conquis une place confortable dans l'espace de la recherche en marketing, libérant de nouvelles figures du consommateur comme le notent Cova et Cova en 2009, ouvrant chemin faisant sur de nouvelles interrogations : aujourd'hui, certains demandent que l'on « reconnecte » le marketing et les marchés, en tournant le dos aux conceptions théoriques en vigueur pour étudier finement les marchés concrets, notamment pour mettre au jour les équipements technologiques et matériels qui sous-tendent la cognition des consommateurs telle qu'analysée par Araujo et ses collègues ; d'autres plaident pour que non seulement l'on étudie le marché à l'extérieur de l'entreprise mais pour que l'on explore l'intérieur même du marketing et de ses pratiques comme suggéré par Cayla et Zwick.

Conclusion

Au-delà de l'image lisse et amnésique qu'en proposent les manuels, le marketing a donc bien une histoire, et même une très riche histoire, une histoire beaucoup moins unifiée et linéaire qu'on ne pourrait le penser. Derrière cette histoire, nous découvrons des enjeux humains et disciplinaires, mais aussi économiques et politiques. Le marketing, comme « autre science des marchés », se montre sinon sous le jour d'une alternative à l'économie, du moins sous la forme d'un ensemble d'astuces permettant à l'économie théorique de fonctionner par d'autres moyens, comme si le marketer était le marionnettiste qui tire les ficelles de l'économie, de sorte que le public puisse avoir la claire illusion d'un marché fonctionnant seul. En cela, le marketing a une dimension politique, puisqu'il participe de la gouvernance des pratiques économiques globales, de l'orientation et de l'allocation des pratiques de consommation, du délicat équilibre à trouver entre liberté et protection des consommateurs, voire de la définition des orientations culturelles du capitalisme comme évoqué par Marion.

La fixation de ces orientations repose bien sûr sur les identités disciplinaires, sur la myriade des recherches individuelles, et sur les méthodes et les convictions qui les animent. La réforme des années 1960 a fait du marketing une technologie sociale efficace prioritairement orientée par des préoccupations instrumentales. En agissant de la sorte, elle a d'une part gommé la perspective plus large centrée sur la description qualitative des marchés concrets que prônait le marketing en vigueur jusque dans l'entre-deux-guerres, mais aussi, d'autre part, ouvert la voie à la contestation et à l'élargissement des méthodes à partir de la fin des années 1960, lorsque la crise sociale et la guerre du Vietnam ont mis en question la restriction des sciences de gestion à de purs outils au service des mondes industriel et marchand.

Depuis les années 1970, en marge du marketing standard, nombre d'initiatives ont ainsi visé à « élargir » les frontières du marketing du côté de ses clientèles avec le marketing social, de ses méthodes avec la *consumer research* qualitative, de ses objets avec les orientations plus récentes soutenant des recherches orientées non seulement vers la saisie des consommateurs mais aussi vers la description des agencements sociotechniques constitutifs de la relation marchande – bref des *market-things* qui soutiennent le marketing. Ce n'est pas le moindre paradoxe de voir ainsi le marketing trouver des voies de renouvellement dans un certain retour vers ses propres origines, du côté de l'étude du marketing tel qu'il se fait, plutôt que du marketing tel qu'on le rêve dans le monde enchanté des hypothèses, des modèles et des équations.

Ce qu'il faut retenir

Le marketing ne se réduit pas à l'image fonctionnelle qu'en présentent les manuels. Avant d'être une technologie sociale adossée à une approche scientifique de type hypothético-déductif massivement orientée vers l'étude des consommateurs, le marketing s'était d'abord défini comme une science orientée vers la description des comportements, des institutions et des mécanismes du marché « tel qu'il se fait ». Ce n'est pas le moindre paradoxe d'observer que certaines des voies de renouvellement actuelles consistent en quelque sorte à renouer avec ce passé oublié.

Références bibliographiques

Agnew H.E. (1941). « The History of the American Marketing Association », *Journal of Marketing*, vol. 5, avril, 379.

Araujo L., Finch J. et Kjellberg H. (éd.) (2010). *Reconnecting Marketing to Markets : Practice-Based Approaches*, Oxford, Oxford University Press.

Boyer L. et Equilbey N. (1990). *Histoire du management*, Paris, Éditions d'Organisation.

Cayla J. et Zwick D. (éd.) (2011). *Inside Marketing*, Oxford, Oxford University Press.

Cochoy F. (2007). A sociology of market-things. On tending the garden of choices in mass retailing, *in* M. Callon, F. Muniesa Y. Millo (éd.), *Market Devices, Sociological Review Monographs*, 55, 777, Londres, Blackwell, p. 109-129.

Cochoy F. (2010). « Reconnecting marketing to "market-things" : how grocery equipments drove modern consumption », *in* Araujo Luis, Kjellberg, Hans (éd.), *Reconnecting Marketing to Markets : Practice-Based Approaches*, Oxford, Oxford University Press.

Cochoy F. (2011). « "Market-things Inside" : insights from Progressive Grocer (United States, 1929-1959) », *in* Cayla, Julien et Zwick, Detlev (éd.), *Inside Marketing*, Oxford, Oxford University Press.

Cochoy F. (1999). *Une histoire du marketing, Discipliner l'économie de marché*, Paris, La Découverte.

Cova B. et Cova V. (2009). « Les figures du nouveau consommateur : une genèse de la gouvernementalité du consommateur », *Recherche et Applications en Marketing*, 24, 3, p. 81-100.

Didier E. (2010). *En quoi consiste l'Amérique ? Les statistiques, le New Deal et la Démocratie*, Paris, La Découverte.

Hoyt Ch.W. (1912). *Scientific Sales Management*, New Haven, CT, George B. Woolson & Co, p. 25-26.

Marion G. (2004). *L'Idéologie marketing*, Paris, Éditions d'Organisation.

The American Marketing Journal (1934). A Journal for the Advancement of Science in Marketing, 1, 1, janvier.

Weld L.D.H. (1941). Early Experiences in Teaching Courses in Marketing, *Journal of Marketing*, 5, p. 380-381.

White P. (1927). *Scientific Marketing Management : Its Principles and Methods.* New York, Harper & Bros.

17

Le marketer et sa responsabilité[1]

MICHELLE BERGADAÀ

Michelle Bergadaà est professeur de marketing et communication à la faculté des sciences économiques et sociales, université de Genève (Suisse). Elle est également directrice de l'Observatoire de vente et stratégies du marketing qu'elle a créé en 1999, et directrice du certificat « e-business & e-communication » (HEC, université de Genève). En plus de nombreux articles de recherche, elle a notamment publié avec Marine Le Gall-Ely et Bertrand Urien Don et pratiques caritatives *(De Boeck University Press), avec Pierre-Jean Benghozy et Erwan Burkhart* Web : enjeux de confiance, *(De Boeck University Press),* Mutations de la société, mutations des entreprises *(Pearson Éducation),* Révolution Vente *(Village Mondial) et* Fonction : décideur *(Éditions d'Organisation). En 2004, Michelle Bergadaà a créé le site Internet* responsable.unige.ch, *« site dédié aux professeurs, étudiants et dirigeants d'établissements universitaires qui refusent de fermer les yeux sur la fraude pratiquée* via *Internet et découlant du plagiat de mémoires, de thèses, d'articles de recherche et de livres académiques ».*

INTRODUCTION

En moins d'un siècle, le marketing n'a cessé d'étendre son champ d'intervention pratique et théorique grâce au dynamisme des forces qui unissent ses principaux acteurs : le marketer et le client. Incontournable dans une économie fondée sur la consommation, le marketing entretient avec la société et ses médias une relation dialectique d'attirance/

1. Ce chapitre s'inspire de nos articles « Évolution de l'épistémè économique et sociale : proposition d'un cadre de morale, de déontologie, d'éthique et de responsabilité pour le marketer » (*Recherche et applications en marketing*, 2004, vol. 19, n° 1, 55- 72) et « Children and Business : Pluralistic Ethics of Marketers » (*Society and Business Review*, 2007, vol. 2, n° 1, 53-73). Nous en reprenons donc ici certains passages, sans grandes modifications.

répulsion et d'amour/haine indissociables. Mais, le rôle joué par les marketers dans cette société en mutation ne cesse d'être questionné.

En tant que professionnel, le marketer est, plus que les autres managers, en première ligne des problèmes d'éthique. Or, employé d'une organisation spécifique, il n'a jamais la liberté totale d'exercer sa décision selon les termes de la morale qui l'anime. Il doit tenir compte de multiples arbitrages qui concernent la survie et le développement de son entreprise, la loyauté à l'égard de ses clients et de ses partenaires, mais aussi préserver son intérêt personnel et celui de ses proches.

Les racines de ces arbitrages évoluent rapidement en ce début de XXIe siècle, et elles appellent une mise en perspective constante de sa part. Ainsi, dans l'optique fonctionnaliste qui prévaut tout au long du XXe siècle, le marketer exerce une fonction qui permet à l'entreprise de produire et de vendre dans des conditions optimales. Sa performance est évaluée à l'aune de sa réussite dans ce système et son identité en tant que ressource humaine s'inscrit dans sa contribution au développement de son organisation. C'est avec de telles prémices que toutes les *business school* du monde entier ont formé des générations de managers parfaitement opérationnels. Ils étaient prêts à devenir les éléments d'un « tout » qui les comblerait, car ils participeraient à la réussite de l'entreprise. Comme les communautés d'antan, ces communautés professionnelles sont conçues, théoriquement, pour durer, pour affronter les risques environnementaux grâce à des relations de solidarité établies entre les membres. Nous retrouvons ainsi, dans chacune entreprise ou organisation, une série de rites qui cimentent leur culture spécifique. L'individu se rattache à ces communautés en adoptant leur comportement et leur culture.

Mais les entreprises se restructurent, fusionnent, s'externalisent, les fonctions subissent le couperet des réingénieries sauvages. Dans les temps d'évolutions rapides des métiers confrontés aux défis de la mondialisation et à des révolutions technologiques permanentes, le marketer éprouve un sentiment d'ambiguïté, car les bases de son métier lui semblent souvent vacillantes. En fait, le construit de « métier », très présent en France sous forme identitaire, ne se rencontre pas en milieu anglo-saxon où l'on conçoit les personnes comme effectuant un « business », un « job ». En Europe, la logique est historiquement inversée puisque l'on estime la légitimité d'un métier en relation avec la compétence de celui qui l'exerce, et en considérant les savoirs et savoir-faire reconnus et valorisés par la société. Dès lors, le marketer qui assoirait son identité sur la légitimité de son métier, ce dans le contexte actuel où la grande majorité des entreprises est en pleine mutation, serait déséquilibré. Au niveau psychologique une telle ambiguïté (*pervasive ambiguity*) se produit lorsque l'individu est face à un choix dont il ne maîtrise plus les tenants et les aboutissants. L'acteur ignore la situation sociale dans laquelle son action devra s'inscrire. C'est le cas de personnes qui se sont réalisées toute leur vie dans un métier, et n'ont pas seulement exécuté un « job » ou occupé une fonction que ce savoir-faire est remis en question. L'exemple le plus frappant de l'année 2009 aura été le cas de ce pilote de 58 ans qui a posé son avion devant New York sur l'Hudson. Ce faisant, il a redonné un immense sentiment de fierté à tous les pilotes du monde entier. Depuis des décennies on les traitait de « conducteurs d'autobus » et seule leur identité d'employé comptait. Ils sont redevenus, par l'action de l'un d'entre eux, les hommes d'un métier, d'un savoir-faire et d'une responsabilité : celle de la vie de leurs passagers.

Qu'en est-il de ceux qui exercent le métier de marketer au sein de ces entreprises en pleine mutation ? Les marketers ont été formés à toutes les techniques qui permettent de comprendre les besoins des consommateurs, de créer des produits y répondant et de communiquer avec leurs clients. Leur pouvoir s'étend à toutes les sphères privées et publiques, commerciales, politiques, gouvernementales, non gouvernementales… Mais comment être fier de son métier alors que celui-ci subit les attaques récurrentes des médias et des groupes de pression ? Dans les pages qui suivent, nous aborderons quelques-unes des questions auxquelles est confronté le marketer dans l'exercice quotidien de son métier. Les exemples que nous utilisons sont principalement issus du marketing BtoC, car ce marketing, à l'interface entre le monde économique et la société, est davantage bousculé. Cependant, les pistes d'analyse que nous proposons sont génériques dans la mesure où elles concernent le décideur dans les sphères de sa morale individuelle, de la déontologie de son métier ou de l'éthique d'entreprise.

LA SPHÈRE MORALE

Avant d'être marketer, l'individu est d'abord un homme où une femme, parfois un père ou une mère de famille, qui a reçu une éducation spécifique. En franchissant les portes de son entreprise ou de son bureau, il conserve ses valeurs profondes, marques de son authenticité. Cependant, il doit parfois composer avec celles-ci. Notre propos est de savoir comment le marketer peut se déterminer quant aux questions que posent aujourd'hui les défis du marketing. Parce que l'évolution de notre société occidentale semble conduire à un individualisme grandissant et à un égoïsme sacralisé, de nombreuses voix s'élèvent pour réclamer un retour à la morale, qu'elle soit institutionnalisée par l'école, ou l'Église, ou personnalisée. Et, parce que les tentations d'un matérialisme mis en exergue par le marketing sont au premier plan des critiques, le marketer ne peut s'esquiver face à cette recherche de repères moraux.

La morale dont nous parlerons ici n'a rien à voir avec la loi, l'Église ou l'opinion publique, et rien non plus avec la déontologie et l'éthique dont nous ferons état aux paragraphes suivants. Nous considérons simplement dans les pages qui suivent que la morale est « l'ensemble des devoirs, obligations que nous nous imposons à nous-mêmes, indépendamment de toute récompense ou sanction attendue ou de toute espérance » (Comte-Sponville, 2001, p. 389). Cette morale s'impose en réaction spontanée aux situations qui se présentent au jugement de l'acteur. Elle lui permet de revenir à son authenticité et à sa liberté potentielle d'action.

La morale en entreprise

L'origine étymologique de la morale est le mot latin *mores*, qui signifie le « caractère ». Il s'agit d'un concept à géométrie variable. La morale universelle, que Socrate ou Jésus défendent comme une valeur qui protège les faibles, ne semble pas avoir d'écho dans le marketing matérialiste. Kant (1724-1804) considère la morale comme le fait d'un être qui raisonne. Elle ne découle pas d'une loi externe qui serait imposée à l'individu et elle possède un caractère universel : « Agis toujours de telle sorte que la maxime de ton action puisse être érigée en loi universelle. » Dès lors, la légitimité morale du commerce peut reposer sur la personne qui exerce une profession dans ce domaine. Mais si Kant peut se permettre d'adopter une telle perspective, le marketer, lui, reste un homme pragmatique. Il est constamment confronté à des situations qui présentent des dimensions morales contradictoires (Moussé, 2001). Au nom de quelle morale peut-on affirmer, par exemple, qu'il est bon, juste et politiquement correct d'interdire aux enfants de douze ans d'un pays pauvre de travailler pour aider à nourrir leur famille ? Ricœur (1990) insiste sur la sagesse pratique qui est requise face à des situations concrètes où la conviction prime sur la règle morale de base. Considérée comme intrinsèquement liée à la liberté de l'être humain, cette perspective se fonde sur la relation de l'homme avec son environnement. Il considère la morale comme un noyau dur qui désigne clairement à l'individu ce qui est permis et défendu et elle lui indique sa relation personnelle à ces normes.

Source : adapté de Bergadaà, 2004.

La force du produit

Les plus vives critiques auxquelles est confronté le marketer concernent la vente de produits nocifs. Travailler pour une industrie liée à des produits alimentaires considérés comme dangereux pour la santé et dont l'on peut devenir facilement addictif est un choix personnel. Une enquête l'OMS d'avril 2004 dénonce avec force le matraquage publicitaire pour les aliments à haute teneur énergétique parmi les facteurs de risque d'obésité. Or les dépenses de publicité visant les enfants ont été multipliées par cinq au cours des dix dernières années, et les spots publicitaires durant les heures de programmes télévisés pour enfants concernent pour les deux tiers des produits alimentaires. Au premier rang, nous trouvons les biscuits, les bonbons, les chaînes de fast-food, les desserts sucrés.

Autre exemple, pour les fabricants de cigarettes, les jeunes et les populations des pays en voie de développement constituent des cibles essentielles. C'est une question de survie économique pour ces industries. Lorsque leur marché traditionnel se sature ou est en régression, il leur est impératif de renouveler la clientèle et de trouver de nouveaux segments de clientèle. Il est rare que l'on commence à fumer à trente ou quarante ans… il leur faut donc agir en amont afin de fidéliser de nouvelles strates de la population. Les cigarettiers vont alors développer un produit spécial, dont le goût, le packaging et la communication seront destinés au segment des jeunes. La Camel légère, pur concept marketing, a ainsi parfaitement réussi son positionnement. Il ne reste ensuite qu'à laisser agir le produit pour que s'installe une dépendance qui fidélise automatiquement une clientèle captive. La même stratégie est utilisée par les fabricants d'alcool qui enracinent une dépendance chez les jeunes. Ainsi, les *wine coolers*, où l'on masque l'amertume de l'alcool, sont un excellent moyen d'habituer peu à peu les jeunes à l'alcool. Ce n'est donc pas seulement pour augmenter au présent ses ventes que l'on va cibler les jeunes, mais pour assurer le futur. Et, quand le taux de saturation est atteint, alors les pays en voie de développement offrent un large potentiel de marché. Tout le monde sait que le tabac ou l'alcool sont nuisibles à la santé. La critique est donc bien ici d'ordre moral : comment un marketer accepte-t-il, sans état d'âme, de mettre au point des stratégies de dépendance des jeunes à l'égard de produits qu'il sait parfaitement nocifs ? La réponse s'inscrit dans les termes de sa morale personnelle.

Mais le problème n'est plus réellement d'ordre « moral », s'il s'agit de se positionner quant aux consommations plus futiles et non nuisibles pour l'intégrité physique des individus. Comment définir la gêne que nous procurent les pratiques des opérateurs de téléphonie mobile et leur manière d'appâter et de captiver les jeunes, mais aussi bon nombre d'adultes ? Nombre de critiques remettent aujourd'hui en cause l'idée que la possession de biens matériels et artificiels implique le bonheur individuel. Est-ce là une question de morale qui doit forcément se poser au marketer ? Notre réponse sera plus nuancée. Examinons le déroulement de la relation de la personne à ses biens, telle qu'elle se présente aujourd'hui à nous. Il semble que les enfants soient davantage matérialistes dans la petite enfance que lorsqu'ils progressent en âge. À l'adolescence, l'objet devient une extension de soi, puis il revêt même une valeur souvent sacralisée par le fait des liens sociaux qu'il permet de tisser. Les produits qui, depuis vingt ans, sont spécifiquement créés pour les jeunes développent l'« évidence sociale » de la possession comme valeur dominante de notre société. Les chaînes de magasins Zara, par exemple, traquent à travers le monde de nouvelles tendances qui poussent de très jeunes à consommer. Ce glissement sociétal conduit à l'évidence que ce n'est plus l'achat de produits qui est le plus important, mais le stress de l'expérience d'acquisition qui débouche sur un sentiment d'appartenance à une « tribu » spécifique. Plus encore, d'un point de vue phénoménologique, ce qui est réellement important est la valeur de l'expérience procurée par le geste d'acheter – et de consommer – le produit dans des lieux spécifiques chargés de sens. On y entre en relation avec d'autres personnes et on peut ressentir de l'émotion expérientielle dans des espaces artificiels comme les gigantesques *mall* américains, temples de la consommation. Rien de ce qui vient d'être exposé factuellement ne semble mériter une analyse « morale » de notre époque. Si certains peuvent déplorer ce côté artificiel, il n'y a pas lieu d'épiloguer en tant que marketer dont le pragmatisme est justement de savoir s'adapter à l'évolution sociétale et à celle de ses cibles.

Influencer la communication

Une critique majeure à l'égard de la profession concerne la publicité trompeuse et la modification des comportements qu'elle entraîne. À la communication de masse qui s'est développée depuis les années 1960, se sont ajoutées les techniques de plus en plus sophistiquées du marketing direct. De gigantesques bases de données sur lesquelles repose la mise en œuvre de toutes les techniques de CRM sont créées. Il advient que des entreprises se les communiquent sans accord préalable des consommateurs. Si une volonté de manipulation de populations fragiles s'ancre dans cette puissance technologique, nous sommes au cœur d'un problème de moral majeur. Par exemple, la promesse d'un cadeau (ou d'un tirage au sort) contre un questionnaire rempli, ou même de la simple révélation de ses coordonnées personnelles, attire inexorablement les consommateurs dupés, victimes d'une logique événementielle qui se conclura très souvent par l'achat non planifié d'un bien. Si le crédit se greffe à l'offre et qu'il conduit à des situations de surendettement, le marketer ne peut pas simplement prétendre que ce n'est pas son problème. Inciter des cibles fragiles à s'endetter au-delà du raisonnable ne peut pas être jugé acceptable en termes de morale kantienne. Compte tenu des recherches très sophistiquées développées depuis un siècle en matière de ressorts psychosociologiques, il est facile de convaincre des personnes qui n'en connaissent pas les principes. Sans une solide morale personnelle, la conduite délibérée du marketer peut avoir des impacts sociaux conséquents. Un exemple classique est celui des producteurs d'alcool ou de café soluble qui distribuent des échantillons lors de fêtes fréquentées par des mineurs sachant qu'ainsi, ils vont « fidéliser » une clientèle fragile. Un autre exemple est l'utilisation abusive des techniques de placement de marques dans des films. Ainsi, ces techniques de publicité sont utilisées dans les séries préférées des enfants et deviennent autant de tactiques masquées pour les appâter à leur insu. Il s'agit donc de pouvoir concilier les règles de maximisation du profit qui impactent le travail quotidien du marketer et le respect du libre arbitre du consommateur. C'est ici l'homme qui doit savoir ce qui, dans sa pratique ou celle de son entreprise, est en accord ou non avec sa morale personnelle.

Par contre, la question de morale est souvent relative à l'environnement où exerce le marketer. Ainsi, ce qui sera socialement perçu comme étant « mal », de ce côté-ci de l'Atlantique, ne le sera pas forcément de l'autre côté. De fait, au cours du XXe siècle le rôle de tout marketer est de comprendre les motivations sous-jacentes de l'individu et des familles afin de les activer en leur offrant la perspective d'un *American way of life* espéré ou idéal. Prenons l'exemple des enfants qui ont aux États-Unis un pouvoir d'achat de plus de 15 millions de dollars d'argent de poche. Cette somme considérable leur confère une influence importante dans les affaires. De plus, même s'ils n'ont pas toujours le pouvoir décisionnel, du moins pour les achats importants de la famille, ils sont une force de persuasion vis-à-vis des parents, suivant en cela les incitations commerciales qui les ciblent directement. En première analyse, nous pourrions considérer qu'il y a quelque chose d'immoral dans ce ciblage des enfants. Mais, aux États-Unis, le marketer n'est pas susceptible d'être confronté à un quelconque dilemme. Consommer est un acte positif au niveau social comme économique : celui qui travaille peut s'offrir les produits et les services assurant son bonheur. Ainsi, nombre de parents américains prêtent leur carte de crédit à leurs enfants qui achètent sur Internet afin de les familiariser efficacement à leur futur rôle de consommateur. Ils leur offrent en cela des chances de savoir se débrouiller dans la société de consommation. Les repères de ce qui est « juste » et de ce qui est « bien », soit le bonheur moyen du plus grand nombre, sont bien respectés par le marketer américain. Le marketer européen confronté à ce ciblage des enfants peut, au plus, conclure qu'il n'adhère pas à cette forme de consommation, dans le contexte de sa vie privée.

LE CHAMP DÉONTOLOGIQUE

Le marketer exerce un métier et, alors que la morale s'impose à sa conscience, la déontologie naît des conflits entre ses devoirs dans l'exercice même de son métier. Parce que la déontologie appelle la délibération, elle reflète les valeurs partagées par un ensemble de personnes dans une fonction donnée. Ce débat est générateur d'autodiscipline. La formalisation d'un code de déontologie d'un métier permet d'affirmer sans ambiguïté des valeurs auxquelles on croit, individuellement comme collectivement.

L'intérêt premier d'un code de déontologie est qu'il constitue un document de référence pour les professionnels, mais aussi pour leurs clients. Plus une profession se complexifie sous l'influence des TIC et de la mondialisation, et plus ses règles du jeu sont difficiles à saisir. Une question est de savoir pourquoi il n'existe pas de véritables codes de déontologie pour les métiers du marketing. Est-ce parce que les marketers ne se reconnaissent pas comme exerçant une véritable profession qui leur demande de faire appel à leur décision personnelle ? Est-ce parce que nos professions évitent d'aborder le sujet de leur comportement en tant que membres d'une corporation ? Est-ce parce que les entreprises ne souhaitent pas que leurs managers discourent de leur métier avec d'autres cadres de différentes sociétés ? Est-ce parce qu'il n'y a pas de vision suffisamment partagée pour générer des codes de déontologie ? Quoi qu'il en soit, nous proposons dans les pages qui suivent des pistes de réflexion.

La déontologie en entreprise

Étymologiquement, la « déontologie » vient des mots grecs *deon* et *logos*, soit le devoir et le discours, la parole. Aujourd'hui, elle se définit comme l'« ensemble des règles et des devoirs qui régissent une profession, la conduite de ceux qui l'exercent, les rapports entre ceux-ci et leurs clients ou le public » (*Le Petit Larousse illustré*, 2000). La déontologie n'existe que dans l'exercice d'une profession, alors que la morale se fonde sur un principe *a priori* intrinsèque à la personne. En cas de manquement aux règles de déontologie d'une profession, la sanction est qualifiée dans le code professionnel avant de l'être, le cas échéant, par le droit professionnel. La déontologie s'est particulièrement développée dans les professions de service où elle réduit le risque perçu par les utilisateurs et les professionnels. Outre la relation entre le professionnel et ses clients, il existe ainsi un devoir de solidarité entre pairs qui contribue à consolider la profession. Comme l'indique l'origine étymologique du mot, la déontologie sous-entend la notion de discours et de processus oral reflétant les valeurs partagées par un ensemble de personnes. La déontologie appelle à la délibération, et la formalisation des débats en code permet d'affirmer sans ambiguïté des valeurs admises individuellement et collectivement. Ces « codes » de déontologie – qu'ils soient explicites ou implicites – évoluent avec les professions. En effet, plus elles deviennent complexes et plus les règles à suivre deviennent difficiles à saisir. La déontologie évolue donc naturellement au rythme des transformations et des nouvelles contraintes que pose l'ordre marchand mondialisé.

Source : adapté de Bergadaà, 2004.

Cibler le consommateur

Aujourd'hui, chacun de nous est confronté à plus de messages de propagande et de publicité en une journée que ceux qui nous ont précédés en toute une vie. Pour le marketer, le défi est de réussir à se faufiler dans l'encombrement publicitaire de masse. Le Web et le marketing viral sont ici particulièrement efficaces et la presse, par contrecoup, subit une crise majeure du fait de la chute drastique des bénéfices des publicités. Sur la Toile, le marketer traque les tribus postmodernes et il s'essaie à la création de communautés en ligne, véritables petits laboratoires d'analyse des tendances. De nouvelles techniques de promotion des produits et des pratiques sophistiquées d'analyse des consommateurs apparaissent. Par exemple, la netnographie consiste en une méthode ethnographique qui a été adaptée à l'analyse des communautés virtuelles. Ces nouveaux moyens de recherche qualitative visent à comprendre les symboles, le sens, ainsi que les tendances de consommation de groupes de consommateurs ciblés. Certains marketers s'engagent davantage dans cette virtualité en sponsorisant largement les sites créés par les fans d'une marque, voire en créant des communautés artificielles. Malgré ses avantages, la méthode comporte un risque important qui génère des controverses dans la communauté des marketers. En effet, une des questions majeures concerne la nature publique/privée des données disponibles dans ces communautés en ligne. Car, une fois qu'il a infiltré une communauté en ligne sous un pseudonyme, et qu'il a obtenu des données personnelles, rien n'empêche le marketer de décider d'utiliser les pouvoirs d'influence habituels de la profession. La déontologie est ici concernée. En effet, le marketing est une fonction qui permet de répondre aux besoins des clients et de mettre en œuvre une relation d'échange entre l'entreprise et ses clients. Si la relation d'échange est faussée parce que l'entreprise approche le consommateur masquée, la question se pose immédiatement. La relation de confiance ne s'instaure plus sur la base d'une sincérité réciproque et équilibrée.

Par contre, pour le chercheur en marketing qui travaille en entreprise et réalise de l'ethnographie, ce problème de déontologie n'est pas pertinent. Par exemple, pour comprendre une communauté en ligne, le marketer va prendre un pseudo et se faire passer pour un membre régulier. La question qui se pose est de savoir si on peut considérer ces données disponibles sur de tels sites comme publiques ou plutôt d'ordre privé. Certes, les membres du groupe étudié n'ont pas livré ces données à un chercheur dans le but de participer à une étude scientifique, et rien ne dit qu'ils l'accepteraient s'ils se savaient objet d'observation. Ainsi, au nom de la déontologie, certains considèrent qu'un consentement des participants devrait être demandé par le chercheur avant de commencer l'observation de sa communauté. Certes, nombre d'informations circulent dans ce type de sites et relèvent du domaine privé et intime des membres, et ce n'est pas parce qu'Internet nous permet d'avoir accès aux histoires personnelles des individus que le chercheur doit en tirer profit. Cependant, les personnes qui se livrent sur la Toile savent ce qu'elles font, et elles adhèrent au caractère de « peopolisation » que procure le sentiment de se mettre à nu devant des internautes étrangers. Dans la plupart des communautés en ligne, les membres sont conscients que tout public a de fait accès à leurs révélations. Pourquoi le netnographe d'entreprise serait-il obligé, en vertu d'impératifs déontologiques présumés, d'informer la communauté de sa présence, et de ses intentions pendant sa recherche ? Si le fait qu'il informe ses répondants de la nature commerciale de son travail biaise leurs réponses, il fera montre d'incompétence. Rappelons que la première responsabilité du chercheur est de s'assurer de la fiabilité et de la validité de ses résultats. D'autres critiques émanent du fait que le netnographe ne dise pas que ses travaux auront une finalité commerciale. Nous sommes ici face au vieux problème de savoir si ceux qui ont contribué à la fabrication de la bombe atomique larguée sur Hiroshima auraient dû ou non se poser des questions quant à son utilisation. Notre réponse est la même : certes oui, mais il s'agit d'un problème d'éthique dont nous débattrons plus loin, et non de déontologie.

L'établissement d'un prix

La dimension déontologique du métier de marketer est également bousculée par la mondialisation. Prenons l'exemple des outils issus des nouvelles technologies de l'information et de la communication qui abolissent les distances dans le commerce B-to-B. Les enchères inversées en ligne utilisées pour sélectionner les fournisseurs sont un des thèmes récurrents de questionnements déontologiques. Or la localisation du fournisseur n'a pas d'importance en soi dans la composante du prix, puisque le prix se réfère à la logique du marketing transactionnel. Prenons l'exemple d'un fournisseur qui découvre lors de telles enchères qu'un de ses concurrents propose, pour les mêmes spécificités du produit ou service, un prix de 100 et lui de 110 seulement. Ce fournisseur doit s'efforcer de ramener sa proposition également à un indice 100 pour l'appel d'offres suivant. Fatalement, les coûts du fournisseur devront être abaissés pour satisfaire son client et ce, parfois au détriment de la qualité. Or le problème est que ces économies sont rarement répercutées sur le consommateur final. De plus, comment définir la vraie valeur du produit final acheté par le client ? Un grand nombre de marques réputées travaillent sur des zones géographiques élargies et utilisent des composants fabriqués par des producteurs qui ne possèdent pas le même degré d'expertise que leurs fournisseurs d'origine. Ainsi, la famille qui achète un réfrigérateur d'une marque très connue ne s'attend pas à ce que les étagères de celui-ci cassent l'une après l'autre parce que le plastique de celles-ci a été fabriqué à bas prix dans un pays en voie de développement. À partir du moment où le client n'est pas conscient que la promesse de marque n'est plus qu'en partie respectée, le marketer est bien confronté à une question de déontologie. Et à ce problème de déontologie s'ajoute aussi une question de morale, à partir du moment où le système des appels d'offres élargis peut conduire à la délocalisation et à l'élimination du marché de petits fournisseurs locaux. Ceux-là s'inscrivent généralement dans une logique relationnelle et non transactionnelle. La relation d'échange n'est plus ensuite supportée par la sincérité, pierre fondatrice de la confiance commerciale.

Le développement des places de marché en ligne à l'échelle mondiale est confronté à un autre questionnement qui nous apparaît relever de la déontologie et non de l'éthique comme il est souvent fait mention dans les médias. Il s'agit de l'homogénéisation des produits hyperstandardisés vendus de par le monde. Notons d'abord que l'homogénéisation n'est jamais totale. Ainsi, la barre Mars, qui est produite en Allemagne, est achetée au niveau européen alors que le Nescafé présente toujours des différences de goût d'un pays à l'autre. Il y a déjà un certain temps que la voiture en série a un châssis homogène, et des options très différentes d'un pays à l'autre. La question est plutôt de savoir si de tels systèmes se développant peuvent ou non, à terme, régulariser une certaine forme de transactions au niveau mondial. Peut-on concevoir des politiques de prix comme intégrant, au niveau des coûts, tout à la fois la présence d'une production de type artisanale et celle d'un type hautement standardisé pour partie des composants ou encore admettre la coexistence de productions locales, régionales et mondiales ? Il est toujours possible au marketer de modifier les critères d'achat et le poids qu'il attribue à chacun d'eux, même dans les enchères en ligne. Il peut décider quels seront les composants achetés au niveau mondial et produits n'importe où. Il peut décider de la qualité, mais aussi des conditions éthiques de fabrication de ces composants. C'est donc bien en fonction de sa déontologie qu'il optera pour de telles options. De leur côté, les producteurs agissent dans un marché nettement plus transparent grâce au développement des TICS. Ils peuvent également mieux analyser les offres et chercher comment proposer l'introduction de critères qui les avantageraient le plus sûrement. Ce n'est donc pas parce que la société émergente, avec ses NTIC et sa mondialisation, se dote de moyens de communiquer en temps réel et de mener des transactions de plus en plus rapidement que le souci d'agir pour le long terme et en vertu de ces racines profondes disparaît. Au contraire, la transparence et l'objectivité procurées *a priori* par les nouveaux outils autorisent chacun à accéder à une vue de recul à la fois dans le temps et dans l'espace géographique. Le marketer apprend à raisonner en tenant compte tout à la fois d'ici et d'ailleurs, de maintenant et de demain. La déontologie n'est pas automatiquement la protection des producteurs locaux de son environnement direct. Il se doit d'être sincère dans la promesse faite au client.

LE DOMAINE DE L'ÉTHIQUE DE L'ENTREPRISE

Le marketer exerce sa profession dans le cadre d'une entreprise bien spécifique. Parce qu'il s'acculture au bout de quelques mois, il adopte les cadres éthiques de son entourage professionnel et il les remet rarement en question. Notons que les Anglo-Saxons confondent dans la même expression, *ethics*, les questions qui relèvent selon notre propos des sphères différentes que sont la morale, la déontologie et l'éthique de l'entreprise.

Les marketers travaillant au sein de grandes entreprises subissent une pression croissante, car des critiques à l'égard de l'ordre économique et marchand international se sont radicalisées ces dernières années. De nombreuses entreprises internationales, soucieuses de leur image et du risque permanent d'être l'objet de rumeurs et de critiques valorisent la promulgation de chartes d'éthique. Mais chacun de s'interroger : dans quelle mesure les chartes affichées par certaines entreprises sont-elles véritablement éthiques ou ne sont-elles pas simplement des moyens de livrer une image favorable au public ? En fait, la fonction de ces chartes est d'opérationnaliser les valeurs de l'organisation au travers de règles de décisions. Celles-ci permettent d'aborder l'action quotidienne sous l'angle pragmatique de la finalité de l'action, selon des modalités spécifiques à chaque unité, pays ou filiale d'entreprises. Ainsi ces chartes d'éthique d'inspiration américaine permettent-elles de « cadrer » l'efficacité des agents individuels. Elles conduisent surtout au développement de comportements similaires chez des travailleurs de filiales parfois situées dans des pays aux habitudes commerciales très différentes.

L'éthique d'entreprise

Au plan étymologique, « éthique » vient du mot grec *ethos*, qui signifie les mœurs, les manières d'agir. Bien qu'elle comporte une racine semblable à celle de la morale, l'éthique conduit à raisonner en fonction d'un but utilitaire, celui du bien-être du groupe. Déjà, pour Socrate (469-399 av. J.-C.), l'éthique était l'instrument politique qui permettait à un gouvernement de conduire les citoyens à accéder à une vie heureuse.

L'éthique, réflexion théorique, conduit à l'établissement de chartes d'entreprises. Ces chartes se sont développées à partir des idées des années 1960 sous la forme d'un contrat entre la société et l'entreprise. Leurs règles sont établies par chaque organisation en fonction de sa culture, de ses objectifs spécifiques et des moyens mis en œuvre, avant d'être écrites et rendues publiques. Si leur fonction est de rendre applicables un certain nombre de décisions au quotidien, le rôle de ces règles est aussi de témoigner des valeurs de l'organisation.

Les travailleurs sont souvent tenus de signer ces chartes d'éthique qui indiquent clairement ce que sont des comportements tolérés et des comportements inacceptables. Ceci permet aux entreprises de les utiliser comme moyens juridiques pour préserver la responsabilité de l'entreprise en cas d'agissements illégaux de leurs employés. Les codes d'éthique sont donc devenus des outils d'acculturation qui dictent les relations entre partenaires commerciaux et évitent toute surprise et perte de temps *a posteriori*.

Source : adapté de Bergadaà, 2004.

Modifier des comportements ou les accompagner

Si l'éthique d'entreprise devait s'accorder avec transparence, la première des critiques formulées à l'encontre de la discipline concernerait la manière dont le marketing s'y prend pour promouvoir des produits. À l'origine, les *soap operas* avaient été créés par des lessiviers, qui profitaient des pauses pour faire de la réclame. Aujourd'hui, ce sont des émissions entières d'un niveau culturel douteux qui servent à réaliser le maximum d'impact publicitaire. L'objectif marketing est simple : éviter que les téléspectateurs ne réfléchissent trop durant ces émissions afin que leur esprit soit le plus alerte possible pour accueillir les pauses publicitaires. Ces intermèdes influencent donc le format et le contenu d'une émission, et les auteurs doivent en tenir compte dans la structure de leurs œuvres. Patrick Le Lay, PDG de TF1, tout en s'insurgeant contre l'éruption de la « trash TV », a fait une déclaration répercutée en 2004 par tous les médias : « Il y a beaucoup de façons de parler de la télévision. Mais dans une perspective "business", soyons réalistes : à la base, le métier de TF1, c'est d'aider Coca-Cola, par exemple, à vendre son produit [...]. Or pour qu'un message publicitaire soit perçu, il faut que le cerveau du téléspectateur soit disponible. Nos émissions ont pour vocation de le rendre disponible : c'est-à-dire de le divertir, de le détendre pour le préparer entre deux messages. Ce que nous vendons à Coca-Cola, c'est du temps de cerveau humain disponible. » Il n'y a rien à objecter du point de vue déontologique, puisque la rationalité des politiciens ou des marketers répond à celle des téléspectateurs qui se déterminent par rapport à des produits culturels concurrentiels. Mais sur le plan de l'éthique d'entreprise, la question est bien effective, puisque l'avènement de ce type de produit « culturel » se fera au détriment d'une culture plus classique. Et surtout, le spectateur ne sait pas qu'il est manipulé. Ici encore, c'est la transparence des pratiques qui fait défaut. Dès lors, l'éthique du marketing est tout à fait engagée puisque ses techniques sophistiquées conduisent à une inversion de causalité. En effet, l'intérêt à court terme risque d'appeler la mise en place de produits dont l'impact sur les populations ayant moins de capacité de discrimination n'a pas encore pu être mesuré. On peut se demander dans quelle mesure les cadres d'éthique affichés par certaines entreprises sont véritablement « éthiques », ou s'ils ne sont pas simplement des moyens de communiquer à l'extérieur une image favorable. Qu'importe. L'éthique d'entreprise implique aujourd'hui la transparence et la clarification des règles du jeu vis-à-vis des partenaires, c'est-à-dire des actionnaires, des travailleurs, des clients et des collectivités dans lesquelles interviennent les entreprises.

Car de nombreux observateurs dénoncent l'avènement d'un consommateur égoïste et joueur recherchant de la variété et du plaisir, sensible aux stimuli imprévus. Astucieux, l'individu serait davantage guidé par une logique de l'émotion que de la raison. La question est de savoir en quoi cela concernerait l'éthique du marketer. Prenons l'exemple des techniques de collecte de fonds dans le domaine caritatif qui se sont développées ces dernières années. Les campagnes nationales *via* le Téléthon (contraction de télévision et marathon), les mailings ou les quêtes de rue se fondent sur les techniques opérationnelles du marketing direct. Ainsi, les campagnes de *fundraising* se déroulent sur des périodes définies. L'attention des marketers se porte sur l'élaboration du message qui sera alors le meilleur déclencheur de don. Le « charité spectacle » se développe sous la forme que nous lui connaissons aujourd'hui : concerts publics et émissions de télévision qui mettent la misère à portée de chacun. Les individus sont largement sollicités au plan émotionnel et leur don se déclenche. « Et si c'était mon enfant ? » se disent les personnes qui voient un bébé d'Afrique ou d'Asie qui meurt de faim. Cette option de la « charité-spectacle » se heurte dès lors à des critiques de la part de ceux qui y voient essentiellement du voyeurisme et une atteinte à la dignité des personnes. Les deux perspectives de la solidarité et de la philanthropie y sont opposées. Pourtant, c'est parce que le développement du « charité spectacle » a rendu proche cette souffrance de tant de pauvres aux individus bénéficiant dans nos pays d'une bonne qualité de vie qu'il y a dons. Si nous nous référons à notre définition de l'éthique de l'entreprise, le fait d'utiliser des méthodes et des messages qui fonctionnent, ce en toute transparence, ne nous semble en rien répréhensible. Dommage, peut-être, diront certains, mais ce n'est certainement pas non éthique.

Vers un changement de mœurs

Une critique majeure d'ordre d'éthique concerne le fait que l'économie ne serait plus « immergée » dans le social et que les chances d'enrichissement procurées par l'ordre marchand ne seraient pas équitables. Le capitalisme, effectivement, n'est pas parvenu à conduire l'ensemble des acteurs économiques vers plus de richesse. Par exemple, de nombreuses études montrent que les populations pauvres sont beaucoup plus sensibles aux problèmes d'obésité ou de consommations de produits de compensation (alcool, tabac...). Mais les producteurs de denrées alimentaires transformées considèrent que ce sont aux parents de réguler les achats de leurs progénitures ou que c'est à l'État d'intervenir. Or ce n'est pas si simple. Les familles plus aisées échangent surtout des informations issues du secteur tertiaire. *A contrario*, les familles plus défavorisées consacrent une part toujours plus importante de leur budget aux biens tangibles à court terme. Les distinctions entre groupes sociaux sont ainsi clairement marquées sur le plan même de l'information et de l'éducation. Les enfants des classes sociales les plus basses constituent ainsi une cible privilégiée de l'industrie alimentaire et l'obésité, ou autre problème de santé non biologique, devient un marqueur de la stratification sociale. En outre, alors que les plus défavorisés de nos concitoyens doivent consacrer une part toujours importante de leur budget aux biens de première nécessité, l'inverse se produit pour les plus aisés d'entre eux, et l'écart se creuse. En outre, si dans les pays occidentaux la grande majorité des personnes a les moyens d'acquérir des biens matériels de consommation courante, le cas des pays du tiers-monde diffère. Les populations productrices de produits de base ne récupèrent pas toujours un pouvoir d'achat associé à leur travail, et elles ne peuvent donc acheter les biens que nous produisons. Ici encore le creusement de l'écart entre pays pauvres et pays riches s'élargit et le fondement même de l'ordre marchand ne permet pas de modifier cette dynamique. Les prix des produits finis proposés par les pays occidentaux seront toujours bien supérieurs au salaire que procure le travail sur des produits de base dans les pays en voie de développement. La question est donc bien éthique pour l'entreprise dont les mœurs ne s'accordent pas au bien-être du groupe humain : celui de la planète. Il est donc normal qu'un groupe international de la taille de Nestlé inscrive l'éthique au rang de ses préoccupations majeures avec un slogan *Good food, Good life*. Cette éthique impacte les recherches du groupe. Dans chaque domaine alimentaire, les tendances sociétales sont analysées, puis les centres de recherche trouvent des solutions pour résoudre les problèmes émergents. Ensuite, chacun se réfère aux codes éthiques de Nestlé ainsi qu'aux codes de santé internationaux.

Par contre, un second type de critiques récurrentes à l'égard du marketing ne nous semble pas relever d'un quelconque concept d'éthique. Il s'agit de la dématérialisation du produit par rapport au phénomène de marques. Le basculement se serait produit lorsque des entreprises comme Nike ou Calvin Klein ont mis l'accent sur le capital marque et non plus sur les produits qui les supportent au début des années 1980. La valeur ajoutée pour les consommateurs est très clairement le signe de reconnaissance tribale que constitue « sa » marque. Ainsi, tout est fait pour créer un attachement à la marque, et les enfants, dès le *preschool*, sont heureux de reconnaître leurs marques à la télévision ou sur les affiches murales. Les économies réalisées sur la production délocalisée permettent d'investir des sommes accrues en publicité de masse, et donc de renforcer le phénomène. La marque, autrefois utilisée pour désigner le produit, puis conçue pour distinguer les produits les uns des autres, est devenue la finalité de l'achat. L'objectif affiché est donc simple : dématérialiser autant que possible le produit en le sortant du monde concret et réel pour le faire entrer dans le monde virtuel. Tous les tests de couleur, d'images associées, de mots positifs de renforcement sont parfaitement manipulés par les publicistes depuis des décennies pour instrumentaliser cet attachement à la marque. À partir de ce point, le consommateur va acheter un symbole virtuel qui lui donnera un sentiment d'appartenance et ce, à n'importe quel prix. Les consommateurs apprennent dès l'enfance le statut symbolique de la marque, et dès lors ils réalisent très tôt des inférences entre la marque utilisée par une personne et la « valeur » de cette personne. Ainsi, au cours du XXe siècle, l'économie s'est peu à peu détachée de la réalité de la production tangible. Ce phénomène ne peut que s'accélérer avec une génération de jeunes pour qui l'usage des nouvelles technologies de la communication accentue la virtualité de leur vie quotidienne. La question de leur aptitude à inscrire leurs actions dans la vie réelle une fois qu'ils seront adultes est d'ores et déjà posée. Mais qui nous autoriserait à décréter que l'ordre social doit aller dans un sens ou un autre ? En quoi l'usage des outils de marketing pour promouvoir un bien immatériel serait-il moins éthique que ceux utilisés pour promouvoir des biens tangibles ou culturels ? Si problème il y a, il relève de la sociologie et non du marketing.

DISCUSSION

Aujourd'hui, de nombreuses questions, relayées par la presse et surtout par le Web, attendent des réponses précises de la part des marketers. Les mouvements de défense du consommateur ont des antennes dans le monde entier et bénéficient de moyens efficaces de communication en réseaux. Qu'il s'agisse de débats concernant les organismes génétiquement modifiés (OGM) ou l'origine sanitaire et matérielle des produits, les chantres de ces mouvements protestataires ont compris que l'utilisation judicieuse d'outils de communication actuels leur confère une puissance jamais égalée. Leurs moyens relèvent du marketing traditionnel de communication, mais ils sont décuplés par le pouvoir du marketing viral. De nombreuses entreprises internationales sont soucieuses de leur image et du risque permanent de rumeurs et de critiques. Mais, face à des acteurs engagés, contestataires dans l'âme, nous sommes aussi confrontés à des comportements de consommateurs qui ne sont pas plus faciles à comprendre. L'individualisme et, par répercussion, l'égoïsme à court terme privilégient l'instant et l'émotion immédiate. Puisque la liberté est devenue le principe fondateur de la morale individuelle, le jeune homme qui pirate des CD sur Internet pour ensuite les échanger avec ses camarades ne craint pas la loi. Il ne voit rien d'amoral au fait de voler des *royalties* aux producteurs et aux auteurs. S'il ne cherche pas à les revendre, il trouve même logique et moral que tout le monde en fasse autant. Quant à respecter les entreprises qui distribuent ces produits, il leur est tellement dit par ailleurs dans la presse qu'elles manquaient d'éthique que les voler ne leur semble pas un bien grand crime. Il devient souvent très difficile au marketer de faire prévaloir une éthique des affaires.

En tant que décideur au quotidien, le marketer doit affronter ces ambiguïtés. Il doit être capable de décider, en toute sérénité, si les questions qui lui sont posées relèvent de la morale, de la déontologie ou de l'éthique afin d'être en mesure d'y apporter une réponse satisfaisante. Il lui faut donc développer, dans un monde en pleine mutation un sens de la responsabilité qui n'est ni inné ni enseigné dans les programmes de MBA. Nous lui proposons donc de s'inspirer des travaux de Kohlberg, que nous avons adaptés dans le tableau 17.1, afin d'évaluer ses propres aptitudes en la matière. L'auteur a montré que la

Figure 17.1 – Les principes de la responsabilité individuelle du marketer (adapté de Kohlberg, 1963)

C - Principes personnels

6e stade

- **Levier** : l'intime conviction d'agir conformément aux règles d'une morale personnelle construite sur des valeurs profondes.
- **Dilemme** : si la politique de son organisation semble la mettre en danger et qu'il lui faut lutter contre les responsables à ses risques et périls.

5e stade

- **Levier** : ses projets sont ancrés dans la survie et le développement au long terme de son organisation.
- **Dilemme** : s'il risque de ne pas être soutenu par les responsables de l'entreprise car il est conduit à agir contre l'ordre éthique socialement accepté.

B - Principes collectifs

4e stade

- **Levier** : la reconnaissance même différée de sa fidélité à l'organisation et le respect de ses codes d'éthique.
- **Dilemme** : si le comportement de ses supérieurs hiérarchiques ne semble pas conforme à l'équilibre établi.

3e stade

- **Levier** : la reconnaissance de son groupe d'appartenance à une déontologie servant à la protection de ses membres contre des mutations ou crises l'affectant.
- **Dilemme** : si une décision posée en obéissance à des supérieurs hiérarchiques risque de trahir la confiance des membres de son groupe d'appartenance.

A - Principes circonstanciels

2e stade

- **Levier** : la réciprocité du service rendu, la reconnaissance déclarée et publique, la mise en exergue de la valeur ajoutée personnelle.
- **Dilemme** : l'empiètement d'une action sur la liberté et le temps individuels contractuellement prévus.

1er stade

- **Levier** : les récompenses immédiates des actes réussis. Des preuves de valorisation tangibles plutôt qu'intangibles.
- **Dilemme** : la peur de la sanction si l'action est désapprouvée, même si les règles sont imprécises et obsolètes en termes de fonctionnement social.

conscience de la responsabilité personnelle se développe par paliers. À un niveau que nous appellerons « circonstanciel », le jugement repose sur la satisfaction des besoins immédiats dans une optique de réciprocité et dans l'idée de rester dans le cadre strict de ce qui est permis. Le niveau « collectif » de l'éthique est celui d'un jugement qui repose sur la préservation du groupe auquel appartient le décideur. Ce stade d'adhésion à l'ordre établi se réfère très précisément à une vision du bien et du mal définie par les chartes d'éthique des entreprises. L'exercice collectif de formalisation de ces directives d'intégrité oblige chacun à réfléchir au cœur de métier de l'entreprise. Enfin, à un stade supérieur et personnel de responsabilité, les principes moraux personnels de l'individu sous-tendent ses décisions et son action. Parvenu à ce niveau de clairvoyance, l'individu peut prendre le risque personnel de transgresser les interdits de son organisation, s'il juge, en son âme et conscience, que des principes moraux universels sont transgressés.

Ce sont d'hommes et de femmes ayant atteint ce dernier stade de responsabilité dont l'entreprise et le système social ont besoin. De nos jours, il n'y a plus d'excuse au fait de ne pas vouloir exprimer ses doutes et ses questionnements. La pensée permanente d'une crainte pour le futur de l'avenir social, économique et écologique nous oblige à écouter et à voir les signes précurseurs de l'avenir. Ce débat, celui de la responsabilité, dépasse le cadre de ce chapitre. Il est ouvert à tous ceux qui savent s'élever pour acquérir le sens de leur responsabilité.

CE QU'IL FAUT RETENIR

Le marketing entretient avec la société et ses médias une relation dialectique d'attirance/répulsion et d'amour/haine indissociables. Le marketer, décideur en entreprise, ne sait pas toujours quel sens donner à son action. Et les débats sur l'éthique de l'entreprise ne lui sont pas d'une grande utilité au quotidien. La perspective adoptée dans ce chapitre est celle de l'acteur responsable de ses décisions. Ses repères sont la morale, la déontologie et l'éthique de l'entreprise que nous distinguons.

Ainsi, avant d'être marketer, l'individu est d'abord un homme ou une femme, parfois un père ou une mère de famille. En franchissant les portes de son entreprise, il conserve ses valeurs profondes, marques de son authenticité. Cependant, il n'a jamais la liberté totale d'exercer sa décision selon les termes de la morale profonde qui l'anime. Souvent, c'est à sa déontologie qu'il doit avoir recours pour décider et agir. Alors que la morale s'impose à sa conscience, la déontologie naîtra des conflits entre ses multiples devoirs dans l'exercice même de son métier. Enfin, un troisième repère l'aide dans ses choix : il exerce son métier dans une organisation spécifique, laquelle a défini des normes d'éthique, formelles ou informelles, reflets de ses valeurs et de sa culture.

Confronté à des dilemmes quotidiens le marketer peut se fier à ces repères, si du moins il les a clairement reconnus. Peut-il vendre des produits nocifs au consommateur, nuisibles à la santé ou simplement futiles ? C'est sa morale qui est alors sollicitée. Peut-il opter pour une campagne de communication trompeuse ou exagérée ? Exerce-t-il une pression exagérée sur les fournisseurs de composants pour ses produits ? C'est aux codes de déontologie de la profession qu'il doit se référer. Doit-il, pour permettre à l'entreprise de réaliser plus de bénéfices, influencer des comportements addictifs chez le consommateur, une culture du plaisir immédiat, faire des promesses sans fondements ? C'est au code d'éthique de son entreprise qu'il devra se référer.

Aujourd'hui, de nombreuses questions, relayées par la presse et surtout par le Web, attendent des réponses précises de la part des marketers. En tant que décideur, le marketer doit affronter de nombreuses ambiguïtés. Il doit donc être capable de décider, en toute sérénité, si les questions qui se posent à lui relèvent de la morale, de la déontologie ou de l'éthique afin d'être en mesure d'y apporter une réponse satisfaisante. Ce sont d'hommes et de femmes ayant cette clairvoyance dont l'entreprise et le système social ont besoin.

RÉFÉRENCES BIBLIOGRAPHIQUES

Audi P. (2000). *L'Éthique mise à nu par ses paradoxes mêmes*, Paris, PUF.

Ball-Rokeach S. J. (1973). « From pervasive ambiguity to a definition of the situation », *Sociometry*, 36, p. 378-389.

Belk R. (1988). « Possessions and the extended self », *Journal of Consumer Research*, 15, 2, p. 139-168.

Bergadaà M. (2004). « Évolution de l'épistémè économique et sociale : proposition d'un cadre de morale, de déontologie, d'éthique et de responsabilité pour le marketer », *Recherche et applications en marketing*, 19, 1, p. 55- 72.

Bergadaà M. (2007). « Children and Business : Pluralistic Ethics of Marketers », *Society and Business Review*, 2, 1, p. 53-73.

Boyer L. (2001). « Le devenir des métiers », Groupe de prospective Vision Paris-Caen, septembre.

Clark P. W., Martin C. A. et Bush A. J. (2001). « The effect of role model influence on adolescent's materialism and marketplace knowledge », *Journal of Marketing, Theory and Practice*, 9, 4, p. 27- 36.

Comte-Sponville A. (2001). *Dictionnaire philosophique*, Paris, PUF, coll. « Perspectives critiques ».

Cova B. et Badot O. (1995). « Marketing Theory And practice in A Postmodern Era », *Marketing Theory and Practice*, 3e éd., M. J. Naker (éd.), Basingstore, McMillan, p. 416-431.

Desmet P. et Feinberg F.M. (2003). « Ask and Ye Shall Receive : The Effect of the Appeals Scale on Consumers' Donation Behavior », *Journal of Economic Psychology*, 24, p. 349-376.

Douglas M. et Isherwood B. (1979). *The World of Goods*, New York, Basic Books.

Firat A. F. et Venkatesh A. (1993). « Postmodernity : the age of marketing », *International Journal of Research in Marketing*, 10, 3, p. 227-249.

Goldberg, L., Elliot D. L. et Clarke G. N. (1996). « The Adolescents Training and Learning to Avoid Steroids (ATLAS) Prevention Program : Background and Results of a Model Intervention », *Archives of Pediatric and Adolescent Medicine*, 150, p. 713-721.

Holbrook M. (1999). *Consumer Value. A Framework for Analysis and Research*, Londres, Routledge.

Hunt S. D., Wood Van R. et Chonko L. B. (1989). « Corporate ethical values and organizational commitment in marketing », *Journal of Marketing*, 53, 3, p. 79-90.

Isaac H. (2000). « Éthique individuelle, déontologie professionnelle et management : faut-il créer un ordre des managers ? Un point de vue français », Actes du Forum « Le Manager professionnel entre éthique et déontologie », XIIIe entretiens Jacques Cartier, Montréal, HEC, octobre, p. 1-13.

Klein N. (2002). *No Logo. La tyrannie des marques*, Paris, Babel.

Kohlberg L. (1963). « The Development of Children's Orientations : Towards a Moral Order, Sequence in the Development of Moral Thought », *Vita Humana*, 6, p. 11-33.

Kozinets R. V. (2002). « The Field Behind the Screen : Using Netnography for Marketing Research in Online Communities », *Journal of Marketing Research*, 39, févr., p. 61-72.

Kozinets. R.V. (2006). « Netnography 2.0 », *Handbook of Qualitative Research Methods, Marketing*, Russel W. Belk (éd.), Cheltenham, Edward Elgar Publishing.

Lapeyre J. (2002). « L'Europe, élément de réponse structurée à une mondialisation dérégulatrice et inégalitaire », *Mondialisation, comprendre pour agir*, A. Peeters et K. Stokkin (éd.), Bruxelles, GRIP.

Lefèvre S. (2008). *Mobiliser les gens, mobiliser l'argent : les ONG au prisme du modèle entrepreneurial, thèse de doctorat*, université de Lille 2 – Droit et santé.

Maffesoli M. (1988). *Le Temps des tribus. Le déclin de l'individualisme dans la société de masse*, Paris, Librairie des Méridiens.

McNeal, J. (1992). *Kids as Customers : A Handbook of Marketing to Children*, New York, Lexington Books.

Mercier S. (1999). *L'Éthique dans les entreprises*, Paris, La Découverte.

Moussé J. (2001). *Éthique des affaires : liberté, responsabilité*, Paris, Dunod.

O'Shaughnessy J. et O'Shaughnessy N. J. (2002). « Marketing, the consumer society and hedonism », *European Journal of Marketing*, 36, 5-6, p. 524-547.

Rawls J. (1993). *Political Liberalism. The John Dewey Essays in Philosophy*, 4, New York, Columbia University Press.

Ricœur P. (1990). *Soi-même comme un autre*, Paris, Le Seuil.

Rohatyn D. (1990). « The (mis)information society : an analysis of the role of propaganda in shapping consciousness », *Bulletin of Science, Technology and Society*, 10, 2, p. 77-85.

Schervish P. (1997). « Inclination, Obligation and Association », in Burlingame D.F. (éd.), *Critical Issues in Fund Raising*, New York, John Wiley, p. 110-138.

Sirgy M. J. et Lee D.-J. (1996). « Setting socially responsible marketing objectives. A quality-of-life approach », *European Journal of Marketing*, 30, 5, p. 20-34.

Sutherland A. et Thompson B. (2001). *Kidfluence : Why Kids Today Mean Business*, McGraw Hill Ryerson Ltd.

Wallendorf M. et Arnould E. J. (1988). « My favorite things : A cross-cultural inquiry into object attachement, possessiveness and social linkage », *Journal of Consumer Research*, 14, 4, p. 331-547.

18

Communautés, tribus et réseaux sociaux

Bernard Cova

Bernard Cova est professeur de marketing à Euromed Management Marseille où il participe activement au développement d'approches novatrices du marketing au sein du laboratoire de recherche Savoir Sud. Il enseigne également à l'université Bocconi de Milan. Fondés sur un point de vue ethnosociologique proche de celui de la CCT (Consumer Culture Theory), *ses travaux sur les approches sociétales de la consommation ont, dès 1995, posé les bases des développements actuels sur le rôle du marché dans la construction identitaire des individus et la reconstruction de liens sociaux entre eux. Sur ce sujet, il a récemment publié deux ouvrages en anglais :* Consuming Experience *(Routledge) et* Consumer Tribes *(Butterworth-Heinemann).*

L'évolution de nos sociétés durant les vingt dernières années a considérablement modifié le rôle de la consommation dans notre vie quotidienne. Aujourd'hui, l'identité de chaque individu s'affirme autant au travail qu'en dehors, au travers des multiples passions qu'il partage avec d'autres. Et ce besoin de participation et de partage de ses émotions le conduit souvent à consommer : consommer des activités, des informations, des marques, des objets, etc., afin d'interagir avec les autres. En conséquence, le marketing s'intéresse depuis deux décennies moins au comportement *du* consommateur isolé qu'au comportement *des* consommateurs regroupés en communautés ou tribus éphémères construites autour d'un totem qui peut être pris à l'intérieur ou à l'extérieur du système marchand. Dans ce contexte, l'étude des tribus de consommateurs, le ciblage de ces tribus comme la collaboration avec ces tribus sont devenus des éléments clés des approches de *branding* et de marketing contemporaines.

LA TRIBU, NOUVELLE CIBLE DES MARKETERS

1990-2010 : De l'individu aux tribus

Les hypothèses tribales ou communautaires de la consommation et du marketing ont vu conjointement le jour au milieu des années 1990 aux États-Unis et en France. De l'autre côté de l'Atlantique, c'est l'ethnographie des communautés qui a permis de mettre au jour d'abord l'existence du phénomène tribal, puis son intérêt pour une entreprise comme Harley-Davidson. De ce côté-ci de l'océan, ce sont les travaux d'un sociologue particulièrement inspiré, Michel Maffesoli en l'occurrence, qui ont permis de faire la prospective d'un marketing tribal fondé sur la notion postmoderne de tribalisation de la consommation. Dans cette prospective, le lien importe plus que le bien pour les consommateurs actuels, c'est-à-dire qu'un bien peut être acheté plus pour l'appartenance à une communauté qu'il permet que pour ses fonctionnalités propres.

À l'époque, le phénomène décrit est apparu à nombre de commentateurs et spécialistes comme au mieux marginal, au pire hautement discutable. Rappelons que les années 1990 sont celles de la grande vague du marketing relationnel et de ses dérivés type *one-to-one* et CRM (*Customer Relationship Management*) qui s'appuient sur une prospective opposée : une individualisation croissante des comportements des consommateurs conduisant à une personnalisation des démarches marketing. De plus, si des tribus d'individus étaient alors clairement repérables dans la société – les gothiques, les fans de Mac, les conducteurs de Jeep, etc. –, peu d'entreprises présentaient des démarches construites de marketing tribal. Seuls quelques cas emblématiques permettaient de soutenir l'intérêt d'une approche tribale du marketing : Harley Davidson et le HOG – *Harley Owners Group* –, France Telecom et le Tatoo – avec son fameux « Gardez le contact avec votre tribu » –, Wizards of the Coast et le jeu *Magic the Gathering* (l'Assemblée), etc. Il y eut même un grand moment de doute à la fin des années 1990 avec la bulle Internet présentée comme le pic de l'individualisme dans la consommation.

Mais la bulle a éclaté et, à sa place, une quantité de communautés se sont forgées ou consolidées grâce aux échanges virtuels sur des forums, des listes de diffusion, puis des blogs et autres plateformes communautaires offertes par le Web comme les réseaux sociaux de type Facebook ou Twitter. Le travail des chercheurs nord-américains est venu heureusement rendre compte de ces mutations à partir de l'étude de cas de communautés en ligne comme celles de Star Trek et Star Wars. Dans le même temps, la recherche en marketing se centrait sur un cas particulier d'approche tribale : les communautés de marque. Certaines recherches ont ainsi rendu compte de la puissance de fidélisation de l'appartenance à une communauté de passionnés de voitures comme les Saab. Tout ceci a permis aux approches tribales de quitter la marge pour devenir un sujet d'actualité du marketing. De nombreuses entreprises de tous secteurs ont entrepris des démarches tribales, de Ferrero pour Nutella à BMW pour la nouvelle Mini en passant par les cafés Starbucks.

Le phénomène tribal dans la consommation s'est alors consolidé et son intérêt pour les entreprises s'en est trouvé validé par la publication en août 2004 du classement annuel des marques globales réalisé par le magazine *Business Week* qui affirmait alors que « l'analyse des bouleversements dans le classement signale un phénomène nouveau. Les consommateurs ont changé leurs façons de voir et même d'interagir avec les marques. Ils restent acheteurs de produits, mais, grâce au pouvoir d'Internet et à cause des changements culturels et démographiques, de plus en plus de consommateurs forment activement des communautés autour de leurs marques favorites. Générer ce sentiment d'appartenance est ce que les marketers doivent rechercher aujourd'hui ». Des travaux scientifiques, publiés notamment dans le *Journal of Marketing*, ont suivi en prouvant le lien entre appartenance à la communauté et fidélité à la marque. Le développement du Web 2.0 est venu ajouter la touche finale qui fait écrire à Seth Godin qu'aujourd'hui les tribus dirigent notre monde et notre consommation. La tribu a aussi gagné une légitimité théorique avec la montée en puissance des analyses de la consommation de type CCT, *Consumer Culture Theory*, qui a fait de l'étude des sous-cultures de consommation un de ses quatre champs d'investigation privilégiés. Le comportement de consommateurs réunis en groupe par une même passion ou un même *ethos* – développé dans une sous-culture ou tribu – est ainsi devenu un objet d'étude pertinent pour la recherche en marketing.

Définition de la tribu et des concepts voisins

Une tribu, au sens postmoderne du terme, est un ensemble d'individus non forcément homogènes (en termes de caractéristiques socio-démographiques) mais interreliés par une même subjectivité, un même affect et capables d'actions collectives vécues intensément bien qu'éphémères. C'est donc bien plus qu'un simple agrégat d'individus, c'est un groupe qui se forge par l'interdépendance de ses membres. Quand on parle de tribu en marketing, on ne parle pas seulement d'un micro-groupe mais d'un ensemble de micro-groupes sociétaux où se partage à peu près le même affect. Le *nous* tribal est à la fois local et tangible (interactions entre quelques individus) et global et intangible (sentiment de participation à un tout imaginaire). La notion de tribu englobe ainsi :

- le lien effectif entre deux ou plusieurs individus dans le cadre de groupes affinitaires de taille réduite (exemple : les micro-groupes locaux de joueurs de *snowboarders* qui se retrouvent pour partager régulièrement leur passion) ;

- le lien imaginaire qui permet à chacun de se sentir partie d'un tout à saveur communautaire lié à un objet ou un lieu de culte (exemple : la sous-culture du snowboard en France) et par là même de participer à l'imaginaire global de la communauté.

Ce concept de tribu de consommation est à mettre en parallèle avec deux concepts voisins avec lesquels souvent il est confondu :

- le concept de sous-culture de consommation proposé pour décrire les regroupements de *bikers* autour des Harley Davidson ou autour de Star Trek. Ici le groupe est compris comme tout l'univers généré par la passion pour une marque et une activité ;
- le concept de communauté de marque proposé pour décrire les liens entre consommateurs autour de certaines marques (Bronco, Mac, Saab…). Ici, le groupe est compris dans le sens restreint d'un rassemblement émotionnel de personnes autour d'une marque.

Ces trois conceptualisations se positionnent clairement comme étant autre chose que des « segments de styles de vie homogènes ». Un segment est un ensemble d'acteurs homogènes (en termes de caractéristiques) mais non reliés ; un segment n'est pas capable d'action collective. Une tribu est un ensemble d'acteurs hétérogènes (en termes de caractéristiques) mais interreliés ; une tribu est capable d'action collective.

Identifier une tribu

« Gardez le contact avec votre tribu ! » annonçait la publicité de France Telecom pour le pager Tatoo dès 1995. L'hypothèse tribale du marketing conduit à utiliser les tribus comme unités d'analyse pour décrire des sous-ensembles flous de consommateurs en lieu et place des habituels segments et à tenter de créer ou développer des tribus autour de produits ou lieux de services intégrant une valeur de lien. Le marketing tribal s'efforce de supporter le lien social entre personnes réunies autour d'une passion commune (la tribu). Sa première tâche est donc d'être capable de repérer et d'analyser le potentiel d'une tribu.

Une tribu n'est pas un objet aussi facile à identifier que peut l'être un segment de consommateurs. Une tribu c'est de l'événement cristallisé, de l'effervescence sociétale, plus qu'un objet socio-économique clairement défini : c'est un regroupement momentané et fortement chargé émotionnellement de personnes *a priori* dissemblables. Ce n'est pas un objet fermé, c'est un système ouvert : on y appartient tout en n'y appartenant pas (toujours). Cependant, pour celui qui veut la comprendre, une tribu offre des traces, c'est-à-dire une certaine visibilité, qui sont :

- *les traces dans le temps* : la tribu surgit, elle se manifeste, elle devient un épiphénomène, elle s'épuise dans l'acte et disparaît. Au-delà de ces apparitions, elle révèle une logique souterraine plus pérenne et plus éclatée ;

- *les traces dans l'espace* : la tribu se réalise, elle se matérialise, elle existe sous une forme réduite mais stable et pérenne dans l'espace. Les lieux associatifs, les lieux de culte, les lieux de mémoire, etc., représentent autant de points d'ancrage spatiaux où la tribu, ou plutôt une partie de la tribu, peut dérouler ses rituels de passage ou de renforcement.

Mais ces traces qui donnent à voir une tribu sont loin d'en épuiser tout le potentiel. La tribu implique aussi la pratique quotidienne, souvent chez soi, et tous les rassemblements informels à l'échelle domestique, en comité restreint. Une tribu, c'est également un sentiment, un ressenti : une personne n'est pas isolée dès qu'elle participe en imagination ou virtuellement à une communauté d'individus. Pour essayer de repérer une tribu, il est donc conseillé de procéder par assemblage de petits morceaux d'indices, de traces, d'éléments fugaces et fuyants :

- recherche documentaire dans les journaux, revues, livres, mais aussi sur l'Internet, forums, blogs, groupes d'amis ou encore sites consacrés à l'univers de la tribu concernée (du type *netnographie*) ;
- entretiens semi-directifs ou non directifs avec des membres, seuls ou en groupes (*focus groups*), sur les lieux de pratique ;
- observation participante ou non participante dans certains lieux où évolue la tribu, avec recueil du détail de ses rituels.

L'assemblage de ces indices pourra s'appuyer sur l'organisation suivante :

- la dimension visible (les traces ou évidences) avec, d'un côté, ce qui est du domaine de l'occasionnel, comme les rassemblements, et de l'autre côté, ce qui est du domaine de l'institutionnel, comme les lieux de permanence de la vie tribale, lieux associatifs ou sectaires et autres sites, forums, pages, blogs sur l'Internet ;
- la dimension invisible (les ombres ou suppositions) avec, d'un côté, ce qui est du domaine du vécu, comme la pratique quotidienne, et de l'autre côté, ce qui est du domaine de l'imaginaire, comme la mouvance ou la tendance.

Ce qu'il est important de noter, c'est que le visible ne représente souvent qu'une part très faible du potentiel d'une tribu. Sans en faire une règle infaillible, on peut appliquer, sur la base des analyses faites durant les dix dernières années, une règle de multiplication de 1 à 10. Si l'on a 100 000 individus décomptés sur l'axe du visible de la tribu, la part invisible de la tribu doit se situer autour du million d'individus.

On peut ainsi « lire » le potentiel de la tribu électro en 2008 (*cf.* figure 18.1) comme suit :

- avec les lieux « cultes » comme les Aprem à Rivoli ou bien encore les soirées Électro et Tecktonik Killers au Metropolis ou retrouve une certaine organisation, voire institutionnalisation ;

- avec les rassemblements dans la plupart des villes de province, la sous-culture donne lieu à des partages d'expériences, de savoirs (en matière de danse ou de look) ainsi qu'à des confrontations sous forme de *battles* (opposition entre deux « teams » arbitrées, le plus souvent, par le public à l'applaudimètre) ;
- avec la pratique quotidienne et les rassemblements, on trouve la dimension *tribale* comme regroupement d'individus aux caractéristiques hétérogènes mais interreliées par une expérience commune, une émotion partagée, une même passion ;
- avec le sentiment tribal, on retrouve la dimension la plus légère et invisible de ce phénomène. C'est la partie *effet de mode du mouvement*. Des millions de sympathisants adoptent ainsi certains accessoires du look ou du style Électro ou en écoutent la musique.

Figure 18.1 – La tribu Électro en 2008 en France (d'après Cleret et Rémy, 2009)

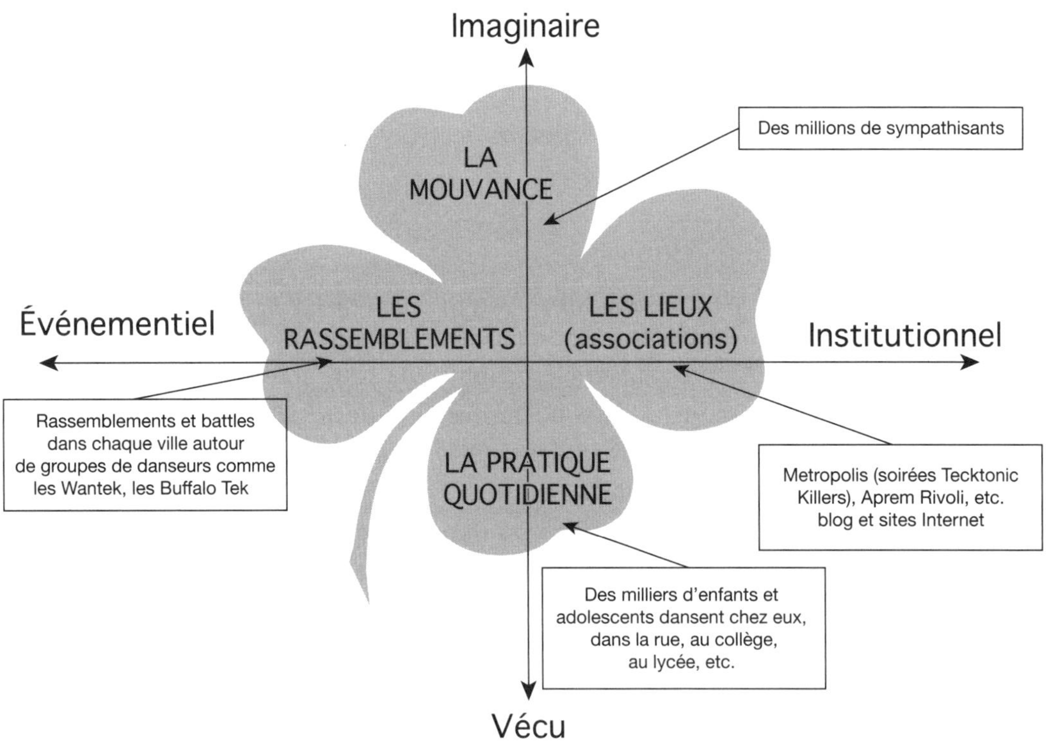

Notons ici qu'il ne s'agit en aucun cas de rechercher les fameux leaders d'opinion chers à la recherche en marketing de type individualiste. Tous les membres de la tribu intéressent le marketers, pas seulement les leaders ou alors il faut comprendre le mot leader au sens d'expert : on recherche l'expertise des membres de la tribu et chacun a une expertise différenciée. On a, en effet, identifié les dix-huit rôles suivants des membres d'une tribu :

- le mentor : il enseigne aux autres et partage son expertise ;
- l'apprenant : il est ravi d'apprendre et cherche à se perfectionner ;
- le soutien : il agit comme filet de protection pour ceux qui essaient de nouvelles choses ;
- le partenaire : il encourage, partage et motive les autres ;
- le conteur : il répand les histoires de la tribu ;
- l'historien : il préserve la mémoire de la tribu et codifie les rites et rituels ;
- le héros : il agit en modèle pour la tribu ;
- la célébrité : il sert d'icône pour représenter la tribu ;
- le décideur : il fait des choix qui impactent la structure et les fonctions de la tribu ;
- le pourvoyeur : il reçoit et prend en charge d'autres membres ;
- l'accueillant : il salue les nouveaux membres de la tribu ;
- le guide : il aide les nouveaux membres à naviguer dans la culture de la tribu ;
- le catalyseur : il introduit de nouvelles idées et de nouvelles personnes ;
- l'acteur : il occupe la scène ;
- le supporteur : il participe passivement en spectateur ;
- l'ambassadeur : il fait la promotion de la tribu au-dehors ;
- le comptable : il tient les comptes de la participation de chaque membre ;
- le dénicheur : il recrute des nouveaux membres.

Interagir avec une tribu

L'exemple de l'interaction entre les tribus de roller et les entreprises/marques en France est assez remarquable comme l'explique Boris Belohlavek, vice-président de Pari Roller, l'association créée par les passionnés de roller dès 1994 pour gérer et encadrer les randonnées en rollers parisiennes du vendredi soir qui certaines fois a connu des pics de fréquentation de 25 000 personnes traversant ensemble Paris en rollers. « L'association est a-politique, a-commerciale, a-confessionnelle, bref indépendante ! » Encore aujourd'hui, Pari Roller ne se considère pas comme « propriétaire » de la randonnée, mais se pose simplement comme garant d'une certaine éthique, d'une certaine philosophie, pour que l'esprit de la randonnée ne dérape pas. Pari Roller essaie de protéger les patineurs des agressions extérieures (tentatives de récupération commerciale ou politique, tractages sauvages, etc.) en imposant un contrôle et une façon de fonctionner en corrélation avec sa philosophie.

Pour l'animateur de Pari Roller, « les marques ont leur place dans la randonnée mais sous l'entier contrôle de l'association » ! Les randonnées sont, en effet, nées dans la rue, naturellement, sans impulsion calculée, par le simple désir libertaire de quelques patineurs de profiter de la ville autrement. Quand elles ont grandi, les entreprises/marques se sont intéressées à ces manifestations pour les sponsoriser dans une approche marketing très traditionnelle de récupération. Très rapidement, les membres de la tribu ont compris qu'ils devaient développer des compétences pour non seulement résister aux entreprises/marques mais aussi coopérer avec elles mais sur une base définie par la tribu et non par l'entreprise pour éviter toute dénaturation des randonnées. De collectif de passionnés la tribu, sous la forme d'association, s'est muée en entreprise tribale capable de dialoguer et même d'imposer ses idées et sa façon de voir aux entreprises/marques. Comme le dit Boris Belohlavek, « il est beaucoup plus aisé (pour une entreprise/marque) de parler à une tribu lorsqu'elle constate le respect qui lui est porté, car elle offre naturellement le sien en retour ». Pour aider les marketers en entreprise habitués à agir sur des segments plus qu'à interagir avec une tribu, Pari Roller a édité les règles suivantes que doivent suivre les entreprises/marques dans leur démarche de marketing tribal :

- respecter les patineurs en tant que tels ;
- ne pas confondre randonnée et caravane du Tour de France ;
- ne pas considérer les patineurs comme des cibles de marketing classiques ;
- ne pas vendre pendant la randonnée ;
- ne pas distribuer de tracts commerciaux seuls ;
- prohiber le marquage excessif : c'est l'association qui accueille un partenaire, elle doit rester visiblement prédominante ;
- créer un apport aux patineurs (échantillonnage, jeux gratuits…) et à l'association (financement, création de privilège adhérents, matériel…).

Pari Roller travaille main dans la main avec certaines marques ou structures proposant des services, afin de faciliter la vie de l'association par un soutien durable, généralement matériel (logistique randonnée). Salomon soutient ainsi Pari Roller dans sa dynamique d'accès au patinage pour tous :

- en offrant à l'association une tente aux couleurs des deux partenaires (afin de mieux accueillir les randonneurs) ;
- en offrant près de cinquante paires de rollers de toutes tailles qui seront prochainement mis à disposition des personnes désireuses de faire leurs premiers tours de roues lors des séances d'initiation gratuites mises en place chaque vendredi soir à partir de 20 heures au départ de la randonnée.

Ce que fait Salomon avec Pari Roller n'est qu'une partie de son approche marketing de cette tribu. Il faut connaître la genèse historique complète du marketing de Salomon avec la tribu des rollers pour en saisir tout l'intérêt (voir tableau 18.1).

Tableau 18.1 – Le marketing tribal de Salomon avec la tribu des Rolle Rideurs (d'après Cova et Cova, 2001)

Phase 1 **Ethnomarketing. Salomon aborde le roller agressif (1995-1996)**	– Analyse des « codes de pratique » – Rencontres avec le milieu – Présence sur les événements roller – Observation-participation par Salomon
Phase 2 **Co-design. Salomon se lance dans le roller (1997-1998)**	– Développement de produits en association avec les rideurs (consultation en amont sur leurs envies) – Travail sur une somme de points de distinction de l'offre Salomon (exemple : la talonnette) – Tests des prototypes par un team de rideurs monté en fonction des personnalités et des styles affirmés de ses membres
Phase 3 **Support de la tribu. Salomon s'installe dans le roller (1999)**	– Salomon est un acteur impliqué qui partage les valeurs de la tribu – Salomon, sponsor événements non pour placer une banderole mais pour faire progresser le sport (contests) – Salomon créateur événements rituels et de structures pour permettre aux gens de partager leurs passions

L'approche tribale mobilise le concept de valeur de lien dans l'interaction avec la tribu. La valeur de lien d'un produit ou d'un service, c'est ce que vaut ce produit ou ce service dans la construction ou le renforcement des liens entre individus. Cette valeur de lien est, en fait, une valeur d'usage non conventionnelle : l'usage d'un bien au service d'un lien. Elle est rarement incluse dans le concept habituel de valeur d'usage car celui-ci ne tend à reconnaître que l'utilisation immédiate d'un bien ; de fait, il exclut que ce bien puisse être au service du lien entre individus. Cet usage particulier des produits ou des services est suffisamment différent des autres usages pour l'en distinguer. La règle numéro un en marketing tribal est donc d'envisager toute offre destinée à des membres d'une tribu sous l'angle de la valeur de lien. C'est-à-dire se demander ce que notre entreprise peut apporter à la construction, au développement et au maintien des liens tribaux d'un regroupement de consommateurs, bien plus qu'à la seule livraison d'un bien à un consommateur pris isolément.

La communauté, opportunité pour les marques

Spécificités de la communauté de marque

Dans certains cas, la tribu est comprise dans le sens restreint d'un regroupement émotionnel autour d'une marque ; on parle alors de communauté de marque (*brand community*) à construire ou à développer. Une communauté de marque est un regroupement de consommateurs partageant la même admiration ou le même culte pour une marque ; on parle même de passion au sens d'une orientation affective stable envers un objet particulier, ici la marque. De ce partage naissent des mythes, des rites et tout un symbolisme qui constituent une sous-culture spécifique. Et cette sous-culture de marque, produite autant par cette communauté que par l'entreprise qui détient la marque, est une véritable mémoire vivante qui vient à son tour alimenter le culte pour cette marque de la part des consommateurs et le développement de la communauté de marque. Cette représentation en trois dimensions (figure 18.2) permet de différencier la notion de communauté, formée par le regroupement des consommateurs, de celle de sous-culture, largement produite par les consommateurs ; notions souvent confondues dans la littérature.

Figure 18.2 – Le système vertueux de la communauté de marque (d'après Cova, 2006)

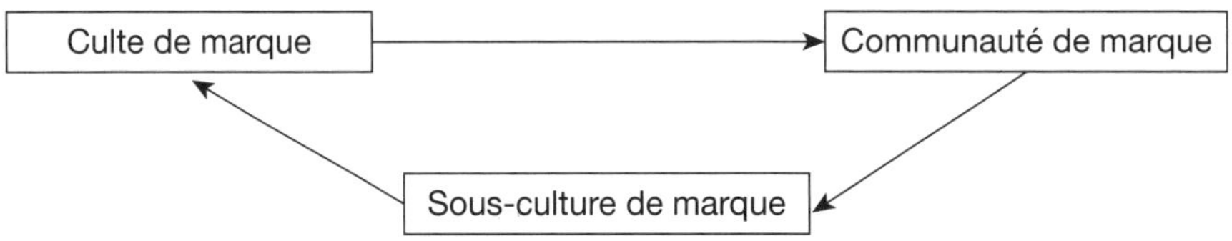

Les communautés de marque sont tout sauf des groupes homogènes. En leur sein se développent différents sous-groupes, avec différents niveaux d'implication et différents rôles. Les entreprises (Ducati, Harley-Davidson, Games Workshop pour son jeu Warhammer) raisonnent, en général, en cercles concentriques pour caractériser les membres d'une communauté de marque. Au cœur, il y a ce que l'on nomme le *hardcore* des consommateurs les plus impliqués, les fanatiques qui « vivent, dorment et font l'amour » avec la marque et qui se considèrent comme les « gardiens du temple » ; autour, il y a le cercle restreint des consommateurs fortement impliqués, les passionnés qui participent à une majorité d'événements communautaires et sont des missionnaires faisant du prosélytisme pour la marque, notamment en animant des chats ou blogs sur le Net ; encore autour, il y a le cercle assez lâche des consommateurs qui participent occasionnellement aux événements communautaires et « se font le film » d'être des *bikers* ou des *wargamers*, par exemple ; enfin, il y a la nébuleuse quasiment invisible des consommateurs atomisés qui vivent leur appartenance à la communauté de manière imaginaire (en touchant leur carte du HOG, *Harley Owner Group*, par exemple) ou pas du tout (les réfractaires). Une autre façon de structurer ces communautés est de différencier en quatre catégories non concentriques mais imbriquées de rôles joués par les consommateurs : adeptes, participants, pratiquants et sympathisants.

Les caractéristiques de ces communautés ou tribus de marque ont été très bien mises en avant par la recherche : la conscience de ses membres de former un groupe à part ; l'existence de rituels et de traditions ; une obligation morale d'entraide. Mais, au-delà des caractéristiques propres à toutes les communautés que ces tribus de marque possèdent, ce qui est important pour la gestion de la marque tribale ce sont les problèmes que peuvent poser ou non certaines tribus de marque aux marketers :

- la fidélité par opposition à une autre marque (ce qui définit le mieux la tribu de marque, c'est son opposition à une autre marque et à sa tribu) ;
- la légitimité (ou non) à être consommateur de la marque (qui est un vrai « croyant » et qui n'est qu'un « mécréant » ?) ;
- le désir de marginalité (la volonté de garder une taille petite et marginale à la tribu et de ne pas être récupérée) ;
- la politisation de la marque (une tribu de marque qui a une orientation politique marquée) ;
- la tribu abandonnée (une tribu de marque qui continue à vivre alors que la marque a disparu du portefeuille de l'entreprise, comme Newton pour Apple) ;
- le contre-pouvoir de la tribu sur la marque. Concernant ce dernier point, on considère « qu'une des questions les plus importantes amenées par la montée des communautés de marque est de savoir "qui possède la marque". Les communautés de marque, en effet, revendiquent le contrôle de la marque. Elles ont de plus en plus de pouvoir dans la distribution et de compétences autrefois réservées aux marketers ».

Faciliter l'interaction entre membres

Une étude quantitative sur les communautés de marques automobiles comme BMW et Mercedes prouve que le fait d'être membre de la communauté influence positivement la fidélité à la marque, et que la qualité (positive) de l'interaction sociale entre membres de la communauté influence positivement l'engagement communautaire, la dissémination de connaissances sur la marque et la fidélité à la marque. On comprend donc pourquoi les entreprises cherchent à mettre en œuvre de telles approches. De plus, il est démontré que l'appartenance à la communauté de marque est dépendante de la qualité de la relation antérieure du consommateur à la marque. C'est-à-dire qu'il est plus facile de développer une communauté autour d'un cœur de consommateurs déjà impliqués avec la marque que d'en créer une avec de nouveaux consommateurs. Aujourd'hui, plus que de création de communautés autour d'une marque on parle donc de gestion et de développement de communautés existantes.

Par contre, il est aussi démontré que l'appartenance à la communauté pouvait avoir une influence négative sur le comportement du consommateur quand celui-ci ressentait une trop grande pression de la communauté sur sa vie privée et/ou l'intrusion trop insistante

Tableau 18.2 – Comparaison des pratiques de fidélisation (d'après Cova et Cova, 2001)

	Fidélisation par personnalisation	**Fidélisation par tribalisation**
Relation de référence	Client – Entreprise	Client – Client – Client… Entreprise
Position de l'entreprise	L'entreprise comme pôle de la relation	L'entreprise comme support des relations
Moyens de fidélisation	Carte de fidélité, lettre d'informations…	Rituels, lieux de culte, *brandfests*…
Type dominant de fidélité	Fidélité cognitive	Fidélité affective

de l'entreprise qui gère la marque. Si les membres d'une communauté de marque « adorent acheter, ils détestent qu'on leur force la main. Ils aiment à croire qu'ils sont les seuls vrais connaisseurs capables de discerner ce qu'il faut et ne faut pas acheter, et non des gogos obsédés susceptibles d'acquérir tout ce que les entreprises essayent de leur fourguer ». Ce dernier résultat empirique confirme les intuitions théoriques de ces dernières années, à savoir que la communauté de marque n'est pas la panacée et qu'elle présente l'inconvénient de créer un groupe de consommateurs fanatiques qui risque d'effrayer le consommateur moyen ; que ce groupe a, en général, un désir exacerbé de marginalité qui le fait rejeter le consommateur moyen jugé illégitime pour faire partie de la communauté ; que ce groupe rentre en guerre contre la communauté de la marque concurrente (du type Apple contre IBM ou Linux contre Windows) ; et, surtout, que ce groupe exerce un contre-pouvoir sur la marque.

Les grandes recommandations pour gérer (et non créer) les communautés de marque hors ligne comme en ligne sont les suivantes :

- *ne soyez pas effrayés par vos consommateurs !* Au contraire, l'entreprise doit considérer que les consommateurs les plus passionnés sont des « évangélistes » de la marque qu'il faut aider à communiquer plutôt qu'empêcher de communiquer comme le font certaines entreprises par peur de perdre le contrôle de l'image de marque. Le schéma idéal est alors de coproduire la communication, les actions de terrain et parfois même l'offre avec les tribus de passionnés comme l'a fait Nissan, pour le nouveau coupé 350 Z, en travaillant le design avec les clubs de passionnés de Coupés Z aux États-Unis ;
- *n'ayez pas peur des controverses !* Cette règle est le corollaire de la précédente. Si l'entreprise laisse une partie du pouvoir sur la marque aux tribus de passionnés, il faut qu'elle accepte que ces tribus ne soient pas toujours en accord avec l'entreprise et réciproquement. On le voit, par exemple, avec la communauté des motos anglaises Triumph : un groupe de fanatiques déçus de la production actuelle, jugée pas assez

authentique, s'est associé à un carrossier lui aussi fanatique, Mecatwin, pour (re)produire la mythique Triumph Bonneville des années 1960. Triumph n'a pas bronché ; le volume est minime, l'effet sur l'alimentation du culte important ;

- *résistez à la tentation de « faire » du marketing* : « Il n'est pas bon de chercher à influencer directement les consommateurs ; il vaut mieux fournir des supports à l'interaction entre eux au travers d'activités communautaires qui accroissent le niveau d'engagement et la fidélité. » De marchands de biens, les opérateurs doivent devenir marchands de lien. Ici on retrouve l'idée maintenant classique que « le lien importe plus que le bien » et qu'en conséquence le marketing management avec les 4P's doit être remplacé ou complété par le développement de toutes sortes de rites autour de la marque ; les produits de la marque devenant alors les artefacts mis en jeu lors de ces rites. Par rites, on entend au sens de la sociologie contemporaine des espaces-temps particuliers, théâtraux et symboliques, parenthèses sociales dramatisant les rapports, cristallisant une situation, tout en célébrant quelque chose.

Faciliter l'exhibition de chaque membre

Quand on donne des exemples classiques de communautés de marque (Harley-Davidson, Mercedes, Mini mais aussi Magic, Warhammer), on se retrouve donc avec des marques qui obligent à un assez fort et spécifique investissement monétaire et humain dans une activité très particulière et pour lesquelles l'existence d'une communauté est quasiment une donnée constitutive : elle est largement le fait des consommateurs s'étant réapproprié la marque et vivant une passion quasiment religieuse avec ces produits qui occupent, le plus souvent, une niche de marché. De façon logique, ce sont ces marques qui ont fait l'objet de la plupart des travaux et des études de cas sur les communautés de marque. Toutes les marques auxquelles certains consommateurs vouent un culte ne sont pas à même de générer spontanément une communauté de marque aussi visible que celle d'Harley-Davidson ou Warhammer, même si elles sont considérées comme des marques cultes. On pense, par exemple, à des marques opérant sur des marchés de masse et qui sont de véritables icônes de nos sociétés de consommation : La Vache Qui Rit en France, Snapple aux États-Unis, Nutella en Italie, etc. En fait, la structuration des relations et la vitalité des échanges au sein d'une communauté de marque, et en conséquence la visibilité de la communauté, dépendent fortement de l'investissement demandé au consommateur pour exercer le culte. Plus le niveau de cet investissement est important en temps et en argent et plus sa spécificité en est élevée en compétences et immobilisations, plus la structuration des échanges de la communauté est recherchée et le rôle de l'entreprise dans cette structuration assez facilement accepté sinon demandé (*cf.* figure 18.3). Par spécificité de l'investissement, on entend la possibilité ou non de réutiliser l'investissement fait dans le contexte de la vie courante. Ainsi, l'investissement financier dans les figurines guerrières, dans la peinture de ces figurines et dans la compréhension des règles du jeu Warhammer est un investissement impossible à réutiliser dans d'autres contextes : il est limité à l'activité précise du jeu Warhammer (spécificité élevée). Celui fait dans la moto Harley-Davidson est un investissement coûteux qui permet de faire parti du HOG mais qui peut aussi (assez) bien servir de moyen de locomotion hors de toute manifestation communautaire (spécificité moyenne). La spécificité de l'investissement fait par le consommateur de Nutella est pratiquement nulle : Nutella est un produit courant présent, notamment en Italie, dans toutes les familles et, qui plus est, relativement peu onéreux.

Figure 18.3 – Marques cultes et investissement des consommateurs (d'après Cova et Pace, 2006)

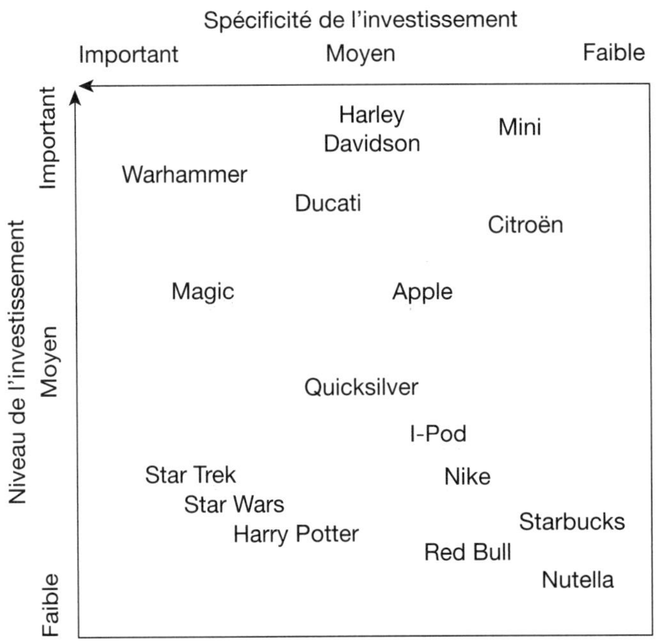

Pourtant, il existe – surtout en Italie – des communautés de fanatiques de Nutella, et Ferrero a décidé de capitaliser dessus. Pour ce faire, c'est-à-dire pour alimenter le culte, Ferrero n'a pas trouvé mieux que de stimuler le système vertueux présenté en figure 18.2 : sur la base du culte de la marque, Ferrero assiste et développe une communauté de marque qui produit des artefacts sous-culturels (mythes, rites, symboles, etc.) qui, à leur tour, solidifient le culte de Nutella. Ferrero a organisé le site *My Nutella The Community* de façon à faciliter « l'exposition de soi » des consommateurs et, par là même, le marketing personnel de chaque consommateur. Ferrero s'est appuyé sur le besoin existentiel de reconnaissance de chaque personne qui passe par la perception : « j'existe si je suis perçu » ; *Essere est percepi,* suivant la fameuse formule du philosophe anglais George Berkeley. Pour ce faire, la personne recherche des possibilités d'anonymat intime ou d'intimité exposée : une intimité déballée sur des sites qui ne sont pas ouverts à tous les vents mais seulement à ceux qui présentent les mêmes symptômes passionnels que l'individu concerné. Et une intimité qui n'entraîne pas nécessairement l'interaction et l'échange. C'est bien ce que propose Ferrero sur le site en s'appuyant sur un trait marquant du consommateur postmoderne : un comportement apparemment paradoxal qui l'amène à rechercher la compagnie des autres mais pas forcément l'interaction. La communauté de marque consolidée et générée par Ferrero sur le site *My Nutella The Community* semble ainsi regrouper de nombreux grégaires anonymes qui exposent leur intimité pour se faire entendre et se sentir exister sans nécessairement dialoguer ou interagir avec les autres. Ce qui est notable dans l'approche de Ferrero, c'est d'avoir bien compris ce phénomène et de travailler plus sur l'exhibition des relations parasociales de chacun que sur la création de véritables relations sociales entre membres ; c'est-à-dire non pas de proposer des chats ou des forums en ligne facilitant l'interaction, la rencontre et le dialogue entre consommateurs, mais de proposer plutôt une sorte de plateforme de « pages perso » ou de blogs où l'action prend le pas sur l'interaction et où les consommateurs deviennent des producteurs de composants sous-culturels d'une communauté imaginaire. Globalement, on peut stipuler que le succès marketing de sites comme *My Nutella The Community* repose sur une inversion du marketing : du marketing du producteur et de sa marque au marketing du consommateur (encadré ci-dessous) !

Gérer une communauté de marque de produits de base (d'après Cova, 2006)

- La production de composants sous-culturels est plus importante pour le culte de la marque que l'existence d'une communauté effective.
- La communauté peut être plus imaginaire qu'effective, et les relations plus parasociales que sociales.
- Un site Web type plateforme de pages personnelles ou de blogs semble une bonne solution pour ce type de communauté.
- Ce type de site ne fonctionne pas sur l'interaction et la rencontre entre membres mais sur l'exhibition d'un membre et sa perception par les autres membres.
- Ce site est une sorte de friche marketing et commerciale (pas de publicité, pas de vente) ouverte aux apports des membres.
- Sur ce site, le marketing du producteur est remplacé par le marketing du consommateur (*personal branding*) qui s'expose et expose des signes et symboles actualisant son vécu avec la marque.
- Le rôle de l'entreprise est de faciliter cette exposition sur le site en étant la moins intrusive possible.

Utiliser les réseaux sociaux

Le phénomène de *personal branding* étudié avec Nutella s'applique bien aux réseaux sociaux où l'on est souvent dans ce que les chercheurs du laboratoire Sense d'Orange Labs nomment l'individualisme démonstratif. Selon eux, l'origine de l'engagement des individus dans un réseau social de type Facebook ou Twitter est à rechercher dans des motivations plus personnelles que collectives : parler d'elles, montrer leurs photos, leurs goûts ou leurs connaissances. Ces réseaux sociaux prennent ainsi appui sur le développement croissant de cet individualisme démonstratif qui conduit chacun à se singulariser pour exister, mais ceci dans le cadre restreint d'un groupe sécurisant.

Les réseaux sociaux en ligne ne sont qu'un outil au service de la stratégie communautaire d'une entreprise ou d'une marque, ils ne sont pas « La » stratégie communautaire. Depuis plus d'une décennie, certains managers pensent que la réponse toute trouvée à leur désir de stratégie communautaire se trouve dans l'utilisation de nouveaux médias en ligne : il y a d'abord eu les sites Web, puis les forums, puis les blogs et enfin aujourd'hui les réseaux sociaux. Pourtant beaucoup de ces initiatives n'ont de communautaire que le nom. Les réseaux sociaux tels Facebook ou Twitter peuvent enrichir la relation entre membres d'une communauté non la créer de toutes pièces. Il est, en effet, possible à partir d'un profil de marque au sein d'une plateforme généraliste comme Facebook de construire un groupe d'amis de la marque, mais ce groupe d'amis servira surtout de centre de recrutement pour aiguiller de nouveaux fans à rejoindre la communauté et à partager leur passion par tous les autres moyens disponibles et notamment toutes les plateformes plus spécialisées en ligne ou hors ligne.

Le cas d'Aubade est intéressant à cet égard. Aubade a la chance de jouir, grâce à sa célèbre campagne des « Leçons de Séduction », d'une communauté de fans très active sur Internet et les réseaux sociaux. Au travers notamment de sa page Facebook « Aubade Paris », Aubade a convié fin 2009 ses fans à se rendre dans sa boutique rue Tronchet, pour découvrir en avant-première la « Leçon de Séduction n° 100 ». Le moment venu, plus de six cent cinquante personnes se sont pressées devant la boutique. Toujours fin 2009, pour le lancement de son site ludique d'expérience dédié aux jeux amoureux et à la séduction (*www.frenchartofloving.com*), Aubade s'est servi de Facebook et des blogs pour faire naître le buzz entre fans autour d'une mystérieuse jeune femme s'effeuillant en ombre chinoise rue Montorgueil pendant une dizaine de jours. Ceci jusqu'au moment où Aubade a révélé l'ouverture du site *www.frenchartofloving.com*. Le trafic sur le site a été très important les deux premiers mois qui ont suivi son ouverture grâce aux nombreux liens postés sur des blogs, site Internet, YouTube… Enfin, fin mai 2010, Aubade a proposé à l'ensemble de ses fans sur Facebook de participer en exclusivité à un concours pour tenter de gagner une parure de sa nouvelle collection d'invisible « Pulp Séduction ». Pour ce concours, Aubade a développé une application Facebook ludique permettant à ses fans de pouvoir jouer facilement (*source* : Aurélie Couvret, responsable communication d'Aubade – *INfluencia, http://www.influencia.net/*).

Se servir majeurement des réseaux sociaux comme d'un outil de recrutement communautaire ne veut pas dire minimiser l'importance des discussions dans les réseaux sociaux. Cela devient évident quand on voit des plateformes telles que Twitter par exemple, qui est le modèle le plus simple de réseau social et qui permet aux individus intéressés par un sujet de se constituer quasiment instantanément en groupe, de rester reliés, d'écouter et d'être entendus. Dans tous les cas, la marque ne doit pas être intrusive ni déshumanisée. Sa présence dans un réseau social requiert des efforts d'investissement en temps et en énergie de la part de ses représentants. Ce qui plaît beaucoup aux passionnés d'une marque c'est de tirer le rideau qui les sépare de l'entreprise qui gère leur marque chérie et de discuter directement avec les membres de l'entreprise. Ces derniers se doivent de dialoguer avec eux et de leur envoyer régulièrement du contenu.

LA TRIBU, DE CIBLE À PARTENAIRE

Du *Market To* au *Market With*

Dans le champ en pleine expansion des communautés de marque, après l'exemple nord-américain d'Harley-Davidson qui a séduit bon nombre de marketers dans le monde, le modèle le plus souvent cité aujourd'hui est celui de Ducati car considéré comme plus collaboratif. Federico Minoli, le manager choisi par les nouveaux actionnaires à la fin des années 1990 pour « redresser » l'entreprise, a créé un nouveau modèle de management qui a dépassé toutes les espérances : Ducati est devenu un fleuron de l'industrie motocycliste européenne mais aussi une marque culte au nombre d'adeptes (les « ducatistes ») croissant. F. Minoli n'a pas été avare de conférences pour venir présenter son expérience et partager ce nouveau modèle de management. Celui-ci se résume (voir le tableau 18.2) à un effacement complet de la traditionnelle rupture consommateur/producteur héritée de la théorie économique. Les employés, les ouvriers et les clients ont le même statut quand on travaille avec une marque communautaire : ils sont tous membres de la tribu sans aucune distinction. Les employés sont consommateurs des produits de la marque quand les clients, eux, peuvent se transformer en producteurs d'événements, d'idées et même d'accessoires de la marque. En conséquence, il n'y a plus de directeur marketing chez Ducati, mais un *Community Manager* en charge de développer la communauté tant en interne qu'en externe. Les recrutements d'employés et d'ouvriers se font par cooptation : seules des personnes déjà membres de la tribu sont susceptibles d'être sélectionnées.

Tableau 18.3 – Modèle néo-tribal de co-création selon Ducati

Modèle conventionnel (« managérial »)	**Modèle non conventionnel (« tribal »)**
Recruter	Coopter
Employé/ouvrier	Membre de la tribu
Client	Membre de la tribu
Relation client-entreprise	Relation membre-membre
Communiquer avec le client	Partager des émotions
Activités marketing	Rituels
Usines/musée	Lieu de culte/pèlerinage
Maintenir les fans à distance	Intégrer les membres
Discipline sportive	Passion
Manager	Chaman

Il y a, en effet, une production des consommateurs réunis en communautés qui peut intéresser les entreprises si elles sont capables de la reconnaître, d'en accepter la légitimité. Le *consumer made* est un terme qui est ainsi dans l'air depuis quelques années et qui renvoie au désir de création partagée de nos contemporains. On peut le définir de façon large comme le résultat de la mise en jeu des compétences de certains consommateurs afin de modifier ou d'améliorer l'offre des entreprises et d'arriver ainsi à une création originale. Pour les entreprises prêtes à l'accepter, cette production des consommateurs est une manne qu'il ne faut pas négliger. Il s'agit de créer des produits, des services ou des expériences en collaboration étroite avec des communautés de consommateurs créatifs et expérimentés, en exploitant leur capital intellectuel, et en leur donnant en échange la possibilité de donner leur avis sur ce qui devrait être conçu, produit, développé, mis en service ou transformé par l'entreprise. Le *consumer made* apparaît ainsi comme une stratégie d'*outsourcing* d'idées chez les consommateurs de la part des entreprises qui prend appui sur le processus de co-création de valeur entre les communautés de consommateurs et les entreprises. Les entreprises utilisant ces approches sont récompensées par un apport original des producteurs à temps partiel que sont devenus les consommateurs.

On a pu récemment schématiser en quatre grandes catégories les pratiques des communautés de marque qui créaient de la valeur pour l'entreprise à partir de leurs compétences et de leurs expertises individuelles et collectives :

- réseautage social :
  - *accueil* (accueillir les nouveaux membres et accompagner leur intégration dans la communauté),
  - *soutien* (apporter un soutien émotionnel ou fonctionnel aux membres),
  - *politesse* (modérer et orienter les comportements des membres dans le respect des normes et de l'esprit de la communauté) ;
- gestion de l'image :
  - *évangélisation* (faire du prosélytisme et inspirer de nouvelles personnes),
  - *justification* (donner des raisons aux membres permettant de justifier les sacrifices de temps et d'argent liés à la passion tribale) ;
- gestion de la communauté :
  - *attribution de rôles* (marquage des différences en termes de rôles et de compétences),
  - *bornage* (générer les événements fondateurs et ceux jalons de l'expérience de chaque membre),
  - *symbolisation* (mettre en avant les symboles et les rituels facilitant l'intégration à la communauté),
  - *narration* (créer et partager les récits et histoires de la communauté) ;
- utilisation (du produit) :
  - *entretien* (partager les recettes et autres trucs permettant d'utiliser et d'entretenir les produits),
  - *personnalisation* (générer des modifications permettant de personnaliser les produits),
  - *marchandisation* (créer un marché interne lié aux produits d'occasion ou à de nouveaux services).

Quand l'entreprise travaille avec une tribu de consommateurs ou une communauté de marque, elle travaille ainsi avec un acteur intermédiaire au positionnement flou : il produit de la valeur et fait donc partie de la sphère de l'offre mais il consomme aussi et fait partie de la sphère de la demande (figure 18.4).

Reconnaître les compétences de la tribu

On constate donc que les notions de compétences et de ressources orchestrées par l'entreprise et les consommateurs sont au cœur de thèmes de marketing tribal et de la gestion des communautés de marque aujourd'hui. Cependant, les systèmes de reconnaissance de

Figure 18.4 – Un acteur à la fois dans l'offre et la demande

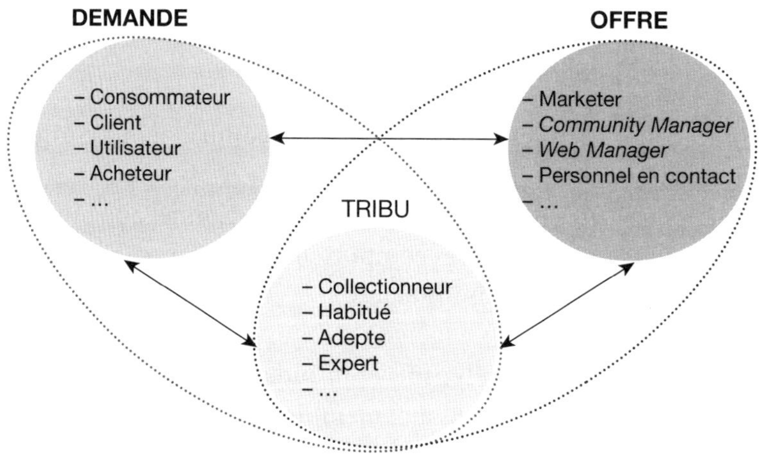

l'implication des consommateurs ne sont toujours pas à la hauteur de l'engagement émotionnel et créatif des passionnés de la marque. Il semble nécessaire de revisiter les gratifications proposées pour prendre en compte le brouillage des rôles entre consommateur et producteur. Pour envisager ce qu'une entreprise pourrait faire, prenons le cas de Lafraise.com, site de vente de T-shirts aux visuels originaux et amusants (encadré ci-dessous).

Reconnaissance et redistribution chez lafraise.com

LaFraise.com est un éditeur de T-shirts en séries limitées, proposant à des personnes créatives un concours permanent et rémunéré. Ce faisant, ce site a généré une communauté initialement composée de *geeks* (joueurs et informaticiens) et qui s'est progressivement élargie. Le blog de LaFraise est très actif et permet à tous d'échanger et de s'exprimer.

Le but du site est de faire sérigraphier et de mettre en vente les T-shirts les plus appréciés/votés par les visiteurs de la galerie du site. Le visuel doit nécessairement répondre à certaines règles en termes de format et de logiciels utilisés lors de la conception : il est ainsi demandé aux participants d'envoyer un fichier réalisé en vectoriel, ce qui présuppose un minimum de compétences informatiques avant toutes compétences créatives.

Une fois téléchargé, le visuel est vérifié une première fois par l'équipe LaFraise. Soit il est mis en ligne pour le vote (dans les 2 ou 3 heures), soit il est refusé et n'apparaît pas du tout. Si le visuel est acceptable, il apparaît dans la catégorie « Vote en cours » de la galerie pendant une semaine complète. Pendant ces 7 jours, il est soumis aux votes et aux commentaires des visiteurs du site. Plusieurs fois par mois, un choix de visuels est réalisé dans la catégorie « Vote terminé » en fonction du nombre de votes, des commentaires et de la note finale, en essayant bien sûr de garder une certaine cohérence avec les modèles déjà disponibles sur la boutique en ligne.

Pour voter le consommateur doit être obligatoirement inscrit afin d'éviter les votes multiples. L'inscription est totalement gratuite, instantanée, et LaFraise garantit qu'en aucun cas l'adresse mail ne sera utilisée à d'autres fins. La mise en place d'un système de vote permet de solliciter le consommateur qui, en plus de pouvoir donner une note au visuel, peut aussi émettre des commentaires. Ce mode de participation permet à LaFraise de faire en amont une sélection beaucoup sélective et ciblée vers les consommateurs.

Le graphiste, auteur du visuel qui est sélectionné, reçoit un chèque de 1 000 euros au titre d'une avance sur *royalties* en échange de la signature du contrat de session temporaire des droits pour une série limitée de cinq cents T-shirts. Le visuel continue donc de lui appartenir et il peut à tout moment arrêter ce contrat, s'il décide par exemple de faire imprimer son visuel ailleurs.

Les votants sont rémunérés en « Brouzoufs ». Les Brouzoufs sont à mi-chemin entre les points de fidélité et les bons de réduction. Une fois acquis, ils permettent de payer une partie ou la totalité de sa commande. Il y a différents moyens pour les obtenir : en faisant connaître le site à d'autres personnes, en postant des photos d'un t-shirt en action, comme cadeau pour les anniversaires, etc. Le total des Brouzoufs est indiqué en haut de chaque page une fois connecté et il suffit de cliquer dessus pour accéder à son compte. Cette page indique le total des Brouzoufs ainsi qu'une sorte de relevé d'opérations indiquant la provenance des Brouzoufs acquis et leur utilisation éventuelle.

Les consommateurs, graphistes, votants et graphistes-votants, sont au cœur du système productif de LaFraise, puisqu'ils créent les motifs des T-shirts, votent pour les futurs T-shirts et diffusent l'image de l'entreprise au travers des photos. Le consommateur créateur reçoit le respect pour sa production grâce à la mise au vote des autres consommateurs. Il obtient l'estime recherchée pour sa contribution avec cette rétribution de 1 000 euros. Il n'y a pas de sentiment de double exploitation de sa part. Les créateurs de T-shirts considèrent que le gain du concours est équitable : en participant au concours, cela leur permet d'avoir une certaine visibilité et de se faire connaître. Cela permet aussi de mettre un lien sur leur site ou blog afin de créer du trafic. Ce sont pour beaucoup d'entre eux des graphistes professionnels qui participent au concours plus par jeu que par recherche d'un réel bénéfice financier. Ils sont pour la plupart de grands consommateurs de T-shirts LaFraise. Leur participation ne se limite pas au concours, ils participent aussi aux votes et commentent les posts. Les consommateurs votants considèrent eux que le traitement égalitaire du vote est une marque de respect et que les Brouzoufs rétribuent l'estime que l'équipe de LaFraise porte à leur collaboration.

L'initiative de LaFraise n'est plus un cas isolé. D'autres entreprises, comme Threadless, Starbucks, Mulino Bianco ou encore la chaîne Current TV, soutenue par Al Gore, ont développé des approches similaires incluant une rétribution du consommateur collaborateur. La maximisation de l'approche de *Consumer Generated Content* par l'entreprise pourrait cependant se traduire en bout de course par une double exploitation du consommateur : il paierait pour avoir les produits de sa marque culte et il ne recevrait rien pour toutes les idées, histoires et autres liens qu'il produirait autour de cette même marque. Il semble dès lors nécessaire que l'on reconnaisse ce travail immatériel des consommateurs, qu'on le rétribue à sa juste valeur. Sinon, il y a un risque potentiel de voir se lever les communautés des consommateurs contre les entreprises, non seulement en critiquant l'entreprise ou en boycottant ses produits mais en devenant également de véritables concurrents de la marque autrefois plébiscitée. On voit comment au travers du réseau Internet se constituent des forums de discussion, des blogs, des communautés de marque qui montrent que les consommateurs ont envie de participer au développement de leurs marques préférées, devenant vecteurs d'innovations, créateurs de valeurs ; des compétences qui sont traditionnellement reconnues et rémunérées au sein de l'entreprise. Cet investissement suppose qu'il y ait sinon une rétribution monétaire du moins une reconnaissance dont les formes ont été encore peu pensées par l'entreprise. Les consommateurs rassemblés en communautés représentent des leviers stratégiques pour les marques. Inversement, ces regroupements peuvent constituer des groupes de pression influents quand les clients sont déçus ou se sentent trahis par la marque qu'ils ont contribué à valoriser.

Accepter le partage du contrôle sur la marque

L'iPod et les experts

« *Such exchanges underline a key aspect of brand communities in the modern age :* They evolve in ways that the head office often can't control. *Newly empowered consumers can appropriate and manipulate the brand in whatever way they want. The Neistat brothers' anti-iPod site has generated 1.4 million hit from around the world... Casey Neistat, 23, is a self-professed Apple junkie. Along with his brother, Van, he is building his filmmaking career with the company's iMac computers and editing software. He usually leaves his Manhattan apartment with a sleek iPod plugged into his ear. So last year, when the Neistat brothers discovered the digital music player's batteries were irreplaceable and lasted just 18 months, they made a film called "iPod's Dirty Secret" and launched a protest Web site. Apple Computer Inc. addressed the problem. Now Neistat insists that the protest was an act of love : "We made that film because we believe in the brand so much."* »

Source : « The Best Global Brands, Business Week », 9 août, Annual Business Week/Interbrand Ranking of the World's Most Valuable Brands. Article de Diane Brady (2004). p. 46-49, *Cult Brands*.

Comme évoqué dans cet extrait de *Business Week* (encadré ci-dessus), un des éléments clés du marketing tribal est la perte d'une partie du contrôle sur la marque de la part de l'entreprise au profit de la tribu de consommateurs qui cherche à se la réapproprier. C'est une dimension très difficile à accepter par les *brand managers* formés et habitués à gérer et surtout maîtriser l'image de marque. À ce jour, l'analyse d'Alex Wipperfürth, à base d'études de cas, est l'approche la plus aboutie permettant de gérer cette dimension. Il la traduit par l'existence de détournements de marque (*brand hi-jack*), c'est-à-dire d'actes de consommateurs prenant le contrôle à la place des marketers sur l'évolution d'une marque. Cette analyse identifie deux types de détournement de marque :

- le détournement imprévu (*serendipitous hi-jack*) quand des consommateurs prennent le contrôle de l'idéologie, de l'utilisation et de la personnalité d'une marque. C'est souvent le résultat de l'action de fanatiques de la marque réunis au sein de sous-cultures. C'est une action totalement autonome et qui n'est pas anticipée par le département marketing mais que le marketing peut chercher à récupérer ;
- le détournement co-créé (*co-created hi-jack*) quand le département marketing invite des sous-cultures à produire conjointement une idéologie, une utilisation et une personnalité de marque, et en prépare ainsi l'adoption par la culture dominante.

Le cas le plus fréquent rencontré aujourd'hui est celui du détournement imprévu : une marque est réappropriée par une ou plusieurs tribus de consommateurs et l'entreprise qui possède la marque veut essayer de tirer profit de ce phénomène. Ce phénomène de résistance au contrôle par les marketers de l'entreprise est encore plus accentué quand on interagit avec la tribu *via* le Net. De récentes expériences ont mis en lumière toute la difficulté qu'il pouvait y avoir pour l'entreprise à interagir avec ce type d'acteur collectif difficilement contrôlable que le Net fait spontanément émerger et grossir : les consommateurs apparaissent, sur le Net, plus actifs, plus participatifs, plus résistants, plus activistes, plus ludiques, plus sociaux et plus communautaires qu'ils ne l'ont jamais été auparavant. La passion partagée de certains consommateurs pour une marque se traduit, au travers de dispositifs d'apprentissage collectif, en expertise et compétences ; ce qui apporte aux tribus sur le Net de plus en plus de légitimité marketing. La présence de tribus de passionnés unis et experts entraîne ainsi un rééquilibrage du pouvoir dans la relation entre l'entreprise et les consommateurs. Les tribus se sentent garantes de l'authenticité de la marque. Elles en attendent une reconnaissance et une prise en compte par l'entreprise (tout en sachant qu'elles peuvent peser sur l'acceptabilité sociale des nouvelles offres liées à la marque).

> « *Les entreprises et les marketers ne sont plus seulement mis en cause par la concurrence ou la critique du marketing mais par des consommateurs de plus en plus informés et actifs… (Le marketing) consiste à développer des méthodes permettant une co-construction des offres avec les clients et les consommateurs tout en sachant que ceux-ci sont d'emblée (comme tout membre d'un réseau de valeur) dans une relation de coopération et de concurrence avec l'entreprise. En coopération pour créer de la valeur (un plus gros gâteau), en concurrence pour récupérer de la valeur (partage du gâteau).* »

La question récurrente est alors de savoir quel niveau de contrôle l'entreprise peut avoir sur le site et les échanges de sa tribu de marque. Comment l'entreprise peut-elle à la fois gérer ces contre-pouvoirs tribaux et en utiliser les compétences ? Soudés par une même passion tribale et réunis sur un même site Web, des consommateurs forment une communauté qui agit comme un acteur collectif, c'est-à-dire avec le poids et le pouvoir d'un groupement qui n'entend pas se laisser dicter sa conduite par une entreprise quelle qu'elle soit. Et agir avec cet acteur collectif ne se réduit pas à identifier et suivre un ou des leaders d'opinion, mais bien à collaborer avec un ensemble humain, détenteur et générateur de compétences collectives.

Les approches de collaboration avec les tribus, si elles sont séduisantes sur le papier, sont particulièrement anxiogènes pour les employés des entreprises[1]. Si le consommateur a des compétences et peut les exercer, cela veut dire qu'en interne quelqu'un a moins de pouvoir et moins de compétences : en l'occurrence, les *brand managers*, *product managers* et autres marketers. Est-ce *ma* marque si tous les passionnés peuvent en parler à leur guise ? se disent les premiers ; et les seconds : où est *mon* produit, si toute la tribu peut contribuer à son élaboration ? Leur inquiétude est compréhensible car, *in fine*, c'est bien à eux, et non aux membres de la tribu, que la hiérarchie de l'entreprise va demander des comptes. Le fait de collaborer avec les consommateurs n'enlève rien au fait que les marques sont, en première main, tenues par des professionnels formés à manager, gérer, contrôler, mesurer et protéger. S'ils lâchent du contrôle, ils savent qu'ils vont se heurter à la logique du contrôle de gestion. Ils sont, *de facto*, pris en otage dans une injonction paradoxale : d'un côté, lâcher du lest et du contrôle, parce que les approches de co-création et de *consumer made* les y poussent ; de l'autre le *value for money* qui s'accroît, parce que si le marketing a évolué vers le *market with*, la pression financière, elle, ne s'est pas relâchée, bien au contraire.

Ce qu'il faut retenir

En général, le marketing ne crée pas de tribus, il s'appuie sur celles existantes formées par les consommateurs. Les membres de ces tribus possèdent toute une panoplie de compétences que l'entreprise peut mobiliser. La tribu fait donc à la fois partie du système de demande et du système d'offre.

Travailler avec une tribu permet à l'entreprise d'augmenter la valeur de lien de son offre. Pour assurer la pérennité du partenariat avec une tribu, l'entreprise doit savoir reconnaître et récompenser la création de valeur par les membres d'une tribu. Sinon, le risque est grand de voir les membres de la tribu se retourner contre l'entreprise jusqu'à devenir des concurrents sur le marché.

1. Éléments tirés de la reformulation de l'interview de Bernard Cova dans *Triggers* édité par Xavier Hochet et André-Benoit de Jaegere, Odile Jacob, Paris, 2010.

RÉFÉRENCES BIBLIOGRAPHIQUES

Agutton C. et Cardon C. (2007). « The Strength of Weak Cooperation : An attempt to Understand the Meaning of Web 2.0 », *Communications & Strategies*, 65, p. 51-65.

Algesheimer R., Dholakia R. et Hermann A. (2005). « The Social Influence of Brand Community : Evidence from European Car Clubs », *Journal of Marketing*, 69, 3, p. 19-34.

Arnould E.J. et Thompson C.J. (2005). « Consumer Culture Theory (CCT) : Twenty Years of Research », *Journal of Consumer Research*, 31, 4, p. 868-882.

Atkin D. (2004). *The Culting of Brands : When Customers Become True Believers*, New York, Portfolio.

Badot O. et Cova B. (1995). « Communauté et consommation : prospective pour un marketing tribal », *Revue française du marketing*, 151, p. 5-17.

Belholavek B. (2004). « Pari Roller : La communication est dans la rue », *Espaces*, 219, p. 40-43.

Broderick A., Maclaran P. et MA P.Y. (2003). « Brand Meaning Negotiation and the Role of the Online Community : A Mini Case Study », *Journal of Customer Behaviour*, 2, 1, p. 75-103.

Brown S. (2005). *Comment le petit Sorcier est devenu le roi du Marketing*, Paris, Dunod.

Cleret B. et Rémy E. (2009). « Structuration et diffusion des sous-cultures juvéniles : l'Electro Dance et la Tecktonik à partir des Cultural Studies », Actes des 14e Journées de recherche en marketing de Bourgogne, Dijon, novembre.

Cova B. (1997). « Community and Consumption : Towards a Definition of the Linking Value of Products or Services », *European Journal of Marketing*, 31, 3/4, p. 297-316.

Cova B. (2006). « Développer une communauté de marque autour d'un produit de base : l'exemple de my nutella The Community », *Décisions marketing*, 42, p. 53-62.

Cova V. et Cova B. (2001). *Alternatives Marketing*, Paris, Dunod.

Cova B. et Dalli D. (2009). « The Linking Value in Experiential Marketing : Acknowledging the Role of Working Consumers », *in* Maclaran P., Saren M., Stern B. et Tadajewski M. (éd.), *The Sage Handbook of Marketing Theory*, Londres, Sage, p. 476-493.

Cova B. et Pace S. (2006). « Brand Community of Convenience Products : New forms of Customer Empowerment – the Case my Nutella The Community », *European Journal of Marketing*, 40, 9/10, p. 1087-1105.

Ezan P. et Cova B. (2008). « La confusion des rôles de consommateur et de producteur dans les communautés de marque : une complicité dangereuse ? », *Décisions marketing*, 52, octobre-décembre 2008, p. 51-60.

Fournier S. et Lee L. (2009). « Getting Brand Communities Right », *Harvard Business Review*, avril, p. 105-111.

Füller J., Jawecki G. et Mülbacher H. (2007). « Développement des produits et services en coopération avec des communautés en ligne », *Décisions Marketing*, 48, p. 47-58.

Godbout J.T. et Caille A. (1992). *L'Esprit du don*, Paris, La Découverte.

Kapferer J.N. (2005). *Ce qui va changer les marques*, 2e éd., Paris, Éditions d'Organisation.

Kozinets R.V. (1999). « E-Tribalized Marketing ? The Strategic Implications of Virtual Communities of Consumption », *European Management Journal*, 17, 3, p. 252-264.

Kozinets R.V. (2001). « Utopian Enterprise : Articulating the Meanings of Star Trek's Culture of Consumption », *Journal of Consumer Research*, 28, juin, p. 67-88.

Kozinets R.V. (2002). « The Field Behind the Screen : Using Netnography for Marketing Research in Online Communities », *Journal of Marketing Research*, 39, 1, p. 61-72.

Kozinets R.V. (2010). *Netnography. Doing Ethnographic Research Online,* Londres, Sage.

Kozinets R.V., Hemersberger A. et Schau H.J. (2008). « The Wisdom of Consumer Crowds : Collective Innovation in the Age of Networked Marketing », *Journal of Macromarketing,* 28, 4, p. 339-354.

Maffesoli M. (1988). *Le Temps des tribus. Le déclin de l'individualisme dans les sociétés post-modernes*, 3e éd., Paris, La Table Ronde.

Marion G. et Portier P. (2006). « Pour une réforme du marketing : réseau et co-construction de valeur », *La Revue des sciences de gestion*, nov.-déc., 222, p. 15-24.

McAlexander J.H., Schouten J.W. et Koenig H.F. (2002). « Building Brand Community », *Journal of Marketing*, 66, janv., p. 38-54.

Muniz A. M. Jr. et O'Guinn T.C. (2001). « Brand Community », *Journal of Consumer Research*, 27, mars, p. 412-432.

Muniz A. M. Jr. et Schau H.P. (2005). « Religiosity in the Abandoned Apple Newton Brand Community », *Journal of Consumer Research*, 31, mars, p. 737-747.

O'Guinn T.C. et Muniz A. M. Jr. (2005). « Communal Consumption and the Brand », *in* Mick D.G. et Ratheshwar S. (éd.), *Inside Consumption : Frontiers of Research on Consumer Motives,* Londres, Routledge, p. 252-272.

Prahalad C.K. et Ramaswamy V. (2004). *The Future of Competition : Co-Creating Unique Value with Customers*, Boston, Harvard Business School Press.

Sawhney M., Verona G. et Prandelle E. (2005). « Collaborating to Create : The Internet as a Platform for Customer Engagement in Product Innovation », *Journal of Interactive Marketing*, 19, 4, p. 4-17.

Schau H.P., Muniz A. M. Jr. et Arnould E.J. (2009). How Brand Community Practices Create Value, *Journal of Marketing*, 73, 5, p. 30-51.

Schouten J.W. et McAlexander J.H. (1995). « Subcultures of Consumption : An Ethnography of the New Bikers », *Journal of Consumer Research*, 22, juin, p. 43-61.

Vargo S.L. et Lusch R.F. (2004). « Evolving to a New Dominant Logic for Marketing », *Journal of Marketing*, 68, p. 1-18.

Wipperfurth A. (2005). *Brand Hijack : Marketing without Marketing,* New York, Portfolio.

19

Neuroscience du consommateur : un vade-mecum managérial

Bernard Roullet et Olivier Droulers

Bernard Roullet a occupé divers postes marketing en entreprise et dans le conseil, avant de soutenir une thèse de doctorat en sciences de gestion qui affichait résolument un angle neuroscientifique. Après quatre années passées à l'université de Paris 1 Panthéon-Sorbonne en tant que maître de conférences, où il inaugura un cours doctoral de neuroscience du consommateur, il enseigne désormais à l'université de Bretagne-Sud à Vannes. Ses thèmes de recherche incluent le marketing sensoriel, les phénomènes de mémorisation et les processus implicites.

Olivier Droulers est docteur en médecine et docteur en sciences de gestion. Après avoir travaillé dans plusieurs entreprises dans le domaine du design (Carré Noir) et de l'industrie pharmaceutique (Ciba-Geigy), il intègre l'Université. Il est aujourd'hui professeur des universités à l'université de Rennes I où il a créé avec des collègues biologistes, un master double compétence « Biologie et gestion ». Il enseigne la neuroscience du consommateur en master recherche et en école doctorale. Ses travaux de recherche traitent de la neuroscience du consommateur et du vieillissement.

Les auteurs ont participé à la promotion d'une neuroscience du consommateur en France en co-organisant en Sorbonne le premier colloque européen sur le sujet en 2008.

Plusieurs nouvelles revues académiques ont vu le jour ces dernières années : *Social Neuroscience*[1] en 2006 et *Journal of Neuroscience, Psychology, & Economics* en 2008 auxquelles s'ajoutera en 2011 le *Journal of Neuromarketing*. Ces parutions montrent à quel point les neurosciences diffusent à présent dans toutes les sphères des sciences sociales et humaines. On constatera ainsi que des études recourant aux paradigmes, méthodologies ou techniques neuroscientifiques sont menées en sciences politiques, en sociologie, en sciences de l'éducation – en mars 2007, la revue *Mind, Brain, and Education* a été fondée pour ancrer les sciences de l'éducation dans le paradigme neuroscientifique –, en économie, en finances, en ergonomie, en stratégie, en philosophie, en éthique et bien sûr en marketing. Pour cette dernière discipline (si l'on considère la taxonomie académique française), on recense des études en publicité, en recherche sur le prix et en recherche en comportement du consommateur (RCC), que l'on devrait d'ailleurs qualifier de recherche en *cognitions* et comportement du consommateur.

De manière plus générale, le recours massif aux techniques d'imagerie cérébrale a profondément modifié le champ des études cognitives (individuelles ou sociales) et a bouleversé la façon dont le chercheur ou le praticien abordent désormais la littérature spécialisée et établit l'état de l'art. Si l'on cherche à recenser le nombre d'études publiées, relatant des expérimentations réalisées avec des techniques telles qu'IRMf, TEP ou MEG (*cf.* définitions *infra*), les bases de données renvoient désormais des dizaines de milliers de références publiées. Si l'on s'en tient aux deux principales techniques employées (IRMf et MEG) depuis 1990, on constate que près de 1 800 études en IRMf sont désormais publiées chaque année, contre 250 pour la MEG. Une méthode beaucoup plus ancienne et polyvalente (l'EEG, électro-encéphalographie) produit un nombre stable d'études, soit environ 1 500 publications annuelles (*cf.* figure 19.1).

Figure 19.1 – Nombre d'articles annuels publiés relatif aux études cérébrales IRMf

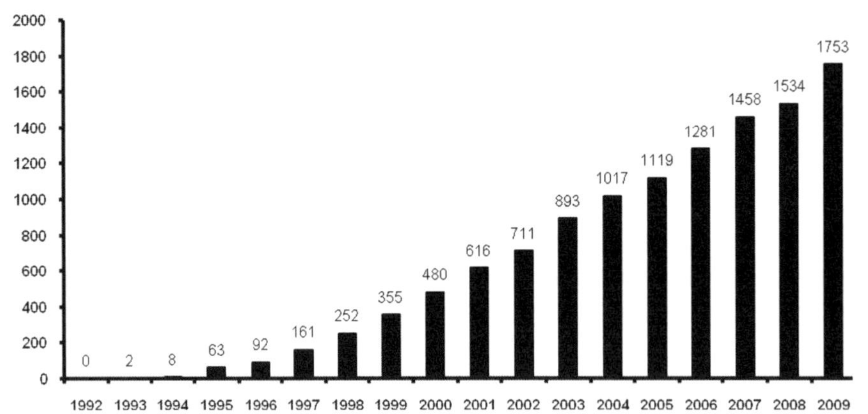

1. Le rédacteur en chef (Jean Decety) est non seulement français mais aussi un éminent neuroscientifique recherchant les corrélats neuronaux de l'empathie et des traitements cognitifs égocentrés. Il est professeur au département de psychologie à l'université de Chicago. Sur les thèmes du soi et de l'empathie, voir par exemple Decety et Jackson (2006) ou Decety et Grèzes (2006).

Si l'on raisonne en termes de nombre cumulé de publications depuis 1990 (apparition des premières expérimentations d'imagerie cérébrale fonctionnelle), près de 12 000 études IRM fonctionnelles ont été publiées (en langue anglaise), contre environ 2 000 pour la MEG (*cf.* figure 2). Il est certain que les parcs correspondants de scanners expliquent le différentiel et son accélération. Selon *The Lancet Neurology*, on comptait aux États-Unis en 2004 plus de quatre-vingts scanners IRM strictement à visée commerciale (une centaine au moment où ces lignes sont écrites), tandis qu'un recensement mené par les auteurs montre que la totalité des dix premières universités mondiales (huit américaines et deux britanniques en 2009) se sont équipées d'instrumentations d'imagerie cérébrale non seulement au sein bien sûr de leur collège de médecine, mais au sein de départements de neuroéconomie ou de neuromarketing.

Figure 19.2 – Nombre d'études IRMf publiées depuis 1990

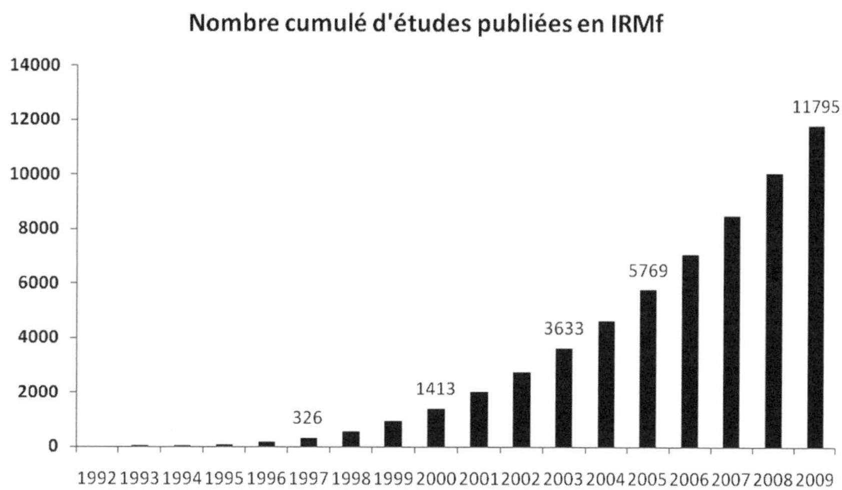

Le marketing n'a pas échappé à cette révolution paradigmatique et des problématiques propres à la discipline ont fait l'objet d'expérimentations en neuro-imagerie (*cf. infra*). À ce jour, on recense plus d'une quarantaine d'études en neuromarketing publiées dans des revues neuroscientifiques ou marketing, qui utilise effectivement ces techniques. Il convient cependant de rappeler que toutes les études qui s'inspirent des théories et des paradigmes neuroscientifiques ne recourent pas toutes systématiquement à la neuro-imagerie. Depuis les années 1990 en effet, des chercheurs en marketing et en RCC s'inspirent largement des théories neuroscientifiques (cognitives ou affectives) pour appréhender les phénomènes psychologiques tels que des processus d'attention, de mémorisation, de préférence ou de choix, tout en conservant des protocoles expérimentaux classiques (mesures verbales, comportementales, voire psychophysiques). Ces études se comptent déjà par centaines. Ce constat nous incite à proposer une définition élargie du neuromarketing, qui pose de surcroît un cadre de référence théorique.

Approche taxonomique du neuromarketing

Définition

Le terme « neuromarketing » dans son sens étroit suppose habituellement l'utilisation systématique de techniques de neuro-imagerie pour identifier les substrats neuraux, associés à divers *phénomènes psychologiques* (pensées, cognitions, émotions et sentiments) que l'on pose dans ce paradigme comme exclusivement biologiques. Une conséquence indirecte et méconnue du paradigme neuroscientifique est la posture moniste en matière (si l'on peut dire) de conscience ou d'esprit. Ce rejet implicite du dualisme entraîne des revirements théologiques ou téléologiques, parfois peu évoqués par la recherche en sciences humaines et sociales. Nous pensons que le paradigme neuroscientifique peut être également une grille de lecture permettant d'étudier et de comprendre des *comportements* directement observables et/ou interprétables (comportements, tant langagiers que moteurs). Une définition du neuromarketing reposant uniquement sur l'idée d'une utilisation de ces techniques nous paraît trop réductrice. Nous proposons donc la définition suivante : « Le neuromarketing (ou neuroscience du consommateur) est l'étude des processus mentaux (explicites et implicites) et des comportements du consommateur – dans divers contextes marketing concernant aussi bien des activités d'évaluation, de prise de décision, de mémorisation ou de consommation – qui se fonde sur les paradigmes et les connaissances des neurosciences. » Pour des raisons de lisibilité et d'acceptabilité auprès du grand public, le terme de « neuromarketing » pourrait être avantageusement remplacé par celui de « neuroscience du consommateur ».

Dans ce contexte élargi, d'autres techniques – psychophysiques ou comportementales – sont applicables dès lors qu'un corpus neuroscientifique sous-tend les hypothèses théoriques. Ainsi, les instruments permettant de mesurer les principales fonctions physiologiques (respiration, conductance électrodermale, pouls ou pression artérielle), la dilatation des pupilles, les déplacements du point de fixation oculaire (*eye-tracking*) ou les variations de micro-expressions faciales pourraient prétendre à « l'arsenal » neuromarketing. Une revue des techniques neuroscientifiques applicables en marketing est synthétisée dans l'annexe à la fin du chapitre.

Cette focalisation du marketing (et de la RCC) sur l'individu consommateur dans toutes ses composantes cognitives et affectives est consubstantielle à la discipline : depuis le début du XXe siècle, le marketing s'est toujours approprié les cadres théoriques de la psychologie (successivement behaviorisme, analyse motivationnelle et psychanalyse, gestalt, cognitivisme, etc.). Il apparaît ainsi logique, voire légitime, de voir aujourd'hui notre discipline faire siens les paradigmes des neurosciences.

Cette prise en compte de la psyché du consommateur dans les processus de décision et d'achat s'est manifestée plus tardivement en économie. L'économie comportementale (*behavioral economics*) s'attache désormais autant à la psychologie individuelle (incluant l'affect) qu'aux agrégats ou aux agents rationnels. Certains économistes ont même entrepris « d'ouvrir la boîte noire », en recourant à ces mêmes techniques de neuro-imagerie. On évoque ainsi le champ émergent de « neuroéconomie » qui, de concert avec le neuromarketing, participe à l'élaboration des nouvelles (neuro)sciences de la décision. On peut cependant s'interroger sur le fait de savoir si les deux termes sont synonymes – ou s'il existe à la fois des différences et des zones de recouvrement entre ces deux disciplines « cousines ».

Neuromarketing et neuroéconomie

Devançant les gestionnaires de quelques années, les économistes ont été les premiers à avancer le terme de « neuroéconomie », dont la raison d'être était de mieux comprendre, à la suite des travaux de Kahneman et Tversky, les processus de décision des agents économiques à l'aide des approches de la psychologie cognitive et des neurosciences. D'emblée, les économistes se sont approprié les approches neuroscientifiques portant sur des comportements individuels de préférence ou d'achat, peut-être parce qu'ils avaient ignoré la psychologie générale ou cognitive durant un siècle, contrairement au marketing qui s'en est toujours explicitement inspiré. Avec le zèle des disciples fraîchement convertis, les économistes comportementaux exhortent désormais les mercaticiens à s'inspirer des modèles de l'économie comportementale qui intègrent des dimensions psychologiques non rationnelles. Le titre de l'article d'Eric Johnson est d'ailleurs explicite : « *How Behavioral Economics could invigorate Marketing* ». La pratique académique de la neuroéconomie ou du neuromarketing est encore clairsemée et sporadique. Si l'on s'efforçait à vouloir trouver des différences entre les deux disciplines émergentes qui partagent de larges zones de recouvrement, on pourrait dire que la neuroéconomie s'attache davantage à la base théorique des comportements économiques et sociaux et à leurs substrats neuronaux (concept d'utilité attendue par exemple), pouvant expliquer des choix et des prises de décision sous contrainte, tandis que le neuromarketing aborde des problématiques plus réalistes dans des contextes se voulant plus écologiquement valides.

Conditions préalables à la réalisation d'une étude neuromarketing

Il est évident qu'après avoir envisagé le bien-fondé d'une étude de neuro-imagerie dans un contexte marketing (d'autres techniques plus accessibles sont parfois plus pertinentes au préalable), des contraintes matérielles, financières, juridiques et éthiques passent au premier rang et doivent être considérées. Afin d'illustrer nos propos et de les ancrer dans des problématiques pertinentes pour le marketing, nous nous appuierons sur quelques études neuromarketing récentes parmi la quarantaine recensée.

Accès aux matériels d'imagerie en France

En avril 2004, le quotidien *Les Échos* déplorait le retard considérable de la France en matière d'équipement en scanners IRM et TEP. Des statistiques publiées par l'OCDE en 2007 et reprises par la direction générale « Santé et protection des consommateurs » de l'Union européenne, indiquaient que la France disposait en 2005 de 4,7 IRM par million d'habitants puis de 7,5 IRM par million en 2009. En 2010, 543 appareils étaient installés au sein des structures médicales, soit 8,7 IRM par million d'habitants, plaçant la France en avant-dernière position au niveau européen (d'après le blog de Jacques Boulesteix). La moyenne des pays OCDE était de 13 IRM par million en 2008 et elle atteint 17 IRM par million pour les pays d'Europe de l'Ouest en 2010. Une étude d'évaluation conduite par Hüsing et ses collègues en 2006 indique en outre que seul un quart des scanners IRM en Europe sont configurés pour de l'imagerie fonctionnelle. Naturellement, la totalité des appareils français est située en milieu hospitalier et leur fonctionnement est prioritairement affecté aux explorations cliniques ou à la recherche médicale stricte. Il n'existe pas de scanner « privé » dédié à la recherche appliquée, comme il en existe aux États-Unis. Si l'on répartit par pays la quarantaine d'études de neuromarketing publiées à ce jour, on constate qu'aucune n'est française mais que quatorze sont américaines, neuf allemandes et six britanniques. Ce sont les pays qui disposent le plus d'équipements d'IRM qui sont à même de produire le plus de travaux en neuroscience du consommateur. Sans évoquer d'emblée les interrogations éthiques éventuelles qui s'y rattachent, on peut déplorer le retard considérable que la recherche française est susceptible de prendre rapidement. Il convient d'espérer qu'à l'instar de nos voisins allemands, britanniques ou hollandais, des partenariats puissent se nouer entre chercheurs en neurosciences et chercheurs en marketing.

Coûts associés aux techniques d'imagerie

Il n'est pas surprenant de rappeler que l'accès à des technologies de pointe est onéreux et que le chercheur en neuroscience du consommateur doit budgéter de manière significative sa phase terrain. Les coûts associés à l'utilisation de ces techniques sont variables car liés à l'utilisation de matériels plus ou moins sophistiqués et de personnels compétents plus ou moins nombreux. Par exemple, une étude d'EEG peut être simplement gérée par l'expérimentateur. En revanche, une expérimentation d'IRM fonctionnelle implique la présence à chaque session d'imagerie d'un médecin, d'un préparateur, voire d'un physicien en charge des réglages de l'aimant. Des grandeurs de coûts sont indiquées dans le tableau 19.1. Il convient d'y ajouter les frais de personnel, dans l'hypothèse d'une expérimentation dont la finalité n'est pas la recherche pure mais une démarche à visée commerciale ou publicitaire. Ainsi, dans un contexte purement commercial, le coût par sujet avoisinerait 800 euros, sachant qu'une étude type requiert la participation de quinze à vingt-cinq personnes pour une durée moyenne de 45 à 60 minutes au total.

Tableau 19.1 – Les coûts indicatifs des différentes techniques d'imagerie

Imagerie	Source	Coût investissement matériel (k euros)	Coûts maintenance annuelle (k euros)	Coûts horaires (hors RH) (euros)
TEP*	métabolique	1 200 – 2 500	120 – 180	320 – 650
IRMf	métabolique	1 000 – 2 000	100 – 130	260 – 500
EEG/PE	électrique	80 – 100	1 – 2	40 – 50
MEG	magnétique	1 000 – 1 600	90 – 110	200 – 300

* Les coûts varient selon l'affectation comptable des investissements et des coûts de fonctionnement propres au cyclotron qui, en plus de l'imagerie, sert également à la médecine radioactive (traitements des cancers, etc.).

Naturellement, les honoraires facturés par les cabinets spécialisés sont plus élevés. Selon le témoignage de l'un de ces cabinets, une étude portant sur trente sujets peut atteindre 250 000 dollars US. Dans un contexte plus hexagonal, le chercheur en neuroscience du consommateur devra soit rechercher une association avec une équipe de recherche médicale, soit rechercher un financement auprès d'investisseurs privés, afin d'opérer de manière autonome.

Conditions juridiques et éthiques liées à l'utilisation des techniques

Selon l'avis du Comité consultatif national d'éthique pour les sciences de la vie et de la santé (CCNE), la recherche biomédicale sur des sujets humains fut pratiquée de façon furtive, le plus souvent même, à l'insu des personnes concernées lorsqu'il s'agissait de malades, jusqu'à la loi Huriet-Sérusclat de 1988 qui « fit sortir la recherche de la clandestinité ». Cette loi du 20 décembre 1988, abondée par la loi n° 2004-800 du 6 août 2004 relative à la bioéthique, impose certaines procédures, dès lors qu'un sujet volontaire est soumis à des instrumentations biomédicales. Par exemple, les promoteurs d'une expérimentation financée par un établissement public doivent s'assurer au préalable de l'aval d'un comité d'éthique (un comité de protection des personnes [CPP] délivre une autorisation explicite d'expérimentation), du consentement libre et éclairé de chaque sujet et de la supervision des procédures par un médecin. Depuis le 28 août 2006, les comités de protection des personnes remplacent les comités consultatifs de protection des personnes dans la recherche biomédicale (CCPPRB). Le décret 2006-477 du 26 avril 2006 précise les modalités d'application de la loi et décrit les modalités de fonctionnement du CPP (généralement à l'échelle régionale), composé de quatorze membres qui votent l'autorisation de mener l'expérimentation proposée par un laboratoire.

Le point le plus délicat de la loi – et qui est le plus susceptible de donner lieu à des contestations juridiques – concerne la notion de consentement libre et éclairé. Le consentement éclairé consiste à recueillir l'acceptation du sujet à participer à l'expérimentation après qu'il en a été informé et qu'il a compris la procédure expérimentale, incluant les avantages et les inconvénients d'un tel type d'examen. L'information donnée aux volontaires doit être « loyale, claire et appropriée » (code de déontologie médicale, art. 35), ainsi que « simple, accessible intelligible et loyale » (Charte du patient hospitalisé). L'investigateur leur fait connaître : 1) l'objectif de la recherche, sa méthodologie et sa durée, 2) les bénéfices attendus, les contraintes et les risques prévisibles, 3) l'avis du comité de protection des personnes (CPP). Cette démarche doit être actée par une formulation écrite et signée par le sujet volontaire. En plus des contraintes purement légales ou réglementaires, le chercheur doit généralement obtenir au sein de son établissement de tutelle un agrément émanant du comité éthique local. Il est également souhaitable d'indiquer si les sujets volontaires ont été rémunérés. Certaines études publiées citent des rémunérations de 20 dollars de l'heure ou indiquent un forfait global de 50 dollars par session.

Les outils à disposition du chercheur marketing

L'objectif de cette partie n'est pas de présenter de façon détaillée les techniques utilisées en neuro-imagerie, ce qui a déjà été fait de façon approfondie dans divers ouvrages (par exemple celui de Cabeza et Kingstone ou celui d'Ullsperger et Debener) ou condensée dans des revues récentes, comme celle d'Amaro et Barker ou celle de Bandettini. Une présentation synthétique est cependant utile afin de bien comprendre l'intérêt croissant, mais aussi appréhender les nombreuses questions, voire les peurs, suscitées par l'utilisation de ces techniques.

Présentation des techniques d'imagerie chez l'homme

Deux groupes de méthodes coexistent. Les premières reposent sur une mesure directe de l'activité cérébrale, les secondes sur une mesure indirecte de cette activité.

Les mesures indirectes de l'activité cérébrale

Nous ne ferons que citer pour mémoire la tomographie par émission de positons (TEP) qui requiert l'injection de traceurs radioactifs au sujet testé. L'imagerie fonctionnelle par résonance magnétique (IRMf), qui ne nécessite pas l'utilisation de tels traceurs, permet la répétition des observations chez un même individu. Elle repose sur une différence de signature magnétique de l'hémoglobine selon que cette dernière est saturée ou non d'oxygène. La méthode la plus employée vise à détecter les variations de concentration locale en désoxyhémoglobine (méthode BOLD ; *Blood Oxygen-Level Dependant*) afin d'observer et d'enregistrer les variations de consommation d'oxygène et donc les variations de débit sanguin cérébral dans les diverses zones cérébrales. La résolution temporelle de cette méthode est faible (environ 4 à 6 secondes) mais la résolution spatiale est relativement satisfaisante (quelques millimètres) pour les scanners courants (1,5 tesla), voire exceptionnelle (100 microns) pour les scanners à champ intense (7 teslas et plus). Des designs expérimentaux particuliers en IRMf (potentiels évoqués rapides, *jittering* et imagerie parallèle) permettent de réduire ces latences et d'accroître la résolution, comme le précisent Amaro et Barker. Cependant, certaines régions cérébrales sont plus difficilement visualisées, en particulier le cortex orbitofrontal et le cortex temporal inférieur, du fait de la présence de cavités (sinus nasal, conduit auditif).

Nous pouvons également citer la technique récente, plus fruste mais plus accessible, de l'imagerie en proche infrarouge (*NIR imaging*). Elle consiste à émettre des rayonnements infrarouges dans un casque au travers de la voûte crânienne. Le rayonnement électromagnétique, peu énergétique, ne pénètre le cerveau que sur quelques millimètres ; les photons incidents sont différentiellement réfléchis par l'oxyhémoglobine et la désoxyhémoglobine du sang et permettent donc de localiser des régions cérébrales activées. La société japonaise Hitachi propose désormais une version portable de son système comportant un bandeau de 400 g et un boîtier enregistreur à la ceinture de 630 g. Le logiciel associé peut gérer simultanément jusqu'à vingt-quatre sujets porteurs (application potentielle en focus groupes). Ses principaux défauts sont la faible résolution spatiale (2 cm, soit plus de dix fois la limite actuelle des IRMf) et l'impossibilité de scruter les zones sous-corticales profondes. Néanmoins, pour des études d'activation dans des régions d'intérêt préétablies (pariétal et familiarité, préfrontal et décisions, par exemple), la technique peut s'avérer très efficace et d'un bon rapport efficacité/prix.

Les mesures directes de l'activité cérébrale

La plus ancienne méthode d'étude de l'activité cérébrale, l'électroencéphalographie (EEG) (Berger, 1929), vise à mesurer les variations de champ électrique présentes au niveau du scalp. Le développement de l'informatique a conduit à une amélioration de cette méthode en permettant de traiter les données issues d'un nombre beaucoup plus grand de capteurs (124 voire 264 capteurs sur un seul scalp). On parle alors de *steady state topography* et de potentiels évoqués. Cette méthode possède une excellente résolution temporelle (0,5 à 1 milliseconde) mais une très mauvaise précision spatiale (quelques millimètres à plusieurs centimètres). Par ailleurs, les régions les plus profondes du cerveau (noyaux gris centraux, amygdales, thalamus) ainsi que le cervelet ne peuvent être étudiés pleinement avec les techniques électromagnétiques. Une seconde méthode, la magnétoencéphalographie (MEG) détecte les minuscules champs magnétiques générés par l'activité électrique des neurones synchronisés. Cette technique permet de suivre des processus cérébraux milliseconde par milliseconde, mais avec une résolution spatiale moyenne, de l'ordre de plusieurs millimètres. Ces techniques ne sont pas mutuellement exclusives et leur conjugaison permet de gagner des points de résolution appréciables (EEG + IRMf ou MEG + EEG, par exemple). Une synthèse des avantages et inconvénients de ces méthodes est portée dans le tableau 19.2.

Tableau 19.2 – Les principales caractéristiques des méthodes d'imagerie cérébrale

	Accessibilité	Coût	Résolution spatiale	Résolution temporelle	Innocuité
TEP	+	– –	+	– –	–
IRMf	–	–	+ +	–	+
EEG/PE	++	++	– –	+ +	+ +
MEG	– –	– –	–	+ +	+

Limites et réserves quant aux techniques de neuro-imagerie

L'utilisation de ces techniques impose en outre quelques contraintes au sujet testé. Lors de l'utilisation de l'IRMf et de la MEG, le sujet ne doit absolument pas bouger la tête qui est souvent bloquée à l'aide de divers dispositifs. Plus encore, lors de l'utilisation de l'IRMf, le patient est étendu dans un tunnel très étroit et doit porter des bouchons acoustiques afin de diminuer le bruit généré par l'appareil en action. Ces désagréments sont néanmoins à nuancer au vu de certaines analyses qualitatives menées auprès de sujets volontaires.

Au regard de ces précédentes techniques, l'EEG paraît être une technique particulièrement souple, totalement indolore, non stressante, permettant au sujet de bouger. Des constructeurs ont ainsi récemment proposé des appareils permettant au sujet une grande liberté de mouvements ; il peut par exemple déambuler dans une grande surface commerciale. Ces dispositifs étaient utilisés dès 2007 par la société Neuroco (désormais intégrée à Neurofocus – *www.neurofocus.com*). Ils sont aujourd'hui également en usage dans la société Emsense (société associée aux cabinets Millward Brown et Gfk – *www.emsense.com-products-inStore.php*). Enfin, les techniques de neuro-imagerie exigent pour des raisons de non-perturbation du champ magnétique l'utilisation des matériels périphériques (présentation de stimuli visuels ou acoustiques, enregistrement de réponses comportementales, etc.) à fibre optique qui ne génèrent pas de champ magnétique parasite.

D'ores et déjà, certaines améliorations, voire innovations, sont susceptibles de lever plusieurs limites abordées ici. Pour illustration, qu'il suffise de citer l'imagerie en infrarouge proche évoquée *supra*, la tractographie (IRM de diffusion) qui permet d'observer les connexions structurales et fonctionnelles entre modules cérébraux ou encore la stimulation magnétique transcrânienne (TMS) qui permet une neuropsychologie clinique (étude de lésions et de déficits associés) ponctuelle et réversible. Le progrès neuroscientifique passe également par l'emploi de nouvelles techniques de traitement de l'information recueillie par l'imagerie : l'analyse en composantes indépendantes (ICA), les analyses discriminantes multiples (MDA) et l'analyse des schémas multivoxels (MVPA) viennent renforcer les analyses de variances et les modèles de régression linéaire, plus classiques.

Interrogations soulevées par ces techniques

La sécurité matérielle liée aux champs magnétiques intenses

La sécurité des individus participant aux expérimentations est cruciale. Alors que dans un contexte médical un risque peut parfois être accepté au regard du bénéfice apporté par l'obtention d'images dans un cadre diagnostique, l'utilisation de telles techniques dans le cadre marchand (marketing, économie) doit évidemment tendre vers une absence totale de risque.

Risques liés au champ magnétique statique

Réputée relativement sans danger, l'IRM a parfois provoqué des accidents graves, voire des décès. En fait, il s'agit de la seule technique d'imagerie médicale qui ait conduit au décès subit de plusieurs patients. Trois types d'accidents sont recensés : 1) « l'effet missile » (objets ferromagnétiques brutalement attirés jusqu'à l'aimant où se tient le sujet), 2) les mouvements des objets métalliques intracorporels (stimulateur cardiaque, clip anévrysmal) et 3) les effets de couple (torsion d'un objet conducteur). Les articles neuromarketing les plus récents citent nommément les facteurs d'exclusion principaux lors du recrutement des sujets (objets métalliques, grossesse, claustrophobie, dépendance aux drogues, certains médicaments etc.).

Risques liés à la radiofréquence

La concentration du champ électromagnétique au voisinage des électrodes et autres dispositifs utilisés pour le monitorage des patients peut entraîner une production de chaleur localisée susceptible de provoquer des brûlures cutanées. D'autre part, l'examen IRM provoque un échauffement des tissus – le doublement du champ magnétique quadruple la puissance calorique dissipée – et l'importance de cet échauffement dépend de plusieurs facteurs (par exemple le poids du patient). Les normes de sécurité doivent éviter qu'un tissu ne subisse une élévation de température supérieure à 1 °C.

Risques biophysiologiques

Plusieurs effets ont été constatés comme des modifications de la fréquence cardiaque ou de l'électrocardiogramme sans cependant d'altération de la fonction cardiaque. Des vertiges, des phosphènes (vision de points lumineux), un goût métallique dans la bouche ont également été rapportés. Selon la plupart des auteurs, les données actuelles de la littérature permettent de conclure qu'il n'existe pas de risque de cancer ou de leucémie induit par des expositions, mêmes répétées, aux champs magnétiques.

Une remarque finale, en forme de réserve, doit cependant être ajoutée. Les données recueillies jusqu'à ce jour sur les risques liés à l'examen IRM concernent des examens réalisés avec des machines générant des champs magnétiques variant de 0,5 à 1,5 tesla. Or les machines récentes sont conçues pour générer des champs pouvant allant de 3 à 7 teslas (environ deux douzaines en France). À titre d'exemple, le centre de recherche pluridisciplinaire d'Orsay dédié à l'étude du cerveau (NeuroSpin) est aujourd'hui équipé de deux aimants de 3 et 7 teslas permettant d'obtenir une résolution 4 fois supérieure à celle des appareils équipant la quasi-totalité des hôpitaux. D'ici 2013, les équipes de NeuroSpin prévoient le fonctionnement d'un aimant de 11,7 teslas, puissance inégalée à ce jour dans le monde et destinée aux études sur l'homme. Une dépêche AFP du 14 mars 2010 précisait : « En 2013, grâce au projet Iseult, NeuroSpin disposera d'un IRM doté d'un aimant d'une puissance de 11,7 T destiné à l'imagerie médicale humaine, un record mondial. La salle est prête pour accueillir l'aimant de 5 mètres de longueur et 5 mètres de diamètre, laissant une ouverture de 90 cm de large où pourra se glisser un patient. » Des travaux d'évaluation sanitaire récents semblent néanmoins indiquer une innocuité jusqu'à 10 teslas au moins.

Les incidences éthiques et les découvertes inopinées

L'utilisation de techniques d'imagerie qui sont conçues à l'origine pour poser des diagnostics médicaux peut conduire à la découverte d'anomalies ou plus exactement au repérage d'une « image » qui n'est pas dans les normes. Cette situation est presque banale puisque Illes et ses collègues rapportent des découvertes d'anomalies dans environ 30 % des cas et que 82 % des chercheurs qui utilisent les techniques d'imagerie disent avoir été confrontés à cette situation. Se pose alors la question de la nécessité de révéler au sujet cette anomalie anatomique. À la suite de cette annonce (si elle est faite), l'attitude du sujet face à la vie peut être fortement modifiée. Une découverte fortuite peut également avoir pour conséquence une difficulté, voire une impossibilité pour le sujet à contracter des assurances (cité par Hüsing, Jäncke et Tag, 2006). Aux États-Unis en particulier, la responsabilité des chercheurs est évoquée quant aux conséquences d'un diagnostic médical qui serait totalement sans rapport avec l'objectif des recherches entreprises. Dans les études neuromarketing récentes, les chercheurs demandent explicitement aux sujets volontaires de décider par écrit s'ils souhaitent ou non être informés de toute anomalie détectée en cours de scan.

L'interprétation des images d'activation

Concernant l'IRMf, la méthode la plus employée vise à détecter les variations de concentration locale en désoxyhémoglobine (méthode BOLD ; *cf. supra*). Des débats existent dans la communauté scientifique sur ce que signifie exactement la réponse BOLD. La plupart des chercheurs reconnaissent cependant que le signal BOLD est bien corrélé à l'activité neuronale : une augmentation du signal correspond à une activité neuronale plus élevée. Néanmoins, une carte statistique avec une échelle de probabilité en couleurs n'est pas une fin en soi et il convient de se garder d'une fascination iconique. De même que la carte n'est pas le territoire, la carte statistique n'est pas l'activation d'un réseau neuronal ni le processus cognitif sous-jacent : ce serait même la photocopie de la reproduction de la carte du territoire… Un autre point litigieux concerne la différence entre la connaissance des fonctions exercées de certaines structures cérébrales – par exemple l'hippocampe, le cortex préfrontal et le cortex médiotemporal pour la mémorisation – et le contenu purement phénoménologique, « abrité » par ces fonctions. La détection de l'activité de la zone hippocampique ou temporale ne nous renseigne que grossièrement sur « ce que le sujet mémorise », *a fortiori* sur ce que *ressent* le sujet en se souvenant de quelque chose. La « lecture fine des pensées » n'est pas encore d'actualité.

Conception des protocoles expérimentaux en imagerie cérébrale

Nous n'aborderons ici, pour des raisons de concision, que l'IRM fonctionnelle, technique majoritairement utilisée en neuroéconomie et en neuromarketing. En outre, si les travaux publiés en neuromarketing entre 2000 et 2004 mobilisaient une variété de techniques d'imagerie (EEG, MEG et IRMf), en revanche la quasi-totalité des expérimentations à partir de 2005 ne recourt qu'à l'IRM fonctionnelle.

De manière très schématique, il s'agit de mettre le cerveau d'un sujet dans un champ magnétique interne (B0), de transmettre sporadiquement des ondes radiofréquences vers le patient (période de 3 millisecondes environ) et de recevoir ensuite les ondes radio réémises par le sujet (réception sur 10 à 100 ms : ce n'est donc pas un « instantané ») que l'on enregistre sous forme de séries chronologiques. Les traitements des données brutes permettent de reconstruire des images en deux (des tranches) puis en trois dimensions (volume cérébral entier). L'intérêt est ici d'évaluer les variations d'intensité du signal RM en fonction des stimuli présentés ou des tâches effectuées par le sujet. Le sang qui contient moins d'oxygène (désoxyhémoglobine) renvoie un signal RM plus faible que le sang oxygéné (oxyhémoglobine). On visualise ainsi les zones cérébrales les plus activées. Il s'agit toujours *in fine* de comparer des réponses suscitées (par un stimulus ou une tâche) à celles correspondant à un état de repos ou à un état qui ne comprend pas la fonction perceptive ou cognitive étudiée. En termes épistémologiques, on peut envisager de telles expérimentations en amont selon une approche hypothético-déductive (hypothèses théoriques validées ou non par l'imagerie) ou selon une approche dite d'inférence inverse, plus courante désormais du fait du corpus publié, qui consiste à observer des activations cérébrales résultantes et inférer ensuite des processus cognitifs selon leur localisation et leur mode d'apparition, avec le risque potentiel d'une « néophrénologie » mal maîtrisée.

Il convient alors pour le chercheur concevant une expérimentation, selon Amaro et Barker (2006) de déterminer : *a*) les formes de comparaison entre états cérébraux, *b*) les modalités de présentation de stimuli et *c*) d'opter pour les modalités d'acquisition du signal RM, qui dicteront les traitements statistiques ultérieurs. Nous passerons rapidement en revue ces points (avec leurs éléments les plus courants) qui doivent être impérativement abordés *ex ante* par le chercheur.

Configurations comparatives

Méthode soustractive (design catégorique)

Le chercheur fait ici une hypothèse dite de « pure insertion », c'est-à-dire qu'il s'efforce de concevoir deux tâches ou deux catégories de stimuli qui vont ne différer que sur un seul processus cognitif P à étudier. Le contraste consistera à faire la différence entre les activations consécutives à une tâche avec P et celles consécutives à une tâche sans P (condition de contrôle ou de repos).

Approche factorielle

Les designs factoriels – familiers à la recherche marketing – consistent à combiner deux facteurs (un stimulus et une tâche par exemple) et à étudier leurs effets principaux (effet du stimulus et effet de la tâche) ainsi que les effets de leur interaction (stimulus × tâche).

Approche paramétrique (neurométrique)

Ce type de design expérimental vise à réduire le problème de la condition de contrôle ou de repos, en variant sur un continuum les divers degrés d'expression du processus P à étudier. Par exemple, le niveau de saturation d'une teinte donnée sera progressivement augmenté (d'un facteur $n > 2$) de même que la fréquence d'apparition de mots à classifier sera croissante. On suppose alors que l'activation de la zone sous-tendant la fonction P suivra une fonction de réponse (linéaire, quadratique, etc.).

Bien que l'essentiel des données recueillies soient les mesures du signal RM, il est cependant conseillé d'adjoindre à ces dernières des mesures *comportementales* (choix de préférence, reconnaissance d'un logo, décision d'achat, etc.) par le biais de boutons-poussoirs. Il est envisageable de compléter ces mesures par des évaluations plus conventionnelles sous forme de questionnaires (par exemple : échelles d'attitude) administrés avant ou après imagerie. Nous avons vu *supra* que quinze à vingt-cinq sujets étaient recrutés pour de telles études. Ce nombre peut sembler faible, voire insuffisant à l'aune des approches quantitatives du marketing, mais il est représentatif des études d'imagerie. En effet, les unités statistiques traitées ici sont les voxels (signal RM) et non les individus. Ce sont donc des dizaines ou des centaines de stimuli successifs qui génèrent des dizaines de milliers de réponses BOLD.

Types de présentation des stimuli

Dans ce cadre, le sujet peut être purement passif ou sollicité pour agir après exposition. Les stimuli peuvent être visuels, auditifs, gustatifs, tactiles ou olfactifs. Le traitement neuronal de l'information qui sera mesuré *via* le signal RM peut être conscient ou implicite, central ou périphérique. On distingue généralement (Culham, 2006) des présentations par blocs, par potentiels évoqués ou mixtes.

Présentation par blocs (boxcar)

La méthode consiste à présenter successivement durant plusieurs secondes (le temps laissé à la réponse hémodynamique) plusieurs stimuli d'une même condition ou d'une même catégorie, en alternance avec des stimuli d'une autre condition, voire des stimuli « neutres » de contrôle. On aura ainsi la succession AAAAABBBBBAAAAA ou AAA___BBB___AAA pour étudier les différences d'activation entre la condition A et la condition B. Par exemple, pour localiser le module cérébral du traitement des couleurs, on alternera des séquences d'images en couleurs et des mêmes images en noir et blanc. L'avantage de ce type de présentation est la détection facilitée d'une activation et la localisation d'une zone bien spécifique.

Potentiels évoqués

Il s'agit ici d'alterner les conditions expérimentales de façon randomisée afin de limiter les effets d'atténuation. Les traitements *post-hoc* permettent de « démêler » les réponses cérébrales successives. Le paradigme est adapté pour estimer les effets d'objets nouveaux ou surprenants, s'inscrivant dans un décours temporel réduit. Le séquençage des stimuli sera modulé par itération de permutations des blocs initiaux. On aura ainsi par exemple la succession A_BB_BAA_BBB_BBAA_AAA.

Formules mixtes ou rapides

Dans certains paradigmes expérimentaux, l'intervalle inter-stimulus est plus court que la fonction de réponse hémodynamique générée par les stimuli précédents. Ceci améliore la puissance statistique des données collectées, tout en réduisant la capacité de discrimination des réponses BOLD. Par exemple, Amaro et Barker (2006) suggèrent un intervalle inter-stimulus variable avec un minimum de 4 secondes entre les stimuli.

Modalités d'acquisition des images et de traitement

Acquisition des images

Dans la mesure où la technologie actuelle ne permet pas d'obtenir instantanément un nombre important de tranches qui permettent de reconstituer un volume cérébral entier, des choix initiaux en matière d'imagerie doivent être effectués par le chercheur. En particulier, l'expérimentateur doit préciser le nombre de tranches, ainsi que leur orientation, leur épaisseur et leur résolution. Ces choix induiront la durée nécessaire pour prendre un volume cérébral entier, ainsi que le nombre de blocs envisageables dans une session individuelle. On comprendra que plus on souhaitera de tranches (de plus en plus fines), plus le temps d'acquisition sera long, de même que meilleure sera la résolution (par exemple 124 × 124 pixels contre 64 × 64 pixels dans une tranche donnée), plus réduit sera le nombre de tranches (pour une durée donnée).

Prétraitement et analyse des images

Avant l'application des algorithmes de traitement statistique, les images brutes collectées doivent être traitées et affinées. Naturellement, les choix initiaux évoqués *supra* sont cruciaux. On peut résumer succinctement les étapes de prétraitement en citant les séquences suivantes (lors de scans en mode séquentiel) : on supprime les premières mesures non stabilisées, on corrige les artefacts éventuels dus aux mouvements, on aligne toutes les « tranches » d'un même individu, que l'on positionne sur un cliché structurel précis. Ensuite, on corrige le décalage temporel d'acquisition, avant de superposer tous les individus sur un même cerveau « moyen ». Enfin, un lissage spatial est réalisé pour améliorer le rapport signal/bruit et les zones neuronales et axonales sont présentées sur des cartes différentes.

Traitements statistiques

Pour l'essentiel, la méthode conventionnelle en matière de traitements statistiques consiste à effectuer des analyses de variances et des tests *t*. Il s'agit de connaître, pour chacun des pixels (d'une tranche) ou voxels (d'un volume), le degré de confiance, c'est-à-dire évaluer les chances que leur activation à un moment donné soit due au seul hasard. Un seuil de $p < 0{,}05$ est généralement choisi mais une correction pour comparaisons multiples doit être effectuée : en effet, un seuil de 5 % pourrait indiquer plus de 2 000 voxels « actifs » d'un volume, qui le seraient par pur hasard. Les seuils de significativité exigés en imagerie sont sensiblement plus conservateurs qu'en marketing : des valeurs de z supérieures à 3 sont courantes avec des valeurs de *p* inférieures à 0,0001. La significativité de ces activations dépend du signal RM lui-même, du bruit présent et de la taille de l'échantillon (nombre de points de mesure). Le bruit statistique, c'est-à-dire la variance inexpliquée des données, peut être dû aux fluctuations magnétiques de l'aimant, aux mouvements involontaires et aux vrais bruits physiologiques du sujet (respiration, rythme cardiaque, bruit thermique), ainsi qu'aux perturbations extérieures (circulation, appareillages électriques, rayonnement micro-ondes, etc.). Le modèle linéaire général (GLM) est également employé couramment. Des programmes informatiques variés, commerciaux ou partagés, sont utilisés par les chercheurs. Pour le traitement des signaux IRM, des logiciels tels qu'AFNI (*Analysis of Functional NeuroImages*), SPM 8 (*Statistical Parametric Mapping*) ou *Brain Voyager*^{TM} sont utilisés pour obtenir *in fine* des cartes statistiques interprétables. Depuis quelques années, de nouvelles approches statistiques sont également déployées pour affiner l'analyse des activations. Citons pour mémoire l'analyse en composantes indépendantes, l'analyse de corrélations inverses, l'analyse discriminante multiple (MDA) et l'analyse de schémas multivoxels (MVPA). Ces deux dernières catégories permettent également de révéler des groupes discrets de neurones qui déchargent de manière synchrone et qui codent pour le même événement ou la même catégorie d'événements et qui auraient été omis dans un paradigme soustractif simple.

Dans le cadre des traitements statistiques et des cartographies fonctionnelles, on s'intéressera soit à la totalité du cerveau (*whole brain*) en matière de zones activées si l'on ne dispose pas d'hypothèses théoriques précises *a priori* sur des processus cognitifs étudiés et leurs localisations, soit seulement à des régions d'intérêt (*ROI, region of interest*) si l'on se fonde sur des bases théoriques solidement étayées par des études antérieures. Si l'on étudie des réponses cérébrales à des stimuli chromatiques par exemple, on s'intéressera au gyrus fusiforme qui comprend l'aire visuelle 4 et 4 alpha, de même qu'on observera attentivement les clichés des noyaux amygdaliens si l'on travaille sur des processus de traitement affectif.

Perspectives en neuromarketing

La plupart des méthodes classiques d'étude de l'individu (et du consommateur) sont basées sur des réponses comportementales que ce soit en termes de *verbatim* (« j'aime parce que ») ou en termes d'actions corporelles, déployées ou inhibées. Elles peuvent parfois intégrer la chronométrie des temps de réponse par rapport à un temps de base. L'émergence de nouvelles techniques d'imagerie permet pour la première fois d'appréhender des processus jusqu'alors jugés inexpugnables, parce qu'indicibles ou inconscients. Il est désormais possible d'étudier quasiment en temps réel la chronologie d'un processus cognitif et/ou affectif, consécutif à des stimuli émis ou des tâches volontaires, indépendamment des divers biais exprimables verbalement par le sujet. Le recours à l'imagerie par la « neuroscience du consommateur » permet donc de découvrir des informations inédites, d'évaluer objectivement des réponses, voire de trancher entre des hypothèses théoriques antagonistes, en place depuis des décennies (par exemple le débat de la primauté affectif/cognitif ou bien la réalité d'une perception périphérique ou subliminale).

L'examen des productions neuroscientifiques cognitives ou affectives (articles publiés) est également riche d'enseignements pour le chercheur en marketing. En effet, nombre d'expérimentations qui n'ont pas explicitement de problématique marketing ou commerciale contiennent néanmoins des éléments qui éclairent de manière bénéfique certains phénomènes perceptuels, décisionnels ou comportementaux observés et/ou supposés chez le consommateur. À titre d'illustration, on peut citer trois exemples de neuro-imagerie (parmi de nombreux autres) qui pourraient inciter les mercaticiens à mener et poursuivre une « veille » neuroscientifique efficace.

Les sciences humaines et sociales ne peuvent plus ignorer ou écarter les progrès importants enregistrés par les neurosciences depuis près de deux décennies. Ils laissent entrevoir à terme une élucidation de nombreux processus cognitifs, tout comme une compréhen-

Exemple 1 : l'attractivité de la beauté faciale (Johnston, 2006)

Une étude recourant au morphing – méthode d'animation en image de synthèse, qui consiste à passer progressivement d'une image à une autre, de la façon la plus continue possible, et créant ainsi des images qu'on ne peut voir autrement ; un procédé par lequel une image synthétique se fond et devient une autre image – pour varier des traits distinctifs du visage montre des appréciations différentielles d'un même visage masculin pour les femmes et les hommes évaluateurs : les femmes préfèrent une version plus virile du visage que celle des hommes, qui le préfèrent plus féminin ou juvénile. L'auteur a qualifié ces préférences de profils « amant » ou « copain ». Les visages les plus appréciés activent le circuit de récompense (noyau accumbens en particulier). On peut alors imaginer qu'une publicité presse (pour un produit ou un service unisexe) mettant en scène un mannequin, soit adaptée et « morphée » selon le support concerné et le genre majoritaire de son lectorat.

Exemple 2 : les neurones miroirs (Rizzolatti et Sinigaglia, 2010)

Un corpus considérable s'est accumulé depuis quelques années sur l'empathie et la théorie de l'esprit, à savoir la capacité humaine de ressentir les émotions d'autrui ou de deviner ses intentions, au travers de ses comportements moteurs, posturaux et langagiers. Des « neurones miroirs » ont été mis en évidence dans le cortex pariétal antérieur, qui s'active lorsqu'on fait un geste particulier, lorsqu'on imagine le faire ou encore lorsqu'on le voit s'accomplir chez autrui (même de façon statique sur une photo). Ces neurones miroirs seraient le substrat neuronal de l'empathie mais aussi de l'apprentissage vicariant (par imitation, simulée ou effectuée). Il apparaît dès lors que toute « présentation produit » doit se faire en situation avec un utilisateur actif, pour que les neurones miroirs du regardant soient activés « comme si » le geste était réalisé. Cette « empathie » motrice serait plus persuasive que la vision simple du produit.

Exemple 3 : le sens du nombre (Dehaene, 1997)

Des expérimentations, désormais nombreuses, portent sur les facultés arithmétiques de l'individu, sur son sens du nombre (numérosité), sujets d'étude en partie initiés par la recherche française. Nous utilisons deux modules cérébraux distincts – voire trois circuits pariétaux, si l'on prend en compte un premier module, aspécifique, qui s'active quelles que soient les représentations apparentes d'une quantité, comme décrit par Piazza et Dehaene – selon que nous souhaitons dans un calcul mental obtenir un résultat juste ou bien une simple approximation. Nous disposerions même d'une représentation mentale spatiale de cette numérosité, nous donnant des perceptions intuitives de grandeur ou de comparaison. Ces éléments apportent assurément une lumière complémentaire sur la perception des mantisses de prix ou sur l'intégration cognitive d'une nouvelle devise monétaire.

sion grandissante des interactions affect/cognition, primordiales dans les contextes marketing. L'imagerie cérébrale, par une meilleure lecture des événements psychiques individuels, autorise des percées théoriques et des expérimentations inédites jusqu'alors et peut donc agir en juge de paix pour le marketing, en tranchant entre différents modèles (psychologiques) explicatifs. Ainsi, selon nous, pour maîtriser durablement son domaine de prédilection, le chercheur en marketing (et RCC) doit résolument évoluer en un chercheur en « neuroscience du consommateur ». Mais il ne doit pas cependant céder au « syndrome de l'arbre de Noël » (focalisation sur les zones d'activation des clichés d'imagerie) et, au-delà de la fascination légitime, il doit s'attacher aux incidences théoriques des activations constatées, pour amender ses cadres théoriques et abonder les corpus.

Stanislas Dehaene (professeur au Collège de France) se demandait en 1997 dans son ouvrage *Le Cerveau en action* « s'il sera possible à un grand laboratoire, dans dix ou vingt ans, de pratiquer la psychologie sans avoir accès aux méthodes d'imagerie cérébrale fonctionnelle ». Treize ans plus tard, les chercheurs en marketing et RCC sont désormais confrontés à une question similaire : pourra-t-on étudier le consommateur sans avoir accès aux méthodes d'imagerie ? Les récentes publications dans les revues ou congrès internationaux esquissent le contour d'une réponse négative. Les auteurs de cet article espèrent que ce travail favorisera une meilleure appropriation du paradigme neuroscientifique et de ses techniques émergentes, qui ne pourront être ignorés par la recherche marketing future.

CE QU'IL FAUT RETENIR

À la suite des autres disciplines en SHS, le paradigme neuroscientifique est importé en marketing donnant lieu à l'émergence d'un nouveau courant de recherche appelé neuromarketing (ou neuroscience du consommateur). Ce dernier peut être défini comme « l'étude des processus mentaux (explicites et implicites) et des comportements du consommateur – dans divers contextes marketing concernant aussi bien des activités d'évaluation, de prise de décision, de mémorisation ou de consommation – qui se fonde sur les paradigmes et les connaissances des neurosciences ». Si le bien-fondé d'une étude de neuro-imagerie dans un contexte marketing est établi, le chercheur devra choisir la technique d'imagerie la plus adaptée au problème de recherche posé, arbitrant par exemple entre des exigences de précision spatiale (IRMf) ou de précision temporelle (EEG), tout en prenant en compte des contraintes matérielles, financières, juridiques et éthiques. Une fois maîtrisés la conception des protocoles expérimentaux en imagerie ainsi que le traitement et l'interprétation des données, de très nombreux sujets de recherche peuvent être revisités. À titre d'exemples trois thèmes sont abordés : l'attractivité de la beauté faciale, les neurones miroirs et le sens du nombre, mais il faut garder à l'esprit qu'à terme la totalité des domaines du marketing seront progressivement abordés comme en témoignent déjà les travaux publiés en publicité, en recherche sur le prix et en recherche en comportement du consommateur. Stanislas Dehaene (professeur au Collège de France) se demandait en 1997 dans son ouvrage *Le Cerveau en action* « s'il sera possible à un grand laboratoire, dans 10 ou 20 ans, de pratiquer la psychologie sans avoir accès aux méthodes d'imagerie cérébrale fonctionnelle ». Quelques années plus tard, les chercheurs en marketing sont désormais confrontés à une question similaire : pourra-t-on étudier le consommateur sans avoir accès aux méthodes d'imagerie ? Les récentes publications dans les revues ou congrès internationaux esquissent le contour d'une réponse négative. Les auteurs de ce chapitre espèrent que ce travail favorisera une meilleure appropriation du paradigme neuroscientifique et de ses techniques émergentes, qui ne pourront être ignorés par la recherche marketing future.

Références bibliographiques

Amaro Jr. E. et Barker G.J. (2006). « Study design in fMRI : Basic principles », *Brain and Cognition*, 60, 3, p. 220-232.

Ambler T., Braeutigam S., Stins J., Rose S. et Swithenby S. (2004). « Salience and choice : neural correlates of shopping decisions », *Psychology & Marketing*, 21, 4, p. 247-266.

Ariely D. et Berns G. S. (2010). « Neuromarketing : the hope and hype of neuroimaging in business », *Nature Reviews Neuroscience*, 11, 4, p. 284-292.

Bandettini P. (2009). « What's New in Neuroimaging Methods ? The Year in Cognitive Neuroscience », *Annals of N.Y. Academy of Sciences*, 1156, p. 260-293.

Barraclough D.J., Conroy M.L. et Lee D. (2004). « Prefrontal cortex and decision making in a mixed-strategy game », *Nature Neuroscience*, 7, p. 404-410.

Berger H. (1929). « Ueber das Elektroenkephalogramm des Menschen », *Archiv für Psychiatrie und Nervenkrankheiten*, Berlin, 87, p. 527-570.

Berns G.S. (2005). « Price, placebo, and the brain », *Journal of Marketing Research*, 42, p. 399-400.

Bizer G.Y. et Schindler R.M. (2005). « Direct evidence of ending-digit drop-off in price information processing », *Psychology & Marketing*, 22, 10, p. 771-783.

Boulesteix J. (2010). « IRM : derniers devant la Turquie », blog *Le Monde.fr* du 27 juin, http://boulesteix.blog.lemonde.fr/2010/06/27/irm-derniers-devant-la-turquie/ (consulté le 1er mars 2011).

Cabeza R. et Kingstone A. (2006). *Handbook of Functionnal Neuroimaging of Cognition*, MIT Press.

Camerer C., Loewenstein G et Prelec D. (2005). « Neuroeconomics : How neuroscience can inform economics », *Journal of Economic Literature*, 43, p. 9-64.

Culham J.C. (2006). « Functional neuroimaging : Experimental design and analysis », *in* Cabeza R. et A. Kingstone (éd.), *Handbook of Functional Neuroimaging of Cognition*, p. 53-82.

Decety J. et Keenan J.P. (2006). *Social Neuroscience : A New Journal*, 1, 1, p. 1-4.

Dehaene S. (1997). *Le Cerveau en action*, Paris, PUF.

Dehaene S. (1997). *The Number Sense : How the Mind Creates Mathematics*, New York, Oxford University Press.

Dehaene S., Piazza M., Pinel P. et Cohen L. (2003). « Three parietal circuits for the number processing », *Cognitive Neuropsychology*, 20, p. 487-506.

Deppe M., Schwindt W., Pieper A., Kugel H., Plassman H., Kenning P., Deppe K. et Ringelstein E.B. (2007). « Anterior cingulate reflects susceptibility to framing during attractiveness evaluation », *Neuroreport*, 18, 11, p. 1119-1123.

Droulers O. et Roullet B. (2007). « Émergence du neuromarketing : apports et perspectives pour les praticiens et les chercheurs », *Décisions marketing*, 46, avril-juin, p. 1-14.

Farah M. (2005). « Neuroethics : the practical and the philosophical », *Trends in Cognitive Sciences*, 9, 1, p. 34-40.

Freese J., Allen Li J.C. et Wade L.D. (2003). « The potential relevances of biology to social inquiry », *Annual Review of Sociology*, 29, p. 233-256.

Goswami U. (2006). « Neuroscience and education : from research to practice ? », *Nature Reviews Neuroscience*, 7, p. 406-413.

Henson R. (2006). « Forward inference using functional neuroimaging : dissociations versus associations », *Trends in Cognitive Sciences*, 10, 2, p. 64-69.

Ho T.H., Lim N. et Camerer C.F. (2006). « Modeling the psychology of consumer and firm behavior with behavioral economics », *Journal of Marketing Research*, 43, p. 307-331.

Hoshi Y. *et al.* (2001). « Spatiotemporal imaging of human brain activity by functional near-infrared spectroscopy », *American Laboratory*, octobre, p. 35-39.

Hüsing B., Jäncke L. et Tag B. (2006). *Impact Assessment of Neuroimaging*, Vdf, Zürick, Suisse.

Illes J., Desmond J.E., Huang L.F., Raffin T.A. et Atlas S.W. (2002). « Ethical and practical consideration in managing incidental findings in functional magnetic resonance imaging », *Brain and Cognition*, 50, 3, p. 358-365.

Johnson E.J. (2006). « Things that go bump in the mind : How behavioral economics could invigorate marketing », *Journal of Marketing Research*, 43, p. 337-340.

Johnston V.S. (2006). « Mate choice decisions : the role of facial beauty », *Trends in Cognitive Sciences*, 10, 1, p. 9-13.

Kaplan J.T. et Iacoboni M. (2006). « Getting a grip on other minds : Mirror neurons, intention understanding, and cognitive empathy », *Studies in Cognitive and Affective Neuroscience*, 1, 1-2, p. 175-183.

Knutson K.M. *et al.* (2006). « Politics on the brain : An fMRI investigation », *Social Neuroscience* 1, 1, p. 25-40.

Knutson B. *et al.* (2007). « Neural predictors of purchases », *Neuron*, 53, p. 147-156.

Lee N., Broderick A.J. et Chamberlain L. (2007). « What is "neuromarketing" ? A discussion and agenda for future research », *International Journal of Psychophysiology*, 63, 2, p. 199-204.

McCabe K. (2003). « Neuroeconomics, Encyclopedia of Cognitive Science », Lynn Nadel éd., *Nature Publishing Group, Macmillan Publishers Ltd.*, 3, p. 294-298.

Marques J.F. et Dehaene S. (2004). « Developing intuition for prices in euros : rescaling or relearning prices ? », *Journal of Experimental Psychology : Applied*, 10, 3, p. 148-155.

Northoff G. (2004). « What is neurophilosophy ? A methodological account », *Journal for General Philosophy of Science*, 35, 1, p. 91-127.

Parasuraman R. (2003). « Neuroergonomics : research and practice », *Theoretical Issues in Ergonomics Science*, 4, 1-2, p. 5-20.

Peterson, R.L. (2005). « The Neuroscience of Investing : FMRI of the reward system », *Brain Research Bulletin*, 67, 5, p. 391-397.

Piazza M. et Dehaene S. (2004). « From number neurons To mental arithmetic : The Cognitive Neuroscience of Number Sense », *in* Gazzaniga *The Cognitive Neuroscience*, 3e Ed., p. 865-876.

Plassman *et al.* (2007). « What can advertisers learn from neuroscience ? », *International Journal of Advertising*, 26, 2, p. 151-175.

Rizzolatti G. et Sinigaglia C. (2010). « The functional role of the parieto-frontal mirror circuit : interpretations and misinterpretations », *Nature Reviews Neuroscience*, 11, 4, p. 264-274.

Roullet B. (2005). « Naturalisation des concepts en marketing, l'apport des neurosciences », in *L'Importation et la Transplantation de concepts en sciences humaines et sociales*, Rennes, Éditions Apogée, chap. 8, p. 225-248.

Roullet B. et Droulers O. (2010). *Neuromarketing. Le marketing revisité par la neuroscience du consommateur*, Paris, Dunod.

Seiyama S. *et al.* (2005). « Paramagnetic artifact and safety criteria for human brain mapping », *Dynamic Medicine*, 4, 5, doi : 10.1186/1476-5918-4-5.

Senior C., Smyth H., Cooke R., Shaw R.L. et Peel E. (2007). « Mapping the mind for the modern market researcher », *Qualitative Market Research*, 10, 2, p. 153-167.

Shiv Baba *et al.* (2005). « Decision Neuroscience », *Marketing Letters, 16*, p. 375-386

Tabuchi H. (2007). « Hitachi : Move the train with your brain », 22 juin, Associated Press/ AP Online.

Ullsperger M. et Debener S. (2010). *Simultaneous EEG and fMRI – Recording, Analysis and Application*, New York, Oxford University Press.

Yoon C., Gutchess A.H., Feinberg F. et Polk T. A. (2006), « A functional magnetic resonance imaging study of neural dissociations between brand and person judgments », *Journal of Consumer Research*, 33, p. 31-40.

ANNEXE 1 – VARIÉTÉ DES TECHNIQUES DE MESURE OBJECTIVE SUSCEPTIBLES D'ÊTRE EMPLOYÉES EN MARKETING ET RCC

Technique envisageable	Thématique marketing	Recensions et études (exemples)[a]
EEG/PE	Impact pub	Hansen (1981) ; Rothschild et Hyun (1990)
Poursuite oculaire[b]	Saillance pub	Rosbergen, Pieters et Wedel (1997 ; 2007)
Réponse électrodermale (RED)	Activation	Vanden Abeele et MacLachlan (1994)
Électromyographie faciale (EMG)	Valence	Cacioppo et Petty (1982) ; Pincus (1992) ; Hazlett et Hazlett (1999)
Pouls/pression artérielle	Activation	Hunt (1988)
Rythme respiratoire (plethysmographie)	Impact pub	Averill (1969)
Dilatation pupillaire	Impact pub	Krugman (1964) ; Arch (1979) ; Klebba (1985)
Thermographie	–	NC
Spectroscopie NIRS	–	NC
Stimulation magnétique TMS	–	NC
Fréquences vocales	Valence émotionnelle	Brickman (1976, 1980) ; Klebba (1985)
PET	–	NC
MEG	Décision achat	Braeutigam *et al.* (2001) ; Ioannides *et al.* (2000)
fMRI	Marque et récompense	Yoon *et al.* (2006) ; Schaefer *et al.* (2007)

[a] Les références indiquées ici n'ont pas la prétention d'être exhaustives. Selon les cas, elles citent des études princeps ou représentatives de la technique employée. Les mesures objectives de réponses affectives ont fait l'objet de recensions spécifiques (Wiles et Cornwell, 1990 ; Derbaix et Poncin, 1998, par exemple).
[b] « *Eye-tracking* ».

20

Ingénierie culturelle des marques : de nouveaux vecteurs de communication

JEAN-MARC LEHU

Jean-Marc Lehu est enseignant-chercheur en marketing et en communication, à l'université Paris 1 Panthéon-Sorbonne, dont il est également le directeur de la communication. Auteur notamment de L'Encyclopédie du marketing, La publicité est dans le film *et* Stratégies de fidélisation *aux Éditions d'Organisation, il intervient comme conseil en stratégie de marque auprès d'entreprises françaises et étrangères.*

« Le seul vrai problème en communication est l'illusion qu'elle a pris place », écrit le romancier irlandais George Bernard Shaw. La communication de la marque est récemment devenue beaucoup plus complexe à concevoir et bien plus difficile à mettre en œuvre pour les entreprises, en particulier dans les pays dits développés. Lorsque Peter Drucker écrit que « le but du marketing est de rendre la vente superflue », encore faut-il que la communication ait eu l'opportunité de faire connaître la marque et le produit (ou le service) que l'on souhaite faire acheter au consommateur. Une enquête (*Insight Driven Marketing*) conduite par le cabinet Accenture a révélé que 88 % des marketers américains et 97 % des marketers britanniques ayant participé décrivaient leurs efforts marketing comme étant couronnés de succès. Pourtant, la même enquête indiquait également que 68 % des responsables marketing américains et britanniques reconnaissaient être incapables de mesurer le retour sur investissement d'une action marketing. L'illusion de Shaw prend alors tout son sens. La communication marketing est plus complexe parce que le contexte de cette communication est devenu éminemment plus complexe. L'ingénierie culturelle dont il est question ici n'est pas LA solution salvatrice, mais elle constitue indéniablement une opportunité complémentaire nouvelle, dont les atouts peuvent permettre à la marque de restaurer le lien avec ses différentes parties prenantes, et dans certains cas même, de délivrer un message en le détachant de connotations commerciales aujourd'hui vite repérées et rapidement contournées par les destinataires potentiels.

Absolut Vodka

Interpénétration de l'art et de la communication

La vodka Absolut a été conçue par le suédois Lars Olsson Smith en 1879. Son nom *Absolut Rent Bränvin* en suédois, qui signifie « une vodka absolument pure », lui vient de la méthode de distillation employée. En 1980, l'agence TBWA si vit confier le budget, qu'elle géra jusqu'en 2007. Naquit alors une approche artistique créative très particulière valorisée par plus de 1 500 annonces, mettant en scène la bouteille (ou sa forme caractéristique) avec une courte légende, systématiquement écrite en police Futura condensed ExtraBold, à quelques très rares exceptions. Des designers comme John Hutton, des écrivains comme John Irving, des sculpteurs comme Lorenzo Quinn, des couturiers comme John Galliano, des photographes comme Helmut Newton furent sollicités pour participer à la campagne sous une forme ou une autre. Parmi ces artistes géniteurs de l'ingénierie culturelle d'Absolut, on trouve également nombre de peintres comme George Rodrigue, Jane Wilkelman, LeRoy Neiman, Edward Ruscha, Linn Fernström, Chris Ofili, Keith Haring, Giancarlo Impiglia ou Andy Warhol par exemple. Le lien avec l'art a contribué au positionnement de la vodka et à la valorisation distinctive de son image dans un univers très concurrentiel. En retour, leur participation à la communication publicitaire d'Absolut Vodka permit à plusieurs artistes (moins connus) de voir leur cote augmenter.

L'INGÉNIERIE CULTURELLE

« Ingénierie culturelle » est une expression utilisée au profit de la stratégie de marque pour désigner la mise en œuvre par cette dernière de techniques et de vecteurs de communication liés au monde des arts et de la culture. L'objectif est d'intégrer la marque au mieux dans ces univers et ces vecteurs culturels, afin de lui permettre de délivrer son message marketing, ou au minimum de rappeler son existence, dans un contexte perçu comme non commercial au départ, puisque relevant des arts et de la culture. Depuis les nombreuses initiatives précurseurs de Gaius Cilnius Maecenas (80-8 avant J.-C.), des mécènes en tout genre se sont intéressés au monde des arts de la culture. Aujourd'hui le monde l'entreprise n'est pas en reste. Il a compris l'intérêt qu'il pouvait en tirer, notamment en termes d'image. La Maif soutient la sculpture moderne et finance un prix annuel, BMW collabore avec la fondation et le musée Guggenheim, la fondation Orange accompagne le développement de plus de soixante-dix ensembles vocaux, L'Oréal est mécène donateur du Palais de la Découverte, General Motors soutient le Michigan Opera Theatre,

Haier est partenaire du festival du film asiatique de Deauville, Swiss Life s'engage aux côtés de l'association Gens d'Image en dotant le prix Arcimboldo, MasterCard est mécène du théâtre du Châtelet et de l'Opéra national de Paris, IBM soutient le Smithsonian Institution pour l'ouverture virtuelle du National Museum of African American History and Culture, Areva est partenaire du musée national des arts asiatiques Guimet participant à l'achat d'œuvres majeures, Sony Pictures apporte son soutien au musée d'art contemporain de Los Angeles… Et ce ne sont là que quelques exemples d'investissement de ces entreprises. Les actions sont aussi multiples que diverses. Et la cible de ces opérations n'est pas seulement externe, composée de clients et/ou de consommateurs. Elle peut également être interne à l'entreprise, dans le but d'impliquer et fédérer les employés tout en nourrissant leur fierté de travailler pour une entreprise qui s'investit (également) dans la vie culturelle et artistique de la société.

Mais si elle peut les intégrer, l'ingénierie culturelle va au-delà de ces actions de sponsoring ou de mécénat, introduisant la marque plus ou moins subtilement suivant les opérations. Chacun de nous n'étant d'ailleurs pas sensible de la même manière au *branding* (présence de la marque) comme l'analyse Michael Levine. Principalement basée sur le placement de la marque ou de l'un de ses produits dans un événement artistique, un film ou une série télévisée, une pièce de théâtre, une chanson ou un vidéoclip, un jeu vidéo ou encore un roman, l'ingénierie culturelle ne cesse de se développer pour contrer la fragmentation des vecteurs de communication traditionnels et la dilution corollaire de leur audience. Un développement et une créativité accrus également pour contourner la « professionnalisation » d'un consommateur de moins en moins naïf quant aux techniques commerciales dont il est la cible, et surpasser ses réticences face à l'argutie pas toujours subtile de la publicité. Les Anglo-Saxons parlent de *branded entertainment* (divertissement de marque) et l'on rencontre également l'expression *advertainment,* contraction des mots *advertising* (publicité) et *entertainement* (divertissement). Si l'aspect culturel et artistique est moins systématique, la démarche est toujours la même : introduire au mieux la marque et/ou ses produits dans un univers parallèle de divertissement où son intention commerciale ne sera pas évidente et où le contexte de communication peut même contribuer à valoriser la marque et ses produits. Naturellement, cette ingénierie culturelle peut aussi parfois être pratiquée au détriment de la marque. C'est essentiellement le cas des marques à très forte notoriété, dont la symbolique est alors mise à profit, *via* une œuvre artistique, pour critiquer la marque et plus généralement la société de consommation dans son ensemble. Le nom et/ou le code graphique de la marque étant connus et reconnus bien au-delà de ses frontières nationales, ils sont utilisés par l'artiste comme vecteurs de communication universels, lui permettant d'appuyer son message.

Coca-Cola

Détournement de marque *via* l'ingénierie culturelle

Au-delà d'être la marque la plus valorisée (à plus de 70 milliards de dollars) au monde selon le cabinet Interbrand, la marque Coca-Cola est également l'une des plus connues, sinon la plus connue. Associée à un graphisme puissant de son logo, cette notoriété fait d'elle une des marques les plus emblématiques. La marque n'est pas simplement symbole d'une boisson rafraîchissante, mais également de la société américaine, voire d'américanisme, de puissance, voire d'hégémonie, de consommation multi-cibles, voire de la société de consommation contemporaine dans son ensemble. Cela explique pourquoi on la retrouve très vite chez les précurseurs du pop art comme dans l'œuvre d'Edouardo Paolozzi, *I was a Rich Man's Plaything* (1947). Avec des codes d'expression aussi forts, elle devient naturellement et rapidement pour le peintre un signe, un symbole, un message par sa seule présence. Dans son *Double Autoportrait* (1976), Robert Estes n'oublie pas l'hyperréalisme d'un distributeur de Coca-Cola. Déjà en 1974 pour *The Canadian Club*, l'enseigne publicitaire Coca-Cola, centrale et rouge distinctif, est là pour dire sans dire qu'il s'agit bien de l'Amérique. Chalumeau écrit que : « Coca-Cola fascine les artistes. » Pas simplement les grands noms du pop art, mais également de nombreux peintres moins connus du nouveau réalisme, de la figuration narrative, du réalisme fantastique, de la figuration libre ou de l'hyperréalisme notamment. Ses lignes et ses formes, ses signes et ses symboles, ses sens et ses évocations soutiennent et confirment l'expression originale de l'artiste. Mais parce qu'elles participent d'un langage universellement décodable, la marque et ses diverses représentations peuvent également être des symboles contestataires représentatifs de critiques consuméristes et/ou politiques, par exemple dans les œuvres de Cildo Meireles (*Insertions into Ideological Circuits : Coca-Cola Project*, 1970), de Jacques Charlier (*Sexe d'artiste n° 10*), de Wang Guangyi (*Great Criticism : Coca-Cola*, 1993), de Zevs (*Liquidated Coca-Cola*, 2009) ou de Jorge Rubert dans la série *Vanitas* (2009). *Vanitas* est une série d'huiles sur bois enfermées dans des boîtes de plexiglas, représentant des crânes humains sur lesquels sont peints les symboles identitaires de marques telles que Louis Vuitton, Kinder, Playboy, Nasa, et Coca-Cola.

Le contexte bouleversé de la communication publicitaire

Comme le lecteur a déjà pu le constater en découvrant les dix-neuf chapitres précédents, le marketing est une discipline riche, en perpétuelle évolution. Au sein de la stratégie marketing, la communication n'échappe pas à la règle. Mais pour des raisons essentiellement techniques d'une part et sociétales d'autre part, elle s'est considérablement métamorphosée ces dernières années, contraignant l'entreprise à s'adapter, au risque de perdre le contact avec ses différentes parties prenantes. Thomas Friedman a raison d'insister sur le fait que le monde est plat. La globalisation des marchés a participé à cette métamorphose de la communication. L'interconnexion de ces marchés a imposé de nouveaux principes. Et pour autant, paradoxalement, en parallèle de cette uniformisation rampante d'une communication planétaire et universelle, jamais les particularismes locaux n'ont été autant pris en considération par la communication.

KitKat

S'insinuer dans l'art avec créativité

En 2010, l'agence UbachsWisbrun/JWT imagina pour son client KitKat (confiserie chocolatée produite par la marque Nestlé) une action de communication ambiante originale. À l'occasion d'une exposition au musée RijksmuseumTwenthe d'Amsterdam sur l'art abstrait aux États-Unis, une « pièce » supplémentaire fut ajoutée à la collection présentée. Une large toile de format rectangulaire d'un rouge choisi était accompagnée d'une fiche révélation « Faites une pause, mangez un KitKat ». D'aucuns pourraient rapidement parler d'entrisme déplacé de la part de la marque dans une exposition de peinture. Mais il va sans dire que l'intention de KitKat n'était pas de parodier les toiles de Mark Rothko, ou de s'auto-déclarer artiste contemporain. La rouge de la toile était le rouge KitKat et il s'agissait simplement d'attirer avec humour l'attention des visiteurs qui, intrigués, étaient amenés à lire la fiche. Mais cette initiative très créative comportait également un avantage supplémentaire. Permettre subtilement à la marque de s'insinuer dans le monde de l'art et ainsi de lui offrir la possibilité de bénéficier de ses connotations positives et non commerciales.

Agence : UbachsWisbrun/JWT, Amsterdam (Pays-Bas) ; directeurs de création : Martijn van der Werf et Thijs de Boer ; directeur artistique : Marco Sluijter ; concepteur rédacteur : Jeroen de Korte.

Les techniques de communication

Comme détaillé dans le chapitre 12, les sources et les vecteurs de communication accessibles à l'entreprise pour entrer en contact avec ses différentes parties prenantes sont multiples et variés. Si Marshal McLuhan avait vu juste en pensant que « le message, c'est le médium », alors la palette des médias accessible à un annonceur est aujourd'hui d'une diversité jamais rencontrée dans le passé. Diversité technique, thématique, économique, géographique..., le nombre et la variété des vecteurs de communication susceptibles de véhiculer le nom et/ou le message d'une marque paraît presque sans limites.

Toutefois, la plus importante évolution technique de la communication moderne tient certainement au fait qu'en 1990, le jour de Noël, Roger Cailliau et Tim Berners Lee finalisèrent une version grand public de l'Internet, désormais plus sous l'expression de World Wide Web (www). La communication ne s'en trouva pas instantanément bouleversée à jamais. Mais quelque deux décennies plus tard, la nature et les modes de la communication ont été profondément métamorphosés. Le Web a permis une interconnexion des entreprises, des individus et des systèmes amplifiant, densifiant et accélérant les contenus et les formes de communication. 235 millions de sites Web actifs et quelque 250 milliards de messages électroniques envoyés chaque jour à travers l'Internet (au moment où ces lignes sont imprimées) ; de nouvelles formes d'interconnexions directes de centaines de millions d'individus *via* les réseaux sociaux numériques ; un nombre de vecteurs médias potentiels multiplié par 100 en à peine un quart de siècle rien qu'en France, des innovations en communication hors média aussi variées que les marques qui les déploient, notamment en ce qui concerne le *marketing ambiant* (actions événementielles du marketing de rue)...

Pour le marketer, cette richesse des possibilités est un atout indéniable pour cibler au mieux un public particulier. Mais elle constitue également un handicap en ce sens où elle complexifie considérablement la planification médias et hors média des vecteurs à retenir. Que signifie même désormais l'expression de « plan média », à l'heure de la multidiffusion, du multicanal, des podcasts à la demande, de la *catch-up* TV et de diffusions totales ou partielles sur de multiples sites Internet parallèles incontrôlables, quand bien même ils seraient simplement identifiables... ? Dès lors cette richesse des possibilités peut aussi constituer un handicap pouvant, dans certains cas, réduire l'impact souhaité de la communication et augmenter son coût total, dès lors cette communication impliquera souvent de multiplier les vecteurs pour atteindre une cible désormais éparpillée.

La cible de la communication

La cible d'une action de communication est constituée par l'ensemble des individus ou des organisations qui correspondent à certains critères prédéfinis, et que l'on souhaite toucher avec le message émis. L'évolution, notamment technologique, qu'a connue la société de consommation depuis le début des années 1990 a contribué à modifier la structure jusqu'alors relativement simple de cette cible. Comme développé dans le chapitre 6, les techniques de segmentation et de ciblage peuvent désormais être très complexes. Les classiques variables sociodémographiques sont devenues très insuffisantes pour décrire avec pertinence l'ensemble d'individus auquel on souhaite adresser le message.

Giffarine et la Croix-Rouge en Thaïlande

Sensibiliser à une grande cause avec l'art

En 2010, l'agence BBDO Bangkok imagina pour son client Giffarine une action mêlant ingénierie culturelle et communication événementielle. Les cas de problèmes oculaires et notamment de maladie de la cornée ne sont pas rares en Thaïlande. De nombreuses organisations caritatives sont impliquées dans l'aide aux personnes qui en souffrent. Giffarine produit une vitamine (LZ vit) qui contribue à traiter ces patients. L'idée développée par BBDO fut d'envoyer à cent cinquante-six artistes des micro-toiles (3 × 3 cm) à peindre selon leur inspiration. Les cent cinquante-six toiles retournées firent l'objet d'une exposition artistique, générant une large couverture presse, ainsi que d'une vente. Entre-temps, le handicap de la vue avait été expérimenté non seulement par les artistes participants, mais également par les visiteurs de l'exposition. Pour Giffarine, ce fut l'opportunité d'une action de communication originale, mais également la possibilité de mettre en avant une démarche sociétale liée à l'art et au soutien d'une grande cause médicale. À partir d'un coût brut très limité de 6 000 bahts, la vente des micro-toiles permit de collecter 468 000 bahts qui furent reversés à la banque des yeux de la Croix-Rouge thaïlandaise.

Agence : BBDO Bangkok, Thaïlande ; directeur exécutif de la création : Suthisak Sucharittanonta ; directeurs de la création : Subun Khow et Chanattapon Tiensri ; directeurs artistiques : Korakot Konkaew et Naphol Chantapakorn ; concepteurs rédacteurs : Chanattapon Tiensri et Prin U-manetr.

Le constat est sans appel. Les contours clairs et simples des segments que l'entreprise avait hier encore l'habitude d'utiliser sont désormais beaucoup plus incertains. En termes de consommation, la prédictibilité attachée à une classe sociale, un niveau de revenu, un âge chronologique, un niveau d'éducation ou même simplement à un emploi, un lieu d'habitation ou un sexe, est parfois très hasardeuse. L'extraordinaire diversité des vecteurs de communication a suscité des comportements de consommation très différents qui transcendent les catégories, les types et les segments confortablement utilisés jusqu'alors. Le phénomène est logiquement perceptible principalement dans les pays développés, mais lesdits pays émergents comblent rapidement leur « retard » étant eux aussi confrontés à la multiplication des vecteurs de communication et donc à la dispersion de leur audience. Les marques recourant à l'ingénierie culturelle recherchent alors un moyen original et non connoté commercialement, pour rétablir un lien parfois distant ou coupé avec leur cible sur-sollicitée de toute part.

L'atout d'une ingénierie culturelle des marques

Toutes les marques sont susceptibles de recourir à une stratégie d'ingénierie culturelle. La démarche comporte plusieurs avantages :

- *adéquation* : le propre du marketing est de permettre à la marque de s'adapter en permanence à l'écosystème dans lequel elle existe et se développe. L'atout principal de l'ingénierie culturelle réside dans sa compatibilité avec le nouvel environnement de la communication décrit précédemment, en permettant notamment de s'adapter au problème de la fragmentation de l'audience. Les vecteurs culturels peuvent être tantôt fédérateurs d'un large public, tantôt extrêmement fins dans le ciblage qu'ils autorisent, compte tenu du thème culturel, de l'art, de l'artiste… mis à profit ;
- *entrisme* : ingénierie culturelle n'est pas manipulation. Mais force est de constater qu'en pratiquant l'ingénierie culturelle, l'intention de l'entreprise est en partie de masquer ses prétentions commerciales derrière un masque culturel et artistique. Lorsqu'il est habilement réalisé, cet entrisme permet à la marque d'établir (ou de rétablir) le contact avec sa cible et de lui transmettre un message, sans pour autant que cette dernière ait l'impression d'être exposée à un discours publicitaire ;
- *coût* : la démarche comporte également un intérêt financier non négligeable. Comparativement à une campagne de communication publicitaire classique, les opportunités de placement d'une marque dans une action culturelle sont souvent beaucoup moins coûteuses. À titre d'exemples, le prix d'un placement de bonne qualité dans un film équivaut au prix du passage d'un 30 secondes sur une chaîne de télévision de grande écoute en *prime time*. Alors que le placement pourra générer de multiples opportunités d'exposition ;

Panasonic Lumix 1 200

Amplifier les qualités artistiques du produit

Pour son client Panasonic, l'agence DDB Stockholm imagina en novembre 2010 une action de valorisation originale au travers d'une exposition photographique. Nombre de marques ou d'entreprises sont directement sponsors ou mécènes d'expositions. Mais dans ce cas, l'ingénierie culturelle consista à valoriser les qualités du produit (l'appareil photographique Lumix 1 200) au travers de ses utilisateurs ordinaires. Un concours photo fut ouvert en partenariat avec le Fotografiska de Stockholm, l'un des plus célèbres musées au monde dédiés à la photographie, avec plus de 40 000 visiteurs mensuels. Chaque participant était invité à télécharger sur un site Internet dédié dix de ses photos. Pour Panasonic, une telle opération et l'association avec le Fotografiska permettaient un ancrage qualité de son appareil Lumix et une contribution à un positionnement corollaire de la marque. L'exposition suggérait la valorisation des compétences photographiques des utilisateurs de l'appareil. Chaque photographe retenu se vit offrir la possibilité d'imprimer une invitation personnalisée au Fotografiska Museet, où un hall d'exposition de 150 m^2 fut consacré à l'opération. À l'issue, un site Internet archives fut ouvert pour permettre de faire perdurer l'opération. Au total, ce furent 1 200 photographes amateurs qui eurent leurs 15 minutes de gloire sur écran géant de 50 pouces pendant 30 jours au Fotografiska. Qui peut encore se moquer des prédictions d'Andy Warhol ?

Capture d'une page du site archive *http://archive.lumix1200.se*. Agence DDB, Stockholm (Suède). Directeur exécutif de la création : Andreas Dahlqvist ; directeur du numérique : Thomas Larsson ; planner : Karl Wikstrom ; concepteur rédacteur : Daniel Vaccino ; directeur artistique : Lisa Karlsson ; producteur du numérique : Emil Tavassoli ; directeur de la production : Charlotta Hallgren ; designer graphique : Patrik Emt ; production : B-Reel, événementiel : JJPste.

- *acceptabilité* : nombre d'études scientifiques conduites tant aux États-Unis, en Grande-Bretagne, en Corée, au Japon ou en France notamment montrent que l'ingénierie culturelle, et plus particulièrement le placement de marques, est bien acceptée par le public en général. Mais s'il ne perçoit pas toujours consciemment la présence d'une marque ou d'un produit qui bénéficie d'une intégration intelligente, le public n'est pour autant pas (plus) dupe. Il accepte simplement la technique d'autant mieux qu'elle relève d'une intégration naturelle. Là encore, les études menées à ce sujet confirment que majoritairement le public sait que la marque paye pour sa présence, mais il comprend et accepte la démarche. Le joueur de jeux vidéo optant pour une partie de football accepte le fait que si le but du jeu est de parvenir au réalisme le plus abouti possible, il semble logique que les joueurs de l'équipe qu'il choisit revêtent le maillot reprenant couleurs et logos des sponsors officiels ;
- *notoriété et image* : le but de l'ingénierie culturelle ne peut pas être aussi commercial que ce qu'il est permis de faire avec des vecteurs publicitaires classiques. Elle n'a pas pour objet de se substituer aux diverses techniques de communication, mais elle permet naturellement d'entretenir, voire de créer – dans certains cas particuliers où le vecteur est utilisé à l'occasion d'un lancement de marque et/ou de produit –, la notoriété de la marque. Suivant les modalités favorables d'intégration qui seront retenues, l'objectif de notoriété peut être complété par un objectif d'image, visant à conforter ou à améliorer l'image du produit et/ou de la marque.

Le placement de marques : un marché porteur

Si l'on considère les prémices historiques du placement de marques dans un vecteur culturel, voilà plus de deux siècles qu'elles ont trouvé place dans un contexte les sortant, volontairement ou non, de leur environnement commercial. Mais des tout premiers romans du début du XIXe siècle faisant appel ponctuellement à l'une ou l'autre d'entre elles jusqu'à nos jours, le cas exceptionnel et souvent non initié par la marque a laissé place à une véritable ingénierie parfois très sophistiquée et répondant à un objectif stratégique marketing très concret. L'écosystème de la communication moderne l'imposait. Conséquence, le marché est bel et bien porteur. Il n'est certes pas ignorant des soubresauts liés aux aléas de la conjoncture économique, mais les chiffres regroupés dans le tableau 20.1 illustrent bien la tendance. Une tendance qui n'est que le reflet d'un intérêt réel de la part des marques, qui ont compris qu'elles pouvaient non seulement bénéficier d'un terrain de communication très positif en termes d'image, mais que ces terrains étaient tous différents, réinventer au gré d'une créativité artistique sans cesse renouvelée.

D'où naturellement, un puissant attrait marketing susceptible de confirmer et/ou de promouvoir une différenciation concurrentielle de plus en plus indispensable.

Tableau 20.1

	2004	2005	2006	2007	2008	2009	2010	2011	2012	2013	2014
Communication événementielle	**$31 161**	**$34 965**	**$39 032**	**$44 054**	**$48 754**	**$48 336**	**$50 718**	**$54 511**	**$59 384**	**$65 371**	**$72 699**
taux de croissance		*12,2%*	*11,6%*	*12,9%*	*10,7%*	*-0,9%*	*4,9%*	*7,5%*	*8,9%*	*10,1%*	*11,2%*
part du BEM	*93,6%*	*92,1%*	*90,5%*	*89,3%*	*88,6%*	*88,6%*	*88,2%*	*87,9%*	*87,4%*	*86,9%*	*86,2%*
Placements de produits payés		**$2 999**	**$4 081**	**$5 303**	**$6 261**	**$6 245**	**$6 760**	**$7 518**	**$8 545**	**$9 874**	**$11 644**
taux de croissance		*39,7%*	*36,1%*	*29,9%*	*18,1%*	*-0,3%*	*8,2%*	*11,2%*	*13,7%*	*15,6%*	*17,9%*
part du BEM	*6,4%*	*7,9%*	*9,5%*	*10,7%*	*11,4%*	*11,4%*	*11,8%*	*12,1%*	*12,6%*	*13,1%*	*13,8%*
Total branded entertainement (BEM)		**$37 964**	**$43 113**	**$49 357**	**$55 015**	**$54 581**	**$57 478**	**$62 029**	**$67 929**	**$75 245**	**$84 343**
taux de croissance		*14,0%*	*13,6%*	*14,5%*	*11,5%*	*-0,8%*	*5,3%*	*7,9%*	*9,5%*	*10,8%*	*12,1%*

source PQ Media (2010)

L'INTÉGRATION DE MARQUES

Si les expressions « placement de marques » ou « placement de produits » sont les expressions consacrées, il est préférable de penser l'ingénierie culturelle des marques dans l'optique d'une intégration, et non d'un simple « placement ». Plus la marque ou le produit seront insérés stratégiquement dans le contexte d'une activité ou d'une production culturelle, plus la connotation commerciale sera dissipée, plus la cible sera prompte à accepter l'association des deux.

Dix principes de bases

Réflexion en amont

Pour permettre une intégration pertinente, la marque a tout intérêt à intervenir le plus en amont possible lors de la préproduction. Qu'il s'agisse de participer à une exposition (prêt, cofinancement, logistique, soutien relais de la communication...) ou de placer la marque dans un film par exemple. L'annonceur peut alors s'assurer de la compatibilité du placement avec sa communication (scénario, dialogues, contexte, mise en scène, acteurs impliqués, concurrence ou non d'autres marques, lieux de tournage, montage...). Si le projet est pensé suffisamment en amont, il est alors possible d'étudier des évolutions du scénario (modalités d'intégration de la marque et/ou du produit) dans l'intérêt partagé des différentes parties prenantes. Le recours à un intermédiaire expert est alors souhaitable. Non seulement parce qu'il est l'interface professionnelle avec un monde artistique et culturel que la marque ne connaît pas nécessairement bien. Mais également parce qu'il sera à même de conseiller la marque sur les modalités d'intégration de son nom et/ou de ses produits dans les vecteurs culturels retenus. Il est également l'agent intermédiaire qui va veiller à l'opérationnalisation de l'ingénierie culturelle, s'assurant que l'intégration est réalisée dans l'intérêt de toutes les parties prenantes. D'autre part, il est souvent plus au fait du cadre légal dans lequel le placement peut être réalisé.

Marques et Films

Le rôle essentiel du bon intermédiaire

Marques & Films est la première agence française de placement de produits. Créée en 1994 par Olivier Bouthillier, elle compte dix collaborateurs et réalise un chiffre d'affaires annuel de 2,5 millions d'euros. Marques & Films est l'exemple même de l'intermédiaire conseil en stratégie d'intégration, pratiquant l'ingénierie culturelle au profit des marques, et pas simplement l'agent en quête d'une apparition de la marque dans un contexte culturel à peine validé. Lorsque Audrey Tautou parle de Pierrot Gourmand alors qu'on voit le logo de la marque (*Le Fabuleux Destin d'Amélie Poulain*), qu'Élie Semoun s'invente le patronyme de Jack Price… Minister (*Cyprien*), ou que Jane Birkin informe le spectateur qu'elle « va brancher son Coyotte pour ne pas se faire piéger par les radars » (*Thelma, Louise et Chantal*), nous ne sommes plus dans le simple placement d'un nom de marque en arrière-plan sans contrôle, mais bien dans une intégration stratégique de la marque et/ou du produit, valorisant sa présence à l'écran. D'où des clients comme Peugeot, Cristaline ou encore Nokia qui sont fidèles à l'agence depuis parfois plus d'une décennie. « Il est fondamental d'offrir un suivi complet du tournage du film, en ne proposant que des placements parfaitement intégrés à la narration. Ce qui implique d'être en mesure de répondre aux différentes sollicitations de l'équipe ; apporter des économies et des aides conceptuels et techniques, au-delà du simple complément budgétaire offert par le contrat de placement. Nos propositions de placements doivent donc répondre à une demande de la mise en scène plutôt qu'à un intérêt économique de l'agence. Les chances de retrouver le placement au montage final du film n'en sont que plus grandes. Dans le cas contraire, la scène est filmée, mais à la réflexion d'une salle de montage, elle disparaît car perçue comme non naturelle. Nous proposons aux réalisateurs, ils disposent, *a fortiori* en France ! Pour les annonceurs, nos placements sont qualitatifs et se doivent par conséquent d'être logiques avec le texte. Nous sommes également les premiers à reconnaître si les termes du placement ne sont pas respectés (même si nous abordons alors ici la notion toujours en partie subjective d'un placement réussi ou non). Nos partenaires sont ainsi rassurés, car ce monde, et plus encore celui du cinéma, est inconnu et pas réellement maîtrisable. C'est pourquoi nos équipes les informent de l'avancée du film (préproduction, tournage, montage, mixage, distribution). Au-delà d'un suivi professionnel normal de leur contrat, ils ont ainsi l'impression de faire partie de l'aventure », explique Olivier Bouthillier. Une telle approche donne naturellement lieu à des actions d'ingénierie culturelle, pour lesquelles le placement support n'est pas nécessairement la classique automobile du héros ou le traditionnel soda de l'héroïne. Intégrer un produit aujourd'hui relève d'une approche stratégique au cas par cas, qui donne alors lieu à des exemples originaux, qui profitent tant à l'annonceur qu'au film, parce que l'agence a su protéger l'intégrité de l'un et de l'autre. Là commence le « bon » placement intégré. Les budgets varient naturellement suivant les modalités d'apparition et d'intégration à une ou plusieurs scènes du film notamment. Entre l'apparition d'un site Internet sur l'écran d'un ordinateur placé sur un bureau et l'installation dans un bistrot d'un kiosque de pari créé pour l'occasion, les moyens mis en œuvre ne sont logiquement pas les mêmes. Exemples d'intégrations originales proposées et gérées par l'agence Marques & Films.

Cas n° 1 :* Ma part du gâteau *(2011), Cédric Klapisch
Le scénario a permis le placement du site de services à la personne (*www.servicesalapersonne.gouv.fr*) et un dialogue soutenu à propos du salaire d'une baby-sitter, et notamment le fait qu'il doit nécessairement être déclaré. Dans ce cas, le placement est parfaitement intégré, dès lors qu'il a pu être travaillé avec la mise en scène en amont, et qu'il reste fidèle à la narration (budget : 75 000 euros HT brut).

Cas n° 2 :* Largo Winch 2 *(2011), Jérôme Salle
Si Sony prend systématiquement soin de placer ses produits dans les films des studios cinématographiques du groupe, les marques concurrentes ne sont pas en reste pour identifier les placements valorisants. Dans ce second opus des aventures de Largo Winch, il s'agissait de placer la marque LG et plusieurs de ses produits (téléphonie, écrans et ordinateurs). Le but est alors d'obtenir une présence naturelle significative de la marque, qui cherchait à s'associer à un univers premium pour tirer vers le haut l'image LG (et aller ainsi à la rencontre de Sony) (budget : 80 000 euros HT brut).

Cas n° 3 :* Le Bistrot du coin *(2011), Charles Nemes
L'univers d'un bistrot fourmille d'opportunités de placement. Mais il importe alors de les sélectionner avec précaution, afin de conserver au film toute sa narration et son ambiance. L'agence proposa de placer la marque PMU. D'un côté, cela crédibilisait le bistrot en tant que tel, et dès lors que celui-ci était jeune et branché, cela contribuait à positionner le PMU loin du stéréotype usuel et dépassé dans lequel il est souvent enfermé. La proposition aboutit à la scénarisation d'un pari sur une course avec validation d'un ticket par le patron, personnage central de la scène. Résultat : un placement idéalement intégré, l'association de la marque à un univers dynamique (en parfaite rupture avec les placements classiques dus aux décors vieillots, avec alcools et gitanes papier maïs en prime) (budget : 150 000 euros HT brut).

Impact d'un placement

L'impact constitue souvent la variable de questionnement pour l'annonceur intéressé par l'ingénierie culturelle. La mesurabilité de l'impact d'un placement est souvent associée dans son esprit au résultat qu'il est susceptible de générer en termes de chiffre d'affaires ou de marges additionnelles. Alors que l'impact d'un placement devrait être mesuré essentiellement sur deux variables : le souvenir et l'image de la marque :

- **le souvenir** : le placement a-t-il suscité un souvenir de la marque et renforcé ainsi sa présence dans l'ensemble évoqué du consommateur ? Ce résultat apparaît parfois comme un bien maigre retour sur investissement à l'annonceur. Pourtant, compte tenu de la surcharge informationnelle à laquelle un consommateur lambda est exposé quotidiennement, l'obtention de la présence à l'esprit de la marque constitue déjà un résultat non négligeable. La saga des films *Transformers* a permis à Chevrolet de considérablement développer sa notoriété à travers la planète, ainsi que celle du modèle Camaro (personnage Bumblebee). Le « personnage » de la Camaro fut d'ailleurs repris pour des opérations de *tie-in* dans différents films publicitaires, favorisant là encore le souvenir de la marque et du modèle, ainsi qu'à l'occasion d'animations promotionnelles chez certains revendeurs ;

- **l'image** : le placement a-t-il contribué à améliorer l'image de la marque et/ou du produit ? Suivant les modalités d'intégration de la marque ou d'un produit de la marque dans le contexte culturel d'accueil, le placement peut aussi contribuer à créer, modifier ou renforcer l'image de la marque et/ou du produit. Dès lors que le contexte sera positif, les éléments présents peuvent eux aussi tirer profit de ce contexte. En France, l'un des cas d'espèce le plus représentatif est la revalorisation de l'image de la région Nord à laquelle la comédie *Bienvenue chez les Ch'tis* a contribué en 2008, en l'éloignant de son image négative stéréotypée et contrastée avec la réalité.

Présence de la marque à l'écran

Trop souvent aujourd'hui encore, la marque est simplement placée – pour ne pas dire plaquée – dans une opération culturelle, à l'écran, dans un jeu vidéo. Alors que trois caractéristiques de sa présence à l'écran peuvent tout changer quant à la réussite de son apparition ; trois facteurs qui conditionnent le succès de la présence de la marque et/ou du produit à l'écran :

- *la proéminence spatiale et temporelle du placement*, autrement dit l'espace occupé par la marque ou le produit à l'écran, le temps de présence ainsi que le nombre de fois où il/elle apparaît durant le film. Consacré à son fondateur Mark Zuckerberg et à l'origine de la création du réseau social sur Internet Facebook, le film *The Social Network* (2010) faisait nécessairement une très large place tant à la marque Gap dont le héros porte régulièrement un sweatshirt à ses débuts, ainsi qu'à la marque d'ordinateur Sony Vaio qu'il utilise, qu'au réseau social Facebook lui-même, alors en cours de constitution ;
- *la combinaison visuelle et audio* de l'apparition de la marque, autrement dit le fait que la marque et/ou le produit auront la possibilité d'être vus et entendus. La combinaison des deux modes d'apparition est un facteur supplémentaire de mémorisation. Dans le film *Code Name : The Cleaner* (2007), l'acteur principal mange des bonbons Skittles, il prononce le nom de la marque, le produit, son emballage ainsi que la mar-

Ramlösa

Associer à la marque pour gagner en image

En 2009, l'agence danoise Plant eut l'idée d'une opération d'ingénierie culturelle pour son client, l'eau minérale gazeuse Ramlösa. Le projet *Stor Kunst* (« Grand Art ») reposait sur un appel à candidature à destination des artistes amateurs, les invitant à télécharger un visuel de l'une de leurs œuvres sur un site Internet dédié ; plus de cinq cents téléchargements furent enregistrés. Les œuvres sélectionnées firent l'objet d'une exposition à la galerie Stor Kunst de Copenhague. Le lancement de l'opération fut conçu de manière très originale et à faible coût par l'agence, qui utilisa des posters passe-partout qu'elle apposa sur différents graffitis sur les murs de la ville, valorisant alors une partie de la fresque telle le visuel de l'affiche (voir exemple ci-après). L'information allait alors vers son public d'aspiration, et les artistes amateurs pouvaient être sensibilisés à participer. Aucun autre médium que ces posters et une information *via* des contacts de relations presse ne fut mis à profit. Le site Internet de l'opération enregistra plus de dix mille visiteurs uniques sur les trois semaines de l'opération. Il a été maintenu en ligne après l'opération, offrant ainsi un vecteur de communication rémanent à Ramlösa, et au public une galerie d'œuvres très variées accessible à distance *(www.stor-kunst.dk)*.

Capture d'écran du site Internet www.stor-kunst.dk relayant l'opération – Agence : Plant, Copenhague (Danemark) ; directeur de création/concepteur rédacteur : Thomas Nørgaard ; directeur artistique : Mathias Høst Normark.

que sont vus à l'écran ; le tout dans un contexte très positif reposant sur l'humour. Présentée sur le ton de la comédie, respectant ainsi le genre du film, cette présence proéminente et combinée de la marque ne paraît pourtant pas commerciale ;

- *l'intégration la plus naturelle possible de la marque au* storytelling, autrement dit le fait que la marque ou les produits vont s'insérer le plus naturellement possible dans le contexte offert par le film, le livre ou tout autre vecteur culturel. Quel qu'il soit, un vecteur culturel véhicule une histoire. Il est alors essentiel que la marque y apporte une histoire compatible. Au risque de nuire finalement aux deux histoires. En 2011 par exemple, l'un des points communs, en termes de placements de marques, des films *The Green Hornet, World Invasion : Battle Los Angeles, The Roomate* ou *Just Go with It* est qu'ils comportaient tous des produits Sony (ordinateurs, téléphones, écrans, jeux vidéo...). Un autre point commun de ces films est qu'ils furent tous produits par Sony ou l'une de ses filiales cinématographiques. D'où une intervention le plus en amont possible dans le scénario et la production, afin d'identifier les opportunités de placement les plus naturelles possible à la lecture du scénario.

Cible de prédilection

L'ingénierie culturelle en tant que telle ne s'adresse pas à une cible spécifique. Le placement d'une marque est *a priori* un vecteur de communication potentiellement multicibles. Dans le cas particulier du cinéma, hormis certains films dits « de niche », autrement dit ostensiblement destinés à un public très particulier et souvent restreint (amateurs d'un sport spécifique, adeptes de certaines spécialités du genre horreur, passionnés d'un cinéma d'auteur très décalé...), l'objectif est de toucher le plus large public possible. Les films perçus comme des blockbusters (en raison des recettes importantes qu'ils sont susceptibles de générer au box-office) potentiels sont donc la plupart du temps propices au placement de produits de grande consommation, touchant un très large public de consommateurs. Toutefois, plusieurs études académiques montrent que le segment composé d'individus hommes, jeunes, ne disposant pas nécessairement d'un niveau d'études particulier, constitue une cible plus réceptrice que les autres. Dans d'autres cas l'ingénierie culturelle peut être plus subtile et permettre de viser un public plus large, tout en s'adressant parallèlement à un public initié, en mesure de comprendre l'allusion artistique insérée dans le message. Cela se produit notamment en cas d'emprunt artistique.

Combinaison marque/produit

Comme pour une action de sponsoring, l'ingénierie culturelle de la marque aspirant à son placement soulève parfois la question de la pertinence de l'apparition de la marque, plutôt que celle de l'un de ses produits.

Allianz

Clin d'œil culturel

En 2006, l'agence allemande Atletico International proposa à son client, l'assureur Allianz, une campagne très originale, dont l'un des visuels est présenté ci-après. Un visuel sobre montrant une pipe est sous-titré par une accroche : « Ceci n'est pas une pipe. » Une *baseline* la complète en précisant : « C'est un contaminateur de bronches fatal. Heureusement il y a Allianz assurance santé. » La mécanique publicitaire fonctionne simplement avec une accroche à contre-pied et une révélation humoristique. Cependant, pour le public qui connaîtrait l'œuvre du peintre René Magritte (1898-1967) et plus particulièrement l'un de ses célèbres tableaux (*La Trahison des images*, 1928-1929) dont est directement inspirée la publicité Allianz et où figure le texte : « Ceci n'est pas une pipe », la communication publicitaire prend alors une tout autre dimension. Une dimension culturelle qui implique davantage le « regardeur initié », qui valorise la marque et son message et, par ricochet, le destinataire du message pour sa propre culture.

Agence : Atletico International advertising, Berlin (Allemagne). Directeur de la création : Roland Vanoni ; directeur artistique : Lars Hodeige ; concepteur rédacteur : Anne Katrin Trybek ; illustrateur : Aleix Pons ; crédits complémentaires : Ilka Gülzau.

- **Le produit.** Le placement du produit comporte l'avantage d'une identification directe par le consommateur d'un bien dont il pourra éventuellement faire l'achat après avoir été sensibilisé/exposé. Une automobile Bentley, un soda Red Bull, un téléphone BlackBerry ou encore le St Regis Hotel placés dans le film *Limitless* (2011) par exemple. Le bien ou le service est alors celui que le consommateur exposé pourra rechercher/acheter, à l'issue. En revanche, un tel placement peut être pénalisé dans le temps par la disparition du produit. Les films *Taxi 1, 2* et *3* (1998, 2000, 2003) mettait en scène une automobile Peugeot 406 qui a contribué à moderniser et rajeunir l'image de la marque, ainsi qu'aux résultats commerciaux du modèle. Mais naturellement, ce modèle lancé en 1995 n'est plus commercialisé en Europe. En revanche, le placement d'un modèle 407 dans *Taxi 4* (2007) a contribué à institutionnaliser la présence de la marque automobile.

- **La marque.** Le placement de la marque et non du produit comporte de son côté un double avantage. D'une part, il permet de favoriser la notoriété de l'ensemble des produits bénéficiaires de ladite marque, *via* un effet ombrelle. D'autre part, la pérennité de la marque (nom et charte graphique) est généralement d'une durée de vie plus longue que celle de l'un de ses produits. Ce qui permet au placement de communiquer longtemps après qu'il a été orchestré. Si on ne consomme pas de Coca-Cola – *a fortiori* en cannettes métalliques – dans le célèbre film de W.S. Van Dyke, *Manhattan Melodrama* (1934), un plan large sur Times Square, à New York, fait clairement apparaître une enseigne pour Coca-Cola notamment. Et le cas est d'autant plus pérenne que le graphisme du logo du numéro un mondial des sodas perdure aujourd'hui encore.

Maintenant, plusieurs études scientifiques montrent que la présence du produit aux côtés de la marque, ou alors que celle-ci est mentionnée verbalement, est un facteur supplémentaire de mémorisation du placement, et donc d'efficacité de la communication marque/produit. Lorsqu'une scène entière se déroule dans un restaurant Applebee's dans le film *Hall Pass* (2011), le « produit » et la marque enseigne sont clairement identifiés, et la communication à leur profit combiné est très claire.

Localisation à l'écran

Pour les placements visuels, toutes les localisations à l'écran n'ont pas la même valeur en termes de souvenir. Ce point est essentiel, *a fortiori* si la marque ou le produit ne sont pas supposés bénéficier dans le film d'un placement récurrent qui aurait pu le faire éventuellement apparaître à des endroits différents. Il importe alors que leur apparition unique soit alors parfaitement orchestrée. Si l'on découpe un écran en neuf cadrans (3 bandes sur 3 colonnes), le cadran central B2 est ostensiblement le plus porteur, pour la mémorisation du placement par le spectateur. Le cadran C3 (zone inférieure droite) est le plus à éviter. La zone B2 est naturellement parfois difficile à obtenir de la part du metteur en scène, dès lors qu'elle est celle où se situe l'histoire dans la plupart des scènes. D'où l'importance de l'intégration concertée, qui permet à chacun d'y trouver (producteur, réalisateur et marque) son avantage.

Figure 20.1 – *Minority Report* – Localisation des marques

A1 Ben&Jerry's Ice Cream	A2 Nokia, Century 21, Pepsi, U.S.News, USA Today, Burger King	A3 Reebok
B1 Aquafina Purity Guaranteed	B2 Bvlgari, Revo, 20th Century Fox, American Express, Gap, Guinness, Lexus	B3
C1 iomega	C2	C3

Représentation des zones d'apparition écran des principales marques placées dans le film *Minority Report* (2002). La localisation du placement le plus proéminent est retenue en cas de placements multiples.

Réactivation du souvenir

Diverses études scientifiques montrent que, dans le cas d'un placement de marques, une seconde exposition (bande-annonce puis film, ou cinéma puis DVD ou téléchargement, puis diffusion télévisée par exemple) est source de mémorisation supplémentaire non négligeable. Dès la seconde exposition l'attention n'est pas altérée par la découverte de l'histoire (déjà connue), elle peut alors se porter sur des détails non nécessairement perçus consciemment lors de la première exposition « découverte ». Les nombreux vecteurs de diffusion (notamment grâce à la dématérialisation possible du film) sont aujourd'hui source d'expositions répétées. Mais l'ingénierie culturelle peut aussi être très multifacettes et permettre une présence de la marque sur de nombreux autres relais.

Conditions d'exposition

Dans le cas d'un placement de produits au cinéma ou en télévision, la taille de l'écran est un facteur amplificateur de souvenir. Plus l'écran est large, plus le souvenir du placement est potentiellement important. De fait, une « bonne » intégration visuelle doit autoriser une présence de la marque qui puisse permettre de voir/lire le nom de la marque (ou son logo) sans difficulté. Mais en même temps, il est essentiel que cette présence ne soit pas trop ostentatoire, afin de ne pas afficher son intention commerciale. Au-delà de la salle de cinéma qui permet naturellement la projection sur un large écran, l'augmentation de la taille moyenne des écrans du foyer (vidéoprojection, plasma, lcd ou led *versus* tube cathodique) est donc un facteur concourant à une exposition dans des conditions favorables à la mémorisation. Hors placement dans un support cinématographique ou télévisuel, l'ingé-

Braquage à l'italienne

L'intérêt d'une ingénierie multifacettes

En 2003, le réalisateur F. Gary Gray mit en scène un remake du film de Peter Collinson *The Italian Job* (1969) qui raconte un braquage réalisé avec l'aide d'automobiles Austin Mini. Ce détail est repris dans la version de 2003 avec le modèle Mini conçu et fabriqué alors par BMW. Le constructeur allemand n'a pas payé pour placer ses automobiles dans le long-métrage. En revanche, il a fourni trente-deux exemplaires de sa Mini équipés suivant les spécificités souhaitées par la production. Le véhicule est valorisé tout au long du film à tel point qu'il fut naturellement associé à la promotion du long-métrage, apparaissant sur les affiches du film, dans la bande-annonce, sur le site Internet promotionnel, sur la jaquette des vidéocassettes, des DVD et de la bande originale du film dans la plupart des pays ; relayant ainsi une communication ingénieuse de la part de la marque. Bien que le film ait eu un succès relatif (recettes totales en salles de 106,1 millions de dollars pour un budget de production de 60 millions), l'ingénierie culturelle de la marque se déploya sur d'autres vecteurs tels que les jeux vidéo Eidos, les jouets sous licence Scalextric ou Corgi et les parcs d'attractions (comme par exemple ceux de Paramount qui proposèrent un roller-coaster dont les véhicules étaient des répliques de la Mini) à chaque fois en lien avec le film. Ces relais (*tie-in* et produits dérivés) du placement constituent les rouages de l'ingénierie culturelle de la marque. Ils sont alors autant de rappels du placement d'origine et donc des facteurs d'entretien de la notoriété ainsi, éventuellement, que de l'image de la marque et celle de la voiture.

nierie culturelle recourt souvent à des techniques de marketing ambiant (ou de situation). L'intérêt est alors d'aller directement à la rencontre de la cible, le plus souvent dans des lieux publics. Cet entrisme de circonstance et manifeste dans la vie publique de la société a alors tout intérêt à mettre en avant la carte artistique ou culturelle, afin que son action de « divertissement de marque » ne subisse pas de trop vives et hâtives critiques. Par ailleurs, si l'action est suffisamment créative, elle pourra être aisément relayée par des actions de relations publiques et/ou simplement reprise par le biais de blogs, de forums ou de membres de réseaux sociaux, qui contribueront à la propagation du message. En 2010, l'agence graffiti BBDO, à Bucarest (Roumanie), imagina pour son client Romtelecom une action de ce type pour vanter les mérites de son nouveau service de télévision interactive, Dolca Interactiv TV. Reprenant l'idée des statues vivantes que l'on trouve dans toutes les grandes capitales, elle engagea plusieurs artistes en mesure de mimer « à la demande » (une scène sportive ou cinématographique). L'opération fut installée dans les rues piétonnes de la vieille ville. Les passants n'avaient qu'à presser la touche d'un support de démonstration pour voir la « statue » réagir en conséquence. L'association avec le monde la culture et des arts est là encore un gage de connotation commerciale réduite, favorisant des relais parallèles de communication gratuite pour la marque. Compte tenu des opportunités à faible coût offertes par le Web, la démarche est aujourd'hui devenue complètement incontournable.

Post-It

Valorisation artistique du produit

En 2010, pour célébrer ses trente ans d'innovation, Post-it (une marque du groupe 3M) s'est unie à l'association caritative Publicolor pour une action de communication événementielle à connotation artistique, à l'occasion du Concours national de design réservé aux élèves de la sixième à la terminale, et organisé chaque année par l'association. Le thème proposé était : « Dans 30 ans je serai… » L'artiste conceptuel Eric Daigh servit de juge et de mentor aux étudiants lauréats en élargissant leur design sur cinquante-cinq panneaux (plus de cent mille Post-it Super Sticky furent utilisés pour obtenir au final une œuvre de plus de 12 × 13 m). Pour amplifier l'aspect médiatique, l'actrice Angela Kinsey, bien connue pour son rôle dans la série *The Office* et pour son implication dans différentes causes caritatives, était la maîtresse de cérémonie. C'est elle qui dévoila, dans la gare Grand Central de New York, le plus grand tableau du monde réalisé à partir de papillons repositionnables Post-it. En matière d'ingénierie culturelle, l'idée créative de 3M était particulièrement pertinente. Elle valorisait directement le produit et la marque Post-it de deux manières complémentaires. D'une part, en les associant à une cause caritative, dès lors que la démarche de Publicolor est avant tout de stimuler et socialiser des jeunes « à risque ». D'autre part, l'opération permettait de faire du papillon Post-it la matière première d'une œuvre artistique exposée aux milliers de voyageurs passant par le célèbre hall Vanderbilt de la gare. Cela répondait bien à l'ambition de la marque Post-it qui aspirait à se positionner à cette occasion comme « inspiratrice de créativité et d'imagination parmi les jeunes d'aujourd'hui. » En plus du prix de 5 000 dollars pour les lauréats, 3M offrait une année de fournitures Post-it à leur école. Bien gérée par le groupe américain, l'opération fut relayée par de nombreux sites Internet consacrés à l'art ou à la communication. Mais de multiples photographies de l'exposition circulèrent également sur des réseaux sociaux tels que Flickr ou Facebook.

© 3M. Photo de l'œuvre primée, prise lors de l'inauguration dans le hall Vanderbilt de la gare Grand Central de New York, le 3 août 2010.

Contrat de placement

Il est essentiel de rédiger un contrat détaillé afin de prémunir les parties prenantes contre les mauvaises conditions d'un placement, que le placement soit payant, gratuit ou assorti d'un accord d'échange. Ce lien contractuel est encore trop souvent imprécis et limité aux modalités financières. Ce qui peut occasionner des situations délicates à gérer *a posteriori*, si les modalités de placement ne correspondent pas à ce qui avait été décidé/compris par les différentes parties prenantes au départ. Parce qu'il s'agit d'un vecteur culturel, le résultat demeure intrinsèquement incertain. Le contrat a alors pour objet de contenir cette incertitude au strict minimum. Par ailleurs, dans le cas d'un placement au cinéma ou en télévision en France, au-delà des engagements contractuels, il faut conserver à l'esprit que le metteur en scène conserve un droit de modification, voire de suppression, en tant qu'auteur, pour des raisons artistiques qu'il n'a pas à justifier.

Une ingénierie de synergies

Penser la relation marque/culture sous l'angle d'une ingénierie permet également d'imaginer des associations multiformes, pour lesquelles on recherchera les synergies pouvant exister entre les différentes manifestations. Aujourd'hui, un placement peut s'insérer dans une ingénierie complexe, afin de bénéficier de ces synergies, démultipliant son potentiel d'impact (bande-annonce, site Internet, multidiffusion du vecteur, *tie-in*, relations publiques, *character merchandising*, partenariats, réseaux sociaux…). Il importe que ces multiples relais de l'association marque/culture soient cohérents et parfaitement coordonnés.

L'efficacité en question

L'incertitude corollaire quant à l'impact du placement de marques demeure le principal facteur limitant l'investissement des annonceurs dans cette forme de communication. Dans la majorité des cas, les opérations d'ingénierie culturelle donnent lieu à la création d'un événement unique, ou pour lequel les procédures de contrôles standard n'existent pas. Pour les placements de marques au cinéma ou en télévision, les études de mesure *ad hoc* existent, mais elles sont encore rares. D'une part, parce que leur coût est proportionnellement souvent rédhibitoire par rapport au prix du placement. D'autre part parce que la traçabilité fine entre l'exposition à une marque et le degré d'influence de celle-ci sur un acte d'achat à court, moyen ou long terme reste souvent hypothétique. En revanche, si l'efficacité a trait à un objectif de notoriété, voire d'image, il est alors tout à fait possible de la mesurer avec précision. De là, on peut dans certains cas extrapoler une valeur marchande du placement.

Levi's et Nestlé

Le cas particulier du *tie-in*

Le *tie-in* est une forme de publicité sur le lieu de vente (affichette, présentoir, flèche, stop-rayon...) qui a pour but de rappeler un message publicitaire, diffusé initialement par le biais d'un autre support. Dans le cas d'une ingénierie culturelle cinématographique, le *tie-in* peut aussi consister à associer la marque ou certains de ses produits avec un long-métrage et/ou des personnages particuliers de ce long-métrage. Le but est alors essentiellement d'organiser des opérations promotionnelles sur le lieu de vente ou simplement de s'associer au lancement du film lors de sa sortie en salle. Au-delà des *royalties*, la production du film y trouve un moyen de démultiplier sa campagne de communication et donc la visibilité du film, sans investissement supplémentaire. L'annonceur partenaire, quant à lui, peut tirer profit de la médiatisation du film pour gérer du trafic au point de vente et/ou promouvoir la vente de ses produits.

Pour le film *Gainsbourg (Vie héroïque)* de Joann Sfar (2010), Marques & Films a imaginé un relais *tie-in* avec la marque Levi's pour ses vitrines de fin d'année. L'ensemble des Levi's Stores ont vu leurs vitrines décorées aux couleurs du film (exposition photographique, publicité sur le lieu de vente, « look » Gainsbourg...). Parallèlement, un grand jeu-concours était organisé dans les points de vente permettant de gagner des places pour aller voir le film. Enfin, le code graphique du film fut décliné pour la mise en place d'une campagne Web. Pour le film d'animation *Rio* (2011), de Carlos Saldanha, une tout autre action de *tie-in* fut imaginée, toujours par Marques & Films. Une opération s'appuyant sur 5 millions de packs de produits Nestlé (Yoco, Flanby, Smarties...) porteurs, avec pour objectif de se servir de la licence comme levier d'aide à l'achat pour les enfants prescripteurs. Le *tie-in* portait dans ce cas sur une double mécanique. D'une part, des primes directes à collectionner dans les packs (magnets, stickers...). D'autre part, un jeu-concours pour gagner un séjour au Brésil en famille, assorti de nombreux autres cadeaux.

ITVX/Public Impact

En quête d'une mesure de l'efficacité

iTVX : aux États-Unis, la solution pionnière la plus structurée est celle développée par Frank Zazza PDG fondateur de iTVX. Depuis sa création en 2001, iTVX a développé différents outils (IRIS, Pro-Valuator, VideoPlayer...) de mesure des actions de *branded entertainment*. Son lecteur vidéo propriétaire analyse en temps réel la présence d'une marque à l'écran, la clarté et l'intégration dans le scénario. Ces mesures permettent le calcul d'un score (*Q-Ratio*) qui offre alors la possibilité de comparer la valeur estimée du placement (*true market value*), comparativement à la valeur des films publicitaires équivalents qui auraient pu être insérés dans les écrans du même espace-temps.

Public Impact : en France, en 2010 Alain Maes a créé la société Public Impact et la solution Quattro qui proposent aux annonceurs intéressés par le placement de leur marque dans un film, une mesure sur quatre axes :

- la « mise en valeur » du produit à l'écran, estimée à partir de vingt-trois critères pondérés ;
- une enquête de perception sur le public exposé, à partir de seize critères ;
- les « effets avant-après » : comparant d'un public exposé avec un public non exposé ;
- le calcul d'une *market value* (indicateur de rentabilité) de l'opération.

CE QU'IL FAUT RETENIR

La communication de la marque doit faire face à une métamorphose technique et sociétale profonde de son environnement. La cible souvent bien identifiée à laquelle elle avait l'habitude de s'adresser est désormais fragmentée et souvent très éparpillée. Il lui faut donc diversifier ses vecteurs de communication et en identifier de nouveaux, afin de pouvoir rester en contact et poursuivre la mise en œuvre de la stratégie marketing de l'entreprise. L'ingénierie culturelle n'est pas un substitut à la communication d'hier. C'est l'une des évolutions. Un complément original, différenciant et susceptible de toucher, séduire et convaincre cette cible plus vigilante, plus exigeante et plus volatile. En s'associant le plus intimement possible à des vecteurs culturels comme des expositions, des actions événements artistiques, des films, des livres, des chansons, des jeux vidéo… la marque peut participer à la vie culturelle des éléments de sa cible et tenter de délivrer son message, détachée des connotations commerciales usuelles des vecteurs de communication publicitaire traditionnels.

RÉFÉRENCES BIBLIOGRAPHIQUES

Askegaard S. et Csaba F.F. (2000). *The Good, the Bad and the Jolly : Taste, Image and the Symbolic Resistance to the Coca-Colonisation of Denmark, Imaging Marketing – Art, Aesthetics and the Avant-Garde*, S. Brown et A. Patterson (éd.), Londres, Routledge, p. 121-136.

Bogart M. H. (1995). *Artists, Advertising and the Borders of Art, Chicago*, Chicago, IL, The University of Chicago Press.

Bourgeon-Renault D. (2009). *Marketing de l'art et de la culture*, Paris, Dunod.

Bressoud E. et Lehu J.-M. (2008). « Le placement de marques dans les films : Panorama, modalités d'exécution et efficacité », *La Revue des sciences de gestion – direction et gestion des entreprises*, n° 233, sept., p. 101-114.

Brown S. et Patterson A. (2000). « Figments for sale : marketing, imagination and the artistic imperative », *in* S. Brown et A. Patterson (éd.), *Imaging Marketing – Art, Aesthetics and the Avant-Garde*, Londres, Routledge, p. 4-32.

Chalumeau J.-L. (2008). *Coca-Cola dans l'art*, Paris, Chêne.

Colbert F. (2007). *Le Marketing des arts et de la culture*, Montréal, Gaëtan Morin-Éditions de la Chenelière Inc.

Donaton S. (2005). *Madison And Vine : Why the Entertainment and Advertising Industries Must Converge to Survive*, New York, NY, McGraw-Hill.

Drucker P. (2006). *Devenez manager. Les meilleurs textes de Peter Drucker*, Paris, Éditions Pearson.

Finola K., Fraser P. et Özbilgin M. (éd.) (2004). *Arts marketing*, Oxford, Elsevier Butterworth Heinemann.

Friedman T. L. (2006). *La terre est plate : une brève histoire du XXIe siècle*, Paris, Éditions Saint-Simon.

Gibbons J. (2005). *Art & Advertising*, Londres, I.B. Tauris.

Gobé M. (2001). *Emotional Branding*, New York, NY, Allworth Press.

Grainge P. (2009). *Brand Hollywood : Selling Entertainment in a Global Media Age*, Kindle Edition, T & F Books, Amazon.com.

Heyman M. (2010). « At Grand Central, Art Work Worth Noting », *The Wall Street Journal*, mercredi 4 août.

Hoffman B. (2002). *The Fine Art of Advertising*, New York, Stewart, Tabori & Chang.

Interbrand (2010). *http://www.interbrand.com/de/best-global-brands/Best-Global-Brands-2010.aspx* (accédé le 18 septembre 2011).

Jenkins H. (2006). *Convergence Culture : Where Old and New Media Collide*, New York, NY, New York University Press.

Kerrigan F., Fraser P et Özbilgin M. (2004). *Arts Marketing*, Oxford, Butterworth-Heinemann Elsevier.

Lehu J.-M. (2006). *La publicité est dans le film*, Paris, Éditions d'Organisation.

Levin M. (2003). *Branded World*, NJ, Hoboken, Wiley.

Lewis R.W. (1996). *Absolut Book*, Boston, MA, Journey Editions.

Lewis R.W. (2005). *Absolut Sequel*, VT, North Clarendon, Periplus Editions.

Lieberman A. et Esgate P. (2002). *The Entertainment Marketing Revolution : Bringing the Moguls, the Media, and the Magic to the World*, Upper Saddle River, NJ, FT Pres.

McLuhan M. (1964-1994). *Understanding Media : The Extensions of Man*, Cambridge, MA, MIT Press.

Miller D. (1998). *Coca-Cola : A Black Sweet Drink from Trinidad, Material Cultures : Why Some Things Matter*, D. Miller (éd.), Chicago, IL, University of Chicago Press, p. 169-187.

PQ Media (2010). *Global Branded Entertainment Marketing Forecast 2010-2014*, 4e éd., Stamford, CT, États-Unis.

Russel C. A. et Belch M. (2005). « A Managerial Investigation into the Product Placement Industry », *Journal of Advertising Research*, 45, p. 73-92.

Schmidtt B. et Simonson A. (1997). *Marketing Aesthetics*, New York, NY, The Free Press.

Shrum L.J. (2003). *The Psychology of Entertainment Media : Blurring the Lines Between Entertainment and Persuasion*, Mahwah, NJ, Psychology Press, Lawrence Erlbaum.

Witzel M.K. et Young-Witzel G. (1998). *Soda Pop ! From Miracle Medicine to Pop Culture*, Vancouver, Raincoast Books.

Conclusion

Marketing digital : de la stratégie à la pratique

BRUNO MARTINS

Après avoir travaillé chez Publicis Consultants | Net Intelligenz et Ogilvy Interactive sur les problématiques RH et CRM des sociétés du CAC 40, Bruno Martins devient directeur de projet chez Dagobert en 2008. Il accompagne les marques leaders dans la construction de leur stratégie digitale par la création de dispositifs multimédia innovants adaptés aux supports écrans.

Créé pour aider la marque à vendre ses produits et services, le marketing a toujours connu des évolutions dans les différents milieux où il intervient. En l'espace d'une cinquantaine d'années, le marketing de masse a évolué passant d'une approche globale à une approche segmentée. Il est à présent devenu individualisé, s'inscrivant dans une relation personnalisée avec le consommateur. Conséquence logique, nous assistons depuis quelques années à une explosion de l'offre média (des centaines de chaînes TV, de stations radio ou de supports presse sont maintenant à notre disposition), et où il devient de plus en plus difficile pour la marque de se faire entendre auprès de son consommateur. Quant au consommateur, celui-ci a évolué pour devenir plus averti des techniques publicitaires et, par conséquent, plus exigeant qu'avant.

UNE NOUVELLE FORME DE MARKETING OU DE NOUVEAUX OUTILS ?

Force est de constater que l'avènement du marketing digital s'adapte parfaitement à cette volonté de se rapprocher sans cesse du consommateur mais aussi de ses nouveaux comportements d'achat. En effet, avec l'essor du numérique et du Web, le marketing s'est vu offrir des outils extraordinaires pour tisser un lien puissant avec son consommateur voyant ainsi l'émergence de ce qu'il est commun d'appeler le marketing digital.

Avant tout, soulignons que cette nouvelle discipline n'est en fait qu'une évolution du marketing classique qui facilite grandement la relation *one-to-one* avec le consommateur. En somme, nous pourrions préciser que le marketing digital englobe tous les moyens digitaux permettant à la marque de toucher ses prospects et/ou clients. Ses supports sont multiples et évoluent au gré des innovations technologiques : Internet (sites, blogs, réseaux sociaux, etc.), le mobile (les smartphones ainsi que les tablettes tactiles), l'affichage dynamique (écrans sur le point de vente), les bornes interactives (offrant une expérience utilisateur plus poussée en point de vente ou dans des salons), ou les jeux vidéo.

Rappelons que l'ère du marketing digital n'est apparue que très récemment et qu'Internet n'était pas au départ considéré comme l'outil aux multiples opportunités qu'il a fini par devenir aujourd'hui. Juste avant les années 2000, Internet n'était, aux yeux des annonceurs, qu'un énième support de communication institutionnel, un territoire d'expression de plus à conquérir, permettant à la marque de diffuser son information. Les sites « plaquettes », qui n'étaient qu'une déclinaison en bonne et due forme de la communication traditionnelle et qui n'offraient donc aucune plus-value par rapport à un autre médium, étaient alors monnaie courante. Situation aberrante quand on sait que le marketing moderne tendait inéluctablement vers un dialogue entre la marque et son client. Connaître ses besoins, ses valeurs, ses habitudes d'achat ou ses centres d'intérêt reste la priorité pour les annonceurs afin d'adapter une offre de plus en plus personnalisée à une demande de plus en plus fragmentée. Les moyens de l'époque pour y arriver comme le *phoning*, le *consumer magazine*, la carte de fidélisation, les enquêtes de satisfaction, etc., ont été remplacés par des outils plus performants avec l'arrivée des nouvelles technologies. Mais ne nous méprenons pas : les outils sont sensiblement les mêmes, ils ont juste évolué pour prendre une nouvelle forme… digitale.

À relever que ces outils, tous sans exception, reposent essentiellement sur l'interaction avec le client. Il est donc tout à fait logique qu'Internet, support interactif par essence, s'inscrive parfaitement dans la démarche du marketing relationnel :

- une identification et une différenciation du client passant par exemple sur des formulaires de renseignements de plus en plus exhaustifs ;
- un dialogue avec le consommateur pouvant se faire grâce à des outils divers : mail, chat, forum, micro-blogging, réseaux sociaux ;
- une personnalisation de l'offre grâce notamment à des outils de configuration ou d'aide au choix permettant au client de *customiser* son produit, autrement dit de le personnaliser selon ses désirs.

Au tout début, la plupart des annonceurs sont passés à côté des merveilleux atouts de la grande toile, mais heureusement, certains acteurs se sont démarqués pour saisir l'opportunité. Ce sont logiquement les sites d'*e-commerce* qui furent les premiers à ouvrir la voie, et plus particulièrement Amazon.com. Ce qui n'était qu'une simple librairie en ligne à sa création (en 1995) est devenu l'un des piliers du Web d'aujourd'hui et, par-dessus tout, le précurseur du commerce en ligne tel que nous le connaissons aujourd'hui. Son succès est intimement lié à l'innovation technologique qui occupe une place prépondérante dans sa stratégie. À l'origine du site, une idée innovante : chaque lecteur d'un livre avait la possibilité de noter et de commenter le produit, le recommander ou non. Cette simple fonctionnalité a fait le succès du site et, depuis, de nouvelles fonctionnalités ont vu le jour permettant de faciliter la vente, avec l'achat en un seul clic par exemple, ou augmenter le panier moyen de l'internaute *via* du *cross-selling* ou de l'*up-selling*. Aujourd'hui, ces fonctionnalités très répandues sur la Toile permettent au consommateur de tout noter : produits, services, restaurants et même les entreprises sont soumis à la notation et aux commentaires.

Si Internet a été le terreau d'une telle croissance pour les sites de commerce en ligne, c'est pour deux principales raisons. La première raison relève tout simplement du contexte économique. En temps de crise, Internet est un outil extrêmement efficace pour le consommateur qui veut mieux acheter moins cher. Avec les comparateurs, les commentaires et l'efficacité des moteurs de recherche, le consommateur sait, en quelques clics, où acheter son produit à moindre coût. Une étude d'OTO Research de 2008 montrait que 80 % des internautes français utilisaient Internet pour acheter moins cher ou se tenir informés des diverses promotions. L'autre raison est qu'Internet permet enfin à la marque de s'adresser de manière individuelle et instantanée à tous ses clients, et ce, à moindre coût et à grande échelle. Il est dorénavant plus simple pour elle d'avoir une stratégie hyper-ciblée et par conséquent plus efficace, en utilisant des outils de mesure pour ajuster en temps réel ses actions marketing.

Si Internet est, à l'heure actuelle, le seul médium où la marque peut faire de la personnalisation de masse, retenons que toute cette interactivité n'est efficace que si elle sert le consommateur. Par ailleurs, n'oublions pas que, même sur Internet, le consommateur peut *zapper* d'une offre à une autre en un clic de souris. Ainsi, dans ce contexte mouvant, les annonceurs se doivent de se différencier en instaurant une relation avec le consommateur *via* un plan d'action sur le territoire de la marque. Effectivement, il devient de plus en plus évident que marketing et communication sont intimement imbriqués dans la réflexion stratégique de la marque, dans le but de fidéliser le consommateur. Le développement du Web figure au cœur de cette mutation puisque les technologies digitales démultiplient les points de contact entre la marque et ses clients. Ces moyens de prises de parole que sont les écrans TV, les bornes interactives en point de vente, le mobile, les services en ligne (sites, chat, e-mail, réseaux sociaux, etc.) ouvrent de toutes nouvelles possibilités pour les annonceurs.

Marketing digital : mode d'emploi

Pour profiter de ces opportunités, tout l'enjeu est donc de construire une stratégie digitale efficace avant de mener un quelconque plan d'action. Pour la marque désireuse d'investir sur le digital, plusieurs éléments sont à prendre en compte dans le cadre de sa réflexion. En tout premier lieu, elle doit prendre parfaitement conscience de ses propres fondements. Le plus simple étant de faire un bilan détaillé pour connaître son ADN (l'identité, les valeurs historiques, le positionnement), son marché (produit, concurrents directs ou indirects) et l'environnement dans lequel elle évolue (clients, prestataires, réseau de distribution). L'idée ici est de prendre une photographie à un instant *t* pour avoir une vision précise de ses contraintes, mais aussi de ses différents champs d'opportunités.

Une fois les principaux axes stratégiques identifiés, la marque doit pouvoir établir les objectifs qualitatifs et/ou quantitatifs à atteindre. L'essentiel à ce stade est de discerner où et comment Internet peut intervenir. En effet, la marque peut mettre en exergue plusieurs problématiques à traiter : une problématique RH (ressources humaines) avec une campagne de recrutement à la clé, une problématique de notoriété ou d'image, une problématique purement commerciale lors d'un lancement produit ou une problématique de fidélisation. Pour chacune de ces problématiques et pour remplir ses objectifs, il est essentiel de mettre en place les indicateurs clés de performance (*Key Performance Indicator* - KPI) qui permettront *a posteriori* de mesurer l'efficacité des outils mis en place et de leur pilotage.

Pour toutes ces problématiques, Internet offre une multitude d'outils qu'il est essentiel de structurer et prioriser avant de passer à l'étape de production. Au préalable, le plan d'action doit répondre à des problématiques clairement identifiées. Peut-être faut-il refondre le site Web de la marque ? Ou alors créer un site événementiel pour la sortie d'un nouveau produit ? Faut-il avoir une présence sur les réseaux sociaux ? Ou bien faut-il simplement lancer une campagne d'e-mailing ? Tout autant de questions que le dirigeant d'entreprise ou le responsable digital de la marque est en mesure de se poser avant de mener son plan d'action. Ce qu'il faut retenir, c'est qu'un plan d'action ressemble la plupart du temps à une combinaison d'outils : site Internet, référencement, application mobile, médias sociaux, e-mailing, affichage en point de vente, etc. L'erreur à commettre serait de dissocier toutes ces composantes car elles doivent garder une cohérence d'ensemble et répondre aux buts fixés par la stratégie de marque. La clé de voûte pour garder l'interconnexion de tous ces supports réside sur la parfaite connaissance du parcours client. C'est effectivement en ayant une approche *user-centric*, c'est-à-dire en comprenant les motivations et les besoins du consommateur, que la marque parviendra à relier ses actions entre elles. À l'image du parcours client, cet écosystème peut parfaitement englober des supports non digitaux, l'essentiel consiste à les faire intervenir au bon moment et à créer des contenus spécifiques – au service du consommateur et du discours de marque – pour chaque support.

Le champ des possibles étant très vaste et pouvant concerner une ou plusieurs fonctions de l'entreprise, cette dernière se doit de mener en amont une réflexion en interne. En effet, il est essentiel que la marque puisse identifier ou former des expertises en son sein pour mener à bien ses projets digitaux. Selon leur importance (entreprise ou projet), la marque pourra monter une équipe dédiée à Internet avec différents domaines de prédilection (référencement, e-mailing, CRM, site, innovation en point de vente, etc.). Bien entendu, l'idée n'est pas d'internaliser toute une chaîne de production dans l'entreprise, mais de se doter d'un ou plusieurs experts capables de travailler sur une stratégie digitale de marque, trouver les bons partenaires chez qui externaliser (consultants, agences) et évaluer le travail fourni par les prestataires et d'analyser les résultats de la stratégie digitale en fixant les bons KPI.

Après avoir défini le périmètre de mission de chacun, la marque est apte à mener la production de son projet digital. Même pour l'entreprise qui en externalise une grande partie, un comité de pilotage en interne se doit d'exister pour :

- mettre en place l'équipe opérationnelle (interne et externe) composée généralement de chefs de projet, différents experts intervenant à des étapes clés du projet (expert référencement, ergonome, *community manager*, expert mobile, etc.), le tout coordonné par un pilote projet ;
- s'assurer que les orientations stratégiques sont correctement respectées et valider par conséquent tous les livrables liés au projet (de sa conception à sa production en passant par le design graphique) ;
- que l'ensemble du projet demeure dans l'enveloppe budgétaire et le planning initialement validés. Dans le cas contraire, le comité se devra de prendre les décisions suite aux solutions de contournement proposées par le pilote projet ;
- faire un retour d'expérience une fois le projet terminé. Les objectifs ont-ils été atteints ? Quels sont les points à optimiser ? Les KPI sont-ils satisfaisants ? Sinon, comprendre les raisons du dysfonctionnement et mener les actions qui s'imposent.

Chaque entreprise aura sa propre vision de l'organisation qu'elle veut mettre en place en interne, en fonction de ses contraintes budgétaires ou autres. Néanmoins, elle ne doit pas oublier que la réussite d'une stratégie digitale s'inscrit en amont, que ce soit dans la connaissance de l'environnement dans lequel elle évolue ou dans la parfaite compréhension des outils digitaux qui sont à sa disposition. L'affinité des dirigeants avec Internet devient donc primordiale puisque c'est ce qui va déterminer le degré d'efficacité de la stratégie digitale. S'ils ne considèrent pas Internet comme un élément capital de leur stratégie globale, et par conséquent que les budgets alloués ne soient pas suffisamment importants, les opérations menées sur le Web ne seront jamais performantes, ce qui, malheureusement, est encore très souvent le cas aujourd'hui. Les dirigeants ne doivent donc pas hésiter à prendre connaissance des retours d'expérience d'autres marques qui se sont lancées sur le Web ou tout simplement de se faire conseiller en interne par ses collaborateurs, ou à l'externe, par les agences spécialisées, les *pure-players*, qui peuvent les sensibiliser sur ces nouveaux supports et les accompagner dans une réflexion stratégique multi-canal.

L'EXEMPLE DE CITROËN

En 2008, à l'heure où le secteur automobile souffre de la crise, le constructeur français Citroën décide d'opérer un véritable changement de son image de marque. La totalité de l'identité visuelle de la marque est concernée : logo, visuels, signature, concessionnaires et création d'une nouvelle gamme de véhicules (la DS) qui est censée porter ce nouveau discours. Sur le digital, la stratégie va au-delà d'une simple refonte de l'identité visuelle car il s'agit de rationnaliser le discours de la marque sur plusieurs pays et d'utiliser Internet comme moyen efficace de booster les ventes. Pour répondre à la première problématique, Citroën commence par rompre les liens entre site institutionnel et site produit et rassemble toute la constellation des sites présents sur dix-neuf pays pour ne faire qu'une seule plate-forme Web : le « citroen.pays ». L'expérience utilisateur et le discours de marque se voulant immuables selon le pays, il s'agira du même site, tout du moins de la même coquille mais avec des contenus différents et adaptés à la localité. Puis Citroën et son agence Web mettent à contribution les intervenants européens afin de concevoir un site en totale cohérence avec le discours de la marque et les objectifs *business* de chaque pays.

Le résultat du site est un mélange entre une vitrine technologique qui traduit parfaitement la nouvelle signature (Creative Technologie) de la marque et un espace de vente où l'efficacité commerciale prime. L'idée étant de faciliter l'acte d'achat et par conséquent de raccourcir l'espace entre le client et le concessionnaire en réfléchissant à un parcours utilisateur pertinent et efficace. Concrètement, une fois que le consommateur a préalablement configuré le modèle de son choix, il s'agit de faciliter la prise de contact *via* des formulaires de demande d'essai ou de devis avec concessionnaire le plus proche. Le consommateur a la possibilité de configurer le modèle de son choix ainsi que la motorisation, la couleur, le garnissage, les options, etc. (http://www.citroen.fr/home/#/car-selector/). Les résultats chiffrés sont à la hauteur des objectifs de la marque : trois mois après la mise en ligne du site belge, le nombre de demandes d'essai et de mise en relation commerciale a augmenté de 73 % et les six derniers pays mis en ligne ont connu une hausse de 54 % des opportunités commerciales. Le site est tout d'abord sorti sur des pays tests avant de les déployer sur les autres pays.

Citroën ne s'arrête pas là et perpétue l'expérience digitale en 2010 au sein de ses points de vente en offrant à ses clients un dispositif tactile leur permettant de configurer simplement leur véhicule. L'outil devient un véritable support d'aide à la vente pour le concessionnaire et un authentique moyen de s'approprier le produit pour le consommateur grâce à l'expérience procurée. Le mobile n'est pas en reste ; des applications comme « Citroën eTouch », sorti fin 2010 sur iPhone, permettent à l'automobiliste d'accéder en temps réel aux données liées à l'utilisation de son véhicule : carnet d'entretien, consommation de carburant, etc. À travers tous ces dispositifs digitaux, Citroën installe judicieusement un lien irréfragable avec son client en lui procurant une expérience utilisateur forte qui le rattachera à la marque.

Que retenir de l'exemple Citroën ? En premier lieu, qu'Internet est un puissant outil de gestion de la relation client pour la marque. Grâce à toutes les informations fournies par le client et aux différents outils existants, une marque est capable de l'identifier sur le site en ligne ou plus concrètement en point de vente, permettant à la marque d'approfondir sa relation avec lui au-delà même de la transaction. Dans un second temps, l'exemple nous apprend qu'Internet tel que nous le connaissions a particulièrement changé. Purement informationnel il y a quelques années, Internet est devenu transactionnel. Dans cette logique de moyens, le marketing digital a pris toute son importance dans la stratégie de chaque annonceur. Mais ces derniers se risquent à une grande désillusion s'ils pensent que cela suffit, car c'est oublier le comportement du consommateur, devenu plus versatile et plus pragmatique que jamais. Dans ce contexte mouvant, transmettre les valeurs de la marque sur ces différents points de contact qu'offrent les nouvelles technologies semble être le moyen de créer une expérience forte avec le consommateur et de tisser un lien puissant avec lui. C'est vers cette nouvelle posture de communication que les annonceurs doivent tendre pour que le marketing digital fasse partie d'une réflexion stratégique globale. Correctement orchestrés, le marketing et la communication devraient permettre dans l'avenir de bâtir des campagnes efficaces et jamais vues auparavant.

BIBLIOGRAPHIE

Adamson, A.P. (2009). *BrandDigital : Simple Ways Top Brands Succeed in the Digital World*, Palgrave Macmillan, New York, NY, États-Unis.

Brassier P. (2009). *Boostez vos ventes grâce aux réseaux sociaux*, Éditions d'Organisation, Paris.

Cocoran I. (2011). *The Art of Digital Branding*, Allworth Press, New York, États-Unis.
Frick T. (2010). *Return on Engagement : Content, Strategy, and Design Techniques for Digital Marketing*, Focal press, Elsevier, Kidlington, Grande-Bretagne.
Mayar V. et Ramsey G. (2011). *Digital Impact : the Two Secrets to Online Marketing Success*, John Wiley & Sons, Hoboken, NJ, États-Unis.
OTO Research (2008). « France, les usages du Web par les internautes », *Le Journal du Net* 15/10/2010, http://www.journaldunet.com/cc/01_internautes/inter_usage_fr.shtml (consultée le 1er août 2011).
Ryan D. et Jones C. (2008). *Understanding Digital Marketing : Marketing Strategies for Engaging the Digital Generation*, Kogan Page, Londres, Grande-Bretagne.
Wertime K. et Fenwick I. (2008). *DigiMarketing : the Essential Guide to New Media and Digital Marketing*, John Wiley & Sons, Hoboken, NJ, États-Unis.

Table des matières

11

12

13

Index

D

E

N

O

P

Q

R

S

W

Y

Z

Nom propre

M

N

S

T

Certifié PEFC
Ce produit est issu de forêt gérées durablement et de sources contrôlées
www.pefc-france.org
PEFC/10-31-2007
BV/CdC/1702681

Achevé d'imprimer : EMD S.A.S.
N° d'éditeur : 4309 - N° d'imprimeur : 25653
Dépôt légal : octobre 2011
Imprimé en France

Cet ouvrage est imprimé - pour l'intérieur - sur papier Lys Galilée 90 g des papeteries M. REAL, dont les usines ont obtenu la certification environnementale ISO 14001 et opèrent conformément aux normes ECF et EMAS